SELECTED WORKS OF
CHIEN WEI-ZANG

钱伟长学术论文集

第 三 卷

1981—1984

上海大学出版社
·上海·

图书在版编目(CIP)数据

钱伟长学术论文集.第3卷/钱伟长著.—上海：上海大学出版社，2012.9
ISBN 978-7-5671-0385-6

Ⅰ.①钱… Ⅱ.①钱… Ⅲ.①社会科学—文集 ②自然科学—文集 Ⅳ.①Z427

中国版本图书馆CIP数据核字(2012)第203802号

本书由上海文化发展基金会图书专项基金资助

责任编辑 王悦生 傅玉芳 江振新
装帧设计 柯国富
技术编辑 章 斐 金 鑫

钱伟长学术论文集
第三卷
(1981—1984)
上海大学出版社出版发行
(上海市上大路99号 邮政编码200444)
(http://www.shangdapress.com 发行热线021—66135112)
出版人：郭纯生
*
南京展望文化发展有限公司排版
上海书刊印刷有限公司印刷 各地新华书店经销
开本787×960 1/16 印张31.25 字数612000
2012年9月第1版 2012年9月第1次印刷
ISBN 978-7-5671-0385-6/Z·034 定价：78.00元

本书编委会

主　　任　于信汇　罗宏杰　周哲玮

常务副主任　李友梅

副 主 任　徐　旭　戴世强

委　　员　钱泽红　余　洋　吴嘉彦

陈志宏　曾文彪　程昌钧

郭兴明　郭纯生

序　一

今年10月9日，是我国著名的科学家、教育家，伟大的爱国主义者钱伟长先生诞辰100周年的纪念日。全国政协、民盟中央以及钱老的家乡江苏省将会以多种形式来纪念钱先生。作为他度过生命中的最后时光的单位，上海大学将重新收集、整理并出版钱老的文选、学术论文集、博士学位论文等书籍，以纪念这位让广大师生尊敬的老校长，的确是一项极有意义、极具价值的工作，也是值得称道的事情。

钱老出生于江苏无锡的一个书香世家，早年随四叔钱穆研习文史，打下了扎实的国学基础。1931年，他以历史和国学的优异成绩考入清华大学文学院。入学后不久，九一八事变爆发。日本人的入侵，民族危机的严重，促使他在一夜之间改变了想法，立志弃文从理，走科学救国之路。在名师众多、学风严谨的清华物理系，钱伟长的学术能力得到很好的锤炼与提升。1940年，钱老负笈海外，赴加拿大多伦多大学留学，师从辛吉教授研究弹性力学，仅用两年时间就通过了博士学位论文答辩。他和导师合作的弹性板壳的内禀理论的论文，发表于世界导弹之父冯·卡门的60岁祝寿文集内，由此奠定了钱老在国际学术界的地位。1943年，钱老进入美国加州理工学院冯·卡门教授主持的喷射推进研究所工作，从事火箭弹道、火箭的气动及传热设计、人造卫星的轨道计算等研究，成为世界火箭、宇航工程的先行者之一。

1946年，钱老放弃在美国的优厚待遇和舒适的工作环境，毅然决然返回国内，在清华园从事教学和科研工作。20世纪的50年代中期，由周恩来总理亲自主持的“十二年科学规划”工作中，钱老、钱学森和钱三强这三位科学家因具有超前的战略眼光，被周总理赞誉为“中国的三钱”。作为享誉中外的著名科学家，钱老在奇异摄动理论、圆环壳的一般解、广义变分原理的研究及应用等方面贡献卓著；还根据国家的需求，研制出超过国际水平的锌-空气电池；研究高速撞击问题并出版专著《穿甲力学》。1984年，他提出汉字宏观字形编码，简称“钱码”，对中文信息处理技术的发展起到了极大的推动作用。

钱老作为杰出的教育家,他非常注重人的全面成长,既重视科学基础知识的教育,同时又强调人文科学对学生教育的影响。主张大学教育应以打好基础,培养学生的自学能力为主;大学专业不应分得过细,科学教育应与人文教育相结合。1983年,他被任命为上海工业大学校长,在上海又延续了对人才培养的持续探索。上任伊始,他就提出并推进了一系列的教育教学改革措施,提出"拆除四堵墙"(学校和社会之间的墙,教学与科研之间的墙,各学院与各专业之间的墙,教与学之间的墙),强调学科交叉,夯实基础,拓宽专业,注重科学教育与人文教育的相互融合,培养全面发展的人。1994年,新上海大学组建,钱老的教育理念有了更加广阔的实践空间,他提出为学首先要学会做人,重视通识教育,强调道德、艺术和文化的基本素养,应是人人必备的;强调文理渗透,理工科学生要具备人文素质修养,注重科学素质教育与人文素质教育的融合,引导学生在专业学习的同时,奠定人文知识的基础,成为一个全面发展的人。他多次在不同的场合中指出,科学教育与人文教育是人类文明发展的双翼,缺一不可。

我个人与钱老有过共事、交往27个春秋的经历。多少年过去后,我依然清晰地记得我们当初交往和一起工作的点点滴滴。1983年初,他履任上海工业大学校长,随后他到各系科调研时和我有了初次见面,不久我便出国。1984年秋,钱老赴丹麦哥本哈根出席世界力学大会时,我们再次见面,白天我请他去我所在的公司参观考察,晚上彻夜长谈。他热切地敦促我早点回国,希望我能协助他推进上海工业大学的教育改革和提高师资的科研水平。钱老深情地对我说:"国家和学校都需要你,我也需要你回去帮我一起管理学校。"我深感此话的分量,国家正在快速发展,教育科研岗位需要我。于是我尽快结束了在国外的研究工作,提前回国,回到我魂牵梦绕的大学校园。1986年,我从国外回来后不久就被任命为上海工业大学副校长,几个月以后又被任命为常务副校长。在协助钱老管理学校的那几年里,钱老和我经常为了学校建设的方方面面开展持续的调研和座谈交流工作。钱老总是十分关心与教学、科研和服务社会等密切相关的事。从师资队伍的建设、高端人才的引进,到与大型企业的对接、大型项目的承接;从学校图书馆的建设、原版资料的选购,到实验室仪器设备的配置;从教导学生正确的学习方法,到鼓励教师学计算机、学外语,开展国际学术交流;从学校行政管理改革,到育人环境和制度建设,钱老都密切关注。正是有钱老的关注和督促,才有了学校教育理念的不断更新,管理队伍思想观念的不断进步。

1994年由上海科技大学、上海工业大学、原来的上海大学以及上海科技高等专科学校等四校合并组建新上海大学，德高望重的钱老再次领命就任校长。老骥伏枥，志在千里，在钱校长的带领和广大师生的努力下，1996年新组建的上海大学跻身“211工程”，1998年新校区建成投入使用，一个更加宽广的舞台铺开了，学校的发展与改革跨跃新台阶的序幕再次拉开。这个时期，我已经到上海市政府工作，对钱老为推进学校跃升，审时度势、抓住机遇、顺势而上所起到的奠基性的、他人无法替代的作用是非常清楚的。这些往事给我和学校其他同事都留下了深刻的印象。

钱老曾说，回顾这一辈子，他是一个科学工作者、教育工作者，但更是一个爱国主义者。他一辈子投身祖国的科教事业，并取得了卓越的成就，他始终以国家和民族利益为重的高尚品质，已经很好地诠释了他的话。晚年高龄时，他更是积极地参政议政，与共产党人共商国是，积极地推动祖国的和平统一大业。没有对祖国的真挚感情，哪有他的人生动力和远大目标。每每回忆起这些事，我都深深地为钱老的人格魅力和爱国情怀所感动，也深深地觉得当代学界更应该像老一辈科学家一样，将爱国作为自己追求事业成功的唯一动力。

钱老不仅身体力行爱国，他更是重视通过教育来培养具有爱国精神的一代又一代的莘莘学子。他说上海大学的校训光有“自强不息”四个字还不够，还要加上“先天下之忧而忧，后天下之乐而乐”。“所谓‘忧’，就是要忧国之所忧、忧民之所忧，把个人价值的实现同国家的强盛、民族的发展和人民的利益结合起来”，要把百姓之忧、国家之忧、民族之忧时刻放在心上。今天，上海大学的校训因含有“先天下之忧而忧，后天下之乐而乐”而独具特色，彰显了这位科学大师的胸怀与境界。

纪念钱老百年诞辰，就是要缅怀他的伟大成就，就是要继承和发扬他的爱国精神。上海大学拟出版《钱伟长文选》、《钱伟长学术论文集》和他的博士学位论文《弹性板壳的内禀理论》（英文版）等系列书籍来纪念这位科学巨匠、教育大家，这是方便年青后学很好地阅读大师、传承大师，从而继续钱老未竟的事业。其中，《钱伟长文选》精心收录了钱老从1949年至2008年半个多世纪间有关教育、教学、科研等方面的重要文章和讲话稿，共280篇，按时间顺序分六卷出版。这些文章和讲话稿，涉及哲学、历史学、文学、自然科学、工程技术、区域经济、城市建设、管理学、教育学等，反映了钱老对祖国的科学教育事业的真知灼见和热诚实践，对国家和民族在社会、经济、科技、文化发展等方面的关注和投入，其中有许多文章是他前瞻性的思考与探索的结晶，文章的字里行间洋溢着他和中国共产党肝胆相照之情，充分体现了他的拳拳爱国之心以及丰富的学识和坦荡的胸怀。《钱伟长学术论文集》共收录108篇学术论文，内容包括板壳内禀理论、薄板大挠度问题、环壳理论及其应用、广义变分原理、汉字计算机输入编码等。我想，这些书籍的出版，对于我们进一步了解钱老的学术成就和贡献、了解其爱国奉献的一生是极有帮助的。

是为序。

徐匡迪

2012年9月1日

序　　二

值此钱伟长先生一百周年诞辰之际，上海大学出版社出版《钱伟长学术论文集》，是对这位著名科学家的最好的纪念，可以让广大读者直接和完整地阅读并研究他半个多世纪的科研生涯中公开发表的主要论文，了解他的学术贡献和治学理念，领略这位大师的风采，因此是一件极有意义的事情。

为了便于读者阅读、理解这一论文集，仅就我个人的了解和体会，尝试着对本书的内容做一概括介绍。

钱伟长先生的科学研究始于上个世纪的三四十年代，那是航空航海事业突飞猛进的时代，现代化大工业蓬勃发展的时代，自然科学基础研究展现价值的时代，大量复杂的科学技术问题向科学家们提出了严峻的挑战，其中的非线性问题一时成为人们集中关注的焦点。钱伟长先生敏锐地抓住这一关键，以大变形板壳力学问题为突破口，主攻非线性力学，且以此为自己毕生的事业，做出了一系列重要贡献。作为兴趣广泛的科学家，他根据时代发展的需要，还涉猎于一些其他研究领域，也卓有成就。

这里概述钱伟长先生的主要学术贡献。

在20世纪40年代，钱伟长先生在弹性板壳的内禀理论方面做了一系列工作。弹性薄板和薄壳是广泛应用于工程技术中的结构元件，当时已有大量分散的工作，但尚无完整的理论体系和系统的简化近似方法。他与他的导师J. L. Synge教授一起，首次采用张量分析这一有力工具，经过宏微观全面分析，建立了弹性板壳内禀统一理论；他在微观分析中采用了一种全新的拖带坐标系，可用以描述各种不同形状的薄壳和薄板问题，并根据板壳特征尺度与曲率半径之比及其与相对厚度的关系，提出了统一的简化近似方法，对薄板、薄壳进行了详尽细致的分类，导出了一些已知的线性和非线性板壳力学方程，并由此产生了由后人命名的的“钱伟长方程”。这一工作在国际上产生了重要影响，借此奠定了他在力学界的学术地位。

钱伟长先生回国后的头一个十年，对弹性薄板大挠度问题进行了集中研究，这是一个涉及构件大变形的几何非线性问题，受到了 von *Kármán* 等科学家的密切关注，但当时缺乏准确有效的解法。1947 年，钱伟长独辟蹊径，提出一种系统近似法(后人称为“钱伟长方法”)，对圆薄板大挠度问题采用中心挠度作为摄动参数，进行逐次逼近，取得了符合于实验结果的摄动解。接着，在 1948 年，为了解决更大挠度的问题，他把边界层理论的思想引入圆薄板大挠度分析，提出了一种独到的方法(后人称之为合成展开法)，这是具有开创性的一种新的奇异摄动法。此后，他率领一批学生进一步完善和发展了相关工作，并因此于 1955 年获得了国家自然科学二等奖。

钱伟长先生另一项重要成就是对广义变分原理的研究。20 世纪 50 年代末，他率领团队开始从事此项研究。1964 年，为了改变寻求变分原理泛函的试凑途径，提出了一种拉格朗日乘子法，从最小位能原理或最小余能原理等约束条件出发，把约束条件用拉格朗日乘子引入泛函，化为无条件的变分驻值原理，经过变分得到待定的拉格朗日乘子用原始变量的表达式，建立广义变分原理的驻值变分泛函，并据此导出了壳体非线性方程。这是领先于国际同行的开创性工作。1978 年之后，他深入研究了广义变分原理在有限元计算中的应用，推动了协调元、杂交元和混合元方法的发展和应用。1982 年，由于他在广义变分原理方面的成就，再度获得国家自然科学二等奖。

1979 年以后，钱伟长先生关注环壳理论及其应用，显示了他建模分析、解析求解的功力和理论联系实际的卓越能力。圆环壳是弹性元件和其他壳体结构中常见的一种形式，在许多仪器仪表工业中有着广泛的应用。圆环壳方程非常复杂，难于求解。钱伟长给出了轴对称圆环壳的复变量方程的特解和一般解，解决了困扰人们几十年的难题，并提出了非线性计算通用程序，可用于仪表元件和波纹管设计。

钱伟长先生在流体力学方面也做出过积极贡献。1947 年，他采用经他拓广的摄动法，改进了 Th. von *Kármán* 和 N. B. Moore 的超声速锥型流的渐近解；1949 年，他采用渐近展开法，仅用三个简化假设导出了润滑问题的高阶雷诺方程；1984 年，他从流体力学基本方程出发，建立了更为普遍的变分原理，并用它建立的拉格朗日乘子法建立了广义变分原理。

20 世纪 70 年代，钱伟长先生参与了锌-空气高能电池的研制，取得了富有成效的成果。

20世纪80年代，钱伟长先生提出了汉字宏观字形编码（简称“钱码”），根据汉字使用习惯和识字规律，结合汉字结构特点，给出简洁的输入规则，是早期的最优输入法之一，许多巧妙构思被后来的计算机汉字输入法吸纳。

以上仅归纳了钱伟长先生在漫长的学术生涯中的主要贡献，从这个四卷本论文集中这些贡献得到了较为全面的反映，读者朋友可以细细品味。

细读这本论文集，我们可以体会到钱伟长先生在长期科研实践中形成的治学理念，这就是：高瞻远瞩，锐意创新，求真务实。他一向认为，科学研究要从实际出发，为社会发展和学科发展服务，要高瞻远瞩地根据实际需要来选题；而科学研究必须从基础研究入手，不能就事论事，照抄照搬，必须狠下功夫，大力从事机理性探索，不断提出新概念、新方法，所得到的结果必须接受实践的检验。从文集中的每一篇论文中，我们都可以看到创新精神的光芒。

我相信，不仅力学工作者可以从阅读这本论文集获益，其他领域的读者也可从中得到有益的知识和启示。

郑哲敏

2012年9月6日

目　　录

1981

1982

1983

1984

半圆弧波纹管的计算
——环壳一般解的应用

摘　要　本文利用前文[1]所得圆环壳的一般解，计算了半圆弧波纹管在轴向力作用下的变形和应力分布.

一、引言

波纹管是圆柱形的薄壁壳，沿着侧面在轴向制成有波纹的折皱，最简单的折皱单元是由正负两个半圆弧连接而成(图1)，称为半圆弧波纹管. 它的平均半径为 R，半圆弧的半径为 a，壁厚为 h，波纹总长为 $4na$，n 为波纹总数，如果取一个单元 $AFGEB$ 如图2，则在计算时，应该分段取不同的坐标. 在 BE 段中，用角 ψ 表示角坐标，$\psi=\varphi-\pi$；在 EGF 中，可用 φ 为角坐标. N_φ，N_θ，M_φ 和 M_θ 都对称于 G 点 $(\varphi=\pi/2)$ 和 B 点 $(\psi=\pi/2)$.

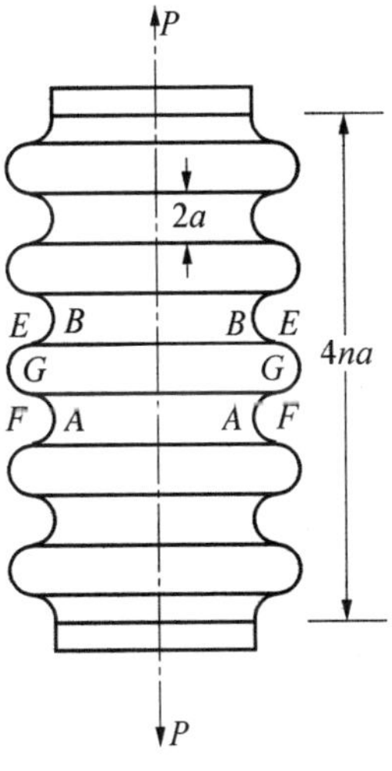

图1　半圆弧波纹管尺寸

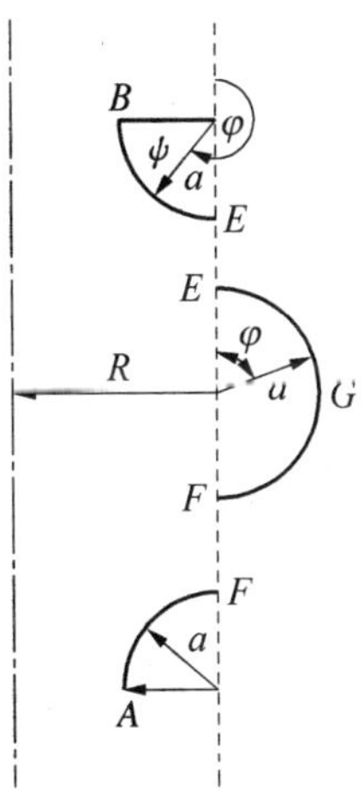

图2　半圆弧波纹管单元坐标

作者：钱伟长、郑思梁. 原载《应用数学和力学》，1981，2(1)：97-111.

波纹管的计算,长期以来除了用近似法[如 C. E. Turner-H. Ford (1957)[2]]外,由于求解方程的困难,一直未得妥善解决,文[3]根据细环壳的一般解,把波纹管单元分为正负两个环壳处理.本文将不限于细环壳,对任何粗细的圆环壳,利用其一般解进行计算.

二、半圆弧波纹管单元受轴力作用时在不同区域内解的形式

这个问题可以分为两个区域求解,即区域 EGF 和 BE(图 2),首先让我们写出 EGF 区域的解,在这个区域内,文[3]中的(1)式可以写成

$$(1+\alpha\sin\varphi)\frac{\mathrm{d}^2V_{\mathrm{I}}}{\mathrm{d}\varphi^2}-\alpha\cos\varphi\frac{\mathrm{d}V_{\mathrm{I}}}{\mathrm{d}\varphi}+\mathrm{i}2\mu\sin\varphi V_{\mathrm{I}}=2\mu P_0\cos\varphi$$
$$P_0=\frac{Q_0}{\alpha}2\mu \tag{2.1}$$

它的解可以分为非齐次解 V_{I}^* 和齐次解 $V_{\mathrm{I}}^{(1)}+V_{\mathrm{I}}^{(2)}$ 两部分

$$\begin{aligned}V_{\mathrm{I}}^* =&-4\mu\frac{Q_0}{\alpha}\{A_1\cos\varphi+A_2\sin 2\varphi-A_3\cos 3\varphi-A_4\sin 4\varphi+\cdots\\&+A_{4n+1}\cos(4n+1)\varphi+A_{4n+2}\sin(4n+2)\varphi-A_{4n+3}\cos(4n+3)\varphi\\&+A_{4n+4}\sin(4n+4)\varphi+\cdots\}\end{aligned} \tag{2.2}$$

$$\left.\begin{aligned}V_{\mathrm{I}}^{(1)}&=(C_0'+\mathrm{i}\bar{C}_0')\mathrm{e}^{-\beta(\frac{\pi}{2}-\varphi)}(\cos\gamma\varphi+\mathrm{i}\sin\gamma\varphi)[f_1(\varphi)+\mathrm{i}f_2(\varphi)]\\V_{\mathrm{I}}^{(2)}&=(B_0'+\mathrm{i}\bar{B}_0')\mathrm{e}^{-\beta\varphi}(\cos\gamma\varphi-\mathrm{i}\sin\gamma\varphi)[g_1(\varphi)+\mathrm{i}g_2(\varphi)]\end{aligned}\right\} \tag{2.3A, B}$$

而

$$V_{\mathrm{I}}=V_{\mathrm{I}}^*+V_{\mathrm{I}}^{(1)}+V_{\mathrm{I}}^{(2)}$$

其中 A_n、β、γ 见文[1].而 $Q_0=P/2\pi R$,P 是轴向合力,拉力为正.$f_1(\varphi)$、$f_2(\varphi)$、$g_1(\varphi)$和 $g_2(\varphi)$可分别从文[3]的(18A、B、C、D)式证明为

$$\left.\begin{aligned}f_1(\varphi)&=G_1(\varphi)+F_1(\varphi),\ f_2(\varphi)=G_2(\varphi)+F_2(\varphi)\\g_1(\varphi)&=G_1(\varphi)-F_1(\varphi),\ g_2(\varphi)=G_2(\varphi)-F_2(\varphi)\end{aligned}\right\} \tag{2.4}$$

式中 $G_1(\varphi)$、$G_2(\varphi)$是对称于 G 点 $(\varphi=\pi/2)$ 的函数,而 $F_1(\varphi)$、$F_2(\varphi)$是反对称于 G 的函数,它们是

$$\left.\begin{aligned}F_1(\varphi)&=\sum_{n=1,3,5,\cdots}^{\infty}p_n\cos n\varphi-\sum_{n=2,4,6,\cdots}^{\infty}q_n'\sin n\varphi\\F_2(\varphi)&=\sum_{n=1,3,5,\cdots}^{\infty}q_n\cos n\varphi+\sum_{n=2,4,6,\cdots}^{\infty}p_n'\sin n\varphi\\G_1(\varphi)&=1+\sum_{n=2,4,6,\cdots}^{\infty}p_n\cos n\varphi-\sum_{n=1,3,5,\cdots}^{\infty}q_n'\sin n\varphi\\G_2(\varphi)&=\sum_{n=2,4,6,\cdots}^{\infty}q_n\cos n\varphi+\sum_{n=1,3,5,\cdots}^{\infty}p_n'\sin n\varphi\end{aligned}\right\} \tag{2.5A, B, C, D}$$

其中，$p_n=\frac{1}{2}(a_n+a_{-n})$，$q_n=\frac{1}{2}(b_n+b_{-n})$，$p_n=\frac{1}{2}(a_n-a_{-n})$，$q_n=\frac{1}{2}(b_n-b_{-n})$，而 a_n、a_{-n}、b_n 及 b_{-n} 见文[1].

利用

$$\cos\gamma\varphi+\mathrm{i}\sin\gamma\varphi=\mathrm{e}^{\gamma\frac{\pi}{2}}\left[\cos\gamma\left(\frac{\pi}{2}-\varphi\right)-\mathrm{i}\sin\gamma\left(\frac{\pi}{2}-\varphi\right)\right]$$

$$\cos\gamma\varphi-\mathrm{i}\sin\gamma\varphi=\mathrm{e}^{-\gamma\frac{\pi}{2}}\left[\cos\gamma\left(\frac{\pi}{2}-\varphi\right)+\mathrm{i}\sin\gamma\left(\frac{\pi}{2}-\varphi\right)\right]$$

把 $V_{\mathrm{I}}^{(1)}$、$V_{\mathrm{I}}^{(2)}$ 分成对称和反对称两部分

$$\begin{aligned}V_{\mathrm{I}}^{(1)}=&(C_0'+\mathrm{i}\,\overline{C}_0')\mathrm{e}^{\gamma\frac{\pi}{2}}\mathrm{e}^{-\beta\left(\frac{\pi}{2}-\varphi\right)}\left\{\left[(G_1(\varphi)+\mathrm{i}G_2(\varphi))\cos\gamma\left(\frac{\pi}{2}-\varphi\right)\right.\right.\\&\left.-\mathrm{i}(F_1(\varphi)+\mathrm{i}F_2(\varphi))\sin\gamma\left(\frac{\pi}{2}-\varphi\right)\right]+\left[(F_1(\varphi)+\mathrm{i}F_2(\varphi))\cos\gamma\left(\frac{\pi}{2}-\varphi\right)\right.\\&\left.\left.-\mathrm{i}(G_1(\varphi)+\mathrm{i}G_2(\varphi))\sin\gamma\left(\frac{\pi}{2}-\varphi\right)\right]\right\}\\V_{\mathrm{I}}^{(2)}=&(B_0'+\mathrm{i}\,\overline{B}_0')\mathrm{e}^{-\gamma\frac{\pi}{2}}\mathrm{e}^{-\beta\left(\frac{\pi}{2}-\varphi\right)}\left\{\left[(G_1(\varphi)+\mathrm{i}G_2(\varphi))\cos\gamma\left(\frac{\pi}{2}-\varphi\right)\right.\right.\\&\left.-\mathrm{i}(F_1(\varphi)+\mathrm{i}F_2(\varphi))\sin\gamma\left(\frac{\pi}{2}-\varphi\right)\right]+\left[-(F_1(\varphi)+\mathrm{i}F_2(\varphi))\cos\gamma\left(\frac{\pi}{2}-\varphi\right)\right.\\&\left.\left.+\mathrm{i}(G_1(\varphi)+\mathrm{i}G_2(\varphi))\sin\gamma\left(\frac{\pi}{2}-\varphi\right)\right]\right\}\end{aligned}$$

如果把 $V_{\mathrm{I}}=V_{\mathrm{I}}^{*}+V_{\mathrm{I}}^{(1)}+V_{\mathrm{I}}^{(2)}$ 写成实部和虚部，则内力素和位移可表为

$$\left.\begin{aligned}N_\varphi&=\frac{-\alpha\cos\varphi}{2\mu(1+\alpha\sin\varphi)^2}\operatorname{Im}V_{\mathrm{I}}+\frac{P}{2\pi R}\frac{\alpha+\sin\varphi}{(1+\alpha\sin\varphi)^2}\\N_\theta&=-\frac{1}{2\mu}\frac{\mathrm{d}}{\mathrm{d}\varphi}\left[\frac{\operatorname{Im}V_{\mathrm{I}}}{1+\alpha\sin\varphi}\right]-\frac{P}{2\pi R}\frac{\alpha+\sin\varphi}{(1+\alpha\sin\varphi)^2}\\M_\varphi&=\frac{a\alpha}{4\mu^2}\left\{\frac{\mathrm{d}}{\mathrm{d}\varphi}\left[\frac{\operatorname{Re}V_{\mathrm{I}}}{1+\alpha\sin\varphi}\right]+\nu\frac{\alpha\cos\varphi}{(1+\alpha\sin\varphi)^2}\operatorname{Re}V_{\mathrm{I}}\right\}\\M_\theta&=\frac{a\alpha}{4\mu^2}\left\{\nu\frac{\mathrm{d}}{\mathrm{d}\varphi}\left[\frac{\operatorname{Re}V_{\mathrm{I}}}{1+\alpha\sin\varphi}\right]+\frac{\alpha\cos\varphi}{(1+\alpha\sin\varphi)^2}\operatorname{Re}V_{\mathrm{I}}\right\}\\Q&=\frac{\alpha}{2\mu}\frac{\sin\varphi}{(1+\alpha\sin\varphi)^2}\operatorname{Im}V_{\mathrm{I}}+\frac{P}{2\pi R}\frac{\cos\varphi}{(1+\alpha\sin\varphi)^2}\end{aligned}\right\}\qquad(2.6)$$

$$\left.\begin{aligned} X &= \frac{-1}{Eh\alpha(1+\alpha\sin\varphi)}\operatorname{Re}V_{\mathrm{I}} \\ Y &= \frac{R}{Eh}(1+\alpha\sin\varphi)(N_\theta-\nu N_\varphi) \\ Z &= \int_0^{\pi/2}\frac{R}{Eh}\frac{\cos\varphi}{(1+\alpha\sin\varphi)}\operatorname{Re}V_{\mathrm{I}}\mathrm{d}\varphi \end{aligned}\right\} \tag{2.7}$$

以上各式适用于 EGF 区域 $0\leqslant\varphi\leqslant\pi$. 这里业已利用了 $Z_0=Z_{\varphi_0=\varphi/2}=0$ 的条件,即取 G 点的轴向位移为零. 这是根据轴向位移的计算起点从 G 点开始决定的. 必须指出 $Z>0$ 相当于压缩的轴向位移.

在这个问题里,N_φ、N_θ、M_φ 和 M_θ 都是对称于 G 点,因当 $\varphi=\pi/2$, 非齐次解 $V_{\mathrm{I}}^*=0$, 齐次解一定是反对称的.

如果我们把 $V_{\mathrm{I}}^{(1)}+V_{\mathrm{I}}^{(2)}$ 写成对称和反对称两部分:

$$\begin{aligned} V_{\mathrm{I}}^{(1)}+V_{\mathrm{I}}^{(2)} = {} & \left[(C_0'+\mathrm{i}\,\overline{C}_0')\mathrm{e}^{\mathrm{i}\gamma'\frac{\pi}{2}}+(B_0'+\mathrm{i}\,\overline{B}_0')\mathrm{e}^{-(\beta+\mathrm{i}\gamma)\frac{\pi}{2}}\right] \\ & \cdot\left\{\left[(G_1(\varphi)+\mathrm{i}G_2(\varphi))\cos\gamma\left(\frac{\pi}{2}-\varphi\right)\right.\right. \\ & \left.+(F_2(\varphi)-\mathrm{i}F_1(\varphi))\sin\gamma\left(\frac{\pi}{2}-\varphi\right)\right]\cosh\beta\left(\frac{\pi}{2}-\varphi\right) \\ & -\left[(F_1(\varphi)+\mathrm{i}F_2(\varphi))\cos\gamma\left(\frac{\pi}{2}-\varphi\right)\right. \\ & \left.\left.+(G_1(\varphi)-\mathrm{i}G_2(\varphi))\sin\gamma\left(\frac{\pi}{2}-\varphi\right)\right]\sinh\beta\left(\frac{\pi}{2}-\varphi\right)\right\} \\ & +\left[(C_0'+\mathrm{i}\,\overline{C}_0')\mathrm{e}^{\mathrm{i}\gamma\frac{\pi}{2}}-(B_0'+\mathrm{i}\,\overline{B}_0')\mathrm{e}^{-(\beta+\mathrm{i}\gamma)\frac{\pi}{2}}\right]\left\{\left[(F_1(\varphi)\right.\right. \\ & +\mathrm{i}F_2(\varphi))\cos\gamma\left(\frac{\pi}{2}-\varphi\right) \\ & \left.+(G_1(\varphi)-\mathrm{i}G_2(\varphi))\sin\gamma\left(\frac{\pi}{2}-\varphi\right)\right]\cosh\beta\left(\frac{\pi}{2}-\varphi\right) \\ & -\left[(G_1(\varphi)+\mathrm{i}G_2(\varphi))\cos\gamma\left(\frac{\pi}{2}-\varphi\right)\right. \\ & \left.\left.+(F_2(\varphi)-\mathrm{i}F_1(\varphi))\sin\gamma\left(\frac{\pi}{2}-\varphi\right)\right]\sinh\beta\left(\frac{\pi}{2}-\varphi\right)\right\} \end{aligned} \tag{2.8}$$

由于 $V_{\mathrm{I}}^{(1)}+V_{\mathrm{I}}^{(2)}$ 有反对称要求,第一项必须恒等于零,这就要求

$$(C_0'+\mathrm{i}\,\overline{C}_0')\mathrm{e}^{\mathrm{i}\gamma\frac{\pi}{2}}=-(B_0'+\mathrm{i}\,\overline{B}_0')\mathrm{e}^{-(\beta+\mathrm{i}\gamma)\frac{\pi}{2}}$$

为了便于计算,引进新的待定系数 C_{I}、C_{I}',令

$$B'_0+\mathrm{i}\bar{B}'_0=-\frac{1}{2}(C_{\mathrm{I}}+\mathrm{i}C'_{\mathrm{I}})\frac{2\mu P}{\pi a}$$

于是 V_{I} 可写成虚部 $\operatorname{Im}V_{\mathrm{I}}$ 和实部 $\operatorname{Re}V_{\mathrm{I}}$

$$\operatorname{Im}V_{\mathrm{I}}=-\frac{2\mu P}{\pi a}[\kappa(\varphi)-C_{\mathrm{I}}\Omega_2(\varphi)-C'_{\mathrm{I}}\Omega_1(\varphi)]$$

$$\operatorname{Re}V_{\mathrm{I}}=-\frac{2\mu P}{\pi a}[J(\varphi)-C_{\mathrm{I}}\Omega_1(\varphi)+C'_{\mathrm{I}}\Omega_2(\varphi)]$$

其中 $A_n=J_n+\mathrm{i}\kappa_n$ 可由环壳计算表中得到

$$\begin{aligned}J(\varphi)=&J_1\cos\varphi+J_2\sin 2\varphi-J_3\cos 3\varphi-J_4\sin 4\varphi+\cdots\\&+J_{4n+1}\cos(4n+1)\varphi+J_{4n+2}\sin(4n+2)\varphi-J_{4n+3}\cos(4n+3)\varphi\\&-J_{4n+4}\sin(4n+4)\varphi+\cdots\end{aligned}$$

$$\begin{aligned}\kappa(\varphi)=&\kappa_1\cos\varphi+\kappa_2\sin 2\varphi-\kappa_3\cos 3\varphi-\kappa_4\sin 4\varphi+\cdots\\&+\kappa_{4n+1}\cos(4n+1)\varphi+\kappa_{4n+2}\sin(4n+2)\varphi-\kappa_{4n+3}\cos(4n+3)\varphi\\&-\kappa_{4n+4}\sin(4n+4)\varphi+\cdots\end{aligned}$$

$$\Omega_1(\varphi)=\mathrm{e}^{-\beta\frac{\pi}{2}}\left[\omega_1(\varphi)\cos\gamma\frac{\pi}{2}+\omega_2(\varphi)\sin\gamma\frac{\pi}{2}\right]$$

$$\Omega_2(\varphi)=\mathrm{e}^{-\beta\frac{\pi}{2}}\left[\omega_2(\varphi)\cos\gamma\frac{\pi}{2}-\omega_1(\varphi)\sin\gamma\frac{\pi}{2}\right]$$

$$\begin{aligned}\omega_1(\varphi)=&\left\{\left[F_1(\varphi)\cos\gamma\left(\frac{\pi}{2}-\varphi\right)+G_2(\varphi)\sin\gamma\left(\frac{\pi}{2}-\varphi\right)\right]\cosh\beta\left(\frac{\pi}{2}-\varphi\right)\right.\\&\left.-\left[G_1(\varphi)\cos\gamma\left(\frac{\pi}{2}-\varphi\right)+F_2(\varphi)\sin\gamma\left(\frac{\pi}{2}-\varphi\right)\right]\sinh\beta\left(\frac{\pi}{2}-\varphi\right)\right\}\end{aligned}$$

$$\begin{aligned}\omega_2(\varphi)=&\left\{\left[F_2(\varphi)\cos\gamma\left(\frac{\pi}{2}-\varphi\right)-G_1(\varphi)\sin\gamma\left(\frac{\pi}{2}-\varphi\right)\right]\cosh\beta\left(\frac{\pi}{2}-\varphi\right)\right.\\&\left.-\left[G_2(\varphi)\cos\gamma\left(\frac{\pi}{2}-\varphi\right)-F_1(\varphi)\sin\gamma\left(\frac{\pi}{2}-\varphi\right)\right]\sinh\beta\left(\frac{\pi}{2}-\varphi\right)\right\}\end{aligned}$$

把 $\operatorname{Im}V_{\mathrm{I}}$ 和 $\operatorname{Re}V_{\mathrm{I}}$ 代入(2.6),(2.7)式,即得 EGF 区域中诸内力素及位移表达式:

$$\left.\begin{aligned}N_\varphi\Big/\frac{P}{2\pi R}=&\frac{1}{(1+\alpha\sin\varphi)^2}\{2\cos\varphi[\kappa(\varphi)-C_{\mathrm{I}}\Omega(\varphi)-C'_{\mathrm{I}}\Omega_1(\varphi)]\\&+\alpha+\sin\varphi\}\\N_\theta\Big/\frac{P}{2\pi R}=&\frac{1}{(1+\alpha\sin\varphi)^2}\left\{\frac{2(1+\alpha\sin\varphi)}{\alpha}\left[\frac{\mathrm{d}\kappa(\varphi)}{\mathrm{d}\varphi}-C_{\mathrm{I}}\frac{\mathrm{d}\Omega_2(\varphi)}{\mathrm{d}\varphi}\right.\right.\\&\left.-C'_{\mathrm{I}}\frac{\mathrm{d}\Omega_1(\varphi)}{\mathrm{d}\varphi}\right]-2\cos\varphi[\kappa(\varphi)-C_{\mathrm{I}}\Omega_2(\varphi)-C'_{\mathrm{I}}\Omega_1(\varphi)]\\&\left.-(\alpha+\sin\varphi)\right\}\end{aligned}\right|$$

$$\left.\begin{aligned}
&M_\varphi\Big/\frac{\alpha P}{2\pi\mu}=-\frac{1}{(1+\alpha\sin\varphi)^2}\Big\{(1+\alpha\sin\varphi)\Big[\frac{\mathrm{d}J(\varphi)}{\mathrm{d}\varphi}-C_{\mathrm{I}}\frac{\mathrm{d}\Omega_1(\varphi)}{\mathrm{d}\varphi}\\
&\quad+C'_{\mathrm{I}}\frac{\mathrm{d}\Omega_2(\varphi)}{\mathrm{d}\varphi}\Big]-(1-\nu)\alpha\cos\varphi[J(\varphi)-C_{\mathrm{I}}\Omega_1(\varphi)\\
&\quad+C'_{\mathrm{I}}\Omega_2(\varphi)]\Big\}\\
&M_\theta\Big/\frac{\alpha P}{2\pi\mu}=-\frac{1}{(1+\alpha\sin\varphi)^2}\Big\{\nu(1+\alpha\sin\varphi)\Big[\frac{\mathrm{d}J(\varphi)}{\mathrm{d}\varphi}-C_{\mathrm{I}}\frac{\mathrm{d}\Omega_1(\varphi)}{\mathrm{d}\varphi}\\
&\qquad+C'_{\mathrm{I}}\frac{\mathrm{d}\Omega_2(\varphi)}{\mathrm{d}\varphi}\Big]+(1-\nu)\alpha\cos\varphi[J(\varphi)-C_{\mathrm{I}}\Omega_1(\varphi)\\
&\qquad+C'_{\mathrm{I}}\Omega_2(\varphi)]\Big\}\\
&Q\Big/\frac{P}{2\pi R}=\frac{1}{(1+\alpha\sin\varphi)^2}\{-2\sin\varphi[\kappa(\varphi)-C_{\mathrm{I}}\Omega_2(\varphi)\\
&\qquad-C'_{\mathrm{I}}\Omega_1(\varphi)]+\cos\varphi\}\\
&X=\frac{1}{Eh\alpha}\frac{2\mu P}{\pi a(1+\alpha\sin\varphi)}[J(\varphi)-C_{\mathrm{I}}\Omega_1(\varphi)+C'_{\mathrm{I}}\Omega_2(\varphi)]\\
&Y=\frac{R}{Eh}(1+\alpha\sin\varphi)(N_\theta-\nu N_\varphi)\\
&Z=\int_0^{\frac{\pi}{2}}-\frac{R}{Eh}\frac{\cos\varphi}{1+\alpha\sin\varphi}\frac{2\mu P}{\pi a}[J(\varphi)-C_{\mathrm{I}}\Omega_1(\varphi)\\
&\quad+C'_{\mathrm{I}}\Omega_2(\varphi)]\mathrm{d}\varphi
\end{aligned}\right\}\quad(2.9)$$

在 BE 区域内，$\bar{Q}_0=-P/2\pi R$ 且 $\psi=\varphi-\pi$

其解可写成：

非齐次解 V^*_{II}

$$\begin{aligned}
V^*_{\mathrm{II}}=\frac{-2\mu P}{\pi a}\{&A_1\cos\psi-A_2\sin2\psi-A_3\cos3\psi+A_4\sin4\psi+\cdots\\
&+A_{4n+1}\cos(4n+1)\psi-A_{4n+2}\sin(4n+2)\psi-A_{4n+3}\cos(4n+3)\psi\\
&+A_{4n+4}\sin(4n+4)\psi+\cdots\}
\end{aligned}$$

齐次解

$$V^{(1)}_{\mathrm{II}}=\frac{\mu P}{\pi a}(C_{\mathrm{II}}+\mathrm{i}C'_{\mathrm{II}})\mathrm{e}^{-\beta\left(\frac{\pi}{2}-\psi\right)}(\cos\gamma\psi+\mathrm{i}\sin\gamma\psi)[\bar{f}_1(\psi)+\mathrm{i}\bar{f}_2(\psi)]$$

$$V^{(2)}_{\mathrm{II}}=\frac{\mu P}{\pi a}(B_{\mathrm{II}}+\mathrm{i}B'_{\mathrm{II}})\mathrm{e}^{-\beta\psi}(\cos\gamma\psi-\mathrm{i}\sin\gamma\psi)[\bar{g}_1(\psi)+\mathrm{i}\bar{g}_2(\psi)]$$

其中

$$\bar{f}_1(\psi)=\bar{G}_1(\psi)+\bar{F}_1(\psi),\ \bar{f}_2(\psi)=\bar{G}_2(\psi)+\bar{F}_2(\psi)$$
$$\bar{g}_1(\psi)=\bar{G}_1(\psi)-\bar{F}_1(\psi),\ \bar{g}_2(\psi)=\bar{G}_2(\psi)-\bar{F}_2(\psi)$$

而

$$\bar{F}_1(\psi)=-\sum_{n=1,3,5,\cdots}^{\infty}p_n\cos n\psi-\sum_{n=2,4,6,\cdots}^{\infty}q'_n\sin n\psi$$
$$\bar{F}_2(\psi)=-\sum_{n=1,3,5,\cdots}^{\infty}q_n\cos n\psi+\sum_{n=2,4,6,\cdots}^{\infty}p_n\sin n\psi$$
$$\bar{G}_1(\psi)=1+\sum_{n=2,4,6,\cdots}^{\infty}p_n\cos n\psi+\sum_{n=1,3,5,\cdots}^{\infty}q'_n\sin n\psi$$
$$\bar{G}_2(\psi)=\sum_{n=2,4,6,\cdots}^{\infty}q_n\cos n\psi-\sum_{n=1,3,5,\cdots}^{\infty}p_n\sin n\psi$$

利用

$$\cos\gamma\psi+\mathrm{i}\sin\gamma\psi=\mathrm{e}^{\mathrm{i}\gamma\frac{\pi}{2}}\left[\cos\gamma\left(\frac{\pi}{2}-\psi\right)-\mathrm{i}\sin\gamma\left(\frac{\pi}{2}-\psi\right)\right]$$
$$\cos\gamma\psi-\mathrm{i}\sin\gamma\psi=\mathrm{e}^{-\mathrm{i}\gamma\frac{\pi}{2}}\left[\cos\gamma\left(\frac{\pi}{2}-\psi\right)+\mathrm{i}\sin\gamma\left(\frac{\pi}{2}-\psi\right)\right]$$

把 $V_{\mathrm{II}}^{(1)}+V_{\mathrm{II}}^{(2)}$ 写成对称和反对称两部分

$$\begin{aligned}V_{\mathrm{II}}^{(1)}+V_{\mathrm{II}}^{(2)}=&\frac{\mu P}{\pi a}[(C_{\mathrm{II}}+\mathrm{i}C'_{\mathrm{II}})\mathrm{e}^{\mathrm{i}\gamma\frac{\pi}{2}}+(B_{\mathrm{II}}+\mathrm{i}B'_{\mathrm{II}})\mathrm{e}^{-(\beta+\mathrm{i}\gamma)\frac{\pi}{2}}]\Big\{\Big[(\bar{G}_1(\psi)\\&+\mathrm{i}\bar{G}_2(\psi))\cos\gamma\left(\frac{\pi}{2}-\psi\right)+(\bar{F}_2(\psi)-\mathrm{i}\bar{F}_1(\psi))\sin\gamma\Big(\frac{\pi}{2}\\&-\psi\Big)\Big]\cosh\beta\left(\frac{\pi}{2}-\psi\right)-\Big[(\bar{F}_1(\psi)+\mathrm{i}\bar{F}_2(\psi))\cos\gamma\left(\frac{\pi}{2}-\psi\right)\\&+(\bar{G}_2(\psi)-\mathrm{i}\bar{G}_1(\psi))\sin\gamma\left(\frac{\pi}{2}-\psi\right)\Big]\sinh\beta\left(\frac{\pi}{2}-\psi\right)\Big\}\\&+\frac{\mu P}{\pi a}\Big[(C_{\mathrm{II}}+\mathrm{i}C'_{\mathrm{II}})\mathrm{e}^{-\mathrm{i}\gamma\frac{\pi}{2}}-(B_{\mathrm{II}}+\mathrm{i}B'_{\mathrm{II}})^{-(\beta+\mathrm{i}\gamma)\frac{\pi}{2}}\Big\{\Big[(\bar{F}_1(\psi)\\&+\mathrm{i}\bar{F}_2(\psi))\cos\gamma\left(\frac{\pi}{2}-\psi\right)+(\bar{G}_2(\psi)-\mathrm{i}\bar{G}_1(\psi))\sin\gamma\Big(\frac{\pi}{2}\\&-\psi\Big)\Big]\cosh\beta\left(\frac{\pi}{2}-\psi\right)-\Big[(\bar{G}_1(\psi)+\mathrm{i}\bar{G}_2(\psi))\cos\gamma\left(\frac{\pi}{2}-\psi\right)\\&+(\bar{F}_2(\psi)-\mathrm{i}\bar{F}_1(\psi))\sin\gamma\left(\frac{\pi}{2}-\psi\right)\Big]\sinh\beta\left(\frac{\pi}{2}-\psi\right)\Big\}\end{aligned}$$

N_φ，N_θ，M_φ 和 M_θ 都对称于 B 点 $\left(\psi=\frac{\pi}{2}\right)$，所以 $V_{\mathrm{II}}^{(1)}+V_{\mathrm{II}}^{(2)}$ 所决定的齐次解对 B

点而言，一定是反对称的，于是 $V_{\mathrm{II}}^{(1)}+V_{\mathrm{II}}^{(2)}$ 式的对称项必须为零，即

$$(C_{\mathrm{II}}+\mathrm{i}C'_{\mathrm{II}})\mathrm{e}^{\mathrm{i}\gamma\frac{\pi}{2}}=-(B_{\mathrm{II}}+\mathrm{i}B'_{\mathrm{II}})\mathrm{e}^{-(\beta+\mathrm{i}\gamma)\frac{\pi}{2}}$$

于是可化简

$$\begin{aligned}V_{\mathrm{II}}^{(2)}+V_{\mathrm{II}}^{(1)}=&\frac{-2\mu P}{\pi a}(B_{\mathrm{II}}+\mathrm{i}B'_{\mathrm{II}})\mathrm{e}^{-(\beta+\mathrm{i}\gamma)\frac{\pi}{2}}\Big\{\Big[(\bar{F}_1(\psi)\\&+\mathrm{i}\bar{F}_2(\psi))\cos\gamma\Big(\frac{\pi}{2}-\psi\Big)+(\bar{G}_2(\psi)\\&-\mathrm{i}\bar{G}_1(\psi))\sin\gamma\Big(\frac{\pi}{2}-\psi\Big)\Big]\cosh\beta\Big(\frac{\pi}{2}-\psi\Big)\\&-\Big[(\bar{G}_1(\psi)+\mathrm{i}\bar{G}_2(\psi))\cos\gamma\Big(\frac{\pi}{2}-\psi\Big)\\&+(\bar{F}_2(\psi)-\mathrm{i}\bar{F}_1(\psi))\sin\gamma\Big(\frac{\pi}{2}-\psi\Big)\Big]\sinh\beta\Big(\frac{\pi}{2}-\psi\Big)\Big\}\end{aligned}$$

这样 V_{II}的实部 $\mathrm{Re}\,V_{\mathrm{II}}$和虚部 $\mathrm{Im}\,V_{\mathrm{II}}$分别为

$$\mathrm{Re}\,V_{\mathrm{II}}=\frac{-2\mu P}{\pi a}\{\bar{J}(\psi)+B_{\mathrm{II}}\bar{\Omega}_1(\psi)-B'_{\mathrm{II}}\bar{\Omega}_2(\psi)\}$$

$$\mathrm{Im}\,V_{\mathrm{II}}=\frac{-2\mu P}{\pi a}\{\kappa(\psi)+B_{\mathrm{II}}\bar{\Omega}_2(\psi)+B'_{\mathrm{II}}\bar{\Omega}_1(\psi)\}$$

其中

$$\begin{aligned}\bar{J}(\psi)=&J_1\cos\psi-J_2\sin 2\psi-J_3\cos 3\psi+J_4\sin 4\psi+\cdots\\&+J_{4n+1}\cos(4n+1)\psi-J_{4n+2}\sin(4n+2)\psi-J_{4n+3}\cos(4n+3)\psi\\&+J_{4n+4}\sin(4n+4)\psi+\cdots\end{aligned}$$

$$\begin{aligned}\bar{\kappa}(\psi)=&\kappa_1\cos\psi-\kappa_2\sin 2\psi-\kappa_3\cos 3\psi+\kappa_4\sin 4\psi+\cdots\\&+\kappa_{4n+1}\cos(4n+1)\psi-\kappa_{4n+2}\sin(4n+2)\psi-\kappa_{4n+3}\cos(4n+3)\psi\\&+\kappa_{4n+4}\sin(4n+4)\psi+\cdots\end{aligned}$$

$$\bar{\Omega}_1(\psi)=\mathrm{e}^{-\beta\frac{\pi}{2}}\Big[\bar{\omega}_1(\psi)\cos\gamma\frac{\pi}{2}+\bar{\omega}_2(\psi)\sin\gamma\frac{\pi}{2}\Big]$$

$$\bar{\Omega}_2(\psi)=\mathrm{e}^{-\beta\frac{\pi}{2}}\Big[\bar{\omega}_2(\psi)\cos\gamma\frac{\pi}{2}-\bar{\omega}_1(\psi)\sin\gamma\frac{\pi}{2}\Big]$$

$$\begin{aligned}\bar{\omega}_1(\psi)=&\Big\{\Big[\bar{F}_1(\psi)\cos\gamma\Big(\frac{\pi}{2}-\psi\Big)+\bar{G}_2(\psi)\sin\gamma\Big(\frac{\pi}{2}-\psi\Big)\Big]\cosh\beta\Big(\frac{\pi}{2}-\psi\Big)\\&-\Big[\bar{G}_1(\psi)\cos\gamma\Big(\frac{\pi}{2}-\psi\Big)+\bar{F}_2(\psi)\sin\gamma\Big(\frac{\pi}{2}-\psi\Big)\Big]\sinh\beta\Big(\frac{\pi}{2}-\psi\Big)\Big\}\end{aligned}$$

$$\bar{\omega}_2(\psi) = \left\{\left[\bar{F}_2(\psi)\cos\gamma\left(\frac{\pi}{2}-\psi\right)-\bar{G}_1(\psi)\sin\gamma\left(\frac{\pi}{2}-\psi\right)\right]\cosh\beta\left(\frac{\pi}{2}-\psi\right)\right.$$
$$\left.-\left[\bar{G}_2(\psi)\cos\gamma\left(\frac{\pi}{2}-\psi\right)-\bar{F}_1(\psi)\sin\gamma\left(\frac{\pi}{2}-\psi\right)\right]\sinh\beta\left(\frac{\pi}{2}-\psi\right)\right\}$$

这样在 BE 段内的内力素和位移可表为

$$\bar{N}_\varphi\Big/\frac{P}{2\pi R} = -\frac{1}{(1-\alpha\sin\psi)^2}\{2\cos\psi[\bar{\kappa}(\psi)+B_{\mathrm{II}}\bar{\Omega}_2(\psi)+B'_{\mathrm{II}}\bar{\Omega}_1(\psi)]$$
$$+\alpha-\sin\psi\}$$

$$\bar{N}_\theta\Big/\frac{P}{2\pi R} = \frac{1}{(1-\alpha\sin\psi)^2}\left\{\frac{2(1-\alpha\sin\psi)}{\alpha}\left[\frac{\mathrm{d}\bar{\kappa}(\psi)}{\mathrm{d}\psi}+B_{\mathrm{II}}\frac{\mathrm{d}\bar{\Omega}_2(\psi)}{\mathrm{d}\psi}\right.\right.$$
$$\left.+B'_{\mathrm{II}}\frac{\mathrm{d}\bar{\Omega}_1(\psi)}{\mathrm{d}\psi}\right]+2\cos\psi[\bar{\kappa}(\psi)+B_{\mathrm{II}}\bar{\Omega}_2(\psi)+B'_{\mathrm{II}}\bar{\Omega}_1(\psi)]$$
$$\left.+\alpha-\sin\psi\right\}$$

$$\bar{M}_\varphi\Big/\frac{\alpha P}{2\pi\mu} = -\frac{1}{(1-\alpha\sin\psi)^2}\left\{(1-\alpha\sin\psi)\left[\frac{\mathrm{d}\bar{J}(\psi)}{\mathrm{d}\psi}+B_{\mathrm{II}}\frac{\mathrm{d}\bar{\Omega}_1(\psi)}{\mathrm{d}\psi}\right.\right.$$
$$\left.-B'_{\mathrm{II}}\frac{\mathrm{d}\bar{\Omega}_2(\psi)}{\mathrm{d}\psi}\right]+(1-\nu)\alpha\cos\psi[\bar{J}(\psi)+B_{\mathrm{II}}\bar{\Omega}_1(\psi)$$
$$\left.-B'_{\mathrm{II}}\bar{\Omega}_2(\psi)]\right\}$$

$$\bar{M}_\theta\Big/\frac{\alpha P}{2\pi\mu} = -\frac{1}{(1-\alpha\sin\psi)^2}\left\{\nu(1-\alpha\sin\psi)\left[\frac{\mathrm{d}\bar{J}(\psi)}{\mathrm{d}\psi}+B_{\mathrm{II}}\frac{\mathrm{d}\bar{\Omega}_1(\psi)}{\mathrm{d}\psi}\right.\right.$$
$$\left.-B'_{\mathrm{II}}\frac{\mathrm{d}\bar{\Omega}_2(\psi)}{\mathrm{d}\psi}\right]-(1-\nu)\alpha\cos\psi[\bar{J}(\psi)+B_{\mathrm{II}}\bar{\Omega}_1(\psi)$$
$$\left.-B'_{\mathrm{II}}\bar{\Omega}_2(\psi)]\right\}$$

$$\bar{Q}\Big/\frac{P}{2\pi R} = \frac{1}{(1-\alpha\sin\psi)^2}\{2\sin\psi[\bar{\kappa}(\psi)+B_{\mathrm{II}}\bar{\Omega}_2(\psi)+B'_{\mathrm{II}}\bar{\Omega}_1(\psi)]$$
$$+\cos\psi\}$$

$$\bar{X} = \frac{1}{Eh\alpha(1-\alpha\sin\psi)}\,\frac{2\mu P}{\pi a}\{\bar{J}(\psi)+B_{\mathrm{II}}\bar{\Omega}_1(\psi)-B'_{\mathrm{II}}\bar{\Omega}_2(\psi)\}$$

$$\bar{Y} = \frac{R}{Eh}(1-\alpha\sin\psi)(\bar{N}_\theta-\nu\bar{N}_\varphi)$$

$$\bar{Z} = Z_E+\int_0^\psi\frac{R}{Eh}\,\frac{\cos\psi}{(1-\alpha\sin\psi)}\left(\frac{-2\mu P}{\pi a}\right)\{\bar{J}(\psi)+B_{\mathrm{II}}\bar{\Omega}_1(\psi)$$

$$-B'_{\mathrm{II}}\Omega_2(\psi)\}\mathrm{d}\psi\Big\} \tag{2.10}$$

其中 Z_E 为 E 点的轴向位移.

(2.9),(2.10)中共有4个待定常数 C_{I}、C'_{I}、B_{II} 和 B'_{II},它们由 E 点的连继条件决定.

现在让我们求波纹管单元的轴向位移,在轴向拉力作用下的总伸长等于 B 点相对于 G 点的轴向位移的2倍,即 $2\bar{Z}_B$,从(2.9),(2.10)

$$\begin{aligned}\delta_1 &=-2\bar{Z}_B=-2\left\{Z_E+\int_0^{\pi/2}\frac{R\cos\psi}{Eh(1-\alpha\sin\psi)}\mathrm{Re}\,V_{\mathrm{II}}\mathrm{d}\psi\right\}\\ &=\frac{4\mu RP}{Eh\pi a}\left\{\int_0^{\pi/2}\frac{\cos\varphi}{1+\alpha\sin\psi}[J(\varphi)-C_{\mathrm{I}}\Omega_1(\varphi)+C'_{\mathrm{I}}\Omega_2(\varphi)]\mathrm{d}\varphi\right.\\ &\left.\quad+\int_0^{\pi/2}\frac{\cos\psi}{1-\alpha\sin\psi}[\bar{J}(\psi)+B_{\mathrm{II}}\bar{\Omega}_1(\psi)-B'_{\mathrm{II}}\bar{\Omega}_2(\psi)]\mathrm{d}\psi\right\}\end{aligned} \tag{2.11}$$

当解得了待定系数 C_{I}、C'_{I}、B_{II} 和 B'_{II} 后,上式积分可以用辛普生公式通过数值积分求得.

三、波纹管单元在轴力作用下的应力和变形

决定待定常数 C_{I}、C'_{I}、B_{II} 和 B'_{II} 的4个 E 点连续条件为

$$\left.\begin{aligned}X_E&=\bar{X}_E\\ Y_E&=\bar{Y}_E\\ N_{\varphi E}&=\bar{N}_{\varphi E}\\ M_{\varphi E}&=-\bar{M}_{\varphi E}\end{aligned}\right\} \tag{3.1A, B, C, D}$$

由(3.1A)得

$$\Omega_1(0)C_{\mathrm{I}}-\Omega_2(0)C'_{\mathrm{I}}+\bar{\Omega}_1(0)B_{\mathrm{II}}-\bar{\Omega}_2(0)B'_{\mathrm{II}}=O \tag{3.2A}$$

由(3.1B)得

$$\begin{aligned}&\left[\left(\frac{\mathrm{d}\Omega_2(\varphi)}{\mathrm{d}\varphi}\right)_{\varphi=0}-\alpha(1+\nu)\Omega_2(0)\right]C_{\mathrm{I}}+\left[\left(\frac{\mathrm{d}\Omega_1(\varphi)}{\mathrm{d}\varphi}\right)_{\varphi=0}-\alpha(1+\nu)\Omega_1(0)\right]C'_{\mathrm{I}}\\ &\quad+\left[\left(\frac{\mathrm{d}\bar{\Omega}_2(\psi)}{\mathrm{d}\psi}\right)_{\psi=0}+\alpha(1+\nu)\bar{\Omega}_2(0)\right]B_{\mathrm{II}}\\ &\quad+\left[\left(\frac{\mathrm{d}\bar{\Omega}_1(\psi)}{\mathrm{d}\psi}\right)_{\psi=0}+\alpha(1+\nu)\bar{\Omega}_1(0)\right]B'_{\mathrm{II}}\\ &\quad-2\left[\left(\frac{\mathrm{d}\kappa(\varphi)}{\mathrm{d}\varphi}\right)_{\varphi=0}-\alpha(1+\nu)\kappa(0)\right]+\alpha^2(1+\nu)=0\end{aligned} \tag{3.2B}$$

由(3.1C)得

$$\Omega_2(0)C_{\mathrm{I}}+\Omega_1(0)C'_{\mathrm{I}}-\bar{\Omega}_2(0)B_{\mathrm{II}}-\bar{\Omega}_1(0)B'_{\mathrm{II}}-\nu\kappa(0)-\alpha=0 \qquad (3.2\mathrm{C})$$

由(3.1D)得

$$\left[\left(\frac{\mathrm{d}\Omega_1(\varphi)}{\mathrm{d}\varphi}\right)_{\varphi=0}-\alpha(1-\nu)\Omega_1(0)\right]C_{\mathrm{I}}-\left[\left(\frac{\mathrm{d}\Omega_2(\varphi)}{\mathrm{d}\varphi}\right)_{\varphi=0}\right.$$
$$\left.-\alpha(1-\nu)\Omega_2(0)\right]C'_{\mathrm{I}}-\left[\left(\frac{\mathrm{d}\bar{\Omega}_1(\psi)}{\mathrm{d}\psi}\right)_{\psi=0}+\alpha(1-\nu)\bar{\Omega}_1(0)\right]B_{\mathrm{II}}$$
$$+\left[\left(\frac{\mathrm{d}\bar{\Omega}_2(\psi)}{\mathrm{d}\psi}\right)_{\psi=0}+\alpha(1-\nu)\bar{\Omega}_2(0)\right]B'_{\mathrm{II}}=0 \qquad (3.2\mathrm{D})$$

由(3.2A, B, C, D)解得

$$C_{\mathrm{I}}=\frac{\Delta_1}{\Delta},\ C'_{\mathrm{I}}=\frac{\Delta_2}{\Delta},\ B_{\mathrm{II}}=\frac{\Delta_3}{\Delta},\ B'_{\mathrm{II}}=\frac{\Delta_4}{\Delta} \qquad (3.3)$$

其中

$$\begin{aligned}
\Delta=&(\Omega_1^2(0)+\Omega_2^2(0))(T_3T_8-T_4T_7)+(\bar{\Omega}_1^2(0)+\bar{\Omega}_2^2(0))(T_2T_5-T_1T_6)\\
&+(\Omega_1(0)\bar{\Omega}_1(0)-\Omega_2(0)\bar{\Omega}_2(0))(T_3T_6+T_4T_5-T_1T_8-T_2T_7)\\
&+(\Omega_1(0)\bar{\Omega}_2(0)+\Omega_2(0)\bar{\Omega}_1(0))(T_2T_8+T_3T_5-T_1T_7-T_4T_6)\\
\Delta_1=&S_1[\Omega_2(0)(T_3T_8-T_4T_7)+\bar{\Omega}_1(0)(T_2T_8-T_4T_6)\\
&+\bar{\Omega}_2(0)(T_2T_7-T_3T_6)]-(\bar{\Omega}_1^2(0)+\bar{\Omega}_2^2(0))(S_2T_6)-(\Omega_1(0)\bar{\Omega}_1(0)\\
&-\Omega_2(0)\bar{\Omega}_2(0))(S_2T_8)-(\Omega_1(0)\bar{\Omega}_2(0)+\Omega_2(0)\bar{\Omega}_1(0))(S_2T_7)\\
\Delta_2=&S_1[\Omega_1(0)(T_3T_8-T_4T_7)+\bar{\Omega}_1(0)(T_4T_5-T_1T_8)+\bar{\Omega}_2(0)(T_3T_5-T_1T_7)]\\
&+(\bar{\Omega}_1^2(0)+\bar{\Omega}_2^2(0))(S_2T_5)-(\Omega_1(0)\bar{\Omega}_1(0)-\Omega_2(0)\bar{\Omega}_2(0))(S_2T_7)\\
&+(\Omega_1(0)\bar{\Omega}_2(0)+\Omega_2(0)\bar{\Omega}_1(0))(S_2T_8)\\
\Delta_3=&S_1[\Omega_1(0)(T_4T_6-T_2T_8)+\Omega_2(0)(T_4T_5-T_1T_8)+\bar{\Omega}_2(0)(T_1T_6-T_2T_5)]\\
&+(\Omega_1^2(0)+\Omega_2^2(0))(S_2T_8)+(\Omega_1(0)\bar{\Omega}_1(0)-\Omega_2(0)\bar{\Omega}_2(0))(S_2T_6)\\
&+(\Omega_1(0)\bar{\Omega}_2(0)+\Omega_2(0)\bar{\Omega}_1(0))(S_2T_5)\\
\Delta_4=&S_1[\Omega_1(0)(T_2T_7-T_3T_6)+\Omega_2(0)(T_1T_7-T_3T_5)+\bar{\Omega}_1(0)(T_1T_6-T_2T_5)]\\
&-(\Omega_1^2(0)+\bar{\Omega}_2^2(0))(S_2T_7)+(\Omega_1(0)\bar{\Omega}_1(0)-\Omega_2(0)\bar{\Omega}_2(0))(S_2T_5)\\
&-(\Omega_1(0)\bar{\Omega}_2(0)+\Omega_2(0)\bar{\Omega}_1(0))(S_2T_6)
\end{aligned}$$

而

$$T_1=\left(\frac{\mathrm{d}\Omega_2(\varphi)}{\mathrm{d}\varphi}\right)_{\varphi=0}-\alpha(1+\nu)\Omega_2(0)$$

$$
T_2=\left(\frac{\mathrm{d}\Omega_1(\varphi)}{\mathrm{d}\varphi}\right)_{\varphi=0}-\alpha(1+\nu)\Omega_1(0)
$$

$$
T_3=\left(\frac{\mathrm{d}\bar{\Omega}_2(\psi)}{\mathrm{d}\psi}\right)_{\psi=0}+\alpha(1+\nu)\,\bar{\Omega}_2(0)
$$

$$
T_4=\left(\frac{\mathrm{d}\bar{\Omega}_1(\psi)}{\mathrm{d}\psi}\right)_{\psi=0}+\alpha(1+\nu)\,\bar{\Omega}_1(0)
$$

$$
T_5=\left(\frac{\mathrm{d}\Omega_1(\varphi)}{\mathrm{d}\varphi}\right)_{\varphi=0}-\alpha(1-\nu)\Omega_1(0)
$$

$$
T_6=\left(\frac{\mathrm{d}\Omega_2(\varphi)}{\mathrm{d}\varphi}\right)_{\varphi=0}+\alpha(1-\nu)\Omega_2(0)
$$

$$
T_7=-\left(\frac{\mathrm{d}\bar{\Omega}_1(\psi)}{\mathrm{d}\psi}\right)_{\psi=0}-\alpha(1-\nu)\,\bar{\Omega}_1(0)
$$

$$
T_8=\left(\frac{\mathrm{d}\bar{\Omega}_2(\psi)}{\mathrm{d}\psi}\right)_{\psi=0}+\alpha(1-\nu)\,\bar{\Omega}_2(0)
$$

$$
S_1=2\kappa(0)+\alpha
$$

$$
S_2=2\left[\left(\frac{\mathrm{d}\kappa(\varphi)}{\mathrm{d}\varphi}\right)_{\varphi=0}-\alpha(1+\nu)\kappa(0)\right]-\alpha^2(1+\nu)
$$

为了与 Turner-Ford 实验结果和有限元法计算结果[4]相比较，按 Turner-Ford 实验模型尺寸计算了轴向应力、环向应力及变形.

Turner-Ford 实验模型尺寸如下表：

模　　型	a(cm)	R(cm)	h(cm)
B	4.953 0	17.602 2	0.139 7
C	5.003 8	17.602 2	0.431 8
D	2.489 2	17.602 2	0.137 2

计算得参数

$$
\mu=\sqrt{3(1-\nu^2)}\,\frac{a^2}{Rh},\quad \alpha=\frac{a}{R}
$$

值如下表：

模　　型	B	C	D
μ	16.48	5.44	4.24
α	0.281	0.284	0.141

不同理论与实验所得到的单位变形值 $\left(\delta\Big/\dfrac{4\mu RP}{\pi ahE}\right)$ 如下表：

模　型	粗环壳理论	细环壳理论	有限元法	实　验
B	0.604	0.592	0.606	0.412
C	0.685	0.662	0.699	0.671
D	0.702	0.695	0.705	0.615

三种模型的轴向应力(σ_φ)及环向应力分布由图 3A、B，4A、B 和 5A、B 给出，由于所得结果与有限元法很一致，故未标出，可参看文[4].

从单位变形结果看来，各种理论与实验所得结果比较一致.（B 模型疑结果有误.）

从轴向应力及环向应力结果看来，无论是细壳或实验值，最大峰值一般略低，应力分布一般较为符合.

以上结果证明了文[3]所指出的当 $\alpha = a/R = 0.3$ 时，细环壳理论仍基本可用.

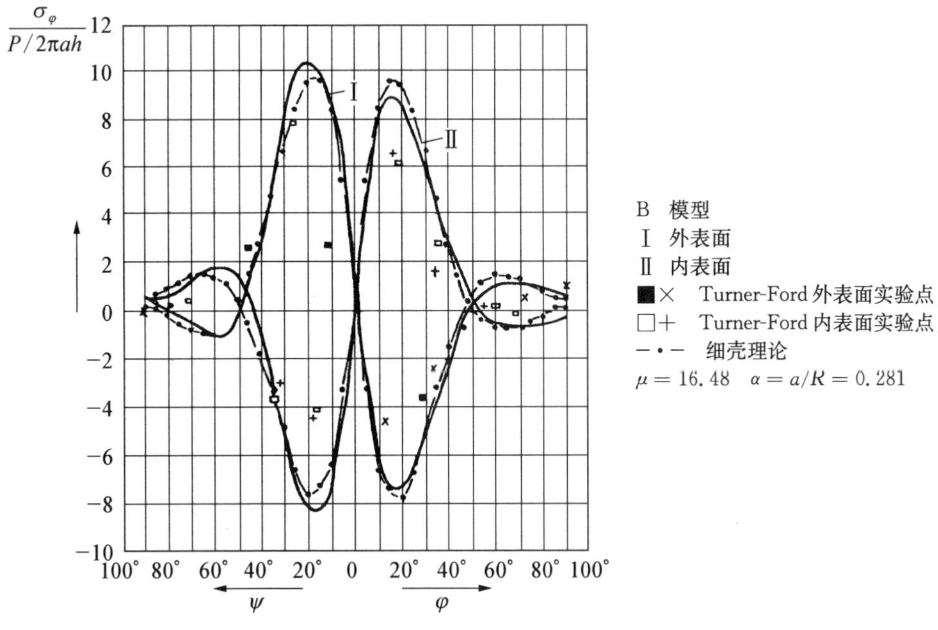

图 3A 半圆弧波纹管单位在轴向力作用下的轴向应力(σ_φ)分布，Turner-Ford 实验点和理论曲线的比较

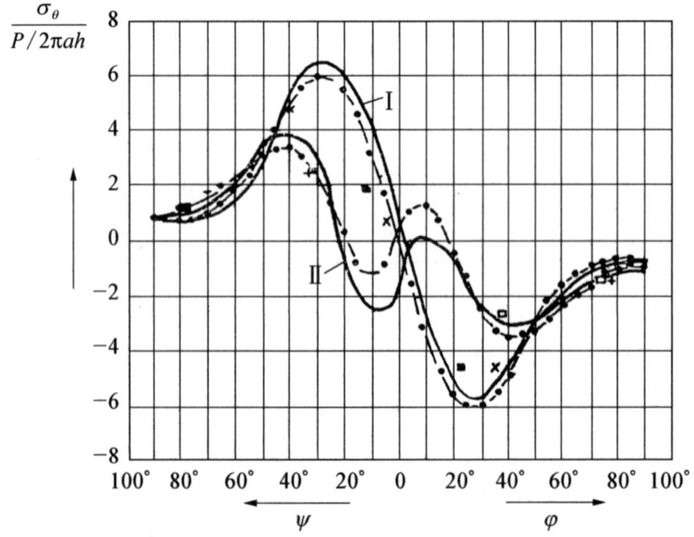

图 3B　半圆弧波纹管单元在轴向力作用下的环向应力(σ_θ)分布，Turner-Ford 实验点和理论曲线的比较

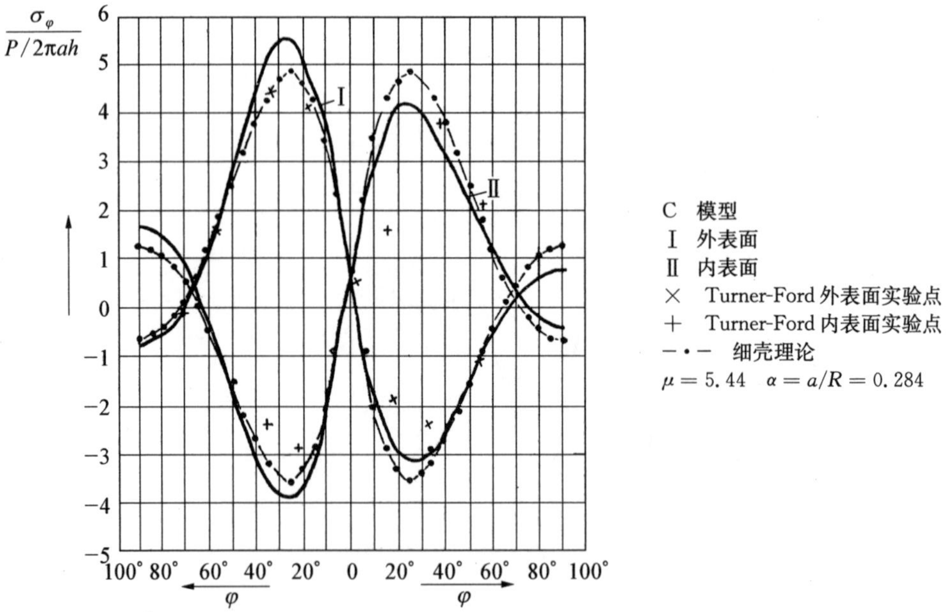

图 4A　半圆弧波纹管单元在轴向力作用下的轴向应力(σ_φ)分布，Turner-Ford 实验点和理论曲线的比较

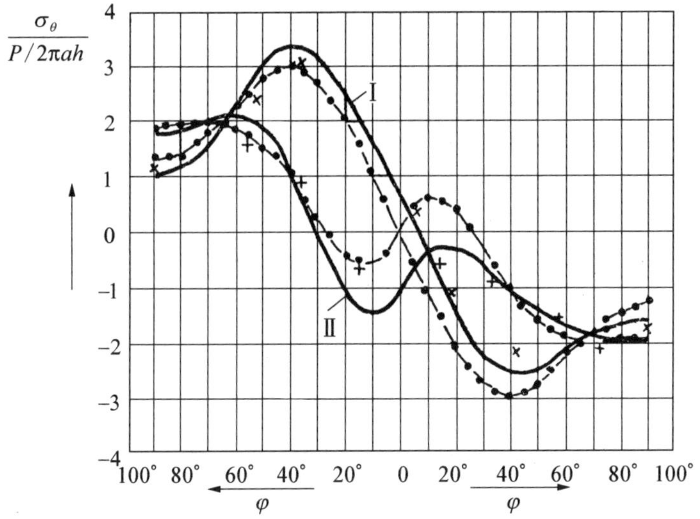

图 4B 半圆弧波纹管单元在轴向力作用下的环向应力(σ_θ)分布，Turner-Ford 实验点和理论曲线的比较

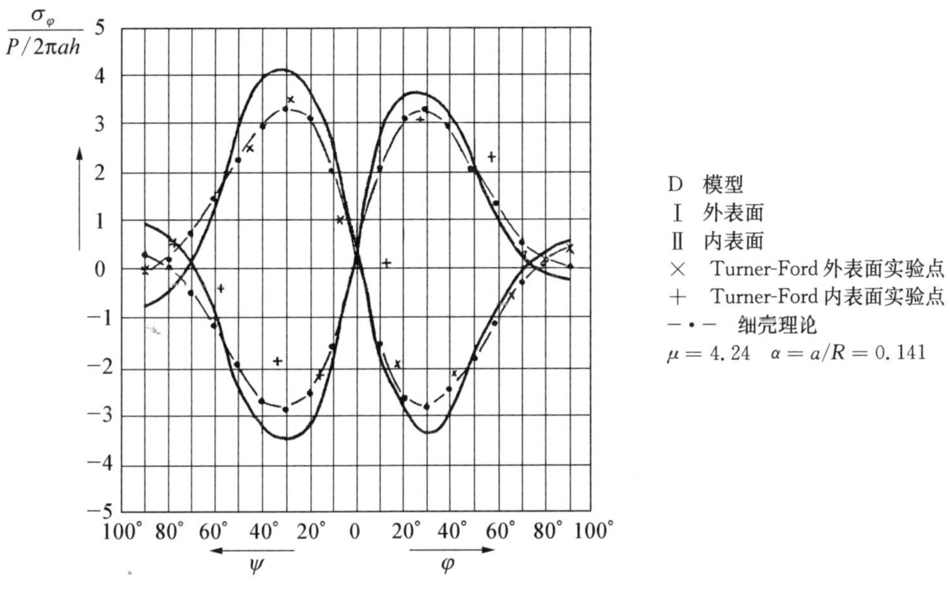

图 5A 半圆弧波纹管单元在轴向力作用下的轴向应力(σ_φ)分布，Turner-Ford 实验点和理论曲线的比较

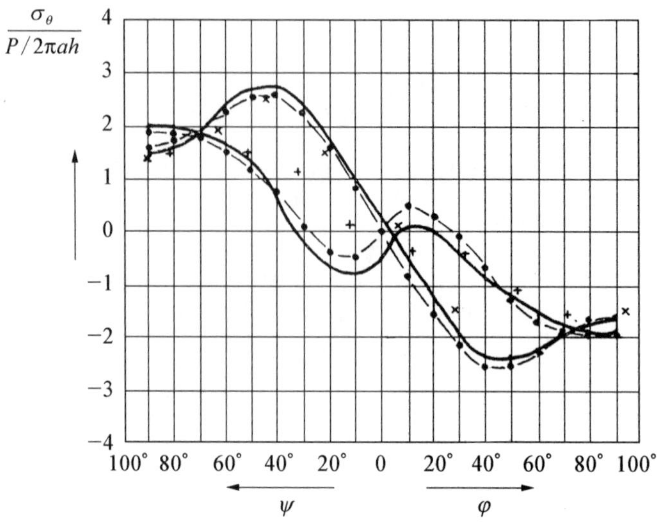

图 5B 半圆弧波纹管单元在轴向力作用下的环向应力(σ_θ)分布，Turner-Ford 实验点和理论曲线的比较

参考文献

[1] 钱伟长,郑思梁.轴对称圆环壳的一般解.应用数学和力学,1980,1(3): 287-299.

[2] Turner C E, Ford H. Stress and deflection of pipeline expansion bellows. Proceedings of the Institute of Mechanical Engineers, 1957, 171: 526-552.

[3] 钱伟长,半圆弧波纹管的计算——细环壳理论的应用.清华大学学报,1979,19(1): 84-99.

[4] 谢志成,付承诵,郑思梁.有曲率突变的轴对称壳的有限元解.应用数学和力学,1981,2(1).

Calculations for Semi-Circular Arc Type Corrugated Tube — Applications of General Solutions of Ring Shell Eguation

Abstract In this paper, the deformation and stress distribution of semi-circular arc type corrugated tube under the actions of axial compression are calculated by means of the general solutions of ring shell theory given in a previous paper[1]. The results of calculation fit fairly well with experimental data given by C. E. Turner-H. Ford (1957).

厚管板的等效弹性常数

摘　要　本文考虑了厚管板界条之间的约束条件和界条断面上存在着相应的双力矩，并由此导出了三角形排列厚管板的等效弹性系数公式和等效波桑系数公式.该公式计算的结果和 R. C. Sampson 的实验值、T. Slot 的数值解是一致的.

前言

近三十年来，不少人对具有均匀分布圆孔管板应力和变形进行过理论分析和实验研究.这些分析方法的共同点是将管板看成具有某一等效弹性常数 E^* 和 γ^* 的密实板，密实板的尺寸和管板相同.等效弹性常数则保证密实板和管板具有相同的变形.计算出密实板的名义应力并考虑到由于圆孔而带来的应力集中就可以得到管板的真实应力.

基于上述分析方法，必须准确地求得管板的等效弹性常数，这是进行管板计算的基础.等效弹性常数的准确不仅直接影响到管板的挠度计算是否可靠，而且对于管板及其有关部件的强度计算也是很重要的，弹性常数的偏差可能使管板某处的应力偏高，但也可能使另一处的应力偏低，因而不可能根据弹性常数的偏高或偏低来估计管板或其他部件是否保守.这就更加说明了准确确定管板有效弹性常数的必要性.

自 K. A. Gardner 于 1948 年[1]提出用密实板代替管板的概念以后，G. Horvay[1,2]导出了平面应力和弯曲应力情况下的等效弹性常数. I. Markin[4]也同时导出了弯曲情况下的不同的等效弹性常数，由于结果的不同而引起了一场辩论.此后，R. C. Sampson 通过板条的拉伸实验和板条的纯弯实验得到了平面应力和弯曲应力情况下的等效弹性常数实验[5]，这一实验结果未能定以前的任何一个理论的正确性. Sampson 的实验结果后来被 M. M. Leven[6]的管板实验所证实，并得到了 W. J. O'Donnell 和 Langer 等人的承认并用于管板设计[7]. Sampson 的平面应力实验和厚管板的弯曲实验还进一步证实了可以用平面问题的等效弹性常数代替厚管板的等效弹性常数[8].这一前提一直为人们所沿用，本文也不例外.

作者：钱伟长、戴福隆.原载《力学学报》，1981，(4)：364－371.

对于 Horvay 和 Markin 理论的不可靠性，人们一般都认为主要是由于将具有双周期排列圆孔的管板简化成了具有六角形或四方形的网格板所导致的. 为了解决这一问题，Koiter 和 Meijers 运用复变函数理论找到了反映整个管板双周期应力场的应力函数，并使它满足管板的边界条件，得到了管板应力的数学解答[9]. 然而这一方法的不足之处是由于数学上的复杂性而难以应用一般的通用计算程序以适应各种不同管板结构的需要. T. Slot 等人[10]从管板的一个圆孔附近取出一个有代表性的单元体，并运用拼凑法以满足单元体的边界条件. 这样就避免了寻找双周期应力函数的数学上的复杂性并能使这一数字解答适用计算机通用程序以解决广泛的工程应用问题. Meijers 和 Slot 得到的厚管板的计算结果和 Sampson 的实验值是一致的，但他们都只给出了数值结果.

本文认为：Horvay 的厚管板弯曲理论（即平面应力理论）的主要问题并不是由于几何形状上简化的不合理，而是因为 Horvay 等人没有考虑到各个界条之间的相互约束作用而简单地按静力平衡的原则将密实板的内力素分配在管板简化单元体的界条上了. 本文在已有实验的基础上分析了厚管板界条上的应力分布状况，考虑到各界条之间的约束条件以及实际存在的双力矩内力素，并对计算模型进行了合理简化. 在此基础上导出了三角形排列厚管板的等效弹性常数的近似数学表达式，作者还进行了薄管板板条的弯曲实验，得到了等效弹性常数 E^* 的实验值. 按本文提供的公式计算的结果和本文的实验值、Sampson 的实验值以及 Slot 的数值解答是一致的，但计算公式都极为简单.

简化

三角形排列的多圆孔管板可以看成为横观各向同性的密实板，这已为 Horvay 从理论上论证过. 等效弹性常数只和管板的几何尺寸以及管板材料的弹性常数有关，而和管板的受外情况无关. 基于以上两个前提，为简单起见，我们考虑以图 1 所示单向受力纯弯曲作用的厚板条作为研究对象.

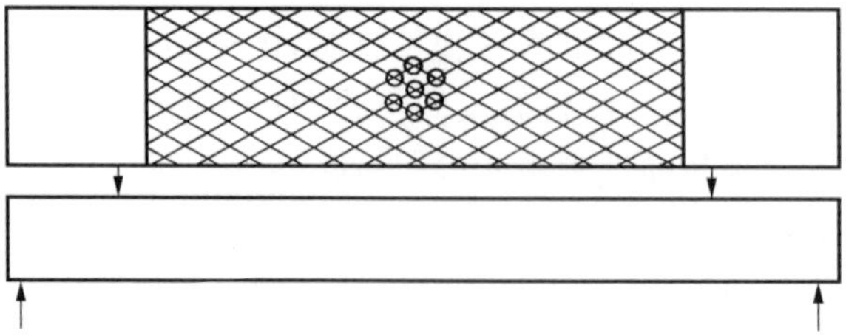

图 1　三角排列管板条

由于厚管板的弯曲应力沿厚度方向的梯度较小，而且基本上符合线性规律[8]，管板的刚度基本上可以由管板上下表面的变形所决定，因而可以用厚管板表层的弹性性质来描述厚管板弯曲的弹性性质，也就是说可以用管板平面应力的等效弹性常数来替代厚管板弯曲时的等效弹性常数，这一结论也已经为 Sampson 的实验所证实，图 2 给出了平面应力和弯曲应力两种情况的孔边应力分布状况，说明两种情况的弹性性质. 和应力分布都是类同的. 因而可以用管板平面应力的等效弹性常数来替代弯曲时的等效弹性常数.

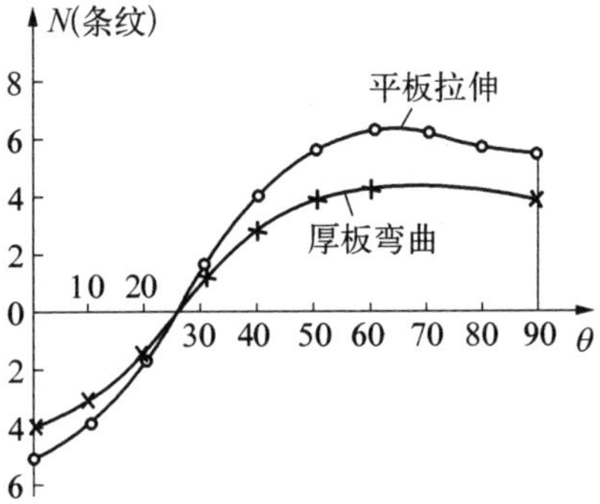

图 2　Sampson 的应力实验值

在管板板条的轴线方向加一拉力，并将圆孔管板简化为六角形网格板，在网格板中取出一个带有三个界条的典型单元(图 3)，分析该界条单元的受力和变形关系并和密实板相比较即可求得等效弹性常数. 为了对界条单元进行合理简化，图 4 给出了该区域在单向拉伸时的等差线图案. 分析图 4(1—1)断面的应力可知该断面主要承受抛物线分布规律的剪应力和少量的轴向压力，但无弯曲应力，而离开 1—1 断面的两侧，边界应力 σ_t 改变符号，显然这是由于不同符号的弯矩所引起的. 可见 OC 杆将在受力平面内产生弯曲变形，并在弯矩为零的 1—1 断面上出现拐点，OC 杆的两端将有符号相反的弯矩作用，因而 OC 杆的变形如图 5(a)所示. 界条单元的受力和支承情况可简化如图 5(b).

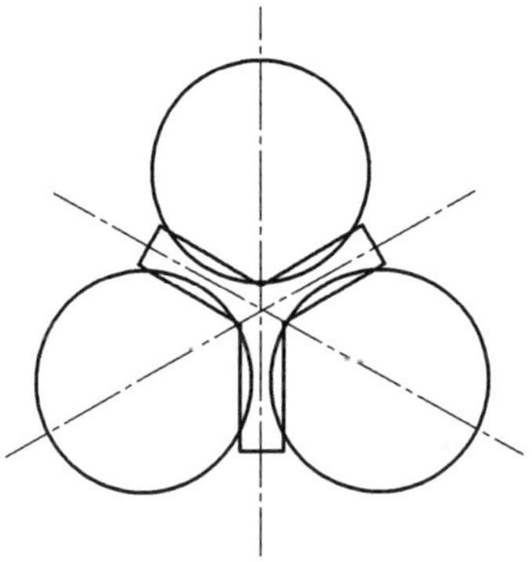

图 3　界条单元

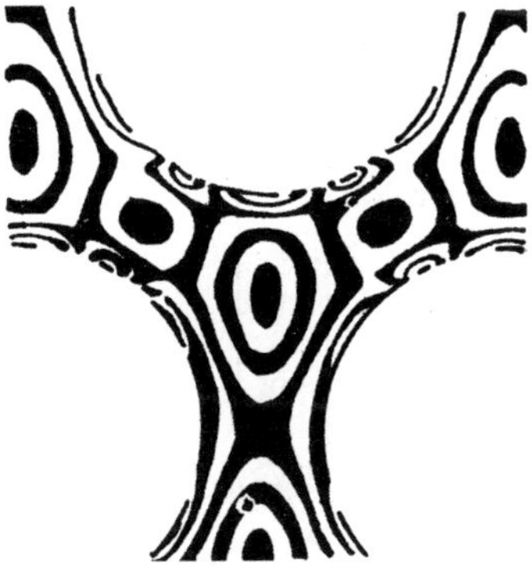

图 4　界条单元等差线图

其实上述简化结果也不难从分析该管板受力变形的对称性得到. 各个节点处的转角必须为零并保持转角连续，而横向位移则应该是自由的. 在 Horvay 等人的简化中忽略节点处存在的弯矩，得出了和实际情况不一致的结果.

上述简化方法实质上是将厚管板表面的受力状况当作平面问题分析的. 这种分析不仅不会和厚管板的三维应力状态发生矛盾，相反，却有助于对厚管板三维应力状态的了解. 厚管板沿厚度方向的正应力基本是直线分布，这个结论已经为实验

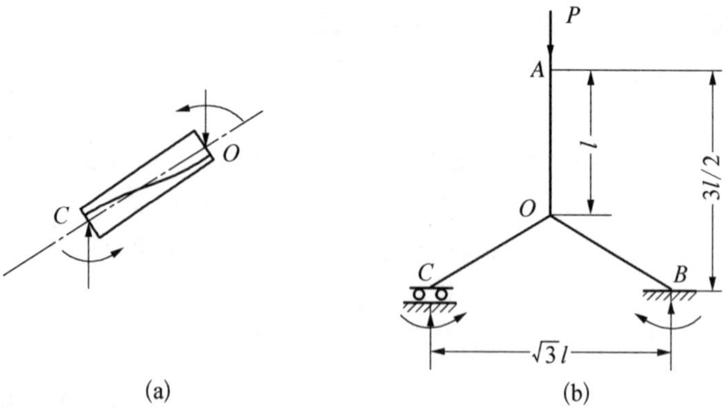

图 5　界条单元受力简化

所证实,它不仅适用于横向弯曲正应力分布,而且也适用于前面分析的面内弯曲正应力分布情况(图 6). 这说明在厚管板上下表层存在着方向相反的面内弯矩. 这就在界线的断面上形成了如薄壁构件经常存在的双弯矩应力 σ_b,和双弯矩谐调的是沿厚度直线分布的剪应力 τ_b,这些剪应力合成为界条截面上的扭矩. 由此可见,如果要对厚管板进行三维应力分析,必须考虑厚管板具有薄壁构件的性质,因而具有双弯矩和相应的扭矩,这是厚管板和薄管板之所以不同的本质所在.

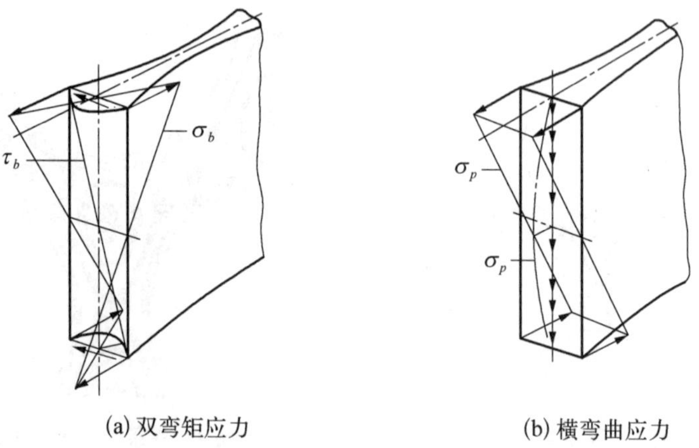

图 6　厚管板界条断面应力分布

公式

为了进行简化计算必须先算出图 3 所示六角网格板的平均界条宽 b,这可以近似地按照管板表面积和网格板表面积相等的原则确定. 换言之,也就是项照圆孔面积和六角孔面积相等的原则确定. 可得

$$\pi(R-h)^2 = 6\times\frac{1}{2}lH = 2\sqrt{3}H^2$$

$$H = \left(\frac{\pi}{2\sqrt{3}}\right)^{1/2}(R-h) = 0.95(R-h)$$

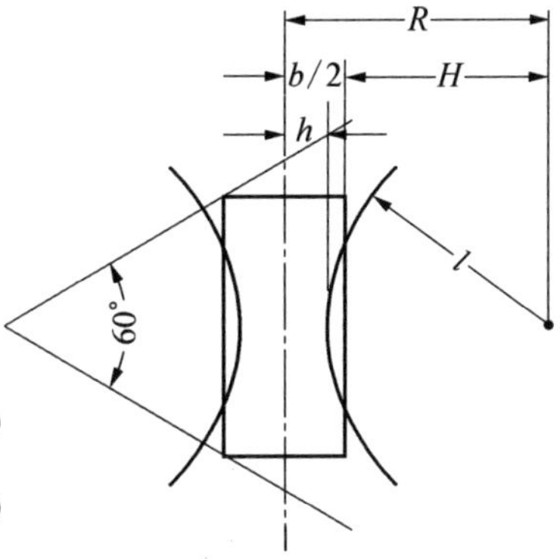

图 7

可由下式求出平均界条宽

$$b/2 = R - H = 0.05R + 0.95h \qquad (1)$$

如今 $\beta = b/2R$ 为网格板界条系数 (2)

$\eta = h/R$　为管板界条系数 (3)

则上式弯换为

$$\beta = 0.05 + 0.95\eta \qquad (4)$$

根据管板界条系数即可求得网格板界条系数.

对于单向受力的管板,在界条单元的 OA 杆上只承受轴力 P,端点 B, C 处的弯矩可以根据相对转角 θ_{BC} 的条件求出为

$$M_B = M_C = M = \frac{\sqrt{3}}{8}Pl$$

B、C 两处的垂直反力皆为 $P/2$.

等效弹性常数可以根据界条单元的总应变能和相同区域的密实板的应变能相等的原则计算出来. 界条单元的总应变为三个杆件 OA, OB, OC 的应变能之和,即

$$u = u_A + u_B + u_C = u_A + 2u_B$$

OA 杆的应变能为

$$u_A = \frac{1}{2}\frac{P^2 l}{EF}$$

OB、OC 的应变能则由弯矩、轴力、剪力三部分所组成

$$u_B = u_{Bm} + u_{BP} + u_{BQ}$$

当界条系数较小时,u_{BQ} 项可以忽略,则

$$u_B = \frac{1}{2}\int_0^l M(s)^2\frac{ds}{EJ} + \frac{1}{2}\int_0^l N_B^2\frac{ds}{EF}$$

已知

$$M(s)=\frac{\sqrt{3}}{8}Pl\ \frac{\sqrt{3}}{4}Ps$$

$$N_B=P/4$$

代入上式并令管板为单元厚度，则

$$2u_B=\frac{3}{16}\ \frac{P^2}{E}\left(\frac{l}{b}\right)^3+\frac{1}{16}\ \frac{P^2l}{Eb}=\frac{3}{16}\ \frac{P^2}{E}\alpha^3+\frac{1}{16}\ \frac{P^2}{E}\alpha$$

式中 $\alpha=l/b$

$$u=\frac{3}{16}\ \frac{P^2}{E}(\alpha^3+3\alpha) \tag{5}$$

在计算等效密实板的应变能时，所取面积应和界条单元(图 5)所占区域相同，即取高为 $3l/2$，宽为$\sqrt{3}l$ 的平板，并取单位厚度，载荷则和界条单元相同，为均匀分布在宽为$\sqrt{3}l$ 上的轴力 P，则密实板的应变能为

$$u_s=\frac{1}{2}\ \frac{P^2}{E^*}\ \frac{3l}{2}\Big/\sqrt{3}l=\frac{\sqrt{3}}{4}\ \frac{P^2}{E^*} \tag{6}$$

令界条单元的总应变能和密实板的应变能相等，可得

$$E^*/E=\frac{4}{\sqrt{3}}\Big/(\alpha^3+3\alpha) \tag{7}$$

根据 $l=2R/\sqrt{3}$，并由 $\beta=b/2R$ 则

$$\alpha=1/\sqrt{3}\beta \tag{8}$$

上式可变换为

$$E^*/E=12\beta^3/(1+9\beta^2) \tag{9}$$

根据管板的界条系数 η 由式(4)求得网格板的界条系数 β 代入上式，即可求得等效弹性模量 E^*.

管板的等效泊桑系数 γ^* 可以按图 5 所示的简化模型计算单位长度的横向变形和纵向变形之比确定，按照熟知的方法可求得 C 点的垂直位移为

$$\Delta y=\frac{3P}{8E}(\alpha^3+3\alpha)$$

C 和 B 两点的水平相对移为

$$\Delta x = \frac{\sqrt{3}P}{4E}(\alpha^3 - \alpha)$$

考虑到界条单元在垂直和水平方向的长度不同

$$\gamma^* = \frac{\Delta x}{\Delta y}\frac{3l}{\alpha}\Big/\sqrt{3}l = \alpha^2 - 1/\alpha^2 + 3 \tag{10}$$

将(8)式代入则为

$$\nu^* = (1 - 3\beta^2)/(1 + 9\beta^2) \tag{11}$$

公式(9)和(11)给出了厚管板等效弹性常数 E^* 和 ν^* 的近似结果.

比较

将公式(9)和(11)两式绘制成曲线并和 Horvay 的理论值，Sampson 的实验值，以及 Slot 的数值进行比较，如图 8 所示，曲线表明本文所得结果与 Sampson 和 Slot 的结果在很大范围内吻合的较好，这对于工程应用范围已经足够了. 只是当界条系数 η 较大时，等效泊桑系数 γ^* 将出现少于材料泊桑系数 γ 的情况，这显然是不合理的，而等效弹性模量 E^* 只有当界条系数 η 接近于 1 时才会出现明显的偏差，产生偏差的原因显然是由于将界条看成细长杆所带来的. 但这并不影响(9)(11)两式的工程应用价值，这是因为弹性横量 E 对工程设计的影响比泊桑比 γ 要大得多，而计算 E^* 的公式(9)却几乎在所有的范围内都能应用，如果在计算 γ^* 时，发现 $\gamma^* < \gamma$，则可直接用 γ 代替 γ^*. 这样，就可以弥补公式(11)的不足. 考虑到上述情况，图 8 的曲线则应作相应的修正，如虚线所示. 比较的结果说明：Horvay 的理论值和本文结果有明显偏差，等效弹性模量一般偏小，而等效泊桑系数则偏大，这显然是由于没有考虑界条相互之间的约束所造成.

为了进一步检验本文所得结果的可靠性，作者还进行了三角排列的厚管板板条的纯弯曲实验，通过测定板条上三点的挠度计算板条的曲率并求出相应的等效弹性模量 E^*，三角排列管板的界条系数 $\eta = 0.3$. 所得结果标注在图 8 中，实验结果进一步论证了本文所给公式的可靠性.

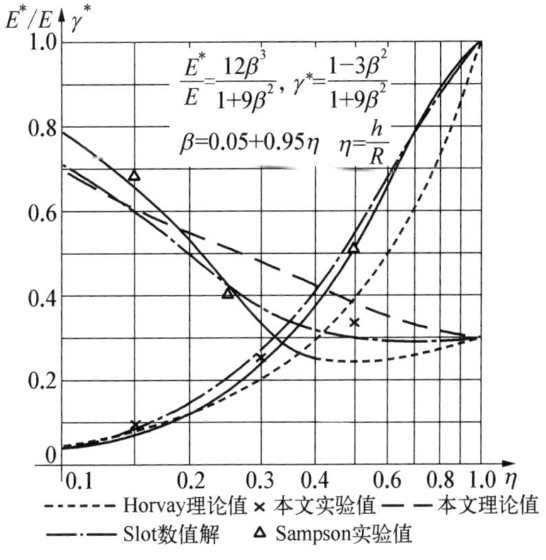

图 8　等效弹性常数和的关系

结语

本文在分析管板应力分布和考虑界条约束条件的基础上得出了与 Sampson 实验值和 Slot 的数值解基本一致的近似公式,适用于工程应用范围. 显然,在本文定性分析的基础上考虑到厚管板的界条具有薄壁构件的性质,从界条单元进行合理简化进行三维应力分析,将有可能得出更精确的理论结果.

参考文献

[1] Gardner K A. Heat-exchanger tube-sheet design. J of Appl Mech, 1948, 15: 377-385.

[2] Horvay G. The plane-stress problem of perforated plates. J of Appl Mech, 1952, 19:

[3] Horvay G. Bending of honeycomb and of perforated plates. J of Appl Mech, 1952, 19: 122-123.

[4] Markin I. Notes on a theoretical basis for the design of tube sheets of triangular layout. Trans ASME 1952, 74: 387-396.

[5] Sampson R C. Photoelastic frozen stress study of the effective elastic constants of perforated plates. A Progress Report, Westinghouse Elestris Report 100 FF 996—R7—x Pittsburgh, 1959 (WAPD—DLE—319).

[6] Leven M M. Photoelastic determination of stress in tube sheets and comparison with calculated values. Bettis Technical Review, WAPD—BT—18, 1960: 53-73.

[7] O'Donnell W J. Effective elastic constents for steam generator tube sheets. Bettis Tech Revi WAPD—BT—22: 1-7.

[8] Sampson R C. Photoelastic analysis of stresses in perforated material subject to tension or bending. Bettis Technical Review, WAPD—BT—18, 1960: 33-52.

[9] Meijers P. Plates with a doubly-Periodic pattern of circular holes loaded in plane stress or in bending//Proceeding of First International Conference on Pressure Vesse. Technology, Delft, The Netherlands, 1969; ASME, New York, 1969.

[10] Slot Thomas. Stress analysis of thick perforated plates. Westport Conn Technomic Pub, 1972.

[11] Slot T, O'Donnell W J. Effective elastic constants for thick perforated plates with square and triangular penetration patterns. J of Engin for Industry, Trans ASME, 1971, 93.

Effective Elastic Constants for Thick Perforated Plates

Abstract In this paper, the constraint conditions of thick perforated plate ligament and corresponding bimoment in the ligament section are described. From these considerations, the theoretical formulae for calculating effective elastic constants of thick perforated plates with triangular penetration pattern are obtained. The theoretical values obtained from these formulae give a good agreement with Sampson's experimental results and Slot's numerical solution.

圆薄膜中心部分受均布载荷产生的对称变形

摘　要　本文给出了圆薄膜中心部分受均布载荷产生的对称弯曲变形的解，它的极限给出圆薄膜在中心集中载荷下的解.它们是 Hencky 圆薄膜解以后，第三种有关的圆薄膜解.

一、引论

H. Hencky(1915)[1]给出了圆薄膜在全膜受均布载荷下的解，这个薄膜解有一些计算误差曾由钱伟长(1948)予以修正[2]，并以该解为基础求得了圆薄板大挠度问题的渐近解. Алексеев(1951)[3]给出了圆环薄膜在其中部相联的刚性圆板上受垂直的中心集中荷载所产生的变形的解，叶开沅(1954)[4]在此基础上用摄动法求得圆环板大挠度问题的解. Hencky 和 Алексеев 所处理的问题见图 1a，b.

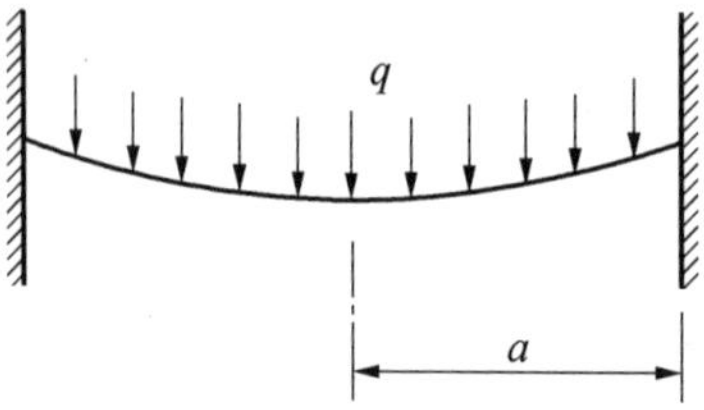

图 1a　Hencky 问题

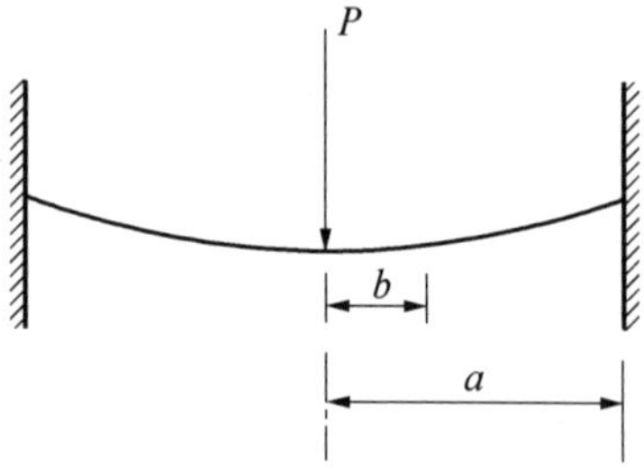

图 1b　Алексеев 问题

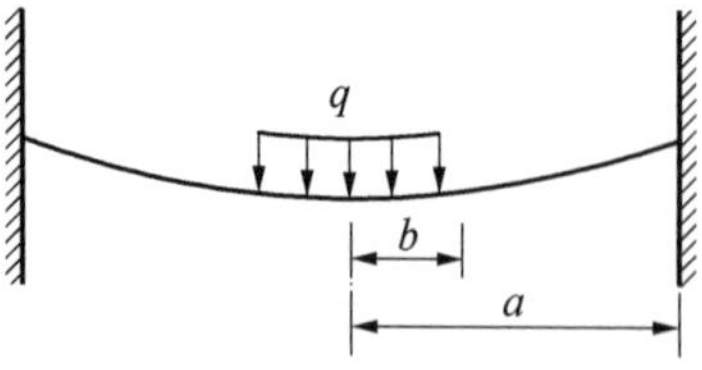

图 2　圆薄膜中心部分受均布载荷的问题

本文将处理第三个问题，即圆薄膜中心部分受均布载荷下产生的对称弯曲变形(图 2). 在极限 $b\to 0$，但

$$\lim_{b\to 0} q\pi b^2 = P_0 \tag{1.1}$$

的条件下，第三个问题的极限问题是圆薄

作者：钱伟长、王志忠、徐尹格、陈山林. 原载《应用数学和力学》，1981，2(6)：599－612.

膜受集中载荷的重要问题.(1.1)式中极限 P_0 为集中载荷,本文把圆薄膜分为两部分:(1) 中心均布载荷部分 ($r\leqslant b$),在这一部分内可以采用 Hencky 解(即级数解);(2) 圆环薄膜部分 ($b\leqslant r\leqslant a$),在这一部分内可以采用 Алексеев 的解.利用 $r=b$ 处和 $r=a$ 处连续条件和边界条件,可以决定一切积分常数.

二、中心均布载荷部分 ($r\leqslant b$) 的薄膜方程及其解

设在圆薄膜中心部分取半径为 $r\leqslant b$ 的一块圆薄膜,研究这块圆薄膜在均布载荷 q 和薄膜拉应力 σ_r(作用在边界上)联合作用下的平衡问题(图 3).这里有两个垂直力,均布载荷 q 的总合力 $\pi r^2 q$(其中 $r\leqslant b$),及薄膜拉应力 σ_r 所产生的垂直合力 $2\pi rh\sigma_r\sin\theta$,其中 h 为薄膜的厚度,θ 为薄膜的斜角.平衡条件为

$$2\pi rh\sigma_r\sin\theta=\pi r^2 q \tag{2.1}$$

设薄膜在 r 处的位移为 $w(r)$,见图 3.则有

$$\sin\theta\approx-\frac{\mathrm{d}w}{\mathrm{d}r} \tag{2.2}$$

把(2.2)代入(2.1),得平衡方程(垂直于圆膜平面的)

$$h\sigma_r\frac{\mathrm{d}w}{\mathrm{d}r}=-\frac{1}{2}rq \tag{2.3}$$

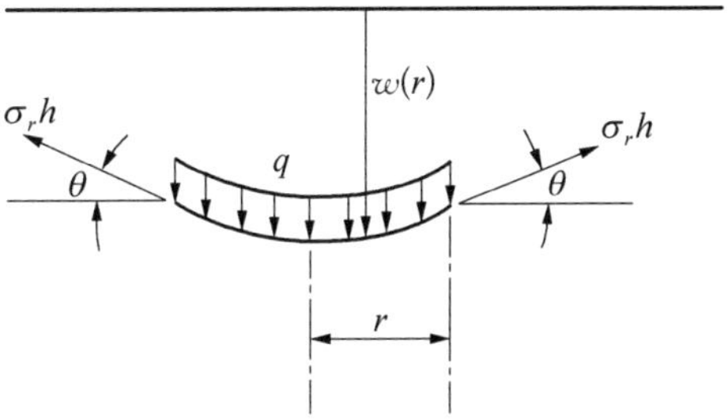

图 3　圆薄膜中心部分($r\leqslant b$)的平衡图

在圆膜平面内,有薄膜径向应力 σ_r 和环向应力 σ_t 的作用,其平衡方程为

$$\frac{\mathrm{d}}{\mathrm{d}r}(rh\sigma_r)-h\sigma_t=0 \tag{2.4}$$

设薄膜内的径向应变为 e_r,环向应变为 e_t,径向位移为 $u(r)$,垂直位移为 $w(r)$,则有大挠度问题的应变位移关系:

$$\left.\begin{aligned}e_r&=\frac{\mathrm{d}u}{\mathrm{d}r}+\frac{1}{2}\left(\frac{\mathrm{d}w}{\mathrm{d}r}\right)^2\\ e_t&=\frac{u}{r}\end{aligned}\right\} \tag{2.5}$$

应力应变关系为

$$\left.\begin{aligned}\sigma_r&=\frac{E}{1-\nu^2}(e_r+\nu e_t)\\ \sigma_t&=\frac{E}{1-\nu^2}(e_t+\nu e_r)\end{aligned}\right\} \tag{2.6}$$

其中 E 为杨氏模量,ν 为泊松比. 把(2.5)代入(2.6),得

$$\left.\begin{aligned} h\sigma_r &= \frac{Eh}{1-\nu^2}\left[\frac{\mathrm{d}u}{\mathrm{d}r}+\frac{1}{2}\left(\frac{\mathrm{d}w}{\mathrm{d}r}\right)^2+\nu\frac{u}{r}\right] \\ h\sigma_t &= \frac{Eh}{1-\nu^2}\left[\frac{u}{r}+\nu\frac{\mathrm{d}u}{\mathrm{d}r}+\frac{\nu}{2}\left(\frac{\mathrm{d}w}{\mathrm{d}r}\right)^2\right] \end{aligned}\right\} \tag{2.7}$$

从(2.7),(2.4)式,得

$$\frac{u}{r}=\frac{1}{Eh}(h\sigma_t-\nu h\sigma_r)=\frac{1}{Eh}\left[\frac{\mathrm{d}}{\mathrm{d}r}(rh\sigma_r)-\nu h\sigma_r\right] \tag{2.8}$$

如果把(2.8)式的 u 代入(2.7)式的第一式,得

$$r\frac{\mathrm{d}}{\mathrm{d}r}\left[\frac{1}{r}\frac{\mathrm{d}}{\mathrm{d}r}(r^2h\sigma_r)\right]+\frac{Eh}{2}\left(\frac{\mathrm{d}w}{\mathrm{d}r}\right)^2=0 \tag{2.9}$$

从(2.4)到(2.9)式的详细推导,可从一般板壳理论中查得,本文从略.

(2.3)和(2.9)式,为求解 σ_r,$\frac{\mathrm{d}w}{\mathrm{d}r}$ 的两个联立方程式. 现在先把各种变量无量纲化:

$$\left.\begin{aligned} &Q=\frac{a^4q}{h^4E},\ W=\frac{w}{h},\ S_r=\frac{a^2\sigma_r}{Eh^2}, \\ &S_t=\frac{a^2\sigma_t}{Eh^2},\ x=\frac{r^2}{a^2} \end{aligned}\right\} \tag{2.10}$$

(2.3),(2.4),(2.9)化为

$$\frac{\mathrm{d}^2}{\mathrm{d}x^2}(xS_r)+\frac{1}{2}\left(\frac{\mathrm{d}W}{\mathrm{d}x}\right)^2=0 \tag{2.10a}$$

$$\frac{\mathrm{d}W}{\mathrm{d}x}S_r=-\frac{Q}{4} \tag{2.10b}$$

$$S_t=S_r+2x\frac{\mathrm{d}S_r}{\mathrm{d}x} \tag{2.10c}$$

求解(2.10a,b,c)的边界条件为

(1) 当 $x=0$ 时,$S_r=$ 有限值 (2.11a)

(2) 当 $x=\alpha^2$ 时,$W_A=W_B$,$(S_r)_A=(S_r)_B$,$u_A=u_B$ (2.11b,c,d)

其中

$$\alpha = \frac{a}{b} \tag{2.12}$$

A、B 代表受均布载荷区域(A)和未受载荷的圆环区域(B)交界处($r=b$)的两侧的值. 从(2.10a,b)中消去$\frac{\mathrm{d}W}{\mathrm{d}x}$,得一个只包 S_r 的方程

$$\frac{\mathrm{d}^2}{\mathrm{d}x^2}(xS_r) + \frac{Q^2}{32S_r^2} = 0 \tag{2.13}$$

若将 xS_r 代之以 $Z(x)$,即令

$$xS_r = \frac{1}{2}\left(\frac{Q}{2}\right)^{2/3} Z \tag{2.14}$$

代入(2.13)式,得一非线性方程

$$\frac{\mathrm{d}^2 Z}{\mathrm{d}x^2} = -\frac{x^2}{Z^2} \tag{2.15}$$

为了满足 $x=0$ 时的条件(2.11a),Z 应展开为 x 的幂级数.

$$Z(x) = xf(x) \tag{2.16}$$

其中 $f(x)$是

$$f(x) = 1 - \frac{1}{2}x - \frac{1}{6}x^2 - \frac{13}{144}x^3 - \frac{17}{288}x^4 - \frac{37}{864}x^5 - \frac{1\,205}{36\,288}x^6 - \frac{219\,241}{8\,128\,512}x^7 - \cdots \tag{2.17}$$

我们很容易证明,如果 $Z(x)$为(2.15)的解,则 $c^{-4/3}Z(cx)$也是(2.15)的解,其中 c 为待定积分常数. 于是(2.15)的一般解(满足边界条件(2.11a))为

$$S_r = \left(\frac{Qc}{2}\right)^{\frac{2}{3}} \frac{1}{2c} f(cx) \tag{2.18}$$

而根据(2.8),有

$$\frac{u}{r} = \frac{1}{Eh}\left[\frac{\mathrm{d}}{\mathrm{d}r}(rh\sigma_r) - \nu h\sigma_r\right] = \frac{h^2}{a^2}\left[2x\frac{\mathrm{d}S_r}{\mathrm{d}x} + (1-\nu)S_r\right]$$
$$= \frac{h^2}{2a^2c}\left(\frac{Qc}{2}\right)^{\frac{2}{3}}\left[2cxf'(cx) + (1-\nu)f(cx)\right] \tag{2.19}$$

从(2.10b),有

$$\frac{\mathrm{d}W}{\mathrm{d}x}=-\left(\frac{Qc}{2}\right)^{1/3}[f(cx)]^{-1}=-\left(\frac{Qc}{2}\right)^{1/3}h(cx) \tag{2.20}$$

其中 $h(x)$ 为

$$h(x)=\frac{1}{f(x)}=1+\frac{1}{2}x+\frac{5}{12}x^2+\frac{55}{144}x^3+\frac{35}{96}x^4+\frac{205}{576}x^5+\frac{17\,051}{48\,384}x^6+\frac{2\,864\,485}{8\,128\,512}x^7+\cdots \tag{2.21}$$

积分(2.20),得

$$W=-\left(\frac{Qc}{2}\right)^{1/3}g(cx)\cdot x+A \tag{2.22}$$

其中 A 为又一待定的积分常数,$g(x)$ 为

$$g(x)=\frac{1}{x}\int_0^x h(x)\mathrm{d}x=1+\frac{1}{4}x+\frac{5}{36}x^2+\frac{55}{576}x^3+\frac{7}{96}x^4+\frac{205}{3\,456}x^5+\frac{17\,051}{338\,688}x^6+\frac{2\,864\,485}{65\,028\,096}x^7+\cdots \tag{2.23}$$

(2.18)及(2.19)中的待定常数 c 和 A 将通过在 $x=\alpha^2$ 处的连续条件决定.

三、圆环薄膜部分的解

设在 $b\leqslant r\leqslant a$ 中取半径为 r 的一块圆薄膜,如图 4,其中 $r\leqslant 6$ 的中心部分受有均布载荷的作用.载荷合力 $\pi b^2 q$ 和 r 处的薄膜拉力 $\sigma_r h$ 的平衡条件为

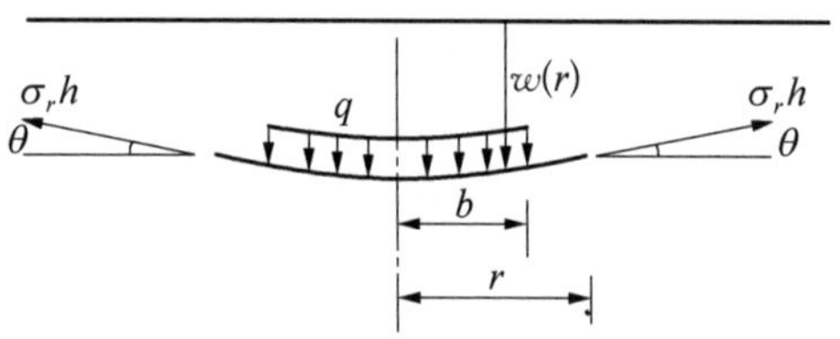

图 4　圆环薄膜部分 $b\leqslant r\leqslant a$ 的平衡图

$$2\pi r\sigma_r h\sin\theta=\pi b^2 q \tag{3.1}$$

利用了(2.2),可写成

$$rh\sigma_r\frac{\mathrm{d}w}{\mathrm{d}r}=-\frac{1}{2}b^2 q \tag{3.2}$$

也可用无量纲量写成

$$xS_r\frac{\mathrm{d}W}{\mathrm{d}x}=-P \tag{3.3}$$

其中 P 相当于等效的集中力

$$P=\frac{a^2b^2q}{4h^4E} \tag{3.4}$$

从(3.3)和(2.10a)中消去$\frac{\mathrm{d}W}{\mathrm{d}x}$,得求解 S_r 的方程式,

$$\frac{\mathrm{d}^2}{\mathrm{d}x^2}(xS_r)=-\frac{1}{2}\frac{P^2}{x^2S_r^2} \tag{3.5}$$

再将 xS_r 代之以 F,即

$$xS_r=\left(\frac{1}{2}P^2\right)^{1/3}F(x) \tag{3.6}$$

得

$$F^2\frac{\mathrm{d}^2F}{\mathrm{d}x^2}=-1 \tag{3.7}$$

从(3.3)式,得

$$\frac{\mathrm{d}W}{\mathrm{d}x}=-\frac{(2P)^{1/3}}{F(x)} \tag{3.8}$$

将$\frac{\mathrm{d}F}{\mathrm{d}x}$乘(3.7)式两侧,即得

$$\frac{1}{2}\frac{\mathrm{d}}{\mathrm{d}x}\left(\frac{\mathrm{d}F}{\mathrm{d}x}\right)^2=-\frac{1}{F^2}\frac{\mathrm{d}F}{\mathrm{d}x}=\frac{\mathrm{d}}{\mathrm{d}x}\left(\frac{1}{F}\right) \tag{3.9}$$

积分得

$$\frac{1}{2}\left(\frac{\mathrm{d}F}{\mathrm{d}x}\right)^2=\frac{1}{F}-B \qquad (B\text{ 为待定积分常数}) \tag{3.10}$$

或

$$\frac{\mathrm{d}F}{\mathrm{d}x}=\sqrt{2}\cdot\sqrt{\frac{1-FB}{F}} \tag{3.10a}$$

开方取正值.现在引进新变量 φ,令

$$F=\frac{1}{B}\sin^2\varphi \tag{3.11}$$

代入(3.10a),得

$$\frac{\mathrm{d}\varphi}{\mathrm{d}x}=\frac{1}{\sqrt{2}}B^{3/2}\frac{1}{\sin^2\varphi} \tag{3.12}$$

积分得:

$$x+k=(2B)^{-3/2}(2\varphi-\sin 2\varphi) \quad (k=\text{待定积分常数}) \tag{3.13}$$

以(2.10)代入(2.8)，并用(3.6)式消去 xS_r，得

$$\frac{u}{r}=\left(\frac{1}{2}P^2\right)^{1/3}\frac{h^2}{a^2}\left[2\frac{\mathrm{d}F}{\mathrm{d}x}-(1+\nu)\frac{F}{x}\right] \tag{3.14}$$

利用(3.10a)、(3.11)、(3.13)，上式可以简化为

$$\frac{u}{r}=\frac{h^2}{a^2}\left(\frac{1}{2}P^2\right)^{1/3}(2B)^{3/2}\frac{1}{B}\left[\frac{\cos\varphi}{\sin\varphi}-(1+\nu)\frac{\sin^2\varphi}{2\varphi-\sin 2\varphi-k(2B)^{3/2}}\right] \tag{3.15}$$

从(3.8)、(3.11)、(3.12)，我们有

$$\mathrm{d}W=-\frac{(2P)^{1/3}B}{\sin^2\varphi}\mathrm{d}x=-(2P)^{1/3}\sqrt{\frac{2}{B}}\mathrm{d}\varphi \tag{3.16}$$

积分得

$$W=-(2P)^{1/3}\sqrt{\frac{2}{B}}(\varphi+R) \tag{3.17}$$

式中 R 为待定积分常数.

又从(3.6)、(3.11)、(3.13)得

$$\begin{aligned}S_r&=\left(\frac{1}{2}P^2\right)^{1/3}\frac{F(x)}{x}\\&=\left(\frac{1}{2}P^2\right)^{1/3}(2B)^{3/2}\frac{1}{B}\frac{\sin^2\varphi}{2\varphi-\sin 2\varphi-k(2B)^{3/2}}\end{aligned} \tag{3.18}$$

(3.15)、(3.17)、(3.18)为用 φ 表示 u/r, W, S_r 在 $\alpha^2\leqslant x\leqslant 1$ 中的表达式，(3.13)为(φ, x)的关系式，其中 B, R, k 为待定的积分常数. 只要 B、R、k 决定，在圆环薄膜内的位移和应力便都决定了.

四、决定积分常数 c, A, B, R, k

我们假设圆薄膜边界固定，那么决定待定积分常数的条件为(2.11b,c,d)，以及在 $x=1$ 处 W, u 的边界固定条件，即

$$\text{当 } x=1 \text{ 时，}\qquad W=0,\ \frac{u}{r}=0 \tag{4.1}$$

除此而外，如果称 $x=1$ 处的 φ 为 φ_1，$x=\alpha^2$ 处的 φ 为 φ_α，则从(3.13)有

$$1+k=(2B)^{-3/2}(2\varphi_1-\sin 2\varphi_1) \tag{4.2a}$$

$$\alpha^2+k=(2B)^{-3/2}(2\varphi_\alpha-\sin 2\varphi_\alpha) \tag{4.2b}$$

这是在 k, B 决定后,决定 φ_1, φ_α 的两个条件.

从(3.17)式,条件(4.1)决定出

$$R=-\varphi_1 \tag{4.3}$$

由条件(4.1)并使用了(4.2a)以后,(3.15)式给出

$$\frac{\sin^3\varphi_1}{\cos\varphi_1}=\frac{(2B)^{3/2}}{1+\nu} \tag{4.4}$$

类似地,(2.11b,c,d)给出

$$A-\left(\frac{Qc}{2}\right)^{1/3}g(c\alpha^2)\alpha^2=-(2P)^{1/3}\sqrt{\frac{2}{B}}(\varphi_\alpha-\varphi_1) \tag{4.5}$$

$$\begin{aligned}&\frac{h^2}{2a^2c}\left(\frac{Qc}{2}\right)^{2/3}[2c\alpha^2f'(c\alpha^2)+(1-\nu)f(c\alpha^2)]\\&=\frac{h^2}{a^2}\left(\frac{1}{2}P^2\right)^{1/3}(2B)^{3/2}\frac{1}{B}\left[\frac{\cos\varphi_\alpha}{\sin\varphi_\alpha}-\frac{(1+\nu)\sin^2\varphi_\alpha}{(2B)^{3/2}\alpha^2}\right]\end{aligned} \tag{4.6}$$

$$\left(\frac{Qc}{2}\right)^{2/3}\frac{1}{2c}f(c\alpha^2)=\frac{1}{B}\left(\frac{1}{2}P^2\right)^{1/3}\frac{1}{\alpha^2}\sin^2\varphi_\alpha \tag{4.7}$$

注意到

$$\frac{4P}{Q}=\frac{b^2}{a^2}=\alpha^2 \tag{4.8}$$

则(4.5)—(4.7)还可以进一步简化,我们得

$$A=\left(\frac{Q\alpha^4}{2}\right)^{1/3}\left[(c\alpha^2)^{1/3}g(c\alpha^2)-\frac{1}{\alpha^{2/3}}\sqrt{\frac{2}{B}}(\varphi_\alpha-\varphi_1)\right] \tag{4.9a}$$

$$\begin{aligned}&(c\alpha^2)^{-1/3}[2c\alpha^2f'(c\alpha^2)+(1-\nu)f(c\alpha^2)]\\&=\alpha^{2/3}\sqrt{8B}\left[\frac{\cos\varphi_\alpha}{\sin\varphi_\alpha}-(1+\nu)\frac{\sin^2\varphi_\alpha}{(2B)^{3/2}\alpha^2}\right]\end{aligned} \tag{4.9b}$$

$$(c\alpha^2)^{-1/3}f(c\alpha^2)=\frac{1}{B}\alpha^{-4/3}\sin^2\varphi_\alpha \tag{4.9c}$$

从(4.9b,c)中消去 $\sin\varphi_\alpha$,得

$$(c\alpha^2)^{-1/3}[2c\alpha^2 f'(c\alpha^2)+2f(c\alpha^2)]=2\alpha^{2/3}(2B)^{1/2}\frac{\cos\varphi_\alpha}{\sin\varphi_\alpha} \tag{4.10}$$

(4.2a),(4.2b),(4.4),(4.9a,c),(4.10)为决定 φ_1, φ_α, k, B, A, c 的六个方程式,其中 α^2 为已给参数.

从(4.9c),(4.10)消去 B,得

$$\cos\varphi_\alpha=\frac{1}{\sqrt{2}}(c\alpha^2)^{-1/2}[f(c\alpha^2)]^{1/2}[c\alpha^2 f'(c\alpha^2)+f(c\alpha^2)] \tag{4.11}$$

这是 $c\alpha^2$ 的函数,所以,它的解可以写成

$$\varphi_\alpha=\Phi(c\alpha^2) \tag{4.12}$$

由(4.9c)得到

$$2B\alpha^{4/3}=2\frac{\sin^2\Phi}{f(c\alpha^2)}(c\alpha^2)^{1/3}=M(c\alpha^2) \tag{4.13}$$

把(4.12),(4.13)代入(4.2a,b)和(4.4),得

$$1+k=\alpha^2 M^{-3/2}[2\varphi_1-\sin 2\varphi_1] \tag{4.13a}$$

$$\alpha^2+k=\alpha^2 M^{-3/2}[2\Phi-\sin 2\Phi] \tag{4.13b}$$

$$\frac{\sin^3\varphi_1}{\cos\varphi_1}=\frac{M^{3/2}}{(1+\nu)\alpha^2} \tag{4.13c}$$

称

$$M^{-3/2}[2\Phi-\sin 2\Phi]=M_1(c\alpha^2) \tag{4.14}$$

M_1 也是 $c\alpha^2$ 的函数,于是从(4.13b)有

$$k=\alpha^2(M_1-1) \tag{4.15}$$

把(4.15)代入(4.13a),得

$$\frac{1}{\alpha^2}=1-M_1+M^{-3/2}(2\varphi_1-\sin 2\varphi_1) \tag{4.16}$$

从(4.13c)解出$\frac{1}{\alpha^2}$,得

$$\frac{1}{\alpha^2}=(1+\nu)\frac{\sin^3\varphi_1}{\cos\varphi_1}M^{-3/2} \tag{4.17}$$

由(4.16)和(4.17)显然可得

$$2\varphi_1-\sin 2\varphi_1-(1+\nu)\frac{\sin^3\varphi_1}{\cos\varphi_1}=(M_1-1)M^{3/2} \tag{4.18}$$

只要 $c\alpha^2$ 已给，$(M_1-1)M^{3/2}$ 即可计算，(4.18)就是求解 φ_1 的一个代数方程. 当 φ_1 计算求得后，可以从(4.17)中求得 α^2 值，从而从已给 $c\alpha^2$ 值中求得 c 值，从(4.9a)中求得 $\left(\frac{2}{Q\alpha^4}\right)^{1/3}A$，从(4.13)中求得 B. 这就求得了所有积分常数.

从(2.21)式，看到最大挠度在中心处($x=0$)，即

$$W_m=A=\left(\frac{Q\alpha^4}{2}\right)^{1/3}\rho(c\alpha^2) \tag{4.19}$$

其中

$$\rho(c\alpha^2)=(c\alpha^2)^{1/3}g(c\alpha^2)-\frac{2}{\sqrt{M}}(\varphi_\alpha-\varphi_1) \tag{4.20}$$

在利用了(2.10)以后，(4.19)可以写成众所常见的形式

$$\frac{a^4q}{k^4E}=\frac{2}{\alpha^4}\left(\frac{1}{\rho}\right)^3\left(\frac{w_m}{h}\right)^3 \tag{4.21}$$

五、数值计算

现以 $c\alpha^2=0.3$ 为例，进行数值计算，从(2.17)我们可以求得

$$\left.\begin{aligned}f(0.3)&=0.831\,950\\ f'(0.3)&=-0.633\,106\end{aligned}\right\} \tag{5.1}$$

从(4.11)

$$\begin{aligned}\cos\varphi_\alpha&=\frac{1}{\sqrt{2}}(0.3)^{-1/2}(0.831\,950)^{1/2}[0.3\times(-0.633\,106)+0.831\,950]\\&=0.755\,997\end{aligned} \tag{5.2}$$

从而得

$$\varphi_\alpha=\Phi=0.713\,620 \tag{5.3}$$

由(4.13)得

$$M(0.3)=2\frac{\sin^2 0.713\,620}{0.831\,950}(0.3)^{1/3}=0.689\,539 \tag{5.4}$$

从(4.14)得

$$M_1(0.3)=(0.689\,539)^{-3/2}[1.427\,240-\sin 1.427\,240]=0.764\,134 \tag{5.5}$$

把 M, M_1 代入(4.18),并取 $\nu=0.3$

$$2\varphi_1-\sin 2\varphi_1-1.3\frac{\sin^3\varphi_1}{\cos\varphi_1}=-0.135\,053 \tag{5.6}$$

可用逐步逼近法求解上式

$$\varphi_1=1,\qquad 2-\sin 2-1.3\frac{\sin^3 1}{\cos 1}=-0.342\,884$$

$$\varphi_1=0.9,\qquad 1.8-\sin 1.8-1.3\frac{\sin^3 1.8}{\cos 1.8}=-0.179\,052$$

$$\varphi_1=0.89,\qquad 1.78-\sin 1.78-1.3\frac{\sin^3 0.89}{\cos 0.89}=-0.167\,348$$

$$\vdots$$

$$\left.\begin{aligned}&\varphi_1=0.87,\ 1.74-\sin 1.74-1.3\frac{\sin^3 0.87}{\cos 0.87}=-0.145\,924\\&\varphi_1=0.86,\ 1.72-\sin 1.72-1.3\frac{\sin^3 0.86}{\cos 0.86}=-0.136\,134\end{aligned}\right\} \tag{5.7}$$

用拉格朗日插值公式,把 $N=-0.135\,053$ 代入下式

$$\begin{aligned}\varphi_1^{(1)}&=0.87\left(\frac{N+0.136\,134}{-0.145\,924+0.136\,134}\right)+0.86\left(\frac{N+0.145\,924}{-0.136\,134+0.145\,924}\right)\\&=0.858\,896\end{aligned} \tag{5.8}$$

以 $\varphi_1^{(1)}=0.858\,896$ 求得

$$1.717\,792-\sin 1.717\,792-1.3\frac{(\sin 0.858\,896)^3}{\cos 0.858\,896}=-0.135\,088 \tag{5.9}$$

可见$-0.135\,053$ 和$-0.135\,088$ 相差很少了,设

$$\varphi_1=\varphi_1^{(1)}+\Delta\varphi_1^{(1)} \tag{5.10}$$

则(5.6)式可写成

$$\begin{aligned}&2\varphi_1^{(1)}-\sin 2\varphi_1^{(1)}-1.3\frac{\sin^3\varphi_1^{(1)}}{\cos\varphi_1^{(1)}}+\Big[2-2\cos 2\varphi_1^{(1)}-3.9\sin^2\varphi_1^{(1)}\\&\quad-1.3\frac{\sin^4\varphi_1^{(1)}}{\cos^2\varphi_1^{(1)}}\Big]\Delta\varphi_1^{(1)}=-0.135\,053\end{aligned} \tag{5.11}$$

利用了(5.9)以后，上式化为

$$\left[2-2\cos 2\varphi_1^{(1)}-3.9\sin^2\varphi_1^{(1)}-1.3\,\frac{\sin^4\varphi_1^{(1)}}{\cos^2\varphi_1^{(1)}}\right]\Delta\varphi_1^{(1)}=0.000\,035 \quad (5.12)$$

把 $\varphi_1^{(1)}=0.858\,896$ 代入上式，求得

$$\Delta\varphi_1^{(1)}=-0.000\,038 \quad (5.13)$$

所以有

$$\varphi_1^{(2)}=0.858\,896-0.000\,038=0.858\,858 \quad (5.14)$$

于是有

$$\varphi_1^{(2)}=0.858\,858$$

$$2\varphi_1^{(2)}-\sin 2\varphi_1^{(2)}-1.3\,\frac{\sin^3\varphi_1^{(2)}}{\cos\varphi_1^{(2)}}=-0.135\,053 \quad (5.15)$$

这就求得了 φ_1 的解(即(5.6)式的解)，即

$$\varphi_1=0.858\,858 \quad (5.16)$$

从(4.17)式，求得 α^2 值，

$$\alpha^2=\frac{1}{1+\nu}\,\frac{\cos\varphi_1}{\sin^3\varphi_1}M^{3/2}=\frac{1}{1.3}\,\frac{\cos 0.858\,858}{\sin^3 0.858\,858}(0.689\,539)^{3/2}$$
$$=0.663\,064 \quad (5.17)$$

$$\alpha=0.814\,287 \quad (5.18)$$

于是 c 为

$$c=\frac{c\alpha^2}{\alpha^2}=\frac{0.3}{0.663\,064}=0.452\,445 \quad (5.19)$$

从(4.15)式求 k 值

$$k=\alpha^2(M_1-1)=0.663\,064\times(0.764\,134-1)=-0.156\,394 \quad (5.20)$$

从(4.13)式，求 B 值

$$B=\frac{1}{2}M(\alpha^2)^{-2/3}=\frac{1}{2}\times 0.689\,539\times(0.663\,064)^{-2/3}=0.453\,411 \quad (5.21)$$

又从(2.22)式，我们计算 $g(c\alpha^2)$，得

$$g(0.3)=1.090\,859 \quad (5.22)$$

从(4.20),计算 $\rho(c\alpha^2)=A\Big/\left(\dfrac{Q\alpha^4}{2}\right)^{1/3}$

$$\begin{aligned}\rho(0.3)&=(0.3)^{\frac{1}{3}}\times 1.090\,859-\frac{2}{\sqrt{0.689\,539}}(0.713\,620-0.858\,858)\\&=1.080\,065\end{aligned}\tag{5.23}$$

我们还可以用相同的方法,计算其他 $c\alpha^2$ 值的情况,但是 $c\alpha^2$ 值既有上限,又有下限.其上限为均布载荷的情况,即计算所得的 $\alpha^2\leqslant 1$,当 $\alpha^2=1$ 时,就是 Hencky 的均布载荷解.反之,其下限为集中载荷解的情况,即计算所得的 $\alpha^2\geqslant 0$.当 $\alpha^2=0$ 时,我们可以设 $\pi b^2 q=P_0$ 或 $P_0=\pi a^2 q\alpha^2$.

先研究 Hencky 解的情况,根据钱伟长的计算(1948)[4],当 $\nu=0.3$ 时

$$c=0.390,\qquad \alpha^2=1\tag{5.24}$$

设取 $c\alpha^2=0.390$,有

$$f(0.39)=0.772\,389\qquad f'(0.39)=-0.692\,615\tag{5.25}$$

而

$$\cos\varphi_\alpha=0.499\,813\tag{5.26}$$

$$\Phi=\varphi_\alpha=1.047\,414\tag{5.27}$$

于是计算得

$$M(0.39)=1.419\,227\qquad M_1(0.39)=0.726\,910\tag{5.28}$$

而决定 φ_1 的方程为

$$2\varphi_1-\sin 2\varphi_1-1.3\frac{\sin^3\varphi_1}{\cos\varphi_1}=-0.461\,725\tag{5.29}$$

其解为

$$\varphi_1=1.047\,669\tag{5.30}$$

而 α^2 则为

$$\alpha^2=\frac{1}{1.3}\,\frac{\cos 1.047\,669}{\sin^3 1.047\,669}(1.419\,227)^{3/2}=0.999\,548\tag{5.31}$$

$$\alpha=0.999\,774\tag{5.31a}$$

这已经精确到 99.95%.从而得

$$c=\frac{c\alpha^{2}}{\alpha^{2}}=0.390\ 176 \tag{5.32a}$$

$$k=0.999\ 548(0.726\ 910-1)=-0.272\ 966 \tag{5.32b}$$

$$B=\frac{1}{2}\times 1.419\ 227\times(0.999\ 548)^{-2/3}=0.709\ 828 \tag{5.32c}$$

$$g(0.39)=1.126\ 749 \tag{5.32d}$$

$$\rho(0.39)=0.823\ 647 \tag{5.32e}$$

从(5.31a)可以看到，$c\alpha^2=0.39$ 确已非常接近全膜受均布载荷的极限情况. 实际的 $c\alpha^2$ 只是略大于 0.39 而已. 在极限条件下，$\Phi=\varphi_\alpha$ 和 φ_1 应该相等. 这时(4.20)式还原为载荷均布的 $\rho(c\alpha^2)$ 表达式，对均布载荷而言，有

$$\rho(c\alpha^2)_{\text{均布载荷}}=(c\alpha^2)^{1/3}g(c\alpha^2)\ |_{\alpha=1} \tag{5.33}$$

$c\alpha^2$ 的下限相当于集中载荷的解. 在此，下限相当于 $\Phi\geqslant 0$(亦即 $\alpha^2\geqslant 0$). 略经计算，我们求得 $c\alpha^2=0.234\ 159$，此时有

$$f(0.234\ 159)=0.872\ 409,\qquad f'(0.234\ 159)=-0.596\ 749 \tag{5.34}$$

$$\begin{aligned}\cos\varphi_\alpha&=\sqrt{\frac{0.872\ 409}{2\times 0.234\ 159}}(-0.234\ 159\times 0.596\ 749+0.872\ 409)\\&=1.000\ 002\end{aligned} \tag{5.35}$$

$$\varphi_\alpha=0 \tag{5.36}$$

于是，从(4.13)得到

$$M=2\frac{\sin^2\Phi}{f(c\alpha^2)}(c\alpha^2)^{1/3}\approx 2(c\alpha^2)^{1/3}\frac{1}{f(c\alpha^2)}\Phi^2=0 \tag{5.37}$$

又由(4.14)

$$\begin{aligned}M_1(c\alpha^2)&=M^{-3/2}(2\Phi-\sin 2\Phi)\approx\frac{1}{2^{3/2}}\frac{[f(c\alpha^2)]^{3/2}}{(c\alpha^2)^{1/2}}\cdot\frac{4}{3}\\&=0.793\ 814\end{aligned} \tag{5.38}$$

(4.18)可以写成

$$2\varphi_1-\sin 2\varphi_1-1.3\frac{\sin^3\varphi_1}{\cos\varphi_1}=0 \tag{5.39}$$

显然有解 $\varphi_1=0$，并用拉格朗日插值法求得另一解 $\varphi_1=0.348\ 500$，第一种解 $\varphi_1=$

$\varphi_\alpha = 0$，这不代表集中力的解，当 $\varphi_1 = 0.348\,500$ 才是本题的解. 其他积分常数为

$$k = 0,\ \alpha^2 = 0,\ B = 0 \tag{5.40}$$

但在这样的条件下，$\rho(c\alpha^2)$变成无穷大. 不过，我们从(4.17)看到

$$M^{1/2} = \sin\varphi_1\left[\frac{(1+\nu)\alpha^2}{\cos\varphi_1}\right]^{1/3} \tag{5.41}$$

而(4.20)变成

$$\rho(c\alpha^2) = (c\alpha^2)^{1/3}g(c\alpha^2) - \frac{2}{\sin\varphi_1}\left[\frac{\cos\varphi_1}{(1+\nu)\alpha^2}\right]^{1/3}(\varphi_\alpha - \varphi_1) \tag{5.42}$$

于是，我们有

$$\frac{2\pi}{\alpha^2}\left(\frac{1}{\rho}\right)^3 = \frac{2\pi}{\left[(c\alpha^2)^{1/3}g(c\alpha^2)\alpha^{2/3} - 2\left(\frac{\cos\varphi_1}{1+\nu}\right)^{1/3}\frac{\varphi_\alpha-\varphi_1}{\sin\varphi_1}\right]^3} \tag{5.43}$$

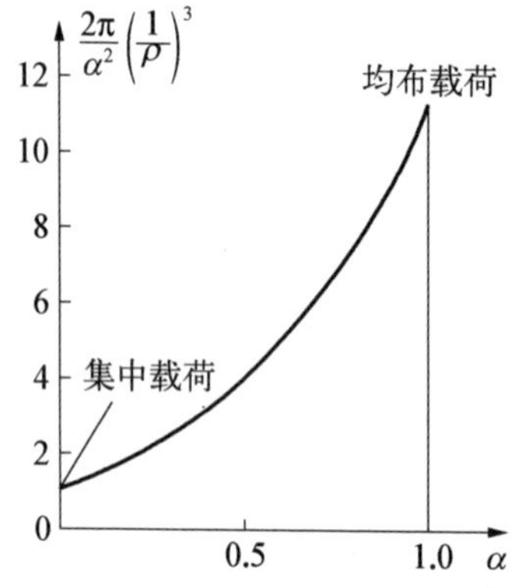

图 5 $\dfrac{\pi a^2 b^2 q}{h^4 E}\Big/\left(\dfrac{w_m}{h}\right)^3 = \dfrac{2\pi}{\alpha^2}\left(\dfrac{1}{\rho}\right)^3$ **和 α 的关系曲线**

在 $\alpha \to 0$ 的极限状态下，$(c\alpha^2)^{1/3}g(c\alpha^2)$仍是有限的，而 $\varphi_\alpha \to 0$，$\varphi_1 \to 0.348\,500$(根据(5.39)的解). 于是(5.43)可以写成

$$\lim_{\alpha\to 0}\frac{2\pi}{\alpha^2}\left(\frac{1}{\rho}\right)^3 = \frac{\pi(1+\nu)\sin^3\varphi_1}{4\varphi_1^3\cos\varphi_1} = 1.022\,1 \tag{5.44}$$

表 1 为本文的计算结果.

图 5 代表 α 和 $\frac{2\pi}{\alpha^2}\left(\frac{1}{\rho}\right)^3$ 的曲线图.

其中 $\frac{2\pi}{\alpha^2}\left(\frac{1}{\rho}\right)^3$ 代表$\frac{a^2P_0}{h^4E}$ 和$\left(\frac{w_m}{h}\right)^3$ 的比.

表 1　中心部分受均布载荷的圆薄膜计算

$c\alpha^2$	φ_α	φ_1	α	c	k	B	$\rho(c\alpha^2)$	$\frac{2\pi}{\alpha^2}\left(\frac{1}{\rho}\right)^3$
0.390 1	1.047 7	1.047 8	0.999 9	0.390 2	−0.273 1	0.710 1	0.823 5	11.252 8
0.39	1.047 4	1.047 7	0.999 8	0.390 2	−0.273 0	0.709 8	.0.823 6	11.250 0
0.38	1.017 6	1.032 4	0.986 4	0.390 5	−0.261 8	0.685 3	0.838 6	10.950 7
0.37	0.986 6	1.016 2	0.971 9	0.391 7	−0.250 3	0.660 1	0.855 5	10.626 0

续 表

$c\alpha^2$	φ_α	φ_1	α	c	k	B	$\rho(c\alpha^2)$	$\frac{2\pi}{\alpha^2}\left(\frac{1}{\rho}\right)^3$
0.36	0.954 1	0.998 9	0.955 9	0.394 0	−0.238 4	0.634 1	0.874 7	10.274 7
0.35	0.919 9	0.980 3	0.938 4	0.397 5	−0.226 2	0.607 2	0.896 7	9.895 5
0.34	0.883 9	0.960 3	0.919 0	0.402 6	−0.213 4	0.579 4	0.922 2	9.487 0
0.33	0.845 7	0.938 5	0.897 4	0.409 8	−0.200 2	0.550 3	0.951 9	9.047 5
0.32	0.804 9	0.914 6	0.873 1	0.419 7	−0.186 3	0.519 8	0.986 9	8.575 1
0.31	0.761 1	0.888 3	0.845 7	0.433 4	−0.171 8	0.487 6	1.028 8	8.067 3
0.30	0.713 6	0.858 9	0.814 3	0.452 5	−0.156 4	0.453 4	1.080 1	7.520 9
0.29	0.661 5	0.825 5	0.777 7	0.479 5	−0.140 0	0.416 7	1.144 4	6.931 6
0.28	0.603 5	0.786 8	0.734 3	0.519 3	−0.122 5	0.376 6	1.228 0	6.292 9
0.27	0.537 5	0.740 9	0.681 2	0.581 9	−0.103 3	0.332 3	1.342 7	5.594 1
0.26	0.459 9	0.683 9	0.613 0	0.691 9	−0.082 0	0.281 8	1.514 3	4.815 4
0.25	0.362 9	0.608 2	0.516 9	0.935 8	−0.057 1	0.221 8	1.819 4	3.904 8
0.24	0.222 2	0.486 3	0.349 3	1.967 6	−0.025 5	0.141 2	2.668 7	2.710 1
0.234 2	0.018 6	0.348 7	0.014 015	1 192.412 7	−0.000 041	0.072 5	30.490 3	1.128 6
0.234 159	0	0.348 5	0	∞	0	0	∞	1.022 1

参考文献

[1] Hencky H. Über den Spannungszustand in kreisunden Platten mit Verschwindender Biegungssteifigkeit. Zeit f Math u Physik，1915，63：311 - 317

[2] Chien Wei-zang（钱伟长）. Asymptotic behavior of a thin clamped circular plate under uniform normal pressure at very large deflection. 清华大学理科报告，1948，5(1)；弹性圆薄板大挠度问题. 北京：科学出版社，1954：1 - 22.

[3] Алексеев С А. Кольпеобразная упругая мембрана под действием попереиной силы. приноxенной к жесткому центрально расположенномудиску，инженерный сборник，1951，10：71 - 80.

[4] 叶开沅. 环形薄板大挠度问题//弹性圆薄板大挠度问题. 北京：科学出版社，1954：56 - 57.

The Symmetrical Deformation of Circular Membrane under the Action of Uniformly Distributed Loads in Its Central Portion

Abstract This paper presents the solutions of symmetrical deformation of circular thin membrane under the action of uniformly distributed loads in its center portion. Its limiting case is the solution of circular membrane under concentrated load at center. This solution is the third solution of circular membrane problems after the Hencky's famous solution.

广义变分原理

一、什么叫变分原理

广义变分原理是我国解放后发展起来的处理工程和科学计算的方法，从 1962 年起发展起来的杂交有限元的计算方法就是根据广义变分原理建立的. 在介绍广义变分原理时就必须先介绍一般的变分原理.

人们在 19 世纪后期就发现，许多物理学和力学中的连续介质的问题，虽然微分方程已知，有关的边界条件和初始条件已知，在求解时仍很困难. 不久就发现，这些问题也可以用变分原理处理，即可以转化为在一定条件下的某些场函数的泛函求极值问题. 现以薄膜受均布侧压 q 和膜内涨力 N 作用下的侧位移 $w(x, y)$ 问题来说明这个变分原理.（图 1）

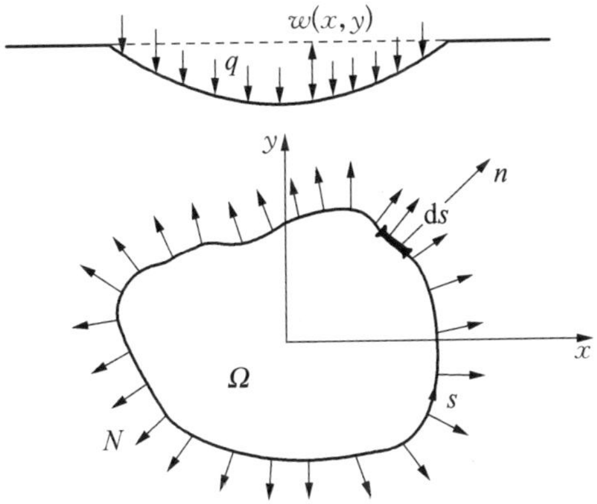

图 1　薄膜受侧向均布载荷 q 和膜内涨力 N 作用下的侧位移 $w(x, y)$

$w(x, y)$的微分方程为薄膜微元的平衡条件

$$\nabla^2 w = -f \quad f = \frac{q}{N} = \text{常数} \tag{1}$$

其中

$$\nabla^2 = \frac{\partial^2}{\partial x^2} + \frac{\partial^2}{\partial y^2} \tag{2}$$

求解 $w(x, y)$的边界条件为

$$w(s) = \overline{w}(s) \tag{3}$$

$\overline{w}(s)$为边界上各点的已知高度，在简单的情况下，像图 1 那样，$\overline{w}(s) = 0$，即边界在同一平面内.（1）式在边界条件（3）式下求解是有名的问题，如果 $\overline{w}(s) = 0$，而且边界形状简单时，求解并不困难；在 $\overline{w}(s)$不等于零，和边界形状复杂时，求数值上有效的和满足工程需要的解，一般说来是麻烦的问题.

原载《贵州省自然科学讲座》，1981：1 - 29.

在19世纪后叶,人们就知道,薄膜问题也可以转化为变分原理.这个问题的变分原理可以写成如下形式:

满足边界条件 $w(s)=w(\bar{s})$ 的一切 $w(x,\ y)$ 中,其使泛函

$$\Pi(w)=\iint_{\Omega}\left\{\frac{1}{2}\left[\left(\frac{\partial w}{\partial x}\right)^2+\left(\frac{\partial w}{\partial y}\right)^2\right]-fw\right\}\mathrm{d}x\mathrm{d}y \tag{4}$$

为极值(极小)的 $w(x,\ y)$,必满足微分方程(1).

证明如下:设 w 为使 Π 为极值的场函数,设 $w(x,\ y)+\delta w(x,\ y)$ 为与 w 有微量差别的场函数,于是,根据定义(略去 δw 的二次项)

$$\begin{aligned}\Pi(w+\delta w)&=\iint_{\Omega}\left\{\frac{1}{2}\left[\left(\frac{\partial w}{\partial x}+\frac{\partial \delta w}{\partial x}\right)^2\right]+\left(\frac{\partial w}{\partial y}+\frac{\partial \delta w}{\partial y}\right)^2\right.\\&\qquad\left.-f(w+\delta w)\right\}\mathrm{d}x\mathrm{d}y\\&=\iint_{\Omega}\left\{\frac{1}{2}\left[\left(\frac{\partial w}{\partial x}\right)^2+\left(\frac{\partial w}{\partial y}\right)^2\right]-fw+\frac{\partial w}{\partial x}\frac{\partial \delta w}{\partial x}\right.\\&\qquad\left.+\frac{\partial w}{\partial y}\frac{\partial \delta w}{\partial y}-f\delta w\right\}\mathrm{d}x\mathrm{d}y\end{aligned} \tag{5}$$

(5)(4)两式之差为

$$\delta\Pi=\Pi(w+\delta w)-\Pi(w)=\iint_{\Omega}\left[\frac{\partial w}{\delta x}\frac{\partial \delta w}{\partial x}+\frac{\partial w}{\partial y}\frac{\partial \delta w}{\partial y}-f\delta w\right]\mathrm{d}x\mathrm{d}y \tag{6}$$

如果 $w(x,\ y)$ 使 $\Pi(w)$ 为极值,则对任意 δw 而言,应该有

$$\delta\Pi=0 \tag{7}$$

或

$$\iint_{\Omega}\left[\frac{\partial w}{\partial x}\frac{\partial \delta w}{\partial x}+\frac{\partial w}{\partial y}\frac{\partial \delta w}{\partial y}-f\delta w\right]\mathrm{d}x\mathrm{d}y=0 \tag{8}$$

(8)式可以用格林定理简化,即

$$\begin{aligned}&\iint_{\Omega}\left[\frac{\partial w}{\partial x}\frac{\partial \delta w}{\delta x}+\frac{\partial w}{\partial y}\frac{\partial \delta w}{\partial y}\right]\mathrm{d}x\mathrm{d}y\\&=\iint_{\Omega}\left[\frac{\partial}{\partial x}\left(\frac{\partial w}{\partial x}\delta w\right)+\frac{\partial}{\partial y}\left(\frac{\partial w}{\partial y}\delta w\right)-\nabla^2 w\delta w\right]\mathrm{d}x\mathrm{d}y\\&=\oint_S\frac{\partial w}{\partial n}\delta w\,\mathrm{d}s-\iint_{\Omega}\nabla^2 w\delta w\,\mathrm{d}x\mathrm{d}y\end{aligned} \tag{9}$$

其中 n 为边界 s 上的外法线坐标，$\frac{\partial w}{\partial n}$ 为侧位移的外法线梯度. 把(9)式代入(8)式，得

$$\delta \Pi = -\iint_{\Omega} [\nabla^2 w + f] \delta w \, \mathrm{d}x \mathrm{d}y + \oint_{S} \frac{\partial w}{\partial n} \delta w \, \mathrm{d}s \tag{10}$$

应该指出，在边界 S 上，$w(s)$ 是已给的 $\overline{w}(s)$，是不能变的，因此 $\delta w(s)$ 在边界上等于零，于是(10)上的边界积分项恒等于零. 所以(8)式最后可以写成

$$\delta \Pi = -\iint_{\Omega} [\nabla^2 w + f] \delta w \, \mathrm{d}x \mathrm{d}y = 0 \tag{11}$$

如果 δw 是任意的，则我们可以在任选的一点 P 上选 δw 为一不等于零的小量，在其他各点为零，则(11)式就给出在 P 点上，$\nabla^2 w + f = 0$. 但 P 点也是任选的，所以在 Ω 内的任意点上，

$$\nabla^2 w + f = 0 \qquad 在 \Omega 内 \tag{12}$$

这就证明了变分原理.

当然，我们还应该证明这是一个极小值问题，如果保留 $\frac{\partial \delta w}{\partial x}$，$\frac{\partial \delta w}{\partial y}$ 的二次微量项，则(5)式应该写成

$$\Pi(w + \delta w) = \Pi(w) + \delta \Pi + \delta^2 \Pi \tag{13}$$

其中 $\Pi(w)$ 见(4)，$\delta \Pi$ 见(10)或(11)，$\delta^2 \Pi$ 可以写成

$$\delta^2 \Pi = \iint_{\Omega} \frac{1}{2} \left[\left(\frac{\partial \delta w}{\partial x} \right)^2 + \left(\frac{\partial \delta w}{\partial y} \right)^2 \right] \mathrm{d}x \mathrm{d}y \tag{14}$$

由于 $\left(\frac{\partial \delta w}{\partial x} \right)^2 \geqslant 0$，$\left(\frac{\partial \delta w}{\partial y} \right)^2 \geqslant 0$，所以有

$$\delta^2 \Pi > 0 \tag{15}$$

当 Π 达到极值时，$\delta \Pi = 0$，$\delta^3 \Pi > 0$，这就证明了这个极值是极小值，不是极大值.

我们的结论是

(1) 求微分方程 $\nabla^2 w = -f$ 的解和求泛函 $\Pi(w)$ 的极值问题是相同的命题.

(2) 它们都有相同的约束条件. 本题的条件是边界位移已知 $[w(s) = \overline{w}(s)]$ 的条件.

因此，人们称这类变分原理为有约束条件的变分原理，或简称条件变形原理.

历史发展中人们发现：在一切连续介质的物理问题中，不论是光学的、电磁学的、

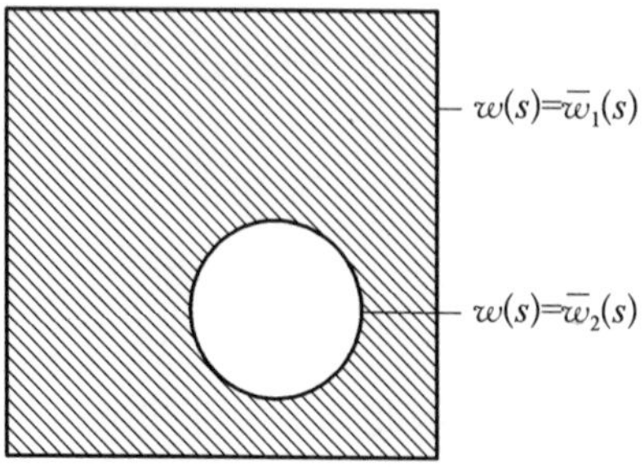

图 2 复杂形状的边界条件

热学的，或是力学的，所有场函数的微分方程求解问题，都可以转化为各种场函数的泛函的变分极值问题. 这里也包括刚体动力学(汉密顿原理)，量子力学和量子化学中极大多数问题.

特别是当(1) 微分方程难以求解，(2) 边界形状复杂，(3) 边界形状不复杂但边界条件较复杂的问题(如图 2)，人们都希望从变分原理求得近似解.

二、变分原理的近似方法(Ritz 法和有限元法)

变分原理的近似方法主要有两类，一类是以 Ritz 法为代表的近似变分法，一类是有限元法. *Ritz* 法是廿世纪初期发展起来，它适用于边界形状比较正规(如矩形，三角形，圆形，等边界)而微分方程求解比较困难的问题，它在卅年代、四十年代满足了航空飞机工业的工程设计的计算问题，对航空技术的发展有重大贡献. 有限元法是建立在变分原理基础上的数值计算方法，它的发展是和计算机的发展密切相关的. 它是 60 年代开始发展，70 年代更加普及的工程和科学计算的主要方法.

Ritz 法的本质是以变分原理为基础，不从满足已给条件的一切场函数中选择使泛函 Π 值为最小值的极值函数，而根据实践的经验，在少数明显地满足已给条件，同时接近实际的场函数中，寻找最好的函数. 这样找到的 Π 值，当然不一定是真正的 Π 最小值，而是近似的最小值，选择的场函数的范围越大，近似就越好.

以第一节中的薄膜问题为例，如果薄膜的平面形状为正方形(图 3)，而且边界条件为 $w(s)=\overline{w}(s)=0$

满足边界条件和接近于实际薄膜形状函数有好多种：例如

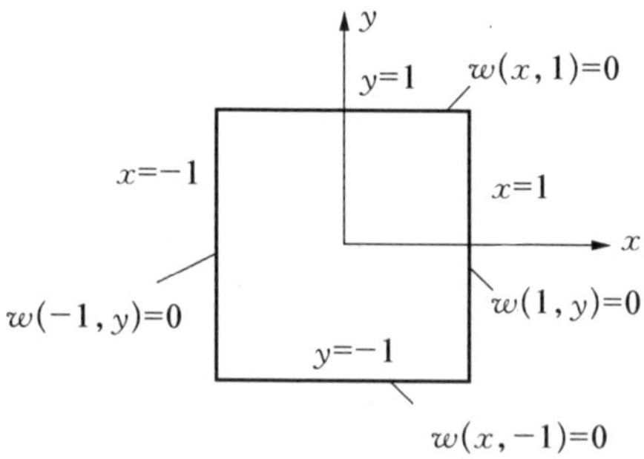

图 3 方形薄膜的坐标和边界条件

$$\left.\begin{aligned}
w_1 &= A_1\cos\frac{\pi x}{2}\cos\frac{\pi y}{2}\\
w_3 &= A_1\cos\frac{\pi x}{2}\cos\frac{\pi y}{2}+A_3\cos\frac{3\pi x}{2}\cos\frac{3\pi y}{2}\\
w_5 &= A_1\cos\frac{\pi x}{2}\cos\frac{\pi y}{2}+A_3\cos\frac{3\pi x}{2}\cos\frac{3\pi y}{2}+A_5\cos\frac{5\pi x}{2}\cos\frac{5\pi y}{2}
\end{aligned}\right\}\tag{16}$$

等，还有

$$\left.\begin{aligned} w_1' &= B_1(1-x^2)(1-y^2) \\ w_2' &= (1-x^2)(1-y^2)[B_1+B_2(x^2+y^2)] \\ w_3' &= (1-x^2)(1-y^2)[B_1+B_2(x^2+y^2)+B_3(x^4+x^2y^2+y^4)] \end{aligned}\right\} \tag{17}$$

等.我们可以利用上述近似场函数代入(4),变分选择 A_1, A_3, A_5,或选择 B_1, B_2, B_3 等,求得每一种近似函数的最小 Π 值 Π_1, Π_3, Π_5 等,我们就会发现:

$$\Pi_1 \geqslant \Pi_3 \geqslant \Pi_5 \cdots \Pi_{\text{正确min}} \tag{18}$$

所以,A_i 的个数越多,场函数的选择范围越大,Π 的近似值就越接近正确解的最小值,近似就越好.

以(16)式的近似函数 w_5 为例,把 w_5 的近似式代入(4)式,得 $\Pi(w_5)=\Pi(A_1, A_3, A_5)$,决定 A_1, A_3, A_5 的条件(极值条件)为

$$\frac{\partial \Pi}{\partial A_1}=0, \quad \frac{\partial \Pi}{\partial A_3}=0, \frac{\partial \Pi}{\partial A_5}=0 \tag{19}$$

这是求得 A_1, A_3, A_5 的三个方程,从中解出 A_1, A_3, A_5,即得解.

这样的近似解必需有简单的满足边界条件的近似函数.这只有当边界形状简单和边界条件不太复杂时才是有效的.对于边界形状不简单和边界条件比较复杂的问题并不实用.

有限元法是在计算机发展后才得到发展的,主要在 60 年代和 70 年代.这个方法是把计算问题的域分成若干有限元(在平面问题中一般分为许多三角形或矩形有限元),如图 4,每个有限元上有若干结点,其中有些结点是两个以上的有限元所共有的.每一结点上的函数值是待定的,当然边界上的结点函数值对于薄膜问题而言是已给的,所以,如果有 k 个内部结点,就有 k 个待定函数值.每一单元取近似函数,有时称为形状函数,以三角形有限元而言,设三个角项结点函数值为 w_1, w_2, w_3,则在这个三角形有限元中,近似函数可以写为

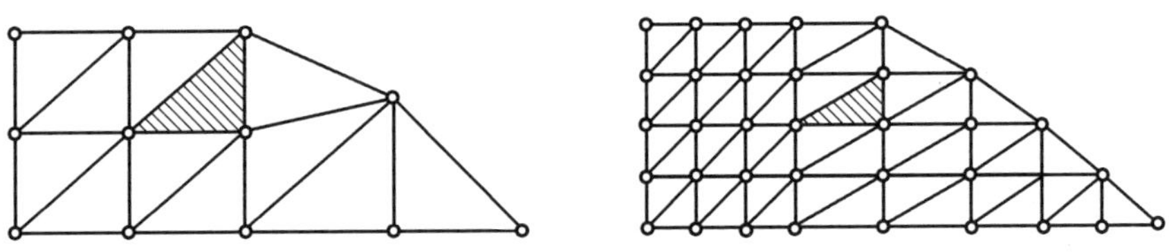

图 4 有限元的剖分和结点

$$w(x, y)=N_1(x, y)w_1+N_2(x, y)w_2+N_3(x, y)w_3 \tag{20}$$

N_1, N_2, N_3 在三个角点 (x_1, y_1), (x_2, y_2), (x_3, y_3) 上满足

$$\left.\begin{aligned} N_1(x_1, y_1) = 1, N_2(x_1, y_1) = 0, N_3(x_1, y_1) = 0 \\ N_1(x_2, y_2) = 0, N_2(x_2, y_2) = 1, N_3(x_2, y_2) = 0 \\ N_1(x_3, y_3) = 0, N_2(x_3, y_3) = 0, N_3(x_3, y_3) = 0 \end{aligned}\right\} \tag{21}$$

当然这样的形状函数有无穷组，但一般只取最简单的那几种，例如，取 x, y 的线性函数. 把这些形状函数代入(4)的积分，即把(4)式的积分用许多有限元的积分之和代替，就能求得

$$\Pi = \Pi(w_1, w_2, w_3, \cdots w_k) \tag{22}$$

按变分原理的要求，极值条件有

$$\frac{\partial \Pi}{\partial w_i} = 0, \ i = 1, 2, \cdots k \tag{23}$$

这里共有 k 个方程，求解 k 个待定量 $w_i(i = 1, 2, \cdots k)$. 有限元剖分得越细，结点越多，待定量越多，近似就越好. 它可以用来处理复杂形状的边界. 就这点而论，它比 *Ritz* 有用得多. 但是，对于要求复杂的边界条件而言，还不是很方便的.

到此为止，变分原理的确比解微分方程更方便，但是一切变分原理都有条件，这种约束条件常常引起困难，像对薄膜问题而言，要寻找满足复杂近界上 $w(s) = \overline{w}(s)$ 这样条件的近似函数就不很容易. 如果边界条件是较复杂的条件，则即使使用有限元法也是很困难的. 所以，有人就研究能不能在选用近似函数时，根本无需满足边界条件，也即是说，不必在变分前选择近似函数时要求满足边界条件，而使泛函中包括了规定的边界条件、使这类边界条件在变分中自然得到满足. 也即是说，能不能按一定过程改变有条件的变分原理的泛函，使变分条件吸收入泛函中去；在选用近似函数不再受任何条件的限制. 事实证明，这种想法是现实的. 在1955年中，我国胡海昌[1]和美国的日籍学者鹫津久一郎[2]就同时找到了弹性理论问题的不受任何约束条件约束的变分泛函. 胡海昌称之为广义变分原理，鹫津久一郎称之为修正的变分原理. 但是，他们都是用凑合猜测的方法找到这种泛函的. 作者曾在60年代初期研究了这个问题，提出了拉格朗日乘子法来建立广义变分原理的泛函的方法，但论述该法的论文[3]以种种原因，未被《力学学报》录用，使该法长期未能与读者见面，《力学学报》根据某些审查者的意见，错误地认为该法是尽人皆知的，不值得耗费纸墨的东西. 不幸《力学学报》在同一年代就有关于极限分析的广义变分原理的争论[4,5]，这个争论涉及我国许多有名的教授学者，而争论的焦点恰恰就是猜测决定广义变分原理的泛函问题. 如果拉格朗日乘子法的确是尽人皆知的方法，我看不出为什么《力学学报》对一个尽人皆知的方法可以解决的问题进行那么大的一场争论的. 实际上至少《力学学报》在那时还不知道有这个方法. 在“四人帮”打倒以后，这篇文章的论点才有机会和人见面. 该文在1978年9月在大连计

算结构力学会议上宣读了，接着又在同年 11 月在机械工程学会、航空学会、造船学会在蚌埠召开的全国有限元会议向大会全文宣读，以后又在《力学与实践》《机械工程学报》上全文登载[6]，近几年来证明这个方法是有生命力，有广泛的实用价值的.

三、求函数极值的拉格朗日乘子法

拉格朗日在 19 世纪曾提出了在某些约束条件下求函数极值的拉格朗日乘子法. 我们就是把这个方法推广到在某些约束条件下求泛函极值的问题上的.

设我们的问题是求函数 $z=f(x, y)$ 在条件 $g(x, y)=0$ 下的极值. 其实这是求 $z=f(x, y)$ 曲面和 $g(x, y)=0$ 曲面相交所形成的空间曲线的极值. 对于这样一个函数极值问题，我们可以有 $\mathrm{d}z=0$ 作为 $z=f(x, y)$ 的极值条件，即

$$\mathrm{d}z=\frac{\partial f}{\partial x}\mathrm{d}x+\frac{\partial f}{\partial y}\mathrm{d}y=0 \tag{24}$$

其中 $\mathrm{d}x$, $\mathrm{d}y$ 不是独立的，应该满足条件 $g(x, y)=0$，亦即满足

$$\frac{\partial g}{\partial x}\mathrm{d}x+\frac{\partial g}{\partial y}\mathrm{d}y=0 \tag{25}$$

(24)，(25)是两个方程求解两个待定量 $\mathrm{d}x$, $\mathrm{d}y$. 其解存在的唯一条件是系数行列式等于零，亦即

$$\begin{vmatrix} \dfrac{\partial f}{\partial x} & \dfrac{\partial f}{\partial y} \\ \dfrac{\partial g}{\partial x} & \dfrac{\partial g}{\partial y} \end{vmatrix}=0 \tag{26}$$

这就是求解极值点坐标的方程式.

拉格朗日提出用拉格朗日乘子求这个方程的方法，就是我们称之为拉格朗日乘子法的方法.

设拉格朗日乘子为 λ，引入一个新的 x, y, λ 的函数

$$\phi(x, y, \lambda)=f(x, y)+\lambda g(x, y) \tag{27}$$

我们的条件极值问题转化为求 $\phi(x, y, \lambda)$ 的极值问题，而且我们认为 x, y, λ 都是互相独立的变量. 这个新的极值问题是无条件的极值问题，因为在下文将证明，原来的条件 $g(x, y)=0$ 已经吸收到新的函数 $\phi(x, y, \lambda)$ 中去了.

$\phi(x, y, \lambda)$ 的极值条件要求

$$\mathrm{d}\phi=\frac{\partial f}{\partial x}\mathrm{d}x+\frac{\partial f}{\partial y}\mathrm{d}y+\lambda\frac{\partial g}{\partial x}\mathrm{d}x+\lambda\frac{\partial g}{\partial y}\mathrm{d}y+g(x, y)\mathrm{d}\lambda=0 \tag{28}$$

或可写成

$$\mathrm{d}\phi=\left(\frac{\partial f}{\partial x}+\lambda\frac{\partial g}{\partial x}\right)\mathrm{d}x+\left(\frac{\partial f}{\partial y}+\lambda\frac{\partial g}{\partial y}\right)\mathrm{d}y+g(x,\ y)\mathrm{d}\lambda=0 \tag{28a}$$

(28a)中的 $\mathrm{d}x$, $\mathrm{d}y$, $\mathrm{d}\lambda$ 都是独立的,不受任何约束的,因此(28a)式(ϕ 的极值条件)要求 $\mathrm{d}x$, $\mathrm{d}y$, $\mathrm{d}\lambda$ 的系数恒等于零,亦即

$$\frac{\partial f}{\partial x}+\lambda\frac{\partial g}{\partial x}=0,\quad \frac{\partial f}{\partial y}+\lambda\frac{\partial g}{\partial y}=0,\quad g(x,\ y)=0 \tag{29a, b, c}$$

(29c)就是原来求 $z=f(x,\ y)$ 极值的一个条件,所以 $\phi(x,\ y,\ \lambda)$ 的极值条件中,(29c)已经被吸收包含在里面了. 从(29a,b)中,我们可以求解 λ 和(26)式,亦即

$$\lambda=-\frac{\dfrac{\partial f}{\partial x}}{\dfrac{\partial g}{\partial x}}=-\frac{\dfrac{\partial f}{\partial y}}{\dfrac{\partial g}{\partial y}} \tag{30}$$

或者从(29a,b)中消去 λ,得

$$\begin{vmatrix}\dfrac{\partial f}{\partial x} & \dfrac{\partial f}{\partial y}\\ \dfrac{\partial g}{\partial x} & \dfrac{\partial g}{\partial y}\end{vmatrix}=0 \tag{31}$$

它就是(26)式. 这就证明了求 $z=f(x,\ y)$ 在条件 $g(x,\ y)=0$ 下的极值问题,和求 $\phi(x,\ y,\ \lambda)=f(x,\ y)+\lambda g(x,\ y)$ 的极值问题是完全相同的. 我们就是这样把一个有条件的函数极值问题,转化为一个没有任何条件的函数极值问题. 而且通过求 $\phi(x,\ y,\ \lambda)$这个新的函数的极值过程中,我们(1) 可以证明原有条件 $g(x,\ y)=0$ 是满足的,(2) 拉格朗日乘子 λ 是唯一地决定的.

我们现在把这种方法推广到在一定的条件下求泛函极值的变分原理中去,这样建立的新的变分泛函,称为广义变分原理的泛函,这样建立广义变分原理的方法,称为拉格朗日乘子法.

四、薄膜问题广义变分原理泛函的拉格朗日乘子法

在薄膜问题中,我们遇到的不是函数求极值问题,而是泛函求极值问题. 其变分的条件是边界上已给位移条件(3)式,它必须在边界 S 上每一点都满足. 所以,待定的拉格朗日乘子就不可能是一个常数,而应该是随着边界坐标 s 而变化的一个待定函数 $\lambda(s)$.

新的泛函可以写成

$$\Pi^*(w,\lambda)=\iint_\Omega\left\{\frac{1}{2}\left[\left(\frac{\partial w}{\partial x}\right)^2+\left(\frac{\partial w}{\partial y}\right)^2\right]-fw\right\}\mathrm{d}x\,\mathrm{d}y+\oint_S\lambda(s)[w-\overline{w}(s)]\mathrm{d}s \tag{32}$$

其中第一项代表原有的泛函,第二项代表拉格朗日乘子法所引进的,代替变分条件 $w-\overline{w}(s)=0$ 的新增泛函项.因为这个条件在每一个边界点上都满足,所以,这个新增项必须是在乘子 $\lambda(s)$的边界积分项.

现在让我们证明,通过变分,既可以证明 $w(x, y)$既满足边界条件(3),又满足微分方程(1),同时,还可以求得用 $w(s)$表达 $\lambda(s)$的表达式.

我们还必须指出,这个泛函的独立变量是两个函数,一个是原来的泛函的变量 $w(x, y)$,另一个是新增的待定拉格朗日乘子 $\lambda(s)$,它是边界坐标 s 的函数.如果原来的变分命题还有其他的条件,则新的泛函还应有其他的拉格朗日乘子.

现在让我们把 $w(x, y)$, $\lambda(s)$看作为独立变量,对 Π^* 进行变分.

$$\begin{aligned}\delta\Pi^*=&\iint_\Omega\left(\frac{\partial w}{\partial x}\frac{\partial\delta w}{\partial x}+\frac{\partial w}{\partial y}\frac{\partial\delta w}{\partial y}-f\delta w\right)\mathrm{d}x\,\mathrm{d}y\\&+\oint_S(w-\overline{w})\delta\lambda\,\mathrm{d}s+\oint_S\lambda\,\delta w\,\mathrm{d}s=0\end{aligned} \tag{33}$$

其中 $\overline{w}(s)$为已给的 S 的函数,它是不能变的,其变分 $\delta\overline{w}=0$. 采用格林定理所证明的(9)式,得

$$\delta\Pi^*=-\iint_\Omega(\nabla^2w+f)\delta w\,\mathrm{d}x\,\mathrm{d}y+\oint_S(w-\overline{w})\delta\lambda\,\mathrm{d}s+\oint_S\left(\frac{\partial w}{\partial n}+\lambda\right)\delta w\,\mathrm{d}s=0 \tag{34}$$

由于 $\delta w(x, y)$, $\delta\lambda$, $\delta w(s)$都是独立的变量,所以,从(34)可以证明

$$\nabla^2w+f=0\qquad 在\ \Omega\ 中 \tag{35a}$$

$$w(s)-\overline{w}(s)=0\quad 在\ S\ 上 \tag{35b}$$

$$\lambda(s)=-\frac{\partial w}{\partial e}\qquad 在\ S\ 上 \tag{35c}$$

(35a)为本题的微分方程(即(1)),(35b)为本题的边界条件(即(3)),(35c)给出了待定的拉格朗日乘子 $\lambda(s)$,把这个乘子代还(32),得广义变分原理的泛函

$$\Pi^*(w)=\iint_\Omega\left\{\frac{1}{2}\left[\left(\frac{\partial w}{\partial x}\right)^2+\left(\frac{\partial w}{\partial y}\right)^2\right]-fw\right\}\mathrm{d}x\,\mathrm{d}y-\oint_S\frac{\partial w}{\partial n}(w-\overline{w})\mathrm{d}s \tag{36}$$

还应该再一次强调,这个变分原理比原有变分原理的泛函多了一项,这一项是管原

有变分原理的边界条件的. 对这个广义变分原理而言,没有另外的变分条件了. 我们称这种不再有什么条件的变分原理为广义变分原理. 在以前,美国人称这种变分原理为修正了的变分原理,最近也同意我国的叫法,也用广义变分原理的名称了.

其次,在 1978 年以前,不论是胡海昌[1],还是鹫津久一郎[11],还有一些其他的人,都是用猜测的方法建立其泛函的. 这样建立泛函的过程不是充要的,也即是说,只能证明是充分的,不能证明是必要的,因此,用猜测方法建立的广义变分泛函不是唯一的. 事实也证明是这样,《力学学报》1964～1965 年的关于塑性极限分析的广义变分原理证明了 $\lambda(s)$ 有四种不同的表达方式,都能给出原来的变分命题和条件,就说明了这一点. 用拉格朗日乘子法建立广义变分原理的过程是满足充要条件的,因此是唯一的. 1975 年薛大为[10]就基本上用拉格朗日法处理塑性极限分析的广义变分原理,得到了唯一的结论,解决了《力学学报》1964～1965 年的争论. 因此,拉格朗日乘子法是建立广义变分原理泛函的唯一可靠的途径,这是无可争辩的.

最后,我们必须指出,一般说来,广义变分原理不再是极值问题,而是驻值问题. 因为我们很易证明(32)式的二阶变分可以写成

$$\delta^2\Pi^* = \iint_{\Omega} \frac{1}{2}\left\{\left(\frac{\partial\delta w}{\partial x}\right)^2 + \left(\frac{\partial\delta w}{\delta y}\right)^2\right\}\mathrm{d}x\,\mathrm{d}y - \oint_s \frac{1}{2}\,\frac{\partial}{\partial n}(\delta w)^2\mathrm{d}s \qquad (37)$$

它既不能肯定是大于零,也不能肯定是小于零. 所以,$\delta\Pi^* = 0$ 的变分问题并不是极值问题,而只能是一般的驻值问题.

五、建立广义变分原理的合理程序

从前面的讨论,我们可以总结从一般变分原理的已知泛函及其变分条件建立不再有变分条件的广义变分原理泛函的合理程序:

(1) 设原有泛函为 $\Pi(q_1,\ q_2,\ \cdots,\ q_m)$,其中 $q_i(i=1,\ 2,\ \cdots,\ m)$为变分中的独立变量,它们是空间坐标和时间坐标的函数. 其域为 Ω_n,为一个 n 维空间.

(2) 设原有变分条件分为四类:

(a) 在域 Ω_n 中各点都满足的条件 $p_1^{(n)},\ p_2^{(n)},\ \cdots,\ p_{c_1}^{(n)} = 0$ 共 c_1 个.

(b) 在域 Ω_n 中某点 Ω_n^* 上必须满足的条件 $p_1^{(n)},\ p_2^{(n)},\ \cdots,\ p_{b_1}^{(n)} = 0$ 共 b_1 个条件.

(c) 在域 Ω_n 的边界的某一部分 $S_i^{(n-1)}$ 上必须满足的条件 $p_i^{(n-1)} = 0,\ i=1,\ 2,\ 3,\ \cdots,\ d_1$.

(d) 在域 Ω_n 的边界的某一点 $s_i^{*(n-1)}$ 上必须满足的条件 $p_i^{(n-1)} = 0,\ i=1,\ 2,\ 3,\ \cdots,\ e_1$.

(3) 设有下列四类拉格朗日乘子:

(a) $\lambda_i(x_1,\ x_2,\ \cdots,\ x_n),\ i = 1,\ 2,\ \cdots,\ c_1$;

(b) $\lambda_i^*,\ i = 1,\ 2,\ \cdots,\ b_1$;

(c) $\Lambda_i(s_i^{(n-1)})$，$i=1, 2, \cdots, d_1$；

(d) Λ_i，$i=1, 2, \cdots, e_1$.

(4) 建立用拉格朗日乘子表达的广义变分原理泛函

$$\begin{aligned}\Pi^*&(q_1, q_2, \cdots, q_m; \lambda_1, \lambda_2, \cdots, \lambda_{c_1}; \lambda_1^*, \lambda_2^*, \cdots, \lambda_{b_1}^*; \Lambda_i, \Lambda_1, \cdots, \Lambda_{d_1}; \Lambda_1^*, \\ &\Lambda_1^*, \cdots, \Lambda_{e_1}^*) = \Pi(q_1, q_2, \cdots, q_m) + \sum_{i=1}^{c_1}\int_{\Omega_v}\lambda_i p_i^{(n)}\mathrm{d}\Omega_n + \sum_{i=1}^{b_1}\lambda_i^* p_i^{(n)} \\ &+ \sum_{i=1}^{d_1}\int_{S_i^{(n-1)}}\Lambda_i p_i^{(n-1)}\mathrm{d}\Omega_{n-1} + \sum_{i=1}^{e_1}\Lambda_i^* p_i^{(n-1)}\end{aligned} \tag{38}$$

(5) 以 q_i，λ_i，λ_i^*，Λ_i，Λ_i^* 为独立变量，从 Π^* 的变分驻值条件求得

(a) 原有微分方程；

(b) 原有变分条件；

(c) 决定 λ_i，λ_i^*，Λ_i，Λ_i^* 的 $b_1+c_1+d_1+e_1$ 个方程.

(6) 求得诸拉氏乘子，代还(38)式，即得广义变分原理的泛函.

六、弹性小位移问题的最小位能原理和最小余能原理，及其广义变形原理

现在让我们从弹性小位移问题的最小位能原理和最小余能原理来建立其有关的广义变分原理，以说明用拉格朗日乘子法建立广义变分原理的泛函的唯一合理过程.

最简单的弹性小位移问题可以用下述诸方程表示：设用卡氏坐标(x_1，x_2，x_3)，则有

(1) 应变位移关系

$$e_{ij} = \frac{1}{2}(u_{i,j} + u_{j,i}) \qquad i, j = 1, 2, 3 \tag{39}$$

其中 $u_{i,j}$ 为导数的简标：

$$u_{i,j} = \frac{\partial u_i}{\partial x_j} \tag{40}$$

如果是大位移理论，则(39)中还有非线性项.

(2) 应力应变关系

$$\sigma_{ij} = a_{ijkl}e_{kl} \quad i, j = 1, 2, 3 \tag{41}$$

其中 k，l 为哑标，在一项中有任一对指标相同，即指该指标作为 1，2，3 三值的三项相加之和.(41)式中实际上只是省略了 $\sum_{k=1}^{3}\sum_{l=1}^{3}$ 的和号. 同时，刚度系数 a_{ijkl} 有下

列对称性

$$a_{ijkl} = a_{jikl} = a_{ijlk} = a_{klij} \tag{42}$$

(41)式也可以写成

$$e_{ij} = b_{ijkl}\sigma_{kl} \tag{43}$$

b_{ijkl}称为劲度系数,它们也有下列对称性

$$b_{ijkl} = b_{jikl} = b_{ijkl} = b_{lkij} \tag{44}$$

(3) 在弹性体的体积 τ 内,弹性体的应力 σ_{ij} 和体积力 F_i 之间,满足平衡条件:

$$\sigma_{ij,\,j} + F_i = 0 \quad (\text{在}\ \tau\ \text{内}) \quad (i = 1,\ 2,\ 3) \tag{45}$$

(4) 在弹性体的边界面 S 上,分为两个部分 S_u, S_p,即位移已给的边界面(S_u)和外力已知的边界面(S_p),其有关边界条件为

$$\sigma_{ij}n_j = \bar{p}_i \quad \text{在}\ S_p\ \text{上(边界上外力已知)} \tag{46a}$$

$$u_i = \bar{u}_i \quad \text{在}\ S_u\ \text{上(边界上位移已知)} \tag{46b}$$

从上述诸关系中看到,弹性体的平衡问题是一个边界值问题. 共有 15 个未知数,即 6 个应力分量 σ_{ij},6 个应变分量 e_{ij},3 个位移分量 u_i,它们通过(39),(41),(45)中 15 个方程求解,它们必须满足(46a,b)的边界条件.

设 $A(e_{ij})$代表弹性体的应变能应变,它是应变分量的函数,而且根据应变能密度的定义,我们有

$$\frac{\partial A}{\partial e_{ij}} = \sigma_{ij} \quad (i,\ j = 1,\ 2,\ 3) \tag{47}$$

在小应变的情况下,用(41)式中的 σ_{ij} 表达式代入上式,积分求得线性理论的弹性应变能密度

$$A(e_{ij}) = \frac{1}{2}a_{ijkl}e_{ij}e_{kl} \tag{48}$$

同样,在小应变条件下,我们有余能密度 $B(\sigma_{ij})$,它和应变能密度 $A(e_{ij})$的关系为

$$A(e_{ij}) + B(\sigma_{ij}) = e_{kl}\sigma_{kl} \tag{49}$$

我们很易证明

$$\frac{\partial B}{\partial \sigma_{ij}} = e_{ij} \tag{50}$$

或是通过积分

$$B(\sigma_{ij}) = \frac{1}{2} b_{ijkl}\sigma_{ij}\sigma_{kl} \tag{51}$$

于是我们有众所周知的小位移变形线性弹性体的最小位能原理和最小余能原理：

(A) 小位移变形线性弹性理论的最小位能原理：

在满足小位移应变关系(39)式和边界位移已知的条件(46)式的所有允许的应变 e_{ij} 和位移 u_i 中，实际的 e_{ij} 和 u_i 必使弹性总位能

$$\Pi_{\mathrm{I}}(e_{ij}, u_i) = \iiint_{\tau} \{A(e_{ij}) - F_i u_i\} \mathrm{d}\tau - \iint_{S_p} \bar{p}_i u_i \mathrm{d}s \tag{52}$$

为最小. 亦即，使(52)式的泛函 Π_{I} 为最小的 u_i，e_{ij} 必满足平衡方程(45)式和边界外力已知的条件(46a)式；在证明中，我们认为(48)中的 $A(e_{ij})$ 是 $\frac{1}{2}a_{ijkl}e_{lj}e_{kl}$ 的简写，并利用了应力应变关系(41)式，或认为(47)式成立. 证明如下：从(52)式，有

$$\delta\Pi_{\mathrm{I}} = \iiint_{\tau} \left\{ \frac{\partial A}{\partial e_{ij}} \delta e_{ij} - F_i \delta u_i \right\} \mathrm{d}\tau - \iint_{S_p} \bar{p}_i \delta u_i \mathrm{d}s = 0 \tag{53a}$$

利用(47)式和(39)式，上式可以改写为

$$\delta\Pi_{\mathrm{I}} = \iiint_{\tau} \{\sigma_{ij}\delta u_{i,j} - F_i \delta u_i\} \mathrm{d}\tau - \iint_{S_p} \bar{p}_i \delta u_i \mathrm{d}s = 0 \tag{53b}$$

再利用格林定理

$$\iiint_{\tau} \sigma_{ij}\delta u_{i,j} \mathrm{d}\tau = \iiint_{\tau} [(\sigma_{ij}\delta u_i)_{,j} - \delta u_i \sigma_{ij,j}] \mathrm{d}\tau = -\iiint_{\tau} \sigma_{ij,j}\delta u_i \mathrm{d}\tau + \iint_{S_p+S_u} \sigma_{ij} n_j \delta u_i \mathrm{d}s \tag{54}$$

把(54)代入(53b)，得

$$\delta\Pi_{\mathrm{I}} = \iiint_{\tau} \{-\sigma_{ij,j} - F_i\} \delta u_i \mathrm{d}\tau + \iint_{S_p} (\sigma_{ij} n_j - \bar{p}_i) \delta u_i \mathrm{d}s + \iint_{S_u} \sigma_{ij} n_j \delta u_i \mathrm{d}s = 0 \tag{55a}$$

但在 S_u 上，u_i 是已给的 $\bar{u}_i$，是不能变的，也是说 δu_i 在 S_u 上应该等于零，因此(55a)可以写成

$$\delta\Pi_{\mathrm{I}} = \iiint_{\tau} \{-\sigma_{ij,j} - F_i\} \delta u_i \mathrm{d}\tau + \iint_{S_p} (\sigma_{ij} n_j - \bar{p}_i) \delta u_i \mathrm{d}s = 0 \tag{55b}$$

在 τ 内和 S_p 上，δu 都是任意的，所以，从(55b)导出

$$\sigma_{ij,j}+F_i=0 \qquad 在\ \tau\ 内 \tag{56a}$$

$$\sigma_{ij}n_j=\bar{p}_i \qquad 在\ S_p\ 上 \tag{56b}$$

(56a)是平衡方程(45)，(55b)是表面外力已知的边界条件(46a)，这就证明了最小位能原理. 这个原理是一个有条件的变分原理，它的变分条件是 e_{ij}，u_i 满足应变位移关系(39)和表面位移已知的边界条件(46b).

最小余能原理为

满足平衡方程(45)和表面外力已知的边界条件(46a)的所有允许的应力 σ_{ij} 中，实际的应力必使弹性总余能 Π_{II} 为最小

$$总余能=\Pi_{\mathrm{II}}=\iiint_\tau B(\sigma_{ij})\mathrm{d}\tau-\iint_{S_u}\bar{u}_i\sigma_{ij}n_j\mathrm{d}s \tag{57}$$

证明如下：

$$\delta\Pi_{\mathrm{II}}=\iiint_\tau\frac{\partial B}{\partial\sigma_{ij}}\delta\sigma_{ij}\mathrm{d}\tau-\iint_{S_u}\bar{u}\ n_j\delta\sigma_{ij}\mathrm{d}s=\iiint_\tau u_{i,j}\delta\sigma_{ij}\mathrm{d}\tau-\iint_{S_u}\bar{u}_in_j\delta\sigma_{ij}\mathrm{d}s=0 \tag{58}$$

用格林定理，可以证明

$$\iiint_\tau u_{i,j}\delta\sigma_{ij}\mathrm{d}\tau=\iiint_\tau[(u_i\delta\sigma_{ij})_{,j}-u_i\delta\sigma_{ij,j}]\mathrm{d}\tau=\iint_{S_p+S_u}u_i\delta\sigma_{ij}n_j\mathrm{d}s-\iiint_\tau u_i\delta\sigma_{ij,j}\mathrm{d}\tau \tag{59}$$

我们的条件是 σ_{ij} 满足平衡条件 $\sigma_{ij,j}+F_i=0$，所以有 $\delta\sigma_{ij,j}=0$，同样 σ_{ij} 在边界 S_p 上满足边界条件 $\sigma_{ij}n_j=\bar{p}_p$，也即是说，$\delta\sigma_{ij}n_j=0$ (在 S_p 上)，所以有

$$\iiint_\tau u_{i,j}\delta\sigma_{ij}\mathrm{d}\tau=\iint_{S_u}u_i\delta\sigma_{ij}n_j\mathrm{d}s \tag{60}$$

把(60)代入(58)，得

$$\delta\Pi_{\mathrm{II}}=\iint_{S_u}(u_i-\bar{u}_i)n_j\delta\sigma_{ij}\mathrm{d}s=0 \tag{61}$$

也即证明了

$$u_i-\bar{u}_i=0 \qquad 在\ S_u\ 上 \tag{62}$$

这就证明了最小余能原理. 它也是有条件的变分原理，其条件为(45)，即平衡方程，和(46)，即外力已知的边界条件.

现在让我们从最小位能原理导出广义变分原理. 引进拉格朗日乘子 λ_{ij} (x_1,

x_2, x_3)$_1$ 和 $\Lambda_i(S_u)$，构成新的泛函

$$\Pi_{\mathrm{I}}^{*}=\iiint_{\tau}\{A(e_{ij})-F_i u_i\}\mathrm{d}\tau-\iint_{S_p}\bar{p}_i u_i \mathrm{d}s+\iiint_{\tau}\left\{e_{ij}-\frac{1}{2}(u_{i,j}+u_{j,i})\right\}\lambda_{ij}\mathrm{d}\tau+\iint_{S_u}(u_i-\bar{u}_i)\Lambda_i \mathrm{d}s \tag{63}$$

其中第一、第二项是最小位能原理的原有泛函，第三、第四项用拉格朗日乘子新增设的有关原有变分原理的两套变分条件，λ_{ij} 是域 τ 中的坐标 x_1, x_2, x_3 待定函数，并设是对称的，即 $\lambda_{ij}=\lambda_{ji}$，$\Lambda_i$ 是 S_u 上的待定函数. 共有 9 个待定拉格朗日乘子函数，连原有 e_{ij}, u_i 在内，共有 18 个独立的变量. Π_{I}^{*} 的驻值条件为

$$\delta\Pi_{\mathrm{I}}^{*}=\iiint_{\tau}\{\sigma_{ij}\delta e_{ij}-F_i\delta u_i\}\mathrm{d}\tau-\iint_{S_p}\bar{p}_i u_i \mathrm{d}s+\iiint_{\tau}\left\{e_{ij}-\frac{1}{2}(u_{i,j}+u_{j,i})\right\}\delta\lambda_{ij}\mathrm{d}\tau+\iiint_{\tau}[\lambda_{ij}\delta e_{ij}-\lambda_{ij}\delta u_{i,j}]\mathrm{d}\tau+\iint_{S_u}\delta u\Lambda_i \mathrm{d}s+\iint_{S_u}(u_i-\bar{u}_i)\delta\Lambda_i \mathrm{d}\tau=0 \tag{64}$$

在使用了格林定理后，上式可以整理为

$$\delta\Pi_{\mathrm{I}}^{*}=\iiint_{\tau}\left\{\sigma_{ij}+\lambda_{ij})\delta e_{ij}+\left[e_{ij}-\frac{1}{2}(u_{i,j}+u_{j,i})\right]\delta\lambda_{ij}+(\lambda_{ij,j}-F_i)\delta u_i\right\}\mathrm{d}\tau+\iint_{S_u}\{(\Lambda_i-\lambda_{ij}n_j)\delta u_i+(u_i-\bar{u}_i)\delta\Lambda_i\}\mathrm{d}s-\iint_{S_p}[\lambda_j n_j+\bar{p}_i]\delta u_i \mathrm{d}s=0 \tag{65}$$

由于 τ 中的上的 δe_{ij}, $\delta\lambda_{ij}$, δu_i, S_u 上的 δu_i, $\delta\Lambda_i$, S_p 上的 δu_i 都是独立变量，所以，从(65)式中，得

$$\lambda_{ij}=-\sigma_{ij},\ e_{ij}=\frac{1}{2}(u_{i,j}+u_{j,i})\quad \lambda_{ij,j}-F_i=0\quad 在\ \tau\ 内 \tag{66a,b,c}$$

$$\Lambda_i=\lambda_{ij}n_j\quad u_i-\bar{u}_s=0\quad 在\ S_u\ 上 \tag{66d,e}$$

$$\lambda_{ij}n_j+\bar{p}_i=0\quad 在\ S_p\ 上 \tag{66f}$$

其中(66b,e)为原有的变分条件，(66a)，(66d)给出了拉格朗日乘子

$$\lambda_{ij}=-\sigma_{ij}\quad 在\ \tau\ 内(包括其边界上) \tag{67a}$$

$$\Lambda_i=-\sigma_{ij}n_j\quad 在\ S_u\ 上 \tag{67b}$$

把 λ_{ij} 代入(66c)，(66f)，即得 τ 中的平衡方程和 S_p 上的外力已知的条件，可见 Π_{I}^{*} 的驻值条件代表本问题的全部的解. 把(67a,b)代入(63)式，得

$$\Pi_{\mathrm{I}}^{*}(\sigma_{ij},\ e_{ij},\ u_i)=\iiint_{\tau}\left\{A(e_{ij})-\left[e_{ij}-\frac{1}{2}(u_{i,\ j}+u_{j,\ i})\right]\sigma_{ij}-F_iu_i\right\}\mathrm{d}\tau$$
$$-\iint_{S_p}\bar{p}_iu_i\mathrm{d}s-\iint_{S_u}(u_i-\bar{u}_i)\sigma_{ij}n_j\mathrm{d}s \tag{68}$$

所以,广义变分原理(从最小位能原理导出)可以写为

满足(39),(41),(45),(46a,b)诸关系的 u_i, e_{ij}, σ_{ij} 的解,必使泛函 Π_{I}^{*}(即(68)式)为驻值. 这里必须指出,在使用这个无条件的广义变分原理时,$A(e_{ij})$ 是 $\frac{1}{2}a_{ijkl}e_{ij}e_{kl}$ 的简写. 其次,所有 σ_{ij}, e_{ij}, u_i 诸变量函数都是独立的变分量. 第三,这只是一个驻值原理,不是一个最小原理.

最后从最小余能原理导出不用任何变分条件的广义变分原理. 最小余能原理的泛函为(57),它必须满足平衡方程(45)式和外力已知的边界条件(46a). 为此,我们引进两种待定的拉格朗日乘子,$\lambda_i(x_1,\ x_2,\ x_3)$ 和 $\Lambda_i(S_p)$,写出新的泛函

$$\Pi_{\mathrm{II}}^{*}=\iiint_{\tau}\{B(\sigma_{ij})+(\sigma_{ij,\ j}+F_i)\lambda_i\}\mathrm{d}\tau+\iint_{S_p}(\sigma_{ij}n_j-\bar{p}_i)\Lambda_i\mathrm{d}s-\iint_{S_u}\sigma_{ij}n_j\bar{u}_i\mathrm{d}s \tag{69}$$

其中 σ_{ij}, λ_i, Λ_i 都是独立变量,变分驻值条件为

$$\delta\Pi_{\mathrm{II}}^{*}=\iiint_{\tau}\{e_{ij}\delta\sigma_{ij}+(\sigma_{ij,\ j}+F_i)\delta\lambda_i+\lambda_i\delta e_{ij,\ j}\}\mathrm{d}\tau$$
$$+\iint_{S_p}[(\sigma_{ij}n_j-\bar{p}_i)\delta\Lambda_i+\Lambda_in_j\delta\sigma_{ij}\}\mathrm{d}s-\iint_{S_u}\delta\sigma_{ij}n_j\bar{u}_i\mathrm{d}s=0 \tag{70}$$

我们可以证明

$$\iiint_{\tau}e_{ij}\delta\sigma_{ij}\mathrm{d}\tau=\iiint_{\tau}u_{i,\ j}\delta\sigma_{ij}\mathrm{d}\tau=+\iint_{S_p+S_u}u_in_j\delta\sigma_{ij}\mathrm{d}s-\iiint_{\tau}u_i\delta\sigma_{ij,\ j}\mathrm{d}\tau \tag{71}$$

把(71)代入(70),得

$$\delta\Pi^{*}=\iiint_{\tau}\{(\lambda_i-u_i)\delta\sigma_{ij,\ j}+(\sigma_{ij,\ j}+F_i)\delta\lambda_i\}\mathrm{d}\tau$$
$$+\iint_{S_p}\{(\sigma_{ij}n_j-\bar{p}_i)\delta\Lambda_i+(u_i+\Lambda_i)n_j\delta\sigma_{ij}\}\mathrm{d}s+\iint_{S_u}(u_i-\bar{u}_i)n_j\sigma_{ij}\mathrm{d}s=0$$
$$\tag{72}$$

由于这些变量的变分都是独立的,驻值条件给出

$$\lambda_i=u_i,\ \sigma_{ij,\ j}+F_i=0,\qquad 在\ \tau\ 内 \tag{73a,b}$$

$$\sigma_{ij}n_j = \bar{p}_i,\ \Lambda_i = -u_i \qquad 在 S_p 上 \qquad (73c,d)$$

$$u_i = \bar{u}_i \qquad 在 S_u 上 \qquad (73e)$$

其中(73b,73c)都是原来的变分条件,(73e)为边界位移已知的条件,(73a,73d)给出了待定拉格朗日乘子的解. 所以,把(73a,73d)代还(69)式,得由余能原理导出的广义变分原理的泛函.

$$\Pi_{\mathrm{II}}^{*} = \iiint_{\tau}\{B(\sigma_{ij}) + (\sigma_{ij,\,j} + F_i)u_i\}\mathrm{d}\tau - \iint_{S_p}(\sigma_{ij}n_j - \bar{p}_i)u_i\mathrm{d}s - \iint_{S_u}(\sigma_{ij}n_j\bar{u}_i)\mathrm{d}s \tag{74}$$

在利用了(49)式后,上式也可以写为

$$\Pi_{\mathrm{II}}^{*} = \iiint_{\tau}\{e_{ij}\sigma_{ij} - A(e_{ij}) + (\sigma_{ij,\,j} + F_i)u_i\}\mathrm{d}\tau - \iint_{S_p}(\sigma_{ij}n_j - \bar{p}i)u_i\mathrm{d}s - \iint_{S_u}\sigma_{ij}n_j\bar{u}_i\mathrm{d}s \tag{74a}$$

于是,我们有从最小余能原理导出的广义变分原理:

满足(39),(41),(45),(46a,b)诸关系的 σ_{ij}, e_{ij}, u_i 的解,必使泛函 Π_{II}^{*}[见(74)或(74a)式]为驻值.

最后我们必须再度指出 Π_{I}^{*} 所代表的广义变分原理即 1955 年,胡海昌和鹫津久一郎发表的变分原理. 但那时,他们都是用猜测试验的方法得到的. 上面已经指出过,这样求得的广义变分原理的泛函不一定是唯一的,也即是,只能证明是必要的,但不一定是充分的.

用上述拉格朗日乘子法,我们证明了这两个泛函驻值变分原理都是充要的. 而且拉格朗日乘子的决定也是唯一的.

下面我们也必须指出,不论从位能原理或从余能原理导出的广义变分原理,都是无条件的变分原理,都是处理弹性体的同一平衡问题,独立变量都是 e_{ij}, σ_{ij}, u_i. 因此,这两个变分原理应该是等价的. 事实上,我们很容易证明 $\Pi_{\mathrm{I}}^{*} = -\Pi_{\mathrm{II}}^{*}$. 我们称之为这两个广义变分原理的等价原理.

其证明如下:

$$\Pi_{\mathrm{I}}^{*} + \Pi_{\mathrm{II}}^{*} = \iiint_{\tau}\left\{\frac{1}{2}(u_{i,\,j} + u_{j,\,i})\sigma_{ij} + \sigma_{ij,\,j}u_i\right\}\mathrm{d}\tau - \iint_{S_p+S_u}u_i\sigma_{ij}n_j\mathrm{d}s \tag{75}$$

由于 $\sigma_{ij} = \sigma_{ji}$,所以 $\frac{1}{2}(u_{i,\,j} + u_{j,\,i})\sigma_{ij} = u_{i,\,j}\sigma_{ij}$,于是(75)式可以写成

$$\Pi_{\mathrm{I}}^{*} + \Pi_{\mathrm{II}}^{*} = \iiint_{\tau}(u_{i,\,j}\sigma_{ij} + \sigma_{ij,\,j}u_i)\mathrm{d}\tau$$

$$-\iint_{S_p+S_u} u_i\sigma_{ij}n_j\mathrm{d}s=\iiint_{\tau}(u_i\sigma_{ij})_{,j}\mathrm{d}\tau-\iint_{S_p+S_u} u_i\sigma_{ij}n_j\mathrm{d}s \tag{76}$$

根据格林定理

$$\iiint_{\tau}(u_i\sigma_{ij})_{,j}\mathrm{d}\tau=\iint_{S_p+S_u} u_i\sigma_{ij}n_j\mathrm{d}s \tag{77}$$

于是,证明等价定理

$$\Pi_{\mathrm{I}}^{*}+\Pi_{\mathrm{II}}^{*}=0 \tag{78}$$

这里指出:这两个广义变分原理的泛函只差一个正负号,其变分驻值的条件完全是等价的. 胡海昌(1955)称 Π_{I}^{*} 的变分原理为广义位能原理,Π_{II}^{*} 的变分原理为广义余能原理,显然是容易引起误会的. 其实它们是等价的,都是小位移弹性平衡问题的广义变分原理. 至多称之为位能原理导出的和余能原理导出的广义变分原理,以资区别,其实这是完全不必要的.

七、拉格朗日乘子法建立广义变分原理的应用

上述拉格朗日乘子法,推广用来把有条件的变分原理转化为无条件的广义变分原理的方法,不仅限于处理小位移弹性平衡问题,而且近年来也能成功地处理其他问题. 例如,在作者的论文(1978)[6]上,还证明了大位移非线性变形的弹性力学平衡问题,也各有广义变分原理和等价定理. 在 1980 年的作者出版的《变分法和有限元》一书[7]上,还证明了所有塑性理论的变分原理中,也各有相关的广义变分原理. 也证明了在变形和导热耦合的热传导问题中,也各有相关的广义变分原理. 在 1981 年,作者[8,9]又证明了二维弹性问题,弹性板弯曲问题的广义变分原理,并进一步用广义变分原理研究了非协调元的有限元的问题. 其他,还有薛大为(1975)对塑性极限分析的广义变分原理的工作[10],以及戴天民(1981)在微极理论中也有广义变分原理和等价定理[12]. 所有这些都证明拉格朗日乘子法的推广使用到建立广义变分原理上是很有生命力的.

我们还必须指出,美国麻省理工大学教授在 20 世纪 60 年代初期发展了杂交有限元的方法[13],这种方法在板壳问题的计算上效果特别显著. 在杂交有限元中,变量不一定是单纯的位移,或单纯的应力,而是位移应力混杂使用的. 这种杂交有限元法的基础就是广义变分原理. 在广义变分原理中,变量也不是单纯地是变形(如位能原理)或单纯地是应力(如余能原理),而是变形和应力混合用作为变分的变量. 杂交元和广义变分原理的基本思想是一样的.

广义变分原理还可以用来处理许多理论物理中的计算(1977)[14],以及量子力学和量子化学的计算中去.

参考文献

[1] 胡海昌. 弹塑性理论中的一些变分原理. 中国科学，1955，4(1)：33－54.

[2] Washizu K(鹫津久一郎). On the variational principles of elasticily and plasticily(弹塑性理论中的变分问题). Aeroelastic and Structures Research Laboratory, Massachusetts Institute of Technology(麻省理工大学空气弹性和结构研究所)Technical Report, 25—18号(1955).

[3] 钱伟长. 关于弹性力学的广义变分原理及其在板壳问题上的应用(1964)，未发表，见力学学报编委来信，1964年10月6日.

[4] 钱令希，钟万勰. 论固体力学中的极限分析并建议一个一般变分原理. 力学学报. 1963，6(4)：287－303.

[5] 王仁，黄文彬，曲圣年，赵初武，梅占馨，王长兴，等. 对"固体力学中的极限分析并建议一个一般变分原理"一文讨论. 力学学报. 1965，8(1)：63－76.

[6] 钱伟长. 弹性理论中广义变分原理的研究，及其在有限元计算中的应用. 清华大学科学报告(1978年11月)，曾在大连召开的全国高等院校的计算结构力学会议(1978年9月)以及机械工程学会、航空学会、造船学会在蚌埠召开的全国有限元会议大会上宣读(1978年11月)并发表在：力学实践，1979，1(1)：16－24，1(2)：18－27. 机械工程学报，1979，15(1)：1－23.

[7] 钱伟长. 变分法和有限元. 上册. 北京：科学出版社，1980.

[8] 钱伟长. 非协调板元和广义变分理. 在1981年4月7—11日在美国大西洋城召开的国际杂交有限元会议上宣读. 将在会议录中刊出(1981).

[9] 钱伟长. 非协调有限元和广义变分原理. 在1981年5月19—25日在合肥召开的国际有限元会议上宣读，将在会议录上刊出(1981).

[10] 薛大为. 建议一组关于极限分析的定理. 科学通报，1957，20(4)：1975－1981.

[11] Washizu K(鹫津久一郎). Variational Methods in Elasticily and Plasticily(弹塑性理论中的变分法). 3rd ed. Pergamon, London, 1977.

[12] 戴天民. 微极理论的广义变分原理. 应用数学和力学，1981，2(3).

[13] Pian T H H(卞学镄)，Tong P(董平). Element Methods in Continuum Mechanics(连续介质力学的有限元法)//Yeh C S(易家训). Advances in Applied Mechanics(应用力学进展)，1972，12：1－53；及其有关文献(1969).

[14] 彭桓武. 有关物理场计算中的变分原理(2). 科学通报，1977，40(2).

非线性有限元

一、定常的非线性有限元问题

不少弹塑性力学的大位移变形的平衡问题，如薄板挠度平衡问题、稳定问题等可以化为定常的非线性有限元问题，在流体力学中几乎全部是非线性有限元问题，一般说来，定常流动的非线性有限元问题更加常见.

为了典型地研究比较非线性有限元问题的各种算法的优劣，我们以下列非线性问题为例：

$$\alpha \frac{\partial^2 u}{\partial x^2} - u \frac{\partial u}{\partial x} = - f \tag{1}$$

其中 α 为一常量，f 为一已知的 x 的函数. (1)中的第二项为非线性项.

设把 x 的域分为若干个有限元，每个有限元有 n 个结点 ($x = x_i$, $i = 1, 2, \cdots, n$)，所以有 n 个形状函数 $N_i(x)(i = 1, 2, \cdots, n)$. 形状函数的特性为

$$N_i(x_j) = \delta_{ij}, \ \delta_{ij} = \begin{cases} 0 & i \neq j \\ 1 & i = j \end{cases} \tag{2}$$

并设在这个有限元内

$$u(x_i) = u_i^{(e)} \quad x_1 \leqslant x_i \leqslant x_n \tag{3}$$

于是，我们可以把这一有限元内的 $u(x)$ 写成

$$u(x) = \sum_{i=1}^{n} N_i(x) u_i^{(e)} \tag{4a}$$

或简化为

$$u(x) \xrightarrow{\text{简写}} N_i(x) u_i^{(e)} \tag{4b}$$

其中，我们约定，一项中有两个标号相同时，指这标号历经 $1, 2, \cdots, n$ 的各项之和. 省略了 $\sum_{i=1}^{n}$ 这个和号，此中的 i 称为哑标，它可以用其他标号代替，亦即

原载《贵州省自然科学讲座》，1981：30 - 56.

$$N_i(x)u_i^{(e)} = \sum_{i=1}^{n} N_i(x)u_i^{(e)} = N_j(x)u_j^{(e)} = \sum_{i=1}^{n} N_j(x)u_j^{(e)} \tag{5}$$

(3)～(5)式中 u_i 上的(e)，代表在某一有限元内，称这个有限元的域为 Ω，在每一有限元 Ω 内，我们可以有 n 个 Gelerkin 型有限元特征方程：

$$\iint_{\Omega}\left[\alpha\frac{\partial^2 u}{\partial x^2} - u\frac{\partial u}{\partial x} + f\right]N_i\mathrm{d}\Omega = 0 \qquad i = 1, 2, \cdots, n \tag{6}$$

通过部分积分

$$\int_{\Gamma}\alpha\frac{\partial u}{\partial x}N_i^*\,\mathrm{d}\Gamma - \int_{\Omega}\alpha\frac{\partial u}{\partial x}\frac{\partial N_i}{\partial x}\mathrm{d}\Omega - \int_{\Gamma}\frac{u^2}{2}N_i^*\,\mathrm{d}\Gamma + \int_{\Omega}\frac{u^2}{2}\frac{\partial N_i}{\partial x}\mathrm{d}\Omega + \int_{\Omega}fN_i\mathrm{d}\Omega = 0 \tag{7}$$

这里必须指出，Γ 为整体边界和有限元边界所共有的边界部分，在这些边界上，$\dfrac{\partial u}{\partial x}$，$u$ 都是已给的. 有限元的其余边界积分和相邻有限元的相关边界上的积分相对消，未计在内. 把(4b)代入上式，积分后为

$$B_{ij}^{(i)}u_j^{(e)} + A_{ijk}^{(e)}u_j^{(e)}u_k^{(e)} = F_i^{(e)} \quad i = 1, 2, \cdots, n \tag{8}$$

其中

$$N_i^* \text{ 为 } N_i \text{ 的边界值} \tag{9a}$$

$$A_{ijk}^{(e)} = -\frac{1}{2}\int_{\Omega}\frac{\partial N_i}{\partial x}N_jN_k\mathrm{d}\Omega \tag{9b}$$

$$B_{ij}^{(e)} = \int_{\Omega}\frac{\partial N_i}{\partial x}\frac{\partial N_j}{\partial x}\mathrm{d}\Omega \tag{9c}$$

$$F_i^{(e)} = \int_{\Omega}fN_i\mathrm{d}\Omega + \int_{\Gamma}\left(\alpha\frac{\partial u}{\partial x} - \frac{u^2}{2}\right)N_i^*\,\mathrm{d}\Gamma \tag{9d}$$

而且 $A_{ijk}^{(e)}u_j^{(e)}u_k^{(e)}$ 中 j，k 都是哑标，$B_{ij}^{(e)}u_j^{(e)}$ 中 j 为哑标. (8)式称为有限元特征方程，整体平衡方程为所有局部有限元特征方程的综合，可以写为

$$B_{ij}u_j + A_{ijk}u_ju_k = F_i \qquad i = 1, 2, 3, \cdots, N \tag{10}$$

N 为 x 在全域的结点总数. u_i 为结点 i 的 u 值. B_{ij}，A_{ijk} 为 $B_{ij}^{(e)}$，$A_{ijk}^{(e)}$ 的整体组合矩阵，F_i 为整体外力矩阵. 很易看到 $A_{ijk}u_ju_k$ 为 u_i 的非线性项.

解这样的非线性(典型的)代数方程，有许多方法，主要分四种：(1) 牛顿-赖夫逊(Newton-Raphson)法，(2) 增量法，(3) 摄动法，(4) 最小误差法(或称最小二乘

方误差法). 现在将逐一介绍.

二、牛顿-赖夫逊法

牛顿-赖夫逊法是比较古老但又非常通用的方法. 它在最近(1970)又有许多新的发展,在理论基础上有若干重要的进展[1].

称

$$R_i(u) = B_{ij}u_j + A_{ijk}u_ju_k - F_i \quad (i = 1,\ 2,\ 3,\ \cdots,\ N) \tag{11}$$

如果 u_i 是其解,则 $R_i(u)$必对($i=1,\ 2,\ \cdots,\ N$)而讲,都等于零. 如 $u_i^{(0)}$ 是其近似解,则

$$R_i(u^{(0)}) \neq 0 \tag{12}$$

设正确解为 $u_i = u_i^{(0)} + \Delta u_i$, 于是,若将 $R_i(u)$展开为 Δu_i 的泰勒级数,只保留首项,有

$$R_i(u) = R_i(u^{(0)} + \Delta u) = R_i(u^0) + \frac{\partial R_i(u^{(0)})}{\partial u_j^{(0)}}\Delta u_j = 0 \tag{13}$$

或可写成

$$R_i(u^{(0)}) \neq \frac{\partial R_i(u^{(0)})}{\partial u_j^{(0)}}(u_j - u_j^{(0)}) = 0 \tag{14}$$

或可进一步求得

$$u_j = u_j^{(0)} - (J_{ij}^{(0)})^{-1}R_i(u^{(0)}) \tag{15}$$

其中

$$J_{ij}^{(0)} = \frac{\partial R_i(u^{(0)})}{\partial u_j^{(0)}} \tag{16}$$

这里的 u_j 并不是正确,而且在 $u_j^{(0)}$ 基础上的近似解,我们称这种近似解为 $u_j^{(1)}$(即一级近似解),有

$$u_j^{(1)} = u_j^{(0)} - (J_{ij}^{(0)})^{-1}R_i(u^{(0)})$$

$$J_{ij}^{(0)} = \frac{\partial R_i(u^{(0)})}{\partial u_j^{(0)}} \tag{17}$$

其几何解释见图 1(a),即曲线的 $P^{(0)}$ 点上的切线(其斜度为 $J^{(0)}$)对 u 轴的交点 $u^{(1)}$.

从一级近似 $u_j^{(1)}$,我们可以求得二级近似 $u_j^{(2)}$,

$$u_j^{(2)} = u_j^{(1)} - (J_{ij}^{(1)})^{-1} R_i(u^{(1)})$$

$$J_{ij}^{(1)} = \frac{\partial R_i(u^{(1)})}{\partial u_j^{(1)}} \tag{18}$$

从图 1(a),即曲线的 $P^{(1)}$ 点上切线(其斜度为 $J_{ij}^{(1)}$)对 u 轴的交点 $u^{(2)}$.

依此类推,从(k)级近似求($k+1$)级近似时,

$$u_j^{(k+1)} = u_j^{(k)} - (J_{ij}^{(k)})^{-1} R_i(u^{(k)})$$

$$J_{ij}^{(k)} = \frac{\partial R_i(u^{(k)})}{\partial u_j^{(k)}} \tag{19}$$

这样就逐步收敛到 $R_i(u)$和 u 轴的真正的交点.

按理论,$J_{ij}^{(0)}$, $J_{ij}^{(1)}$, $J_{ij}^{(2)}$, …每次近似,都应重算,但是,为了减少计算负担,每次近似,都可以重复使用首次近似值 $J_{ij}^{(0)}$. 这样做,当然在收敛速度上是有所牺牲的(图 1b),但比每次都重算 $J_{ij}^{(0)}$, $J_{ij}^{(1)}$, $J_{ij}^{(2)}$ 还是省掉许多计算工作量.

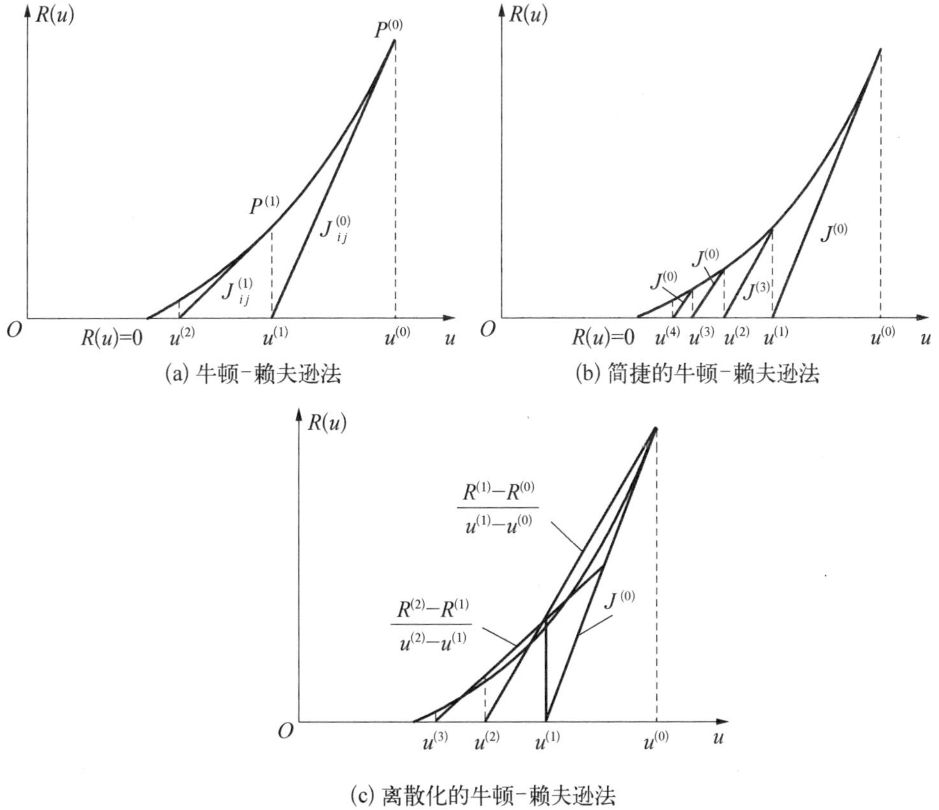

图 1　牛顿-赖夫逊法

如果每次都重算 $J_{ij}^{(0)}$，$J_{ij}^{(1)}$，$J_{ij}^{(2)}$，…,则这种重演法称为牛顿-赖夫逊法(即图1a). 如果把 $J_{ij}^{(0)}$ 用在每次重演计算上,则这样的重演法称为简捷的牛顿-赖夫逊法(见图 1b),有时 $J_{ij}^{(k)}=\dfrac{\partial R_j^{(k)}}{\partial u_j^{(k)}}$ 的计算非常费事,我们也可以用前一次和本次的 $R_i(u)$ 的差值来计算 $J_{ij}^{(k)}$,即

$$J_{ij}^{(k)}=\frac{\partial R_i(u^{(k)})}{\partial u_j^{(k)}}=\frac{R_i(u^{(k)})-R_i(u^{(k-1)})}{u_j^{(k)}-u_j^{(k-1)}} \tag{20}$$

用这种近似 $J_{ij}^{(k)}$ 来重演,称为离散化的牛顿-赖夫逊法(见图 1c). 在早期,有许多人用牛顿-赖夫逊法,在 60 年代前后,许多人用简捷的牛顿-赖夫逊法,但在最近期内,采用离散化的牛顿-赖夫逊法的人,越来越多.

三、牛顿-赖夫逊法的解的收敛问题

牛顿-赖夫逊法的解的存在性的必要条件明显地是

$$J_{ij}^{(0)},\ J_{ij}^{(1)},\ J_{ij}^{(2)},\ \cdots,\ J_{ij}^{(k)},\ \cdots\neq 0 \tag{21}$$

现在让我们研究牛顿-赖夫逊重演法的收敛条件. 首先,我们有 $r+1$ 近似式:

$$u_i^{(r+1)}=u_i^{(r)}-(J_{ik}^{(r)})^{-1}R_k(u^{(r)}) \tag{22}$$

收敛条件应该是

$$\frac{\partial u_i^{(r+1)}}{\partial u_j^{(r)}}\leqslant\delta_{ij},\ \delta_{ij}=\begin{cases}0 & i\neq j\\ 1 & i=j\end{cases} \tag{23}$$

于是,从(22)式有

$$\frac{\partial u_i^{(r+1)}}{\partial u_j^{(r)}}=\delta_{ij}-\left\{(J_{ik}^{(r)})^{-1}J_{kj}^{(r)}-(J_{ik}^{(r)})^{-1}(J_{kl}^{(r)})^{-1}\frac{\partial J_{lm}^{(r)}}{\partial u_j^{(r)}}R_m(u^{(r)})\right\}\leqslant\delta_{ij} \tag{24}$$

注意到 $(J_{ik}^{(r)})^{-1}(J_{kj}^{(r)})=\delta_{ij}$,而上式可以写成

$$\frac{\partial u_i^{(r+1)}}{\partial u_j^{(r)}}=[J_{ik}^{(r)}]^{-1}[J_{kl}^{(r)}]^{-1}\frac{\partial J_{lm}^{(r)}}{\partial u_j^{(r)}}R_m(u^{(r)})\leqslant\delta_{ij} \tag{25}$$

上式也可以写成

$$\frac{\partial J_{lm}^{(r)}}{\partial u_j^{(r)}}R_m(u^{(r)})\leqslant J_{ij}^{(r)}J_{kl}^{(r)}\delta_{ij} \tag{26}$$

或用 $\delta_{ij}=0\ (i\neq j)$，$\delta_{ij}=1\ (i=j)$ 的性质,上式可以简化为

$$\frac{\delta J_{lm}^{(r)}}{\partial u_j^{(r)}} R_m(u^{(r)}) \leqslant J_{jk}^{(r)} J_{kl}^{(r)} \tag{27}$$

这就是牛顿-赖夫逊法的收敛条件.

现在让我们研究牛顿-赖夫逊法的收敛速度问题. 称

$$\varepsilon_i^{(r)} = u_i - u_i^{(r)}, \qquad \varepsilon_i^{(r+1)} = u_i - u_i^{(r+1)} \tag{28}$$

研究 $\varepsilon_i^{(r)}$, $\varepsilon_i^{(r+1)}$ 之间的关系. 从(22)式,我们可以写出

$$\varepsilon_i^{(r+1)} = \varepsilon_i^{(r)} + \{J_{ij}^{(r)}(u-\varepsilon^{(r)})\}^{-1} R_j(u-\varepsilon^{(r)}) \tag{29}$$

展开 $R_j(u-\varepsilon^{(r)})$ 和 $J_{ij}^{(r)}(u-\varepsilon^{(r)})$, 有

$$R_j(u-\varepsilon^{(r)}) = R_j(u) - \frac{\partial R_j}{\partial u_k}\varepsilon_k^{(r)} + \cdots \tag{30}$$

其中 $R_j(u)=0$, $\dfrac{\partial R_j}{\partial u_k} = J_{ik}(u)$, 于是,得

$$R_i(u-\varepsilon^{(r)}) =- J_{jk}(u)\varepsilon_k^{(r)} + \cdots \tag{31}$$

其次

$$\begin{aligned} J_{ij}^{(r)}(u-\varepsilon^{(r)}) &= J_{ij}^{(r)}(u) - \frac{\partial J_{ij}^{(r)}}{\partial u_k} - \varepsilon_k^{(r)} + \cdots \\ &= J_{nm}^{(r)}(u)\left\{\delta_{ni}\delta_{mj} - [J_{nj}^{(r)}]^{-1} \frac{\partial J_{im}^{(r)}}{\partial u_l}\varepsilon_l^{(r)} + \cdots\right\} \end{aligned} \tag{32}$$

其倒数可以近似地写成

$$\{J_{ij}^{(r)}(u-\varepsilon^{(r)})\}^{-1} = [J_{nm}^{(r)}(u)]^{-1}\left\{\delta_{ni}\delta_{mj} + [J_{nm}^{(r)}]^{-1}\frac{\partial J_{im}^{(r)}}{\partial u_l}\varepsilon_l^{(r)} + \cdots\right\} \tag{33}$$

于是,从(31),(33)式,得

$$\begin{aligned} &\{J_{ij}^{(r)}(u-\varepsilon^{(r)})\}^{-1} R_j(u-\varepsilon^{(r)}) =- J_{ik}^{(r)}(u)\varepsilon_k^{(r)}\{J_{ij}^{(r)}(u)\}^{-1} \\ &- J_{ik}^{(r)}(u)\varepsilon_k^{(r)}[J_{nm}^{(r)}]^{-1}[J_{nj}^{(r)}]^{-1}\frac{\partial J_{im}^{(r)}}{\partial u_l}\varepsilon_i^{(r)} =- \varepsilon_i^{(r)} - \varepsilon_k^{(r)}\varepsilon_j^{(r)}[J_{ku}^{(r)}]^{-1}\frac{\partial J_{im}^{(r)}}{\partial u_l} \end{aligned} \tag{34}$$

而(29)式可以写成

$$\varepsilon_i^{(r+1)} =- \varepsilon_k^{(r)}\varepsilon_l^{(r)}[J_{km}^{(r)}]^{-1}\frac{\partial J_{im}^{(r)}}{\partial u_l} = O(\varepsilon^{(r)2}) \tag{35}$$

这指出,$(r+1)$步的误差是按(r)步误差的平方减少的. 误差收敛率是误差本身的

两次方. 这些都是渥脱加-莱因伯耳特的贡献[1].

四、增量法

增量法为求解非线性有限元的另一常用方法，设 s 为描述加载的实数参数. 而 $R_i(u, s)$ 为

$$R_i(u, s) = B_{ij}u_j + A_{ijk}u_j u_k - F_i(s) \tag{36}$$

当 u 为加载参数 s 时的解时

$$R_i(u, s) = 0 \tag{37}$$

设 u_i, s 都有一个增量 Δu_i, Δs，亦即 $u_i + \Delta u_i$, $s + \Delta s$ 亦为 $R_i = 0$ 的解，亦即

$$R_i(u + \Delta i, s + \Delta s) = 0 \tag{38}$$

用 Taylor 级数展开，得

$$R_i(u + \Delta u, s + \Delta s) = R_i(u, s) + \frac{\partial R_i(u, s)}{\partial u_j}\Delta u_j + \frac{\partial R_i(u, s)}{\partial s}s + \cdots = 0 \tag{39}$$

略去高次项，得

$$\Delta u_j = -\left\{\frac{\partial R_i}{\partial u_j}\right\}^{-1}\frac{\partial R_i}{\partial s}\Delta s \tag{40}$$

对于第 $r+1$ 次增量而言，有

$$\left.\begin{aligned} \Delta u_j^{(r+1)} &= u_j^{(r+1)} - u_j^{(r)} \\ s^{(r+1)} &= s^{(r+1)} - s^{(r)} \end{aligned}\right\} \tag{41}$$

而

$$u_j^{(r+1)} = u_k^{(r)} - \left\{\frac{\partial R_j(u^{(r)}, s^{(r)})}{\partial u_j}\right\}^{-1}\frac{\partial R_i(u^{(r)}, s^{(r)})}{\partial s}s^{(r+1)}$$
$$(r = 0, 1, 2, \cdots, G-1) \tag{42}$$

其中，总载荷 $f = \Delta s^{(1)} + \Delta s^{(2)} + \cdots + \Delta s^{(G)} = \sum_{r=1}^{(G)}\Delta s^{(r)}$ 而

$$s^{(G)} > s^{(G-1)} > s^{(G-2)} > \cdots > s^{(2)} > s^{(1)} > s^{(0)} = 0 \tag{43}$$

这样计算的结果是图 2 中的折线 1, 2, 3, 4, ….
每段的斜度取 1′, 2′, 3′, 4′, …点附近一点的切线斜度，例如$\overline{01}$段的斜度取 0 点的切线斜度，$\overline{12}$段的斜度取 1′点的切线斜度，$\overline{23}$段的斜度取 2′点的切线斜度，依此类

推.用这样的增量法计算时,误差有时逐级扩大(如图 2).为了降低其误差的逐步累计,我们可以用牛顿-赖夫逊法和增量法交替混用(也称混合法).

混合法的程序如下:(同时参考图 3)

(1) 用增量法求得 $\Delta s^{(1)}$ 所引起的 $\Delta u_j^{(1)}$

$$\Delta u_j^{(1)} = -\left\{\frac{\partial R_i(u^{(0)},\ s^{(0)})}{\partial u_j}\right\}^{-1} \frac{\partial R_i(u^{(0)},\ s^{(0)})}{\partial s}\Delta s^{(1)} \tag{44}$$

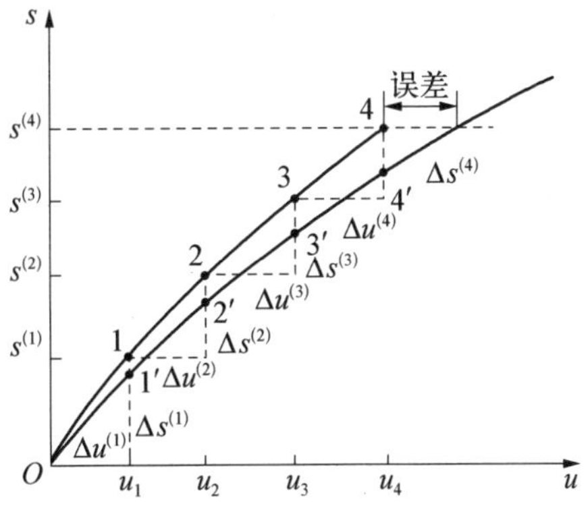

图 2　增量法求解所得近似折线

0 1 2 3 4 …

求得①点,其坐标为

$$\left.\begin{aligned} s^{(1)} &= \Delta s^{(1)} \\ u^{(1)} &= \Delta u^{(1)} \end{aligned}\right\} \tag{45}$$

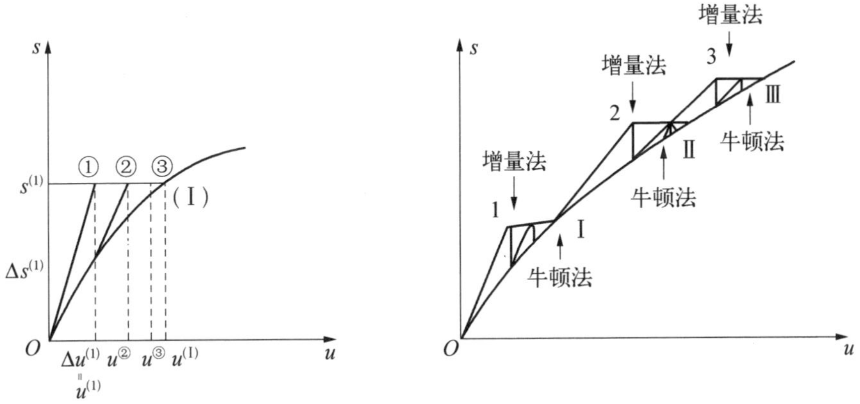

图 3　交替混合使用增量和牛顿-赖夫逊法的情况

我们应指出,这里我们采用的初始条件 $u^{(0)}$, $s^{(0)}=0$, 这一点①是不准确的,我们将用牛顿-赖夫逊法从点①求得 $s=s^{(1)}$ 的直线上的点②.

$$u_j^{②} = u_j^{(1)} - [J_{ij}^{(1)}]^{-1} R_i(u^{(1)}) \tag{46}$$

重复使用牛顿-赖夫逊法,求得 $s=s^{(1)}$ 的直线上的③点,

$$u_j^{③} = u_j^{②} - [J_{ij}^{②}]^{-1} R_i(u^{②}) \tag{47}$$

依此类推,求得$(s,\ u)$曲线和 $s=s^{(1)}$ 的交点(Ⅰ),其解为 $u^{(\mathrm{I})}$,从而求得 $s^{(1)}$ 和 $u^{(\mathrm{I})}$ 相对应的一点.交替混合使用上述两法,可以逐步求得曲线上各点的解.

五、摄动法

取一小参数作为摄动参数，$\varepsilon \ll 1$，以雷诺数 Re 为例，如果 $Re \ll 1$，则 Re 就可以作为摄动参数；如果 $Re \gg 1$，则以$\dfrac{1}{Re}$ 为摄动参数.

设其解 u_i 可以展开为 ε 的幂级数.

$$u_i = \varepsilon u_i^{(1)} + \varepsilon^2 u_i^{(2)} + \cdots \tag{48}$$

又外力矩阵 F_i，也可以展开为 ε 的幂级数

$$F_i = \varepsilon F_i^{(1)} + \varepsilon^2 F^{(2)} + \cdots \tag{49}$$

在(48)，(49)中，首项为 ε 项，这是因为在流体力学中，u_i，F_i 都是扰动项. 于是(10)式可以写成

$$\begin{aligned} &\varepsilon B_{ij} u_j^{(1)} + \varepsilon^2 [B_{ij} u_j^{(2)} + A_{ijk} u_k^{(1)}] + \varepsilon^3 [B_{ij} u_j^{(3)} + A_{ijk} (u_j^{(1)} u_k^{(2)} + u_j^{(2)} u_k^{(1)})] + \cdots \\ &= F_i^{(1)} \varepsilon + F_i^{(2)} \varepsilon^2 + F_i^{(3)} \varepsilon^3 + \cdots \end{aligned} \tag{50}$$

这个方程对任意小的 ε，都必须满足，所以等式两侧的相同 ε^n 的系数必都恒等，于是，我们得逐步近似方程：

$$B_{ij} u_j^{(1)} = F_j^{(1)} \tag{51a}$$

$$B_{ij} u_j^{(2)} + A_{ijk} u_j^{(1)} u_k^{(1)} = F_i^{(2)} \tag{51b}$$

$$B_{ij} u_j^{(3)} + A_{ijk} (u_j^{(1)} u_k^{(2)} + u_j^{(2)} u_k^{(1)}) = F_i^{(3)} \tag{51c}$$

……

这些方程可以逐一求解，例如，圆薄板大挠度问题，就是这样求解[2]. 这种摄动法常能求得近似分析解.

六、最小二乘方误差法

设 $u_j^{(r)}$ 为(10)式的 u_j 的某级近似解，则其误差为

$$R_i(u^{(r)}) = B_{ij} u_j^{(r)} + A_{ijk} u_j^{(r)} u_k^{(r)} - F_i \tag{52}$$

称误差的二乘方之和为 $Q(u)^{(r)}$，

$$\begin{aligned} Q(u^{(r)}) &= R_i(u^{(r)}) R_i(u^{(r)}) \\ &= \{B_{ij} u_j^{(r)} + A_{ijk} u_j^{(r)} u_k^{(r)} - F_i\}\{B_i u_n^{(r)} + A_{inm} u_n^{(r)} u_m^{(r)} - F_i\} \end{aligned} \tag{53}$$

设从(r)级近似的 $u_j^{(r)}$ 求($r+1$)级近似的 $u_j^{(r+1)}$ 时，用矢量和的概念(图 4)

$$u_j^{(r+1)} = u_j^{(r)} + \alpha^{(r)} p_j^{(r)} \tag{54}$$

$p_j^{(r)}$ 是一个任选的单位矢量，它是用来描述 $u_j^{(r)}$ 的方向和尺寸的变化的，$\alpha^{(r)}$ 是待定的常数. 设

$$Q(u^{(r)}) \geqslant Q(u^{(r+1)}) \tag{55}$$

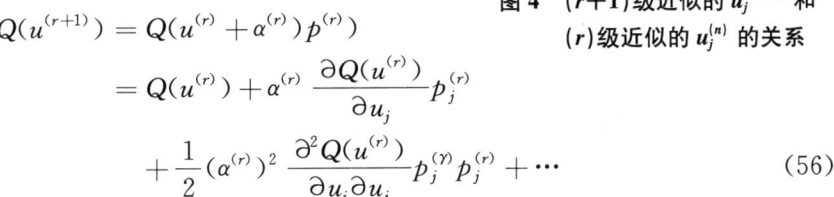

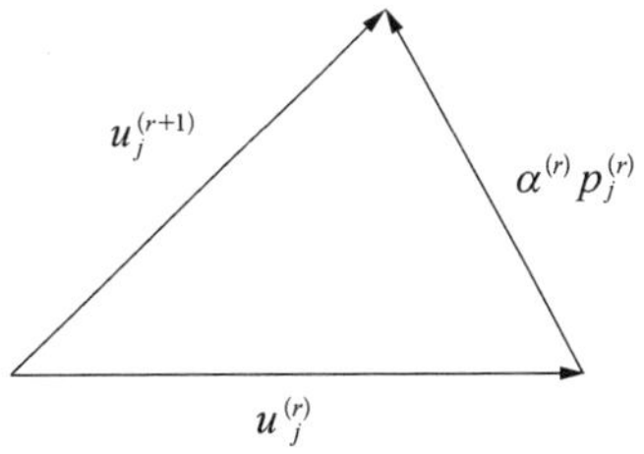

图 4　(r+1)级近似的 $u_j^{(r+1)}$ 和 (r)级近似的 $u_j^{(n)}$ 的关系

目的是选用 $\alpha^{(r)}$，使 $Q(u^{(r+1)})$ 为最小

$$\begin{aligned} Q(u^{(r+1)}) &= Q(u^{(r)} + \alpha^{(r)}) p^{(r)}) \\ &= Q(u^{(r)}) + \alpha^{(r)} \frac{\partial Q(u^{(r)})}{\partial u_j} p_j^{(r)} \\ &\quad + \frac{1}{2} (\alpha^{(r)})^2 \frac{\partial^2 Q(u^{(r)})}{\partial u_i \partial u_j} p_j^{(\gamma)} p_j^{(r)} + \cdots \end{aligned} \tag{56}$$

称

$$\frac{\partial Q(u^{(r)})}{\partial u_j} = G_j^{(r)},\quad \frac{\partial^2 Q(u^{(r)})}{\partial u_i \partial u_j} = H_{ij}^{(r)} \tag{57}$$

取(56)的前三项，略去高次项，得

$$\begin{aligned} Q(u^{(r+1)}) &= Q(u^{(r)} + \alpha^{(r)} p^{(r)}) \\ &= Q(u^{(r)}) + \alpha^{(r)} G_j^{(r)} p_j^{(r)} + \frac{1}{2} (\alpha^{(r)})^2 H_{ij}^{(r)} p_i^{(r)} p_j^{(r)} + O(\alpha^{(r)3}) \end{aligned} \tag{58}$$

选择 $\alpha^{(r)}$ 使 $Q(u^{(r+1)})$ 为最小

$$\frac{\partial}{\partial \alpha^{(r)}} \{Q(u^{(r+1)})\} = G_j^{(r)} p_i^{(r)} + \alpha^{(r)} H_{ij}^{(r)} p_i^{(r)} p_j^{(r)} = 0 \tag{59}$$

所以，得

$$\alpha^{(r)} = (H_{ij}^{(r)} p_i^{(r)} p_j^{(r)})^{-1} G_k^{(r)} p_k^{(r)} \tag{60}$$

其中 $p_i^{(r)}$ 是任选的.

如果取 $p_j^{(r)}$ 为 $Q(u_j^{(r)})$ 的最大梯度的负方向，即

$$p_j^{(r)} = -\left\{\frac{\partial Q(u^{(r)})}{\partial u_j}\right\}_{\max} = -G_{j\max}^{(r)} \tag{61}$$

则本方法化为物理学中常见的最速降法(Method of steepest descent)[3].

以上为四种常用的非线性有限元解法的简介. 下面将举例说明其应用.

七、不可压缩粘性流问题的有限元解

不可压缩粘性流的纳维-斯托克斯方程可以写成

$$\rho\frac{\partial v_i}{\partial t}+\rho\frac{\partial v_j}{\partial x_j}v_j+\rho F_i-\mu\frac{\partial}{\partial x_j}\left(\frac{\partial v_i}{\partial x_j}+\frac{\partial v_j}{\partial x_i}\right)+\frac{\partial P}{\partial x_i}=0\quad(i=1,\ 2,\ 3)\tag{62}$$

或可写成

$$\frac{\partial v_i}{\partial t}+v_j\frac{\partial v_i}{\partial x_j}+F_i-\nu\frac{\partial}{\partial x_j}\left(\frac{\partial v_i}{\partial x_j}+\frac{\partial v_j}{\partial x_i}\right)+\frac{1}{\rho}\frac{\partial P}{\partial x_i}=0\quad(i=1,\ 2,\ 3)\tag{63}$$

其中 v_i 为流速，F_i 为体积力，μ 为粘度系数，$\nu=\dfrac{\mu}{\rho}$ 为动力粘度系数，ρ 为流体密度.

不可压缩的连续方程为

$$\frac{\partial v_i}{\partial x_i}=0\tag{64}$$

设有限元中有 n 个结点，其表达式可以把 $\vec{x}$ 和 t 分离.

$$\left.\begin{aligned}V_i(\vec{x},\ t)&=\sum_{N=1}^{n}N_N(\vec{x})V_{Ni}(t)\\P(\vec{x},\ t)&=\sum_{N=1}^{n}M_N(\vec{x})P_N(t)\end{aligned}\right\}\quad(i=1,\ 2,\ 3)\tag{65}$$

N_N，M_N 为形状函数，N 为元素中的结点标号，$i=1,\ 2,\ 3$ 为代表速度的分量标号.

对任取的 v_i 和 P 而言，(62)，(64)的剩余量为 $\varepsilon_i^{(1)}$ 和 $\varepsilon^{(2)}$，亦即有

$$\rho\frac{\partial v_i}{\partial t}+\rho v_j\frac{\partial v_i}{\partial x_j}+\rho F_i+\frac{\partial P}{\partial x_i}-\mu\frac{\partial}{\partial x_j}\left(\frac{\partial v_i}{\partial x_j}+\frac{\partial v_j}{\partial x_i}\right)=\varepsilon_i^{(1)}$$
$$(\text{动量})(i=1,\ 2,\ 3)\tag{66a}$$

$$\frac{\partial v_i}{\partial x_i}=\varepsilon^{(2)}\qquad(\text{体积变化})\tag{66b}$$

所以，$\varepsilon_i^{(1)}$ 和 v_i 的内积为能量，$\varepsilon^{(2)}$ 和 P 的积为功. 于是，有

$$\left.\begin{aligned}I_1&=\int_\Omega\varepsilon_i^{(1)}v_i\,\mathrm{d}\Omega=\int_\Omega\varepsilon_i^{(1)}N_N(\vec{x})v_{Ni}(t)\,\mathrm{d}\Omega=0\\I_2&=\int_\Omega\varepsilon^{(2)}P\,\mathrm{d}\Omega=\int_\Omega\varepsilon^{(2)}M_N(\vec{x})P_N(t)\,\mathrm{d}\Omega=0\end{aligned}\right\}\tag{67}$$

I_1 为维持 v_i 场的能量，I_2 为维持不可压缩的能量. 所以有限元的特征式为

$$\left.\begin{aligned}&\int_{\Omega}\varepsilon_i^{(1)}N_N(\vec{x})\mathrm{d}\Omega=0\quad(i=1,2,3)\\&\int_{\Omega}\varepsilon^{(2)}M_N(\vec{x})\mathrm{d}\Omega=0\end{aligned}\right\}\tag{68}$$

前者还可以进一步简化,因为用格林定理

$$\begin{aligned}&\int_{\Omega}\left(\mu\frac{\partial^2 v_i}{\partial x_j\partial x_j}-\frac{\partial P}{\partial x_i}\right)N_N\mathrm{d}\Omega=\int_{\Gamma}\left\{-P\delta_{ij}+\mu\left(\frac{\partial v_i}{\partial x_j}+\frac{\partial v_j}{\partial x_i}\right)\right\}n_jN_N^*\mathrm{d}\Gamma-\\&\int_{\Omega}\left\{-P\delta_{ij}+\mu\left(\frac{\partial v_i}{\partial x_j}+\frac{\partial v_j}{\partial x_i}\right)\right\}\frac{\partial N_N}{\partial x_j}\mathrm{d}\Omega=\int_{\Gamma}S_iN_N^*\mathrm{d}\Gamma-\\&\int_{\Omega}\left\{-P\delta_{ij}+\mu\left(\frac{\partial v_i}{\partial x_j}+\frac{\partial v_j}{\partial x_i}\right)\right\}\frac{\partial N_N}{\partial x_y}\mathrm{d}\Omega\end{aligned}\tag{69}$$

其中 N_n^* 是 N_N 在表面 Γ 上的值. 我们必须指出,Γ 为有限元和整个边界共有的部分,有限元的其余边界为相邻有限元所对消,未计在内.

$$S_i=\left\{-P\delta_{ij}+\mu\left(\frac{\partial v_i}{\partial x_j}+\frac{\partial v_j}{\partial x_i}\right)\right\}n_j=\text{整体边界有关部分的表面法向力}\tag{69a}$$

又

$$\int_{\Omega}\rho v_j\frac{\partial v_i}{\partial x_j}N_N\mathrm{d}\Omega=\int_{\Omega}\rho\frac{\partial}{\partial x_j}(v_iv_j)N_n\mathrm{d}\Omega=\int_{\Gamma}\rho v_iv_jn_jN_n^*\mathrm{d}\Gamma-\int_{\Omega}\rho v_iv_j\frac{\partial N_n}{\partial x_j}\mathrm{d}\Omega\tag{70}$$

把 $V_i=N_NV_{Ni}$ 代入积分,得

$$A_{NM}\frac{\partial v}{\partial t}M_i+B_{NiRM}V_{Mj}V_{Rj}+C_{NiM}P_M+D_{NMik}V_{Mk}=E_{Ni}^{(b)}+E_{Ni}^{(S)}\tag{71}$$

其中

$$N,M,R=1,2,\cdots,r(\text{为每个元素的结点的编号})\tag{72a}$$

$$i,j,k=1,2,3(\text{为空间坐标的编号})\tag{72b}$$

$$A_{NM}=\int_{\Omega}\rho N_NN_M\mathrm{d}\Omega=(\text{质量矩阵})\tag{72c}$$

$$B_{NjRM}=-\int_{\Omega}\rho\frac{\partial N_N}{\partial x_j}N_RN_M\mathrm{d}\Omega=(\text{对流矩阵})\tag{72d}$$

$$C_{NiM}=-\int_{\Omega}N_M\frac{\partial N_N}{\partial x_i}\mathrm{d}\Omega=\text{(压强矩阵)}\tag{72e}$$

$$D_{NMiR}=\int_{\Omega}\mu\left(\frac{\partial N_N}{\partial x_i}\frac{\partial N_M}{\partial x_j}\delta_{Kj}+\frac{\partial N_N}{\partial x_j}\frac{\partial N_M}{\partial x_i}\delta_{Kj}\right)\mathrm{d}\Omega=\text{(耗散矩阵)}\tag{72f}$$

$$E_{Ni}^{(b)}=\int_{\Gamma}\rho F_iN_N\mathrm{d}\Gamma=\text{(体力矢量)}\tag{72g}$$

$$E_{Ni}^{(S)}=E_{Ni}^{(S1)}+E_{Ni}^{(S2)}=\text{(面力矢量)}\tag{72h}$$

$$E_{Si}^{(S1)}=\int_{\Gamma}S_iN_N^*\mathrm{d}\Gamma,\ E_{Si}^{(S2)}=-\int_{\Gamma}\rho V_iV_jn_jN_N^*\mathrm{d}\Gamma\tag{72i,j}$$

其中 S_i 见(69a)，S_i 和 $v_iv_jn_j$ 在整体边界表面上都是已知的.

连续方程的有限元特征方程为

$$\int_{\Omega}\frac{\partial v_i}{\partial x_i}M_N\mathrm{d}\Omega=0\tag{73}$$

或可写成

$$C_{NiM}V_{Mi}=G_N\tag{74}$$

其中

$$G_N=-\int_{\Gamma}V_in_iM_N^*\mathrm{d}\Gamma=\text{(边界速度矢量)}$$

Γ 为整体的边界表面，在这个表面上，V_in_i 是已给的.

对定常流而言

$$\frac{\mathrm{d}V_i}{\mathrm{d}t}=0\tag{75}$$

把各有限元的矩阵组合起来，得整体矩阵方程

$$B_{\alpha i\beta\gamma}V_{\beta i}V_{\gamma j}+D_{\alpha\beta}V_{\beta i}+C_{\alpha i\lambda}P_\lambda=E_{\alpha i}\tag{76a}$$

$$C_{\alpha i\lambda}V_{\lambda i}=G_\alpha\tag{76b}$$

其中 α, β, γ, λ 为整体中诸结点的标号，i 为空间坐标的标号($i=1$, 2, 3). 它们也可以写成整体矩阵形式

$$\begin{bmatrix}B_{\alpha i\beta\gamma}V_{\gamma j}D_{\alpha\beta}\delta_{ij} & C_{\alpha i\lambda}\\ C_{\alpha j\beta} & 0\end{bmatrix}\begin{Bmatrix}V_{\beta j}\\ P_\lambda\end{Bmatrix}=\begin{Bmatrix}E_{\alpha i}\\ G_\alpha\end{Bmatrix}\tag{77}$$

(76)或(77)应该满足边界条件；也就是说，在边界上，有

$$S_i = f_i \quad 在\ \Gamma_1(受压边界) \tag{78a}$$

$$V_i n_i = q \quad 在\ \Gamma_2(进出口) \tag{78b}$$

$$v_i = 0 \quad 固体边界(粘性,无滑动) \tag{78c}$$

日本学者 Kawahare，Yoshimura，Ohsaka[4] 计算了一个截面向下放大的二维涵洞的不可压缩粘性流动，涵洞形式见图 5，我们采用二次的形状函数 N_N 为速度元，采用线性元 M_N 为压力元. Kawahare 等的计算，采用了 $Re=150$，共有 74 个结点，98 个有限元，这样就算出了回流区，各点的压强和速度. 见图 6，其结果和摄动法计算所得结果完全一致.

这是一个非常成功的有限元计算.

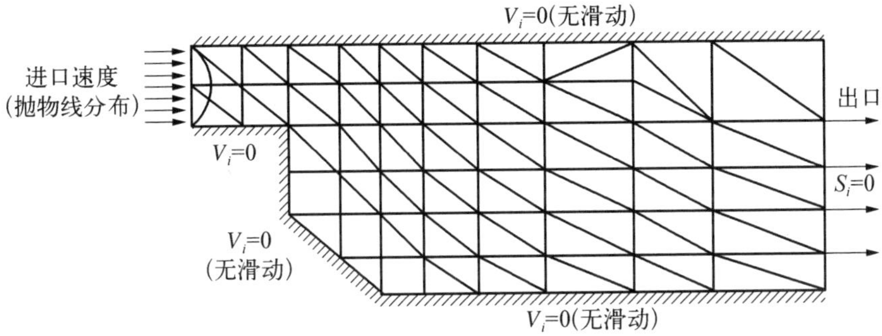

图 5　截面向下放大的二维涵洞的有限元剖分举例

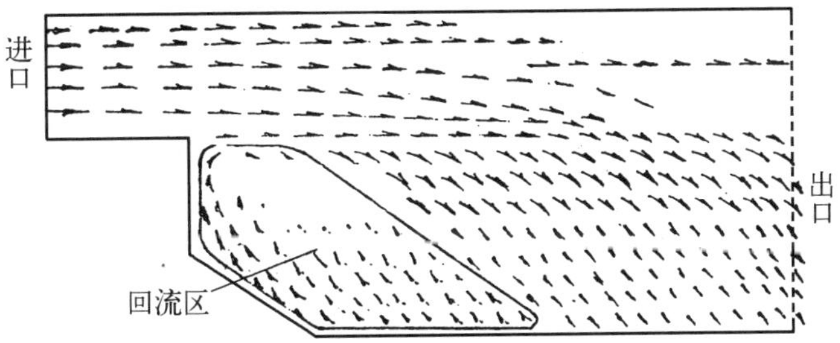

图 6　截面放大的涵洞中的流动和回流区

八、用流函数的纳维-斯托克斯方程常解

Kawahare 等[5]用流函数计算了沉坑内的二维有限元流动.

引进流函数 ψ，

$$v_i = \varepsilon_{ij}\frac{\partial \psi}{\partial x_j} \qquad \varepsilon_{ij} = \pm 1 \tag{79}$$

设域分为若干有限元,其形函数为

$$\psi = N_N(\vec{x})\psi_N, \tag{80}$$

而且

$$v_i = \varepsilon_{ij}\frac{\partial \psi}{\partial x_j} = \varepsilon_{ij}\frac{\partial N_N}{\partial x_j}\psi_N \tag{81}$$

(67a)可以写成

$$\int_\Omega \left(\rho v_j \frac{\partial v_i}{\partial x_j} - \frac{\partial \sigma_{ij}}{\partial x_j} - \rho F_i\right) V_i \mathrm{d}\Omega = 0 \tag{82}$$

其中

$$\sigma_{ij} = -P\delta_{ij} + \mu\left(\frac{\partial v_i}{\partial x_j} + \frac{\partial v_j}{\partial x_i}\right) \tag{83}$$

利用格林定理,我们有

$$\int_\Gamma \rho v_i v_j n_i v_i \mathrm{d}\Gamma - \int_\Omega \rho V_j V_i \frac{\partial V_i}{\partial x_j}\mathrm{d}\Omega - \int_\Gamma \sigma_{ij} n_j V_i \mathrm{d}\Gamma + \int_\Omega \sigma_{ij}\frac{\partial V_i}{\partial x_j}\mathrm{d}\Omega - \int_\Omega \rho F_i V_i \mathrm{d}\Omega = 0 \tag{84}$$

把(81)代入(84)式,得

$$\begin{aligned}
&\int_\Gamma \rho\varepsilon_{ik} V_i v_j n_i n_i^* \frac{\partial N_N^*}{\partial x_k}\mathrm{d}\Gamma - \left\{\int_\Omega \rho\varepsilon_{ik}\varepsilon_{jl}\varepsilon_{jm}\frac{\partial N_R}{\partial x_m}\frac{\partial N_M}{\partial x_l}\frac{\partial^2 N_N}{\partial x_i\,\partial x_k}\mathrm{d}\Omega\right\}\psi_R\psi_M \\
&\quad - \int_\Gamma \sigma_{ij}\varepsilon_{jk} n_j \frac{\partial N_N^*}{\partial x_k}\mathrm{d}\Gamma + \left\{\int_\Omega \mu\varepsilon_{il}\varepsilon_{ik}\frac{\partial^2 N_N}{\partial x_k \partial x_j}\frac{\partial^2 N_M}{\partial x_l \partial x_j}\mathrm{d}\Omega\right\}\psi_M \\
&\quad + \left\{\int_\Omega \mu\varepsilon_{jl}\varepsilon_{ik}\frac{\partial^2 N_M}{\partial x_l\,\partial x_i}\frac{\partial^2 N_N}{\partial x_k \partial x_j}\mathrm{d}\Omega\right\}\psi_M - \int_\Omega \rho\varepsilon_{ik} F_i \frac{\partial N_N}{\partial x_k}\mathrm{d}\Omega = 0
\end{aligned} \tag{85}$$

上式可以简化为

$$A_{NRM}\psi_R\psi_M + B_{NM}\psi_M = E_N \tag{86}$$

其中

$$A_{NRM} = -\int_\Omega \rho\varepsilon_{ik}\varepsilon_{jm}\varepsilon_{jl}\frac{\partial^2 N_N}{\partial x_k \partial x_i}\frac{\partial N_R}{\partial x_m}\frac{\partial N_M}{\partial x_l}\mathrm{d}\Omega \tag{87a}$$

$$B_{NM} = \int_\Omega \mu\varepsilon_{ik}\varepsilon_{il}\frac{\partial^2 N_W}{\partial x_k \partial x_j}\frac{\partial^2 N_N}{\partial x_i \partial x_j}\mathrm{d}\Omega + \int_\Omega \mu\varepsilon_{ik}\varepsilon_{jl}\frac{\partial^2 N_N}{\partial x_k \partial x_j}\frac{\partial^2 N_M}{\partial x_l \partial x_j}\mathrm{d}\Omega \tag{87b}$$

$$E_N = \int_\Omega \rho \varepsilon_{ik} F_i \frac{\partial N_N}{\partial x_k} \mathrm{d}\Omega + \int_\Gamma \varepsilon_{ik} \sigma_{ij} n_j^* \frac{\partial N_N^*}{\partial x_k} \mathrm{d}\Gamma - \int_\Gamma \rho \varepsilon_{ik} V_i V_j n_i^* \frac{\partial N_N^*}{\partial x_k} \mathrm{d}\Gamma \quad (87\mathrm{c})$$

其整体矩阵方程形状相同,其计算也可以用上述方法进行.

日本学者 Kawahare,M 和 Okamoto(1976)[5]曾就沉坑中的水流进行了计算,沉坑为一二维方形孔穴(图 7). Bozeman,Dalton 曾在 1973 年曾用有限差分法,取 50×50 的点阵计算过相同问题. 取 $Re=100$ 时,结果基本相同.

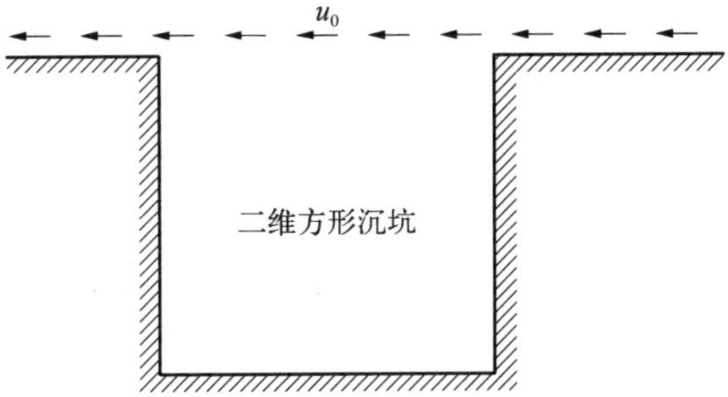

图 7　二维方形沉坑(孔穴)的流动

Kawahare 等把沉坑分成若干对称的三角形有限元(图 8),其边界条件见图. 其计算结果以结点上的流速方向及其大小来表示(图 9).

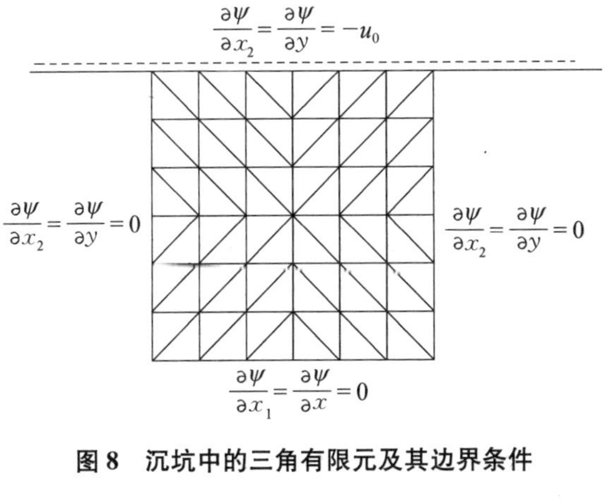

图 8　沉坑中的三角有限元及其边界条件

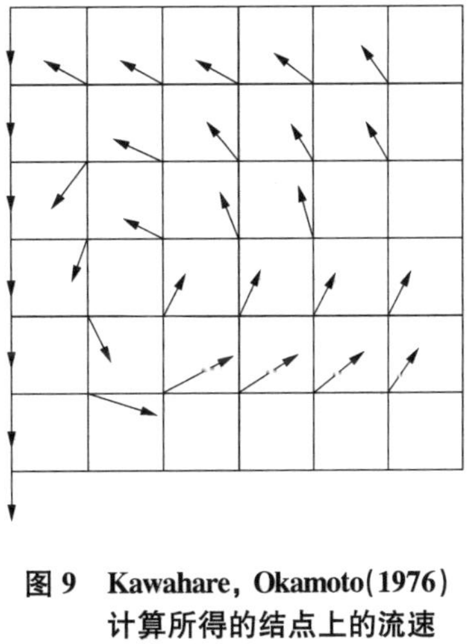

图 9　Kawahare, Okamoto(1976) 计算所得的结点上的流速方向及大小(49 结点;*Re*100)

图 10(a),(b),为雷诺数 $Re=100$ 和 $Re=1\,000$ 时,其流线的差异. 可以看到,Re 越高,坑底的流场越复杂.

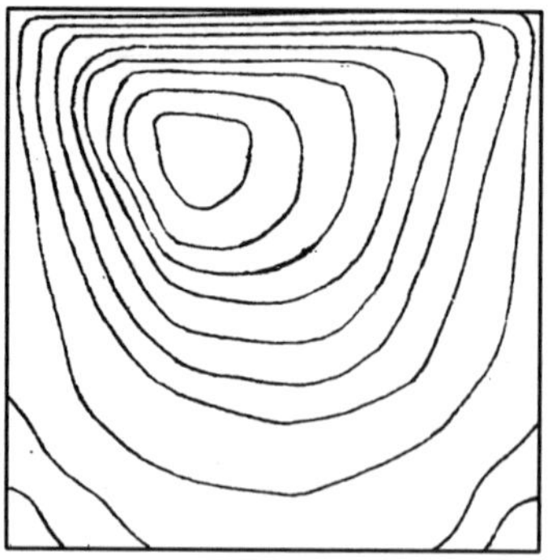

(a) Re=100

(b) Re=1 000

图 10　Kawahare 和 Okamoto 计算所得的流线图

参考文献

[1] Ortega-Rheinboldt. Interative Solution of Non-linear Equations in Several Variables (多变量非线性方程的迭代法). Academic Press, 1970.

[2] 钱伟长. 圆薄板大挠度问题(英文). 中国物理学报, 1948, 7.

[3] 同[1].

[4] Kawahare M, Yoshimura K, Ohsaka H. Steady and unstead finile element analysis of incompressible viscous fluid (不可压缩性粘流的定常和不定常有限元分析). International Journal of Numerical Mechanical Engineering (国际数值机械工程杂志), 10: 437 - 456.

[5] Kawahare M, Okamoto. Cavity flow (空气流动) Proc of JSCE (日本土木工程学报), 1976, 247: 123 - 135.

穿甲力学的历史、现况和尚待解决的问题*

I 穿甲力学的历史

自有枪炮以来，就有穿甲力学，穿甲力学亦称末端弹道学，晚近由于科学技术的发展，穿甲力学和陨石撞击、钻井入水诸技术联系在一起，总称高速和超高速撞击动力学，或简称撞击力学.

穿甲力学的发展约分三个时期：

第一个时期是从18、19世纪一直到20世纪30年代第二次大战前夕.在这个时期内，人们既缺乏实验工具，又缺乏必要的像塑性力学这样的理论基础，主要从事实弹射击试验，从试验中综合各种各样的经验公式，以备设计枪炮子弹和防御装甲之用.在这一时期，人们只能根据不同的初始条件做实弹射击，再观察撞击以后的具体结果，其破坏过程是无法测定的.如果在垂直射击实验中，所采用的弹体和靶体的材料不变，如果所用弹体的形状也不变，则初始条件只有弹体的尺寸(如弹体直径 D_0 和长度 L_0 或弹体容积 Γ_p)，质量 m(或密度 ρ_p)，撞击速度 V_0，和靶板的厚度 h_0，以及靶板密度 ρ_t，而观察所得的实验结果，无非是靶板上的侵入深度 P 和弹坑容积 Γ_c，以及弹道极限速度 V_{50}，以及穿透后的剩余速度 V_f 等.在历史上，用大量的实弹射击试验数据为基础，把上述诸量联系在一起的经验公式很多.用这些公式就能进行一定的工程设计工作.

第二个时期是从20世纪40年代初期至50年代后期.这是一个由第二次世界大战的冲击而兴起的分析理论时期.这个时期充满着各种重要的理论发展.这种发展是密切地联系着塑性力学、粘塑性力学，特别是塑性动力学的发展而进行的.像著名英国力学权威G. I.泰勒[1,2]有关动力屈服强度的测定和弹塑扩孔理论的建立等，把穿甲力学的研究活动推向一个理论高潮.在这一时期内人们着重分析靶板的各种破坏模式，根据不同模式建立不同的有效近似分析理论.在美国40年代，加利福尼亚大学(伯克利)和普林斯顿大学分别建立了穿甲力学的研究小组，从收集整

原载《应用力学》，1982，(1)：1－15.

*本文为在1981年10月26日召开的兵工学会应用力学学术会议上的特邀专题报告(桂林).

理历史数据资料到建立有效分析模型，进行了不少工作[3,4]. 在法国、德国同样也有类似活动.

第三个时期是从 20 世纪 50 年代后期起一直到现在为止，约有二十多年的历史. 这个时期有下列特点：(1) 新的实际问题如陨石和宇宙飞船人造卫星的撞击，鱼雷入水问题，和地质勘探的钻井问题等的提出，扩大了穿甲力学的对象和范围，微陨石的撞击问题，在 50 年代后期和 60 年代中曾作为重点问题进行研究，扩大了撞击速度的领域，创设了超高速的撞击力学. 在这个超高速的领域中，固体的强度可以略去，撞击力学可以看作是流体力学的问题，从而大大简化了有效的理论分析. 这种理论的发展启发了聚能穿甲弹的设计成功. 由于入水、入地、出水领域的开拓，人们开始对半无限靶体进行研究，而且研究了水和土壤这样的靶体介质的力学性能. (2) 创设了各种各样近代化技术试验装备，如轻气枪、高速照相技术以及计算机激光联合测定弹速技术等，大大地推进了在可以控制的条件下的科学试验，从而摆脱了长期以来用实验打靶试验的束缚. 在实弹试验中一般不能控制实验条件，并不能有目的地进行研究工作. 在现在，用实验模型在实验室内系统地研究弹体撞击靶体的过程业已普遍实现，从而大大地节约了试验的人力物力. 实弹试验只用于实际产品的鉴定试验. (3) 计算机的发展，给撞击过程的计算带来了极大的进步. 人们有可能考虑多种因素联合作用下的撞击破坏过程，从计算变形场值的数值结果来创立更合理的近似分析模型. 到现在为止，业已有几十种有效的计算程序供研究设计工作的使用. (4) 由于相似论和量纲分析的应用数值方法的发展，晚近有可能对历史的大量实验数据进行更合理的分析处理，形成一系列的无量纲经验公式[5]. (5) 在靶板的挤凿破坏理论上有较大的发展[4]. 这一个时期是穿甲力学或高速和超高速撞击力学最兴旺发达的时期.

II 穿甲力学的现况

由于这一阶段穿甲力学的飞速发展，世界各国从事这一方面工作的科技人员数以万计，他们分散在各大学和有关研究机构中. 以美国为例，在国防部门中有：

(1) 马里兰州阿伯丁靶场的美国弹道研究所(BRL)；

(2) 马萨诸塞州水域陆军材料和力学研究中心(AMMRCMS)；

(3) 加利福尼亚州中国湖海军武器中心(NWC)和海军武器试验场(NAVWEPS)；

(4) 肯塔基州弗朗福克兵工厂军械研究所；

(5) 加利福尼亚州莫各点海军导弹中心(NMC)和海军战术研究中心；

(6) 佛罗里达州埃格林空军基地空间武器研究所(AFATL)；

(7) 刻特兰空军基地空军武器研究所(AFWITR)；

(8) 加利福尼亚州诺登空军基地空间和导弹系统组织(SAMSO)；

(9) 俄亥俄州赖特帕特苏空军基地空军司令部空军材料研究所(ARML)等.
民间研究部门有：

(1) 通用电气公司(GE)费城的飞弹和空间部；

(2) 通用汽车公司(GM)加利福尼亚州圣巴勃拉国防研究所；

(3) “系统、科学和软件”公司(SSS)加利福尼亚州拉合埃城；

(4) 兰德公司，加利福尼亚州圣莫尼卡；

(5) 美国国防战略协会(ADPA)，华盛顿等.

和大学有关的研究所有：

(1) 劳伦斯 · 利弗莫尔研究所(加利福尼亚)；

(2) 丹佛研究所(丹佛大学)；

(3) 空气弹性力学和结构研究所(麻省理工)；

(4) 岩石力学和爆炸研究所(密苏里大学)；

(5) 圣地亚研究所(新墨西哥)；

(6) 波尔特研究所(斯坦福大学)等.

还有加拿大魁北克的加拿大军器研究所，以及法国圣路易弹道研究所的法德武器研究中心，亦称法德弹道研究所.

从 1955 年起，国际学术交流很活跃，从 1955～1969 年间前后召开了 8 次高速撞击学术会议，从 1970 年起和美国 AIAA 年会合并举行. 从 1974 年起，每两年有一次国际弹道学术会议，还有高速撞击下的结构力学会议和固体力学兵工会议等. 还有国际高压学术会议(1960 年起)，国际高速变形学术会议和塑性动力学会议等，都促进了穿甲力学的快速发展. 同时穿甲力学的实际需要，给弹塑性动力学、粘塑性动力学的发展，提供了最重要的原动力. 最近二十年来，公开发表的穿甲力学的论文就达 2 100 多篇，保密不发表者估计应有几倍于此的篇幅.

下面我们将按撞击速度分类、靶体厚薄分类、靶体破坏分类、弹体的运动和变形、经验公式、分析方法、数值计算程序等七个问题来说明穿甲力学的现况.

III 各种撞击速度下的撞击理论

撞击现象十分复杂；经过最近二十年的努力，人们逐步认识到撞击过程不可能有统一理论. 不同的撞击过程，产生非常不同的撞击破坏效果. 其决定因素主要是撞击速度. 在极低的撞击速度下，撞击双方的材料历经弹性变形，动能并无消耗. 或有很小的塑性变形，动能消耗变小，普通的机械撞击即属此类. 比这较快的撞击，产生较多的塑性变形，但材料的强度作用还是比较显著的. 所有这类较低速的撞击所产生的材料变形，都可以用弹塑性理论处理，这是显而易见. 人们现在知道，一般枪炮子弹的撞击问题都可以用弹塑性力学处理，其最高撞击速度可达 1 300 m/s 上下. 比这速度更高的撞击，材料所受压力接近和超过材料强度，材料开始呈现流动性,主要参数逐步由材料密度决定.这时描述这种过程的理论应该是粘塑性力学和可压缩性流体力学,在撞击速度超过 3 000 m/s 以后,材料完全呈现流体特性,这种撞击现象完全可以用可压缩性流体力学处理,理论反而简单了,像微硕石和宙航飞行器的撞击,就有一部分属于这个范围,当人们一经发现了这个物理本质,在 60 年代就迅速解决了行星际航行的一个最重要的安全设计问题.当撞击迅速高于 12 km/s 时,固体材料发生气化,当然在理论处理上就更简化了.表 1 就记载了在各种撞击速度下的撞击效果和实用理论.很容易看到,以当前的理论水平看,超高速和低速都是成熟的,理论困难区域是在粘塑力学过渡到可压缩性流体力学的高弹速区域.

表 1　在各种撞击速度下的效果和实用理论

应效率 $\frac{d\varepsilon}{dt}$	撞击速度 V_0	出现的场合	撞击效果	实用理论
10^8/s	＞12 km/s (超高速)	爆炸加速 (微硕石)	固体材料气化	
10^7/s 10^6/s	3～12 km/s (超高速)	爆炸加速 (微硕石,轻气炮)	不能略去材料 压缩的流体动力学	可压缩性 流体力学
10^5/s	1.3～3 km/s (高弹速)	轻气炮,枪炮	材料呈现流动性压力 接近或超过材料强度 主要参数为材料密度	可压缩性流体力学 粘塑性力学
10^4/s 10^3/s	500～1 300 m/s (弹速)	一般枪炮	有粘性,但材料 的强度是显著的	粘塑性力学 塑性动力学
10^3/s 10^2/s 10^1/s	25～500 m/s (亚弹速)	机械方程法 压缩空气枪	基本上是塑性	弹塑性力学
10^0/s	＜25 m/s (最低速)	机械方法 压缩空气枪	基本上是弹性 局部有塑性	弹性力学 弹塑性力学

IV　靶体按厚薄分类

靶体是撞击矛盾的一个重要方面,靶体是多种多样的,在现在的撞击研究中,即已把入水钻地等都归纳在一起了,则靶体的分类就更加重要了.首先,在弹性撞击靶体时,只接触靶体的很小一部分,一般的撞击过程很快,撞击的影响来不及传播很近,撞击过程就结束了.所以,研究撞击时,只需考虑靶体的很局部的区域,我们称这个靶体的局部区域为靶元,靶元的撞击表面可以看作是平面的,其曲率影响涉及较远地区的特性,可以略去不计,靶元一般分为(甲)半无限体靶元、(乙)厚板靶元、(丙)中厚板靶元和(丁)薄板靶元.靶元的厚薄标准是用撞击塑性波在靶元厚度方向传播反射的能力来区分的,半无限靶体没有远方界面,撞击波在理论上只向前去,没有反射.当弹体在侵入靶元通过了相当远的距离后,才感受到远方界面反射回去的撞击波影响时,这种靶元可以看作是厚板靶元,或厚靶元.当然,如果反射波是在弹体的撞击入侵过程完全结束,弹体业已完全停止运动后,才在回程上达到弹体的,则反射波对弹体的撞击入侵全过程已不产生任何影响.在这种情况下,厚板靶元在实质上和半无限靶元没有区别,这样的厚板靶元在理论上就可以把它看作是半无限靶元.当侵入弹体通过靶元的全过程中,远方界面对弹体的侵入全过程都有不可忽视的影响时,则这种靶元就是中等厚度的靶元,简称中厚靶元.当侵入弹体在靶元中通过时,远方界面对侵入体的影响达到或接近一种极限状态,使靶元中的应力和变形在厚度方向没有梯度,则这种靶元可以看作为薄板靶元,或薄靶元.

晚近,人们已经把这种靶元的厚薄概念用一数量来表示,很明显,弹体的撞击全过程所耗时间必和弹体的长度 L 有关,而靶体中撞击波反射过程所需时间又必和靶体的厚度 h 有关.这个数量 h 就是指弹体中的撞击应力波在弹体中往返一次时,靶体中的同一撞击应力波往返几次.

$$n = \frac{C_t/h}{C_p/L} \tag{1}$$

其中 C_t 和 C_p 分别为靶体和弹体中撞击应力波的波速.如果 $n>5$ 时,靶元称为薄靶,5 这个数值是根据弹头前方靶体内的应力逐渐取得了稳定值这个要求决定的.中厚板元的 n 在 $1<n<5$ 之间,在这种情况下,靶板背面的影响业已存在,但应力尚未稳定.厚靶元为 $n<1$,应力波从靶元背面反射回来所需时间比弹体中的应力波反射回来所需时间还要长.这样选择的 n 大体上也能决定薄、中厚和厚板的分野.

从上面的分析中可以看到,薄靶和半无限体靶元是两种极限状态,条件比较简单,理论易于处理,而中厚靶和厚靶处于过渡状态,条件比较复杂,问题就较难处理.迄今发展情况,证实了上述推断,薄靶元和半无限体靶元的撞击侵入穿透理论都比较成熟,而中厚靶元的撞击侵入理论则就困难得多,迄无较好的撞击侵入理论.

V 靶体破坏的类型

这一时期,人们对靶体破坏的类型有了较完备的认识和分析.穿甲力学在基本上是按不同破坏类型提出不同的理论来进行工作的.

破坏类型分为两大类:一类是未击穿的破坏,另一类是断裂、层裂和击穿的破坏.

当低速弹体撞击薄靶板时,经常不能击穿靶板,但能使靶板产生隆起和盘状凹陷这样的破坏性永久变形(图 1),这类变形理论在目前已经近似地得到较满意的解决.

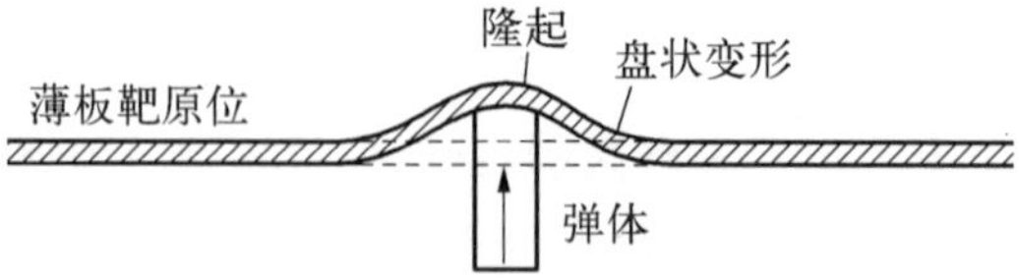

图 1　低速弹体撞击薄板靶所产生的隆起和盘状变形的非击穿永久变形破坏

薄板靶元产生非穿孔性塑变形的弹体撞击速度 V_0 有上下两个极限. 下限为霍柯氏弹性撞击极限速度 $V_{E\Lambda}$. 它是撞击接触应力达到弹体或靶体屈服应力 σ_{Yc} 时的撞击速度

$$V_{E\Lambda}=\sigma_{Yc}\left(\frac{1}{\rho_p C_{op}}+\frac{1}{\rho_t C_{Dt}}\right) \tag{2}$$

其中 C_{op} 和 C_{Dt} 分别为弹体中的弹性波以及靶体中膨胀压缩弹性波的传播速度,ρ_p 和 ρ_t 分别为弹体和靶体材料的密度. 这个极限速度 $V_{E\Lambda}$ 是霍泼金斯和柯尔斯基(1960)[6]所首先发现的,然后又由戈德斯密司(1962)[7]进一步推广的. 上限为产生靶元流动变形的塑性极限速度 $V_{p\Lambda}$

$$V_{p\Lambda}=\sqrt{\sigma_{Yt}/\rho_t} \tag{3}$$

其中 σ_{Yt} 为靶元的屈服应力,ρ_t 为靶元材料密度,亦即

$$V_{E\Lambda}\leqslant V_p\leqslant V_{p\Lambda} \tag{4}$$

靶体的厚度提高时,上述靶元的塑性撞击变形就减少,也即是说厚板靶元的挠度减小,塑性撞击变形只能局限于靶元撞击面一边很小的局部,在很厚的靶元上只能形成靶元撞击面上一个弹坑.

靶体在各种速度的弹体撞击中经历各种现象,它们包括弹性波塑性波,流动波的传播,还有摩擦生热等产生的局部变形和整体变形. 流动是在撞击速度达到 $V_{p\Lambda}$ 以后开始的,一般认为当撞击速度达到以材料的压缩体积模量 k_t 有关的传播速度 $V_{H\Lambda}$ 以后,就产生根本性的变化,即产生流动变形的撞击速度 V_H 应该介于 $V_{p\Lambda}$ 和 $V_{H\Lambda}$ 之间.

$$V_{p\Lambda}\leqslant V_H\leqslant V_{H\Lambda} \tag{5}$$

其中 $V_{p\Lambda}$ 为塑性变形板限速度(3),$V_{H\Lambda}$ 为流动变形极限速度

$$V_{H\Lambda}=\sqrt{k_t/\rho_t} \tag{6}$$

当撞击速度超过 V_{HA} 以后，固体的可压缩性相对减弱，即变形速度超过了固体中压缩波的传播速度，从而在固体中形成激波. 但是人们对激波形成后的撞击现象研究不多. 在比它更高的撞击速度打击下，即约在 $3V_{HA}$ 的撞击速度打击下，人们观察到了粉碎、相变、气化，甚或撞击爆炸等现象[8,9].

对于薄靶元和中厚靶元而言，断裂破坏的后果是造成穿孔. 这些破坏由于材料特性，几何形状以及撞击速度的不同而各有特点. 常见的破坏形式见图 2，包括初始压缩波造成的背侧断裂破坏，脆性靶板在初始压缩波后造成的径向断裂破坏，脆性靶板的层裂型、疥斑型、挤凿型、正面或背面的花瓣翻唇型和碎块型的各种破坏[10-14,17]，以及韧性靶板的孔口扩展的破坏.

初始应力波的应力大于极限压缩强度 σ_{oc} 时，弱的和低密度材料的靶板会发生断裂破坏（见图 2a），对于拉伸强度低于压缩强度的靶板材料如陶瓷，在撞击中，初始应力波之后会出现径向断裂破坏（图 2b），层裂型破坏是由于当压缩波在外侧表面反射后产生的材料拉伸破坏而造成的，在爆炸加载中常常发生这类破坏（图 2c）. 疥斑型破坏类似，但出现的地区往往有材料的局部不均匀性或在压延成型中所遗留的各向异性特性所造成的（图 2c）. 挤凿型破坏是弹体把靶板中尺寸和弹体截面差不多的一块挤凿出去所造成的，当弹体挤压这块靶板时，它和靶板主体相连接的环形截面上产生很大的剪应力，由此突然发生的剪应变产生热量，在短暂的撞击过程中这些热量来不及逸散出去，从而大大提高了局部环形区域的温度，降低了材料的抗剪强度，以致出现挤凿型破坏，这是一个绝热过程. 刚性薄板或中厚板受到钝头弹体撞击时最易发生挤凿破坏. 它和撞击速度以及尖头弹体的撞击角有密切关系（图 2d）.

花瓣型卷边翻唇破坏，是在弹体四周的靶板上，当初始应力波过去后产生的环向和径向的高值拉伸应力所造成的. 撞击体向前运动时，先把靶元的材料推向前去，从而造成靶板的弯曲，形成靶板中的弯曲应力，再加上靶板材料中存在的不均匀性，在其弱点处，这种弯曲应力就造成花瓣型的翻唇卷边破坏（图 2e，f）. 当尖拱形或锥形弹头的子弹在较低的撞击速度射向薄靶板时，最易出现这种破坏，当钝头弹体在破坏极限速度附近撞击薄靶板，也能出现这种破坏. 花瓣型破坏总是伴随着产生较大的塑性流动变形和板的永久弯曲变形的. 如果弹体的撞击速度较大，靶板背面的隆起部分进一步受到弹体的推动而发生进一步变形，最后隆起部分的拉伸应力超过材料拉伸强度，在弹体顶端四周产生星形裂缝；弹头钻出了靶板背侧，靶板再也拉不住弹体的前冲运动了，靶板的其余部分的拉伸应力把业经穿孔的边缘拉回去，造成背面花瓣卷边破坏（图 2f）. 硬度中等或较低的厚板，穿孔破坏时，兼有韧性破坏和层裂破坏的特性. 除了靶元的破坏外，弹体也会产生塑性变形或粉碎[12]，弹壳炸裂，或部分机能故障等损坏，脆性靶板的碎块型破坏（图 2g）和韧性靶板的扩孔型破坏也是常见的（图 2h）.

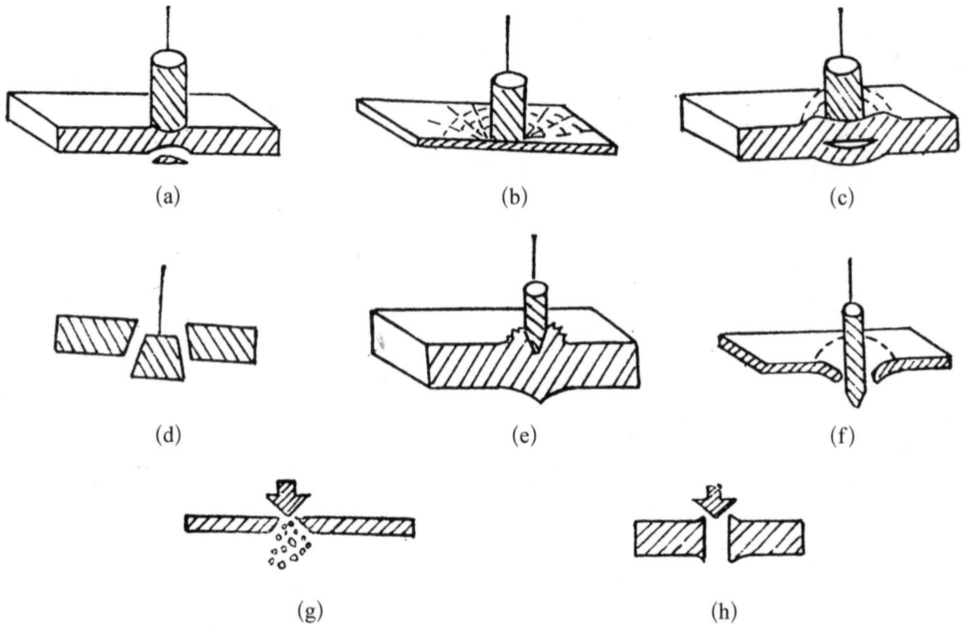

(a) 初始压缩波造成的背侧断裂破坏；(b) 脆性薄靶板的初始压缩后造成的径向断裂破坏；(c) 脆性厚靶板的层裂或挤斑型破坏；(d) 脆性靶板的挤凿型破坏；(e) 脆性厚靶板的正面花瓣型翻唇破坏；(f) 脆性薄靶板的背面花瓣型翻唇破坏；(g) 脆性靶板的碎块型破坏；(h) 韧性靶板的孔口扩展型破坏.

图 2　穿孔破坏的各种类型和形状

到现在为止，脆性薄靶板的正反面花瓣卷边型破坏的理论[3]，韧性靶板的扩孔型破坏理论[2]，以及挤凿破坏[4]，都是比较成熟的. 但其他类型的破坏理论，则尚待进一步努力.

VI　弹体的运动和变形分类

人们在研究弹体在撞击以后的情况，一般根据在撞击以后的运动形式和弹体形状来分类. 弹体在撞击后，有三种运动形式：

(1) 嵌埋；

(2) 穿透；

(3) 跳飞.

弹体在撞击后的形状有三种可能：

(1) 保持完整并根本保持原有形状，称为完整；

(2) 形状发生较大变化，称为变形；

(3) 破裂成两块以上的碎块，称为碎裂.

因此，弹体在撞击后有几种可能形态(见图 3)，有时人们把碎裂细分为两类，一类为碎裂(即碎裂为两三块),另一类称为粉碎(即碎裂为许多块). 其实变形和碎裂在多种情况下已经使子弹失效. 有时人们把大变形和碎裂合在一起,统称为破坏.

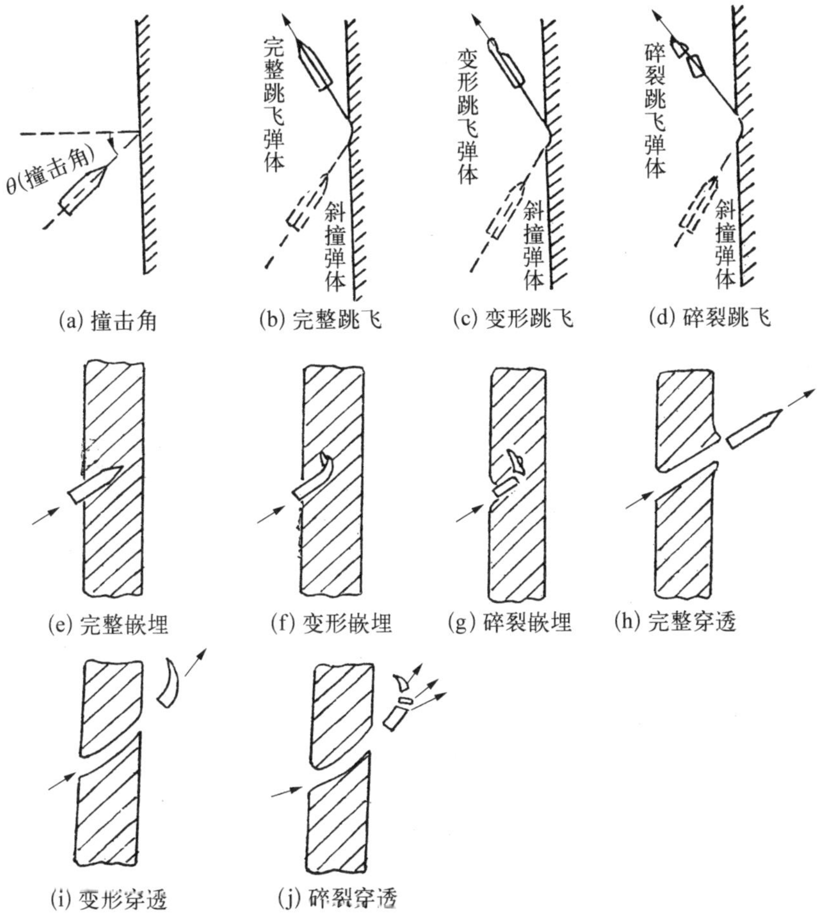

图 3　撞击角及弹体撞击后的几种可能形态

在不同撞击速度 V_0 和撞击角 θ 下的弹体在撞击后的状态的图示,称为撞击相图,图 4 为卵形弹头的小钢弹射击 0.635 cm 厚的 2024T3 铝合金靶板的撞击相图,这个图是根据实验数据和理论结果制定的[17]. 图中有不少曲线,它们代表末端弹道诸相间的交界线. 弹道极限曲线很重要,它代表装甲生效的撞击速度,它可以根据大量实验数据决定,也可以通过理论计算求得. 一般是比较可靠的,其他曲线由于实验少,理论差,只是推测,不很可靠. 穿甲力学的理论就是要解决这些问题,在目前的情况而言,理论多数只适用于垂直撞击,大多数理论只能处理完整弹体的撞击问题. 斜击理论只有很少成果,很多地方还是要依靠实验.

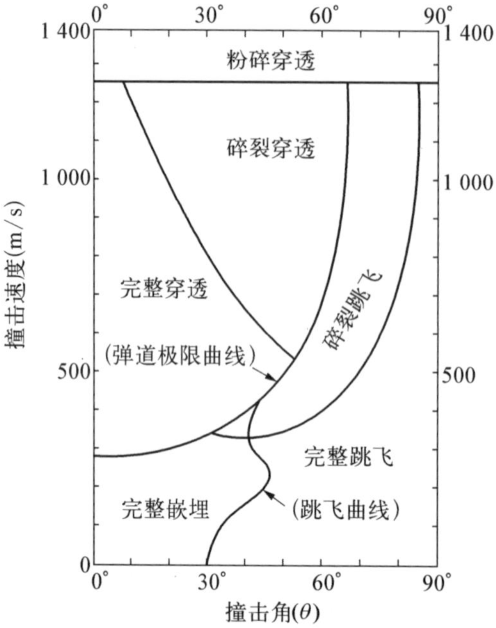

图 4　6.35 cm 直径的卵形弹头钢弹和 6.35 mm 厚的 2024T3 铝合金靶板的撞击相图

VII　打靶、实验、经验和半经验公式

穿甲力学的工具在最近二十年来有较大发展，轻气炮和其他加速器设备成为弹道试验的主要工具，打靶只用于成品校核试验. 在 20 世纪 60 年代初期，轻气炮已有许多类型，在英、美、加三个国家曾经有 157 台之多，在 70 年代初期，定型为二级加速的设计，速度在 250～1 100 m/s 之间，测量工具有高速照相机、同步 X 光机以及激光测速系统等，可以正确到 2 位数. 在 70 年代后期，进一步发展了以靶体撞击弹体的轻气炮，弹体的飞行稳定性问题获得解决.

在 60 年代中期，对于弹体撞击靶板问题的量纲分析和相似理论得到了认真研究[5]，不少经验数据，都改为以无量纲参量处理. 这些无量纲经验公式称为半经验公式.

在 70 年代中，经验公式和半经验公式曾得到里希脱(1972)[15]和杜福尼哀(1971)[16]等人的汇总总结，最后(1977)由美国国防部联合协调小组出版了一本“侵入公式手册”[18]. 这是国际上对于穿甲公式最完备的一份资料.

根据贝克[5]等的分析，穿甲问题共有 16 个不同量纲的参数，其中 3 个可以选为基本量纲. 于是，一共应有 13 个独立的无量纲参数，但人们对于这些无量纲参数的认识仍很不完全，这就影响了实际使用时的有效性；使这种无量纲公式在认识上存在着局限性，对于怎样利用这些经验公式指导实验和打靶的问题，很少讨论. 所以，在半经验公式的问题上，还大有潜力可挖. 重要的综合经验公式资料还有美国海军兵器研究所(NWL)报告第 1864 号和 NAVWEPS 的报告 8331 号(1968).

VIII　分析方法的现况

穿甲力学的理论基础是连续介质动力学. 连续介质动力学的运动方程并不复杂，但代表材料力学特性的本构方程在不同变形速度下有不同的构造，往往是非线性. 这样，使对本题求分析解往往很困难. 穿甲力学在目前的办法是先从实验结果观察在某一特殊条件下的破坏形式，如挤凿、花瓣型破坏，扩孔破坏等，然后在这一指定的破坏形式下引入特殊简化假设，再进行求解. 这种简化假定，可以使问题的范围受到限制：如(1) 垂直撞击的条件下，可以把问题假设是轴对称的. 把处理的方程化为二维的. (2) 弹头变形可以略去，这就可以引入刚性弹头的假设. 这就把弹体靶体同时变形的问题化为只有靶体变形的问题. (3) 还有一些附加的经验结论(如挤凿下来的凿块尺寸)，或采用一些尚待测定的材料参量(如动力屈服应力，动力强化因子，松弛时间，摩擦系数，粘性系数等)，甚至还有迄今尚未十分肯定的粘塑性三维本构关系.

最近若干年来，在上述这些假设简化下，有下列诸问题业已公认得到了较合理的解决：

(1) 刚性弹体正面撞击薄靶板和半无限靶体的理论.

(2) 挤凿理论、花瓣型击穿理论、尖头弹体的扩孔塑性理论.

(3) 高速撞击的流体力学理论.

(4) 还有不少根据动量守恒、能量守恒和阻力定律所导出的宏观总体理论，也是成功的.

但人们对变形弹体、斜击、粉碎、散裂、层裂的破坏机理，和怎样来判别破坏形式的判别理论，还没有得到解决.

IX 数值计算程序的现况

最近二十年来，由于计算机的发展，有不少人研究建立大型的计算程序，来研究撞击穿甲问题. 在 70 年代中期以前，人们多数都采用差分计算，只有最近七八年间，人们才引用有限元法，但是这也不是完全的. 人们都把时间坐标和空间坐标分开，对空间坐标，采用有限元法进行近似，但对时间坐标仍用差分法进行近似计算. 对于空间坐标而言，有不少是用欧拉坐标的(约有九种)，另一些则用拉格朗日坐标(约有八种).

拉格朗日描写的坐标系是镶嵌在变形体的内部的；当变形体变形时，这个坐标系网格也随着变形，我们就是用变形中的坐标网格来反映介质的变形过程的. 最常用的拉格朗日型程序是 HEMP，是劳仑兹利弗莫尔研究所的韦京斯(1969)所提供的[19]. 以拉格朗日坐标为基础的计算程序既有优点，也有缺点. 用拉格朗日坐标处理各种材料间的界面和自由表面时，是非常自然而且直觉的，所以比较简单. 同时，对于不同部分的材料有不同的应力历程时，我们容许对不同部分的材料用不同的本构关系. 不过，拉格朗日坐标的描述，在处理流动场的歪变时，是很敏感的. 当坐标网格发生较大变形后，计算常常出现不稳定现象. 总之，变形较大后，本法不能用，尤其是当网格出现相互折摺现象后，产生负的质量和其他病态现象. 例如用本法研究层裂和疥斑型破坏问题是不合适的. 但是，本法可以用来研究在层裂后，层裂的残物对主体靶板的受载影响.

欧拉坐标系并不把坐标镶嵌在变形体的内部使坐标系随着变形体的变形而变形，而是把坐标系固定在空间里，当介质运动时，这个坐标系不变，只是研究在指定的时刻，正处在某一已给的坐标网格中的介质的运动. 最常用的欧拉型程序，叫做HELP，是"系统、科学、软件"的海标曼和华许(1970，1971)[20,21]，这个企业的海格曼和李(1976)[22]还设计了改进的三维有限元的欧拉型程序，叫做 METRIC. 对于大变形来说，欧拉型程序毫无问题，但在处理多种材料时，难以处理各种材料的间界面. 同样，对于有自由面的问题而言，也是比较困难的. 这是因为在固定的欧拉坐标网格中，人们认为进入某一网格的材料，在瞬时间就均匀地扩散到这个网格空间的全部. 在两种材料的交界处，某种材料在进入某一个网格空间后，就要和这个网格空间的原有那种材料均匀地混合起来，这就改变了两种材料分处两部分空间的特性. 同时，在撞击体的自由面上，在变形中就会有材料要通过自由面的原来的边界位置进入原来没有材料占据的网格中去. 如果同样这些材料要扩散到这个网格的全部，则在这个网格内，材料的密度就会降低，从而产生了其他难以处理的问题. 在 HELP 程序中，海格曼和华许[20]曾针对这些问题，在欧拉网格中设置"示踪"质点来监视自由表面和各种材料的间界面，从而使欧拉型程序有所改善，总的说来，厚靶板的弹坑研究，仍以采用欧拉程序为宜. 但对于层裂破坏的问题则很难适用.

为了保留拉格朗日型和欧拉型程序的长处和摒弃它们的短处，人们采用混合程序，其中尤以"网格中质点"(PIC)的程序最富有代表性，PIC 程序容许处理大的变形和多元材料. 它用一定质量的集中质量代表网格中的物质，这些质点的位置在每步计算中都先跟踪决定下来，这样就解决了自由表面的位置的决定，并避免了虚假的材料扩散问题. 当然，PIC 程序并不能容许随着每一部分的材料的变形历史跟踪决定其本构关系，因而有某些缺点，但对于层裂破坏这样的重要问题，可以用可压缩性流体动力学模型胜任地予以解决. 所以层裂动力学的问题，如流星体和人造卫星的撞击问题，就是用 PIC 程序解决的.

混合程序胜任地研究了流星体撞击保护人造卫星外壳的缓冲板. 在缓冲板中逐步形成层裂片锥形袋，通过它，形成为卫星外壳主体施加冲击载荷的问题(图 5).

在计算这个问题时，先用 VISTA(即 PIC)程序[23]计算缓冲板的层裂过程，得到缓冲板后面层裂片锥形袋中质点的密度和速度随时间的分布，然后用这些结果作为主体结构上受到的撞击载荷，用任一拉格朗日型程序计算主体结构的撞击变形过程. 这样就把 VISTA 和拉格朗日程序混合使用了. 如果载荷强度很大，使冲击波的传播成为重要因素，则我们就可用 VISTA-CRAM 的混合程序[24]. 如载荷不大，在缓冲板上仅是花瓣型破坏而不产生层裂破坏，则主体结构可看作是不可压缩的，整个计算就可采用 VISTA-DEPROSS 的混合程序[23].

以流星群撞击厚靶为例，我们混合使用 PIC 程序 VISTA 和 PICKWICK[23]. 为了在早期过程中，我们能很好地照顾到自由表面和多种材料的间界面，我们采用

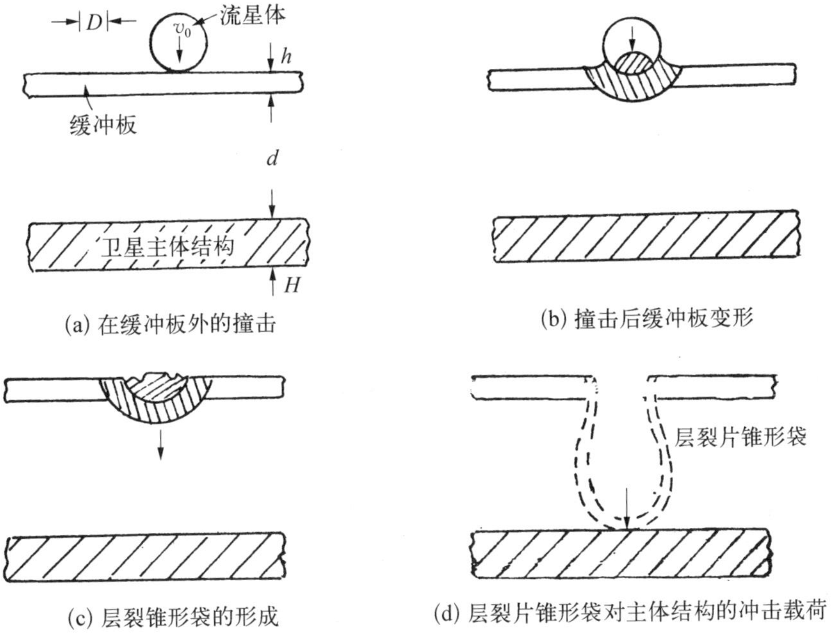

图 5　流星体撞击缓冲板,在缓冲板发生层裂破坏后的层裂片锥形袋对主体结构的冲击载荷

网格中质点 PIC 程序 VISTA,在后期再用网格中质点的那种质量离散化的模型,已得不到足够的正确度,但这时(即后期),材料的性能已不是最重要的因素,我们只要知道撞击碎片给靶体传递了多少动量和多少能量就足够了. 在这时,我们当然可以使用欧拉型程序 PICKWICK Ⅲ. 所以解决超高速流星群撞击厚靶时,采用 VISTA-PICWICK Ⅲ的混合程序.[23]

我们可以相信,目前的计算程序,一般只要审慎使用都能给出我们所要求的信息. 但是,无需讳言,目前的计算程序是既耗时,又耗资金,而且是非常复杂的. 而且这些程序中,往往隐藏着重要的本质性的细节,由于这些细节的忽视,而得到谬误的结论. 还有步长(时间)问题目前还不好控制,有时过大,忽视细节,有时过小,浪费资金,而且在动力方程的质量分配上一般的集中质量法还是人为的,和实际情况,有时出入很大. 除了以上的一般性的问题以外,还有不少方面,在过去很少工作,但恰好是重要的,但到现在为止,还没有很好解决.

X　尚待解决的穿甲力学问题

现在让我们列举穿甲力学中尚待解决的问题,来结束本文:

(1) 在分析模型方面,怎样决定弹道极限速度和破坏情节(如凿块的重要尺寸),在眼前我们都是根据经验决定的.

（2）弹坑理论方面，没有什么有效合理的分析模型，我们对弹坑邻域的非弹性区域和弹坑的受压过程，以及变形的历史过程都不清楚，对这一方面首先还缺乏可靠的实验观察和实验手段.这一方面的研究对于斜击，弹体轴线和弹道轨迹线的交角取向，以及变形弹体的研究都是密切相关的.

（3）对于弹体阻力问题中，一般都只考虑了惯性力、靶的压缩力和剪切力，以及摩擦阻力三种力，忽视了靶板隆起和盘状变形所有关的力.这个力对于弹道极限速度附近的现象，有密切关系，对凿块的运动也有关系.

（4）斜击问题，研究很少，特别是厚靶板，中厚靶板和半无限体方面；这种研究是重要的，入水问题中，大量是斜击问题.

（5）弹体轴线和射击线不同方向的撞击问题.这一方面的研究很缺乏，它实际上是决定弹体跳飞反弹的重要因素.

（6）旋转弹体的撞击问题.这一方面完全没有人研究过.

（7）动力条件下的本构关系，目前我们都采用静力条件下的本构关系，在动力条件下，这类静力本构关系是否合用，仍属疑问.自从泰勒提出了动力屈服强度可以比静力屈服强度高几倍以后，人们对动力材料特性有了新的认识，但在高速度变形下的本构关系还有缺乏研究.

（8）破坏准则.对于破坏准则，特别是多维应力破坏准则，它们和应变速度和温度的关系，研究很少.这是目前数值计算中亟待解决的问题.

（9）最后是热学和力学耦合的散热问题.最近，热学和力学耦合理论在航空结构上引起了很重大的发展，但在撞击问题上还没有考虑过.

（10）变形弹体问题.弹体在撞击中发生永久变形，这是影响到撞击过程的全局的问题，但是由于变形引起的问题很复杂，一般都在略去弹体变形，认为弹体有刚性的条件进行的.这里也是一个模型问题，是从实验结果观察研究一个合理而又易于处理的变形模型，就能把撞击问题的理论水平大大提高一步.

以上诸项，只要举其大者，略述一二，可是穿甲力学问题应该是一个方兴未艾的一门学问.

参考文献

[1] Taylor G I. The use of flat-ended projectiles for determining dynamic yield stress. I. Theoretical considerations//Proceedings of Royal Society (London), Series A, 1948, 184: 289 - 299.

Whiffin A C. The use of flat-ended projectiles for determining dynamic yield stress. II. Tests on various metallic materials//Proceedings of Royal Society (London), Series A, 1948, 184: 300 - 322.

Carrington W E Marie Gayler L V. The use of flat-ended projectiles for determining dynamic yeild stress. III. Changes in microstructure caused by deformation under impact at high-striking velocities//Proceeding of Royal Society (London), Series A. 1948, 184: 323 - 332.

[2] Bethe H. Report No. UN - 41 - 4 - 23, Frankford Arsenal Ordnance Laboratory, 1941.
Taylor G I. The formation and enlargement of a circular hole in a thin plastic sheet. Quarterly Journal of Mechanics and Applied Mathematics, 1941, 1: 103 - 124.

[3] Zaid M, Paul B. Mechanics of high speed projectile perforation. J Franklin Institute, 1957, 264: 117 - 125.
Zaid M, Paul B. Normal perforation of a thin plate by truncated projectile. J Franklin Institute, 1958, 265: 317 - 336.
Zaid M, Paul B. Oblique perforation of a thin plate by a truncated conical projectile. J Frankin Institute 1959, 268: 24 - 44.

[4] Recht R F, Ipson T W. Ballistic perforation dynamics. J of Applied Mechanics, Trans of ASME, Series E, 1963, 30(3): 384 - 390.
Recht R F. Taylor ballistic impact modelling applied to deformation and mass loss deformations. International Journal of Engineering Sciences, 1978, 16: 809 - 827.

[5] Baker W E, Westine P S, Dodge F T. Similarity Methods in Engineering Dynamics. Chapter 8. Hayden, New Jersey, 1973: 177 - 199.

[6] Hopkins H G, Kolsky H. Mechanics of hypervelocity impact of solids. Amament Research and Development Establishment, Fort Halstead, A. R. D. E. Report (B) 12/60, 1960; Proceedings of the Fourth Symposium on Hypervelocity Impact, Edited by A. S. Galbraith, Eglin Air Force Base, 1960.

[7] Goldsmith W. Analytical versions of penetration processes. US Naval Ordnance Test Station, China Lake, Cal, NAVWEPS Rep. 7812, NOTS TP 2811, February, 1962.

[8] Cook M A. Mechanisms ofcratering in high velocity impact. Journal of Applied Physics, 1959, 20: 725.

[9] Olshaker A E, Bjork R J. Proc 5th Symposium on Hypevelocity Impact, Vol. 1. Part 1. 1962: 225 - 239.

[10] Goldsmith W. Sciences et Techniques de l'Armement. Memorial de l'Artillerie francaise, 1974, 48: 849.

[11] Goldsmith W. Impact, Arnold, New York, 1960.

[12] Rinehart J S, Pearson J. Behavior of Metals under Impulsive Loads, Dover, New York, 1965.

[13] Fugelso L E, Bloadow F H. DDC, AD 636, 224, 1969.

[14] Sedgwick R T. Technical Report AFATL-TR - 68 - 61. Air Force Armament Laboratory, Eglin Air Force Base 1968.

[15] Recht R F. Quasi-Empiral Models of the Penetration Process. Denver Research Institute, University of Denver, 1972.

[16] Duforneaux M. Sciences et Techniques de l'Armement, Memorial de l'Artillerie francaise, 1971, 45: 645.

[17] Backman M E, Finnegan S A. Technical Report, TP5844, US Naval Weapons Center, China Lake, California, 1976.

[18] US Army Ballistic Research Laboratories. A Penetration Handbook (Joint Technical Coordination Group). Aberdeen Proving Ground, Maryland, 1977.

[19] Mark L Wilkins. Lawrence Livermore Laboratory Report, UCRL-7322, Rev. I, 1969.

[20] Walsh J M et al. Report 3SR - 350, Systems, Sciences and Software, LaJalla California, 1970.

[21] Hageman L J, Walsh J M. BRL Report No. 37, AD 725998, USA Ballistic Research Laboratories, Aberdeen Proving Ground, Maryland, 1971.

[22] Hageman L J, Lee E P. Final Report, SSS-R - 76 - 2861, Systems, Sciences and Software, LaJolla, California, 1976.

[23] Riney T D. TIS No. R64 SD13, General Electric Company, Missle and Space Division, Philadelphia, Pennsylvania, 1964.

Riney T D. Numerical evaluation of hypervelocity impact phenomena//High-Velocity Impact Phenomena, Edited by R. Kinslow, pp. 157-212. Academic Press, New York, 1970, 157-217.

[24] Sedgwick R T, Woodall S R. Interim Report, Contract No. T-08635-67-C-0079, Eglin AFB, 1967.

[25] Halda E J, Riney T D. Document No. 66 SD 409, General Electric Company, Missile and Space Division, Philadephia, Pennsylvania, 1966.

柱形弹体撞击塑性变形的 G. I. 泰勒理论的分析解及其改进

摘　要　柱形弹体对刚性靶体的纵向撞击塑性变形理论是 G. I. 泰勒[1]首先提出的. 这个理论的重要性在于通过这个理论可以从实验数据计算动力屈服强度,而且从实验结果[2]中看到,动力屈服强度和撞击速度无关,动力屈服强度高于静力屈服强度,对某些材料而言,可以超出好几倍. 这样就为弹塑性撞击研究提供了一个重要的根据. 但是,泰勒理论由于微分方程的复杂性,求解过程都是数值计算,这样对使用其结果时深感不便. 本文提供了全部分析解,并对其结果进行了讨论.

本文对冲量计算进行了修正,修正理论的分析解指出,其结果比泰勒理论的解更加符合实验[2].

一、G. I. 泰勒理论

弹体变形和靶体变形之间,密切相关,显然不能单独考虑;但是,在一定条件下,人们还是可以略去靶体的变形,从弹体的变形估计弹体材料的动力屈服强度. 最早又是最简单的是 G. I. 泰勒在 1948 年[1]研究的平头柱形弹体对半无限靶元的纵向垂直撞击. 泰勒假定弹体材料是理想弹塑性的,而靶体则是完全刚性的,撞击只引起弹体变形. 此后李和托保(1954)[3]研究了刚硬化塑性的弹体,而靶体仍是完全刚性的问题. 到 1967 年,赖夫脱伯洛斯和台维兹[4]研究弹性和向下凹曲的应力应变律的塑性的弹体和完全刚性的靶体的撞击问题. 在所有这些工作中,仍以泰勒的工作最根本和最有历史重要性,本文将详细地讨论泰勒的理论,并提供泰勒理论的分析解.

泰勒理论的基本假定是单轴向的,不可压缩的,略去了侧向运动的惯性的. 柱形弹体中凡是撞击波前尚未到达的部分,是以速度 v_0 作为一个刚性柱体向前运动的.

当柱形弹体的一端(是平头的)垂直撞击平整的刚性靶时,弹体接触端的压应力迅速增长,立刻就达到弹性极限,同时就有一个弹性压缩波向弹体尾部的自由端

原载《应用数学和力学》,1982,3(6):743－756.

以声速 $c_P=\sqrt{E_P/\rho_P}$ 传播.这个压缩弹性波的应力强度就等于弹性压缩极限强度 σ_{YC}^D.就在这个弹性波离开了撞击面以后,撞击面上的应力继续增长而进入塑性范围.设材料是理想塑性材料,则塑性区内的应力也应该是 σ_{YC}^D,在继续压缩时,塑性区也向自由端延伸,其延伸速度即等于弹塑性区交界面向左方传播的速度 u.这个速度一般比声速 c_P 小得很多,而且和撞击速度有关.

现在设弹性压缩波业已到达图 1(b)中 B_1B_1 截面处,在声波波面的前方,是无应力区,它还没有感觉到在接触面上有了撞击,所以这个区域的材料仍以原速度 v_0 向靶体运动,在弹性区 B_1P 中,弹体各点的运动速度由于压缩而有所减少.如果称减少的速度为 v_0',则 B_1P 段中各点的运动速度为

$$v_1=v_0-v_0' \tag{1.1}$$

v_0'可以用 B_1P 段的动量冲量守恒定律求得,设声波波面从撞击点达到 B_1 点时所需时间为 δt,则接触面上的撞击应力 σ_{YC}^D(即屈服应力)在 δt 时间中每单位面积上所给冲量为$\sigma_{YC}^D\delta t$,设 $B_1P=\delta x$,其运动速度的改变部分为 v_0',该段所得动量(单位断面的)为 $\rho_P v_0'\delta x$,其 ρ_P 为柱体密度,根据冲量动量守恒定律,有

$$\sigma_{YC}^D\delta t=\rho_P v_0'\delta x \tag{1.2}$$

这里必须指出,$\delta x/\delta t=c_P=$ 弹体中的声速. 于是我们得

$$v_0'=\frac{\sigma_{YC}^D}{\rho_P c_P} \tag{1.3}$$

而弹性区 B_1P 段中弹体各点的运动速度 v_1 为

$$v_1=v_0-\frac{\sigma_{YC}^D}{\rho_P c_P} \tag{1.4}$$

当时间 $t=\dfrac{L}{c_P}$ 时,弹性波到达自由端,从那里得到反射.反射波是拉伸波,弹性拉伸波以相同的声波波速返回头来向接触端传送(图 1c),这时这个柱形弹体分为三部分.第一部分中不仅通过第一次弹性压缩波,而且还通过了反射的拉伸波,这个区域的材料重又处于无应力状态,其运动速度通过反射而进一步减少为

$$v_2=v_1-\frac{\sigma_{YC}^D}{\rho_P c_P}=v_0-\frac{2\sigma_{YC}^D}{\rho_P c_P} \tag{1.5}$$

第二部分是只通过了第一次弹性波的弹性区,其材料的运动速度仍是 v_1.第三部分是不再运动的塑性区.一直到反射弹性波的波前回到弹塑性交界面(图 1c)时,这一阶段才完全结束.这时全弹体除了不再有纵向运动的塑性区外,都是通过了第一次

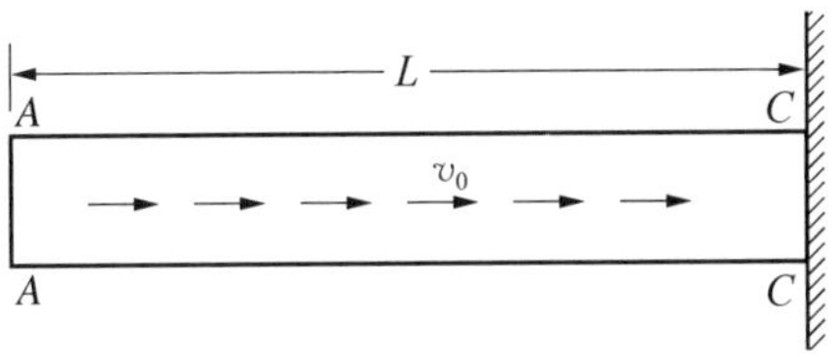

(a) 撞击前 ($t=0$) 弹体各点运动速度 v_0

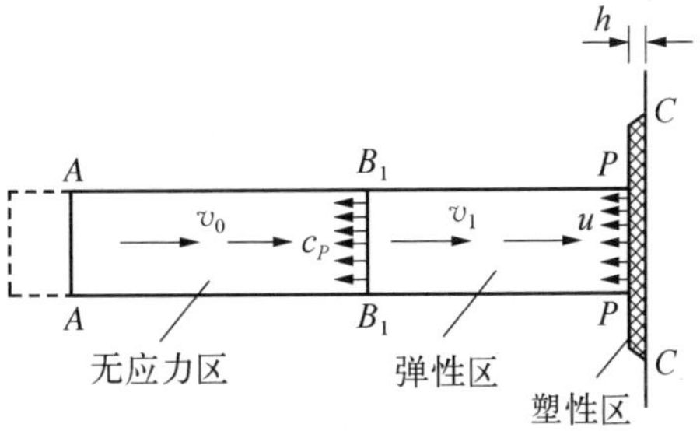

(b) 撞击后 ($t \leqslant L/c_P$). B_1B_1 弹性波：波速 c_P(向左)；PP 弹塑性界面：传播速度 u(待定)；AB_1 无应力区：运动速度 v_0；B_1P 弹性区：运动速度 $v_1=v_0-\sigma_{YC}^D/\rho_P c_P$；$PC$ 塑性区：运动速度 $=0$

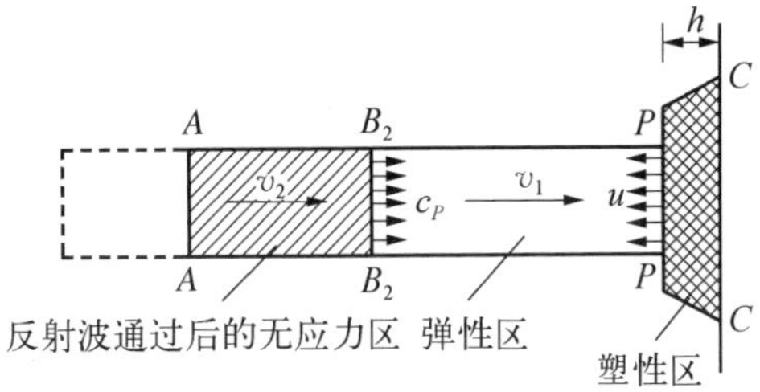

(c) 撞击波反射后 $\left(\dfrac{L}{c_P}<t<\dfrac{2L-h_1}{c_P}\right)$. B_2B_2 反射后弹性波：波速 c_P(向右)；PP 弹塑性界面：传播速度 u(待定)；AB_2 反射波通过后的无应力区；运动速度 $v_2=v_0-2\sigma_{YC}^D/c_P\rho_P$；$B_2P$ 弹性区：运动速度 $v_1=v_0-\sigma_{YC}^D/c_P\rho_P$；$PC$ 塑性区：运动速度 $=0$

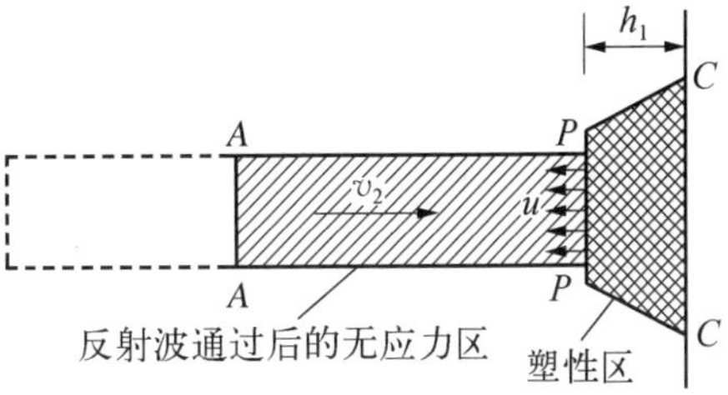

(d) 反射波遇见弹塑性交界面，第二次撞击开始 $t=\dfrac{2L-h_1}{c_P}$. AP 无应力区(通过 2 次弹性波)：运动速度 $v_2=v_0-\dfrac{2\sigma_{YC}^D}{\rho_P c_P}$；$PC$ 塑性区：运动速度 $=0$

图 1 柱形弹体撞击刚性靶体后，弹性波和弹塑性界面的传播(弹性波第一次往返过程)

弹性波及其反射波的区域，其运动速度都是 v_2. 到这时，塑性区域业已扩大了些，柱形弹体的弹性部分比原来弹体长度减短了些，正以 v_2 的速度进行一次对弹塑性交界面的新的撞击，当然 v_2 比 v_0 要小. 这种新的撞击产生新的弹性波及其反射波，弹塑性交界面也渐渐左移. 这样一轮轮的新的撞击中，撞击速度也逐步降低，即 v_0，v_2，…，v_{2n}，其中

$$v_{2n}=v_0-2n\frac{\sigma_{YC}^D}{\rho_P c_P}\quad (n=0,\ 1,\ 2,\ \cdots) \tag{1.6}$$

到一定 n 后，$v_{2n}\approx 0$，也即是说，撞击运动停止了. 这时弹体有一部分仍没有发生塑性变形. 其靠近靶体部分是塑性变形部分，由于材料的不可压缩性，长度缩短了，塑性部分的粗细一定要扩大. 我们的问题是：在各个时间内，弹塑性交界面的传播

速度 u 是什么样的时间函数？最后的未变形部分有多长？塑性变形有多大？

这是一个按弹性波往返传播而分一系列逐渐降低强度的撞击过程，所以是不连续的分阶段进行的运动过程，其计算当然是很复杂的. 泰勒看到弹性波速度 c_P 比塑性区的扩张速度 u 高得很多. 弹性波往返一次所需时间很短，在这样一段短时间内，u 的变化很小，可以略去，v 的变化也很小，也可以略去. 这样，我们就可以把这个分段进行的过程，近似地看作为一种连续过程.（图 2）

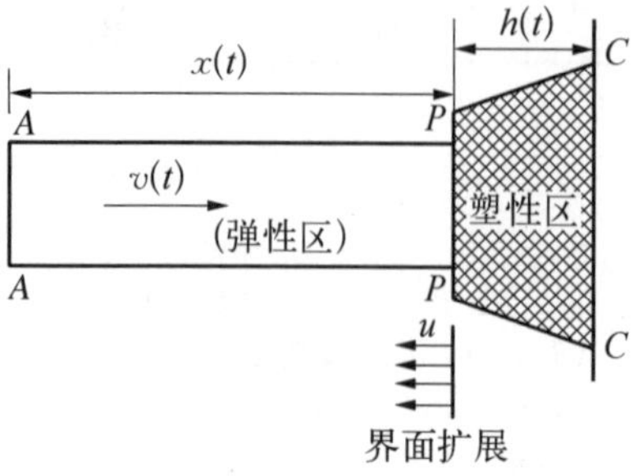

图 2　泰勒的撞击运动连续模型

设 h 为弹塑性界面和靶面的距离，它是时间的函数. 设 x 为尚未压缩成塑性的弹性区长度，也是时间的函数. u 为弹塑性界面向左传播的速度，也是时间的函数. v 为无应力区向前运动的速度，也是时间的函数.

称弹性波在 AP 间往返一次所需时间为 Δt，

$$\Delta t = \frac{2x}{c_P} \tag{1.7}$$

在这段时间内

$$\Delta h = u\Delta t \tag{1.8}$$

$$\Delta x = -(v+u)\Delta t \tag{1.9}$$

$$\Delta v = -\frac{2\sigma_{YC}^{D}}{\rho_P c_P} = \text{弹性波往返一次的弹性区减速} \tag{1.10}$$

消去 c_P，(1.7)，(1.8)，(1.9)，(1.10)可以化为

$$\frac{\Delta h}{\Delta t} = u \tag{1.11a}$$

$$\frac{\Delta x}{\Delta t} = -(u+v) \tag{1.11b}$$

$$\frac{\Delta v}{\Delta t} = -\frac{2\sigma_{YC}^{D}}{2x\rho_P} = -\frac{\sigma_{YC}^{D}}{x\rho_P} \tag{1.11c}$$

如果把 Δt 的时间间隔看得很小，把往返一次的过程化为连续过程，在数学上相当于取 $\Delta x \to 0$ 的极限，根据导数的定义，从(1.11a,b,c)，导得

$$\frac{\mathrm{d}h}{\mathrm{d}t} = u \tag{1.12a}$$

$$\frac{\mathrm{d}x}{\mathrm{d}t} = -(u+v) \tag{1.12b}$$

$$\frac{\mathrm{d}v}{\mathrm{d}t}=-\frac{\sigma_{YC}^{D}}{x\rho_P} \tag{1.12c}$$

(1.12)式中一共有 $h(t)$, $u(t)$, $v(t)$, $x(t)$ 等四个待定量，所以(1.12)式中三个关系不足以求解本题，为了求解本题，必须补充动力分析关系和变形连续关系. 首先让我们假设材料的不可压缩性. 在 $\mathrm{d}t$ 的时间中，有一段截面为 A_0，长度为 $(u+v)\mathrm{d}t$ 的弹性区材料压入了塑性区域，变成了截面为 A，长度为 $u\mathrm{d}t$ 的塑性区域材料，但体积不变(图 3).

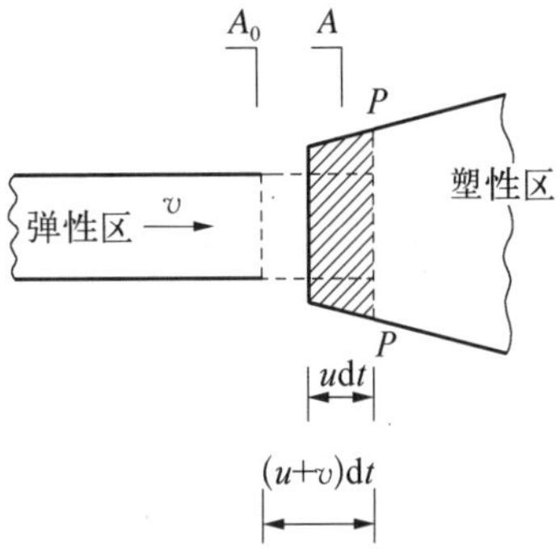

图 3　弹塑性界面的扩展和连续方程

所以得连续方程

$$A_0(u+v)=Au \tag{1.13}$$

现在让我们考虑在 $\mathrm{d}t$ 中的动量冲量的守恒定理. 在 $\mathrm{d}t$ 中，有 $\rho_P A_0(u+v)\mathrm{d}t$ 的材料以速度 v 进入塑性区域，它的动量为 $\rho_P A_0(u+v)v\mathrm{d}t$. 这些动量转化为塑性区域中压缩应力 σ_{YC}^{D} 的合力的增加部分在 $\mathrm{d}t$ 中的冲量. 在 PP 截面上原有的压缩应力的合力为 $\sigma_{YC}^{D}A_0$，在 $\mathrm{d}t$ 以后，PP 截面上的合力为 $\sigma_{YC}^{D}A$，所以，压缩应力的合力的增加部分为 $\sigma_{YC}^{D}(A-A_0)$，它在 $\mathrm{d}t$ 中的冲量为 $\sigma_{YC}^{D}(A-A_0)\mathrm{d}t$，这就是 $\mathrm{d}t$ 中失掉的动量转化来的，所以，我们得动量冲量守恒方程

$$\rho_P A_0(u+v)v=\sigma_{YC}^{D}(A-A_0) \tag{1.14}$$

把(1.12a,b,c)，(1.13)，(1.14)放在一起，有五个方程和五个待定量 $u(t)$, $v(t)$, $x(t)$, $h(t)$, $A(t)$. 在一定的起始条件下是可以求解的，起始条件为

$$\text{当 } t=0 \text{ 时：} v=v_0,\ x=L,\ h=0,\ A=A_1 \tag{1.15}$$

这里的 A_1 是待定的. 其终止条件为

$$\text{当 } t=t_2 \text{ 时：} v=0,\ x=L_2,\ u=0,\ h=h_2,\ A=A_0 \tag{1.16}$$

其中 t_2, L_2, h_2 也都是待定的.

以上都是 G. I. 泰勒的理论[1]成果，他是用数值积分法进行积分的. 本文给出它的分析解.

二、泰勒理论的分析解

从(1.13)式，我们有

$$u=\frac{A_0}{A-A_0}v \tag{2.1}$$

把(2.1)代入(1.14),消去 u,即得 v 和 A 的关系

$$\frac{\rho_P v^2}{\sigma_{YC}^D}=\frac{(A-A_0)^2}{AA_0}=\frac{A}{A_0}+\frac{A_0}{A}-2 \tag{2.2}$$

引入起始条件,当 $v=v_0$ 时,$A=A_1$,于是(2.2)式为

$$\frac{\rho_P v_0^2}{\sigma_{YC}^D}=\frac{A_1}{A_0}+\frac{A_0}{A_1}-2 \tag{2.3}$$

解出 $\frac{A_1}{A_0}$,得

$$\frac{A_1}{A_0}=\{\lambda+1+\sqrt{\lambda^2+2\lambda}\} \tag{2.4}$$

其中

$$\lambda=\frac{\rho_P v_0^2}{2\sigma_{YC}^D} \tag{2.5}$$

这是一个已知的无量纲量.(2.4)式根号前取正号,这是为了保证 $\frac{A_1}{A_0}>1$.(2.4)式就给出了待定常数 A_1.

从(1.12b,c)中消去 $\mathrm{d}t$,得

$$\frac{\mathrm{d}x}{\mathrm{d}v}=\frac{A}{A-A_0}vx\frac{\rho_P}{\sigma_{YC}^D} \tag{2.6}$$

再从(2.2)和(2.6)中消去 $\frac{\rho_P v^2}{\sigma_{YC}^D}$,即得求 x 和 A 的关系的微分方程

$$2\frac{\mathrm{d}x}{x}=\frac{A}{A-A_0}\mathrm{d}\left[\frac{(A-A_0)^2}{A_0A}\right]=\left(\frac{1}{A_0}+\frac{1}{A}\right)\mathrm{d}A \tag{2.7}$$

积分得

$$\ln x^2=\frac{A}{A_0}+\ln\frac{A}{A_0}+\text{常数 }C_1 \tag{2.8}$$

利用起始条件和终止条件

起始: $x=L,\ A=A_1$ (2.9a)

终止: $x=L_2,\ A=A_0$ (2.9b)

我们分别求得

$$\ln L^2=\frac{A_1}{A_0}+\ln\frac{A_1}{A_0}+C_1 \tag{2.10a}$$

$$\ln L_2^2 = 1 + C_1 \tag{2.10b}$$

消去 C_1，得

$$\ln\left(\frac{x}{L}\right)^2 = \frac{A - A_1}{A_0} + \ln \frac{A}{A_1} \tag{2.11a}$$

$$\ln\left(\frac{L_2}{L}\right)^2 = 1 - \frac{A_1}{A_0} - \ln \frac{A_1}{A_0} \tag{2.11b}$$

把(2.4)中$\dfrac{A_1}{A_0}$的解，代入(2.11b)，即求得了待定的最终未变形部分的长度 L_2：

$$\ln\left(\frac{L_2}{L}\right)^2 = 1 - \{\lambda + 1 + \sqrt{\lambda^2 + 2\lambda}\} - \ln[\lambda + 1 + \sqrt{\lambda^2 + 2\lambda}] \tag{2.12}$$

其中 λ 见(2.5)，是已知量. 同样(2.11)也可以写成

$$\ln\left(\frac{x}{L}\right)^2 = \frac{A}{A_0} + \ln \frac{A}{A_0} - \{\lambda + 1 + \sqrt{\lambda^2 + 2\lambda}\} - \ln[\lambda + 1 + \sqrt{\lambda^2 + 2\lambda}] \tag{2.13}$$

这是 x/L 和 A/A_0 的关系式.

现在让我们求弹体在变形后的形式. 从(1.12a,b)中消去 $\mathrm{d}t$，得

$$\frac{\mathrm{d}h}{\mathrm{d}x} = -\frac{u}{u+v} = -\frac{A_0}{A} \tag{2.14}$$

积分，得

$$h = -\int_L^x \frac{A_0}{A} \mathrm{d}x \tag{2.15}$$

从(2.13)式，微分给出

$$\mathrm{d}x = \frac{1}{2} L\left(1 + \frac{A_0}{A}\right)\sqrt{\frac{A}{A_0}}\, \mathrm{e}^{\frac{A}{2A_0}}\, \mathrm{e}^{-\frac{1}{2}R} \mathrm{d}\left(\frac{A}{A_0}\right) \tag{2.16a}$$

$$R = 1 + \lambda + \sqrt{\lambda^2 + 2\lambda} + \ln[1 + \lambda + \sqrt{\lambda^2 + 2\lambda}] \tag{2.16b}$$

把(2.16a)代入(2.15)，得

$$h = \frac{1}{2} L \mathrm{e}^{-\frac{1}{2}R} \int_{A_1/A_0}^{A_1/A_0} (\xi^{-\frac{1}{2}} + \xi^{-\frac{3}{2}}) \mathrm{e}^{\frac{1}{2}\xi} \mathrm{d}\xi \tag{2.17}$$

引入

$$\Gamma_a(\xi) = \int_1^{\xi} \xi^{-(1-a)} \mathrm{e}^{a\xi} \mathrm{d}\xi \tag{2.18}$$

当 $a=\dfrac{1}{2}$ 时，

$$\Gamma_{\frac{1}{2}}(\xi)=\int_1^{\xi}\xi^{-\frac{1}{2}}\mathrm{e}^{\frac{1}{2}\xi}\mathrm{d}\xi \tag{2.18a}$$

(2.17)可以写成

$$h=L\mathrm{e}^{-\frac{1}{2}R}\left\{\Gamma_{\frac{1}{2}}\left(\frac{A_1}{A_0}\right)-\Gamma_{\frac{1}{2}}\left(\frac{A}{A_0}\right)+\left(\frac{A}{A_0}\right)^{-\frac{1}{2}}\mathrm{e}^{\frac{1}{2}\left(\frac{A}{A_0}\right)}-\left(\frac{A_1}{A_0}\right)^{-\frac{1}{2}}\mathrm{e}^{\frac{1}{2}\left(\frac{A_1}{A_0}\right)}\right\} \tag{2.19}$$

在终止时，$A=A_0$，$h=h_2$，所以

$$h_2=L\mathrm{e}^{-\frac{1}{2}R}\left\{\Gamma_{\frac{1}{2}}\left(\frac{A_1}{A_0}\right)+\mathrm{e}^{\frac{1}{2}}-\left(\frac{A_1}{A_0}\right)^{-\frac{1}{2}}\mathrm{e}^{\frac{1}{2}\left(\frac{A_1}{A_0}\right)}\right\} \tag{2.20}$$

h 和 h_2 相减，得

$$h=h_2-L\mathrm{e}^{-\frac{1}{2}R}\left\{\Gamma_{\frac{1}{2}}\left(\frac{A}{A_0}\right)+\mathrm{e}^{\frac{1}{2}}-\left(\frac{A}{A_0}\right)^{-\frac{1}{2}}\mathrm{e}^{\frac{1}{2}\left(\frac{A}{A_0}\right)}\right\} \tag{2.21}$$

(2.21)式为柱形弹体在撞击后的形状表达式. 因为 $\dfrac{A_1}{A_0}$ 是根据(2.4)式由 λ 值决定的，所以塑性区的最大长度 h_2 也是由 λ 决定的，$\Gamma_{\frac{1}{2}}(\xi)$ 可以用数值积分求得，其值见表 1.

表 1　$\Gamma_{\frac{1}{2}}(\xi)=\int_1^{\xi}\xi^{-\frac{1}{2}}\mathrm{e}^{\frac{1}{2}\xi}\mathrm{d}\xi$

ξ	$\Gamma_{\frac{1}{2}}(\xi)$	$\Delta\Gamma_{\frac{1}{2}}$	ξ	$\Gamma_{\frac{1}{2}}(\xi)$	$\Delta\Gamma_{\frac{1}{2}}$	ξ	$\Gamma_{\frac{1}{2}}(\xi)$	$\Delta\Gamma_{\frac{1}{2}}$
1.0	0		2.0	1.747 09		4.0	7.067 90	
		0.165 00			0.394 52			0.767 48
1.1	0.165 00		2.2	2.141 61		4.2	7.835 38	
		0.165 75			0.416 61			0.833 75
1.2	0.330 75		2.4	2.558 22		4.4	8.669 13	
		0.167 12			0.441 62			0.894 78
1.3	0.497 87		2.6	2.999 84		4.6	9.563 91	
		0.169 06			0.469 64			0.967 47
1.4	0.666 93		2.8	3.469 48		4.8	10.531 38	
		0.171 49			0.500 82			1.047 32
1.5	0.838 42		3.0	3.970 30		5.0	11.578 70	
		0.174 36			0.535 33			1.134 66
1.6	1.012 78		3.2	4.505 63		5.2	12.713 36	
		0.177 66			0.573 43			1.274 41
1.7	1.190 44		3.4	5.079 06		5.4	13.987 77	
		0.181 36			0.615 37			1.334 42
1.8	1.371 80		3.6	5.694 43		5.6	15.322 19	
		0.185 42			0.661 45			1.448 66
1.9	1.557 22		3.8	6.355 88		5.8	16.770 85	
		0.189 87			0.712 02			
2.0	1.747 09		4.0	7.067 90		6.0		

现在让我们求 t 和 A/A_0 的关系，从(1.12c)和(2.6)式消去 $\mathrm{d}v$，得 $\mathrm{d}t$ 和 $\mathrm{d}x$ 的关系式，即

$$\mathrm{d}t=-\frac{A-A_0}{Av}\mathrm{d}x \tag{2.22}$$

把(2.16a)和(2.2)式中的 $\mathrm{d}x$ 和 v 的表达式代入上式，整理后给出

$$\mathrm{d}t=-\frac{1}{2}\left(\frac{\rho_P}{\sigma_{YC}^D}\right)^{\frac{1}{2}}\left(1+\frac{A_0}{A}\right)\mathrm{e}^{-\frac{1}{2}R}\mathrm{e}^{\frac{1}{2}\left(\frac{A}{A_0}\right)}\mathrm{d}\left(\frac{A}{A_0}\right) \tag{2.23}$$

进行积分，并用 $t=0$ 时 $A=A_1$ 的起始条件，我们求得 t 和 $\dfrac{A}{A_0}$ 的关系式

$$t=\frac{1}{\sqrt{2}v_0}\lambda^{\frac{1}{2}}\mathrm{e}^{-\frac{1}{2}R}\left\{\Lambda\left(\frac{A_1}{A_0}\right)-\Lambda\left(\frac{A}{A_0}\right)\right\} \tag{2.24}$$

其中 $\Lambda(\xi)$ 如下式

$$\Lambda(\xi)=\int_1^{\xi}\left(1+\frac{1}{\tau}\right)\mathrm{e}^{\frac{1}{2}\tau}\mathrm{d}\tau \tag{2.25}$$

$\Lambda(\xi)$ 的值见表 2.

表 2　$\Lambda(\xi)=\int_1^{\xi}\left(1+\frac{1}{\tau}\right)\mathrm{e}^{\frac{1}{2}\tau}\mathrm{d}\tau$ 的数值表

ξ	$\Lambda(\xi)$	$\Delta\Lambda$	ξ	$\Lambda(\xi)$	$\Delta\Lambda$	ξ	$\Lambda(\xi)$	$\Delta\Lambda$
1.0	0		2.0	3.580 01		4.0	15.980 67	
		0.330 13			0.844 03			1.933 24
1.1	0.330 13		2.2	4.424 04		4.2	17.913 91	
		0.332 33			0.906 61			2.117 07
1.2	0.662 46		2.4	5.330 65		4.4	20.030 98	
		0.336 35			0.977 68			2.320 10
1.3	0.998 81		2.6	6.308 33		4.6	22.351 08	
		0.341 94			1.057 62			2.544 28
1.4	1.340 75		2.8	7.365 95		4.8	24.895 36	
		0.348 91			1.147 05			2.791 73
1.5	1.689 66		3.0	8.513 00		5.0	27.687 08	
		0.357 15			1.246 72			3.064 84
1.6	2.046 81		3.2	8.759 72		5.2	30.751 93	
		0.366 52			1.357 48			3.366 22
1.7	2.413 33		3.4	11.117 20		5.4	34.118 15	
		0.377 01			1.480 30			3.665 45
1.8	2.790 34		3.6	12.597 50		5.6	37.783 60	
		0.388 55			1.616 34			
1.9	3.178 89		3.8	14.213 84		5.8		
		0.401 12			1.766 85			
2.0	3.580 01		4.0	15.980 67		6.0		

当 $t=t_2$ 时,即当变形终止时, $A=A_0$,而 $\Lambda(1)=0$, 所以,从(2.24)式有

$$t_2=\frac{L}{\sqrt{2}v_0}\lambda^{\frac{1}{2}}\mathrm{e}^{-\frac{1}{2}R}\Lambda\left(\frac{A_1}{A_0}\right) \tag{2.26}$$

最后,从(2.1),(2.2)式,我们可以用 $\frac{A}{A_0}$ 来表示 u 和 v,即

$$u=v_0\frac{1}{\sqrt{2\lambda}}\sqrt{\frac{A_0}{A}} \tag{2.27a}$$

$$v=v_0\frac{1}{\sqrt{2}\lambda}\sqrt{\frac{A_0}{A}}\left(\frac{A}{A_0}-1\right) \tag{2.27b}$$

从上面的结果中,我们已把 u, v, t, h, x 化为 $\frac{A}{A_0}$ 的表达式. 它们分别是(2.27a),(2.27b),(2.24),(2.21)和(2.13),其中 λ, R, $\frac{A_1}{A_0}$ 见(2.5),(2.16)和(2.4),它们都是已知的.

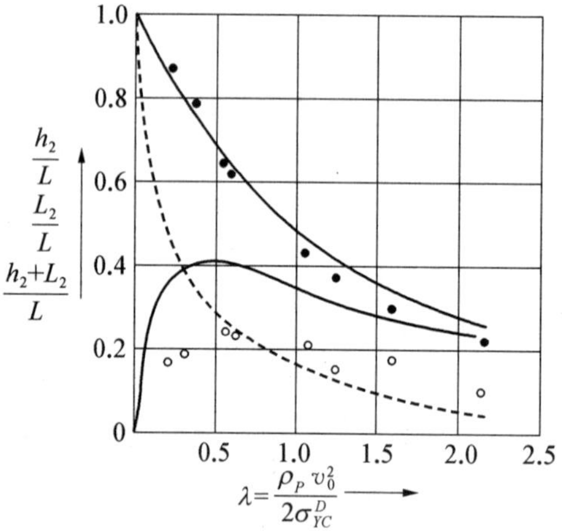

图 4 $\frac{h_2}{L}$, $\frac{L_2}{L}$, $\frac{L_2+h_2}{L}$ **和 λ 的关系曲线**

• $\frac{L_2+h_2}{L}$ 的实验值[1]

○ $\frac{h_2}{L}$ 的实验值[1]

从上面的计算结果,还可以求得终端条件 t_2, L_2, h_2,它们是分别用(2.26)、(2.11)和(2.20)表示的. 上面所给的解,是以 $\frac{A}{A_0}$ 为参数的参数解. 我们根据这些结果计算了撞击后的弹体变形和撞击速度的关系,即 $\frac{h_2}{L}$, $\frac{L_2}{L}$, $\frac{h_2+L_2}{L}$ 和 $\lambda=\rho_P v_0^2/2\sigma_{YC}^D$ 的关系曲线,也计算了弹体的撞击延续时间和撞击速度的关系. 见表 3 和图 4,其中实验点是惠芬[2] 和泰勒[1] 的工作中取来的. $\frac{h_2}{L}$ 的曲线和实验点有一定差距,这正说明这个理论很有改进的必要.

表 3 $\frac{h_2}{L}$, $\frac{L_2}{L}$, $\frac{h_2+L_2}{L}$, $\frac{t_2 v_0}{L}$ 和 $\lambda=\frac{\rho_P v_0^2}{2\sigma_{YC}^D}$ 的关系

λ	0	0.1	0.2	0.3	0.4	0.5	1.0	1.5	2.0
h_2/L	0	0.289 0	0.368 8	0.399 2	0.401 2	0.401 0	0.355 2	0.296 5	0.246 9
L_2/L	1	0.606 0	0.475 8	0.389 2	0.325 0	0.275 2	0.132 1	0.068 6	0.037 0
$(h_2+L_2)/L$	1	0.895 0	0.844 6	0.788 4	0.726 4	0.676 2	0.487 3	0.365 1	0.283 9
$\frac{t_2 v_2}{L}$	0	0.155 9	0.277 1	0.377 8	0.462 1	0.532 2	0.834 4	0.893 4	0.951 6

三、泰勒理论的修正

泰勒理论忽视了塑性材料横向运动的惯性作用的影响，忽视靶体在撞击中的变形的动量和能量消耗，也忽视弹体塑性强化过程. 这是泰勒理论的 h_2/L 值和实验相差较多的主要原因. 但是，除了上述因素外，泰勒理论有一点是显然可以改进的. 即关于(2.1)式的问题和它的修正.

PP 截面从 A_0 增加到 A 那样大有一个过程，这个过程需要的总时间是δt，所以，压缩应力的合力的增加部分在 δt 中的冲量决不可能是 δt 乘 $\sigma_{YC}^D(A-A_0)$，而是小于这个量. 这个扩展过程的具体情况，我们不知道，但我们可以近似地假设接触面积 S 是一个等减速的扩张过程. δt 的一段时间开始时，面积扩张速度为 w_0，结束时为零. 于是在其他时刻 t 时，扩张速度$\frac{\mathrm{d}S}{\mathrm{d}t}$为

$$\frac{\mathrm{d}S}{\mathrm{d}t}=w_0\left(1-\frac{t}{\delta t}\right)\quad 0\leqslant t\leqslant \delta t \tag{3.1}$$

积分得

$$S=\int_0^t \frac{\mathrm{d}S}{\mathrm{d}t}\mathrm{d}t=w_0\left(t-\frac{t^2}{2\delta t}\right)+C' \tag{3.2}$$

w_0，C'都是待定的. 它们由起始条件 $(t=0,\ S=A_0)$，和结束条件$(t=\delta t,\ S=A)$求得，即

$$A_0=C' \tag{3.3a}$$

$$A=\frac{1}{2}w_0\delta t+C' \tag{3.3b}$$

解之，得

$$C' = A_0,\ w_0 = \frac{2(A - A_0)}{\delta t} \tag{3.4}$$

代入(3.2),得 δt 时段中各个时刻 t 时的接触半径

$$S = (A - A_0)\left(2t - \frac{t^2}{\delta t}\right)\frac{1}{\delta t} + A_0 \tag{3.5}$$

所以,压缩应力 σ_{YC}^D 的合力增加部分在 δt 中的冲量 I 应该是

$$I = \int_0^{\delta t} \sigma_{YC}^D (S - A_0)\mathrm{d}t = \sigma_{YC}^D (A - A_0)\int_0^{\delta t}\left(2t - \frac{t^2}{\delta t}\right)\frac{\mathrm{d}t}{\delta t} \tag{3.6}$$

积分,得

$$I = \frac{2}{3}\sigma_{YC}^D (A - A_0)\delta t \tag{3.7}$$

和泰勒的冲量相比,这个冲量只有泰勒的冲量的$\frac{2}{3}$. 于是动量冲量守恒定律(1.14)式应该写成

$$\rho_P A_0 (u + v)v = \frac{2}{3}\sigma_{YC}^D (A - A_0) \tag{3.8}$$

从(1.13)和(3.8)中消去 u,得

$$\frac{\rho_P v^2}{\sigma_{YC}^D} = \frac{2}{3}\,\frac{(A - A_0)^2}{AA_0} \tag{3.9}$$

当 $v = v_0$ 时,$A = A_1$,我们有

$$\lambda = \frac{1}{3}\left(\frac{A_1}{A_0} + \frac{A_0}{A_1} - 2\right) \tag{3.10}$$

其中 λ 见(2.5)式,从(3.10)式解$\frac{A_1}{A_0}$,得

$$\frac{A_1}{A_0} = 1 + \frac{3}{2}\lambda + \sqrt{3\lambda + \frac{9}{4}\lambda^2} \tag{3.11}$$

把它和(2.4)式相比,对相同的 λ 值而言,(3.11)式所算得的$\frac{A_1}{A_0}$值大于从(2.4)式

所算得的$\dfrac{A_1}{A_0}$值.

通过(2.6)到(2.13)相同的步骤,我们得

$$\ln\frac{x}{L}=\frac{1}{3}\left[\frac{A}{A_0}+\ln\frac{A}{A_0}-\frac{A_1}{A_0}-\ln\frac{A_1}{A_0}\right] \tag{3.12a}$$

$$\ln\frac{L_2}{L}=\frac{1}{3}\left[1-\frac{A_1}{A_0}-\ln\frac{A_1}{A_0}\right] \tag{3.12b}$$

其中$\dfrac{A_1}{A_0}$是已知量,(3.12a)是$\dfrac{x}{L}$和$\dfrac{A}{A_0}$的关系式.

用(2.14)式到(2.21)式的相同步骤,我们可以求得

$$h=\frac{1}{3}L\,\mathrm{e}^{-\frac{1}{3}R_1}\left[\Phi\left(\frac{A_1}{A_0}\right)-\Phi\left(\frac{A}{A_0}\right)\right] \tag{3.13}$$

其中

$$R_1=\frac{A_1}{A_0}+\ln\frac{A_1}{A_0} \tag{3.14}$$

$$\Phi(\xi)=\int_1^{\xi}\xi^{-\frac{5}{3}}(1+\xi)\mathrm{e}^{\frac{1}{3}\xi}\mathrm{d}\xi \tag{3.15}$$

当$A=A_0$时,$\Phi(1)=0$,$h=h_2$,所以有

$$h_2=\frac{1}{3}L\,\mathrm{e}^{-\frac{1}{3}R_1}\Phi\left(\frac{A_1}{A_0}\right) \tag{3.16}$$

$$h=h_2-\frac{1}{3}L\,\mathrm{e}^{-\frac{1}{3}R_1}\Phi\left(\frac{A}{A_0}\right) \tag{3.17}$$

$\Phi(\xi)$的积分可以用数值积分求得,其结果见表4.

通过(2.22)到(2.24)式的相同步骤,我们可以求得t和A/A_0的关系

$$t=\frac{\sqrt{\lambda}}{\sqrt{3}v_0}L\,\mathrm{e}^{-\frac{1}{3}R_1}\left\{T\left(\frac{A_1}{A_0}\right)-T\left(\frac{A}{A_0}\right)\right\} \tag{3.18}$$

其中R_1见(3.14),$T(\xi)$为

$$T(\xi)=\int_1^{\xi}\xi^{-\frac{7}{6}}(1+\xi)\mathrm{e}^{\frac{1}{3}\xi}\mathrm{d}\xi \tag{3.19}$$

$T(\xi)$的积分可以用数值积分求得,其结果见表4.

表 4　$\Phi(\xi)$和 $T(\xi)$的数值表

ξ	$\Phi(\xi)$	$\Delta\Phi$	$T(\xi)$	ΔT	ξ	$\Phi(\xi)$	$\Delta\Phi$	$T(\xi)$	ΔT
1.0	0		0		4.0	5.722 973		8.753 650	
		0.268 397		0.274 966			0.380 964		0.771 414
1.1	0.268 397		0.274 966		4.2	6.103 937		9.525 064	
		0.250 047		0.268 061			0.390 901		0.810 612
1.2	0.518 444		0.543 027		4.4	6.494 838		10.335 676	
		0.235 416		0.263 136			0.401 973		0.852 743
1.3	0.763 860		0.806 163		4.6	6.896 811		11.188 419	
		0.223 589		0.259 734			0.414 177		0.897 966
1.4	0.977 449		1.065 897		4.8	7.310 988		12.086 385	
		0.213 930		0.257 568			0.427 515		0.946 380
1.5	1.191 379		1.323 465		5.0	7.738 503		13.032 765	
		0.205 981		0.256 408			0.442 395		0.983 555
1.6	1.397 360		1.579 873		5.2	8.180 898		14.016 320	
		0.199 405		0.256 111			0.458 055		1.053 661
1.7	1.596 765		1.835 984		5.4	8.638 953		15.069 981	
		0.193 946		0.256 550			0.468 803		1.112 907
1.8	1.790 711		2.092 534		5.6	9.107 756		16.182 888	
		0.189 756		0.257 632			0.490 278		1.176 186
1.9	1.980 466		2.350 166		5.8	9.598 034		17.359 074	
		0.185 690		0.259 284			0.509 667		1.243 741
2.0	2.166 156		2.609 450		6.0	10.107 700		18.602 815	
		0.362 725		0.525 532			0.532 743		1.315 836
2.2	2.528 881		3.134 982		6.2	10.640 443		19.918 651	
		0.354 642		0.537 765			0.554 861		1.392 752
2.4	2.883 523		3.672 747		6.4	11.195 304		21.311 403	
		0.349 875		0.553 146			0.578 434		1.474 791
2.6	3.233 398		4.225 893		6.6	11.773 738		22.786 221	
		0.347 752		0.571 377			0.603 533		1.562 278
2.8	3.581 150		4.797 270		6.8	12.377 271		24.348 498	
		0.347 813		0.592 279			0.632 632		1.655 558
3.0	3.928 963		5.389 549		7.0	13.009 903		26.004 056	
		0.349 729		0.615 749			0.658 612		1.755 004
3.2	4.278 692		6.005 298		7.2	13.668 515		27.759 060	
		0.353 270		0.641 741			0.688 760		1.861 012
3.4	4.631 962		6.647 039		7.4	14.357 275		29.620 072	
		0.358 267		0.670 261			0.720 773		1.974 006
3.6	4.990 229		7.317 300		7.6	15.078 048		31.594 077	
		0.361 266		0.701 329			0.754 749		2.094 439
3.8	5.351 495		8.018 629		7.8	15.832 797		33.688 515	
		0.371 478		0.735 021			0.790 800		2.222 794
4.0	5.722 973		8.753 650		8.0	16.623 596		35.911 308	

最后，从(1.13)式和(3.9)式，我们可以用$\dfrac{A}{A_0}$来表示 u 和 v，即

$$v=\frac{1}{\sqrt{3\lambda}}v_0\sqrt{\frac{A_0}{A}}\left(\frac{A}{A_0}-1\right) \quad (3.20a)$$

$$u=\frac{1}{\sqrt{3\lambda}}v_0\sqrt{\frac{A_0}{A}} \quad (3.20b)$$

从上述结果，我们已把修正理论的 u，v，t，h，x 化为$\dfrac{A}{A_0}$的表达式. 它们是(3.20a)，(3.20b)，(3.18)，(3.17)，(3.12a). 其中 λ，R_1，$\dfrac{A_1}{A_0}$ 见(2.5)，(3.14)，(3.15)，它们都是已知的. 这也是以$\dfrac{A}{A_0}$为参数的参数解. 根据(3.16)，(3.12b)和(3.18)式，我们可以计算$\dfrac{h_2}{L}$，$\dfrac{L_2}{L}$，$\dfrac{h_2+L_2}{L}$和$\dfrac{t_2v_0}{L}$和λ 的关系，见表 5 和图 5.

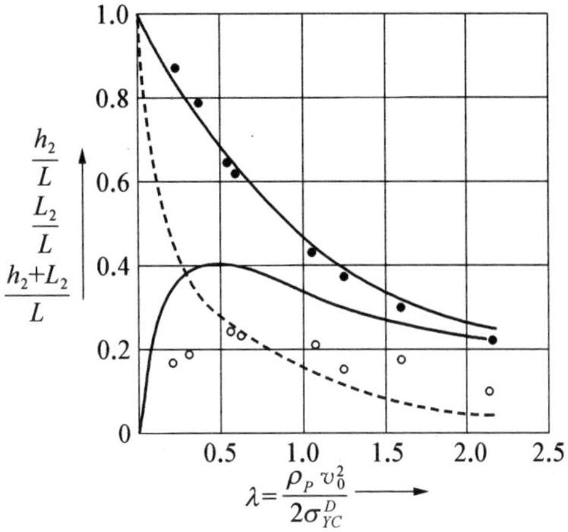

图 5　修正理论的 h_2/L，L_2/L，$(h_2+L_2)/L$ 和 λ 的关系曲线

• $\dfrac{h_2+L_2}{L}$ 的实验值

○ $\dfrac{h_2}{L}$ 的实验值

表 5　修正理论中 $\dfrac{h_2}{L}$，$\dfrac{L_2}{L}$，$\dfrac{L_2+h_2}{L}$，$\dfrac{t_2v_0}{L}$ 和 λ 的关系

λ	0	0.1	0.2	0.3	0.4	0.5	1.0	1.5	2.0
h_2/L	0	0.2561	0.3060	0.3265	0.3335	0.3330	0.2920	0.2403	0.1958
L_2/L	1	0.6573	0.5331	0.4469	0.3809	0.3279	0.1676	0.0910	0.0509
$(h_2+L_2)/L$	1	0.9134	0.8391	0.7734	0.7144	0.6609	0.4596	0.3313	0.2467
t_2v_0/L	0	0.1618	0.2912	0.3999	0.4925	0.5720	0.8354	0.9297	1.0264

把图 4 和图 5 相较，不论$(h_2+L_2)/L$ 或 h_2/L 曲线，都是修正理论更接近于实验值. 但 h_2/L 还是偏高. 这是因为理论中还略去了其他因素所引起的.

从图 5 中可以看到修正理论的$(h_2+L_2)/L\sim\lambda$ 关系曲线和实验值吻合很好. 因此，如果把修正理论的$(h_2+L_2)/L\sim\lambda$ 关系列出表格，则从$(h_2+L_2)/L$ 的实验值就可以用插值法求得 λ 值，从此，可以计算 $\sigma_{YC}^D=\dfrac{\rho_P v_0^2}{2\lambda}$ 的实验值.

参考文献

[1] Taylor G I. The use of flat-ended projectiles for determining dynamic yield stress. Ⅰ. Theoretical consideration. Proc of Royal Society (London), Series A, 1948, 194: 289-299.

[2] Whiffins A C. The use of flat-ended projectiles for determining dynamic yield stress. Ⅱ. Tests on various metallic materials. Proc of Royal Society (London), Series A, 1948, 194: 300-322.

[3] Lee E H, Tupper S J. Analysis of plastic deformation in a stool cylinder striking a rigid target. J of Applied Mechanics, 1954, 21: 62-70.

[4] Raftopoulos D, Davids N. Elastoplastic impact on rigid targets. AIAA J, 1967, 6: 2254-2260.

The Analytical Solution of G. I. Taylor's Theory of Plastic Deformation in Impact of Cylindrical Projectiles and Its Improvement

Abstract The theory of plastic deformation in impact of cylindrical projectiles on rigid targets are first introduced by G. I. Taylor[1]. The importance of this theory lies on the fact that dynamic yield strength can be determined from the measurement of the plastic deformation of flat-ended cylindrical projectiles. From the experimental results[2], we find that the dynamic yield strength is independent of impact velocity, and is higher than the static yield strength in general, and is as high as several times of static yield strength in certain cases. This gives an important foundation for the study of elasto-plastic impact problems in general. However it is well-known that the complexity of differential equations in Taylor's theory compelled us to use the troublesome numerical solution. In this paper, the analytical solution of all the equations in Taylor's theory is given in parametric form and the results are discussed in detail.

In the later part of this paper, the method of calculation of impulse of impact is improved by considering the processes of radial movement of materials. The analytical solution of improved theory shows that it gives better agreement with the experimental results than that of original Taylor's theory.

具有对角线化的一致质量矩阵的动力有限元和弹塑性撞击计算

摘　要　在 EPIC[1,2]、NONSAP[3] 等弹塑性撞击计算的有限元程序中，都有一些共同的弱点．所有这些程序，都采用静力学问题中常用的简单线性形状函数来描写各位移分量．在这样的有限元法中，应变和应力分量在每一有限元中都是常量．但在运动方程中，应力分量都是以它们的空间导数的形式出现的．于是，在采用了线性形状函数来表达的位移分量以后，应力分量对运动方程的贡献必恒等于零．克服这种困难的一般方法是通过虚位移原理，把运动方程化为能量关系的变分形式，从而建立既作用在结点上而又在每一有限元内自相平衡的人为内力平衡系统．把施加在某一结点上的所有相邻有限元的人为内力的作用叠加在一起，就能计算这一结点的加速度．但是从虚位移原理化为能量关系的变分形式时，要求位移和应力在积分域内处处连续．也就是说，要求位移和应力有限元都是协调的．我们很易看到，线性形状函数所描述的位移有限元是连续协调的，但其有关的应力分量在有限元界面上，则并不连续．所以，这样的有限元处理，是否收敛并无把握，即使从近似角度看，也是难以令人满意的．而且，为了计算结点的加速度，我们还应该有建立质量矩阵的计算规则．目前有两种计算方法：一种是集总(lumped)质量法，另一种是一致(consistent)质量法[4]．一致质量矩阵是通过正规的有限元计算求得的，它和所用形状函数相一致．不过，这样求得的一致质量矩阵一般不是对角线化的，这就给数值计算带来不便．在大多数计算程序中，人们采用集总质量矩阵，也即是说，有限元的质量是按一定的比例分配给该有限元的各个结点的．集总质量矩阵是对角线化的，对角线项就是结点分配到的质量．当然，这种集总质量的假定还缺乏证明．其实，所有这些困难都是从采用线性形状函数(静力的)所引起的．

本文采用了二次式形状函数来处理弹塑性撞击问题．这种二次式形状函数不仅给出了对角线化的一致质量矩阵，而且运动方程中的应力的总效应也不等于零．所以，在采用了二次形状函数后，上述的所有困难都迎刃而解了．

一、引论

设有四面体有限元，如图 1.

原载《应用数学和力学》，1982，3(3)：281－296.

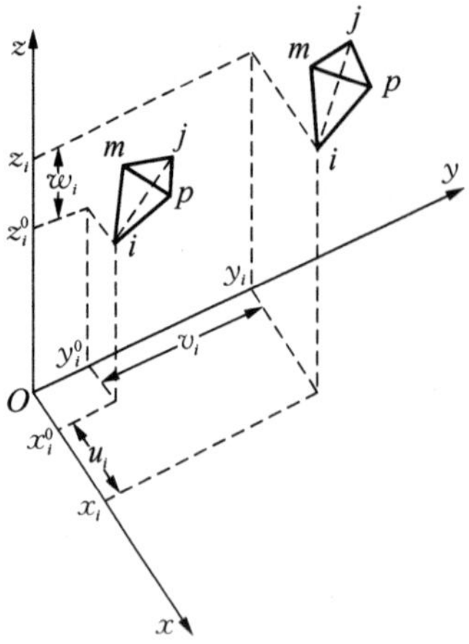

图 1　典型的四面体有限元

结点 i 顺着 x 轴向的位移分量为 $u_i=x_i-x_i^0$，顺着 y 和 z 轴向的位移分量分别为 $v_i=y_i-y_i^0$，$w_i=z_i-z_i^0$. 典型的四面体有限元中任意点的位移分量 $u^{(e)}$，$v^{(e)}$，$w^{(e)}$ 可以用形状函数 $N_k=L_k^0$（它们是未变形前的几何的函数）和结点位移分量 u_k，v_k，w_k 来表示如下：

$$\left.\begin{aligned}u^{(e)}&=L_i^0u_i+L_j^0u_j+L_m^0u_m+L_p^0u_p\\v^{(e)}&=L_i^0v_i+L_j^0v_j+L_m^0v_m+L_p^0v_p\\w^{(e)}&=L_i^0w_i+L_j^0w_j+L_m^0w_m+L_p^0w_p\end{aligned}\right\}\tag{1.1}$$

在程序 EPIC－3 所采用的线性四面体有限元中，L_i^0，L_j^0，L_m^0，L_p^0 为

$$\left.\begin{aligned}L_i^0&=\frac{1}{6V^0}(a_i^0+b_i^0x+c_i^0y+d_i^0z)\\L_j^0&=\frac{1}{6V^0}(a_j^0+b_j^0x+c_j^0y+d_j^0z)\\L_m^0&=\frac{1}{6V^0}(a_m^0+b_m^0x+c_m^0y+d_m^0z)\\L_p^0&=\frac{1}{6V^0}(a_p^0+b_p^0x+c_p^0y+d_p^0z)\end{aligned}\right\}\tag{1.2}$$

其中 V^0 为四面体有限元在变形前的原来的体积.

$$V^0=\frac{1}{6}\begin{vmatrix}1&x_i^0&y_i^0&z_i^0\\1&x_j^0&y_j^0&z_j^0\\1&x_m^0&y_m^0&z_m^0\\1&x_p^0&y_p^0&z_p^0\end{vmatrix}\tag{1.3}$$

其他各系数也和有限元在变形前的原来几何有关. 它们是

$$\left.\begin{aligned}a_i^0&=\begin{vmatrix}x_j^0&y_j^0&z_j^0\\x_m^0&y_m^0&z_m^0\\x_p^0&y_p^0&z_p^0\end{vmatrix}\qquad b_i^0=-\begin{vmatrix}1&y_j^0&z_j^0\\1&y_m^0&z_m^0\\1&y_p^0&z_p^0\end{vmatrix}\\c_i^0&=\begin{vmatrix}1&x_j^0&z_j^0\\1&x_m^0&z_m^0\\1&x_p^0&z_p^0\end{vmatrix}\qquad d_i^0=-\begin{vmatrix}1&x_j^0&y_j^0\\1&x_m^0&y_m^0\\1&x_p^0&y_p^0\end{vmatrix}\end{aligned}\right\}\tag{1.4}$$

其他和未变形前的几何有关的常数(a_j^0, b_j^0, c_j^0, d_j^0; a_m^0, b_m^0, c_m^0, d_m^0; a_p^0, b_p^0, c_p^0, d_p^0)可以通过轮换下标和正负号求得.

在采用了上述线性四面体有限元的形状函数后,在这一元素中的所有各点上,应变分量和应力分量都是常数. 于是,在任一元素中,运动方程

$$\left.\begin{aligned}\rho\ddot{u} &= \left(\frac{\partial\sigma_x}{\partial x}+\frac{\partial\tau_{xy}}{\partial y}+\frac{\partial\tau_{xz}}{\partial z}\right)\\ \rho\ddot{v} &= \left(\frac{\partial\tau_{xy}}{\partial x}+\frac{\partial\sigma_y}{\partial y}+\frac{\partial\tau_{yz}}{\partial z}\right)\\ \rho\ddot{w} &= \left(\frac{\partial\tau_{xz}}{\partial x}+\frac{\partial\tau_{yz}}{\partial y}+\frac{\partial\sigma_z}{\partial z}\right)\end{aligned}\right\} \tag{1.5}$$

的右侧各项都恒等于零. 因此,计算到此失败.

在程序 EPIC-3 中,这种困难是通过引入虚功原理和假设集总质量来克服的.

设我们研究的材料空间域为 D,在 D 中(1.5)适用,在 D 的表面 δD_1 上受外力(q_x, q_y, q_z)dS 作用. 表面 δD_1 的外法线矢量为(n_x, n_y, n_z),于是在外力作用的表面上,应有

$$\left.\begin{aligned}\sigma_x n_x+\tau_{xy}n_y+\tau_{xz}n_z &= q_x\\ \tau_{xy}n_x+\sigma_y n_y+\tau_{yz}n_z &= q_y\\ \tau_{xz}n_x+\tau_{yz}n_y+\sigma_z n_z &= q_z\end{aligned}\right\}\quad \text{在 } \delta D_1 \text{ 上} \tag{1.6}$$

并设在另一部分表面 δD_2 上,位移已知:

$$u=\bar{u},\ v=\bar{v},\ w=\bar{w}\quad \text{在 } \delta D_2 \text{ 上} \tag{1.7}$$

于是在体力($\rho\ddot{u}$, $\rho\ddot{v}$, $\rho\ddot{w}$)和面力(q_x, q_y, q_z)作用下的物体的虚位移原理可以写成

$$\begin{aligned}&\iiint_D\left\{\left[\rho\ddot{u}-\left(\frac{\partial\sigma_x}{\partial x}+\frac{\partial\tau_{xy}}{\partial y}+\frac{\partial\tau_{xz}}{\partial z}\right)\right]\delta u+\left[\rho\ddot{v}-\left(\frac{\partial\tau_{xy}}{\partial x}+\frac{\partial\sigma_y}{\partial y}+\frac{\partial\tau_{yz}}{\partial z}\right)\right]\delta v\right.\\ &\quad\left.+\left[\rho\ddot{w}-\left(\frac{\partial\tau_{xz}}{\partial x}+\frac{\partial\tau_{yz}}{\partial y}+\frac{\partial\sigma_z}{\partial z}\right)\right]\delta w\right\}\mathrm{d}x\mathrm{d}y\mathrm{d}z\\ &\quad-\iint_{\delta D_1}\{[q_x-(\sigma_x n_x+\tau_{xy}n_y+\tau_{xz}n_z)]\delta u+[q_y-(\tau_{xy}n_x+\sigma_y n_y+\tau_{yz}n_z)]\delta v\\ &\quad+[q_z-(\tau_{xz}n_x+\tau_{yz}n_y+\sigma_z n_z)]\delta w\}\mathrm{d}S=0\end{aligned} \tag{1.8}$$

如果在 D 内,σ_x, σ_y, …和 δ_u, δ_v, δ_w 都是连续的,则利用格林定理,我们可以证明:

$$\iiint_D\left\{\rho\ddot{u}\,\delta u+\rho\ddot{v}\,\delta v+\rho\ddot{w}\,\delta w+\sigma_x\frac{\partial\delta u}{\partial x}+\sigma_y\frac{\partial\delta v}{\partial y}+\sigma_z\frac{\partial\delta w}{\partial z}+\tau_{xy}\left(\frac{\partial\delta u}{\partial y}+\frac{\partial\delta v}{\partial x}\right)\right.$$

$$+\tau_{yz}\left(\frac{\partial\delta w}{\partial y}+\frac{\partial\delta v}{\partial z}\right)+\tau_{zx}\left(\frac{\partial\delta u}{\partial z}+\frac{\partial\delta w}{\partial x}\right)\bigg\}\mathrm{d}x\mathrm{d}y\mathrm{d}z-\iint_{\delta D_1}\{q_x\delta u+q_y\delta v$$

$$+q_z\delta w\}\mathrm{d}S-\iint_{\delta D_2}\{(\sigma_x n_x+\tau_{xy}n_y+\tau_{xz}n_z)\delta u+(\tau_{xy}n_x+\sigma_y n_y+\tau_{yz}n_z)\delta v$$

$$+(\tau_{xz}n_x+\tau_{yz}n_y+\sigma_z n_z)\delta w\}\mathrm{d}S=0 \tag{1.9}$$

在利用了位移边界条件(1.7)后，上式简化为

$$\iiint_D\left\{\left[\rho\ddot{u}\,\delta u+\sigma_x\frac{\partial\delta u}{\partial x}+\tau_{xy}\frac{\partial\delta u}{\partial y}+\tau_{xz}\frac{\partial\delta u}{\partial z}\right]+\left(\rho\ddot{v}\,\delta v+\tau_{xy}\frac{\partial\delta v}{\partial x}+\sigma_y\frac{\partial\delta v}{\partial y}\right.\right.$$

$$\left.\left.+\tau_{zy}\frac{\partial\delta v}{\partial z}\right)+\left(\rho\ddot{w}\,\delta w+\tau_{xz}\frac{\partial\delta w}{\partial x}+\tau_{yz}\frac{\partial\delta w}{\partial y}+\sigma_z\frac{\partial\delta w}{\partial z}\right)\right\}\mathrm{d}x\mathrm{d}y\mathrm{d}z$$

$$-\iint_{\delta D_1}\{q_x\delta u+q_y\,\delta v+q_z\delta w\}\mathrm{d}S=0 \tag{1.10}$$

这就是最小位能原理的变分形式.

从此，我们引进有限元计算. EPIC - 3 用了下述两个假定：

(1) 集总质量假设：设每一有限元的质量 V_ρ(其中 V 为有限元在变形后的容积)平均分配在四个结点上，我们有

$$M_i=M_j=M_m=M_p=\frac{1}{4}V^0\rho^0=\frac{1}{4}V\rho \tag{1.11}$$

其中 V^0，ρ^0 为元素在变形前的原有体积和密度. 而 V，ρ 为元素在变形后的体积和密度.

(2) 用线性形状函数(按变形后的几何计算的)来表示位移分量，即

$$\left.\begin{aligned}u&=L_iu_i+L_ju_j+L_mu_m+L_pu_p\\v&=L_iv_i+L_jv_j+L_mv_m+L_pv_p\\w&=L_iw_i+L_jw_j+L_mw_m+L_pw_p\end{aligned}\right\} \tag{1.12}$$

其中 L_i，L_j，L_m，L_p 为(1.2)式，但按变形后的有限元几何计算，u_i，v_i，w_i 为 i 结点的位移分量. 从(1.12)式计算所得的应力分量在有限元中是常量，把(1.10)式离散为若干有限元. 典型有限元的积分可以用(1.11)，(1.12)求得，如

$$\iiint_{(e)}\rho\ddot{u}\,\delta u\,\mathrm{d}x\mathrm{d}y\mathrm{d}z=\frac{1}{4}V\rho(\ddot{u}_i\delta u_i+\ddot{u}_j\,\delta u_j+\ddot{u}_m\delta u_m+\ddot{u}_p\delta u_p) \tag{1.13}$$

$$\iiint_{(e)}\left(\sigma_x\frac{\partial\delta u}{\partial x}+\tau_{xy}\frac{\partial\delta u}{\partial y}+\tau_{xz}\frac{\partial\delta u}{\partial z}\right)\mathrm{d}x\mathrm{d}y\mathrm{d}z$$

$$= \frac{1}{6}\{(\sigma_x b_i + \tau_{xy} c_i + \tau_{xz} d_i)\delta u_i + (\sigma_x b_j + \tau_{xy} c_j + \tau_{xz} d_j)\delta u_j$$
$$+ (\sigma_x b_m + \tau_{xy} c_m + \tau_{xz} d_m)\delta u_m + (\sigma_x b_p + \tau_{xy} c_p + \tau_{xz} d_p)\delta u_p\} \quad (1.14)$$

其他各式依此类推. 由于 δu_i, δu_m, δu_j, δu_p 等都是独立变分,所以,我们从(1.10)式的离散有限元的积分,得典型有限元的特微方程

$$\frac{1}{4}V\rho \ddot{u}_i = f_{xi}, \ \frac{1}{4}V\rho \ddot{u}_j = f_{xj}, \ \frac{1}{4}V\rho \ddot{u}_m = f_{xm}, \ \frac{1}{4}V\rho \ddot{u}_p = f_{xp} \quad (1.15)$$

其中

$$\left.\begin{aligned} f_{xi} &= -\frac{1}{6}(b_i\sigma_x + c_i\tau_{xy} + d_i\tau_{xz}), \quad & f_{xj} &= -\frac{1}{6}(b_j\sigma_x + c_j\tau_{xy} + d_j\tau_{xz}) \\ f_{xm} &= -\frac{1}{6}(b_m\sigma_x + c_m\tau_{xy} + d_m\tau_{xz}), \quad & f_{xp} &= -\frac{1}{6}(b_p\sigma_x + c_p\tau_{xy} + d_p\tau_{xz}) \end{aligned}\right\} \quad (1.16)$$

在 y 轴向和 z 轴向,我们也有相类似的计算公式. 例如:

$$\frac{1}{4}V\rho \ddot{v}_i = f_{yi}, \qquad \frac{1}{4}V\rho \ddot{w}_i = f_{zi} \quad (1.17)$$

其中

$$f_{yi} = -\frac{1}{6}(b_i\tau_{xy} + c_i\sigma_y + d_i\tau_{yz}), \quad f_{zi} = -\frac{1}{6}(b_i\tau_{xz} + c_i\tau_{yz} + d_i\sigma_z) \quad (1.18)$$

我们很易证明,f_{xi}, f_{xj}, f_{xm}, f_{xp}在有限元内是平衡的,即

$$f_{xi} + f_{xj} + f_{xm} + f_{xp} = -\frac{1}{6}(b_i + b_j + b_m + b_p)\sigma_x$$
$$-\frac{1}{6}(c_i + c_j + c_m + c_p)\tau_{xy} - \frac{1}{6}(d_i + d_j + d_m + d_p)\tau_{xz} = 0 \quad (1.19)$$

从(1.15)式,我们可以把 f_{xi}看作为有限元的内力作用在结点 i 上的集中力(在 x 轴向).

结点 i 上所受力的合力($\sum f_{xi}$, $\sum f_{yi}$, $\sum f_{zi}$)为结点上各相邻有限元中的集中力的总和. 假如 $\sum \frac{1}{4}V\rho = \sum M_i$ 为各相邻有限元在结点 i 上的集总质量的总和,则结点 i 的 x 轴向加速度分量(在 t 时)为

$$\ddot{u}_i(t) = \frac{\sum f_{xi}}{\sum M_i} \quad (1.20)$$

同样有

$$\ddot{v}_i(t) = \frac{\sum f_{yi}}{\sum M_i}, \qquad \ddot{w}_i(t) = \frac{\sum f_{zi}}{\sum M_i} \tag{1.21}$$

我们必须指出，上述集总质量的假设，有很大的随意性；同时，我们在(1.10)的有限元积分中，采用了线性形状函数来表示近似的位移函数，它在有限元边界上是连续的，但在这样的近似之下，应力分量在每一有限元中都是常量；在有限元之间，应力分量并不连续，所以格林定理不适用，而且(1.10)式根本不成立. 这从根本上动摇了 EPIC－3 的计算基础.

在下节，我们用二次式的形状函数来表示位移分量，从而导出了对角线化的一致质量矩阵，这样，上述诸假设可以完全避免.

二、二次式的位移形状函数和对角线化的一致质量矩阵

设每一有限元(四面体)的位移分量可以用下式表示：

$$u^{(e)} = \boldsymbol{Nu},\ v^{(e)} = \boldsymbol{Nv},\ w^{(e)} = \boldsymbol{Nw} \tag{2.1a, b, c}$$

其中

$$\boldsymbol{N} = [N_i,\ N_j,\ N_m,\ N_p] \tag{2.2a}$$

$$\boldsymbol{u}^{\mathrm{T}} = [u_i,\ u_j,\ u_m,\ u_p] \tag{2.2b}$$

$$\boldsymbol{v}^{\mathrm{T}} = [v_i,\ v_j,\ v_m,\ v_p] \tag{2.2c}$$

$$\boldsymbol{w}^{\mathrm{T}} = [w_i,\ w_j,\ w_m,\ w_p] \tag{2.2d}$$

这个四面体有限元有四个结点，其中，$i,\ j,\ m,\ p$ 为四面体的四个角点上的结点(图 2). 形状函数 $N_i,\ N_j,\ N_m,\ N_p$ 为四面体的体积坐标 $L_i,\ L_j,\ L_m,\ L_p$ 的函数，而这些体积坐标则是根据变形后的几何按(1.2)式计算的.

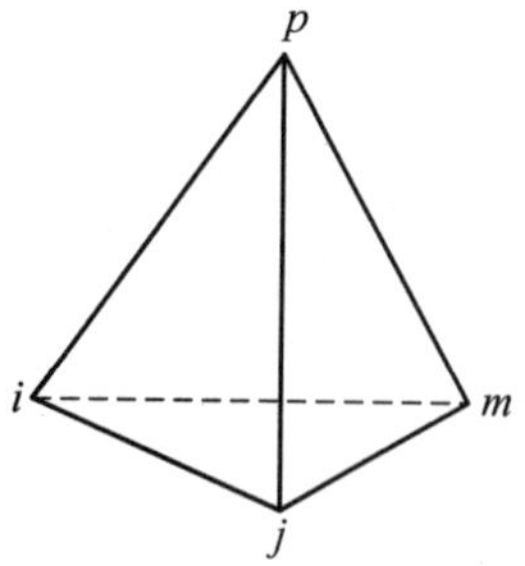

结点	L_i	L_j	L_m	L_p
i	1	0	0	0
j	0	1	0	0
m	0	0	1	0
p	0	0	0	1

图 2　四结点的四面体有限元

设 λ 为待定常数. N_i, N_j, N_m, N_p 可以写成

$$\left.\begin{aligned} N_i &= L_i + \lambda[3L_i^2 - 4L_i + 1 - (L_i^2 + L_m^2 + L_p^2)] \\ N_j &= L_j + \lambda[3L_j^2 - 4L_j + 1 - (L_i^2 + L_m^2 + L_p^2)] \\ N_m &= L_m + \lambda[3L_m^2 - 4L_m + 1 - (L_i^2 + L_j^2 + L_p^2)] \\ N_p &= L_p + \lambda[3L_p^2 - 4L_p + 1 - (L_i^2 + L_j^2 + L_m^2)] \end{aligned}\right\} \tag{2.3}$$

很易看到 N_i, N_j, N_m, N_p 满足下列诸关系式

$$N_i + N_j + N_m + N_p = 1 \quad (\text{在有限元内}) \tag{2.4a}$$

$$N_i = 1,\ \text{在结点 } i \text{ 上};\ N_i = 0,\ \text{在其他结点上} \tag{2.4b}$$

$$N_j = 1,\ \text{在结点 } j \text{ 上};\ N_j = 0,\ \text{在其他结点上} \tag{2.4c}$$

$$N_m = 1,\ \text{在结点 } m \text{ 上};\ N_m = 0,\ \text{在其他结点上} \tag{2.4d}$$

$$N_p = 1,\ \text{在结点 } p \text{ 上};\ N_p = 0,\ \text{在其他结点上} \tag{2.4e}$$

现在让我们用下列对角线化的条件求 λ:

$$\iiint_{(e)} N_i N_j \,\mathrm{d}x\mathrm{d}y\mathrm{d}z = 0 \tag{2.5}$$

还有 N_jN_m, N_mN_p, N_iN_m, N_iN_p, N_jN_p 等的条件,实质上是和(2.5)式相同的. 把(2.3)式的 N_i, N_j 代入(2.5)式,用积分关系式

$$\iiint_{(e)} L_i^{\alpha} L_j^{\beta} L_m^{\gamma} L_p^{\delta} \mathrm{d}V = \frac{\alpha!\beta!\gamma!\delta!}{(\alpha+\beta+\gamma+\delta+3)!} 6V^{(e)} \tag{2.6}$$

从(2.5)得

$$12\lambda^2 - 14\lambda - 21 = 0 \tag{2.7}$$

其解有

$$\lambda_1 = \frac{7}{12} - \frac{1}{12}\sqrt{301} = -0.862\,446,\ \lambda_2 = \frac{7}{12} + \frac{1}{12}\sqrt{301} = 2.029\,113 \tag{2.8}$$

以 N_i 为例,取 λ_1 或 λ_2 分别为

$$\left.\begin{aligned} N_i^{(-)} &= L_i - 0.862\,446[3L_i^2 - 4L_i + 1 - (L_j^2 + L_m^2 + L_p^2)] \\ N_i^{(+)} &= L_i + 2.029\,113[3L_i^2 - 4L_i + 1 - (L_j^2 + L_m^2 + L_p^2)] \end{aligned}\right\} \tag{2.9}$$

在四面体的 ij 棱边上, $L_p = L_m = 0$, $L_j = 1 - L_i$, 于是(2.9)可以简化为

$$\left.\begin{aligned} N_i^{(-)} &= L_i + 0.862\,446 L_i (1 - L_i) \\ N_i^{(+)} &= L_i - 2.029\,113 L_i (1 - L_i) \end{aligned}\right\} \tag{2.10}$$

同样,在 ij 棱边上,$N_j^{(\pm)}$ 值为

$$\left.\begin{aligned} N_j^{(-)} &= L_j + 0.862\,446 L_j (1 - L_j) \\ N_j^{(+)} &= L_j - 2.029\,113 L_j (1 - L_j) \end{aligned}\right\} \tag{2.11}$$

图 3 为形状函数 N_i, N_j 在 ij 棱边上的分布,$N_i^{(-)}$, $N_j^{(-)}$ 都是正的,$N_i^{(+)}$, $N_j^{(+)}$ 有正有负. 以后计算中建议用 $\lambda^{(-)}$.

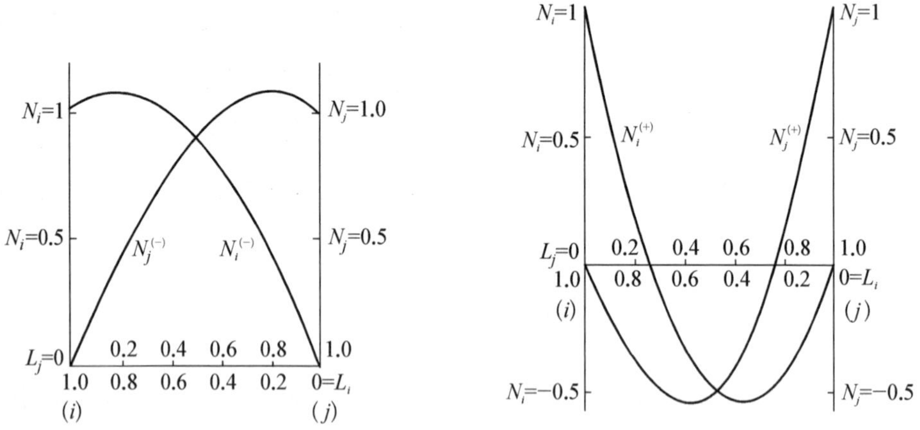

图 3　形状函数 N_i, N_j 在棱边 ij 上的分布

现在让我们计算对角线项.

$$\iiint\limits_{(e)} N_i N_j \mathrm{d}x\mathrm{d}y\mathrm{d}z = \iiint\limits_{(e)} \{L_i + \lambda[3L_i^2 - 4L_i + 1 - (L_j^2 + L_m^2 + L_p^2)]\}^2 \mathrm{d}x\mathrm{d}y\mathrm{d}z$$

$$= \frac{1}{140}(14 - 14\lambda + 12\lambda^2) V^{(0)} = \frac{1}{3} V^0 \tag{2.12}$$

同样,有限元中任意点上的加速度可以用诸结点上的值表示

$$\ddot{u}^{(e)} = \boldsymbol{N}\ddot{\boldsymbol{u}},\ \ddot{v}^{(e)} = \boldsymbol{N}\ddot{\boldsymbol{v}},\ \ddot{w}^{(e)} = \boldsymbol{N}\ddot{\boldsymbol{w}} \tag{2.13}$$

其中 $\boldsymbol{N}$ 见(2.2a),$\ddot{\boldsymbol{u}}$、$\ddot{\boldsymbol{v}}$、$\ddot{\boldsymbol{w}}$ 为

$$\left.\begin{aligned} \ddot{\boldsymbol{u}}^{\mathrm{T}} &= [\ddot{u}_i,\ \ddot{u}_j,\ \ddot{u}_m,\ \ddot{u}_p] \\ \ddot{\boldsymbol{v}}^{\mathrm{T}} &= [\ddot{v}_i,\ \ddot{v}_j,\ \ddot{v}_m,\ \ddot{v}_p] \\ \ddot{\boldsymbol{w}}^{\mathrm{T}} &= [\ddot{w}_i,\ \ddot{w}_j,\ \ddot{w}_m,\ \ddot{w}_p] \end{aligned}\right\} \tag{2.13a, b, c}$$

还有任意有限元的应力分量的表达式

$$\sigma_x^{(e)} = \boldsymbol{N}\boldsymbol{\sigma}_x,\ \sigma_y^{(e)} = \boldsymbol{N}\boldsymbol{\sigma}_y,\ \sigma_z^{(e)} = \boldsymbol{N}\boldsymbol{\sigma}_z \tag{2.14a, b, c}$$

$$\tau_{yz}^{(e)} = \boldsymbol{N}\boldsymbol{\tau}_{yz},\ \tau_{zx}^{(e)} = \boldsymbol{N}\boldsymbol{\tau}_{zx},\ \tau_{xy}^{(e)} = \boldsymbol{N}\boldsymbol{\tau}_{xy} \tag{2.14d, e, f}$$

其中

$$\boldsymbol{\sigma}_x^{\mathrm{T}} = [\sigma_{xi},\ \sigma_{xj},\ \sigma_{xm},\ \sigma_{xp}] \tag{2.15a}$$

$$\boldsymbol{\sigma}_y^{\mathrm{T}} = [\sigma_{yi},\ \sigma_{yj},\ \sigma_{ym},\ \sigma_{yp}] \tag{2.15b}$$

$$\boldsymbol{\sigma}_z^{\mathrm{T}} = [\sigma_{zi},\ \sigma_{zj},\ \sigma_{zm},\ \sigma_{zp}] \tag{2.15c}$$

$$\boldsymbol{\tau}_{yz}^{\mathrm{T}} = [\tau_{yzi},\ \tau_{yzj},\ \tau_{yzm},\ \tau_{yzp}] \tag{2.15d}$$

$$\boldsymbol{\tau}_{zx}^{\mathrm{T}} = [\tau_{zxi},\ \tau_{zxj},\ \tau_{zxm},\ \tau_{zxp}] \tag{2.15e}$$

$$\boldsymbol{\tau}_{xy}^{\mathrm{T}} = [\tau_{xyi},\ \tau_{xyj},\ \tau_{xym},\ \tau_{xyp}] \tag{2.15f}$$

现在让我们研究第一个运动方程(1.5a).在(1.5a)上乘δu,并在域内积分,得

$$\iiint_D \rho \ddot{u}\, \delta u\, \mathrm{d}x\mathrm{d}y\mathrm{d}z = \iiint_D \left(\frac{\partial \sigma_x}{\partial x} + \frac{\partial \tau_{xy}}{\partial y} + \frac{\partial \tau_{xz}}{\partial z}\right)\delta u\, \mathrm{d}x\mathrm{d}y\mathrm{d}z \tag{2.16}$$

把D分为若干个有限元,典型有限元的特征方程为

$$\iiint_{(e)} \rho \ddot{u}\, \delta u\, \mathrm{d}x\mathrm{d}y\mathrm{d}z = \iiint_{(e)} \left(\frac{\partial \sigma_x}{\partial x} + \frac{\partial \tau_{xy}}{\partial y} + \frac{\partial \tau_{xz}}{\partial z}\right)\delta u\, \mathrm{d}x\mathrm{d}y\mathrm{d}z \tag{2.17}$$

把(2.13),(2.1),(2.14)代入上式,得

$$\iiint_{(e)} \rho \boldsymbol{N}\ddot{\boldsymbol{u}}\, \boldsymbol{N}\delta \boldsymbol{u}\, \mathrm{d}x\mathrm{d}y\mathrm{d}z = \iiint_{(e)} \left(\frac{\partial \boldsymbol{N}}{\partial x}\boldsymbol{\sigma}_x + \frac{\partial \boldsymbol{N}}{\partial y}\boldsymbol{\tau}_{xy} + \frac{\partial \boldsymbol{N}}{\partial z}\boldsymbol{\tau}_{xz}\right)\boldsymbol{N}\delta \boldsymbol{u}\, \mathrm{d}x\mathrm{d}y\mathrm{d}z \tag{2.18}$$

由于δu_i, δu_j, δu_m, δu_p都是独立的变分,同时设在有限元内,ρ近似地为常数,在用了(2.5)和(2.12)后,(2.18)式可以分为下列四个特征方程

$$\left.\begin{aligned}
\alpha\rho V\ddot{u}_i &= \iiint_{(e)} \left(\frac{\partial \boldsymbol{N}}{\partial x}\boldsymbol{\sigma}_x + \frac{\partial \boldsymbol{N}}{\partial y}\boldsymbol{\tau}_{xy} + \frac{\partial \boldsymbol{N}}{\partial z}\boldsymbol{\tau}_{xz}\right)N_i\, \mathrm{d}x\mathrm{d}y\mathrm{d}z \\
\alpha\rho V\ddot{u}_j &= \iiint_{(e)} \left(\frac{\partial \boldsymbol{N}}{\partial x}\boldsymbol{\sigma}_x + \frac{\partial \boldsymbol{N}}{\partial y}\boldsymbol{\tau}_{xy} + \frac{\partial \boldsymbol{N}}{\partial z}\boldsymbol{\tau}_{xz}\right)N_j\, \mathrm{d}x\mathrm{d}y\mathrm{d}z \\
\alpha\rho V\ddot{u}_m &= \iiint_{(e)} \left(\frac{\partial \boldsymbol{N}}{\partial x}\boldsymbol{\sigma}_x + \frac{\partial \boldsymbol{N}}{\partial y}\boldsymbol{\tau}_{xy} + \frac{\partial \boldsymbol{N}}{\partial z}\boldsymbol{\tau}_{xz}\right)N_m\, \mathrm{d}x\mathrm{d}y\mathrm{d}z \\
\alpha\rho V\ddot{u}_p &= \iiint_{(e)} \left(\frac{\partial \boldsymbol{N}}{\partial x}\boldsymbol{\sigma}_x + \frac{\partial \boldsymbol{N}}{\partial y}\boldsymbol{\tau}_{xy} + \frac{\partial \boldsymbol{N}}{\partial z}\boldsymbol{\tau}_{xz}\right)N_p\, \mathrm{d}x\mathrm{d}y\mathrm{d}z
\end{aligned}\right\} \tag{2.19}$$

(2.19)也可以写成

$$\left.\begin{aligned}\alpha\rho V\ddot{u}_i &= \boldsymbol{B}_i\boldsymbol{\sigma}_x+\boldsymbol{C}_i\boldsymbol{\tau}_{xy}+\boldsymbol{D}_i\boldsymbol{\tau}_{xz}=f_{xi}\\ \alpha\rho V\ddot{u}_j &= \boldsymbol{B}_j\boldsymbol{\sigma}_x+\boldsymbol{C}_j\boldsymbol{\tau}_{xy}+\boldsymbol{D}_j\boldsymbol{\tau}_{xz}=f_{xj}\\ \alpha\rho V\ddot{u}_m &= \boldsymbol{B}_m\boldsymbol{\sigma}_x+\boldsymbol{C}_m\boldsymbol{\tau}_{xy}+\boldsymbol{D}_m\boldsymbol{\tau}_{xz}=f_{xm}\\ \alpha\rho V\ddot{u}_p &= \boldsymbol{B}_p\boldsymbol{\sigma}_x+\boldsymbol{C}_p\boldsymbol{\tau}_{xy}+\boldsymbol{D}_p\boldsymbol{\tau}_{xz}=f_{xp}\end{aligned}\right\}\tag{2.20}$$

其中 α 见(2.12),可以写成

$$\alpha=\frac{1}{140}(14-14\lambda+12\lambda^2)\tag{2.21}$$

$\boldsymbol{B}_i$, $\boldsymbol{C}_i$, $\boldsymbol{D}_i$, …为

$$\left.\begin{aligned}\boldsymbol{B}_i &= [B_{ii},B_{ji},B_{mi},B_{pi}]\\ \boldsymbol{C}_i &= [C_{ii},C_{ji},C_{mi},C_{pi}]\\ \boldsymbol{D}_i &= [D_{ii},D_{ji},D_{mi},D_{pi}]\\ &\vdots\end{aligned}\right\}\tag{2.22}$$

其中 B_{ij}, C_{ij}, D_{ij} 定义为

$$\left.\begin{aligned}B_{ij} &= \iiint_{(e)}\frac{\partial N_i}{\partial x}N_j\mathrm{d}x\mathrm{d}y\mathrm{d}z\\ C_{ij} &= \iiint_{(e)}\frac{\partial N_i}{\partial y}N_j\mathrm{d}x\mathrm{d}y\mathrm{d}z\\ D_{ij} &= \iiint_{(e)}\frac{\partial N_i}{\partial z}N_j\mathrm{d}x\mathrm{d}y\mathrm{d}z\end{aligned}\right\}\tag{2.23}$$

把(2.3)式代入(2.23),积分后得

$$B_{ii}=\frac{1}{120}(5-8\lambda-6\lambda^2)b_i-\frac{1}{180}(3+\lambda)\lambda(b_j+b_m+b_p)\tag{2.24a}$$

$$B_{ij}=-\frac{1}{60}\lambda(2-\lambda)b_i+\frac{1}{120}(5-14\lambda+2\lambda^2)b_j-\frac{1}{180}(3+\lambda)\lambda(b_m+b_p)\tag{2.24b}$$

$$C_{ii}=\frac{1}{120}(5-8\lambda-6\lambda^2)c_i-\frac{1}{180}(3+\lambda)\lambda(c_j+c_m+c_p)\tag{2.25a}$$

$$C_{ij}=-\frac{1}{60}\lambda(2-\lambda)c_i+\frac{1}{120}(5-14\lambda+2\lambda^2)c_j-\frac{1}{180}(3+\lambda)\lambda(c_m+c_p)\tag{2.25b}$$

$$D_{ii}=\frac{1}{120}(5-8\lambda-6\lambda^2)d_i-\frac{1}{180}(3+\lambda)\lambda(d_j+d_m+d_p)\tag{2.26a}$$

$$D_{ij}=-\frac{1}{60}\lambda(2-\lambda)d_i+\frac{1}{120}(5-14\lambda+2\lambda^2)d_j-\frac{1}{180}(3+\lambda)\lambda(d_m+d_p) \tag{2.26b}$$

其他系数可以轮换下标求得.

在 y, z 轴向,我们也有相类似的计算公式. 例如:

$$\left.\begin{aligned}
\alpha V\rho\ddot{v}_i &= f_{yi} = \boldsymbol{B}_i\boldsymbol{\tau}_{xy}+\boldsymbol{C}_i\boldsymbol{\sigma}_y+\boldsymbol{D}_i\boldsymbol{\tau}_{xz}\\
\alpha V\rho\ddot{v}_j &= f_{yj} = \boldsymbol{B}_j\boldsymbol{\tau}_{xy}+\boldsymbol{C}_j\boldsymbol{\sigma}_y+\boldsymbol{D}_j\boldsymbol{\tau}_{xz}\\
\alpha V\rho\ddot{w}_i &= f_{zi} = \boldsymbol{B}_i\boldsymbol{\tau}_{xz}+\boldsymbol{C}_i\boldsymbol{\tau}_{yz}+\boldsymbol{D}_i\boldsymbol{\sigma}_z\\
\alpha V\rho\ddot{w}_j &= f_{zj} = \boldsymbol{B}_j\boldsymbol{\tau}_{xz}+\boldsymbol{C}_j\boldsymbol{\tau}_{yz}+\boldsymbol{D}_j\boldsymbol{\sigma}_z\\
&\vdots
\end{aligned}\right\} \tag{2.27}$$

把有关的相邻有限元的贡献组合在一起,得时间为 t 时,结点 i 的加速度的三个分量:

$$\ddot{u}_i^t=\frac{\sum^i f_{xi}}{\sum^i \alpha\rho V},\qquad \ddot{v}_i^t=\frac{\sum^i f_{yi}}{\sum^i \alpha\rho V},\qquad \ddot{w}_i^t=\frac{\sum^i f_{zi}}{\sum^i \alpha\rho V} \tag{2.28}$$

其中 $\sum^i$ 为结点 i 相邻元素中求和的符号. 还有结点 j, m, p 上的相类的加速度分量的诸表达式.

在下一时间增量 Δt 后,新的速度为

$$\dot{u}_i^{t+\Delta t}=\dot{u}_i^t+\ddot{u}_i^t\Delta t \qquad (\text{还有}\,\dot{v}_i^{t+\Delta t},\ \dot{w}^{t+\Delta t}) \tag{2.29}$$

其中 $\dot{u}_i^t$, $\dot{v}_i^t$, $\dot{w}_i^t$ 为结点 i 在前一时间增量结束时的速度分量,Δt 为时间增量. 最后,时间 $t+\Delta t$ 时的新的位移分量为

$$u_i^{t+\Delta t}=u_i^t+\dot{u}_i^t\Delta t \qquad (\text{还有}\ v_i^{t+\Delta t},\ w_i^{t+\Delta t}) \tag{2.30}$$

结点 i 在 $t+\Delta t$ 时坐标为

$$x_i^{t+\Delta t}=x_i^0+u_i^{t+\Delta t} \qquad (\text{还有}\ y_i^{t+\Delta t},\ z_i^{t+\Delta t}) \tag{2.31}$$

其他结点在时间为 $t+\Delta t$ 时的位移分量,速度分量和坐标位置也可以用相同的方法求得.

在积分运动方程时所用的积分增量 Δt 可用下式求得[1,2]:

$$\Delta t=\frac{4}{3}\left\{\frac{h}{\sqrt{g^2}+\sqrt{g^2+c_s^2}}\right\} \tag{2.32}$$

其中

$$g^2 = c_s^2 Q/\rho \tag{2.33}$$

c_s 为材料的声速，Q 为人为粘度，它将留待下节解说. h 为四面体有限元的最小高度.

当结点上的应力分量已给以后，我们可以用上面的计算程序求下一时间增量 Δt 以后的各结点的位移分量.

我们可以看到上述方法求得的质量矩阵为对角线化的，它可以写成

$$\boldsymbol{M} = \begin{bmatrix} \alpha M & \cdot & \cdot & \cdot \\ \cdot & \alpha M & \cdot & \cdot \\ \cdot & \cdot & \alpha M & \cdot \\ \cdot & \cdot & \cdot & \alpha M \end{bmatrix} \qquad M = \rho V = \rho^0 V^0 \tag{2.34}$$

α 见(2.21).

三、结点上应力分量的计算

在上节业已证明，当每一结点的应力分量已给后，元素中各结点所受等效力的分量 f_{xi}，f_{yi}，f_{zi} 等都可以从(2.20)，(2.27)式计算. 为了计算所有结点上的应力分量，我们首先应计算弹性区域中的各应变分量，或塑性区域的应变速度分量.

设某一元素中的位移分量 $u^{(e)}$，$v^{(e)}$，$w^{(e)}$ 可以通过形函数 N_i^0，N_j^0，N_m^0，N_p^0 用这些分量的结点值来表示. 上述形函数是按原变形前的几何来描述的. 它们根据(2.3)，是

$$\left.\begin{aligned} N_i^0 &= L_i^0 + \lambda[3L_i^{0^2} - 4L_i^0 + 1 - (L_j^{0^2} + L_m^{0^2} + L_p^{0^2})] \\ N_j^0 &= L_j^0 + \lambda[3L_j^{0^2} - 4L_i^0 + 1 - (L_i^{0^2} + L_m^{0^2} + L_p^{0^2})] \\ N_m^0 &= L_m^0 + \lambda[3L_m^{0^2} - 4L_m^0 + 1 - (L_i^{0^2} + L_j^{0^2} + L_p^{0^2})] \\ N_p^0 &= L_p^0 + \lambda[3L_p^{0^2} - 4L_p^0 + 1 - (L_i^{0^2} + L_j^{0^2} + L_m^{0^2})] \end{aligned}\right\} \tag{3.1}$$

其中 L_i^0，L_j^0，L_m^0，L_p^0 见(1.2).

这个元素的位移分量为

$$u^{(e)} = \boldsymbol{N}^0 \boldsymbol{u} \qquad v^{(e)} = \boldsymbol{N}^0 \boldsymbol{v} \qquad w^{(e)} = \boldsymbol{N}^0 \boldsymbol{w} \tag{3.2}$$

其中 $\boldsymbol{u}$，$\boldsymbol{v}$，$\boldsymbol{w}$ 见(2.2b，c，d). 在这个元素中的应变分量，可以从下列非线性应变位移关系中求得[5].

$$\varepsilon_x = \frac{\partial u}{\partial x} + \frac{1}{2}\left[\left(\frac{\partial u}{\partial x}\right)^2 + \left(\frac{\partial v}{\partial x}\right)^2 + \left(\frac{\partial w}{\partial x}\right)^2\right] \tag{3.3a}$$

$$\varepsilon_y=\frac{\partial v}{\partial y}+\frac{1}{2}\left[\left(\frac{\partial u}{\partial y}\right)^2+\left(\frac{\partial v}{\partial y}\right)^2+\left(\frac{\partial w}{\partial y}\right)^2\right] \tag{3.3b}$$

$$\varepsilon_z=\frac{\partial w}{\partial z}+\frac{1}{2}\left[\left(\frac{\partial u}{\partial z}\right)^2+\left(\frac{\partial v}{\partial z}\right)^2+\left(\frac{\partial w}{\partial z}\right)^2\right] \tag{3.3c}$$

$$\gamma_{xy}=\frac{\partial u}{\partial y}+\frac{\partial v}{\partial x}+\frac{\partial u}{\partial x}\frac{\partial u}{\partial y}+\frac{\partial v}{\partial x}\frac{\partial v}{\partial y}+\frac{\partial w}{\partial x}\frac{\partial w}{\partial y} \tag{3.3d}$$

$$\gamma_{yz}=\frac{\partial v}{\partial z}+\frac{\partial w}{\partial y}+\frac{\partial u}{\partial y}\frac{\partial u}{\partial z}+\frac{\partial v}{\partial y}\frac{\partial v}{\partial z}+\frac{\partial w}{\partial y}\frac{\partial w}{\partial z} \tag{3.3e}$$

$$\gamma_{zx}=\frac{\partial w}{\partial x}+\frac{\partial u}{\partial z}+\frac{\partial u}{\partial z}\frac{\partial u}{\partial x}+\frac{\partial v}{\partial z}\frac{\partial v}{\partial x}+\frac{\partial w}{\partial z}\frac{\partial w}{\partial x} \tag{3.3f}$$

$$\varepsilon_v=\frac{V^{(e)}}{V_0}-1 \tag{3.4}$$

其中 $V^{(e)}$ 是从 x_i^t，y_i^t，z_i^t 等值用下式计算的.

$$V=V^{(e)}=\frac{1}{6}\begin{vmatrix}1 & x_i^t & y_i^t & z_i^t\\ 1 & x_j^t & y_j^t & z_j^t\\ 1 & x_m^t & y_m^t & z_m^t\\ 1 & x_p^t & y_p^t & z_p^t\end{vmatrix} \tag{3.5}$$

把(3.2)代入(3.3)，得

$$\varepsilon_x^t=\frac{\partial \boldsymbol{N}^0}{\partial x}\boldsymbol{u}+\frac{1}{2}\left\{\left(\frac{\partial \boldsymbol{N}^0}{\partial x}\boldsymbol{u}\right)^2+\left(\frac{\partial \boldsymbol{N}^0}{\partial x}\boldsymbol{v}\right)^2+\left(\frac{\partial \boldsymbol{N}^0}{\partial x}\boldsymbol{w}\right)^2\right\} \tag{3.6a}$$

$$\varepsilon_y^t=\frac{\partial \boldsymbol{N}^0}{\partial y}\boldsymbol{v}+\frac{1}{2}\left\{\left(\frac{\partial \boldsymbol{N}^0}{\partial y}\boldsymbol{u}\right)^2+\left(\frac{\partial \boldsymbol{N}^0}{\partial y}\boldsymbol{v}\right)^2+\left(\frac{\partial \boldsymbol{N}^0}{\partial y}\boldsymbol{w}\right)^2\right\} \tag{3.6b}$$

$$\varepsilon_z^t=\frac{\partial \boldsymbol{N}^0}{\partial z}\boldsymbol{w}+\frac{1}{2}\left\{\left(\frac{\partial \boldsymbol{N}^0}{\partial z}\boldsymbol{u}\right)^2+\left(\frac{\partial \boldsymbol{N}^0}{\partial z}\boldsymbol{v}\right)^2+\left(\frac{\partial \boldsymbol{N}^0}{\partial z}\boldsymbol{w}\right)^2\right\} \tag{3.6c}$$

$$\begin{aligned}\gamma_{xy}^t=&\frac{\partial \boldsymbol{N}^0}{\partial y}\boldsymbol{u}+\frac{\partial \boldsymbol{N}^0}{\partial x}\boldsymbol{v}+\left(\frac{\partial \boldsymbol{N}^0}{\partial x}\boldsymbol{u}\right)\left(\frac{\partial \boldsymbol{N}^0}{\partial y}\boldsymbol{u}\right)+\left(\frac{\partial \boldsymbol{N}^0}{\partial x}\boldsymbol{v}\right)\left(\frac{\partial \boldsymbol{N}^0}{\partial y}\boldsymbol{v}\right)\\&+\left(\frac{\partial \boldsymbol{N}^0}{\partial x}\boldsymbol{w}\right)\left(\frac{\partial \boldsymbol{N}^0}{\partial y}\boldsymbol{w}\right)\end{aligned} \tag{3.6d}$$

$$\begin{aligned}\gamma_{yz}^t=&\frac{\partial \boldsymbol{N}^0}{\partial z}\boldsymbol{v}+\frac{\partial \boldsymbol{N}^0}{\partial y}\boldsymbol{w}+\left(\frac{\partial \boldsymbol{N}^0}{\partial z}\boldsymbol{u}\right)\left(\frac{\partial \boldsymbol{N}^0}{\partial y}\boldsymbol{u}\right)+\left(\frac{\partial \boldsymbol{N}^0}{\partial z}\boldsymbol{v}\right)\left(\frac{\partial \boldsymbol{N}^0}{\partial y}\boldsymbol{v}\right)\\&+\left(\frac{\partial \boldsymbol{N}^0}{\partial z}\boldsymbol{w}\right)\left(\frac{\partial \boldsymbol{N}^0}{\partial y}\boldsymbol{w}\right)\end{aligned} \tag{3.6e}$$

$$\gamma_{zx}^{t}=\frac{\partial \boldsymbol{N}^{0}}{\partial x}\boldsymbol{w}+\frac{\partial \boldsymbol{N}^{0}}{\partial z}\boldsymbol{u}+\left(\frac{\partial \boldsymbol{N}^{0}}{\partial z}\boldsymbol{u}\right)\left(\frac{\partial \boldsymbol{N}^{0}}{\partial x}\boldsymbol{u}\right)+\left(\frac{\partial \boldsymbol{N}^{0}}{\partial z}\boldsymbol{v}\right)\left(\frac{\partial \boldsymbol{N}^{0}}{\partial x}\boldsymbol{v}\right)+\left(\frac{\partial \boldsymbol{N}^{0}}{\partial z}\boldsymbol{w}\right)\left(\frac{\partial \boldsymbol{N}^{0}}{\partial x}\boldsymbol{w}\right) \tag{3.6f}$$

在结点 i 上,我们有 $(L_i^0,\ L_j^0,\ L_m^0,\ L_p^0)=(1,0,0,0)$,而

$$\varepsilon_{xi}^{t}=\boldsymbol{H}_{xi}^{0}\boldsymbol{u}+\frac{1}{2}\{(\boldsymbol{H}_{xi}^{0}\boldsymbol{u})^{2}+(\boldsymbol{H}_{xi}^{0}\boldsymbol{v})^{2}+(\boldsymbol{H}_{xi}^{0}\boldsymbol{w})^{2}\} \tag{3.7a}$$

$$\varepsilon_{yi}^{t}=\boldsymbol{H}_{yi}^{0}\boldsymbol{v}+\frac{1}{2}\{(\boldsymbol{H}_{yi}^{0}\boldsymbol{u})^{2}+(\boldsymbol{H}_{yi}^{0}\boldsymbol{v})^{2}+(\boldsymbol{H}_{yi}^{0}\boldsymbol{w})^{2}\} \tag{3.7b}$$

$$\varepsilon_{zi}^{t}=\boldsymbol{H}_{zi}^{0}\boldsymbol{w}+\frac{1}{2}\{(\boldsymbol{H}_{zi}^{0}\boldsymbol{u})^{2}+(\boldsymbol{H}_{zi}^{0}\boldsymbol{v})^{2}+(\boldsymbol{H}_{zi}^{0}\boldsymbol{w})^{2}\} \tag{3.7c}$$

$$\gamma_{xyi}^{t}=\boldsymbol{H}_{yi}^{0}\boldsymbol{u}+\boldsymbol{H}_{xi}^{0}\boldsymbol{v}+(\boldsymbol{H}_{xi}^{0}\boldsymbol{u})(\boldsymbol{H}_{yi}^{0}\boldsymbol{u})+(\boldsymbol{H}_{xi}^{0}\boldsymbol{v})(\boldsymbol{H}_{yi}^{0}\boldsymbol{v})+(\boldsymbol{H}_{xi}^{0}\boldsymbol{w})(\boldsymbol{H}_{yi}^{0}\boldsymbol{w}) \tag{3.7d}$$

$$\gamma_{yzi}^{t}=\boldsymbol{H}_{zi}^{0}\boldsymbol{v}+\boldsymbol{H}_{yi}^{0}\boldsymbol{w}+(\boldsymbol{H}_{zi}^{0}\boldsymbol{u})(\boldsymbol{H}_{yi}^{0}\boldsymbol{u})+(\boldsymbol{H}_{zi}^{0}\boldsymbol{v})(\boldsymbol{H}_{yi}^{0}\boldsymbol{v})+(\boldsymbol{H}_{zi}^{0}\boldsymbol{w})(\boldsymbol{H}_{yi}^{0}\boldsymbol{w}) \tag{3.7e}$$

$$\gamma_{zxi}^{t}=\boldsymbol{H}_{xi}^{0}\boldsymbol{w}+\boldsymbol{H}_{zi}^{0}\boldsymbol{u}+(\boldsymbol{H}_{xi}^{0}\boldsymbol{u})(\boldsymbol{H}_{zi}^{0}\boldsymbol{u})+(\boldsymbol{H}_{xi}^{0}\boldsymbol{v})(\boldsymbol{H}_{zi}^{0}\boldsymbol{v})+(\boldsymbol{H}_{xi}^{0}\boldsymbol{w})(\boldsymbol{H}_{zi}^{0}\boldsymbol{w}) \tag{3.7f}$$

其中 $\boldsymbol{H}_{xi}^{0}$, $\boldsymbol{H}_{yi}^{0}$, $\boldsymbol{H}_{zi}^{0}$ 为

$$\boldsymbol{H}_{xi}^{0}=\frac{1}{6V^{0}}[(1+2\lambda)b_i^0,\ -2\lambda b_i^0+(1-4\lambda)b_j^0,\ -2\lambda b_i^0+(1-4\lambda)b_m^0,\ -2\lambda b_i^0+(1-4\lambda)b_p^0] \tag{3.8a}$$

$$\boldsymbol{H}_{yi}^{0}=\frac{1}{6V^{0}}[(1+2\lambda)c_i^0,\ -2\lambda c_i^0+(1-4\lambda)c_j^0,\ -2\lambda c_i^0+(1-4\lambda)c_m^0,\ -2\lambda c_i^0+(1-4\lambda)c_p^0] \tag{3.8b}$$

$$\boldsymbol{H}_{zi}^{0}=\frac{1}{6V^{0}}[(1+2\lambda)d_i^0,\ -2\lambda d_i^0+(1-4\lambda)d_j^0,\ -2\lambda d_i^0+(1-4\lambda)d_m^0,\ -2\lambda d_i^0+(1-4\lambda)d_p^0] \tag{3.8c}$$

在结点 j, m, p 上还有各有关应变分量的同类的表达式.

应变速度 $\dot{\varepsilon}_x^t$, $\dot{\varepsilon}_y^t$, $\dot{\varepsilon}_z^t$, $\dot{\gamma}_{xy}^t$, $\dot{\gamma}_{yz}^t$, $\dot{\gamma}_{zx}^t$ 可以从下式计算,

$$\left.\begin{aligned}&\dot{\varepsilon}_x^t=\frac{\partial\dot{u}^t}{\partial x},\ \dot{\varepsilon}_y^t=\frac{\partial\dot{v}^t}{\partial y},\ \dot{\varepsilon}_z^t=\frac{\partial\dot{w}^t}{\partial z}\\&\dot{\gamma}_{yz}^t=\frac{\partial\dot{v}^t}{\partial z}+\frac{\partial\dot{w}^t}{\partial y},\ \dot{\gamma}_{zx}^t=\frac{\partial\dot{w}^t}{\partial x}+\frac{\partial\dot{u}^t}{\partial z},\ \dot{\gamma}_{xy}^t=\frac{\partial\dot{u}^t}{\partial y}+\frac{\partial\dot{v}^t}{\partial x}\end{aligned}\right\}\tag{3.9}$$

我们用变形后的几何描写形函数，即

$$\dot{u}^t=\boldsymbol{N}\dot{\boldsymbol{u}}^t,\ \dot{v}^t=\boldsymbol{N}\dot{\boldsymbol{v}}^t,\ \dot{w}^t=\boldsymbol{N}\dot{\boldsymbol{w}}^t\tag{3.10}$$

所以，我们有

$$\left.\begin{aligned}&\dot{\varepsilon}_x^t=\frac{\partial\boldsymbol{N}}{\partial x}\dot{\boldsymbol{u}}^t,\ \dot{\varepsilon}_y^t=\frac{\partial\boldsymbol{N}}{\partial y}\dot{\boldsymbol{v}}^t,\ \dot{\varepsilon}_z^t=\frac{\partial\boldsymbol{N}}{\partial z}\dot{\boldsymbol{w}}^t\\&\dot{\gamma}_{xy}^t=\frac{\partial\boldsymbol{N}}{\partial x}\dot{\boldsymbol{v}}^t+\frac{\partial\boldsymbol{N}}{\partial y}\dot{\boldsymbol{u}}^t,\ \dot{\gamma}_{yz}^t=\frac{\partial\boldsymbol{N}}{\partial y}\dot{\boldsymbol{w}}^t+\frac{\partial\boldsymbol{N}}{\partial z}\dot{\boldsymbol{v}}^t,\ \dot{\gamma}_{zx}^t=\frac{\partial\boldsymbol{N}}{\partial z}\dot{\boldsymbol{u}}^t+\frac{\partial\boldsymbol{N}}{\partial x}\dot{\boldsymbol{w}}^t\end{aligned}\right\}\tag{3.11}$$

在结点 i 上，$(L_i, L_j, L_m, L_p)=(1, 0, 0, 0)$. 所以有

$$\left.\begin{aligned}&\dot{\varepsilon}_{xi}^t=\boldsymbol{H}_{xi}\dot{\boldsymbol{u}}^t,\ \dot{\varepsilon}_{yi}^t=\boldsymbol{H}_{yi}\dot{\boldsymbol{v}}^t,\ \dot{\varepsilon}_{zi}^t=\boldsymbol{H}_{zi}\dot{\boldsymbol{w}}^t\\&\dot{\gamma}_{xyi}^t=\boldsymbol{H}_{xi}\dot{\boldsymbol{v}}^t+\boldsymbol{H}_{yi}\dot{\boldsymbol{u}}^t,\ \dot{\gamma}_{yzi}^t=\boldsymbol{H}_{yi}\dot{\boldsymbol{w}}^t+\boldsymbol{H}_{zi}\dot{\boldsymbol{v}}^t,\ \dot{\gamma}_{zxi}^t=\boldsymbol{H}_{zi}\dot{\boldsymbol{u}}^t+\boldsymbol{H}_{xi}\dot{\boldsymbol{w}}^t\end{aligned}\right\}\tag{3.12}$$

其中 $\boldsymbol{H}_{xi}$，$\boldsymbol{H}_{yi}$，$\boldsymbol{H}_{zi}$ 见(3.8a，b，c)式，但通过变形后的几何计算. 在结点 j，m，p 上还有相类的应变速度分量的表达式.

弹性应力是通过胡克定律[5]从应变分量直接计算的.

$$\left.\begin{aligned}&\sigma_x^t=\bar{\lambda}\varepsilon_v^t+2G\varepsilon_x^t-Q^t, &&\tau_{yz}^t=G\gamma_{yz}^t\\&\sigma_y^t=\bar{\lambda}\varepsilon_v^t+2G\varepsilon_y^t-Q^t, &&\tau_{zx}^t=G\gamma_{zx}^t\\&\sigma_z^t=\bar{\lambda}\varepsilon_v^t+2G\varepsilon_z^t-Q^t, &&\tau_{xy}^t=G\gamma_{xy}^t\end{aligned}\right\}\tag{3.13}$$

其中，$\bar{\lambda}$，G 为拉梅弹性常数，Q^t 为人为粘度[6]，

$$Q^t=\begin{cases}C_L\rho c_s h\,|\,\dot{\varepsilon}_v^t\,|+C_0^2\rho h^2\,|\,\dot{\varepsilon}_v^t\,|^2 & \text{在}\dot{\varepsilon}_v^t<0\text{中}\\0 & \text{在}\dot{\varepsilon}_v^t\geqslant 0\text{中}\end{cases}\tag{3.14}$$

这里，c_s 为材料的声速，h 为四面体元素的最小高度. C_L 和 C_0 为无量纲系数

$$C_L=0.5\qquad C_0^2=4.0\tag{3.15}$$

从结点 i 到其他三结点构成的平面的垂直高度为

$$h_i=\frac{6V^{(e)}}{\sqrt{b_i^2+c_i^2+d_i^2}}\tag{3.16}$$

结点 i 上的弹性应力分量是根据(3.13)式用该点的有关应变分量表示的.它们是

$$\left.\begin{aligned} \sigma_{xi}^t &= \bar{\lambda}\varepsilon_v^t + 2G\varepsilon_{xi}^t - Q^t & \tau_{yzi}^t &= G\gamma_{yzi}^t \\ \sigma_{yi}^t &= \bar{\lambda}\varepsilon_v^t + 2G\varepsilon_{yi}^t - Q^t & \tau_{zxi}^t &= G\gamma_{zxi}^t \\ \sigma_{zi}^t &= \bar{\lambda}\varepsilon_v^t + 2G\varepsilon_{zi}^t - Q^t & \tau_{xyi}^t &= G\gamma_{xyi}^t \end{aligned}\right\} \tag{3.17}$$

其中 ε_v^t 见(3.4),Q^t 见(3.14),在每一元素中,它们都是常数.我们必须指出,按(3.17)计算所得的在结点上的应力分量,在各有关的相邻有限元中并不保证是等值的,也即是说,在诸有限元间,结点位移是连续的,但应力分布不连续.

在结点 i 处的弹性应力分量组成一个等效应力,它是

$$\bar{\sigma}_i^t = \sqrt{\frac{1}{2}\{(\sigma_{xi}^t - \sigma_{yi}^t)^2 + (\sigma_{yi}^t - \sigma_{zi}^t)^2 + (\sigma_{zi}^t - \sigma_{xi}^t)^2 + 6(\tau_{xyi}^{t2} + \tau_{yzi}^{t2} + \tau_{zxi}^{t2})\}} \tag{3.18}$$

当 $\bar{\sigma}_i^t$ 小于材料的拉伸屈服强度时,应力就属于弹性范围的.

当 $\bar{\sigma}_i^t$ 超过材料的拉伸屈服强度时,材料就产生塑性流动.在发生塑性流动后,正应力分量就由塑性应力偏量、静水压强和人为粘度三项组成,亦即

$$\left.\begin{aligned} \sigma_{xi}^t &= S_{xi}^t - (P_i^t + Q^t) \\ \sigma_{yi}^t &= S_{yi}^t - (P_i^t + Q^t) \\ \sigma_{zi}^t &= S_{zi}^t - (P_i^t + Q^t) \end{aligned}\right\} \tag{3.19}$$

塑性应力偏量代表材料剪力强度特性,采用冯·米西斯塑性增量理论后,应力偏量(S_{xi}^t, S_{yi}^t, S_{zi}^t)和剪应力(τ_{yzi}^t, τ_{zxi}^t, τ_{xyi}^t)为

$$\left.\begin{aligned} S_{xi}^t &= \frac{2}{3}\left(\frac{\dot{e}_{xi}^t}{\dot{\bar{\varepsilon}}_i^t}\right)\bar{S} & \tau_{xyi}^t &= \frac{1}{3}\left(\frac{\dot{\gamma}_{xyi}^t}{\dot{\bar{\varepsilon}}_i^t}\right)\bar{S} \\ S_{yi}^t &= \frac{2}{3}\left(\frac{\dot{e}_{yi}^t}{\dot{\bar{\varepsilon}}_i^t}\right)\bar{S} & \tau_{yzi}^t &= \frac{1}{3}\left(\frac{\dot{\gamma}_{yzi}^t}{\dot{\bar{\varepsilon}}_i^t}\right)\bar{S} \\ S_{zi}^t &= \frac{2}{3}\left(\frac{\dot{e}_{zi}^t}{\dot{\bar{\varepsilon}}_i^t}\right)\bar{S} & \tau_{zxi}^t &= \frac{1}{3}\left(\frac{\dot{\gamma}_{zxi}^t}{\dot{\bar{\varepsilon}}_i^t}\right)\bar{S} \end{aligned}\right\} \tag{3.20}$$

其中 $\bar{S}$ 为材料的等效拉伸强度,而 $\dot{\bar{\varepsilon}}_i^t$ 为等效应变速度

$$\dot{\bar{\varepsilon}}_i^t = \sqrt{\frac{2}{9}\left\{(\dot{\varepsilon}_{xi}^t - \dot{\varepsilon}_{yi}^t)^2 + (\dot{\varepsilon}_{yi}^t - \dot{\varepsilon}_{zi}^t)^2 + (\dot{\varepsilon}_{zi}^t - \dot{\varepsilon}_{xi}^t)^2 + \frac{3}{2}(\dot{\gamma}_{xyi}^{t2} + \dot{\gamma}_{yzi}^{t2} + \dot{\gamma}_{zxi}^{t2})\right\}} \tag{3.21}$$

$\dot{e}_x^t$, $\dot{e}_y^t$, $\dot{e}_z^t$ 为应变偏量速度. 如果把(3.19),(3.20)中的应力分量代入(3.18),即得结果

$$\bar{\sigma}_i^t = \bar{S} \tag{3.22}$$

等效拉伸强度可以用静力拉伸强度来表示,在这时,$\bar{S}$只是$\bar{\varepsilon}_i^t$ 的函数. $\bar{\varepsilon}_i^t$ 为

$$\bar{\varepsilon}_i^t = \sqrt{\frac{2}{9}\left\{(\varepsilon_{xi}^t - \varepsilon_{yi}^t)^2 + (\varepsilon_{yi}^t - \varepsilon_{zi}^t)^2 + (\varepsilon_{zi}^t - \varepsilon_{xi}^t)^2 + \frac{3}{2}(\gamma_{xyi}^{t^2} + \gamma_{yzi}^{t^2} + \gamma_{zxi}^{t^2})\right\}} \tag{3.23}$$

在大多数的撞击问题中,应变总有少量的恢复,而$\bar{\varepsilon}_i^t$ 总是增加的,这样,使(3.23)式成为一个适用的近似式.

静水压强既和体积变化有关,也和有限元内的内能有关[7]. 本文用 Mie-Grüneisen 物态方程

$$P_i^t = (K_1\mu + K_2\mu^2 + K_3\mu^3)\left(1 - \frac{\Gamma\mu}{2}\right) + \Gamma\rho E_i^t \tag{3.24}$$

这里的符号为

$$\left.\begin{aligned} &K_1,\ K_2,\ K_3 = \text{和材料有关的常数} \\ &\Gamma = \text{Grüneisen 常数} \\ &\mu = \frac{\rho}{\rho^0} - 1 = \frac{V^0}{V^{(e)}} - 1 \end{aligned}\right\} \tag{3.25}$$

而 E_i^t为比内能. 它是各应力分量在结点 i 处对有限元每单位质量做的功. 它是从下式的积分求得的

$$\begin{aligned} \frac{\mathrm{d}}{\mathrm{d}t}(\rho E_i^t) = V^{(e)}\{&S_{xi}^t\dot{\varepsilon}_{xi}^t + S_{yi}^t\dot{\varepsilon}_{yi}^t + S_{zi}^t\dot{\varepsilon}_{zi}^t + 2\tau_{xyi}^t\dot{\gamma}_{xyt}^t \\ &+ 2\tau_{yzi}^t\dot{\gamma}_{yzi}^t + 2\tau_{zxi}^t\dot{\gamma}_{zxi}^t\} - (Q^t + P_i^t)\dot{V}^{(e)} \end{aligned} \tag{3.26}$$

以上给出了计算撞击的三维问题的全部公式. 根据本文所编出的计算程序和计算例题将另文发表.

参考文献

[1] Johnson G R. Analysis of elastic-plastic impact involving severe distorsions. Journal of Applied Mechanics, Trans ASME, 98, Series E, Sept. 1976, 43(3): 439-444.

[2] Johnson G R. High velocity impact calculations in three dimensions. Journal of Applied Mechanics, Trans ASME, 99, Series E, March, 1977, 44(1): 95-100.

[3] Bathe K J, Nilson E L. NONSAP-A general finite element program for nonlinear dynamic

analysis of complex structure. Paper M3/1, Proc 2nd Int Conf Struct Mech Reactor Technology, Berlin, 1973.

[4] Zienkiewicz O C. The Finite Elenent Method. 3rd ed. London: McGraw-Hill, 533 - 540.

[5] Boresi A P. Elasticity in Engineering Mechanics. Prentice-Hall Inc., Englewood Cliffs, N. J., 1965.

[6] Von Neumann J, Richtmyer R D. A method for the numerical calculation of hydrodynamic shocks. Journal of Applied Physics, 1950, 21: 232 - 237.

[7] Walsh J M, et al. Shock wave compressions of twenty-seven metals. Equations of state of metals, Physical Review, 1957, 108(2): 196 - 216.

Dynamic Finite Element with Diagonalized Consistent Mass Matrix and Elastic-Plastic Impact Calculation

Abstract There are some common difficulties encountered in elastic-plastic impact codes such as EPIC[1, 2], NONSAP[3], etc. Most of these codes use the simple linear functions usually taken from static problems to represent the displacement components. In such finite element formulation, the strain and stress components are constants in every element. In the equations of motion, the stress components in general appear in the form of their space derivatives. Thus, if we use such form functions to represent the displacement components, the effect of internal stresses to the equations of motion vanishes identically. The usual practice to overcome such difficulties is to establish a self-equilibrium system of internal forces acting on various nodal points by means of transforming equations of motion into variational form of energy relation through the application of virtual displacement principle. The nodal acceleration is then calculated from the total forces acting on this node from all the neighbouring elements. The transformation of virtual displacement principle into the variational energy form is performed on the bases of continuity conditions of stress and displacement throughout the integrated space. That is to say, on the interface boundary of finite element, the assumed displacement and stress functions should be conformed. However, it is easily seen that, for linear form function of finite element calculation, the displacement continues everywhere, but not the stress components. Thus, the convergence of such kind of finite element computation is open to question. This kind of treatment has never been justified even in approximation sense.

Furthermore, the calculation of acceleration of nodal points needs a rule to calculate the mass matrix. There are two ways to establish mass matrix, namely, lumped mass method and consistent mass method[4]. The consistent mass matrix can be obtained naturally through finite element formulation, which is consistent to the assumed form functions. However, the resulting consistent mass matrix is not in diagonalized form, which is inconvenient for numerical computation. For most codes, the lumped mass matrix is used, and in this case, the element mass is distributed in certain assumed proportions to all the nodal points of this element. The lumped mass matrix is diagonalized with the diagonal terms composed of the nodal masses. However, the lumped mass assumption has never been justified. All these difficulties are originated from the simple linear form functions usually used in static problems.

In this paper, we introduced a new quadratic form function for elastic-plastic impact problems. This quadratic form function possesses diagonalized consistent mass matrix, and non-vanishing effect of internal stress to the equations of motion. Thus with this kind of dynamic finite element, all above-said difficulties can be eliminated.

轴对称问题的对角线化一致质量矩阵和弹塑性撞击的动力有限元分析

摘　要　本文找到了轴对称问题的三角圆环有限元的对角线化一致质量矩阵，从而克服了集总质量法的粗略随意性所引起的不安，以及一致质量法的非对角线项对计算工作带来的麻烦．本文也对弹塑性轴对称撞击问题提供了动力有限元分析计算的基础．

一、引　论

动力有限元问题中，有一个质量矩阵问题．通常采用集总质量法和一致质量法求得质量矩阵[1]．集总质量法源出于早期的振动和颤振计算[2]．一致质量法和正规的有限元计算有关，它和所用形状函数相一致．不过，一致质量矩阵一般不是对角线化的．这样，就给数值计算带来不便．在大多数的计算程序如 EPIC[3,4] 等中，人们仍采用对角线化的集总质量矩阵；也即是说，人们把这一有限元的质量按一定比例集总分配给该有限元的各个结点，集总质量矩阵的对角线项就是各结点所分配到的质量．当然，这种集总质量的假定，还缺乏信服的证明，人们经常把计算结果的误差和缺陷归罪于使用了集总质量法．

本文作者曾在前文[5]中证明，对四面体有限元而言，不用集总质量法，用一种二次式形状函数，也可以找到具有对角线化的一致质量矩阵，并用这种质量矩阵研究了在一般空间内的弹塑性撞击有限元计算．

本文进一步研究了轴对称问题的三角圆环有限元，证明用一种三次式形状函数，也同样可以找到具有对角线化的一致质量矩阵，并用这种质量矩阵研究轴对称问题的弹塑性撞击有限元计算．

当然，四面体有限元的质量矩阵对角线化问题比三角圆环有限元同类问题，要简单一些，对四面体有限元问题而言，质量矩阵的对角线化条件

原载《应用数学和力学》，1982，3(4)：429－448．

$$\left.\begin{array}{l}\iiint\limits_{(e)} N_i N_j \,\mathrm{d}V = 0,\ \iiint\limits_{(e)} N_i N_m \,\mathrm{d}V = 0,\ \iiint\limits_{(e)} N_i N_p \,\mathrm{d}V = 0,\\ \iiint\limits_{(e)} N_j N_m \,\mathrm{d}V = 0,\ \iiint\limits_{(e)} N_j N_p \,\mathrm{d}V = 0,\ \iiint\limits_{(e)} N_p N_m \,\mathrm{d}V = 0\end{array}\right\} \tag{1.1}$$

中，只有一个是独立的. 所以，在假设的二次式形状函数中，只要有一个可调节的待定参数，这个参数就是由这一个独立的对角线化条件决定的.（1.1）式中的 N_i，N_j，N_m，N_p 为四面体有限元中有关四个结点 i，j，m，p 的二次式形状函数.

对三角圆环有限元而言，由于轴对称坐标 r 和 z 不能互换，质量矩阵的对角线化条件

$$\iint\limits_{(e)} N_i N_j \, r\,\mathrm{d}r\,\mathrm{d}z = 0,\ \iint\limits_{(e)} N_i N_k \, r\,\mathrm{d}r\,\mathrm{d}z = 0,\ \iint\limits_{(e)} N_k N_j \, r\,\mathrm{d}r\,\mathrm{d}z = 0 \tag{1.2}$$

中，应有两个独立条件. 所以，在假设的高次式形状函数中，应有两个独立的待定参数. 它们就是由这两个独立条件决定的.（1.2）中 N_i，N_j，N_k 是三角圆环有限元中有关三个结点 i，j，k 的高次形状函数.

在四面体问题中，为了求得待定参数的解，我们只要求解一个一元二次式. 在三角圆环问题中，为了求得两个待定参数的解，我们要求解两个二元二次方程式.

二、三角圆环有限元的形状函数和对角线化条件的解

设在典型的三角圆环有限元和某一$(r,\ z)$坐标面上交截一个三角形 ijk（图1）. i，j，k 为结点，其坐标分别为$(r_i,\ z_i)$，$(r_j,\ z_j)$，$(r_k,\ z_k)$. 我们引用面积坐标 L_i，L_j，L_k，即

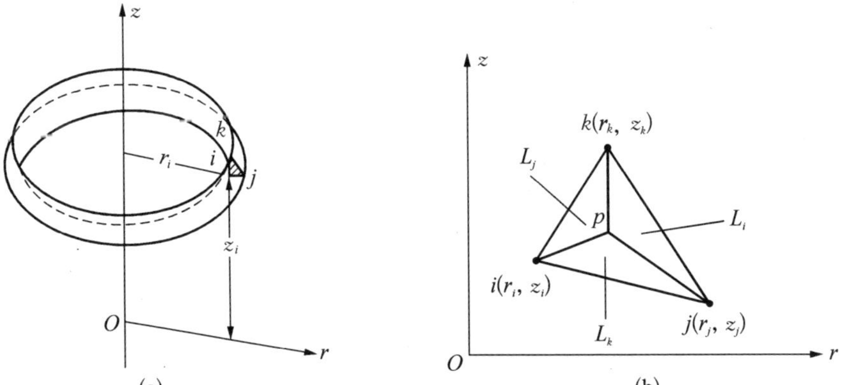

图 1　三角圆环有限元(a)及其截面三角形(b)

$$
\left.\begin{aligned}
L_i &= \frac{1}{2A}\{a_i + b_i r + c_i z\} \\
L_j &= \frac{1}{2A}\{a_j + b_j r + c_j z\} \\
L_k &= \frac{1}{2A}\{a_k + b_k r + c_k z\}
\end{aligned}\right\} \tag{2.1}
$$

其中 a_i, b_i, c_i 等分别表示

$$
\left.\begin{aligned}
a_i &= r_j z_k - r_k z_j \\
b_i &= z_j - z_k \\
c_i &= -r_j + r_k
\end{aligned}\right\} \tag{2.2}
$$

将脚码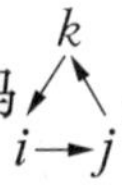

,就得出 a_j, b_j, c_j, a_k, b_k, c_k. (2.1)式中的 A 表示三角形总面积,它是

$$
2A = \begin{vmatrix} 1 & r_i & z_i \\ 1 & r_j & z_j \\ 1 & r_k & z_k \end{vmatrix} = b_i c_j - b_j c_i = b_j c_k - b_k c_j = b_k c_i - b_i c_k \tag{2.3}
$$

L_i, L_j, L_k 为三角形任一点的面积坐标. 或

$$
\left.\begin{aligned}
r &= r_i L_i + r_j L_j + r_k L_k \\
z &= z_i L_i + z_j L_j + z_k L_k
\end{aligned}\right\} \tag{2.4}
$$

面积坐标还有下列性质:

$$L_i = 1, \text{在结点 } i;\ L_i = 0, \text{在 } jk \text{ 边上} \tag{2.5a}$$

$$L_j = 1, \text{在结点 } j;\ L_j = 0, \text{在 } ik \text{ 边上} \tag{2.5b}$$

$$L_k = 1, \text{在结点 } k;\ L_k = 0, \text{在 } ij \text{ 边上} \tag{2.5c}$$

还有在整个三角形内,

$$L_i + L_j + L_k = 1 \tag{2.6}$$

设位移分量 u, w 在结点 i, j, k 上的值分别为 (u_i, w_i), (u_j, w_j), (u_k, w_k), 并设 N_i, N_j, N_k 为有关的形状函数,而且

$$
\left.\begin{aligned}
u &= N_i u_i + N_j u_j + N_k u_k \\
w &= N_i w_i + N_j w_j + N_k w_k
\end{aligned}\right\} \tag{2.7}
$$

则 N_i, N_j, N_k 必满足下述条件

$$N_i = 1, \text{在结点 } i \text{ 上}; N_i = 0, \text{在结点 } j, k \text{ 上} \tag{2.8a}$$

$$N_j = 1, \text{在结点 } j \text{ 上}; N_j = 0, \text{在结点 } k, i \text{ 上} \tag{2.8b}$$

$$N_k = 1, \text{在结点 } k \text{ 上}; N_k = 0, \text{在结点 } i, j \text{ 上} \tag{2.8c}$$

$$N_i + N_j + N_k = 1 \text{ 在三角形内各点上} \tag{2.8d}$$

除此以外,N_i, N_j, N_k 还应满足质量矩阵的对角线化条件,即

$$\iint_{(e)} N_i N_j r\,\mathrm{d}r\mathrm{d}z = 0, \iint_{(e)} N_j N_k r\,\mathrm{d}r\mathrm{d}z = 0, \iint_{(e)} N_k N_i r\,\mathrm{d}r\mathrm{d}z = 0 \tag{2.9a, b, c}$$

其中,由于 r, z 是不能交换的,因此,只有两个条件是独立的. 设我们可以把 N_i, N_j, N_k 写成 L_i, L_j, L_k 的函数,把(2.4)式中的 r 代入(2.9a, b, c),即得

$$r_i \iint_{(e)} N_i N_j L_i\,\mathrm{d}r\mathrm{d}z + r_j \iint_{(e)} N_i N_j L_j\,\mathrm{d}r\mathrm{d}z + r_k \iint_{(e)} N_i N_j L_k\,\mathrm{d}r\mathrm{d}z = 0 \tag{2.10a}$$

$$r_i \iint_{(e)} N_j N_k L_i\,\mathrm{d}r\mathrm{d}z + r_j \iint_{(e)} N_j N_k L_j\,\mathrm{d}r\mathrm{d}z + r_k \iint_{(e)} N_j N_k L_k\,\mathrm{d}r\mathrm{d}z = 0 \tag{2.10b}$$

$$r_i \iint_{(e)} N_k N_i L_i\,\mathrm{d}r\mathrm{d}z + r_j \iint_{(e)} N_k N_i L_j\,\mathrm{d}r\mathrm{d}z + r_k \iint_{(e)} N_k N_i L_k\,\mathrm{d}r\mathrm{d}z = 0 \tag{2.10c}$$

只要满足下述条件,(2.10a, b, c)在 r_i, r_j, r_k 为任何值时(不同时为零)都满足.

$$\begin{aligned}&\iint_{(e)} N_i N_j L_i\,\mathrm{d}r\mathrm{d}z = \iint_{(e)} N_i N_j L_j\,\mathrm{d}r\mathrm{d}z = \iint_{(e)} N_j N_k L_j\,\mathrm{d}r\mathrm{d}z \\ &= \iint N_j N_k L_k\,\mathrm{d}r\mathrm{d}z = \iint N_k N_i L_i\,\mathrm{d}r\mathrm{d}z = \iint N_k N_i L_k\,\mathrm{d}r\mathrm{d}z = 0\end{aligned} \tag{2.11a}$$

$$\iint_{(e)} N_i N_j L_k\,\mathrm{d}r\mathrm{d}z = \iint_{(e)} N_j N_k L_i\,\mathrm{d}r\mathrm{d}z = \iint_{(e)} N_k N_i L_j\,\mathrm{d}r\mathrm{d}z = 0 \tag{2.11b}$$

第一类积分中,L 的脚码和 NN 的脚码中有一个相同,第二类积分中,L 的脚码和 NN 的脚码都不同. 我们很易证明这两类积分各自等值. 所以(2.11a),(2.11b)实际上是两个独立的对角线化条件. 为了简单起见,我们只取其最左的一式,即

$$\left.\begin{aligned}\iint_{(e)} N_i N_j L_i\,\mathrm{d}r\mathrm{d}z = 0 \\ \iint_{(e)} N_i N_j L_k\,\mathrm{d}r\mathrm{d}z = 0\end{aligned}\right\} \tag{2.12}$$

所以,满足对角线化的一致质量矩阵要求的 N_i, N_j, N_k 必须既满足(2.8a, b, c,

d)又满足(2.12)式的 L_i, L_j, L_k 的形状函数.

例如,如果取 L_i, L_j, L_k 的一次式为形状函数则可取

$$N_i = L_i,\ N_j = L_j,\ N_k = L_k \tag{2.13}$$

它们满足(2.8a, b, c, d),但不满足(2.12).因为我们已知有积分

$$\iint_{(e)} L_i^{\alpha} L_j^{\beta} L_k^{\gamma}\, \mathrm{d}r\mathrm{d}z = \frac{\alpha!\beta!\gamma!}{(\alpha+\beta+\gamma+2)!}2A \tag{2.14}$$

所以,有

$$\left.\begin{aligned}\iint_{(e)} N_i N_j L_i\, \mathrm{d}r\mathrm{d}z = \iint_{(e)} L_i^2 L_j\, \mathrm{d}r\mathrm{d}z = \frac{4}{5!}A \neq 0\\ \iint_{(e)} N_i N_j L_k\, \mathrm{d}r\mathrm{d}z = \iint_{(e)} L_i L_j L_k\, \mathrm{d}r\mathrm{d}z = \frac{2}{5!}A \neq 0\end{aligned}\right\} \tag{2.15}$$

也即是说,以(2.13)为形状函数的一致质量矩阵并不是对角线化的.

让我们取 L_i, L_j, L_k 的二次式为形状函数.这个二次式既有 i, j, k 的轮换对称性,而且 N 中的 L_j, L_k 也是可以互换的.(同样 N_j 中的 L_i, L_k, N_k 中的 L_i, L_j 都可以各自互换).于是,我们设 N_i, N_j, N_k 为

$$\begin{aligned}N_i = {} & L_i + A_0 + B_1 L_i + C_1(L_j + L_k) + B_2 L_i^2 + C_2(L_j^2 + L_k^2) + D_2 L_j L_k \\ & + E_2(L_i L_j + L_i L_k)\end{aligned} \tag{2.16a}$$

$$\begin{aligned}N_j = {} & L_j + A_0 + B_1 L_j + C_1(L_i + L_k) + B_2 L_j^2 + C_2(L_i^2 + L_k^2) + D_2 L_i L_k \\ & + E_2(L_j L_i + L_j L_k)\end{aligned} \tag{2.16b}$$

$$\begin{aligned}N_k = {} & L_k + A_0 + B_1 L_k + C_1(L_i + L_j) + B_2 L_k^2 + C_2(L_i^2 + L_j^2) + D_2 L_i L_j \\ & + E_2(L_k L_i + L_k L_j)\end{aligned} \tag{2.16c}$$

其中 A_0, B_1, C_1, B_2, C_2, D_2, E_2 为待定常数.

把(2.16a, b, c)代入(2.8a, b, c),得

$$A_0 + B_1 + B_2 = 0 \tag{2.17a}$$

$$A_0 + C_1 + C_2 = 0 \tag{2.17b}$$

把(2.16a, b, c)代入(2.8d),并利用(2.6),得

$$\begin{aligned}& 3A_0 + B_1 + 2C_1 + (B_2 + 2C_2)(L_i^2 + L_j^2 + L_k^2) + (D_2 + 2E_2)(L_i L_j \\ & \quad + L_i L_k + L_j L_k) = 0\end{aligned} \tag{2.18}$$

利用 $L_i^2 + L_j^2 + L_k^2 = 1 - 2(L_i L_j + L_j L_k + L_k L_i)$ 和(2.17a,b),上式化为

$$(D_2 + 2E_2 - 2B_2 - 4C_2)(L_iL_j + L_jL_k + L_kL_i) = 0 \tag{2.19}$$

但 $L_iL_j + L_jL_k + L_kL_i \neq 0$，所以，得

$$D_2 + 2E_2 - 2B_2 - 4C_2 = 0 \tag{2.20}$$

(2.17a,b)，(2.20)给出了 A_0，B_1，C_1，B_2，C_2，D_2，E_2 等七个待定常数中的三个关系. 从(2.17a,b)，(2.20)中解出 A_0，C_1，D_2，代入(2.16a)式，整理后得

$$\begin{aligned} N_i = {} & L_i + B_1(-1 + L_i + L_j + L_k) + B_2(-1 + L_j + L_k + 2L_jL_k + L_i^2) \\ & + C_2(-L_j - L_k + L_j^2 + L_k^2 + 4L_jL_k) + E_2(L_iL_j + L_iL_k - 2L_jL_k) \end{aligned} \tag{2.21}$$

在利用了(2.6)式以后，(2.21)式可以进一步简化为

$$\begin{aligned} N_i = {} & L_i + B_2(-L_i + L_i^2 + 2L_kL_j) + C_2(L_i - L_i^2 + 2L_jL_k - 2L_iL_j - 2L_iL_k) \\ & + E_2(L_iL_j + L_iL_k - 2L_jL_k) \end{aligned} \tag{2.22}$$

粗看上式有三个待定参数，其实只有一个. 因为，根据 $L_i + L_j + L_k = 1$，我们很易证明

$$\begin{aligned} -L_i + L_i^2 + 2L_kL_j & = -L_i(L_i + L_j + L_k) + L_i^2 + 2L_kL_j \\ & = 2L_jL_k - L_iL_j - L_iL_k \end{aligned} \tag{2.23a}$$

$$\begin{aligned} L_i - L_i^2 + 2L_jL_k - 2L_iL_j - 2L_iL_k & = L_i(L_i + L_j + L_k) - L_i^2 \\ & \quad + 2L_jL_k - 2L_iL_j - 2L_iL_k \\ & = 2L_jL_k - L_iL_j - L_iL_k \end{aligned} \tag{2.23b}$$

所以，(2.22)可以写成

$$N_i = L_i + B(2L_kL_j - L_iL_j - L_iL_k) \tag{2.24}$$

其中

$$B = B_2 + C_2 - E_2 \tag{2.25}$$

同样，可以简化 N_j，N_k，满足(2.8a,b,c,d)的二次式形状函数为

$$\left.\begin{aligned} N_i & = L_i + B(2L_kL_j - L_iL_j - L_iL_k) \\ N_j & = L_j + B(2L_iL_k - L_jL_k - L_jL_i) \\ N_k & = L_k + B(2L_iL_j - L_iL_k - L_jL_k) \end{aligned}\right\} \tag{2.26}$$

这里只有一个待定常数，当然，(2.36)式无法满足两个独立的对角线化条件(2.12). 也即是说，对轴对称问题而言，在二次式的形状函数的范围内，不存在对角线化的一致质量矩阵.

现在让我们进一步研究三次式的形状函数，满足上述 i, j, k 轮换条件的形状函数可以写成

$$\begin{aligned}N_i = & L_i + A_0 + B_1 L_i + C_1(L_j + L_k) + B_2 L_i^2 + C_2(L_j^2 + L_k^2) + D_2 L_j L_k \\ & + E_2(L_i L_j + L_i L_k) + B_3 L_i^3 + C_3(L_j^3 + L_k^3) + D_3 L_i^2(L_j + L_k) \\ & + E_3[L_j^2(L_i + L_k) + L_k^2(L_i + L_j)] + F_3 L_i L_j L_k\end{aligned} \tag{2.27a}$$

$$\begin{aligned}N_j = & L_j + A_0 + B_1 L_j + C_1(L_i + L_k) + B_2 L_j^2 + C_2(L_i^2 + L_k^2) + D_2 L_i L_k \\ & + E_2(L_j L_i + L_j L_k) + B_3 L_j^3 + C_3(L_i^3 + L_k^3) + D_3 L_j^2(L_i + L_k) \\ & + E_3[L_i^2(L_j + L_k) + L_k^2(L_i + L_j)] + F_3 L_i L_j L_k\end{aligned} \tag{2.27b}$$

$$\begin{aligned}N_k = & L_k + A_0 + B_1 L_k + C_1(L_i + L_j) + B_2 L_k^2 + C_2(L_i^2 + L_j^2) + D_2 L_i L_j \\ & + E_2(L_k L_i + L_k L_j) + B_3 L_k^3 + C_3(L_i^3 + L_j^3) + D_3 L_k^2(L_i + L_j) \\ & + E_3[L_i^2(L_j + L_k) + L_j^2(L_i + L_k)] + F_3 L_i L_j L_k\end{aligned} \tag{2.27c}$$

其中 A_0, B_1, C_1, B_2, C_2, D_2, E_2, B_3, C_3, D_3, E_3, F_3 为 12 个待定参数. 根据(2.8a, b, c)，我们有

$$\left.\begin{aligned}A_0 + B_1 + B_2 + B_3 = 0 \\ A_0 + C_1 + C_2 + C_3 = 0\end{aligned}\right\} \tag{2.28}$$

根据(2.8a)，并利用(2.28)，我们从(2.27a, b, c)求得

$$\begin{aligned}3A_0 + B_1 + 2C_1 & + (B_2 + 2C_2)(L_i^2 + L_j^2 + L_k^2) + (D_2 + 2E_2)(L_j L_k + L_k L_i + L_i L_j) \\ & + (B_3 + 2C_3)(L_i^3 + L_j^3 + L_k^3) + (D_3 + 2E_3)[L_i^2(L_j + L_k) \\ & + L_j^2(L_i + L_k) + L_k^2(L_i + L_j)] + 3F_3(L_i L_j L_k) = 0\end{aligned} \tag{2.29}$$

从(2.28)，我们有

$$3A_0 + B_1 + 2C_1 = - B_2 - 2C_2 - B_3 - 2C_3 \tag{2.30}$$

而且

$$\left.\begin{aligned}& L_i^2 + L_j^2 + L_k^2 - 1 = - 2L_i L_j - 2L_j L_k - 2L_k L_i \\ & L_i^3 + L_j^3 + L_k^3 - 1 = - 3L_i^2(L_j + L_k) - 3L_j^2(L_i + L_k) - 3L_k^2(L_i + L_j) - 6L_i L_j L_k\end{aligned}\right\} \tag{2.31}$$

代入(2.29)，得

$$\begin{aligned}& (D_2 + 2E_2 - 2B_2 - 4C_2)(L_j L_k + L_k L_i + L_i L_j) \\ & \quad + (D_3 + 2E_3 - 3B_3 - 6C_3)[L_i^2(L_j + L_k) + L_j^2(L_i + L_k) \\ & \quad + L_k^2(L_i + L_j)] + (3F_3 - 6B_3 - 12C_3) L_i L_j L_k = 0\end{aligned} \tag{2.32}$$

由于恒等式

$$L_iL_j+L_jL_k+L_kL_i=(L_iL_j+L_jL_k+L_kL_i)(L_i+L_j+L_k)$$
$$=L_i^2(L_j+L_k)+L_j^2(L_i+L_k)+L_k^2(L_i+L_j)+3L_iL_jL_k \tag{2.33}$$

(2.32)可以进一步简化为

$$(D_2+2E_2-2B_2-4C_2+D_3+2E_3-3B_3-6C_3)(L_iL_j+L_jL_k+L_kL_i)$$
$$+(3F_3-3D_3-6E_3+3B_3+6C_3)L_iL_jL_k=0 \tag{2.34}$$

由于 $L_iL_j+L_jL_k+L_kL_i$，$L_iL_jL_k$ 是互相独立的，所以有

$$\left.\begin{aligned}&D_2+2E_2-2B_2-4C_2+D_3+2E_3-3B_3-6C_3=0\\&F_3-D_3-2E_3+B_3+2C_3=0\end{aligned}\right\} \tag{2.35}$$

从(2.28)和(2.35)中，解出 A_0，B_1，D_2，F_3，得

$$A_0=-C_1-C_2-C_3 \tag{2.36a}$$

$$B_1=C_1+C_2+C_3-B_2-B_3 \tag{2.36b}$$

$$D_2=2B_2+4C_2-2E_2-D_3-2E_3+3B_3+6C_3 \tag{2.36c}$$

$$F_3=-B_3-2C_3+D_3+2E_3 \tag{2.36d}$$

把(2.36)式中的 A_0，B_1，D_2，F_3 代入(2.29a)，得

$$N_i=L_i+C_1(-1+L_i+L_j+L_k)+B_2(-L_i+L_i^2+2L_jL_k)+C_2(-1+L_i$$
$$+L_j^2+L_k^2+4L_jL_k)+E_2(L_iL_j+L_iL_k-2L_jL_k)+B_3[L_i^3-L_i+3L_jL_k$$
$$-L_iL_jL_k]+C_3[L_j^3+L_k^3+6L_jL_k-2L_iL_jL_k+L_i-1]+D_3[L_i^2(L_j+L_k)$$
$$-L_jL_k+L_iL_jL_k]+E_3[L_j^2(L_i+L_k)+L_k^2(L_i+L_j)+2L_iL_jL_k-2L_jL_k] \tag{2.37}$$

这里粗看好像有 8 个待定系数，其实大大少于此数. 例如，式右第二项 $C_1(-1+L_i+L_j+L_k)$ 根据(2.6)应恒等于零，如果称其余的 N_i 表达式为

$$N_i=L_i+B_2g_1+C_2g_2+E_2g_3+B_3g_4+C_3g_5+D_3g_6+E_3g_7 \tag{2.38}$$

其中

$$\left.\begin{aligned}&g_1=-L_i+L_i^2+2L_jL_k\\&g_2=-1+L_i+L_j^2+L_k^2+4L_jL_k\\&g_3=L_iL_j+L_iL_k-2L_jL_k\\&g_4=L_i^3-L_i+3L_jL_k-L_iL_jL_k\\&g_5=L_k^3+L_j^3+6L_jL_k-2L_iL_jL_k+L_i-1\\&g_6=L_i^2(L_j+L_k)-L_jL_k+L_iL_jL_k\\&g_7=L_j^2(L_i+L_k)+L_k^2(L_i+L_j)+2L_iL_jL_k-2L_jL_k\end{aligned}\right\} \tag{2.39}$$

它们并不独立，有下列诸关系，即

$$\left.\begin{aligned} g_1 &= g_2 = -g_3 \\ g_4 + 2g_6 &= -g_7 \\ g_4 + g_5 &= -3g_3 \\ g_6 + g_7 &= g_3 \end{aligned}\right\} \tag{2.40}$$

解之，得

$$g_1 = -g_3,\ g_2 = -g_3,\ g_4 = g_7 - 2g_3,\ g_5 = -g_3 - g_7,\ g_6 = g_3 - g_7 \tag{2.41}$$

代入(2.38)，得

$$\begin{aligned} N_i &= L_i + Bg_3 + Cg_7 \\ &= L_i + B(L_iL_j + L_iL_k - 2L_jL_k) + C[L_j^2(L_i - L_k) + L_k^2(L_i - L_j)] \end{aligned} \tag{2.42}$$

其中 B, C 分别为

$$\left.\begin{aligned} B &= E_2 - B_2 - C_2 + D_3 - 2B_3 - C_3 \\ C &= B_3 - C_3 - D_3 + E_3 \end{aligned}\right\} \tag{2.43}$$

(2.42)有两个待定常数，是由对角线化条件(2.12)所决定的. 整个形状函数为

$$\left.\begin{aligned} N_i &= L_i + B(L_iL_j + L_iL_k - 2L_jL_k) + C[L_j^2(L_i - L_k) + L_k^2(L_i - L_j)] \\ N_j &= L_j + B(L_jL_k + L_jL_i - 2L_kL_i) + C[L_k^2(L_j - L_i) + L_i^2(L_j - L_k)] \\ N_k &= L_k + B(L_kL_i + L_kL_j - 2L_iL_j) + C[L_i^2(L_k - L_j) + L_j^2(L_k - L_i)] \end{aligned}\right\} \tag{2.44}$$

把 N_i, N_j, N_k，代入(2.12)式，用积分公式(2.14)，得 B 和 C 的两个二次方程：

$$\left.\begin{aligned} 20B^2 + 14BC + 3C^2 + 28B + 4C - 168 = 0 \\ 44B^2 + 44BC + 11C^2 + 112B + 48C - 84 = 0 \end{aligned}\right\} \tag{2.45}$$

这是两个椭圆(图 2)，共有四个交点 P_1, P_2, P_3, P_4.

$$\left.\begin{aligned} &(1)\ 交点\ P_1: C = 3.244\,642,\ B = -4.924\,546 \\ &(2)\ 交点\ P_2: C = 22.567\,888,\ B = -9.794\,031 \\ &(3)\ 交点\ P_3: C = -8.485\,116,\ B = 4.379\,149 \\ &(4)\ 交点\ P_4: C = -13.327\,287,\ B = 4.339\,558 \end{aligned}\right\} \tag{2.46}$$

每个交点所决定的 C, D 值都使形状函数(2.44)满足对角线化条件. 各该交点所决定的形状函数在 i-j 边上的分布形状见图 3. 很易看到交点 P_3 所决定的形状函数的形状变化较为缓慢. 建议在以后的计算中，取交点 P_3 所决定的 B=4.379 149 和 C=−8.485 116 为(2.44)中的 B, C 值.

现在让我们计算一致质量矩阵的对角线项. 它们定义为

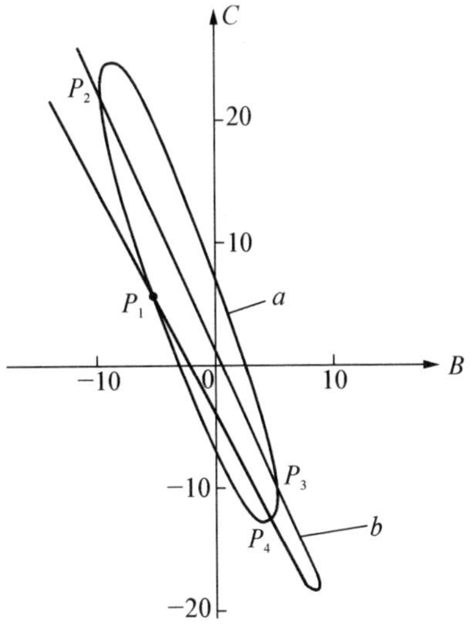

椭圆 a：$20B^2+14BC+3C^2+28B+4C-168=0$
椭圆 b：$44B^2+44BC+11C^2+112B+48C-84=0$
交点 P_1：$C=3.244\,642$，$B=-4.924\,546$；
交点 P_2：$C=22.567\,888$，$B=-9.794\,031$
交点 P_3：$C=-8.485\,116$，$B=4.379\,149$
交点 P_4：$C=-13.327\,287$，$B=4.339\,558$

图 2　两个对角线化椭圆的交点

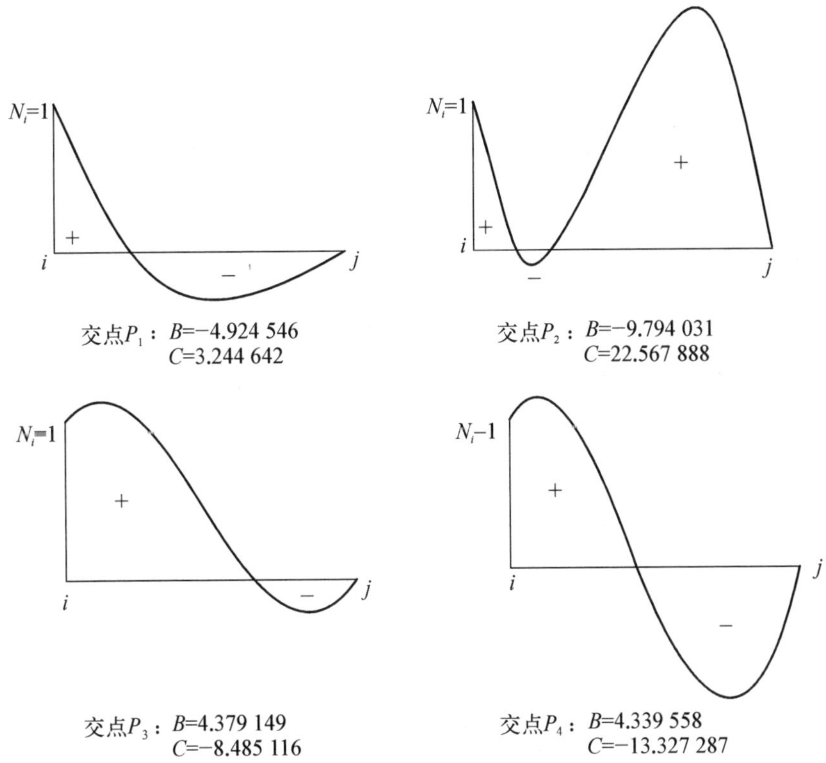

图 3　形状函数 N_i 在 ij 边($L_k=0$)上的分布 $N_i=L_i+BL_iL_j+CL_iL_j^2=L_i+BL_i(1-L_i)+CL_i(1-L_i)^2$
(在本文以后的计算中，建议用交点 P_3 所决定的 B 和 C 值，即 $B=4.379\,149$，$C=-8.485\,116$)

$$\left.\begin{aligned}M_i &= 2\pi\rho\iint_{(e)} N_i^2 r\,\mathrm{d}r\,\mathrm{d}z = 2\pi\rho\iint_{(e)} N_i^2(r_iL_i + r_jL_j + r_kL_k)\mathrm{d}r\,\mathrm{d}z\\ M_j &= 2\pi\rho\iint_{(e)} N_j^2 r\,\mathrm{d}r\,\mathrm{d}z = 2\pi\rho\iint_{(e)} N_j^2(r_iL_i + r_jL_j + r_kL_k)\mathrm{d}r\,\mathrm{d}z\\ M_k &= 2\pi\rho\iint_{(e)} N_k^2 r\,\mathrm{d}r\,\mathrm{d}z = 2\pi\rho\iint_{(e)} N_k^2(r_iL_i + r_jL_j + r_kL_k)\mathrm{d}r\,\mathrm{d}z\end{aligned}\right\} \tag{2.47}$$

把(2.44)代入(2.47)式,并用积分公式(2.14),得

$$\left.\begin{aligned}M_i &= 2\pi\rho A\{\mu_1 r_i + \mu_2(r_j + r_k)\}\\ M_j &= 2\pi\rho A\{\mu_2(r_i + r_k) + \mu_1 r_j\}\\ M_k &= 2\pi\rho A\{\mu_2(r_i + r_j) + \mu_1 r_k\}\end{aligned}\right\} \tag{2.48}$$

其中

$$\left.\begin{aligned}\mu_1 &= \frac{2}{7!}\{252 + 112B + 32C + 20B^2 + 14BC + 3C^2\}\\ \mu_2 &= \frac{2}{7!}\{84 + 28B + 12C + 32B^2 + 29BC + 7C^2\}\end{aligned}\right\} \tag{2.49}$$

如果用 P_3 交点的 $B = 4.379\ 149$, $C = -8.485\ 116$ 值,上式给出

$$\mu_1 = 0.218\ 359\ 2 \qquad \mu_2 = 0.057\ 487\ 05 \tag{2.50}$$

很易证明

$$M_i + M_j + M_k = \frac{2\pi}{3}\rho A(r_i + r_j + r_k) \tag{2.51}$$

三、运动方程的积分

现在让我们研究轴对称问题的运动方程:

$$\left.\begin{aligned}\rho\ddot{u} &= \frac{\partial\sigma_r}{\partial r} + \frac{\partial\tau_{rz}}{\partial z} + \frac{1}{r}(\sigma_r - \sigma_\theta)\\ \rho\ddot{w} &= \frac{\partial\tau_{rz}}{\partial r} + \frac{\partial\sigma_z}{\partial z} + \frac{1}{r}\tau_{rz}\end{aligned}\right\} \tag{3.1}$$

其中,ρ 为变形以后的材料密度,u, w 为 r, z 轴向的位移分量,$\ddot{u}$, $\ddot{w}$ 为加速度分量,σ_r, σ_z, σ_θ, τ_{rz} 为应力分量. 设 δu, δw 为虚位移,于是,(3.1)式上分别乘 δu, δw,而后乘 $2\pi r\,\mathrm{d}r\,\mathrm{d}z$ 积分,得

$$\left.\begin{aligned}\iint 2\pi\rho\ddot{u}\,\delta u r\,\mathrm{d}r\,\mathrm{d}z &= 2\pi\iint\left\{\frac{\partial\sigma_r}{\partial r}+\frac{\partial\tau_{rz}}{\partial z}+\frac{1}{r}(\sigma_r-\sigma_\theta)\right\}\delta u r\,\mathrm{d}r\,\mathrm{d}z\\ \iint 2\pi\rho\ddot{w}\,\delta u r\,\mathrm{d}r\,\mathrm{d}z &= 2\pi\iint\left\{\frac{\partial\tau_{rz}}{\partial r}+\frac{\partial\sigma_z}{\partial z}+\frac{1}{r}\tau_{rz}\right\}\delta w r\,\mathrm{d}r\,\mathrm{d}z\end{aligned}\right\}\tag{3.2}$$

如果我们把积分全域分为 n 个有限元，则(3.2)式的积分应该是 n 个有限元积分之和. 这些有限元积分形式相同，称为各该有限元的特征方程式. 这些特征方程单独并不成立，只是在 n 个有限元组合在一起才是成立的.

特征方程可以写成

$$\left.\begin{aligned}\iint_{(e)} 2\pi\rho\ddot{u}\,\delta u r\,\mathrm{d}r\,\mathrm{d}z &= 2\pi\iint_{(e)}\left\{\frac{\partial\sigma_r}{\partial r}+\frac{\partial\tau_{rz}}{\partial z}+\frac{1}{r}(\sigma_r-\sigma_\theta)\right\}\delta u r\,\mathrm{d}r\,\mathrm{d}z\\ \iint_{(e)} 2\pi\rho\ddot{w}\delta w r\,\mathrm{d}r\,\mathrm{d}z &= 2\pi\iint_{(e)}\left\{\frac{\partial\tau_{rz}}{\partial r}+\frac{\partial\sigma_z}{\partial z}+\frac{1}{r}\tau_{rz}\right\}\delta w r\,\mathrm{d}r\,\mathrm{d}z\end{aligned}\right\}\tag{3.3}$$

设 u, v; $\ddot{u}$, $\ddot{w}$; σ_r, σ_z, σ_θ, τ_{rz} 都可以近似地用形状函数 N_i, N_j, N_k 以及各该量在 i, j, k 结点上的值来表示，即

$$\left.\begin{aligned}&u=\boldsymbol{N}\boldsymbol{u},\quad w=\boldsymbol{N}\boldsymbol{w};\quad \ddot{u}=\boldsymbol{N}\ddot{\boldsymbol{u}},\quad \ddot{w}=\boldsymbol{N}\ddot{\boldsymbol{w}}\\ &\sigma_r=\boldsymbol{N}\boldsymbol{\sigma}_r,\quad \sigma_z=\boldsymbol{N}\boldsymbol{\sigma}_z;\quad \sigma_\theta=\boldsymbol{N}\boldsymbol{\sigma}_\theta,\quad \tau_{rz}=\boldsymbol{N}\boldsymbol{\tau}_{rz}\end{aligned}\right\}\tag{3.4}$$

其中

$$\boldsymbol{N}=[N_i,\ N_j,\ N_k]\tag{3.5a}$$

$$\boldsymbol{u}^{\mathrm{T}}=[u_i,\ u_j,\ u_k]\qquad \delta\boldsymbol{u}^{\mathrm{T}}=[\delta u_i,\ \delta u_j,\ \delta u_k]\tag{3.5b}$$

$$\boldsymbol{w}^{\mathrm{T}}=[w_i,\ w_j,\ w_k]\qquad \delta\boldsymbol{w}^{\mathrm{T}}=[\delta w_i,\ \delta w_j,\ \delta w_k]\tag{3.5c}$$

$$\ddot{\boldsymbol{u}}^{\mathrm{T}}=[\ddot{u}_i,\ \ddot{u}_j,\ \ddot{u}_k]\tag{3.5d}$$

$$\ddot{\boldsymbol{w}}^{\mathrm{T}}=[\ddot{w}_i,\ \ddot{w}_j,\ \ddot{w}_k]\tag{3.5e}$$

$$\boldsymbol{\sigma}_r^{\mathrm{T}}=[\sigma_{ri},\ \sigma_{rj},\ \sigma_{rk}]\tag{3.5f}$$

$$\boldsymbol{\sigma}_z^{\mathrm{T}}=[\sigma_{zi},\ \sigma_{zj},\ \sigma_{zk}]\tag{3.5g}$$

$$\boldsymbol{\sigma}_\theta^{\mathrm{T}}=[\sigma_{\theta i},\ \sigma_{\theta j},\ \sigma_{\theta k}]\tag{3.5h}$$

$$\boldsymbol{\tau}_{rz}^{\mathrm{T}}=[\tau_{rzi},\ \tau_{rzj},\ \tau_{rzk}]\tag{3.5i}$$

N_i, N_j, N_k 见(2.44)，它们具有对角线化的一致质量矩阵.

由于 δu_i, δu_j, δu_k 都是独立的，(3.3)式的第一式可以分为三个特征方程，即

$$\iint_{(e)} 2\pi\rho \boldsymbol{N}\ddot{\boldsymbol{u}}\, N_i\, r\,\mathrm{d}r\,\mathrm{d}z = 2\pi \iint_{(e)} \left\{ r\,\frac{\partial \boldsymbol{N}}{\partial r}\boldsymbol{\sigma}_r + r\,\frac{\partial \boldsymbol{N}}{\partial z}\boldsymbol{\tau}_{rz} + \boldsymbol{N}\boldsymbol{\sigma}_r - \boldsymbol{N}\boldsymbol{\sigma}_\theta \right\} N_i\,\mathrm{d}r\,\mathrm{d}z \tag{3.6a}$$

$$\iint_{(e)} 2\pi\rho \boldsymbol{N}\ddot{\boldsymbol{u}}\, N_j\, r\,\mathrm{d}r\,\mathrm{d}z = 2\pi \iint_{(e)} \left\{ r\,\frac{\partial \boldsymbol{N}}{\partial r}\boldsymbol{\sigma}_r + r\,\frac{\partial \boldsymbol{N}}{\partial z}\boldsymbol{\tau}_{rz} + \boldsymbol{N}\boldsymbol{\sigma}_r - \boldsymbol{N}\boldsymbol{\sigma}_\theta \right\} N_j\,\mathrm{d}r\,\mathrm{d}z \tag{3.6b}$$

$$\iint_{(e)} 2\pi\rho \boldsymbol{N}\ddot{\boldsymbol{u}}\, N_k\, r\,\mathrm{d}r\,\mathrm{d}z = 2\pi \iint_{(e)} \left\{ r\,\frac{\partial \boldsymbol{N}}{\partial r}\boldsymbol{\sigma}_r + r\,\frac{\partial \boldsymbol{N}}{\partial z}\boldsymbol{\tau}_{rz} + \boldsymbol{N}\boldsymbol{\sigma}_r - \boldsymbol{N}\boldsymbol{\sigma}_\theta \right\} N_k\,\mathrm{d}r\,\mathrm{d}z \tag{3.6c}$$

设密度 ρ 在有限元的范围内,近似地为常量,于是,根据对角线化条件(2.9a, b, c),以及(2.47)式,我们得

$$\left.\begin{aligned} \iint_{(e)} 2\pi\rho \boldsymbol{N}\ddot{\boldsymbol{u}} N_i\, r\,\mathrm{d}r\,\mathrm{d}z &= M_i\ddot{u}_i \\ \iint_{(e)} 2\pi\rho \boldsymbol{N}\ddot{\boldsymbol{u}} N_j\, r\,\mathrm{d}r\,\mathrm{d}z &= M_j\ddot{u}_j \\ \iint_{(e)} 2\pi\rho \boldsymbol{N}\ddot{\boldsymbol{u}} N_k\, r\,\mathrm{d}r\,\mathrm{d}z &= M_k\ddot{u}_k \end{aligned}\right\} \tag{3.7}$$

于是,特征方程(3.6a, b, c)可以写成

$$M_i\ddot{u}_i = f_{ri},\quad M_j\ddot{u}_j = f_{rj},\quad M_k\ddot{u}_k = f_{rk} \tag{3.8}$$

其中 f_{ri}, f_{rj}, f_{rk}代表作用在 i, j, k 结点上在 r 轴向的有效内力分量.

$$f_{ri} = 2\pi \iint_{(e)} \left\{ r\,\frac{\partial \boldsymbol{N}}{\partial r}\boldsymbol{\sigma}_r + r\,\frac{\partial \boldsymbol{N}}{\partial z}\boldsymbol{\tau}_{rz} + \boldsymbol{N}\boldsymbol{\sigma}_r - \boldsymbol{N}\boldsymbol{\sigma}_\theta \right\} N_i\,\mathrm{d}r\,\mathrm{d}z \tag{3.9a}$$

$$f_{rj} = 2\pi \iint_{(e)} \left\{ r\,\frac{\partial \boldsymbol{N}}{\partial r}\boldsymbol{\sigma}_r + r\,\frac{\partial \boldsymbol{N}}{\partial z}\boldsymbol{\tau}_{rz} + \boldsymbol{N}\boldsymbol{\sigma}_r - \boldsymbol{N}\boldsymbol{\sigma}_\theta \right\} N_j\,\mathrm{d}r\,\mathrm{d}z \tag{3.9b}$$

$$f_{rk} = 2\pi \iint_{(e)} \left\{ r\,\frac{\partial \boldsymbol{N}}{\partial r}\boldsymbol{\sigma}_r + r\,\frac{\partial \boldsymbol{N}}{\partial z}\boldsymbol{\tau}_{rz} + \boldsymbol{N}\boldsymbol{\sigma}_r - \boldsymbol{N}\boldsymbol{\sigma}_\theta \right\} N_k\,\mathrm{d}r\,\mathrm{d}z \tag{3.9c}$$

如果把结点 i 有关的所有单元的贡献组合在一起,则结点 i 的加速度应该是

$$\ddot{u}_i^t = \frac{\sum^i f_{ri}}{\sum^i M_i} \tag{3.10}$$

其他各结点的加速度也相同. 即

$$\ddot{u}_j^t = \frac{\sum^j f_{rj}}{\sum^j M_j}, \quad \ddot{u}_k^t = \frac{\sum^k f_{rk}}{\sum^k M_k} \tag{3.11}$$

同样,我们可以从(3.3)式的第二式求得

$$\ddot{w}_i^t = \frac{\sum^i f_{zi}}{\sum^i M_i}, \quad \ddot{w}_j^t = \frac{\sum^j f_{zj}}{\sum^j M_j}, \quad \ddot{w}_k^t = \frac{\sum^k f_{zk}}{\sum^k M_k} \tag{3.12}$$

其中 M_i, M_j, M_k 见(2.48), f_{zi}, f_{zj}, f_{zk} 分别代表

$$\left.\begin{aligned} f_{zi} &= 2\pi \iint_{(e)} \left\{ r\frac{\partial \boldsymbol{N}}{\partial r}\boldsymbol{\tau}_{rz} + r\frac{\partial \boldsymbol{N}}{\partial z}\boldsymbol{\sigma}_z + \boldsymbol{N}\boldsymbol{\tau}_{rz} \right\} N_i \,\mathrm{d}r\mathrm{d}z \\ f_{zj} &= 2\pi \iint_{(e)} \left\{ r\frac{\mathrm{d}\boldsymbol{N}}{\mathrm{d}r}\boldsymbol{\tau}_{rz} + r\frac{\partial \boldsymbol{N}}{\partial z}\boldsymbol{\sigma}_z + \boldsymbol{N}\boldsymbol{\tau}_{rz} \right\} N_j \,\mathrm{d}r\mathrm{d}z \\ f_{zk} &= 2\pi \iint_{(e)} \left\{ r\frac{\partial \boldsymbol{N}}{\partial r}\boldsymbol{\tau}_{rz} + r\frac{\partial \boldsymbol{N}}{\partial z}\boldsymbol{\sigma}_z + \boldsymbol{N}\boldsymbol{\tau}_{rz} \right\} N_k \,\mathrm{d}r\mathrm{d}z \end{aligned}\right\} \tag{3.13}$$

我们应指出,当在 t 时,设各结点的位移分量 u_i^t, w_i^t,位移速度分量 $\dot{u}_i^t$, $\dot{w}_i^t$ 为已知,则我们将在下节讨论计算各结点上的应力分量值. 从这些应力分量值,我们通过(3.9),(3.13),就能计算 f_{ri}, f_{zi},进而从(3.10),(3.12)计算时间 t 时的加速度分量 $\ddot{u}_i^t$, $\ddot{w}_i^t$.

设时间增量取 Δt,在 $t+\Delta t$ 时,我们可以从下式计算其位移分量、位移速度分量和结点的新的坐标.

$$\left.\begin{aligned} u_i^{t+\Delta t} &= u_i^t + \dot{u}_i^t \Delta t, & w_i^{t+\Delta t} &= w_i^t + \dot{w}_i^t \Delta t \\ \dot{u}_i^{t+\Delta t} &= \dot{u}_i^t + \ddot{u}_i^t \Delta t, & \dot{w}_i^{t+\Delta t} &= \dot{w}_i^t + \ddot{w}_i^t \Delta t \\ r_i^{t+\Delta t} &= r_i^0 + u_i^{t+\Delta t} & z_i^{t+\Delta t} &= z_i^0 + w_i^{t+\Delta t} \end{aligned}\right\} \tag{3.14}$$

有了这些结点值后,我们就能进行下一轮的计算. (3.14)中的(r_i^0, z_i^0)为未变形前的结点 i 的原有坐标.

现在让我们计算 f_{ri}, f_{rj}, f_{rk}, f_{zi}, f_{zj}, f_{zk}. 首先利用(2.12)式,我们可以证明

$$\iint_{(e)} N_i N_j \,\mathrm{d}r\mathrm{d}z = \iint_{(e)} (L_i + L_j + L_k) N_i N_j \,\mathrm{d}r\mathrm{d}z = 0 \tag{3.15}$$

而且

$$\iint_{(e)} N_i^2\,\mathrm{d}r\,\mathrm{d}z = \iint_{(e)} N_j^2\,\mathrm{d}r\,\mathrm{d}z = \iint_{(e)} N_k^2\,\mathrm{d}r\,\mathrm{d}z$$
$$= \frac{2}{7!}A[420 + 168B + 56C + 84B^2 + 72BC + 7C^2] = \frac{1}{3}A \tag{3.16}$$

于是,从(3.9),(3.13),我们求得

$$\left.\begin{aligned} f_{ri} &= \boldsymbol{A}_i^{(1)}\boldsymbol{\sigma}_r + \boldsymbol{A}_i^{(2)}\boldsymbol{\tau}_{rz} - \frac{2}{3}\pi A\sigma_{\theta i}; \quad f_{zi} = \boldsymbol{A}_i^{(1)}\boldsymbol{\tau}_{rz} + \boldsymbol{A}_i^{(2)}\boldsymbol{\sigma}_z \\ f_{rj} &= \boldsymbol{A}_j^{(1)}\boldsymbol{\sigma}_r + \boldsymbol{A}_j^{(2)}\boldsymbol{\tau}_{rz} - \frac{2}{3}\pi A\sigma_{\theta j}; \quad f_{zj} = \boldsymbol{A}_j^{(1)}\boldsymbol{\tau}_{rz} + \boldsymbol{A}_j^{(2)}\boldsymbol{\sigma}_z \\ f_{rk} &= \boldsymbol{A}_k^{(1)}\boldsymbol{\sigma}_r + \boldsymbol{A}_k^{(2)}\boldsymbol{\tau}_{rz} - \frac{2}{3}\pi A\sigma_{\theta k}; \quad f_{zk} = \boldsymbol{A}_k^{(1)}\boldsymbol{\tau}_{rz} + \boldsymbol{A}_k^{(2)}\boldsymbol{\sigma}_z \end{aligned}\right\} \tag{3.17}$$

其中

$$\left.\begin{aligned} \boldsymbol{A}_i^{(1)} &= 2\pi\iint_{(e)}\left(r\frac{\partial \boldsymbol{N}}{\partial r} + \boldsymbol{N}\right)N_i\,\mathrm{d}r\,\mathrm{d}z \quad \boldsymbol{A}_i^{(2)} = 2\pi\iint_{(e)} r\frac{\partial \boldsymbol{N}}{\partial z}N_i\,\mathrm{d}r\,\mathrm{d}z \\ \boldsymbol{A}_j^{(1)} &= 2\pi\iint_{(e)}\left(r\frac{\partial \boldsymbol{N}}{\partial r} + \boldsymbol{N}\right)N_j\,\mathrm{d}r\,\mathrm{d}z \quad \boldsymbol{A}_j^{(2)} = 2\pi\iint_{(e)} r\frac{\partial \boldsymbol{N}}{\partial z}N_j\,\mathrm{d}r\,\mathrm{d}z \\ \boldsymbol{A}_k^{(1)} &= 2\pi\iint_{(e)}\left(r\frac{\partial \boldsymbol{N}}{\partial r} + \boldsymbol{N}\right)N_k\,\mathrm{d}r\,\mathrm{d}z \quad \boldsymbol{A}_k^{(2)} = 2\pi\iint_{(e)} r\frac{\partial \boldsymbol{N}}{\partial z}N_k\,\mathrm{d}r\,\mathrm{d}z \end{aligned}\right\} \tag{3.18}$$

经积分后,$\boldsymbol{A}^{(1)}$, $\boldsymbol{A}^{(2)}$分别可以写成

$$\left.\begin{aligned} \boldsymbol{A}_i^{(1)\mathrm{T}} &= \left[\boldsymbol{b}\boldsymbol{H}^{(ii)}\boldsymbol{r} + \frac{2}{3}\pi A,\ \boldsymbol{b}\boldsymbol{H}^{(ij)}\boldsymbol{r},\ \boldsymbol{b}\boldsymbol{H}^{(ik)}\boldsymbol{r}\right] \\ \boldsymbol{A}_j^{(1)\mathrm{T}} &= \left[\boldsymbol{b}\boldsymbol{H}^{(ji)}\boldsymbol{r}, \boldsymbol{b}\boldsymbol{H}^{(jj)}\boldsymbol{r} + \frac{2}{3}\pi A, \boldsymbol{b}\boldsymbol{H}^{(jk)}\boldsymbol{r}\right] \\ \boldsymbol{A}_k^{(1)\mathrm{T}} &= \left[\boldsymbol{b}\boldsymbol{H}^{(ki)}\boldsymbol{r}, \boldsymbol{b}\boldsymbol{H}^{(kj)}\boldsymbol{r}, \boldsymbol{b}\boldsymbol{H}^{(kk)}\boldsymbol{r} + \frac{2}{3}\pi A\right] \end{aligned}\right\} \tag{3.19}$$

$$\left.\begin{aligned} \boldsymbol{A}_i^{(2)\mathrm{T}} &= [\boldsymbol{c}\boldsymbol{H}^{(ii)}\boldsymbol{r},\quad \boldsymbol{c}\boldsymbol{H}^{(ij)}\boldsymbol{r},\quad \boldsymbol{c}\boldsymbol{H}^{(ik)}\boldsymbol{r}] \\ \boldsymbol{A}_j^{(2)\mathrm{T}} &= [\boldsymbol{c}\boldsymbol{H}^{(ji)}\boldsymbol{r},\quad \boldsymbol{c}\boldsymbol{H}^{(jj)}\boldsymbol{r},\quad \boldsymbol{c}\boldsymbol{H}^{(jk)}\boldsymbol{r}] \\ \boldsymbol{A}_k^{(2)\mathrm{T}} &= [\boldsymbol{c}\boldsymbol{H}^{(ki)}\boldsymbol{r},\quad \boldsymbol{c}\boldsymbol{H}^{(kj)}\boldsymbol{r},\quad \boldsymbol{c}\boldsymbol{H}^{(kk)}\boldsymbol{r}] \end{aligned}\right\} \tag{3.20}$$

其中b, c, r为

$$\boldsymbol{b} = [b_i,\ b_j,\ b_k],\ \boldsymbol{c} = [c_i,\ c_j,\ c_k],\ \boldsymbol{r}^{\mathrm{T}} = [r_i,\ r_j,\ r_k] \tag{3.21}$$

$\boldsymbol{H}^{(ij)}$等为九个矩阵,即

$$\left.\begin{array}{l}\boldsymbol{H}^{(ii)}=\begin{bmatrix}H_1 & H_2 & H_2\\ H_3 & H_4 & H_5\\ H_3 & H_5 & H_4\end{bmatrix},\ \boldsymbol{H}^{(ij)}=\begin{bmatrix}H_6 & H_9 & H_{12}\\ H_{10} & H_7 & H_{13}\\ H_{11} & H_{14} & H_8\end{bmatrix},\ \boldsymbol{H}^{(ik)}=\begin{bmatrix}H_6 & H_{12} & H_9\\ H_{11} & H_8 & H_{14}\\ H_{10} & H_{13} & H_7\end{bmatrix}\\ \boldsymbol{H}^{(ji)}=\begin{bmatrix}H_7 & H_{10} & H_{13}\\ H_9 & H_6 & H_{12}\\ H_{14} & H_{11} & H_8\end{bmatrix},\ \boldsymbol{H}^{(jj)}=\begin{bmatrix}H_4 & H_3 & H_5\\ H_2 & H_1 & H_2\\ H_5 & H_3 & H_4\end{bmatrix},\ \boldsymbol{H}^{(jk)}=\begin{bmatrix}H_8 & H_{11} & H_{14}\\ H_{12} & H_6 & H_9\\ H_{13} & H_{10} & H_7\end{bmatrix}\\ \boldsymbol{H}^{(ki)}=\begin{bmatrix}H_7 & H_{13} & H_{10}\\ H_{14} & H_8 & H_{11}\\ H_9 & H_{12} & H_6\end{bmatrix},\ \boldsymbol{H}^{(kj)}=\begin{bmatrix}H_8 & H_{14} & H_{11}\\ H_{13} & H_7 & H_{10}\\ H_{12} & H_9 & H_6\end{bmatrix},\ \boldsymbol{H}^{(kk)}=\begin{bmatrix}H_4 & H_5 & H_3\\ H_5 & H_4 & H_3\\ H_7 & H_2 & H_1\end{bmatrix}\end{array}\right\} \tag{3.22}$$

其中 H_1，H_2，…，H_{14}为 14 个不同类型的积分，其结果为：

$$H_1=\frac{\pi}{A}\iint_{(e)}L_i\frac{\partial N_i}{\partial L_i}N_i\,\mathrm{d}r\mathrm{d}z=\frac{2\pi}{7!}[420+252B+84C+4B^2+36BC+5C^2] \tag{3.23a}$$

$$H_2=\frac{\pi}{A}\iint_{(e)}L_j\frac{\partial N_i}{\partial L_i}N_i\,\mathrm{d}r\mathrm{d}z=\frac{\pi}{7!}[420+168B+84C-112B^2-21BC-21C^2] \tag{3.23b}$$

$$H_3=\frac{\pi}{A}\iint_{(e)}L_i\frac{\partial N_i}{\partial L_j}N_i\,\mathrm{d}r\mathrm{d}z=\frac{\pi}{7!}[168B+56C+56B^2+40BC+9C^2] \tag{3.23c}$$

$$H_4=\frac{\pi}{A}\iint_{(e)}L_j\frac{\partial N_i}{\partial L_j}N_i\,\mathrm{d}r\mathrm{d}z=\frac{2\pi}{7!}[14C+70B^2-C^2+80BC] \tag{3.23d}$$

$$H_5=\frac{\pi}{A}\iint_{(e)}L_j\frac{\partial N_i}{\partial L_k}N_i\,\mathrm{d}r\mathrm{d}z=\frac{\pi}{7!}[-168B-84C+140B^2+152BC+33C^2] \tag{3.23e}$$

$$H_6=\frac{\pi}{A}\iint_{(e)}L_i\frac{\partial N_j}{\partial L_i}N_i\,\mathrm{d}r\mathrm{d}z=\frac{\pi}{7!}[-168B-56C-28B^2-20BC-5C^2] \tag{3.23f}$$

$$H_7=\frac{\pi}{A}\iint_{(e)}L_j\frac{\partial N_i}{\partial L_j}N_i\,\mathrm{d}r\mathrm{d}z=\frac{\pi}{7!}[168B+56C+56B^2+40BC+9C^2] \tag{3.23g}$$

$$H_8=\frac{\pi}{A}\iint\limits_{(e)}L_k\frac{\partial N_j}{\partial L_k}N_i\,\mathrm{d}r\mathrm{d}z=\frac{\pi}{7!}[-252B-140C-112B^2-140BC-41C^2] \tag{3.23h}$$

$$H_9=\frac{\pi}{A}\iint\limits_{(e)}L_j\frac{\partial N_j}{\partial L_i}N_i\,\mathrm{d}r\mathrm{d}z=\frac{2\pi}{7!}[14C+28B^2+38BC+11C^2] \tag{3.23i}$$

$$H_{10}=\frac{\pi}{A}\iint\limits_{(e)}L_i\frac{\partial N_j}{\partial L_j}N_i\,\mathrm{d}r\mathrm{d}z=\frac{\pi}{7!}[840-168B+448C+140B^2+124BC+23C^2] \tag{3.23j}$$

$$H_{11}=\frac{\pi}{A}\iint\limits_{(e)}L_i\frac{\partial N_j}{\partial L_k}N_i\,\mathrm{d}r\mathrm{d}z=\frac{4\pi}{7!}[-210B-112C-49B^2-29BC-8C^2] \tag{3.23k}$$

$$H_{12}=\frac{\pi}{A}\iint\limits_{(e)}L_k\frac{\partial N_j}{\partial L_i}N_i\,\mathrm{d}r\mathrm{d}z=\frac{\pi}{7!}[-252B-140C+56B^2+28BC-C^2] \tag{3.23l}$$

$$H_{13}=\frac{\pi}{A}\iint\limits_{(e)}L_k\frac{\partial N_j}{\partial L_j}N_i\,\mathrm{d}r\mathrm{d}z=\frac{2\pi}{7!}[210+126B+70C-14B^2-10BC-C^2] \tag{3.23m}$$

$$H_{14}=\frac{\pi}{A}\iint\limits_{(e)}L_j\frac{\partial N_j}{\partial L_k}N_i\,\mathrm{d}r\mathrm{d}z=\frac{\pi}{7!}[-168B-84C-112B^2-308BC-41C^2] \tag{3.23n}$$

只要能从已知结点位移 u_i，u_j，u_k，w_i，w_j，w_k，以及已知结点位移速度 $\dot{u}_i$，$\dot{u}_j$，$\dot{u}_k$，$\dot{w}_i$，$\dot{w}_j$，$\dot{w}_k$ 计算结点的应力分量，则通过(3.17)就能计算有限元对结点 i，j，k 的等效力 f_{ri}，f_{zi} 等，从而由(3.10)，(3.11)，(3.12)各式计算各结点的加速度.

我们还必须指出，(3.22)诸式，也可以从其第一、第二式 $H^{(ii)}$，$H^{(ij)}$ 中轮换 i，j，k 标号求得.

四、结点上应力分量的计算

设某一元素中的位移分量 $u^{(e)}$，$w^{(e)}$ 可以通过形状函数 N_i^0，N_j^0，N_k^0 用这些分量的结点值来表示. 上述形状函数是按未变形前的几何来描述的(图 4)

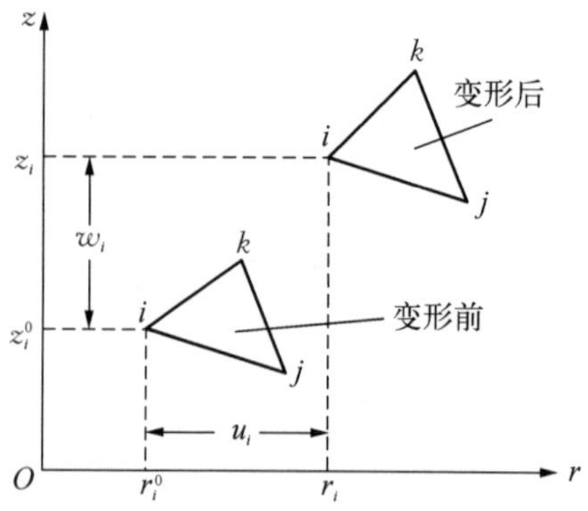

图 4　变形前和变形后的有限元位置和几何

它们根据(2.44),是

$$\left.\begin{aligned}N_i^0&=L_i^0+B(L_i^0L_j^0+L_i^0L_k^0-2L_j^0L_k^0)+C[(L_j^0)^2(L_i^0-L_k^0)+(L_k^0)^2(L_i^0-L_j^0)]\\N_j^0&=L_j^0+B(L_j^0L_k^0+L_j^0L_i^0-2L_k^0L_i^0)+C[(L_k^0)^2(L_j^0-L_i^0)+(L_i^0)^2(L_j^0-L_k^0)]\\N_k^0&=L_k^0+B(L_k^0L_i^0+L_k^0L_j^0-2L_i^0L_j^0)+C[(L_i^0)^2(L_k^0-L_j^0)+(L_j^0)^2(L_k^0-L_i^0)]\end{aligned}\right\}\tag{4.1}$$

其中 L_i^0, L_j^0, L_k^0 见(2.1),(2.2),但 r_i, r_j, r_k, z_i, z_j, z_k 是按变形前的几何 r_i^0, r_j^0, r_k^0, z_i^0, z_j^0, z_k^0 计算的.

这个元素的位移分量为

$$u^{(e)}=\boldsymbol{N}^0\boldsymbol{u}\qquad w^{(e)}=\boldsymbol{N}^0\boldsymbol{w}\tag{4.2}$$

其中 $\boldsymbol{N}^0$ 为

$$\boldsymbol{N}^0=[N_i^0,\ N_j^0,\ N_k^0]\tag{4.3}$$

而 $\boldsymbol{u}$, $\boldsymbol{w}$ 见(3.5b, c). 在这个元素中的应变分量,可以用下列非线性应变位移关系中求得[3, 6].

$$\varepsilon_r=\frac{\partial u}{\partial r}+\frac{1}{2}\left[\left(\frac{\partial u}{\partial r}\right)^2+\left(\frac{\partial u}{\partial z}\right)^2\right]\tag{4.4a}$$

$$\varepsilon_z=\frac{\partial w}{\partial z}+\frac{1}{2}\left[\left(\frac{\partial w}{\partial r}\right)^2+\left(\frac{\partial w}{\partial z}\right)^2\right]\tag{4.4b}$$

$$\gamma_{rz}=\frac{\partial u}{\partial z}+\frac{\partial w}{\partial r}+\frac{\partial u}{\partial r}\frac{\partial w}{\partial r}+\frac{\partial u}{\partial z}\frac{\partial w}{\partial z}\tag{4.4c}$$

$$\varepsilon_\theta=\frac{u}{r}\tag{4.4d}$$

$$\varepsilon_v=\frac{V}{V_0}-1\tag{4.4e}$$

其中 V_0 为有限元在变形前的体积,V 为变形后的体积.

$$V_0=\frac{\pi}{3}(r_i^0+r_j^0+r_k^0)\begin{vmatrix}1&r_i^0&z_i^0\\1&r_j^0&z_j^0\\1&r_k^0&z_k^0\end{vmatrix}\tag{4.5a}$$

$$V=\frac{\pi}{3}(r_i+r_j+r_k)\begin{vmatrix}1&r_i^t&z_i^t\\1&r_j^t&z_j^t\\1&r_k^t&z_k^t\end{vmatrix}\tag{4.5b}$$

我们必须指出,ε_r, ε_z, γ_{zr}的表达式(4.4a, b, c)中业已扣除了变形中由于坐标轴的转角所产生的影响.

把(4.2)式代入(4.4a, b, c, d),得时间为 t 时的应变分量

$$\varepsilon_r^t=\frac{\partial \boldsymbol{N}^0}{\partial r}\boldsymbol{u}+\frac{1}{2}\left[\left(\frac{\partial \boldsymbol{N}^0}{\partial r}\boldsymbol{u}\right)^2+\left(\frac{\partial \boldsymbol{N}^0}{\partial z}\boldsymbol{u}\right)^2\right] \tag{4.6a}$$

$$\varepsilon_z^t=\frac{\partial \boldsymbol{N}^0}{\partial r}\boldsymbol{w}+\frac{1}{2}\left[\left(\frac{\partial \boldsymbol{N}^0}{\partial r}\boldsymbol{w}\right)^2+\left(\frac{\partial \boldsymbol{N}^0}{\partial z}\boldsymbol{w}\right)^2\right] \tag{4.6b}$$

$$\gamma_{rz}^t=\frac{\partial \boldsymbol{N}^0}{\partial z}\boldsymbol{u}+\frac{\partial \boldsymbol{N}^0}{\partial r}\boldsymbol{w}+\left(\frac{\partial \boldsymbol{N}^0}{\partial r}\boldsymbol{u}\right)\left(\frac{\partial \boldsymbol{N}^0}{\partial r}\boldsymbol{w}\right)+\left(\frac{\partial \boldsymbol{N}^0}{\partial z}\boldsymbol{u}\right)\left(\frac{\partial \boldsymbol{N}^0}{\partial z}\boldsymbol{w}\right) \tag{4.6c}$$

$$\varepsilon_\theta^t=\frac{1}{r}\boldsymbol{N}^0\boldsymbol{u} \tag{4.6d}$$

在结点 i 上,我们有 $(L_i^0, L_j^0, L_k^0)=(1, 0, 0)$,从而得应变分量在结点 i 上的值;

$$\varepsilon_{ri}^t=\boldsymbol{H}_{ri}^0\boldsymbol{u}+\frac{1}{2}\left[(\boldsymbol{H}_{ri}^0\boldsymbol{u})^2+\left(\boldsymbol{H}_{zi}^0\boldsymbol{u}\right)^2\right] \tag{4.7a}$$

$$\varepsilon_{zi}^t=\boldsymbol{H}_{zi}^0\boldsymbol{w}+\frac{1}{2}\left[\left(\boldsymbol{H}_{ri}^0\boldsymbol{w}\right)^2+\left(\boldsymbol{H}_{zi}^0\boldsymbol{w}\right)^2\right] \tag{4.7b}$$

$$\gamma_{zri}^t=\boldsymbol{H}_{zi}^0\boldsymbol{u}+\boldsymbol{H}_{ri}^0\boldsymbol{w}+(\boldsymbol{H}_{ri}^0\boldsymbol{u})(\boldsymbol{H}_{ri}^0\boldsymbol{w})+(\boldsymbol{H}_{zi}^0\boldsymbol{u})(\boldsymbol{H}_{zi}^0\boldsymbol{w}) \tag{4.7c}$$

$$\varepsilon_{\theta i}^t=\frac{1}{r_i}u_i \qquad (r_i\neq 0) \tag{4.7d}$$

其中 $\boldsymbol{H}_{ri}^0$, $\boldsymbol{H}_{zi}^0$ 分别为

$$\begin{aligned}\boldsymbol{H}_{ri}^0=\frac{1}{2A_0}[&b_i^0+B(b_j^0+b_k^0),\ b_j^0+B(b_j^0-2b_k^0)+C(b_j^0-b_k^0),\\ &b_k^0+B(b_k^0-2b_j^0)+C(b_k^0-b_j^0)]\end{aligned} \tag{4.8a}$$

$$\begin{aligned}\boldsymbol{H}_{zi}^0=\frac{1}{2A_0}[&c_i^0+B(c_j^0+c_k^0),\ c_j^0+B(c_j^0-2c_k^0)+C(c_j^0-c_k^0),\\ &c_k^0+B(c_k^0-2c_j^0)+C(c_k^0-c_j^0)]\end{aligned} \tag{4.8b}$$

这里还应该指出,(4.7d)只在 $r_i\neq 0$ 时,才是实用的,当结点 i 在轴上时,$\varepsilon_\theta=\varepsilon_r$,即

$$\varepsilon_{\theta i}^t=\varepsilon_{ri}^t=\boldsymbol{H}_{ri}^0\boldsymbol{u}+\frac{1}{2}[(\boldsymbol{H}_{ri}^0\boldsymbol{u})^2+(\boldsymbol{H}_{zi}^0\boldsymbol{u})^2] \qquad (r_i=0,\ u_i=0) \tag{4.9}$$

而且,在(4.9)式中,$u_i=0$,上式或可写成

$$\begin{aligned}\varepsilon_{\theta i}^{t}=&\frac{1}{2A_0}\{[b_j^0+B(b_j^0-2b_k^0)+C(b_j^0-b_k^0)]u_j+[b_k^0+B(b_k^0-2b_j^0)\\&+C(b_k^0-b_j^0)]u_k\}+\frac{1}{8A_0^2}\{[b_j^0+B(b_j^0-2b_k^0)+C(b_j^0-b_k^0)]u_j\\&+[b_k^0+B(b_k^0-2b_j^0)+C(b_k^0-b_j^0)]u_k\}^2+\frac{1}{8A_0^2}\{[c_j^0+B(c_j^0-2c_k^0)\\&+C(c_j^0-c_k^0)]u_j+[c_k^0+B(c_k^0-2c_j^0)+C(c_k^0-c_j^0)]u_k\}^2\end{aligned}\tag{4.10}$$

应变速度$\dot{\varepsilon}_r^t$, $\dot{\varepsilon}_z^t$, $\dot{\varepsilon}_\theta^t$, $\dot{\gamma}_{rz}^t$可以从下式计算.

$$\dot{\varepsilon}_r^t=\frac{\partial\dot{u}^t}{\partial r},\quad \dot{\varepsilon}_z^t=\frac{\partial\dot{w}^t}{\partial z},\quad \dot{\varepsilon}_\theta^t=\frac{\dot{u}^t}{r},\quad \dot{\gamma}_{rz}^t=\frac{\partial\dot{w}^t}{\partial r}+\frac{\partial\dot{u}^t}{\partial z}\tag{4.11}$$

我们用变分后的几何描写形状函数,即

$$\dot{u}^t=\boldsymbol{N}\dot{\boldsymbol{u}}^t,\quad \dot{w}^t=\boldsymbol{N}\dot{\boldsymbol{w}}^t\tag{4.12}$$

所以,我们有

$$\dot{\varepsilon}_r^t=\frac{\partial\boldsymbol{N}}{\partial r}\dot{\boldsymbol{u}}^t,\quad \dot{\varepsilon}_z^t=\frac{\partial\boldsymbol{N}}{\partial z}\dot{\boldsymbol{w}}^t,\quad \dot{\varepsilon}_\theta^t=\frac{\boldsymbol{N}}{r}\dot{\boldsymbol{u}}^t,\quad \dot{\gamma}_{tz}^t=\frac{\partial\boldsymbol{N}}{\partial r}\dot{\boldsymbol{w}}^t+\frac{\partial\boldsymbol{N}}{\partial z}\dot{\boldsymbol{u}}^t\tag{4.13}$$

在结点 i 上,$(L_i, L_j, L_k)=(1, 0, 0)$,所以有

$$\left.\begin{aligned}&\dot{\varepsilon}_{ri}^t=\boldsymbol{H}_{ri}\dot{\boldsymbol{u}}^t,\quad \dot{\varepsilon}_{zi}^t=\boldsymbol{H}_{zi}\dot{\boldsymbol{w}}^t,\quad \dot{\gamma}_{rz}^t=\boldsymbol{H}_{ri}\dot{\boldsymbol{w}}^t+\boldsymbol{H}_{zi}\dot{\boldsymbol{u}}^t\\&\dot{\varepsilon}_{\theta i}^t=\frac{\dot{\boldsymbol{u}}_i^t}{r_i}\qquad r_i\neq 0\end{aligned}\right\}\tag{4.14}$$

当 $r_i=0$ 时,$\dot{u}_i^t=0$,则

$$\begin{aligned}\dot{\varepsilon}_{\theta i}^t=\dot{\varepsilon}_{ri}^t(\dot{u}_i^t=0)=&\frac{1}{2A}\{[b_j+B(b_j-2b_k)+C(b_j-b_k)]\,\dot{u}_j^t\\&+[b_k+B(b_k-2b_j)+C(b_k-b_j)]\,\dot{u}_k^t\}\quad(r=0)\end{aligned}\tag{4.15}$$

其中 $\boldsymbol{H}_{ri}$, $\boldsymbol{H}_{zi}$ 见(4.8a, b),但是根据变形后的几何计算的. 在结点 j, k 上还有相类似的应变和应变速度表达式.

弹性应力是通过胡克定律[6]从应变分量直接计算的.

$$\left.\begin{array}{l}\sigma_r^t=\lambda\varepsilon_v^t+2G\varepsilon_r^t-Q^t\\ \sigma_z^t=\lambda\varepsilon_v^t+2G\varepsilon_z^t-Q^t,\ \tau_{rz}=G\gamma_{rz}^t\\ \sigma_\theta^t=\lambda\varepsilon_v^t+2G\varepsilon_\theta^t-Q^t\end{array}\right\}\tag{4.16}$$

其中 λ, G 为拉梅弹性常数. Q^t 为人为粘度[8]

$$\left.\begin{array}{ll}Q^t=C_L\sqrt{(\lambda+2G)\rho A}\mid\dot{\varepsilon}_v^t\mid+C_0^2\rho A(\dot{\varepsilon}_v^t)^2, & \text{在}\ \dot{\varepsilon}_v^t<0\ \text{时}\\ Q^t=0, & \text{在}\ \dot{\varepsilon}_v^t\geqslant 0\ \text{时}\end{array}\right\}\tag{4.17}$$

其中 $C_L=0.5$, $C_0^2=4.0$ 为无量纲常数.

结点 i 上的弹性应力分量是根据(4.16)式用该点的有关应变分量表示的.

$$\left.\begin{array}{l}\sigma_{ri}^t=\lambda\varepsilon_v^t+2G\varepsilon_{ri}^t-Q^t,\\ \sigma_{zi}^t=\lambda\varepsilon_v^t+2G\varepsilon_{zi}^t-Q^t\quad \tau_{rzi}^t=G\gamma_{rzi}^t\\ \sigma_{\theta i}^t=\lambda\varepsilon_v^t+2G\varepsilon_{\theta i}^t-Q^t\end{array}\right\}\tag{4.18}$$

其中 ε_v^t 见(4.4e), Q^t 见(4.17),在每一元素中,它们都是常数. 我们必须指出,按(4.18)计算所得的在结点上的应力分量值,在各有关的相邻有限元中并不保证是等值的. 也即是说,在诸有限元间,结点位移是连续的,但应力分布不连续.

在结点 i 处的弹性应力分量组成一个等效应力,它是

$$\bar{\sigma}_i^t=\sqrt{\frac{1}{2}\{(\sigma_{ri}^t-\sigma_{zi}^t)^2+(\sigma_{zi}^t-\sigma_{\theta i}^t)^2+(\sigma_{\theta i}^t-\sigma_{ri}^t)^2+6(\tau_{rzi}^t)^2\}}\tag{4.19}$$

当 $\bar{\sigma}_i^t$ 小于材料的拉伸屈服强度时,应力就属于弹性范围.

当 $\bar{\sigma}_i^t$ 超过材料的拉伸屈服强度时,材料就产生塑性流动. 在发生塑性流动后,正应力分量就由塑性应力偏量、静水压强和人为粘度三项组成,亦即

$$\left.\begin{array}{l}\sigma_{ri}^t=S_{ri}^t-(P_i^t+Q^t)\\ \sigma_{zi}^t=S_{zi}^t-(P_i^t+Q^t)\\ \sigma_{\theta i}^t=S_{\theta i}^t-(P_i^t+Q^t)\end{array}\right\}\tag{4.20}$$

塑性应力偏量代表材料剪力强度特性,采用冯·西米斯塑性增量理论后,应力偏量(S_{ri}^t, S_{zi}^t, $S_{\theta i}^t$)和剪应力(τ_{rzi}^t)为

$$\left.\begin{array}{l}S_{ri}^t=\dfrac{2}{3}\left(\dfrac{\dot{e}_{ri}^t}{\dot{\bar{\varepsilon}}_i^t}\right)\bar{S},\\[2ex] S_{zi}^t=\dfrac{2}{3}\left(\dfrac{\dot{e}_{zi}^t}{\dot{\bar{\varepsilon}}_i^t}\right)\bar{S},\quad \tau_{rzi}^t=\dfrac{1}{3}\left(\dfrac{\dot{\gamma}_{rzi}^t}{\dot{\bar{\varepsilon}}_i^t}\right)\bar{S}\\[2ex] S_{\theta i}^t=\dfrac{2}{3}\left(\dfrac{\dot{e}_{\theta j}^t}{\dot{\bar{\varepsilon}}_i^t}\right)\bar{S}\end{array}\right\}\tag{4.21}$$

其中$\bar{S}$为材料的等效拉伸强度，而$\bar{\dot{\varepsilon}}_i^t$为等效应变速度

$$\bar{\dot{\varepsilon}}_i^t=\sqrt{\frac{2}{9}\left\{(\dot{\varepsilon}_{ri}^t-\dot{\varepsilon}_{zi}^t)^2+(\dot{\varepsilon}_{zi}^t-\dot{\varepsilon}_{\theta i}^t)^2+(\dot{\varepsilon}_{\theta i}^t-\dot{\varepsilon}_{ri}^t)^2+\frac{3}{2}(\dot{\gamma}_{zri}^t)^2\right\}} \qquad (4.22)$$

$\dot{e}_{ri}^t$，$\dot{e}_{zi}^t$，$\dot{e}_{\theta i}^t$为应变偏量速度，如果把(4.20)，(4.21)中的应力分量代入(4.19)，即得结果

$$\bar{\sigma}_i^t=\bar{S} \qquad (4.23)$$

等效拉伸强度可以用静力拉伸强度来表示，在这时，$\bar{S}$只是$\bar{\varepsilon}_r^t$的函数，$\bar{\varepsilon}_i^t$为

$$\bar{\varepsilon}_i^t=\sqrt{\frac{2}{9}\left\{(\varepsilon_{ri}^t-\varepsilon_{zi}^t)^2+(\varepsilon_{zi}^t-\varepsilon_{\theta i}^t)^2+(\varepsilon_{\theta i}^t-\varepsilon_{ri}^t)^2+\frac{3}{2}(\gamma_{zri}^t)^2\right\}} \qquad (4.24)$$

在大多数的撞击问题中，应变总有少量的恢复，而总$\bar{\varepsilon}_i^t$总是增加的，这样，使(4.23)式成为一个适用的近似式.

静水压强既和体积变化有关，也和有限元内的内能有关[9]. 本文用 Mie-Grüneisen 物态方程

$$P_i^t=(K_1\mu+K_2\mu^2+K_3\mu^3)\left(1-\frac{\Gamma\mu}{2}\right)+\Gamma\rho E_i^t \qquad (4.25)$$

这里的符号为

$$\left.\begin{aligned}&K_1,\ K_2,\ K_3=\text{和材料有关的常数}\\&\Gamma=\text{Grüneisen 常数}\\&\mu=\frac{\rho}{\rho_0}-1=\frac{V_0}{V^{(e)}}-1\end{aligned}\right\} \qquad (4.26)$$

而E_i^t为比内能，它是各应力分量在结点i处对有限元每单位质量做功. 它是从下式的积分求得的.

$$\frac{\mathrm{d}}{\mathrm{d}t}(\rho E_i^t)=V^{(e)}\{S_{ri}^t\dot{\varepsilon}_{ri}^t+S_{zi}^t\dot{\varepsilon}_{zi}^t+S_{\theta i}^t\dot{\varepsilon}_{\theta i}^t+2\tau_{rzi}^t\dot{\gamma}_{rzi}^t\}-(Q^t+P_i^t)\dot{V}^{(e)} \qquad (4.27)$$

这里必须指出，本文所用的高次形状函数虽能给出对角线化的统一质量矩阵，但是，它们表示的位移和位移速度，除了在结点上连续，在三角形边线上一般不连续，所以，它们是非协调的有限元.

根据本文所编出的计算程序和计算例题将另文公布.

参考文献

[1] Zienkiewicz O C. The Finite Element Method. 3rd ed. New York: McGraw-Hill, 1977:

533 - 540.
[2] Myklestad N O. Vibration Analysis. New York: McGraw-Hill, 1944.
[3] Johnson G R. Analysis of elastic-plastic impact involving severe distortions. Journal of Applied Mechanics, Trans ASME, 98, Series E, Sept 1976, 43(3): 439 - 444.
[4] Johnson G R. High velocity impact calculations in three dimensions. Journal of Applied Mechanics, Trans ASME, 99, Series E, Mar 1977, 44(1): 95 - 100.
[5] 钱伟长.具有对角线化的一致质量矩阵的动力有限元和弹塑性撞击计算.应用数学和力学,1982,3(3).
[6] 钱伟长.穿甲力学讲义.华中工学院与应用数学和力学编委会联合举办的应用数学和力学讲座,1981年10月5日—10月25日,武昌.
[7] Boresi A P. Elasticity in Engineering Mechanics. N J: Prentice-Hall, Eaglewood Cliffs, 1965.
[8] von Neumann J, Richtmyer R D. A method for the numerical calculation of hydrodynamic shocks. Journal of Applied Physics, 1950, 21: 232 - 237.
[9] Walsh J M, et al. Shock wave compressions of twenty-seven metals. Equations of state of metals. Physical Review, 1957, 10(27): 196 - 216.

Diagonalized Consistant Mass Matrix and the Dynamical Finite Element Analysis of Elastic-Plastic Impact in Axisymmetrical Problems

Abstract In this paper, the diagonalized consistant mass matrix is found for the triangular ring element in axisymmetrical problems. The results of this work eliminates the feeling of uncertainty and arbitrariness of lumped mass method on the one hand and the difficulty of computation due to nondiagonalized character of consistant mass method on the other. This paper gives also the foundations of the finite element analysis of elastic-plastic axisymmetrical impact problems.

具有对角线化的一致质量矩阵的协调动力有限元

摘　要　本文系统地研究了具有对角线化的一致质量矩阵的协调动力有限元. 前文[1,2]中,作者研究了具有对角线化的一致质量矩阵的动力有限元,并用此处理弹塑性撞击问题,但这些有限元都是不协调的. 本文对空间四面体有限元和轴对称的三角环有限元求得了既有对角线化的一致质量矩阵,又有协调性质的形函数. 这种有限元既可以用来处理撞击等和时间过程有关的问题,也可以处理振动计算,包括线性和非线性问题.

一、引　论

作者在前文[1,2]中研究了具有对角线化的一致质量矩阵的动力有限元,但这些有限元都是不协调的,亦即是说,凡是用这些形函数表示的各物理量,除了在有限元的结点上连续外,在四面体的交界面上,或在三角圆环的交界面上,都不连续. 所以,虽然不用集总质量的假设求得对角线化的质量矩阵,但不协调的有限元仍然引起人们的不安. 本文进一步研究既具有对角线化的一致质量矩阵,而又是协调的有限元. 当然为了达到这一目的,我们必须引用较高次数的多项式作为形函数. 例如,对四面体有限元而言,我们应该用三次式作为形函数,而对于三角圆环有限元而言,我们得用四次式作为形函数.

二、四面体有限元的协调的形函数

设空间坐标为$(x,\ y,\ z)$,位移分量为$(u,\ v,\ w)$,加速度为$(\ddot{u},\ \ddot{v},\ \ddot{w})$,应力分量为$(\sigma_x,\ \sigma_y,\ \sigma_z,\ \tau_{xy},\ \tau_{yz},\ \tau_{zx})$,密度为$\rho$,运动方程可以写成

$$\rho\ddot{u}=\frac{\partial\sigma_x}{\partial x}+\frac{\partial\tau_{xy}}{\partial y}+\frac{\partial\tau_{xz}}{\partial z} \tag{2.1a}$$

$$\rho\ddot{v}=\frac{\partial\tau_{yx}}{\partial x}+\frac{\partial\sigma_y}{\partial y}+\frac{\partial\tau_{yz}}{\partial z} \tag{2.1b}$$

原载《应用数学和力学》,1982,3(5):565－576.

$$\rho \ddot{w} = \frac{\partial \tau_{zx}}{\partial x} + \frac{\partial \tau_{zy}}{\partial y} + \frac{\partial \sigma_z}{\partial z} \tag{2.1c}$$

设 δu, δv, δw 为虚位移分量,把 δu, δv, δw 分别乘(2.1a, b, c),然后在域 Ω 中积分,得

$$\iiint_{\Omega} \rho \ddot{u}\, \delta u\, \mathrm{d}\Omega = \iiint_{\Omega} \left(\frac{\partial \sigma_x}{\partial x} + \frac{\partial \tau_{xy}}{\partial y} + \frac{\partial \tau_{xz}}{\partial z} \right) \delta u\, \mathrm{d}\Omega \tag{2.2a}$$

$$\iiint_{\Omega} \rho \ddot{v}\, \delta u\, \mathrm{d}\Omega = \iiint_{\Omega} \left(\frac{\partial \tau_{yx}}{\partial x} + \frac{\partial \sigma_y}{\partial y} + \frac{\partial \tau_{yz}}{\partial z} \right) \delta v\, \mathrm{d}\Omega \tag{2.2b}$$

$$\iiint_{\Omega} \rho \ddot{w}\, \delta w\, \mathrm{d}\Omega = \iiint_{\Omega} \left(\frac{\partial \tau_{zx}}{\partial x} + \frac{\partial \tau_{zy}}{\partial y} + \frac{\partial \sigma_z}{\partial z} \right) \delta w\, \mathrm{d}\Omega \tag{2.2c}$$

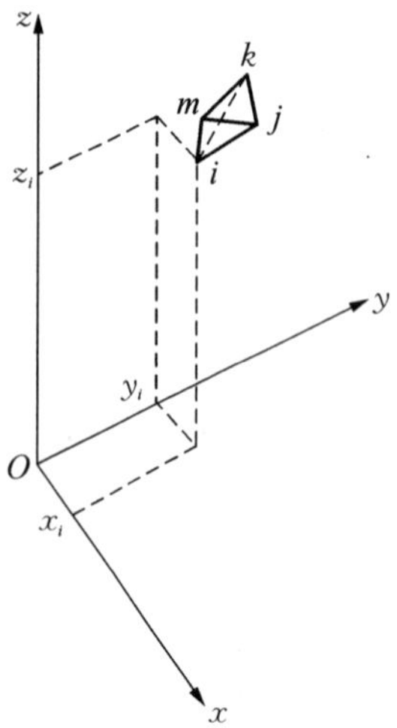

图 1　典型的四面体有限元

把域 Ω 分为 n 个四面体有限元,它们各有 i, j, k, m 四个结点(图 1),设形函数为 N_i, N_j, N_k, N_m,设 u, v, w, $\ddot{u}$, $\ddot{v}$, $\ddot{w}$, σ_x, σ_y, σ_z, τ_{xy}, τ_{yz}, τ_{zx} 可以用形函数和各该量的结点值来表示:
即设

$$\left.\begin{array}{lll} \delta u = \mathbf{N}\delta \boldsymbol{u}, & \delta v = \mathbf{N}\delta \boldsymbol{v}, & \delta w = \mathbf{N}\delta \boldsymbol{w} \\ \ddot{u} = \mathbf{N}\ddot{\boldsymbol{u}}, & \ddot{v} = \mathbf{N}\ddot{\boldsymbol{v}}, & \ddot{w} = \mathbf{N}\ddot{\boldsymbol{w}} \\ \sigma_x = \mathbf{N}\boldsymbol{\sigma}_x, & \sigma_y = \mathbf{N}\boldsymbol{\sigma}_y, & \sigma_z = \mathbf{N}\boldsymbol{\sigma}_z \\ \tau_{yz} = \mathbf{N}\boldsymbol{\tau}_{yz}, & \tau_{zx} = \mathbf{N}\boldsymbol{\tau}_{zx}, & \tau_{xy} = \mathbf{N}\boldsymbol{\tau}_{xy} \end{array}\right\} \tag{2.3}$$

其中

$$\mathbf{N} = [N_i, N_j, N_k, N_m] \tag{2.4a}$$

$$\delta \boldsymbol{u}^{\mathrm{T}} = [\delta u_i, \delta u_j, \delta u_k, \delta u_m] \tag{2.4b}$$

$$\delta \boldsymbol{v}^{\mathrm{T}} = [\delta v_i, \delta v_j, \delta v_k, \delta v_m] \tag{2.4c}$$

$$\delta \boldsymbol{w}^{\mathrm{T}} = [\delta w_i, \delta w_j, \delta w_k, \delta w_m] \tag{2.4d}$$

$$\ddot{\boldsymbol{u}}^{\mathrm{T}} = [\ddot{u}_i, \ddot{u}_j, \ddot{u}_k, \ddot{u}_m], \ \ddot{\boldsymbol{v}}^{\mathrm{T}} = [\ddot{v}_i, \ddot{v}_j, \ddot{v}_k, \ddot{v}_m] \tag{2.4e, f}$$

$$\ddot{\boldsymbol{w}}^{\mathrm{T}} = [\ddot{w}_i, \ddot{w}_j, \ddot{w}_k, \ddot{w}_m] \tag{2.4g}$$

$$\boldsymbol{\sigma}_x^{\mathrm{T}} = [\sigma_{xi}, \sigma_{xj}, \sigma_{xk}, \sigma_{xm}], \ \boldsymbol{\tau}_{yz}^{\mathrm{T}} = [\tau_{yzi}, \tau_{yzj}, \tau_{yzk}, \tau_{yzm}] \tag{2.4h, i}$$

$$\boldsymbol{\sigma}_y^{\mathrm{T}} = [\sigma_{yi}, \sigma_{yj}, \sigma_{yk}, \sigma_{ym}], \ \boldsymbol{\tau}_{zx}^{\mathrm{T}} = [\tau_{zxi}, \tau_{zxj}, \tau_{zxk}, \tau_{zxm}] \tag{2.4j, k}$$

$$\boldsymbol{\sigma}_z^{\mathrm{T}} = [\sigma_{zi}, \sigma_{zj}, \sigma_{zk}, \sigma_{zm}], \ \boldsymbol{\tau}_{xy}^{\mathrm{T}} = [\tau_{xyi}, \tau_{xyj}, \tau_{xyk}, \tau_{xym}] \tag{2.4l, m}$$

代入(2.2a，b，c)，得形式相同的 n 个有限元积分之和. 现取其一个有限元的积分作为典型，即有限元的特征方程为

$$\iiint_{(e)} \rho \boldsymbol{N} \ddot{\boldsymbol{u}}\, \boldsymbol{N} \delta \boldsymbol{u}\, \mathrm{d}V = \iiint_{(e)} \left(\frac{\partial \boldsymbol{N}}{\partial x} \boldsymbol{\sigma}_x + \frac{\partial \boldsymbol{N}}{\partial y} \boldsymbol{\tau}_{xy} + \frac{\partial \boldsymbol{N}}{\partial z} \boldsymbol{\tau}_{xz} \right) \boldsymbol{N} \delta \boldsymbol{u}\, \mathrm{d}V \tag{2.5a}$$

$$\iiint_{(e)} \rho \boldsymbol{N} \ddot{\boldsymbol{v}}\, \boldsymbol{N} \delta \boldsymbol{v}\, \mathrm{d}V = \iiint_{(e)} \left(\frac{\partial \boldsymbol{N}}{\partial x} \boldsymbol{\tau}_{yx} + \frac{\partial \boldsymbol{N}}{\partial y} \boldsymbol{\sigma}_y + \frac{\partial \boldsymbol{N}}{\partial z} \boldsymbol{\tau}_{yz} \right) \boldsymbol{N} \delta \boldsymbol{v}\, \mathrm{d}V \tag{2.5b}$$

$$\iiint_{(e)} \rho \boldsymbol{N} \ddot{\boldsymbol{w}}\, \boldsymbol{N} \delta \boldsymbol{w}\, \mathrm{d}V = \iiint_{(e)} \left(\frac{\partial \boldsymbol{N}}{\partial x} \boldsymbol{\tau}_{xz} + \frac{\partial \boldsymbol{N}}{\partial y} \boldsymbol{\tau}_{yz} + \frac{\partial \boldsymbol{N}}{\partial z} \boldsymbol{\sigma}_z \right) \boldsymbol{N} \delta \boldsymbol{w}\, \mathrm{d}V \tag{2.5c}$$

以(2.5a)式为例，$\boldsymbol{N}\delta\boldsymbol{u} = N_i \delta u_i + N_j \delta u_j + N_k \delta u_k + N_m \delta u_m$ 中的 δu_i，δu_j，δu_k，δu_m 都是独立的，所以(2.5a)可以分为四个特征方程

$$\iiint_{(e)} \rho \boldsymbol{N} \ddot{\boldsymbol{u}}\, N_i\, \mathrm{d}V = \iiint_{(e)} \left(\frac{\partial \boldsymbol{N}}{\partial x} \boldsymbol{\sigma}_x + \frac{\partial \boldsymbol{N}}{\partial y} \boldsymbol{\tau}_{xy} + \frac{\partial \boldsymbol{N}}{\partial z} \boldsymbol{\tau}_{xz} \right) N_i\, \mathrm{d}V \tag{2.6a}$$

$$\iiint_{(e)} \rho \boldsymbol{N} \ddot{\boldsymbol{u}}\, N_j\, \mathrm{d}V = \iiint_{(e)} \left(\frac{\partial \boldsymbol{N}}{\partial x} \boldsymbol{\sigma}_x + \frac{\partial \boldsymbol{N}}{\partial y} \boldsymbol{\tau}_{xy} + \frac{\partial \boldsymbol{N}}{\partial z} \boldsymbol{\tau}_{xz} \right) N_j\, \mathrm{d}V \tag{2.6b}$$

$$\iiint_{(e)} \rho \boldsymbol{N} \ddot{\boldsymbol{u}}\, N_k\, \mathrm{d}V = \iiint_{(e)} \left(\frac{\partial \boldsymbol{N}}{\partial x} \boldsymbol{\sigma}_x + \frac{\partial \boldsymbol{N}}{\partial y} \boldsymbol{\tau}_{xy} + \frac{\partial \boldsymbol{N}}{\partial z} \boldsymbol{\tau}_{xz} \right) N_k\, \mathrm{d}V \tag{2.6c}$$

$$\iiint_{(e)} \rho \boldsymbol{N} \ddot{\boldsymbol{u}}\, N_m\, \mathrm{d}V = \iiint_{(e)} \left(\frac{\partial \boldsymbol{N}}{\partial x} \boldsymbol{\sigma}_x + \frac{\partial \boldsymbol{N}}{\partial y} \boldsymbol{\tau}_{xy} + \frac{\partial \boldsymbol{N}}{\partial z} \boldsymbol{\tau}_{xz} \right) N_m\, \mathrm{d}V \tag{2.6d}$$

我们必须指出

$$\iiint_{(e)} \rho \boldsymbol{N} \ddot{\boldsymbol{u}}\, N_i\, \mathrm{d}V = M_{ii} \ddot{u}_i + M_{ji} \ddot{u}_j + M_{ki} \ddot{u}_k + M_{mi} \ddot{u}_m \tag{2.7a}$$

$$\iiint_{(e)} \rho \boldsymbol{N} \ddot{\boldsymbol{u}}\, N_j\, \mathrm{d}V = M_{ij} \ddot{u}_i + M_{jj} \ddot{u}_j + M_{kj} \ddot{u}_k + M_{mj} \ddot{u}_m \tag{2.7b}$$

$$\iiint_{(e)} \rho \boldsymbol{N} \ddot{\boldsymbol{u}}\, N_k\, \mathrm{d}V = M_{ik} \ddot{u}_i + M_{jk} \ddot{u}_j + M_{kk} \ddot{u}_k + M_{mk} \ddot{u}_m \tag{2.7c}$$

$$\iiint_{(e)} \rho \boldsymbol{N} \ddot{\boldsymbol{u}}\, N_m\, \mathrm{d}V = M_{im} \ddot{u}_i + M_{jm} \ddot{u}_j + M_{km} \ddot{u}_k + M_{mm} \ddot{u}_m \tag{2.7d}$$

其中一致质量矩阵的各项为

$$M_{ii} = \iiint_{(e)} \rho N_i N_i\, \mathrm{d}V, \quad M_{jj} = \iiint_{(e)} \rho N_j N_j\, \mathrm{d}V, \cdots \tag{2.8}$$

$$M_{ij}=M_{ji}=\iiint_{(e)}\rho N_i N_j\,\mathrm{d}V,\quad M_{ik}=M_{ki}=\iiint_{(e)}\rho N_i N_k\,\mathrm{d}V,\cdots \tag{2.9}$$

以(2.6a)为例,可以写成

$$M_{ii}\ddot{u}_i+M_{ji}\ddot{u}_j+M_{ki}\ddot{u}_k+M_{mi}\ddot{u}_m=f_{xi} \tag{2.10}$$

其中 f_{xi} 为这一元素的内力作用在 i 结点上的合力.

$$f_{xi}=\iiint_{(e)}\left(\frac{\partial \boldsymbol{N}}{\partial x}\boldsymbol{\sigma}_x+\frac{\partial \boldsymbol{N}}{\partial y}\boldsymbol{\tau}_{xy}+\frac{\partial \boldsymbol{N}}{\partial z}\boldsymbol{\tau}_{xz}\right)N_i\,\mathrm{d}V \tag{2.11}$$

如果一致质量矩阵是对角线化的,则有

$$M_{ij}=M_{ji}=M_{ik}=M_{ki}=\cdots=0 \tag{2.12}$$

于是(2.10)式可以写成一种有限元特征方程的形式.

$$M_{ii}\ddot{u}_i=f_{xi} \tag{2.13}$$

把和结点 i 有关的各有限元的作用组合起来,我们得结点 i 在 x 轴向的加速度

$$\ddot{u}_i=\frac{\sum^{i}f_{xi}}{\sum^{i}M_{ii}} \tag{2.14}$$

从(2.7b, c, d)也可以求得 $\ddot{u}_i$, $\ddot{u}_k$, $\ddot{u}_m$ 的相类的结果

$$\ddot{u}_j=\frac{\sum^{j}f_{xj}}{\sum^{j}M_{jj}},\quad \ddot{u}_k=\frac{\sum^{k}f_{xk}}{\sum^{k}M_{kk}},\quad \ddot{u}_m=\frac{\sum^{m}f_{xm}}{\sum^{m}M_{mm}} \tag{2.15}$$

从(2.5b, c, d),我们用相同的对角线化条件,可以求得 $\ddot{v}_i$, $\ddot{v}_j$, $\ddot{v}_k$, $\ddot{v}_m$, $\ddot{w}_i$, $\ddot{w}_j$, $\ddot{w}_k$, $\ddot{w}_m$.

对角线化条件其实只有一个,即

$$M_{ij}=M_{ji}=\iiint_{(e)}\rho N_i N_j\,\mathrm{d}V \tag{2.16}$$

如果有限元足够小,ρ 在该有限元中可以近似地看作为常数,则(2.16)式也可以写成

$$\iiint_{(e)}N_i N_j\,\mathrm{d}V=0 \tag{2.17}$$

这是决定 N_i 的一个条件,称有对角线化条件.

现在让我们引进体积坐标 L_i, L_j, L_k, L_m,它们是

$$\left.\begin{aligned} L_i &= \frac{1}{6V}(a_i + b_i x + c_i y + d_i z) \\ L_j &= \frac{1}{6V}(a_j + b_j x + c_j y + d_j z) \\ L_k &= \frac{1}{6V}(a_k + b_k x + c_k y + d_k z) \\ L_m &= \frac{1}{6V}(a_m + b_m x + c_m y + d_m z) \end{aligned}\right\} \tag{2.18}$$

其中 V 为四面体有限元的体积

$$V = \frac{1}{6}\begin{vmatrix} 1 & x_i & y_i & z_i \\ 1 & x_j & y_j & z_j \\ 1 & x_k & y_k & z_k \\ 1 & x_m & y_m & z_m \end{vmatrix} \tag{2.19}$$

其中(x_i, y_i, z_i), (x_j, y_j, z_j), (x_k, y_k, z_k), (x_m, y_m, z_m)为四面体上四个结点 i, j, k, m 上的坐标. 其他各系数为

$$\left.\begin{aligned} a_i &= \begin{vmatrix} x_j & y_j & z_j \\ x_k & y_k & z_k \\ x_m & y_m & z_m \end{vmatrix} \qquad b_i = -\begin{vmatrix} 1 & y_j & z_j \\ 1 & y_k & z_k \\ 1 & y_m & z_m \end{vmatrix} \\ c_i &= \begin{vmatrix} 1 & x_j & z_j \\ 1 & x_k & z_k \\ 1 & x_m & z_m \end{vmatrix} \qquad d_i = -\begin{vmatrix} 1 & x_j & y_j \\ 1 & x_k & y_k \\ 1 & x_m & y_m \end{vmatrix} \end{aligned}\right\} \tag{2.20}$$

其他系数如 a_j, b_j, c_j, d_j 等可以通过轮换下标和正负号求得. L_i, L_j, L_k, L_m 满足下列关系.

$$L_i = 1 \quad 在结点\ i\ 上,\ L_i = 0 \quad 在\ \triangle jkm\ 上 \tag{2.21a}$$

$$L_j = 1 \quad 在结点\ j\ 上,\ L_j = 0 \quad 在\ \triangle kmi\ 上 \tag{2.21b}$$

$$L_k = 1 \quad 在结点\ k\ 上,\ L_k = 0 \quad 在\ \triangle ijm\ 上 \tag{2.21c}$$

$$L_m = 1 \quad 在结点\ m\ 上,\ L_m = 0 \quad 在\ \triangle ijk\ 上 \tag{2.21d}$$

而且在四面体各点上有

$$L_i + L_j + L_k + L_m = 1 \tag{2.21e}$$

设 N_i, N_j, N_k, N_m 为 L_i, L_j, L_k, L_m 的函数,它应该满足

$$N_i = 1 \quad \text{在结点 } i \text{ 上}, \quad N_i = 0 \quad \text{在结点 } j, k, m \text{ 上} \tag{2.22a}$$

$$N_j = 1 \quad \text{在结点 } j \text{ 上}, \quad N_j = 0 \quad \text{在结点 } i, k, m \text{ 上} \tag{2.22b}$$

$$N_k = 1 \quad \text{在结点 } k \text{ 上}, \quad N_k = 0 \quad \text{在结点 } i, j, m \text{ 上} \tag{2.22c}$$

$$N_m = 1 \quad \text{在结点 } m \text{ 上}, \quad N_m = 0 \quad \text{在结点 } i, j, k \text{ 上} \tag{2.22d}$$

而在四面体中各点上同样有

$$N_i + N_j + N_k + N_m = 1 \tag{2.22e}$$

一般说来,只满足(2.22a, b, c, d, e)的有限元形函数不是一定协调的.或即是说,用这些条件写出的形函数所表达的场函数,在交界面$\triangle ijk$, $\triangle ijm$, $\triangle ikm$, $\triangle jkm$上不一定是连续的,以位移 u 为例.

$$\begin{aligned} u &= N_i u_i + N_j u_j + N_k u_k + N_m u_m \\ &= N_i(L_i, L_j, L_k, L_m)u_i + N_j(L_i, L_j, L_k, L_m)u_j \\ &\quad + N_k(L_i, L_j, L_k, L_m)u_k + N_m(L_i, L_j, L_k, L_m)u_m \end{aligned} \tag{2.23}$$

在交界面$\triangle ijk$ 上, $L_m = 0$, 于是有

$$\begin{aligned} u &= N_i(L_i, L_j, L_k, 0)u_i + N_j(L_i, L_j, L_k, 0)u_j \\ &\quad + N_k(L_i, L_j, L_k, 0)u_k + N_m(L_i, L_j, L_k, 0)u_m \end{aligned} \tag{2.24}$$

如果结点值 u_i, u_j, u_k 对共有交界面$\triangle ijk$ 的两个相邻四面体而言是相等的,则对于交界面$\triangle ijk$ 各点而言,u 连续的条件,必须是

$$N_m(L_i, L_j, L_k, 0) = 0 \tag{2.25}$$

这是有限元协调的充分和必要条件.也可以写成

$$N_m = 0 \quad \text{在 } \triangle ijk \text{ 上} \tag{2.26a}$$

同时从 L_i, L_j, L_k, L_m 的轮换特点还可以证明

$$N_i = 0 \quad \text{在 } \triangle jkm \text{ 上} \tag{2.26b}$$

$$N_j = 0 \quad \text{在 } \triangle ikm \text{ 上} \tag{2.26c}$$

$$N_k = 0 \quad \text{在 } \triangle ijm \text{ 上} \tag{2.26d}$$

(2.26a, b, c, d)统称协调条件,但只有一个是独立的.

总起来说,N_i 必须满足下列条件才是具有对角线化的一致质量矩阵的协调有限元的形函数:

(a) 对角线化条件(2.17)

(b) 一般形函数的条件(2.22a, b, c, d, e)

(c) 协调条件(2.26a, b, c, d)

前文[1]的形函数,是一个二次式,只满足条件(a)和(b),不满足协调条件(2.26a, b,c, d),所以是不协调的有限元形函数.

为了满足协调条件(2.26a, b, c, d),我们必须从三次式的形函数中寻找. 最一般的 i, j, k, m 有互换对称的三次式形函数,可以写成

$$\begin{aligned}N_i = {} & L_i + AL_i^3 + B(L_j^3 + L_k^3 + L_m^3) + CL_i^2(L_j + L_k + L_m) + DL_i(L_j^2 \\ & + L_k^2 + L_m^2) + E[L_j^2(L_k + L_m) + L_k^2(L_j + L_m) + L_m^2(L_j + L_k)] \\ & + FL_i(L_jL_k + L_kL_m + L_mL_j) + GL_jL_kL_m \end{aligned} \tag{2.27a}$$

$$\begin{aligned}N_j = {} & L_j + AL_j^3 + B(L_i^3 + L_k^3 + L_m^3) + CL_j^2(L_i + L_k + L_m) + DL_j(L_i^2 \\ & + L_k^2 + L_m^2) + E[L_i^2(L_k + L_m) + L_k^2(L_i + L_m) + L_m^2(L_i + L_k)] \\ & + FL_j(L_iL_m + L_mL_k + L_kL_i) + GL_iL_kL_m \end{aligned} \tag{2.27b}$$

$$\begin{aligned}N_k = {} & L_k + AL_k^3 + B(L_i^3 + L_j^3 + L_m^3) + CL_k^2(L_i + L_j + L_m) + DL_k(L_i^2 \\ & + L_j^2 + L_m^2) + E[L_i^2(L_j + L_m) + L_j^2(L_i + L_m) + L_m^2(L_i + L_j)] \\ & + FL_k(L_iL_j + L_iL_m + L_jL_m) + GL_iL_jL_m \end{aligned} \tag{2.27c}$$

$$\begin{aligned}N_m = {} & L_m + AL_m^3 + B(L_i^3 + L_j^3 + L_k^3) + CL_m^2(L_i + L_j + L_k) + DL_m(L_i^2 \\ & + L_j^2 + L_k^2) + E[L_i^2(L_j + L_k) + L_j^2(L_i + L_k) + L_k^2(L_i + L_j)] \\ & + FL_m(L_iL_j + L_iL_k + L_jL_k) + GL_iL_jL_k \end{aligned} \tag{2.27d}$$

其中 A, B, C, D, E, F, G 为待定常数. 从(2.22a, b, c, d),我们有

$$A = 0, \quad B = 0 \tag{2.28a, b}$$

从(2.22e),得

$$\begin{aligned}& (A + 3B)(L_i^3 + L_j^3 + L_k^3 + L_m^3) \\ & \quad + (C + D + 2E)[L_i^2(L_j + L_k + L_m) + L_j^2(L_i + L_k + L_m) + L_k^2(L_i + L_j + L_m) \\ & \quad + L_m^2(L_i + L_j + L_k)] + (G + 3F)(L_jL_kL_m + L_jL_iL_k + L_iL_jL_m + L_iL_kL_m) = 0 \end{aligned} \tag{2.29}$$

上式第一项,因为 $A = B = 0$,所以恒等于零. 第二、第三项是完全独立的. 因为上式对四面体中任意 L_i, L_j, L_k, L_m 都适用,所以有

$$C = - D - 2E, \; G = - 3F \tag{2.30}$$

把(2.28a, b),(2.30)代入(2.27a, b, c, d),得

$$\begin{aligned} N_i = & L_i + D[L_iL_j(L_j - L_i) + L_iL_k(L_k - L_i) + L_iL_m(L_m - L_i)] \\ & + E[L_j^2(L_k + L_m) + L_k^2(L_j + L_m) + L_m^2(L_j + L_k) - 2L_i^2(L_j + L_k + L_m)] \\ & + F[L_i(L_jL_k + L_kL_m + L_mL_j) - 3L_jL_kL_m] \end{aligned} \tag{2.31a}$$

$$\begin{aligned} N_j = & L_j + D[L_jL_i(L_i - L_j) + L_jL_k(L_k - L_j) + L_jL_m(L_m - L_j)] \\ & + E[L_i^2(L_k + L_m) + L_k^2(L_i + L_m) + L_m^2(L_i + L_k) - 2L_j^2(L_i + L_k + L_m)] \\ & + F[L_j(L_iL_k + L_iL_m + L_mL_k) - 3L_iL_kL_m] \end{aligned} \tag{2.31b}$$

$$\begin{aligned} N_k = & L_k + D[L_kL_i(L_i - L_k) + L_kL_j(L_j - L_k) + L_kL_m(L_m - L_k)] \\ & + E[L_i^2(L_j + L_m) + L_j^2(L_i + L_m) + L_m^2(L_i + L_j) - 2L_k^2(L_i + L_j + L_m)] \\ & + F[L_k(L_iL_j + L_iL_m + L_jL_m) - 3L_iL_jL_m] \end{aligned} \tag{2.31c}$$

$$\begin{aligned} N_m = & L_m + D[L_mL_i(L_i - L_m) + L_mL_j(L_j - L_m) + L_mL_k(L_k - L_m)] \\ & + E[L_i^2(L_j + L_k) + L_j^2(L_i + L_k) + L_k^2(L_i + L_j) - 2L_m^2(L_i + L_j + L_k)] \\ & + F[L_m(L_iL_j + L_iL_k + L_jL_k) - 3L_iL_jL_k] \end{aligned} \tag{2.31d}$$

这里还有三个常数待定. 根据(2.26a),我们从(2.31d)得

$$E[L_i^2(L_j + L_k) + L_j^2(L_i + L_k) + L_k^2(L_iL_j)] - 3FL_iL_jL_k = 0 \tag{2.32}$$

这对一切 L_i, L_j, L_k 都适用,得

$$E = F = 0 \tag{2.33}$$

最后得

$$\left.\begin{aligned} N_i &= L_i + D[L_iL_j(L_j - L_i) + L_iL_k(L_k - L_i) + L_iL_m(L_m - L_i)] \\ N_j &= L_j + D[L_jL_i(L_i - L_j) + L_jL_k(L_k - L_j) + L_jL_m(L_m - L_j)] \\ N_k &= L_k + D[L_kL_i(L_i - L_k) + L_kL_j(L_j - L_k) + L_kL_m(L_m - L_k)] \\ N_m &= L_m + D[L_mL_i(L_i - L_m) + L_mL_j(L_j - L_m) + L_mL_k(L_k - L_m)] \end{aligned}\right\} \tag{2.34}$$

这里只剩一个待定常数 D,它是从对角线化条件(2.17)决定的. 把(2.34)代入(2.17),并利用积分公式

$$\iiint_{(e)} L_i^{\alpha}L_j^{\beta}L_k^{\gamma}L_m^{\delta}\,\mathrm{d}V = \frac{\alpha!\beta!\gamma!\delta!}{(\alpha+\beta+\gamma+\delta+3)!}6V \tag{2.35}$$

我们得

$$378 + 36D - 5D^2 = 0 \tag{2.36}$$

本式有两个根,

$$D_1 = 13.010\,632,\ D_2 = -5.810\,632 \tag{2.37}$$

在四面体的棱边 ij 上，$L_m = L_k = 0$，$L_j = 1 - L_i$，形函数 N_i 的分布为

$$N_i = L_i + DL_i(1 - L_i)(1 - 2L_i) \tag{2.38}$$

其分布曲线的形状如图 2(a)，(b).

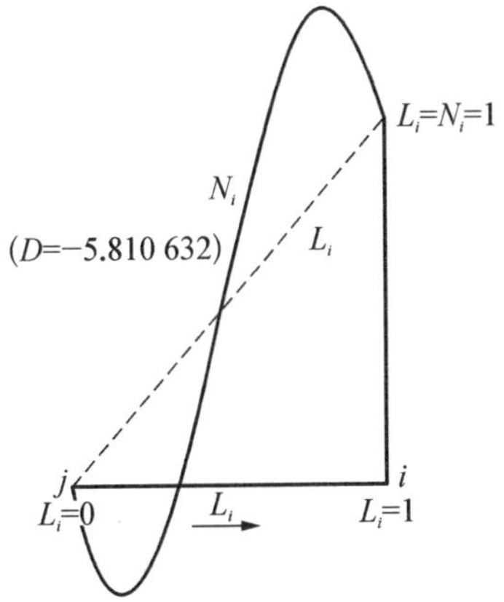

(a) $D=-5.810\,632$

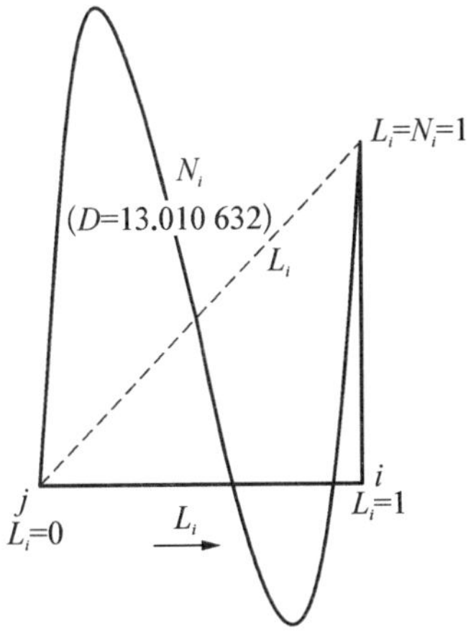

(b) $D=13.010\,632$

图 2　形函数在棱边 ij 上的分布曲线

$$N_i = L_i + DL_i(1 - L_i)(1 - 2L_i)$$

从图 2(a)上可以看到，如果取 $D = -5.810\,632$，形函数在棱边 ij 上的分布曲线，较图 2(b)更接近于 L_i 的分布. 我们建议对角线化一致质量矩阵的协调有限元形函数取(2.34)，而且 $D = D_2 = -5.810\,632$.

对角线项为

$$M_{ij} = \rho \iiint_{(e)} N_i^2 \,\mathrm{d}V = \frac{V\rho}{2\,520}(252 - 36D + 5D^2) = \frac{1}{4}V\rho \tag{2.39}$$

到此，我们可以看到，(2.34)确为满足一切条件的协调的有限元形函数. 我们可以利用这种形函数像前文[1]那样研究空间的各种动力学问题.

三、轴对称问题三角圆环有限元的协调的形函数

设在典型的三角圆环有限元和一$(r,\ z)$坐标面上交截一个三角形 ijk(图 3). $i,\ j,\ k$ 为结点，其坐标分别为$(r_i,\ z_i)$，$(r_j,\ z_j)$，$(r_k,\ z_k)$. 我们引用面积坐标 L_i，L_j，L_k，即

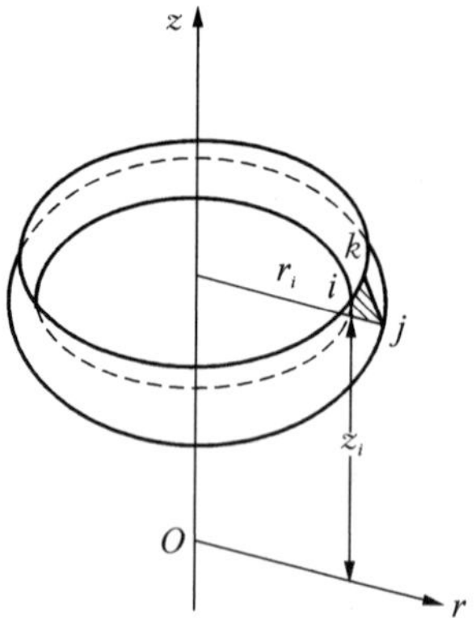

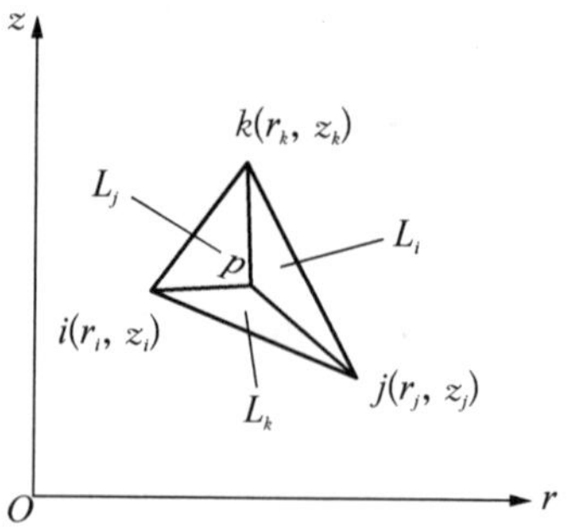

图 3　三角圆环有限元(a)及其截面三角形(b)

$$\left.\begin{aligned} L_i &= \frac{1}{2A}(a_i + b_i r + c_i z) \\ L_j &= \frac{1}{2A}(a_j + b_j r + c_j z) \\ L_k &= \frac{1}{2A}(a_k + b_k r + c_k z) \end{aligned}\right\} \tag{3.1}$$

其中 a_i，b_i，c_i 等分别表示

$$\left.\begin{aligned} a_i &= r_j z_k - r_k z_j \\ b_i &= z_j - z_k \\ c_i &= - r_j + r_k \end{aligned}\right\} \tag{3.2}$$

将下标轮换，即得出 a_j，b_j，c_j，a_k，b_k，c_k.(3.1)式中的 A 表示三角形总面积，它是

$$2A = \begin{vmatrix} 1 & r_i & z_i \\ 1 & r_j & z_j \\ 1 & r_k & z_k \end{vmatrix} = b_i c_j - b_j c_i = b_j c_k - b_k c_j = b_k c_i - b_i c_k \tag{3.3}$$

L_i，L_j，L_k 为三角形任一点的面积坐标，而且

$$\left.\begin{aligned} r &= r_i L_i + r_j L_j + r_k L_k \\ z &= z_i L_i + z_j L_j + z_k L_k \end{aligned}\right\} \tag{3.4}$$

面积坐标还有下列性质：

$$L_i = 1 \quad 在结点\ i\ 上，L_i = 0 \quad 在\ jk\ 边上 \tag{3.5a}$$

$$L_j = 1 \quad 在结点\ j\ 上，L_j = 0 \quad 在\ ik\ 边上 \tag{3.5b}$$

$$L_k = 1 \quad 在结点 k 上, L_k = 0 \quad 在 ij 边上 \tag{3.5c}$$

$$L_i + L_j + L_k = 1 \quad 在整个三角形内 \tag{3.5d}$$

设位移分量 u, w 在结点 i, j, k 上的值分别为 (u_i, w_i), (u_j, w_j), (u_k, w_k), 并设 N_i, N_j, N_k 为有关的形状函数,而且

$$\left.\begin{aligned} u &= N_i u_i + N_j u_j + N_k u_k \\ w &= N_i w_i + N_j w_j + N_k w_k \end{aligned}\right\} \tag{3.6}$$

则 N_i, N_j, N_k 必满足下述条件

$$N_i = 1 \quad 在结点 i 上, N_i = 0 \quad 在结点 j, k 上 \tag{3.7a}$$

$$N_j = 1 \quad 在结点 j 上, N_j = 0 \quad 在结点 i, k 上 \tag{3.7b}$$

$$N_k = 1 \quad 在结点 k 上, N_k = 0 \quad 在结点 i, j 上 \tag{3.7c}$$

$$N_i + N_j + N_k = 1 \quad 在三角形 i, j, k 内各点上 \tag{3.7d}$$

在前文[2]已经证明,满足质量矩阵的对角线化的条件为

$$\iint_{(e)} N_i N_j L_i \, \mathrm{d}r \mathrm{d}z = 0, \quad \iint_{(e)} N_i N_j L_k \, \mathrm{d}r \mathrm{d}z = 0 \tag{3.8a, b}$$

只要 i, j, k 在 N_i, N_j, N_k 内有互换性,则其他条件都是不独立的.

从(3.6)式中,可以看到,在三角形 ij 边上 u, w 连续的条件为

$$N_k = 0 \quad 在 L_k = 0 时(即 ij 边) \tag{3.9}$$

同样还有在 $L_i = 0$ 时, $N_i = 0$; $L_j = 0$ 时, $N_j = 0$. 但是,只要 i, j, k 在 N_i, N_j, N_k 内有互换性,则除了(3.9)式外,其他条件都不是独立的.

总起来说,一致质量矩阵对角线化的协调有限元的形函数,除了满足(3.7a, b, c, d),(3.8a, b)外,尚须满足(3.9)式的协调条件.

前文[2]的形函数只满足(3.7a, b, c, d)和(3.8a, b),不满足(3.9)式,所以一致质量矩阵虽已对角线化,但有限元的形函数并不协调.

为了求得协调的形函数,我们必须从 4 次式中寻找. 有 i, j, k 互换性的四次式形函数可以写成

$$\begin{aligned} N_i = {} & L_i + AL_i^4 + B(L_j^4 + L_k^4) + CL_i^3(L_j + L_k) + DL_i(L_j^3 + L_k^3) + E(L_j^3 L_k + L_k^3 L_j) \\ & + FL_i^2(L_j^2 + L_k^2) + GL_j^2 L_k^2 + HL_i^2 L_j L_k + I(L_j^2 L_i L_k + L_k^2 L_i L_j) \end{aligned} \tag{3.10a}$$

$$\begin{aligned} N_j = {} & L_j + AL_j^4 + B(L_k^4 + L_i^4) + CL_j^3(L_k + L_i) + DL_j(L_k^3 + L_i^3) + E(L_k^3 L_i + L_i^3 L_k) \\ & + FL_j^2(L_k^2 + L_i^2) + GL_k^2 L_i^2 + HL_j^2 L_k L_i + I(L_k^2 L_j L_i + L_i^2 L_j L_k) \end{aligned} \tag{3.10b}$$

$$N_k = L_k + AL_k^4 + B(L_i^4 + L_j^4) + CL_k^3(L_i + L_j) + DL_k(L_i^3 + L_j^3) + E(L_i^3 L_i + L_j^3 L_i)$$

$$+FL_k^2(L_i^2+L_j^2)+GL_i^2L_j^2+HL_k^2L_iL_j+I(L_i^2L_kL_j+L_j^2L_kL_i) \quad (3.10c)$$

把(3.10a, b, c)代入(3.7a, b, c),得独立的两个条件

$$A=0, \quad B=0 \quad (3.11a, b)$$

把(3.11a, b)代入(3.10a, b, c),再把结果代入(3.5d),得

$$\begin{aligned}&(C+D+E)[L_i^3(L_j+L_k)+L_j^3(L_k+L_i)+L_k^3(L_i+L_j)]\\&\quad+(2F+G)(L_i^2L_j^2+L_i^2L_k^2+L_k^2L_j^2)\\&\quad+(H+2I)(L_i^2L_jL_k+L_j^2L_iL_k+L_k^2L_iL_j)=0\end{aligned} \quad (3.12)$$

由于这三项都是独立的,所以有

$$E=-C-D, \quad G=-2F, \quad H=-2I \quad (3.13a, b, c)$$

把(3.11a, b),(3.13a, b, c)代入(3.10a, b, c),消去 A, B, E, G, H,得

$$\begin{aligned}N_i=&L_i+C[L_i^3(L_j+L_k)-L_j^3L_k-L_k^3L_j]+D[L_i(L_j^3+L_k^3)-L_j^3L_k-L_k^3L_j]\\&+F[L_i^2(L_k^2+L_j^2)-2L_j^2L_k^2]+I[L_j^2L_iL_k+L_k^2L_iL_j-2L_i^2L_jL_k]\end{aligned} \quad (3.14a)$$

$$\begin{aligned}N_j=&L_j+C[L_j^3(L_k+L_i)-L_k^3L_i-L_i^3L_k]+D[L_j(L_k^3+L_i^3)-L_k^3L_i-L_i^3L_k]\\&+F[L_j^2(L_i^2+L_k^2)-2L_k^2L_i^2]+I[L_k^2L_jL_i+L_i^2L_jL_k-2L_j^2L_kL_i]\end{aligned} \quad (3.14b)$$

$$\begin{aligned}N_k=&L_k+C[L_k^3(L_i+L_j)-L_i^3L_j-L_j^3L_i]+D[L_k(L_i^3+L_j^3)-L_i^3L_j-L_j^3L_i]\\&+F[L_k^2(L_j^2+L_i^2)-2L_i^2L_j^2]+I[L_i^2L_kL_j+L_j^2L_kL_i-2L_k^2L_iL_j]\end{aligned} \quad (3.14c)$$

现在让我们满足协调条件(3.9),在 i, j 边上, $L_k=0$, $L_j=1-L_i$,所以有

$$-(D+C)[L_i^3L_j+L_j^3L_i]-2FL_i^2L_j^2=0 \quad (3.15)$$

这两项是完全独立的,所以,得

$$D=-C, \quad F=0 \quad (3.16)$$

把(3.16)代入(3.14a, b, c),得只剩两个待定常数 C 和 I 的形函数表达式.

$$N_i=L_i+C[L_i^3(L_j+L_k)-L_i(L_j^3+L_k^3)]+I[L_iL_j^2L_k+L_iL_jL_k^2-2L_i^2L_jL_k] \quad (3.17a)$$

$$N_j=L_j+C[L_j^3(L_i+L_k)-L_j(L_i^3+L_k^3)]+I[L_iL_jL_k^2+L_i^2L_jL_k-2L_iL_j^2L_k] \quad (3.17b)$$

$$N_k=L_k+C[L_k^3(L_i+L_j)-L_k(L_j^3+L_i^3)]+I[L_i^2L_jL_k+L_iL_j^2L_k-2L_iL_jL_k^2] \quad (3.17c)$$

决定 C 和 I 的条件为(3.8a, b),把(3.17a, b, c)代入(3.8a, b),得决定 C 和 I 的

两个二次二元联立代数方程

$$27\,720-2\,970C+330I-519C^2-13I^2+128IC=0 \quad (3.18a)$$

$$13\,860-1\,980C+660I+15C^2-7I^2+8IC=0 \quad (3.18b)$$

其中第一个方程是一个椭圆(图 4),第二个方程是双曲线,它们的交点共有两个,P_1, P_2. 我们建议采用 P_1 的坐标作为下文使用的 C, I 值. 它们是

$$C=3.948\,929, \quad I=-8.365\,069 \quad (3.19)$$

在三角形有限元的 i, j 边上,$L_k=0$, $L_j=1-L_i$, (3.17a)式的形函数分布为

$$N_i=L_i-3.948\,929L_i(1-L_i)(i-2L_i) \quad (3.20)$$

其形状如图 5,它和图 2(a)的分布很接近. 其差别只在第二项的系数

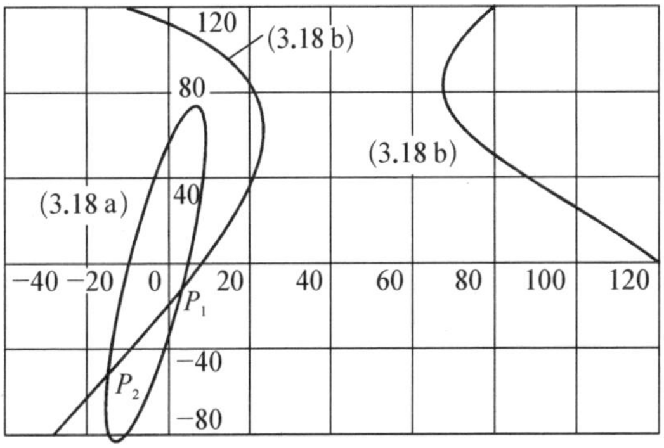

图 4 (3.18a, b)两条曲线的交点. (3.18a)为椭圆,(3.18b)为双曲线,其交点为 P_1, P_2

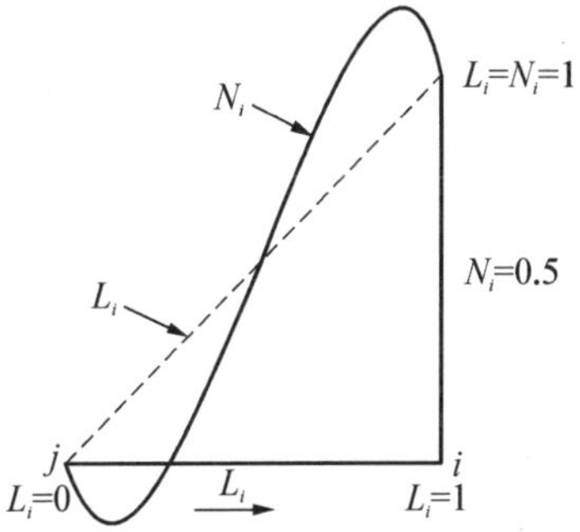

图 5 形状函数在三角形有限元边 ij 上的分布(3.20)式

现在让我们计算一致质量矩阵的对角线项,它们定义为

$$M_{ii}=2\pi\rho\iint\limits_{(e)}N_i^2\,r\,\mathrm{d}r\,\mathrm{d}z-2\pi\rho\iint\limits_{(e)}N_i^2(r_iL_i+r_jL_j\mid r_kL_k)\mathrm{d}r\,\mathrm{d}z \quad (3.21a)$$

$$M_{jj}=2\pi\rho\iint\limits_{(e)}N_j^2\,r\,\mathrm{d}r\,\mathrm{d}z=2\pi\rho\iint\limits_{(e)}N_j^2(r_iL_i+r_jL_j+r_kL_k)\mathrm{d}r\,\mathrm{d}z \quad (3.21b)$$

$$M_{kk}=2\pi\rho\iint\limits_{(e)}N_k^2\,r\,\mathrm{d}r\,\mathrm{d}z=2\pi\rho\iint\limits_{(e)}N_k^2(r_iL_i+r_jL_j+r_kL_k)\mathrm{d}r\,\mathrm{d}z \quad (3.21c)$$

把(3.17a, b, c)代入(3.21a, b, c),并用积分公式

$$\iint\limits_{(e)}L_i^{\alpha}L_j^{\beta}L_k^{\gamma}\,\mathrm{d}r\,\mathrm{d}z=\frac{\alpha!\beta!\gamma!}{(\alpha+\beta+\gamma+2)!}2A \quad (3.22)$$

其中 A 为三角形有限元的面积. 我们得

$$\left.\begin{aligned} M_{ii} &= 2\pi\rho A(\mu_1 r_i + \mu_2 r_j + \mu_2 r_k) \\ M_{jj} &= 2\pi\rho A(\mu_2 r_i + \mu_1 r_j + \mu_2 r_k) \\ M_{kk} &= 2\pi\rho A(\mu_2 r_i + \mu_2 r_j + \mu_1 r_k) \end{aligned}\right\} \tag{3.23}$$

其中

$$\left.\begin{aligned} \mu_1 &= \frac{1}{A}\iint_{(e)} N_i^2 L_i \,\mathrm{d}r\mathrm{d}z = \frac{96}{11!}(41\,580 + 6\,930C - 990I + 519C^2 + 13I^2 - 128CI) \\ \mu_2 &= \frac{1}{A}\iint_{(e)} N_i^2 L_j \,\mathrm{d}r\mathrm{d}z = \frac{96}{11!}(13\,860 + 495C - 165I + 252C^2 + 10I^2 - 68CI) \end{aligned}\right\} \tag{3.24}$$

如果用(3.19)的 C 和 I，我们有

$$\mu_1 = 0.217\,553, \quad \mu_2 = 0.057\,890 \tag{3.25}$$

很易证明

$$M_{ii} + M_{jj} + M_{kk} = \frac{2\pi}{3}\rho A(r_i + r_j + r_k) \tag{3.26}$$

有了这些结果，有关轴对称动力问题的计算，就可以像前文[2]这样列出计算程序，其分别，只在于前文[2]中所用的形状函数是不协调的，而本文所建议的形状函数则是协调的.

参考文献

[1] 钱伟长.具有对角线化的一致质量矩阵的动力有限元和弹塑性撞击计算.应用数学和力学，1982，3(3).

[2] 钱伟长.轴对称问题的对角线化一致质量矩阵和弹塑性撞击的动力有限元分析.应用数学和力学，1982，3(4).

Compatible Dynamic Finite Elements with Diagonalized Consistent Mass Matrix

Abstract In this paper, the compactible dynamic finite elements with diagonalized consistent mass matrix are studied. In previous papers, the author studied the dynamic finite elements with diagonalized consistent mass matrix, but all of them are incompatible elements. In this paper, the compatible form functions are obtained not only for tetrahedron space elements, but also for triangular ring elements, with diagonalized consistent mass matrices. This kind of finite elements can be used not only for the treatment of impact problems which are related to the time, but for vibration problems, including linear and nonlinear equations.

中文和中文计算机*

一、计算机的使用

计算机是1945年由于核工程需要控制反应堆，和导弹需要控制导弹飞行轨迹而提出来的. 它们要求在较短的时间内，完成较复杂的计算工作，靠人计算是不可能的，必须依靠某一种形式的计算机. 冯·诺依曼教授指出，如果用二进位制而不用十进位制进行数值计算，则就可以利用电来进行计算，利用电路的开和关两种状态来表示二进位制中的“零”和“一”两个数字，用重叠组合的开关电路就可以制成一种计算工具. 那时利用了真空二极管两万多个制成了一台体积非常巨大的世界第一台电子计算机. 我们必须指出，二进位制是我国最早发明的. 易经中的八卦，就是二进位制的组合，“联”和“不联”即“——”和“— —”就代表“零”和“一”两个数字，然后进行各种组合变化就成为八卦和六十四卦. 17世纪发明微积分的创始人之一莱布尼兹研究了八卦达两年之久，才弄清了八卦所包含的二进位制数值系统的深刻含义.

计算机之所以称为计算机，其原因就在于用它进行数值计算. 50年代后期，国际上计算机的工作进入了一个新的领域. 他们把26个英文字母和标点符号用号码代替，将英文贮入计算机，从而使计算机的使用范围扩大到一切领域. 现在美国拥有一百八十万台计算机，其中92%的工作量是用来贮存各种资料，检索处理各种资料，其中包括政治、经济、科学和技术的资料，以及翻译、编辑、企业管理等各种工作.

目前，我国的计算机只能用来进行数值计算，使用范围很小. 贮存、检索、翻译、编辑和管理等涉及文字资料的功能，由于中文汉字比较拼音文字复杂，把它贮入计算机和从计算机取出的技术，都还不够成熟，这样不仅影响了计算机的推广使用，更严重的是在四化的一切工作中，失掉了计算机这样的强大的现代化的有效工具.

所以，目前国际上计算机行业中的一个重大课题，就是如何使中文汉字有效地进入和取出计算机. 据估计，国际上研究计算机的科技人员中有十分之一在研究这

政协全国委员会工作组办公室印(1982年4月)，19页. 原载《钱伟长科学论文集》，福州：福建教育出版社，1989.

* 1982年2月17日在全国政协《科技讲座》的报告.

个问题的各个方面.为什么？他们无疑很重视这个中文电子计算机的市场,这是十亿人口的巨大市场.

中文是联合国的五种法定文字之一,主要用于我国和港澳地区,新加坡也是主要使用者,日文中有大量汉字,全世界使用汉字的人口,约在十一亿左右.在使用的重要性方面,无疑首推我国.对于中文计算机的研究,不仅对于我国的发展极为重要,也是我国人民义不容辞的天职,各国学者在这一方面的研究,自当极端予以重视,并感谢他们为这一事业付出的辛勤劳动,但终究应该依靠我国人民自己的力量和才智来解决这个问题,这样才能对得起我们的祖先,才能对得起五千年文化对我们进行的培育和熏陶.我国学者对于这个责任,勇敢地承担起来了,在最近十几年中,在极端困难的条件下,默默无闻地进行着非常艰苦的工作.有很多学者,分散在南至昆明、北至黑龙江,远至新疆和西藏,有的在山沟里,有的在农场里,他们把祖国的荣誉,看得比自己的生命还重要,牺牲了一切,在一天劳动之后,呕心沥血地日以继夜地思索着工作着.在浩劫已尽,大地回春的时候,提出了约计二百余种较有水平的方案.

中文汉字怎样输入计算机问题,不仅涉及大量汉字信息的贮存在管理方面的应用,而且用相同的技术,也可以改造现行的汉字打字机技术.这种初型的汉字打字机最后将代替国内使用的旧式大字盘捡字打字机,从而大大有利于提高行政部门的工作效率,和教育科研部门的讲义报告的复制能力,而且在出版业上,也可以采用打字排版,或电子计算机排版的新型工艺,从而彻底改变印刷业的落后状态.在电讯工程中,这个技术也是非常重要的.

二、当前中文汉字的情况

长期以来,大家认为方块字难学,搞出一套汉语拼音,有人就以为它是我国拼音文字的前驱,是将来的文字.其实这是把国家的政策和个人意见混为一谈.现行的国家政策：汉字是正式的文字,汉语拼音不是文字,是辅助汉字的拼音设计,用来统一汉字的发音标准.这个政策周总理在发布汉语拼音方案时已经说得很清楚,政府从来没有规定要取消汉字.文字研究者用个人的理由主张取消汉字和不能取消汉字,是完全可以理解的,在这一点上完全可以百家争鸣,但是,由于种种困难,今后在很长一段时间内,汉字将仍然是我国的正式文字.我们可以从汉字拼音本身的困难和汉字的特定优越性来说明这个问题.

汉语拼音作为练习和推广普通话是一种很好的辅助工具,这样可以使我国的语言逐步统一,但这将是时间很长的过程.首先的原因是方言复杂.就以人口占百分八十的北方官话、上江官话和下江官话区而言,浙江人分不清前鼻音 n 和后鼻音 ng,把“敬礼”错读成“进礼”,把“跟你谈”错读成“更你谈”.“中国名茶”的商品标签错标成“Zhong Guo Min Cha”(这里的 Min 应写作 Ming).也分不清韵母 i 和 ie,把

“工作顺利”错读成“工作顺连”.也分不清声母 zh 和 j,把“正在”错读成“进在”,把“遵照”错读成“遵教”.hu 和 wu 也不分,“家务”错读为“家户”,“飞黄”读成“飞望”.其他如湖南、安徽、四川等省方言,分不清 l,r,n.把“拉洋车”读成“那洋车”,上海人分不清 p 和 b,t 和 d,h 和 w 等.“北京”读成“Pei 京”,“淘气”的“淘”读成 dáo,“特别”的“特”读成 dè.东北人有舌尖的尖音.这些音都是从小获得的,一般很难改掉,这些都是拼音经常发生错拼的主要原因:例如(——者为错拼)

1. “湖南湘乡啤酒厂”Hu Nai Xiang Xiang Pi Jiu Chang(啤酒标签)
2. “特种挂号信函”Te Zhong Gao Hao Xin Han(邮电部邮政总局的宣传画)
3. “庆祝国庆”Qin Cou Guo Qin(招贴画)
4. “缝纫机”Feng re ji(商品标签)

从这些错拼中很易看到方言所起的作用.

外乡人说北京话为基础的普通话,如非从小起就学,不然就很难学好.老年人说普通话,总不免带几分乡音,这就是所谓南腔北调,蓝青官话,试问全国公教人员中,有多少人能讲标准普通话的.如果在这种情况下采用拼音文字,可以看到其困难所在,至少可以说是为时过早,而且是大大地过早.

如果普通话推广的目的,只是在于在全国范围内有一种比较统一的语言,则对于这种口语的统一标准而言,其要求就无须太严格,带一点轻微乡音是完全可以通融的.如果推广普通话的目的,在于推广一种拼音文字,则发音要求就严格得多.首先要有一种严格的发音标准,然后要求大家都会按这种标准发音拼音.我国的普通话的发音标准既非某一方语,又非某一种系统科学,而是一种“随众”的规定,他和北京胡同里的老人小孩所说的“京腔”差别很大,至少把“儿”字的尾音都省略了.充其量只能说是北京文化人的一种习惯口语.我们对于推广普通话,完全拥护,拼音有助于推广普通话,也完全认识,但是,这和推广拼音文字是两回事.

推广拼音文字的最大阻碍是我国语言为单音文字这一基本事实.我们语言中一共只有四百二十一个不同拼音(根据国家标准 GB2312—80),如果根据新华字典,则只有三百八十六个不同拼音.如果把四声也算在内,则共有一千二百七十个不同的声音,如果拼音不拼声,则只有四百二十一个不同的拼法.这样同音字就太多,例如 Shi 在新华字典中就有七十二个字,在国家标准 GB2312—80 中有六十九个字.赵元任先生在五十年代初期,就曾只用 shi 一个音写成了一篇题为《石室施氏嗜食石狮》的小品故事,如果用汉语拼音写,几百字都是 shi shi shi… 莫知所云.当然一般情况下可以通过拼词来解决一部分问题.但目前拼词连写并没有统一的规律,据多次实验证明,各个人之间的拼词连写中,约有 85%的拼词是相同的,15%的拼词不一致,把 15%的不同拼词用正词法规定下来,还有不少理论和实际问题要做.很多是不成熟的.就是有了合理的正词法则,也还有许多拼音完全相同的词汇,而且许多还是常用的,和在意义上很不相同的同音词汇.最明显的是枇杷

和琵琶，虽然只有两个词，但拼音完全相同，意义又完全无关. 又例如，以 Gong shi 为例，如

公事、攻势、公式、公使、工事、宫室、龚氏、躬事、攻诗、攻史、公谥、公试、共逝、公室、弓矢、工时、供食、共事、贡市、贡士、供使、拱式、拱饰、公示

等二十四个之多. 又例如 xian cheng 为例，有

县城、陷城、鲜橙、限程、献城、咸蛏、险程

等八个之多. 最近有电影，片名是"仇侣"，粗听起来，还以为是"俦侣"呢?

我们在打电话时，经常听到三划王、走肖赵，方人也的施等的语言. 这就是说拼音还不足以解决正确传达全部信息的问题. 第二批简化汉字中，企图用芽(菜)来代替蔡所引起的问题，其实就是这个"同音代替"的原则. 至于"代"和"戴"的问题是否已经解决了，还是值得研究的问题.

以上都说明汉语拼音有利于普及普通话，但拼音文字的使用尚待解决，至少可以说，实现拼音文字，为时尚早. 但是，计算机的时代不能等待了，所以，人们转而研究怎样使用方块汉字输入计算机的问题.

有人认为汉字难学，影响文化普及. 我并不完全同意. 美国中文教学证明，美国人在美国这样的环境中，用两年就可以学会说、读、写. 中国人在中国的环境里长大的应该更容易学. 关键是要有一个合乎科学规律的教学方法.

有人认为汉字太多，难道英文单词就少. 我们从下列几本现行的英文字典和中文字典就可以看到英文单词(变格和组词不在内)并不比中文字少，恰好相反，而且多得很多.

韦氏大辞典　45 万

新英汉词典　8 万

英汉技术词典　7.5 万

现代高级英汉双解词典　约 7 万

英汉四用辞典　约 9 万

康熙字典　约 4 万余

辞海(1977)　约 1.9 万

当代汉英词典　约 9 000

新华字典(1979)　约 1.1 万

信息交换用汉字编码

字符集(基本集)GB2312—80　6 674 字

台湾订信息交换用汉字

编码字形表及异体字表　32 000 字

从上面可见，韦氏大辞典和康熙字典相比，多了 10 倍，一般字典如新英汉词典

和新华字典相比，多了 8 倍，所以就单词而言，英文比汉字要多 8～10 倍. 有人统计过，一般人认识 3 000～3 800 汉字就能够用来处理日常事务了. 一个学者大概要有七八千字，精通古汉语也只要认识一万多汉字，比起英文来要少得很多.

我们应该看到，汉字在祖国的统一大业中，是有重大功勋的，是起了重要的作用的. 秦终皇如果在当年找了一个爱搞拼音文字的李斯，选用了某一种拼音文字，则我国由于方言的千差万别，将会像欧洲一样，在历史的演进中，可能会形成几十种文字，几十个国家. 现在虽然方言多，文字是统一的. 所以，我国长期以来，能够形成一个中华民族的统一的国家，统一的传统方块字绝不能是没有功劳的.

汉字是符号文字，它的优点是能够直接传达信息. 全国方言不同，但能用同一文字，传达同一信息. 这就很有价值. 汉字在日本虽然读法很不相同，但也能传达基本上和汉语相同的信息. 这就显示了符号文字的优越性. 世界上最普及又最有国际性的符号文字是 0，1，2，3，4，5，6，7，8，9，十个阿拉伯数字，不论哪国人民，对它们虽各有不同的读法，但却代表着完全相同的信息. 世界上其他数学符号和化学符号也是基本相同的. 同一方程式或公式，各国读音都不一样，但却代表着相同的可以理解的信息. 国际会议上只要方程式一出现，它就反映了完全一致的科学结论. 我们搞数学的，不论读什么文字的科技书籍，一看见方程式就完全理解它是讲什么的. 这就是符号文字的先进性和优越性.

现在有人开始认识到最有效的文字不是拼音文字而是符号文字. 符号文字值得大大提倡，而且可能是将来世界人民团结的基础. 拼音化的世界语推行多年并不成功，而符号化的阿拉伯数字已经举世通行，看来最科学最先进的文字并不是拼音文字而是符号文字.

汉字是符号文字，但不是纯粹的原始的象形文字，其主要特性是在于会意和形声. “日”和“月”在一起是“明”，两“木”并立是“林”，这就是会意. “枇杷”是果子从“木”，“琵琶”是乐器从“玉”，这就是形声. 它是富于理性的符号文字. 它善于表达内心世界，能区分更多的等级，表示褒贬. 例如哭泣就有“嚎啕”、“哭泣”、“饮泣”、“流泪”、“呜咽”等不同程度表达方式. 中文又是最简练的. 在联合国的英、法、西、俄、中五种语言的发言文件中，中文本总是最薄的，最简短的，反之，俄文本总是最厚的、最长的. 中文从历史上就显得善于吸收外来文化，把外文吸收转化的汉化的语言. 例如，全世界都称“原子”为“ATOM”，我国译为原子，含义更为适当. 电话初传入我国时，译音为“德律风”，后来译为“电话”，是用“电”传达的“话”，翻译得完全汉化了.

现在谈一下简化字问题. 简化字本来是件好事. 但是如果无原则地“随众”进行简化，则必然引起混乱. 在目前“同音替代”这个原则如果无限制地进行使用，也会产生困难. 文字本来是一个国家一个民族的共同约定，应该有相对稳定性，这种“随众”(即约定俗成)和“同音替代”的原则，无疑是鼓励群众随心所欲进行“创造”，有时甚至是鼓励错别字.例如把感冒写成干冒,赶超写成干超,丰衣足食写成丰衣作食.敬礼写成进礼等."约定俗成"就是说在国家标准之外可以有"俗",就是人人有权随心所欲地创造俗字,例如,"街"写成"亍","菜"写成"芽"等,最近我看到常熟的熟字写成"䒑"字,已是登峰造极.汉字的简化应有一定的规律,简化的汉字应能保持汉字原有构造系统.有系统有规律地简化汉字,就能保持原有系统的优越性,也即是说,有了继承性.有系统地简化汉字的偏旁和部件是一个很好的原则.例如把"睪"这个部件全部简化为"圣",把"䜌"这个部件全部简化为"亦",把"臨"这个部件全部简化为"𠂉"等,都是很好的例子.可惜并没有贯彻使用.例如在歡、觀、勸、鸛、罐、灌、鑵、獾、懽、瓘、權等中,只用"又"简化了欢、观、劝、权四个字,其他字都没有按这个规律简化,其中有罐、灌、獾是常见的现代化用字.灌如用这个规律简化,应作汉,这又和漢的简化字汉冲突,只好将灌字简化为"浂"字.这在汉字系统上造成困难.这种无规律的简化,只能造成学习的困难.我国青年学生,包括大学生在内,在阅读五十年代初期的报纸和文件时已经有很大困难.华侨、外籍华人、台湾港澳同胞由于不认得简化字,在阅读我国的出版品、报纸、杂志就很不方便,在对外宣传上,没有台湾那样便于接受,这就大大地影响我们统一战线工作的效果.在国内,有人主张简化字的速度应该再快一些,可是爱国侨胞多数希望放慢一些,希望有一个稳定的时间.

前年,国际标准会议向我国要一份汉字标准笔画方案.国家标准局提出了"信息交换用汉字编码字符集(基本集)GB2312—80",以简化字为主,加上少量繁体字,共6 674字.台湾也提出了一个方案,称为"信息交换用汉字编码字形表及异体字表",共32 000字.国际标准会议通过了我国提出的方案.可是,美国图书馆学会在去年开会则通过了台湾的方案,作为美国中文图书馆检索管理使用的中文计算机采用的标准编码.他们声称在美国的中文藏书中,有90%以上的藏书是繁体字的.所以采用我国标准时,不能满足他们的需要,在台湾的方案中有全部简体字,所以,也能满足我国最近出版的图书管理之用.听说,国外的某些计算机公司也准备用台湾的方案作为标准编码之用.

总之,中文方块字,还要使用相当长的时期,中文计算机就要研究汉字如何进入和取出计算机的问题.

三、当前中文计算机的发展情况

中文计算机有三个要害,一是输入的编码方案和键盘,二是贮存和字库,三是输出的显示和打印技术.

目前,将中文字输入计算机的方案有四类:(一)输出输入都是汉语拼音.(二)输入是汉语拼音,输出是汉字.(三)输入是以拼音为基础的编码,输出是汉字.(四)输入是以字形为基础的编码,输出是汉字.

第一种方案可以直接用拉丁字(英文)的计算机,我们对国际上常用的计算机根本上无需进行任何改造.输入用英文打字机,输出用国际上通用的打字机.只要汉语拼音(不用四声符号)的使用困难解决了,则汉语计算机的问题就可以直接移植使用.所以,这里不是计算机问题,而是汉语拼音的成熟性问题.

第二种方案,输入可以借用英文字母输入的打字机.只要把汉字字库按汉语拼音组合排列,第一次单字显示可以把同音汉字全部显示在屏幕上,然后用选择键选用当选的汉字,再打印出来,这样做,当然要有特定的软件来进行选择工作.只要汉语拼音的使用技术解决,输入技术用外文打字机,输出比较复杂,耗时较多.

第三种方案在输入方面利用拼音,定出每个字的编码.操作人员只要记得这种编码规律,就能用数码输入,一般为四个数码,有些方案也可以用拉丁字母作为编码的单元.北京有个很早的编码方案,称为"双拼"的方案,就是这类方案之一.这个方案现在已在好几个部门开始试用了.上海一机部仪器仪表研究所支秉彝总工程师的方案,把每一个汉字分成几个部件,每个部件用拼音的声母作为编码的单位,进行编码,也是这类方案之一.现在业已做成样机,正在组织生产.

第四种方案是按字形笔画进行编码输入,这类编码方案的代表是美国王安公司所采用的三角编码法.把每个字的左上角、右上角、左下角的笔画字形分为99个不同类型的基符,每个基符用两位数的数字代表,所以一个汉字一般有六位数字编号.王安公司的汉字计算机业已进口多台,使用正常.另一代表是丁西林、黎锦熙生前所建议,"文化大革命"后期由天津李毅民和北京师范大学李金铠所完成的笔形编码法(本法附后).该法按走笔方向特性把笔画分为八种笔形,每一种用0,1,2,3,4,5,6,7共八个号码来代表.每一汉字分为若干部件,从第一部件第二部件各取3笔,最后部件取第一笔画,共7个号码代表这个汉字的编号,如果这个字只有一个部件,就只有三个数字的编号.这个方案在北京师范大学业已有样机一台,现在已在香港取得英国的专利权.这个方案有一些优点:例如,容易学、规律简单,看字就可以打出号码,一星期一个初中文化的人就能学会,不受发音的影响,易在全国不同方言的区域使用.通用性强,繁体、简化字都可以用,输入较快,一分钟可以输入50—82字.日文中的汉字也能用,日本计算机公司对此很有兴趣.

我国现在已有210种以上的编码方案,其中已有十种左右已有样机,有不少是很好的.只是在没有专利保障下不能公开.美国I.B.M(国际商业机器公司,世界最大的电子计算机公司)有许多人(估计上千)专门研究中文计算机,其他如西德西门子公司,美国Hennywall公司,以及澳洲、日本、香港、台湾等也都在研究,都有它们自己的方案.现在有很多外国要求和我国联系,探听我们的发展情况,摸我国各种方案的底,但我国还没有专利权的保护,我们应注意保密.

现在国际上有三类键盘方案.第一类是大键盘,一个键盘上有1 920～2 400个键.每个键管理一个汉字.一般有5～6个键盘,把汉字按使用频度统计分别安排在各个键盘上,第一号键盘是最常用的字,第二号键盘是次常用的字,第六号键盘上的字都是罕见罕用的字.每个键盘上的字都是按拼音的音符次序排列的.美国国际商业机器公司(I.B.M),美国通用电脑公司(IPX)和西德西门子公司等都用这种字盘,日本也用这种字盘.日本国家规定1 920个常用汉字,就是根据这种字盘的要求决定的.这种字盘的优点是直接输入,打字人员可以不动脑筋.但其缺点是有一个检字过程,而且这个过程是以读音为指导的.在大量的常用字中,操作简单.但一遇到罕见罕用字,尤其是不知读法或错读的字,就会发生很大困难.这样一个字有时会耗费通常几百个字所需时间的.

第二类键盘是中键盘.每个中键盘一般有100～500个键.像王安公司的三角编码输入法的键盘就是中键盘的典型.王安公司把汉字在左上角右上角左下角的组成分为99种典型笔画,其键盘就有99个,它是纯字形的编码法,操作人员无需知道每个字的读音.它的缺点是每字打6个号码,耗时过长,速度较有限制.同时同码字较多,经常遇到同码字的处理问题.台湾、香港还有几家也是中键盘系统,其中有些是很值得注意研究的.我国长城工业公司最近生产的简便汉字编码法也是中键盘.共138个键.它是以字形为主、形音结合的编码法.

第三类是小键盘方案.小键盘一般只用90个键,大多数在40～50个之间,也有少到只用8个键.我国的方案绝大多数都是小键盘方案,在我国两百多个方案中,大致可以归纳成三种亚类,即笔形编码、拼音编码和形音混合编码.上海支秉彝同志就是拼音方案之一.它们对于普通话讲得较差的人,使用时困难较多.

在各种方案的百家争鸣的情况下,展开竞争,呈现出百花齐放的气象.这种情况和一百年前英文打字机的发展情况很相似.怎样来评价这类方案呢?现在较多人的想法必须有一个评价标准,哪怕只是一个暂定的标准.这个标准必须包括下列各方面:(一)打字的速度,(二)训练使用的难易,(三)重复号码的多少,(四)生产机器的成本.如果我们每年能评比一次,来鼓励大家改进,评比标准逐年改进,逐年完善.这样就一定能为祖国开创一个中文计算机的新时代.

在编码和键盘上,我国人民有很多发明创造,想方设法简化机器,避开了我们工艺技术条件差的不利因素,总的说来,业已远远超出国际水平,这是国外所公认的.

显示打印汉字有三种办法:(一)针刺,在规定的小方格中刺几十个按笔画分布的针眼,针越细,刺的针眼越多,显示出来的字越清楚.我国只能做到一方块内有18×22个针眼的密度.新五号字出来较模糊,四号字显示出来就清楚.在国外一般都能达到30×30以上的针刺密度.(二)激光加点,这一方面我国已有很不差的水平,北京大学等单位共同研制的激光印排机所得的新五号字形,都很漂亮,在技术上已超过日本,可惜成本太贵.可以用在印刷排版,不宜普及使用在计算机上.

（三）西德西门子公司和一位教授合作研究成功的一种有颜色的液体从特制的喷嘴中喷注出来的喷液显示法.他们希望我国采用他们这一技术,可是对这种液体的制作方法则进行技术保密.外国人总在关键地方卡我们,例如复印机的显示粉,彩色胶卷的洗印剂,圆珠笔的墨水等.

我国在中文计算机研制工作方面还有许多组织上的困难,虽然已经成立了中文信息研究会,但方案甚多,一般方案都是通过个人长期劳动后的成果,有时还是一家共同劳动的成果,总是确认自己的较好,排它性较强,这是可以理解的,评比和组织都有困难.目前虽已研制出十几台样机,但并不能说没有做出样机的方案就不值一谈了,也不能说做出样机的就一定是最好的方案.但是,我们的人民和知识分子是有才干的,是刻苦努力的,能在极端困难的条件下研究二百多种方案,就是很不容易的.在武汉有一位高龄达 90 岁的老教授,用二十多年的精力研究出一个较好的方案,现在正由武汉市科协帮助进行试制工作,从这位老先生身上就可以看出我国在前进.研制中文计算机是历史交给我们的任务,难道两千年的中国文字,要等外国人来研制成功中文计算机再卖给我们,那时,我们的脸放到哪里去！中国人爱国,有才智,肯努力,只要组织起来,前途是光明的.

附件　丁西林笔形编码法

这个方案是物理学家、作家、已故原文化部长丁西林所建议,由北师大教授黎锦熙合作创造,由他们的学生李金凯、李毅民等继续改进而完成的.其主要内容有下列数端：

（一）基本笔码代码（表一）

现代印刷汉字的笔画,细分共有 38 种,但可按其走笔方向特性分为 8 种基本笔形.用 1, 2, 3, 4, 5, 6, 7, 0 共八个代码来表示.它们被称为（1）横、（2）竖、（3）撇、（4）点（捺）、（5）左折、（6）右折、（7）叉、（0）方,其中点的笔形也兼顾捺的笔形,左折右折比较复杂,左折有 14 种亚种,右折有 12 种亚种（详见表一）.

这里只用八个代码,它是二的三次方,在二进位制的数字中,只用三个数位,在计算机的输入中它是最经济,也是最简单的笔形代码.这些笔形是用走笔的方向来区分的,也是最易于理解的.

为什么"横"和"挑"可以用同一代码呢？其原因之一是,它们的走笔方向都是自左到右.其原因之二是,它们原来是可以转用的,例如：

工　王　土　立

项　玩　地　端

工王土立的最后一笔在作为偏旁时,都变成"挑".所以"横"和"挑"可以作为一个代码."点"和"捺"都列为代码 4,也有相同的道理,例如：

令　仓　木　火
领　创　相　烘

凡是令仓木火中的“捺”作为偏旁时，都转化为“点”，所以“捺”和“点”都用相同的代号，这是容易记忆的，容易辨认的.

表 1　汉字笔形代码表

代码	1	2	3	4	5	6	7	0
名称	横	竖	撇	点(捺)	左折	右折	叉	方
特征	→	↓	↙	↘	↺	↻	＋	□
笔形	一三	丨中	丿人	丶主	㇕尸	㇗亡	十土	口旦
	㇀刁	㇑五	㇒千	㇏入	㇚小	㇙氏	ㄨ凶	口目
		ˈ贞	丿儿	ʼ冗	㇇又	㇜允	乂文	口国
				～之	㇅凸	㇅凹	十木	
				丶心	㇆刀	㇄巴		
					㇆也	㇃心		
					㇖冗	㇂戈		
					㇁犯	㇛巡		
					㇌队	㇠飞		
					㇋廷	㇈几		
					㇌乃	乙乙		
					㇜专	㇊认		
					㇉与			
					㇙鼎			

至于折笔、钩笔在汉字中出现频度较低. 如“㇅”“㇅”几乎只用在“凸”“凹”两字中，我们把它们分为两类，即左折和右折.

（二）笔画的位置次序

要按笔画编码，就要求有一定规则来决定笔画次序. 人们在这一方面首先想到的是按写字笔顺来决定笔画次序. 但笔顺有两个问题. 其一是笔顺并无统一规定，如虎字头“虍”就有四种不同笔的写法，即

虍：（1）一　丨　㇖　丿　　（2）一　丨　丿　㇖

　　（3）丨　一　丿　㇖　　（4）丨　一　㇖　丿

又如力和九都有两种不同的习惯：

力：　(1) 丨 𠃌　　(2) 𠃌 丨

九：　(1) 丿 乙　　(2) 乙 丿

第二个问题是，有些字笔画相同，笔顺也相同，如“天”和“夫”，笔顺都是先两横后一撇一捺．即按笔顺编码都是1134，这样按笔顺编码的同码字很多(如表2)．

表2　笔顺同码字表

笔顺编码	同码字		笔顺编码	同码字	
35	力	刀	1534	内	贝
1132	井	开	1354	友	歹
1136	无	元	3116	气	毛
1344	太	犬	3236	仇	化
1134	夫	天	31134	失	矢

笔顺讲的是写字过程，即写出笔画的先后次序，不仅因人而异，而且并不反映字形．字形是从笔画的相对位置来决定的．所以编排笔画的次序应该从笔画的相对位置来决定．这个方案提出的规定是：“先高后低和先左后右”，笔画的高低是由某笔画开笔时的高低部位决定的．用了这些规定，上面的各种字就都不是同码字．例如，“力”中的“丿”比“𠃌”高，刀中的“丿”比“𠃌”低，所以力的编号是35，刀的编码是53．表2中的各字编码如下表(表3)．

表3　按笔画位置次序编码例

笔顺编码同码字				笔顺编码同码字			
字	编码	字	编码	字	编码	字	编码
力	35	刀	53	内	3254	贝	2534
井	3211	开	1321	友	3154	歹	1354
夫	3114	天	1314	气	3116	毛	3611
无	1316	元	1136	仇	3236	化	3263
太	3144	犬	3414	失	33119	矢	31319

在用了“先高后低和先左后右”的规定后，不管什么字的笔画次序都是唯一的．如广按这个规定应该是编码2153．

(三) 部件的类型和部件的定位次序

部件是字形结构的单元，是彼此独立的笔画组合．部件和传统的部首大部分是相同的，但其划分原则是不相同的．譬如“天”字在“说文解字”中解为“显也、至高无上，从一大”．所以，把天折天，属于“一”部，而笔形编码则把互相联结而又组织在一起的笔画集团看作为一个部件．所以，“天”是一个部件．例如“羽”字．“说文解字”解为“鸟长毛也，象形，凡羽之属皆从羽”．但笔形编码把羽看作是两个不相联结的笔画集团．认为是两个部件．

笔形编码法按笔画之间的组合关系，把部件分成三类：

（1）互相联结的笔画集团，如：

丰，卢，支，女，而，两．

（2）相互不联结的几个单笔所组成的笔画集团，如：

二，冫，氵，八，心，川，刂，六，小，灬．

（3）点（或横）和联结笔画组合成的笔画集团，如：

玉，戈，大，办，弋，立，母，舟，业，鸟，马，鳥，馬，讠，言．

有了部件后，还应该规定部件在位置中的先后次序．汉字是一个二维的平面图形．它的部件位置既有上下，又有左右．我们的部件定位规定是：“先上后下，先左后右，上下分明的字在上下各部中排列左右次序，左右分明的字在左右各部中排列上下次序”．

例如：“型”是上下分明的字，“刑”为上，“土”为下．再从上部“刑”中按左右次序分为“开”和两个部件．所以有部件次序

<table><tr><td>开</td><td>刂</td></tr><tr><td colspan="2">土</td></tr></table>

<table><tr><td>1</td><td>2</td></tr><tr><td colspan="2">3</td></tr></table>

又例如“部”是左右分明的字，“音”是左，“阝”是右．再把左边的“音”按上下次序分为“立”和“口”两个部件．“立”在上“口”在下．“陪”字亦相似，但次序不同，它们的部件次序为

<table><tr><td>立</td><td rowspan="2">阝</td></tr><tr><td>口</td></tr></table>

<table><tr><td>1</td><td rowspan="2">3</td></tr><tr><td>2</td></tr></table>

<table><tr><td rowspan="2">阝</td><td>立</td></tr><tr><td>口</td></tr></table>

<table><tr><td rowspan="2">1</td><td>2</td></tr><tr><td>3</td></tr></table>

按此同理，“嚣”应该分为五个部件

<table><tr><td>口</td><td>口</td></tr><tr><td colspan="2">页</td></tr><tr><td>口</td><td>口</td></tr></table>

<table><tr><td>1</td><td>2</td></tr><tr><td colspan="2">3</td></tr><tr><td>4</td><td>5</td></tr></table>

现在以三个部件的汉字字型为例，来说明部件的次序（表 4）．

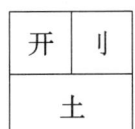

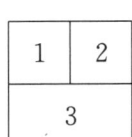

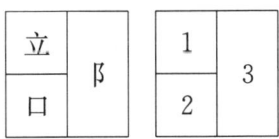

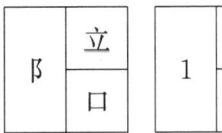

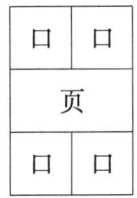

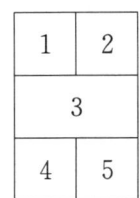

表 4 三个部件的汉字的部件次序

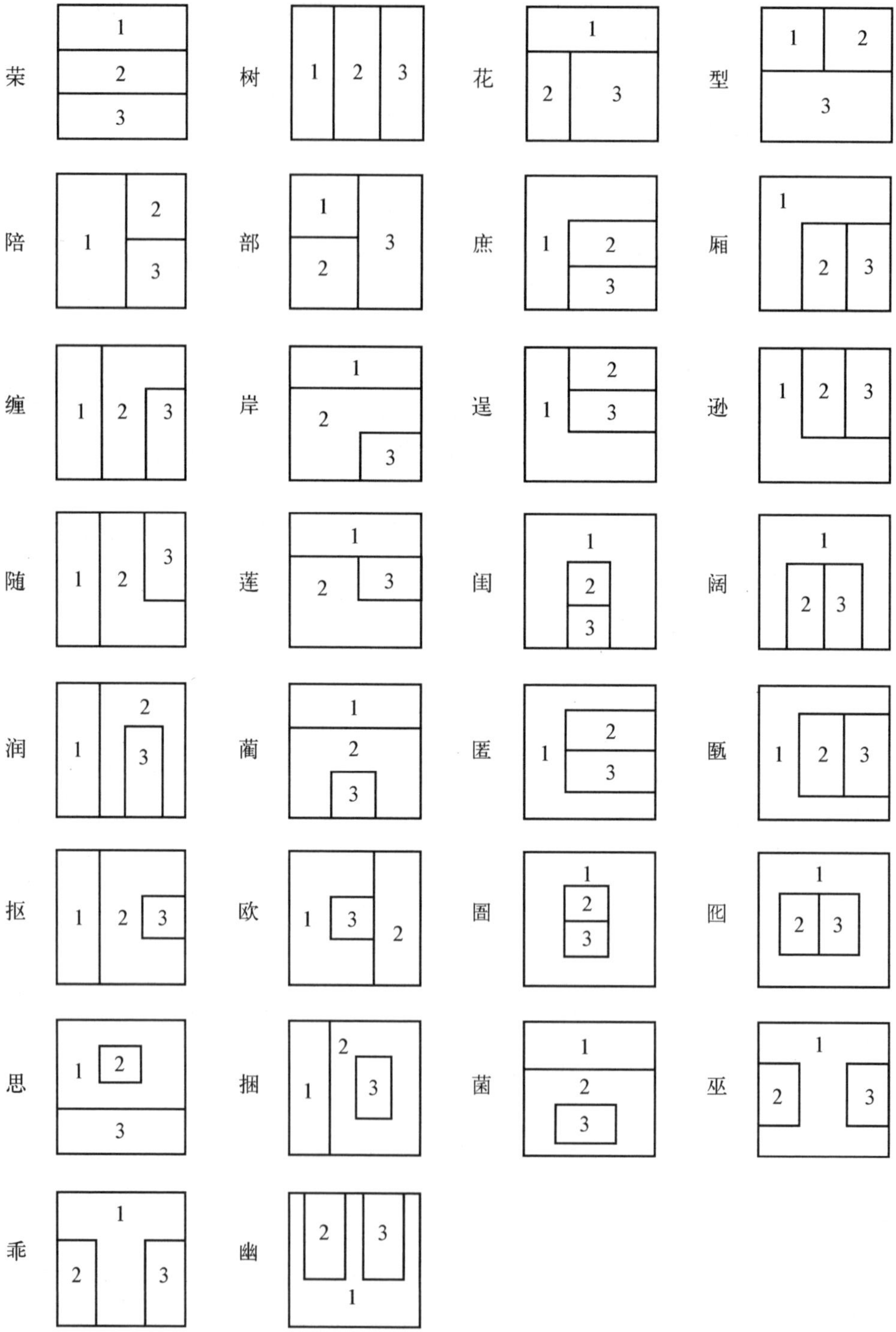

(四) 笔画超过七笔者，略去冗余笔画的编码

汉字有不少字的笔画多于七笔，有些甚至有二三十笔. 因此需要设法略去冗余笔画的编码，从而缩短编码长度，在西文计算机语言中，也大量简略西文中的冗余字母，从而达到提高效率的目的.

通过一些简略规则所剩下的有效码，利用软件，就可以做到只输入有效码或多于有效码的数码，都能在机器字库中找到该字，这是汉字笔形编码的存贮和查找程序问题.

我有下列省略冗余笔画编码的规定：

(1) 析分部件后，每个部件只取首三笔的编码，其余笔画的编码一概略去，如：

车	只取	丨 一 丨	编码 212
月	只取	丿 ㇆ 一	编码 352
册	只取	丿 ㇆ 丨	编码 353

(2) 有三个以上部件的字，首两个部件用三笔，最后一个部件取第一笔，但如有同码字时可以在最后部件中取首两笔.

取七笔的字在 3 600 个常用汉字中约有 490 个，如

磨	燃	缴	戆	履
广木石	火勺灬	纟白攵	立早心	尸彳攵
413—374—1	343—354—4	661—301—3	414—017—4	531—332—3

取七笔有同码字而取八笔者在 3 600 个常用字中有 22 对，其中有三个以上的同码字的，例如

道	送	遂	逆
辶丷自	辶丷大	辶丷豕	辶丷屮
454431—30	454431—31	454431—35	454431—34

撕	撒	拱
扌其斤	扌艹攵	扌共八
71—771—33	71—771—31	71—771—34

绽	缩	综
纟宀疋	纟宀百	纟宀不
661—445—12	661—445—13	661—445—15

(3) 规定常用简码字.

按照信息论的原则，应该用最短的编码表示最常用的字.

根据汉字使用频度统计，在某一种 2 163 万字的材料中，一共只用了六千个不同的汉字. 各个汉字的使用频度相差很大. 其中最常用的“的”字一个字就用 83 万

次,约占4%,而使用频度低的两千个字总共才使用了1万余次,合起来才占约万分之五.也就是说,"的"字一个字比这两千字的集合的使用频度还高出80倍;比其中任何一字而言,平均高出16万倍,频度相差如此悬殊,自不应一视同仁,所以笔形编码法给"的"等最常用字规定了简码.

例如:"的"字用第一笔撇的码"3"作为简码."是"字用第一笔竖的码"2"作为简码,"主"用字第一笔点的码"4"作为简码.如果把它们和原来就是一笔的字放在一起,就有下列单码表(表5)

表5 单码字表

字	码	频度	注
口	0	14807	"回"为00,"吕"为001,"日"为01,"曰"为010,"○"为10
一	1	270949	
是	2	211842	全码为011213
的	3	830302	全码为301354
主	4	131911	全码为4171
了	5	177299	
乙	6	3885	
十	7	43784	

还可以规定一些两码、三码的简码.这样就引进了180个简码,连同原来就是一码、二码、三码字,一共就有一、二、三码以下的字348个,约共占全部汉字使用频度的46%,简码只取汉字的前一、二、三笔的笔形代码,非常好记,如果记不准某字是否有简码,则可仍取其全码.

(4) 多字同码和一字多码(表6).

有极少数的字(3 600字中共有40多个,约占1.1%,1万字中有一百多个)是多字同码.如"九""几""儿"都是36,"只""囚""叭"都是034等(见表6),它们都只用最后一位后加0,或最后一位前加0的方法,予以区别.其中那个最常用的字,不加0而用原码.如果加0后和其他汉字成重码,则改用其他方法.如"甲""田""叶"都是07,但070是"固"的码,最常用的是田,保留原码.次常用的是叶,取007,甲不能用070("固"字的码),也不能用071("吐"字的码),只能用072.又如"日"和"曰",都是01,"日"最常用,可以用原码."曰"在现代文中用得很少,可以取010;依此类推.但这种变化需要靠记忆,好在数量不大,并不难记.

还有一些字,它的笔画高低左右分辨不很明显,可能编出两种以上的码,称为一字多码.如"升",可以是3321,2331或3231.这种字可以将其可能的几组编码都列入计算机内部字库，使各该编码都对应着该字的同一个内部码. 不管输入哪个码，都能找到同一个字. 好像一个办公室用几部电话机，不论你打哪一个电话号码，都打到同一个办公室里来.

表 6　多字同码时加零区分表

同码	原码		尾码后加零		尾码前加零		其他	
00	回	00	(品	000)			吕	001
01	日	01	曰	010	(吕	001)		
02	田	07	(固	070)	叶	007	甲	072
34	人	34			八	304		
36	九	36	几	360	儿	306		
51	子	51	(司	510)	刁	501		
71	土	71	(吉	710)	士	701		
011	目	011	旦	0110				
034	只	034	囚	0340	叭	0304		
036	四	036			兄	0306		
314	大	314	丈	3140				
354	久	354	(名	3540)	勺	3504	夕	3054
364	丸	364	么	3650	凡	3604		
350	加	350	句	3500				
516	己	516	已	5160	孙	5106		
534	小	534	刃	5340				
0734	困	0734	呆	07340				
3211	井	3211	仁	32110				
3511	手	3511	月	35110				
3540	名	3540	各	35400				
3541	丹	3541	匀	35410				
01136	园	01106	哂	011360				
41347	交	41347	卒	413470				
641252	盛	641252	盏	6412520				

（五）笔形编码法的优缺点

笔形编码法只要有适当的字库，不论繁体字，简化字，异体字，日本汉字都能使用. 这和简化字的过程无关. 这个方案作为中文信息输入计算机之用，有较多优点：(1) 规则简单容易，操作人员一看就会，不必经过很多时间的学习，也不要求操作人员有较高的文化水平，甚至读不出音或读差了音的字，一样都能使用. (2) 本法每字的平均码数为 3.28，速度较高，一个初中文化的操作者，学习一个星期之后，可以达到每分钟 50～60 字的速度，一个训练有素的人员，曾达到每分钟 80 个字左右. (3) 对于一个训练有素的人员而言，可以增加简码数量，从而进一步提高速度.

(4) 不用什么昂贵的外部设备,生产成品不高.(5) 重码较少,而且很易加零分辨,这样就给进一步推广创造了有利条件.

当然,本法还不是尽善尽美的.譬如,有些基本笔画有两种代码可用.最简单的有下列四种:

口:(1) 0, (2) 251

十:(1) 7, (2) 21

乂:(1) 7, (2) 34

廾:(1) 77, (2) 72,(3) 221

在使用时,尚无一定的规定.

又例如,有些笔画很难决定编码,如井、川、开、版、非等字,常被人写作井、川、开、版、非的字形,于是"丿"这一笔就变成了"丨",代码即从"3"变成了"1",这给操作人员带来了一定困难.

当前力学发展的趋向

一、历史的回顾

在党的领导下，在力学工作者的努力下，从第一届理事会起，到现在25年来，我国力学界发生了很大的变化，这个变化是可喜的变化.

我们力学工作者的队伍扩大了.人的变化是最根本的.没有人什么也干不了.第一次会议时，曾做过一些调查，大概那时从事力学工作的不到一千人，而且其中的大多数或绝大多数是改行过来的.他们原来是学各种工程技术的，或是学物理、学数学的.那时都是由于工作需要而转到力学方面来了.而现在不一样，我国力学队伍人员大大增加了，以至无法统计.刚才，我看到一份材料：《振动与冲击》中的一篇文章上说，现在搞振动这行的人，在全国已是上千人.而这一行在力学界里还是较薄弱的，因此，可以想象我们还有很强的力学分支，那就不晓得有多少人了！听说搞爆轰的队伍有一万多人.人员队伍的确扩大了.这支队伍扩大的过程，应该说是大家努力的结果.在1955年那时期，全国高等学校里，只有北京大学一个力学系.从那以后，逐步建立了各校的数力系和力学系，至今全国已有40多个力学系（从综合大学到多科性工业大学都有），这是一个高速发展过程！至于需要不需要这么多的系，当然还要设法调整，以满足国家的需要，过分超过需要也不合适.譬如，据说现在全国高等学校力学招收的学生很多.这就足以证明：我们这一行发展很快，与1955年那时是完全不一样.

在设备方面：1955年的时候，全国就只有几台拉力机，个别的学校有万能机，有的有一、两台疲劳机，风洞很少，非常可怜.而今各校都有较充分的设备，有比较完善的风洞基地，而且还有氢气炮这样的设备.在波和水阻实验方面有了规模巨大的船舶、水槽、水池试验中心.从实验能力来看，1955年时，光弹实验还不太敢做，个别的学校开始试做.而现在这些全都能做了.设备上有了跃进，这是我们大家辛勤劳动的成果.

我们的工作领域也大大地扩大了.在1955年时，大量的工作是结构力学，有一部分开始搞弹性问题，写了一本弹性力学方面的书.有一部分搞水力学.搞流体力

原载《力学与生产建设》，中国力学学会第二届理事会扩大会议，1982年5月，13—16页.

学,气体力学的也只有很少几个人.在教学方面:现在弹性力学是一般的课程,塑性力学也大量使用,还有不少是弹塑性动力学的.气体、流体、土力学、泥沙、渗流、岩石还有生物力学等都普遍地在发展,这就表示我们这些人在25年来付出了辛勤劳动,这一点我们必须讲一讲.虽然经历了十年浩劫,但困难的时期我们都渡过了,现在有了这样一些成果,是值得高兴的.从这里应该看出,我们的国家是大有希望的.

虽然有了这样一个队伍,有了这样一些设备,有了这么多单位,工作领域也逐步扩大了,可是我们的任务还是非常重的.我们一定要摆平我们的任务,既要照顾到现在,也要看到将来.

我们要担负起"四化"建设的任务.首先应在现有的知识范围内,努力完成生产建设中的攻关问题.有些难点可以通过力学学会组织力量联合起来攻关.当然不只是机械工程.其次我们的队伍应继续壮大.40个系应调整加强.要进一步提高学生的外语水平.现有的这支技术队伍要扩大,而提高比扩大更重要.否则,今后的任务不能承担,教育工作委员会应很好地考虑这一问题.第三是,目前在力学方面还有很多空白领域,这是与我们这样大的国家不相称的.我们虽然不是经济大国,但也是地大物博,这些空白领域应该加以占领,至少应与其他大国一样.

二、当前力学研究的主要对象

力学研究的对象随着经济、工程技术的发展而变化.由于力学科学发展的原动力来源于生产,因此应首先面向生产.我们力学工作者的任务就是要改善生产与设计水平.例如1910～1930年期间,在航空、航天方面,那时是生产水平高出于力学水平.以后在30年代后期,慢慢地使力学水平满足了航空工业的要求,那时的航空工业就有了飞跃的发展——从螺旋桨开始发展成喷气发动机,以后又有火箭、航天.这样一个过程,总是工业技术发展在前,当力学水平基本达到工业的要求后,生产则向更高的水平继续前进.

可是,现在什么是生产中最重要的?从全世界的情况分析出发,可归纳为两个问题:一是能源问题,另一是环境问题.能源问题,我们国内已经感到,就像钱学森同志所说,海洋工程向我们提出来了,可是海洋工程中什么是属于我们的力学问题,我们还没有弄得很清楚.他们面临的是重重困难,而这些问题中有些不是我们的力学问题,有些则肯定是.正像航空工业发展时重重困难,但后来解决了.今天,我们面临的是能源这样一个大海洋.我们必须跳下去,否则就不会发现问题.

环境问题也是如此.我们人民生活的环境与工业发展愈来愈矛盾.如北京的噪声、空气、水的污染的问题都是相当严重的,北京的用水都是靠地下水供应的.这些问题,明明存在,我们力学工作者尚未参加分析.如果要战胜这些问题,就要求我们跳下去,理解它,分析它,利用我们自己特有的一套方法,去解决问题.

工作对象在发展过程中起了变化.像能源、环境等这些新的问题被提出来了;而许多老任务,像机械工业中大量的力学问题等,又不能像国外那样可以放手给生产部门,有的还要我们帮助去做.这就使得我们的肩上要担双重任务.由于科学的发展,技术的发展,现今已由过去一般计算工具发展到使用计算机.计算机的发展影响力学发展是很大的.过去我们做工作是一张纸,一支笔,因为重点是分析处理方法.现在则不一样,要用计算机进行计算,而且还有激光这些工具,可以做非破坏性实验和非接触测量.例如高速运动测量,过去不能做,而现在能做了.总之,所研究的对象变了,工具变了,还有其他科学的巨大发展,都向我们提出重大要求,提出很多问题.这些必然影响力学学科的发展.如对宇宙的认识方面,由于航天技术和微波技术的发展,我们对于宇宙的理解已与40年代无法相比.又如生物科学在目前开发得很快,而我们则理解甚少.这些已向力学提出要求,深刻地影响着力学的发展.比如运动速度,过去是处于一般速度,而现在则是高速和超高速.物质在一般速度下,稳态或拟稳态是适用的,而到了高速、超高速,这套办法就失效了.因此,就会引出很多过去看不到的东西,超高速的运动经常有物相的变化.过去碰撞过程不考虑物相变化,而现在碰撞波是有相变的.如撞击速度达到13 000米/秒时,子弹可以汽化,在相当高的速度下,本来是固体运动却变成气体运动.

又如低温到高温问题,现在温度愈来愈高,目的是要强化化学过程.进入高温后过去静态的、非耦合的热应力理论都已不能解决问题.如果要对热冲击的问题进行研究,变形和热一定是耦合的,只有这样,才能研究高速变形下的高温问题.

还有由一般载荷变到现今的超大载荷、超高压、超大型建筑等,都有不少新的力学问题.

再有,过去不考虑电磁现象,而今则要考虑进去,很多问题避不开电磁问题.

在处理介质对象方面,过去和现在亦有很大不同:

1. 过去都是单相、单元的物质,而现在基本上很多地方都是多相、复合介质.例如土壤力学,孔隙与粘性是二相,孔隙是可压缩的;血液是二相流,血液包括血浆和血球,而血球又是可变形的.血球在微血管中通过,就是一个非常复杂的力学问题.

2. 过去所研究的是化学稳定的介质,而今是化学不稳定,变化的物质.研究既有化学变化又有变形运动的力学称为化学流体力学.

3. 过去是均匀介质,而今大量的问题是非均匀介质,如岩体力学.

4. 我们过去搞的问题是物质组成基本不变的介质,而今碰到的是物质组成可变的介质,如宇宙中的星云.

5. 过去研究是无生命介质,而今要研究有生命的介质.如骨头从动物身上取下来,刚取下来与闲置几天后完全不一样.又如肌肉切下来,泡在液体里,几天后不一样,它们死的过程都不一样.有生命介质与无生命介质完全不一样,切割下来,离开人体与在人体上的组织是有差异的，可我们就是要研究它，了解它，从而认识有生命介质.

6. 由无电磁效应的介质到考虑有电磁效应的介质.

7. 由连续介质到现今的非连续的、集体颗粒运动的介质.

8. 过去在加速运动下，可看出精确的本构关系，这是我们思想上的习惯. 而现在有些介质本构关系是模糊性. 它是有规律的，但强求规特、精确度是没有意义的. 因此，必须把模糊数学用到力学中来，而我们现在还没有把这个观点用上. 总而言之，我们所研究的对象发生了很大变化，这就引导我们进一步把力学加以改造. 但原来的东西还要用，如果把原来的观点丢掉，我们必然会遇到很多困难. 因为眼前生产建设上碰到的大量的问题还是可以用单相、单元的均匀物质的方法来处理的.

三、当前应重视的几个方面

工作条件在变，那么在这种情况下，当前应重视什么呢？我认为应重视：1. 动力问题；2. 非线性问题；3. 在有规律中呈现无规律的问题，即模糊数学对于在力学中的应用. 时效问题即是如此；4. 逐步重视突变理论，眼前还看不到，但可能很快就会看到它的重要性了.

四、力学工作方式的革命

要适应工作条件的变化，老的工作方式必须改变.

过去是习惯于通过实验建立模型，然后建立方程式. 靠弹性、塑性、流体、气体等模型已建立一二百年了. 因此，是可相信的. 在特定问题下求解：分析求解，近似求解. 所以力学工作者要有非常好的数学基础，总的情况就是这样. 当然塑性力学困难一些. 因此，以前在大学就很简单，设数学力学系，解决问题的重点是求解. 而现在不是，现在重点是从实验建立模式、模型. 这是首要的问题，也是很困难的问题. 如最关键的土力学的模式就很不完整，还未得到共同的认识. 因为不同的条件，土的模式不一样. 渗流也发生这样问题，模式没有共同的承认. 计算机使求解数学方程的过程大大简化了，从而使力学工作者的数学训练，有了较大的解脱，改变了我们的工作情况. 当然，我们并不能说，微积分从今以后就不需要了. 因此，我们的工作方式既要使用一二百年前建立的模式，又要对新问题建立新模式. 现在，当我们拿到一篇文章时，首先看模式用得是否正确，这是最重要的. 当然，求解就变得较为次要. 这就使计算技术占据相当重要的地位. 从发展需要看，当然不是说分析求解不重要. 系统求解，还是很重要的.

所以，对力学工作者的培养一方面应增强对各方面认识的能力，加强对工作对象的物理的和工程的训练. 另一方面是计算技术要重视. 加强对近似法的训练. 当前在培养人材方面的问题是知识面太窄，固体就是固体，不理解流体，而流体也不问固体，然而要解决的实际问题则是全面的. 因此，在人员培养方面，我呼吁不应该把专业分得太细. 因为如果分工太细，则影响理解和处理问题的能力.

现在我们正处在大好时代. 是转变为一个新的时代的过程. 一般工业技术的问题要解决，而且还要准备解决发展中出现的问题. 所以，我们是任重道远，我们应进一步努力，克服旧社会遗留的现象，就是各搞各的，派系摩擦. 应远看前方，忘掉个人. 有人说："祖国不爱你，你为什么爱祖国，要等价交换."这是不对的，我们不应等价交换，我们的工作不是等价交换！我们的工作是为了祖国和人民的需要，绝不应该反过来问人民给予了我们什么. 因此，要去掉这种思想，使我们干部进一步团结起来，共同战斗.

高阶拉氏乘子法和弹性理论中更一般的广义变分原理

摘 要 作者曾指出[1]，弹性理论的最小位能原理和最小余能原理都是有约束条件限制下的变分原理.采用拉格朗日乘子法，我们可以把这些约束条件乘上待定的拉氏乘子，计入有关变分原理的泛函内，从而将这些有约束条件的极值变分原理，化为无条件的驻值变分原理，如果把这些待定拉氏乘子和原来的变量都看作是独立变量而进行变分，则从有关泛函的驻值条件就可以求得这些拉氏乘子用原有物理变量表示的表达式.把这些表达式代入待定的拉氏乘子中，即可求所谓广义变分原理的驻值变分泛函.

但是某些情况下，待定的拉氏乘子在变分中证明恒等于零.这是一种临界的变分状态.在这种临界状态中，我们无法用待定拉氏乘子法把变分约束条件吸收入泛函，从而解除这个约束条件.从最小余能原理出发，利用待定拉氏乘子法，企图把应力应变关系这个约束条件吸收入有关泛函时，就发生这种临界状态，用拉氏乘子法，从余能原理只能导出 Hellinger-Reissner 变分原理[2,3]，这个原理中只有应力和位移两类独立变量，而应力应变关系则仍是变分约束条件，人们利用这个条件，从变分求得的应力中求应变.所以 Hellinger-Reissner 变分原理仍是一种有条件的变分原理.

普通的拉氏乘子法，只考虑变分条件的线性项，当这个线性项的拉氏系数等于零时，这个条件就没法吸收入泛函之中.为此，我们推广拉氏乘子法，不仅考虑变分条件的线性项，而且也考虑变分条件的二次项.我们称这种拉氏乘子法为高次拉氏乘子法.在用了这种高次拉氏乘子法后，不仅从 Hellinger-Reissner 原理的基础上，找到比现有一切广义变分原理更加一般的广义变分原理.在特殊的情况下，这个更一般的广义变分原理，可以还原为各种现已知道的弹性理论广义变分原理.同样，我们也可以从胡海昌-鹫津久一郎变分原理[4,5]中，用高次拉氏乘子法，求得比该原理更一般的广义变分原理.

我们也讨论了上述两种更一般的广义变分原理的等价定理，以及有关的等价条件.

一、弹性理论小位移问题的数学形式

一个弹性体，在其体积 V 内受体积力 $\bar{F}_i (i=1, 2, 3)$ 的作用，在其外力已知

原载《应用数学和力学》，1983，4(2)：137－150.

的边界 S_σ 上受已知边界外力 $\bar{p}_i$ 的作用，在其位移已知边界 S_u 上，边界位移已知为 $\bar{u}_i$. 在静力平衡时，表明这个弹性体的应变状态的应力 σ_{ij}，应变 e_{ij} 和位移 u_i 必满足下列五个条件，即

(1) 静力平衡方程

$$\sigma_{ij,j}+\bar{F}_i=0 \quad (\text{在}\ V\ \text{内}) \tag{1.1}$$

其中 $\sigma_{ij,j}$ 代表 $\dfrac{\partial\sigma_{ij}}{\partial x_j}$，$j$ 为哑标.

(2) 应力应变关系

$$\sigma_{ij}=a_{ijkl}e_{kl} \quad (\text{在}\ V\ \text{内}) \tag{1.2a}$$

或

$$e_{ij}=b_{ijkl}\sigma_{kl} \quad (\text{在}\ V\ \text{内}) \tag{1.2b}$$

其中 a_{ijkl} 和 b_{ijkl} 分别为弹性常数和柔性常数.

(3) 应变位移关系

$$e_{ij}=\frac{1}{2}(u_{i,j}+u_{j,i}) \quad (\text{在}\ V\ \text{内}) \tag{1.3}$$

(4) 位移已知的边界条件

$$u_i=\bar{u}_i \quad (\text{在}\ S_u\ \text{上}) \tag{1.4}$$

(5) 外力已知的边界条件

$$\sigma_{ij}n_j=\bar{p}_i \quad (\text{在}\ S_\sigma\ \text{上}) \tag{1.5}$$

其中 S_u 为位移已知的边界面，S_σ 为外力已知的边界面，设总边界面为 S，则

$$S=S_u+S_\sigma \tag{1.6}$$

人们就从(1.1)、(1.2)、(1.3)的 15 个式中，在(1.4)、(1.5)的边界条件下求解 V 中的 σ_{ij}，e_{ij}，u_i.

二、变分极值原理和变分条件

弹性理论小位移静力问题的有条件的极值变分原理有下列两种：

(1) 最小位能原理

$$\delta\Pi_P=0 \tag{2.1}$$

$$\Pi_P=\iiint_V\left(\frac{1}{2}a_{ijkl}e_{ij}e_{kl}-\bar{F}_iu_i\right)\mathrm{d}V-\iint_{S_\sigma}\bar{p}_iu_i\,\mathrm{d}S \tag{2.2}$$

其变分条件为

$$\sigma_{ij} = a_{ijkl}e_{kl}, \qquad e_{ij} = \frac{1}{2}(u_{i,j} + u_{j,i}) \quad (\text{在}\, V\, \text{内}) \tag{2.3a, b}$$

$$u_i = \bar{u}_i \quad (\text{在}\, S_u\, \text{上}),\ S_u + S_\sigma = S \tag{2.4}$$

其中$\frac{1}{2}a_{ijkl}e_{ij}e_{kl}$为应变能密度.

(2) 最小余能原理

$$\delta\Pi_C = 0 \tag{2.5}$$

$$\Pi_C = \iiint_V \frac{1}{2}b_{ijkl}\sigma_{ij}\sigma_{kl}\,\mathrm{d}V - \iint_{S_u} \bar{u}_i n_j \sigma_{ij}\,\mathrm{d}S \tag{2.6}$$

其变分条件为

$$e_{ij} = b_{ijkl}\sigma_{kl}, \quad e_{ij} = \frac{1}{2}(u_{i,j} + u_{j,i}), \quad \sigma_{ij,j} + \bar{F}_i = 0 \quad (\text{在}\, V\, \text{内}) \tag{2.7a, b, c}$$

$$\sigma_{ij}n_j = \bar{p}_i, \quad (\text{在}\, S_\sigma\, \text{上,其中}\, S_\sigma + S_u = S) \tag{2.8}$$

三、已知的广义变分原理

人们已知的广义变分原理有下列四种:

(1) Hu-Washizu(胡海昌-鹫津久一郎)原理(1954～1955)[4, 5]

$$\delta\Pi_{HW} = 0 \tag{3.1}$$

$$\Pi_{HW} = \iiint_V \left\{\frac{1}{2}a_{ijkl}e_{ij}e_{kl} - \sigma_{ij}(e_{ij} - u_{i,j}) - \bar{F}_i u_i\right\}\mathrm{d}V - \iint_{S_\sigma} \bar{p}_i u_i\,\mathrm{d}S - \iint_{S_u} \sigma_{ij}n_j(u_i - \bar{u}_i)\,\mathrm{d}S \tag{3.2}$$

这是一条完全没有约束条件的驻值变分原理,共有三类独立变量:σ_{ij},e_{ij},u_i. 胡海昌[4]曾称之为"广义位能原理". 作者曾证明[1]:它是可以用拉氏乘子法把最小位能原理的变分约束条件吸收入有关泛函从而解除其约束而求得的. 作者曾建议[1],把这个变分原理称为弹性理论小位移问题的完全(无约束)的广义变分原理.

(2) Hellinger-Reissner 原理(1950)[2, 3]

$$\delta\Pi_{HR} = 0 \tag{3.3}$$

$$\Pi_{HR} = \iiint_V \left\{-\frac{1}{2}b_{ijkl}\sigma_{ij}\sigma_{kl} - u_i(\sigma_{ij,j} + \bar{F}_i)\right\}\mathrm{d}V + \iint_{S_u} \bar{u}_i n_j \sigma_{ij}\,\mathrm{d}S + \iint_{S_\sigma} u_i(\sigma_{ij}n_j - \bar{p}_i)\,\mathrm{d}S \tag{3.4}$$

这是有两类独立变量(σ_{ij}，u_i)的驻值变分原理. 求 e_{ij} 的条件为

$$e_{ij}-b_{ijkl}\sigma_{kl}=0 \tag{3.5}$$

也即是说，e_{ij} 并不是独立变量，(3.5)也可以看作为变分约束条件. 所以，Hellinger-Reissner 原理并不是完全无约束的广义变分原理，但业已解除了最小余能原理中有关(1) 应变位移关系，(2) 平衡条件，和(3) 外力已知边界条件的约束. 它应该是不完全的广义变分原理. 作者在本文后面将证明，用一般常见的线性拉氏乘子法，我们无法解除(3.5)式的变分约束条件. 我们必须指出，(3.4)中的泛函 Π_{HR}，和常见的 Hellinger-Reissner 泛函差一个正负号. 这是卞学镄教授所建议的[6]. 我们很易证明，在(3.5)式的条件下，Π_{HW} 和 Π_{HR} 完全相等，我们称之为等价原理[7].

(3) 所谓“广义余能原理”(1954)[3]

$$\delta\Pi_{GC}=0 \tag{3.6}$$

$$\begin{aligned}\Pi_{GC}=&\iiint_V\left\{-e_{ij}\sigma_{ij}+\frac{1}{2}a_{ijkl}e_{ij}e_{kl}-u_i(\sigma_{ij,j}+\bar{F}_i)\right\}\mathrm{d}V\\&+\iint_{S_u}\bar{u}_in_j\sigma_{ij}\,\mathrm{d}S+\iint_{S_\sigma}u_i(n_j\sigma_{ij}-\bar{p}_i)\mathrm{d}S\end{aligned} \tag{3.7}$$

这里有三类独立变量，即 e_{ij}，σ_{ij}，u_i，是一个完全没有约束条件的广义变分原理. 泛函 Π_{GC} 和通常所用的泛函差了一个正负号，这也是卞学镄教授所建议的[6]. 我们很易证明，Π_{HW} 和 Π_{GC} 无条件完全相等，这个等价原理业已分别由钱伟长[7]和鹫津久一郎[8]证明. (3.6)也是一个驻值原理.

(4) 梁国平-傅子智的广义变分原理(1982)[9]

$$\delta\Pi_{LF}=0 \tag{3.8}$$

$$\begin{aligned}\Pi_{LF}=&\iiint_V\left\{\frac{1}{2}\left[-\frac{1}{2}b_{ijkl}\sigma_{ij}\sigma_{kl}-\left(e_{ij}\sigma_{ij}-\frac{1}{2}a_{ijkl}e_{ij}e_{kl}\right)\right]\right.\\&\left.-u_i(\sigma_{ij,j}+\bar{F}_i)\right\}\mathrm{d}V+\iint_{S_u}\bar{u}_in_j\sigma_{ij}\mathrm{d}S+\iint_{S_\sigma}u_i(\sigma_{ij}n_j-\bar{p}_i)\mathrm{d}S\end{aligned} \tag{3.9}$$

这是一个三类变量的驻值原理，即 σ_{ij}，e_{ij}，u_i，也是一个完全没有约束条件的广义变分原理. Π_{LF} 和梁-傅原来的泛函差一个正负号.

在下面，我们将用拉氏乘子法从最小位能原理或最小余能原理推导这些广义变分原理.

四、线性的拉氏乘子法和 Hu-Washizu 和 Hellinger-Reissner 原理的推导

设变分条件为 $f=0$，由于这个条件而对泛函的修正项应写成 $\phi(f)$，而且

$$\phi(f)_{f\to0}=0 \tag{4.1}$$

设 $\phi(f)$ 为 f 的正规函数，则 $\phi(f)$ 可以用 Tayler 级数展开

$$\phi(f)=\alpha_1 f+\alpha_2 f^2+\cdots \tag{4.2}$$

当 f 很小时，略去 f 的高次项，

$$\phi(f)=\alpha_1 f \quad (\alpha_1 \text{ 待定，但 } \alpha_1\neq 0) \tag{4.3}$$

α_1 即为待定的拉氏乘子.

最小位能原理(2.1)有三个变分约束条件，为此，我们可以引进三种独立的待定拉氏乘子，α_{ij}，β_{ij}，γ_i，而根据(4.3)式，把这三种约束条件(2.3a, b)，(2.4)吸收入泛函 Π_P 后，得广义变分原理的泛函

$$\Pi_P^*=\Pi_P+\iiint_V\left\{\alpha_{ij}\left[e_{ij}-\frac{1}{2}(u_{i,j}+u_{j,i})\right]+\beta_{ij}(\sigma_{ij}-a_{ijkl}e_{kl})\right\}\mathrm{d}V+\iint_{S_u}\gamma_i(u_i-\bar{u}_i)\mathrm{d}S \tag{4.4}$$

其中 $\alpha_{ij}=\alpha_{ji}$，$\beta_{ij}=\beta_{ji}$，γ_i，σ_{ij}，e_{ij}，u_i 都是独立变量. 变分驻值的条件通过分部积分后，可以写成

$$\begin{aligned}\delta\Pi_P^*=&\iiint_V\left\{(a_{ijkl}e_{kl}+\alpha_{ij}-\beta_{kl}a_{ijkl})\delta e_{ij}+\beta_{ij}\,\delta\sigma_{ij}+(\alpha_{ij,j}-\bar{F}_i)\delta u_i\right\}\mathrm{d}V\\&+\iiint_V\left\{\left(e_{ij}-\frac{1}{2}u_{i,j}-\frac{1}{2}u_{j,i}\right)\delta\alpha_{ij}+(\sigma_{ij}-a_{ijkl}e_{kl})\delta\beta_{ij}\right\}\mathrm{d}V\\&+\iint_{S_u}(u_i-\bar{u}_i)\delta\gamma_i\,\mathrm{d}S+\iint_{S_u}(\gamma_i-n_j\alpha_{ij})\delta u_i\,\mathrm{d}S-\iint_{S_\sigma}(n_j\alpha_{ij}+\bar{p}_i)\delta u_i\,\mathrm{d}S=0\end{aligned} \tag{4.5}$$

由此，得下列各独立方程

$$\left.\begin{aligned}&(1)\ a_{ijkl}e_{kl}-\beta_{kl}a_{ijkl}+\alpha_{ij}=0\\&(2)\ \beta_{ij}=0\\&(3)\ \alpha_{ij,j}-\bar{F}_i=0\\&(4)\ e_{ij}-\frac{1}{2}(u_{i,j}+u_{j,i})=0\\&(5)\ \sigma_{ij}-a_{ijkl}e_{kl}=0\end{aligned}\right\}\ (\text{在 } V \text{ 内}) \tag{4.6a, b, c, d, e}$$

$$\left.\begin{aligned}&(6)\ u_i-\bar{u}_i=0\\&(7)\ \gamma_i-n_j\alpha_{ij}=0\end{aligned}\right\}\ (\text{在 } S_u \text{ 上}) \tag{4.7a, b}$$

$$(8)\ n_j\alpha_{ij}+\bar{p}_i=0\quad(\text{在 } S_\sigma \text{ 上}) \tag{4.8}$$

(4.6d, e)、(4.7a)、(4.8)分别为 Π_P 的原有变分约束条件，从(4.6a, b)、(4.7b)可

以求得

$$\left.\begin{aligned} &\alpha_{ij}=-\sigma_{ij},\ \beta_{ij}=0 \quad (\text{在}\,V\,\text{内}) \\ &\gamma_i=-n_j\sigma_{ij} \quad (\text{在}\,S_u\,\text{上}) \end{aligned}\right\} \tag{4.9a, b, c}$$

把(4.9a)代入(4.6c)得

$$\sigma_{ij,j}+\bar{F}_i=0 \qquad (\text{在}\,V\,\text{内}) \tag{4.10}$$

它即为平衡条件. 这里的待定拉子乘子 β_{ij} 虽然等于零,但有关的变分约束条件 $\sigma_{ij}=a_{ijkl}e_{kl}$ 业已在证明(4.9a)中采用过了. 所以,如果把(4.9a, b, c)中的拉氏乘子代入 Π_P^* 时,即得完全的广义变分原理,即 Hu-Washizu 原理. 其泛函为 Π_{HW},见(3.2). 把 e_{ij}, σ_{ij}, u_i 作为独立变量,对 Π_{HW}变分的驻值条件给出弹性理论小位移问题的全部条件(1.1)~(1.5)式. 所以拉氏乘子法的确解除了最小位能原理的一切约束. 这是线性拉氏乘子法解除约束变分条件的一个成功的例.

在下面我们将给出线性拉氏乘子法一个不成功的例. 即从余能原理 Π_C 用线性拉氏乘子法推导不出所谓"广义余能原理"Π_{GC},而只能导出 Hellinger-Reissner 原理 Π_{HR}.

设 α_{ij}, β_{ij}, γ_i, μ_i 为有关拉子乘子,把最小余能原理的变分约束条件(2.7a, b, c),(2.8)分别乘上述乘子,然后吸收入泛函 Π_C 之中,建立新的泛函

$$\begin{aligned}\Pi_C^*=&-\Pi_C+\iiint_V\left\{\alpha_{ij}(e_{ij}-b_{ijkl}\sigma_{kl})+\beta_{ij}\left(e_{ij}-\frac{1}{2}u_{i,j}-\frac{1}{2}u_{j,i}\right)\right\}\mathrm{d}V\\ &+\iiint_V\gamma_i(\sigma_{ij,j}+\bar{F}_i)\mathrm{d}V+\iint_{S_\sigma}\mu_i(n_j\sigma_{ij}-\bar{p})\mathrm{d}S\end{aligned} \tag{4.11}$$

其中 Π_C 见(2.6). 我们在 Π_C 前换了负号,其目的只是为了导出卞学镄教授所建议的 Π_{HR}泛函(3.4).

变分驻值条件通过部分积分后得到

$$\begin{aligned}\delta\Pi_C^*=&\iiint_V\left\{(-b_{ijkl}\sigma_{kl}-b_{ijkl}\alpha_{kl}-\gamma_{i,j})\delta\sigma_{ij}+(\alpha_{ij}+\beta_{ij})\delta e_{ij}+\beta_{ij,j}\,\delta u_i\right\}\mathrm{d}V\\ &+\iiint_V\left\{(e_{ij}-b_{ijkl}\sigma_{kl})\delta\alpha_{ij}+\left(e_{ij}-\frac{1}{2}u_{i,j}-\frac{1}{2}u_{j,i}\right)\delta\beta_{ij}+(\sigma_{ij,j}+\bar{F}_i)\delta\gamma_i\right\}\mathrm{d}V\\ &+\iint_{S_\sigma}(n_j\sigma_{ij}-\bar{p}_i)\delta\mu_i\,\mathrm{d}S+\iint_{S_\sigma}(\gamma_i+\mu_i)n_j\,\delta\sigma_{ij}\,\mathrm{d}S+\iint_{S_u}(\gamma_i+\bar{u}_i)n_j\,\delta\sigma_{ij}\,\mathrm{d}S\\ &-\iint_{S_\sigma}\beta_{ij}n_j\,\delta u_i\,\mathrm{d}S-\iint_{S_u}\beta_{ij}n_j\,\delta u_i\,\mathrm{d}S=0\end{aligned} \tag{4.12}$$

由于 δu_i, $\delta\sigma_{ij}$, δe_{ij}, $\delta\alpha_{ij}$, $\delta\beta_{ij}$, $\delta\gamma_i$, $\delta\mu_i$ 等都是独立的变分,于是从(4.12)给出下列 11 个方程:

在V内，我们有

(1) $-b_{ijkl}\sigma_{kl}-b_{ijkl}\alpha_{kl}-\frac{1}{2}\gamma_{i,j}-\frac{1}{2}\gamma_{j,i}=0$ (4.13a)

(2) $\alpha_{ij}+\beta_{ij}=0$ (4.13b)

(3) $\beta_{ij,j}=0$ (4.13c)

(4) $e_{ij}-b_{ijkl}\sigma_{kl}=0$ (4.13d)

(5) $e_{ij}-\frac{1}{2}u_{i,j}-\frac{1}{2}u_{j,i}=0$ (4.13e)

(6) $\sigma_{ij,j}+\bar{F}_i=0$ (4.13f)

在S_u上，有

(7) $\beta_{ij}=0$ (4.14a)

(8) $\gamma_i+\bar{u}_i=0$ (4.14b)

在S_σ上，有

(9) $\beta_{ij}=0$ (4.15a)

(10) $n_j\sigma_{ij}-\bar{p}_i=0$ (4.15b)

(11) $\gamma_i+\mu_i=0$ (4.15c)

从(4.13c)、(4.14a)、(4.15a)，我们得β_{ij}的齐次微分方程及其齐次边界条件. 其解可以写成

$$\beta_{ij}=0 \qquad (\text{在}\ V+S\ \text{内}) \tag{4.16}$$

代入(4.13b)，得

$$\alpha_{ij}=0 \qquad (\text{在}\ V+S\ \text{内}) \tag{4.17}$$

于是，从(4.13a)、(4.13d)、(4.13e)中消去σ_{ij}，e_{ij}，得

$$(u_i+\gamma_i)_{,j}+(u_j+\gamma_j)_{,i}=0 \tag{4.18}$$

如果略去变形中的刚体位移，则(4.18)的解可以写成

$$u_i+\gamma_i=0 \quad \text{或} \quad \gamma_i=-u_i \qquad (\text{在}\ V+S\ \text{中}) \tag{4.19}$$

边界条件(4.14b)业已满足，从(4.15c)，得

$$\mu_i=-\gamma_i=+u_i \qquad (\text{在}\ S_\sigma\ \text{上}) \tag{4.20}$$

而其他各式，即(4.13d)、(4.13e)、(4.13f)、(4.14b)、(4.15b)，分别为原弹性理论静力学问题的各关系式(1.1)～(1.5). 把(4.16)、(4.17)、(4.19)、(4.20)中所定出的拉氏乘子代入(4.11)，即得 Hellinger-Reissner 变分原理的泛函Π_{HR}，见(3.4).

原来引入 Π_C 的变分条件 $e_{ij}-b_{ijkl}\sigma_{kl}=0$ 和 $e_{ij}-\frac{1}{2}u_{i,j}-\frac{1}{2}u_{j,i}=0$ 的拉氏乘子 α_{ij} 和 β_{ij} 都恒等于零. 也即是说,在确定拉氏乘子的过程中,又把这两个变分条件丢失了. 其实这两个条件在确定 γ_i 的过程中曾经联合起来使用过一次(即求得(4.18)的过程中使用过). 所以真正丢失的只有 $e_{ij}-b_{ijkl}\sigma_{kl}=0$ 这一个条件. 这就证明了 Hellinger-Reissner 原理只有两类变量,而 e_{ij} 是从剩下的变分约束条件(3.5)中求得的.

以上证明了,用线性的拉氏乘子法,只能求得 Π_{HW} 的变分原理,无法解除一切变分约束条件,其原因为,在 Π_C^* 的驻值条件中,有关这个变分条件的拉氏乘子恒等于零. 亦即这个拉氏乘子不满足原来假定它不等于零的条件(4.3). 在拉氏乘子恒等于零的条件下,$\phi(f)$ 的展开式(4.2)中,线性项恒等于零,为了解除这个约束条件,我们必须采用 $\phi(f)$ 展开式的高次项 $\alpha_2 f^2$. 我们称这个变分条件为**临界变分条件**.

五、临界变分条件和高次拉氏乘子法

我们遇见了临界变分条件

$$f=e_{ij}-b_{ijkl}\sigma_{kl}=0 \tag{5.1}$$

设

$$\phi(f)=A_{ijkl}(e_{ij}-b_{ijmn}\sigma_{mn})(e_{kl}-b_{klpq}\sigma_{pq}) \tag{5.2}$$

其中 A_{ijkl} 为高次项的拉氏乘子,其实是 f^2 二次项的乘子. 它有下列对称性

$$A_{ijkl}=A_{klij}=A_{jikl}=A_{ijlk} \tag{5.3}$$

它是待定的.

建立新的泛函

$$\Pi_{HR}^*=\Pi_{HR}+\iiint_V A_{ijkl}(e_{ij}-b_{ijmn}\sigma_{mn})(e_{kl}-b_{klpq}\sigma_{pq})\mathrm{d}V \tag{5.4}$$

Π_{HR}^* 的驻值条件为

$$\begin{aligned}\delta\Pi_{HR}^*=&\iiint_V\left\{-b_{ijkl}\sigma_{kl}+\frac{1}{2}u_{i,j}+\frac{1}{2}u_{j,i}-2A_{mnkl}b_{mnij}(e_{kl}-b_{klpq}\sigma_{pq})\right\}\delta\sigma_{ij}\,\mathrm{d}V\\&+\iiint_V 2A_{ijkl}(e_{kl}-b_{klpq}\sigma_{pq})\delta e_{ij}\,\mathrm{d}V\\&+\iiint_V\{(\sigma_{ij,j}+\bar{F}_i)\delta u_i+(e_{ij}-b_{ijmn}\sigma_{mn})(e_{kl}-b_{klpq}\sigma_{pq})\delta A_{ijkl}\}\,\mathrm{d}V\\&-\iint_{S_u}(u_i-\bar{u}_i)\delta\sigma_{ij}n_j\,\mathrm{d}S+\iint_{S_\sigma}(\sigma_{ij}n_j-\bar{p}_i)\delta u_i\,\mathrm{d}S=0\end{aligned} \tag{5.5}$$

由于V中的$\delta\sigma_{ij}$，δe_{ij}，δu_i，δA_{ijkl}，S_u中的$n_j\delta\sigma_{ij}$，和S_σ中的δu_i都是独立变分，所以其系数都等于零.

在V中

(1) $\sigma_{ij,j}+\bar{F}_i=0$ (5.6a)

(2) $b_{ijkl}\sigma_{kl}-\frac{1}{2}u_{i,j}-\frac{1}{2}u_{j,i}-2A_{mnkl}b_{mnij}(e_{kl}-b_{klpq}\sigma_{pq})=0$ (5.6b)

(3) $2A_{ijkl}(e_{kl}-b_{klpq}\sigma_{pq})=0$ (5.6c)

(4) $(e_{ij}-b_{ijmn}\sigma_{mn})(e_{kl}-b_{klpq}\sigma_{pq})=0$ (5.6d)

在S_u上

(5) $u_i=\bar{u}_i$ (5.7)

在S_σ上

(6) $\sigma_{ij}n_j=\bar{p}_i$ (5.8)

(5.6a)、(5.7)、(5.8)都是原弹性理论中的平衡方程和边界条件. 从(5.6c)、(5.6d)，我们得

$$e_{ij}-b_{ijkl}\sigma_{kl}=0 \quad (\text{在}V\text{中}) \tag{5.9}$$

和

$$A_{ijkl}\neq 0 \quad [\text{未定(可以是}x_i\text{的任意函数)}] \tag{5.10}$$

把(5.9)、(5.10)代入(5.6b)，即得应力位移关系.

所以，(5.4)式为一种新的三类变量的广义变分原理，它是比任何第三节中已知的广义变分原理更加一般化的广义变分原理，其中A_{ijkl}为一任意的拉氏乘子. 当$A_{ijkl}=0$时，(5.4)式还原为二变量的Hellinger-Reissner原理的泛函. 我们称Π^*_{HR}为$\Pi_{G\mathrm{I}}$，即第一种三变量的更一般的广义变分原理的泛函. 它可以写成

$$\delta\Pi_{G\mathrm{I}}=0 \quad (\text{驻值}) \tag{5.11}$$

$$\begin{aligned}\Pi_{G\mathrm{I}}=&\iiint_V\Big\{-\frac{1}{2}b_{ijkl}\sigma_{ij}\sigma_{kl}-u_i(\sigma_{ij,j}+\bar{F}_i)\\&+A_{ijkl}(e_{ij}-b_{ijmn}\sigma_{mn})(e_{kl}-b_{klpq}\sigma_{pq})\Big\}\mathrm{d}V\\&+\iint_{S_u}\bar{u}_in_j\sigma_{ij}\,\mathrm{d}S+\iint_{S_\sigma}u_i(\sigma_{ij}n_j-\bar{p}_i)\mathrm{d}S\end{aligned} \tag{5.12}$$

其中A_{klij}是任意的，但满足对称条件(5.3)的乘子，而且不等于零. 它是用高次拉氏乘子法从余能原理或Hellinger-Reissner原理中导出的；是三类变量的完全的广义变分原理的更一般的形式.

让我们取 A_{ijkl} 为下列特殊形式

$$A_{ijkl}=\frac{1}{2}\lambda a_{ijkl} \tag{5.13}$$

其中 λ 为任意标量，a_{ijkl} 为弹性常数(见(1.2a)式)　于是

$$\begin{aligned}A_{ijkl}(e_{ij}-b_{ijmn}\sigma_{mn})(e_{kl}-b_{klpq}\sigma_{pq})&=\frac{1}{2}\lambda(a_{ijkl}e_{ij}-\sigma_{kl})(e_{kl}-b_{klpq}\sigma_{pq})\\&=\lambda\left(\frac{1}{2}a_{ijkl}e_{ij}e_{kl}+\frac{1}{2}b_{ijkl}\sigma_{ij}\sigma_{kl}-e_{ij}\sigma_{ij}\right)\end{aligned} \tag{5.14}$$

于是，上述更一般的广义变分原理 $\delta\Pi_{G\,\mathrm{I}}=0$ 可以化为

$$\delta\Pi_{G\lambda}=0 \qquad (驻值) \tag{5.15}$$

$$\begin{aligned}\Pi_{G\lambda}=&\iiint_V\left\{-\frac{1}{2}b_{ijkl}\sigma_{ij}\sigma_{kl}-u_i(\sigma_{ij,j}+\bar{F}_i)\right.\\&\left.+\lambda\left(\frac{1}{2}a_{ijkl}e_{ij}e_{kl}+\frac{1}{2}b_{ijkl}\sigma_{ij}\sigma_{kl}-e_{ij}\sigma_{ij}\right)\right\}\mathrm{d}V\\&+\iint_{S_u}\bar{u}_in_j\sigma_{ij}\,\mathrm{d}S+\iint_{S_\sigma}u_i(\sigma_{ij}n_j-\bar{p}_i)\mathrm{d}S\end{aligned} \tag{5.16}$$

其中 λ 是一个任意标量，也可以是 x_i 的任意标量函数.

我们很易看到，当 λ 取下列各值时，(5.16)式还原为前面所提到的各种广义变分原理：

$$\left.\begin{aligned}&(1)\ \lambda=1\ 时\quad (\Pi_{G\lambda})_{\lambda=1}=\Pi_{GC}，见(3.7)\\&(2)\ \lambda=\frac{1}{2}\ 时\quad (\Pi_{G\lambda})_{\lambda=\frac{1}{2}}=\Pi_{LF}，见(3.9)\end{aligned}\right\} \tag{5.17}$$

当然 $\lambda=0$ 时，$\Pi_{G\lambda}$ 还原为 Hellinger-Reissner 原理的泛函 Π_{HR}，但 $\delta\Pi_{HR}=0$ 已经不是完全的广义变分原理.

六、从 Π_{HW} 或从 Π_P 导出的更一般的广义变分原理

用相同的方法，即增加高次拉氏乘子项，我们可以从 Π_{HW}，或从 Π_P 导出下列更一般的广义变分原理

$$\begin{aligned}\Pi_{G\,\mathrm{II}}=&\iiint_V\left\{\frac{1}{2}a_{ijkl}e_{ij}e_{kl}+B_{ijkl}(e_{ij}-b_{ijmn}\sigma_{mn})(e_{kl}-b_{klpq}\sigma_{pq})\right.\\&\left.-\sigma_{ij}\left(e_{ij}-\frac{1}{2}u_{i,j}-\frac{1}{2}u_{j,i}\right)-\bar{F}_iu_i\right\}\mathrm{d}V\end{aligned}$$

$$
-\iint_{S_\sigma} \bar{p}_i u_i \,\mathrm{d}S - \iint_{S_u} n_j \sigma_{ij} (u_i - \bar{u}_i) \mathrm{d}S \tag{6.1}
$$

$$
\delta \Pi_{G\,\mathrm{II}} = 0 \tag{6.2}
$$

其中 B_{ijkl} 为高次项的拉氏乘子,是任意的,有和(5.3)式的 A_{ijkl} 相同的对称性.

让我们取 B_{ijkl} 为下列特殊形式

$$
B_{ijkl} = \frac{1}{2} \lambda' a_{ijkl} \tag{6.3}
$$

其中 λ' 为又一任意标量,a_{ijkl} 为(1.2a)式的弹性常数. 于是 $\Pi_{G\,\mathrm{II}}$ 可以写成

$$
\begin{aligned}
\Pi_{G\lambda'} = & \iiint_V \left\{ \frac{1}{2} a_{ijkl} e_{ij} e_{kl} + \lambda' \left(\frac{1}{2} a_{ijkl} e_{ij} e_{kl} + \frac{1}{2} b_{ijkl} \sigma_{ij} \sigma_{kl} - e_{ij} \sigma_{ij} \right) \right. \\
& \left. - \sigma_{ij} \left(e_{ij} - \frac{1}{2} u_{i,j} - \frac{1}{2} u_{j,i} \right) - \bar{F}_i u_i \right\} \mathrm{d}V \\
& - \iint_{S_\sigma} \bar{p}_i u_i \,\mathrm{d}S - \iint_{S_u} n_j \sigma_{ij} (u_i - \bar{u}_i) \mathrm{d}S
\end{aligned} \tag{6.4}
$$

$$
\delta \Pi_{G\lambda'} = 0 \tag{6.5}
$$

我们很易证明,当 λ' 取下列各值时,(6.4)式还原为前面所提到的各种广义变分原理:

$$
\left.
\begin{array}{lll}
(1)\ \lambda' = 0 & (\Pi_{G\lambda'})_{\lambda'=0} = \Pi_{HW} & \text{见(3.2)} \\
(2)\ \lambda' = -1 & (\Pi_{G\lambda'})_{\lambda'=-1} = \Pi_{HR} & \text{见(3.4)}
\end{array}
\right\} \tag{6.6}
$$

从上述讨论中,我们可以看到,本文所找到的诸广义变分原理,如 $\Pi_{G\,\mathrm{I}}$,$\Pi_{G\,\mathrm{II}}$,$\Pi_{G\lambda}$,$\Pi_{G\lambda'}$ 比以前所提出的广义变分原理更加一般. 它们的各种特殊情况还原为前所已知的各种广义变分原理,如 Π_{HW},Π_{HR},Π_{GC},Π_{LF}.

七、等价原理

各种广义变分原理既然代表同一物理问题的解,而且是用同样的变量(e_{ij},σ_{ij},u_i)来描写的. 在数学上,它们必然是等价的,例如 $\Pi_{G\,\mathrm{I}}$,$\Pi_{G\,\mathrm{II}}$ 虽然前者从余能原理导出,后者从位能原理导出,其驻值条件又代表相同的静力学问题,所以一定是等价的,即

$$
\Pi_{G\,\mathrm{I}} = \Pi_{G\,\mathrm{II}} \tag{7.1}
$$

或即

$$
\Pi_{G\,\mathrm{II}} - \Pi_{G\,\mathrm{I}} = \iiint_V \left\{ \frac{1}{2} a_{ijkl} + B_{ijkl} - A_{ijkl} \right\} (e_{ij} - b_{ijmn} \sigma_{mn}) (e_{kl} - b_{klpq} \sigma_{pq}) \mathrm{d}V = 0 \tag{7.2}
$$

由于 $e_{ij}-b_{ijmn}\sigma_{mn}$ 不一定等于零，因此，我们得

$$\frac{1}{2}a_{ijkl}+B_{ijkl}-A_{ijkl}=0 \tag{7.3}$$

这就是说，A_{ijkl} 和 B_{ijkl} 不是独立的，它们必须满足(7.3). 我们称(7.3)为**等价关系**. 或即是说，由于 A_{ijkl} 和 B_{ijkl} 满足等价关系，因此 $\Pi_{G\mathrm{I}}$ 和 $\Pi_{G\mathrm{II}}$ 是等价，即从位能原理导出的更一般的广义变分原理 $\delta\Pi_{G\mathrm{II}}=0$，和从余能原理导出的另一广义变分原理 $\delta\Pi_{G\mathrm{I}}=0$ 完全等价.

如果把(5.13)、(6.3)，代入(7.3)，得 $\Pi_{G\lambda}$ 和 $\Pi_{G\lambda'}$ 的等价关系

$$1+\lambda'-\lambda=0 \tag{7.4}$$

例如，取 $\lambda'=0$，其泛函 Π_{HW}（见(6.6)）必和 $\lambda=1$ 的泛函 Π_{GC}（见(5.17)）等价. 又例如 $\lambda'=-1$ 的 $\Pi_{G\lambda'}$，必和 $\lambda=0$ 的 $\Pi_{G\lambda}$ 等价，或即下列两个泛函是等价的.

$$(\Pi_{G\lambda'})_{\lambda'=-1}=\iiint_V\left\{-\frac{1}{2}b_{ijkl}\sigma_{ij}\sigma_{kl}+\frac{1}{2}\sigma_{ij}(u_{i,j}+u_{j,i})-\bar{F}_iu_i\right\}\mathrm{d}V \\ -\iint_{S_\sigma}\bar{p}_iu_i\,\mathrm{d}S-\iint_{S_u}n_j\sigma_{ij}(u_i-\bar{u}_i)\mathrm{d}S \tag{7.5}$$

$$(\Pi_{G\lambda})_{\lambda=0}=\Pi_{HR}=\iiint_V\left\{-\frac{1}{2}b_{ijkl}\sigma_{ij}\sigma_{kl}-u_i(\sigma_{ij,j}+\bar{F}_i)\right\}\mathrm{d}V \\ +\iint_{S_\sigma}u_i(\sigma_{ij}n_j-\bar{p}_i)\mathrm{d}S+\iint_{S_u}\bar{u}_in_j\sigma_{ij}\,\mathrm{d}S \tag{7.6}$$

它们都是两种变量的广义变分原理的泛函. 通过部分积分，很易证明(7.5)、(7.6)是相等的.

又例如 $\lambda=\frac{1}{2}$ 时，其泛函 $\Pi_{G\lambda}$ 为梁国平-傅子智原理的泛函 Π_{LF}，见(3.9). 和它等价的泛函 $\Pi_{G\lambda'}$ 相当于 $\lambda'=-\frac{1}{2}$. 亦即

$$(\Pi_{G\lambda'})_{\lambda'=-\frac{1}{2}}=\iiint_V\frac{1}{2}\left\{\frac{1}{2}a_{ijkl}e_{ij}e_{kl}+\frac{1}{2}\left(e_{ij}\sigma_{ij}-\frac{1}{2}b_{ijkl}\sigma_{ij}\sigma_{kl}\right)\right\}\mathrm{d}V \\ -\iiint_V\left\{\sigma_{ij}\left(e_{ij}-\frac{1}{2}u_{i,j}-\frac{1}{2}u_{j,i}\right)+\bar{F}_iu_i\right\}\mathrm{d}V \\ -\iint_{S_\sigma}\bar{p}_iu_i\,\mathrm{d}S-\iint_{S_u}n_j\sigma_{ij}(u_i-\bar{u}_i)\mathrm{d}S \tag{7.7}$$

我们通过部分积分，很易证明(7.7)和(3.9)式是等价的泛函.

上面所讨论的等价关系中，像 Π_{HW} 和 Π_{GC} 的等价，以及 Π_{LF} 和 $(\Pi_{G\lambda'})_{\lambda'=-\frac{1}{2}}$ 的等

价,都是完全的无约束条件的广义变分原理的等价. 像 Π_{HR} 和 $\Pi_{G\lambda'}$ 在 $\lambda'=-1$ 时的等价,则又都是只有一个约束变分条件 $e_{ij}-b_{ijkl}\sigma_{kl}=0$ 的两种变量的广义变分原理的等价.

我们可以看到 Π_{HR} 在变分约束条件 $e_{ij}-b_{ijkl}\sigma_{kl}=0$ 的约束下变分所解决的物理问题,和 Π_{HW} 在无条件变分所解决的物理问题完全相等,因此,这两个变分问题也是等价的. 现在让我们证明这一点.

Π_{HR} 的变分约束条件为

$$e_{ij}-b_{ijkl}\sigma_{kl}=0 \tag{7.8}$$

于是,我们有

$$\begin{aligned}&\frac{1}{2}a_{ijkl}(e_{ij}-b_{ijmn}\sigma_{mn})(e_{kl}-b_{klpq}\sigma_{pq})\\&=\frac{1}{2}a_{ijkl}e_{ij}e_{kl}+\frac{1}{2}b_{ijkl}\sigma_{ij}\sigma_{kl}-\sigma_{ij}e_{ij}=0\end{aligned} \tag{7.9}$$

或可写成

$$\iiint_V\left\{-\frac{1}{2}b_{ijkl}\sigma_{ij}\sigma_{kl}\right\}\mathrm{d}V=\iiint_V\left\{\frac{1}{2}a_{ijkl}e_{ij}e_{kl}-\sigma_{ij}e_{ij}\right\}\mathrm{d}V \tag{7.10}$$

把(7.10)式代入(3.4)式,得

$$\begin{aligned}\Pi_{HR}^{*}=&\iiint_V\left\{\frac{1}{2}a_{ijkl}e_{ij}e_{kl}-\sigma_{ij}e_{ij}-u_i(\sigma_{ij,j}+\bar{F}_i)\right\}\mathrm{d}V\\&+\iint_{S_u}\bar{u}_in_j\sigma_{ij}\ \mathrm{d}S+\iint_{S_\sigma}u_i(\sigma_{ij}n_j-\bar{p}_i)\mathrm{d}S\end{aligned} \tag{7.11}$$

这个替代运算是完全允许的,因为(3.4)式的 Hellinger-Reissner 原理的变分约束条件为(7.8)式. 很易看到(7.11)和(3.7)式中的 Π_{GC} 完全相等,但 Π_{GC} 和 Π_{HW} 是等价,因此,Π_{HR} 在约束条件(7.8)下的变分和 Π_{HW} 的完全无条件的广义变分也是等价的.

八、各种广义变分原理的关系图

现把各种广义变分原理的关系图表示如下. 目前所知的最一般的广义变分原理 $\Pi_{G\mathrm{I}}$ 和 $\Pi_{G\mathrm{II}}$ 在表的最下端,它们在等价关系(7.3)的条件下是等价的,它们可以分别从余能原理和位能原理用高次拉氏乘子法求得. 当把条件(2),(3),(4)作为变分约束条件时,$\Pi_{G\mathrm{II}}$ 即还原为 Π_P. 当把(1),(2),(3),(5)作为变分约束条件时,$\Pi_{G\mathrm{I}}$ 即还原为 Π_C. $\Pi_{G\mathrm{II}}$,$\Pi_{G\mathrm{I}}$ 也可以用高次拉氏乘子法从 Π_{HW} 和 Π_{HR} 导得,反之,当 $\Pi_{G\mathrm{II}}$ 和 $\Pi_{G\mathrm{I}}$ 中的 A_{ijkl},B_{ijkl} 等于零时,$\Pi_{G\mathrm{II}}$,$\Pi_{G\mathrm{I}}$ 又还原为 Π_{HW} 和 Π_{HR}.

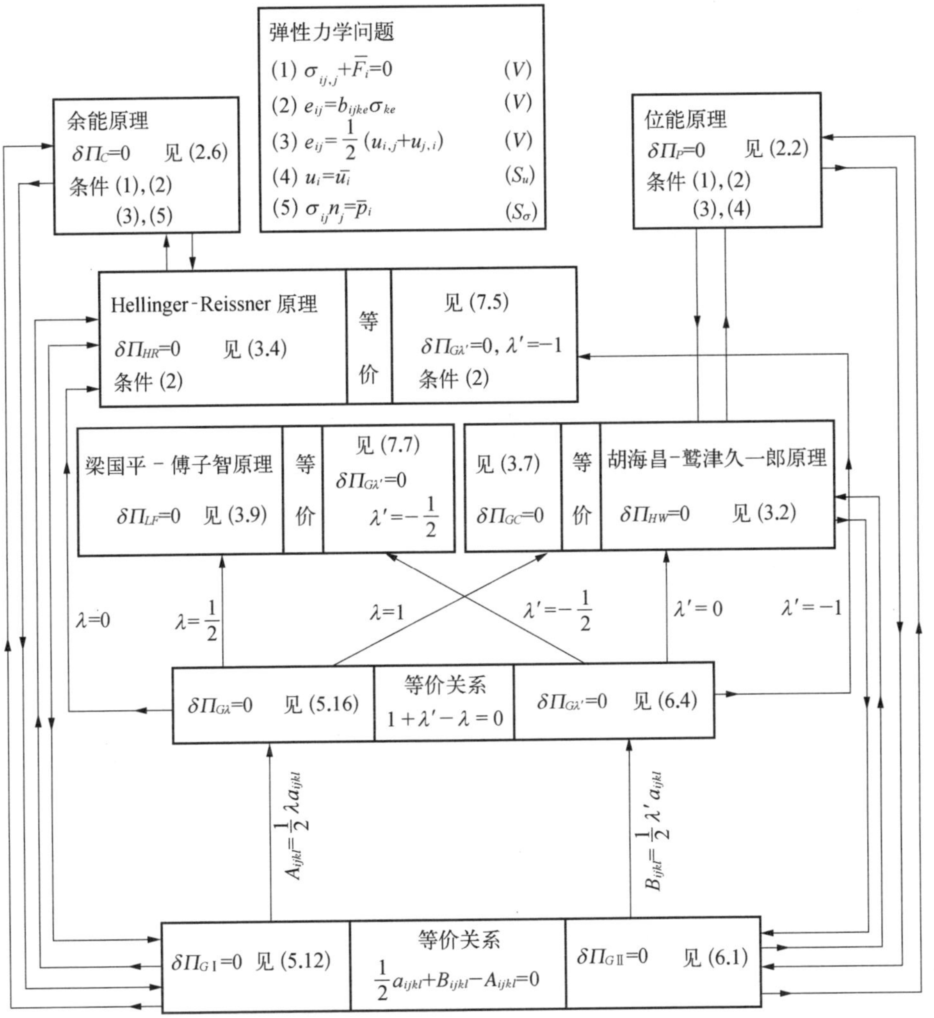

图 1　各种弹性理论小位移问题的广义变分原理的关系图

图中 $\Pi_{G\lambda}$，$\Pi_{G\lambda'}$ 也是较一般的广义变分原理，它们是 $\Pi_{G\mathrm{I}}$，$\Pi_{G\mathrm{II}}$ 的特殊情况，它们在 $1+\lambda'-\lambda=0$ 的条件下也是等价的. Π_{HW}，Π_{GC}，Π_{LF} 和 $\lambda'=-\frac{1}{2}$ 时的 $\Pi_{G\lambda'}$ 都是 $\Pi_{G\lambda}$，$\Pi_{G\lambda'}$ 的特殊情况，但都是三变量的完全的广义变分原理. Π_{HR} 是 $\Pi_{G\lambda}$，$\Pi_{G\lambda'}$ 的特殊情况，而且是二变量的有约束条件(2)的广义变分原理.

$\Pi_{G\mathrm{I}}$，$\Pi_{G\mathrm{II}}$，$\Pi_{G\lambda}$，$\Pi_{G\lambda'}$ 等都是本文导出的较目前已知的广义变分原理更一般的新的广义变分原理.

参考文献

[1] 钱伟长.弹性理论中广义变分原理的研究及其在有限元计算中的应用.机械工程学报，1979,15(2)：1-23.

[2] Hellinger E. Der Allgemeine Ansatz der Meshanik der Kontinua . Encyclopadia der Mathematishen Wissenshaften，1914，4(4)：602-694.

[3] Reissner E. On a variational theorem in elasticity. Journal of Mathematics and Physics，1950，29(2)：90-95.

[4] 胡海昌.弹塑性理论中的一些变分原理.中国科学，1955,4(1)：33-54.

[5] Washizu K（鹫津久一郎）. On the variational principles of elasticity and plasticity. Aeroelastic and Structures Research Laboratory，Massachusettes Institute of Technology，Technical Report，No. 25—18(1955).

[6] 卞学镇.在大连举行的国际混合杂交元研究讨论班的讲话，1982年8月11—28日.

[7] 钱伟长.变分法和有限元.上册.北京：科学出版社，1980：439-440.

[8] Washizu K（鹫津久一郎）. Variational Methods in Elasticity and Plasticity. London：Pergamon，London，1st ed，1968；3rd ed，1977.

[9] 梁国平，傅子智.混合杂交罚函数有限元法及其应用.在大连举行的国际混合杂交元研究讨论班上的报告，1982年8月11—28日.

Method of High-Order Lagrange Multiplier and Generalized Variational Principles of Elasticity with More General Forms of Functionals

Abstract It is known[1] that the minimum principles of potential energy and complementary energy are the conditional variation principles under respective conditions of constraints. By means of method of Lagrange multipliers，we are able to reduce the functionals of conditional variation principles into new functionals of non-conditional variation principles. This method can be described as follows：Multiply undetermined Lagrange multipliers to various constraints，and add these products into original functionals. Considering these undetermines Lagrange multipliers and the original variables in these new functionals as independent variables of variation，the stationary conditions of these functionals give these undetermined Lagrange multipliers in terms of original variables. The substitutions of these results for Lagrange multipliers into above functionals lead to the functionals of these non-conditional variation principles.

However, in certain cases, some of undetermined Lagrange multipliers may turn out to be zero during variation. This is a critical state of variation. In this critical state, the corresponding variational constraint can not be eliminated by means of simple Lagrange multiplier method. This is indeed the case when one tries to eliminate the constraint condition of stress-strain relation in variational principle of minimum complementary energy by the method of Lagrange multiplier. By means of Lagrange multiplier method, one can only derive, from minimum complementary energy principle, the Hellinger-Reissner principle[2, 3], in which only two types of independent variables, stresses and displacements, exist in the new functional. The strain stress relation remains to be a constraint, from which one derives the strain from given stress. Thus the Hellinger-Reissner principle remains to be a conditional variation principle with one constraint uneliminated.

In ordinary Lagrange multiplier method, only linear terms of constraint conditions are taken into consideration. It is impossible to incorporate this condition of constraint into functional whenever the corresponding Lagrange multiplier turns out to be zero. Hence, we extend the Lagrange multiplier method by considering not only the linear term, but also the high-order terms, such as quadratic terms of constraint in the Taylor's series expansion. We call this method as high-order Lagrange multiplier method. With this method, we find more general form of functional of generalized variational principle ever known to us from the Hellinger-Reissner principle. In particular, this more general form of functional can be reduced into all known functionals of existing generalized variational principles in elasticity. Similarly, we can also find more general form of functional from Hu-Washizu principle[4, 5].

It is shown also that there are equivalent theorem and related equivalent relation between these two general forms of functionals in elasticity.

再论弹性力学中的广义变分原理——就等价定理问题和胡海昌先生商榷

摘　要　本文就胡海昌先生提出的等价定理的论争[1,2]，申述个人的观点和论证，与胡海昌先生商榷.

本文主要论证了下列三点：

(1) 通过待定的拉格朗日乘子法证明了胡海昌-鹫津久一郎原理(下文简称胡鹫原理)的三类变量之间并不独立，应力应变关系仍然是应力和应变之间应该首先满足的变分约束条件. 这个变分原理只是在形式上有应力、应变、位移三类变量，在实际上，这些变量中只有两类是独立的. (2) 通过高阶拉格朗日乘子法[7,9]，我们求得了比胡鹫原理的泛函更一般形式的具有三类变量的变分泛函，而且证明有无穷个这样的变分泛函，利用唯一性定理，我们证明了这些泛函的变量中必须满足应力应变关系这个条件. 同样也证明了胡鹫原理并不是三类变量都独立的和没有任何约束条件的完全的变分原理，而是一个以应力应变关系为变分约束条件的变分原理. (3) 在应力应变关系的变分约束条件下，我们证明了 Hellinger-Reissner 原理和胡鹫原理的等价定理.

本文的结论是：等价定理是正确的，并非像胡海昌先生所指的那样是“误解”. 郭仲衡[10]、戴天民[11]、陈至达[12]、刘殿魁、张其洁[13]、邬瑞锋、奚肖风[14]等通过各自的努力，在各种变分问题上论证了等价定理，都是正确的，没有什么“误解”，更没有“误入迷途”. 胡海昌先生认为大家都有“误解”的原因，似乎在于当年胡海昌先生建立泛函时，采用了猜试再猜试的方法，无法证明三类变量之间，究竟是完全独立的，还是存在着什么变分约束条件.

一、弹性静力学的基本问题及其变分原理

胡海昌先生最近不仅在力学学报发表文章[1]，而且在北京市力学学会的报告[2]中，以及其他场合中，多次声称：在弹性力学的广义变分原理的有关拙作[3,4]中，把 Hellinger[5]-Reissner[6]原理，和胡海昌[7]-鹫津久一郎[8]原理看作是等价的，以及关于等价定理的证明，都是“误解”，而且是“根本性的误解”. 还认为“单靠

原载《力学学报》，1983，(4)：137－150.

私人之间的学术讨论已不可能克服等价性误解的传播”. 把在其他变分问题上论证了等价定理的许多力学工作者,都看作是“误入迷途”的人.

胡海昌先生的主要论点有下列两端:(1) 胡海昌-鹫津久一郎原理是有三类独立变量(在文[1]中称为自变函数,本文采用文[2]的用词,简称变量)的变分原理,Hellinger-Reissner 原理只有两类独立变量,三类独立变量的变分原理不受任何变分约束. 因此,它不仅和两类独立变量的变分原理有根本区别,而且它是“发展和包含”着具有两类独立变量的变分原理的. (2) 在证明等价定理时,拙作[3,4]中利用了应力应变关系作为变分约束. 胡海昌先生认为这个证明是一个误解. 他认为他的变分原理既然是三类独立变量的变分原理,在三类独立变量之间就不再存在变分约束关系. 因此,在证明等价定理时,就不应该再利用这个应力应变关系了.

本文的目的,就在于努力贯彻党在学术问题上的百家争鸣的方针,对胡海昌先生提出的等价定理的论争,申述个人的观点和论证,与胡海昌先生商榷.

为了免除在数学符号上的误会,先对弹性静力学的基本问题以及有关变分原理简述如下:

设有一个弹性体,在其体积 V 内受体积力 $\bar{F}_i(i=1,\ 2,\ 3)$ 的作用,在边界面 S_σ 部分受已知边界外力 $\bar{p}_i$ 的作用,在边界面的另一部分 S_u 上,边界位移已知为 $\bar{u}_i$. 在静力平衡时,表明这个弹性体的变形状态的应力张量 σ_{ij},应变张量 e_{ij} 和位移 u_i 必满足下列五个条件,其中三个条件为平衡方程、应力应变关系和应变位移关系,它们是变形场 V 内各点上都必须满足的场量方程. 另外两个是在边界面上应该满足的边界条件,即

(1) 静力平衡方程

$$\sigma_{ij,\ j}+\bar{F}_i=0\quad (i=1,\ 2,\ 3,\ 在\ V\ 内)\tag{1.1}$$

其中 $\sigma_{ij,\ j}$ 代表 $\dfrac{\partial\sigma_{ij}}{\partial x_j}$;$j$ 为哑标,x_j 为直角坐标.

(2) 应力应变关系

$$\sigma_{ij}=a_{ijkl}e_{kl}\qquad (i,\ j,\ k,\ l=1,\ 2,\ 3,\ 在\ V\ 内)\tag{1.2a}$$

或

$$e_{ij}=b_{ijkl}\sigma_{kl}\qquad (i,\ j,\ k,\ l=1,\ 2,\ 3,\ 在\ V\ 内)\tag{1.2b}$$

其中 a_{ijkl} 和 b_{ijkl} 分别为弹性常数和柔性常数. 我们很易证明,由于

$$a_{ijkl}b_{ijmn}=\delta_{km}\,\delta_{ln}\tag{1.2c}$$

其中

$$\delta_{ij}=\begin{cases}1 & (i=j)\\ 0 & (i\neq j)\end{cases}\tag{1.2d}$$

我们从(1.2a)和(1.2b),有

$$\frac{1}{2}(e_{ij}-b_{ijkl}\sigma_{kl})(\sigma_{ij}-a_{ijmn}e_{mn})$$
$$=e_{ij}\sigma_{ij}-\frac{1}{2}a_{ijkl}e_{ij}e_{kl}-\frac{1}{2}b_{ijkl}\sigma_{ij}\sigma_{kl}=0 \tag{1.2e}$$

也即是说,在 V 内服从(1.2a)或(1.2b)的应力和应变,也必在 V 内服从(1.2e),(1.2e)的物理意义是变形能密度 $\frac{1}{2}a_{ijkl}e_{ij}e_{kl}$ 和余能密度之和等于 $e_{ij}\sigma_{ij}$,或是说,满足(1.2e)的应力 σ_{ij} 和应变 σ_{ij},也必满足应力应变关系.

(3) 应变位移关系

$$e_{ij}=\frac{1}{2}(u_{i,j}+u_{j,i})\quad (i,\ j=1,\ 2,\ 3,\ 在\ V\ 内) \tag{1.3}$$

这是小位移理论的表达式.

(4) 位移已知的边界条件

$$u_i=\bar{u}_i \qquad (i=1,\ 2,\ 3,\ 在\ S_u\ 上) \tag{1.4}$$

(5) 外力已知的边界条件

$$\sigma_{ij}n_j=\bar{p}_i \qquad (i=1,\ 2,\ 3,\ 在\ S_\sigma\ 上) \tag{1.5}$$

其中 n_i 为表面的外法线单位矢量. S_u 为位移已知的边界面,S_σ 为外力已知的边界面,设总的边界面为 S,则

$$S_u+S_\sigma=S \tag{1.6}$$

人们经常把从(1.1)~(1.5)五个条件下求解三类待定变量的边界值问题化为各种变分问题. 每一种具体的变分问题有它自己的待定变量和这些变量所组成的泛函,以及限制这些待定变量的变分约束条件. 我们习惯上把这些泛函和它的变量的变分约束条件放在一起称为变分原理. 在各种变分原理中,有的只有一类变量,有的是两类变量,有的则有完备的三类变量. 在只有一类或两类变量的问题中,为了求得其他待定变量,我们还应使用一些未参加变分运算的变量的关系式. 这种关系式是计算本问题的全部变量所必需的,从某种意义上讲,也是一种约束条件,是一种不参加变分的一般约束条件. 在历史上,我们证明了有些变分原理是极值原理,但也有不少原理是驻值原理. 为了便于下文的讨论,我们将列举一些变分原理如下:

1. 待定变量为 $\boldsymbol{\sigma}_{ij}$ 的最小余能原理

$$\Pi_C=\iiint_V \frac{1}{2}b_{ijkl}\sigma_{ij}\sigma_{kl}\,\mathrm{d}V-\iint_{S_u}\bar{u}_i n_j\sigma_{ij}\,\mathrm{d}S \tag{1.7}$$

变分约束条件为

$$(1)\ \sigma_{ij,j}+\bar{F}_i=0 \quad (在 V 内) \tag{1.8a}$$

$$(2)\ n_j\sigma_{ij}-\bar{p}_i=0 \quad (在 S_\sigma 内) \tag{1.8b}$$

$$(3)\ b_{ijkl}\sigma_{kl}=\frac{1}{2}(u_{i,j}+u_{j,i}) \quad (在 V 内) \tag{1.8c}$$

(1.8c)代表 6 个应力分量必须由 3 个独立的位移函数 u_i 导出. 它代表了 σ_{kl} 所必须满足的协调条件. 它是(1.3)式中用 σ_{ij} 表示 e_{ij} 所得的应力位移表达式.

在约束条件(1.8a, b, c)下变分,得位移已知的边界条件(1.4),在 σ_{ij} 和 u_i 求得后,通过(1.2b)中求 e_{ij}.

胡海昌先生认为(见[2]的§8 和[15]的§6.9)最小余能原理的变分约束条件只有(1.8a),(1.8b),通过变分可以导得(1.8c)和(1.5). 这个分歧将在另文讨论.

2. 待定变量为 e_{ij} 和 u_i 的最小位能原理

$$\Pi_P=\iiint_V\left\{\frac{1}{2}a_{ijkl}e_{ij}e_{kl}-\bar{F}_iu_i\right\}\mathrm{d}V-\iint_{S_\sigma}\bar{p}_iu_i\,\mathrm{d}S \tag{1.9}$$

e_{ij} 和 u_i 必须满足下列两个变分约束条件

$$(1)\ e_{ij}=\frac{1}{2}(u_{i,j}+u_{j,i}) \quad (在 V 内) \tag{1.10a}$$

$$(2)\ u_i-\bar{u}_i=0 \quad (在 S_u 上) \tag{1.10b}$$

变分导出用应变表示的平衡方程(1.1)和外力已知边界条件(1.5). 求 σ_{ij} 的一般约束条件为应力应变关系(1.2a)

3. 待定变量为 σ_{ij} 和 u_i 的 Hellinger-Reissner 原理(驻值原理)[5, 6]

$$\Pi_{HR}=\iiint_V\left\{-\frac{1}{2}b_{ijkl}\sigma_{ij}\sigma_{kl}-u_i(\sigma_{ij,j}+\bar{F}_i)\right\}\mathrm{d}V+\iint_{S_\sigma}u_i(\sigma_{ij}n_j-\bar{p}_i)\mathrm{d}S+\iint_{S_u}\bar{u}_in_j\sigma_{ij}\,\mathrm{d}S \tag{1.11}$$

这是一个对 σ_{ij} 和 u_i 毫无变分约束的变分原理. 变分导出平衡方程(1.1),边界条件(1.4),(1.5),和用 σ_{ij} 表示的应力位移表达式(1.8c). 求 e_{ij} 的一般约束条件为应力应变关系(1.2b).

4. 三类变量都有的胡海昌-鹫津久一郎原理(驻值原理)[7, 8]

$$\Pi_{HW}=\iiint_V\left\{\frac{1}{2}a_{ijkl}e_{ij}e_{kl}-\bar{F}_iu_i-\sigma_{ij}\left[e_{ij}-\frac{1}{2}(u_{i,j}+u_{j,i})\right]\right\}\mathrm{d}V-\iint_{S_u}n_j\sigma_{ij}(u_j-\bar{u}_i)\mathrm{d}S-\iint_{S_\sigma}\bar{p}_iu_i\,\mathrm{d}S \tag{1.12}$$

在三类变量中,存在着变分约束条件(1.2a),即应力应变关系.即三类变量中只有两类是独立的.

(1.12)在(1.2a)的条件下变分,其驻值条件给出(1.1),(1.3),(1.4),(1.5).

胡海昌先生认为这三类变量都是独立的[1,2],这是我们和胡海昌先生的分歧的根本所在.

5. 三类变量都有的胡海昌广义余能原理(驻值原理)

$$\Pi_{GC}=\iiint_V\left\{\frac{1}{2}a_{ijkl}e_{ij}e_{kl}-e_{ij}\sigma_{ij}-u_i(\sigma_{ij,j}+\bar{F}_i)\right\}\mathrm{d}V+\iint_{S_u}\bar{u}_i n_j\sigma_{ij}\,\mathrm{d}S+\iint_{S_\sigma}u_i(\sigma_{ij}n_j-\bar{p}_i)\mathrm{d}S \tag{1.13}$$

在三类变量中,存在着变分约束条件(1.2a),即三类变量中只有两类独立.

(1.13)在变分约束条件(1.2a)下变分,其驻值条件导出(1.1),(1.3),(1.4),(1.5).

胡海昌先生[7]也认为这三类变量都是独立的,这个分歧和Π_{HW}的独立变量的分歧,性质完全相同.

6. 三类变量的更一般的广义变分原理之一(驻值原理)[9]

$$\begin{aligned}\Pi_{G\lambda}=&\iiint_V\left\{-\frac{1}{2}b_{ijkl}\sigma_{ij}\sigma_{kl}-u_i(\sigma_{ij,j}+\bar{F}_i)\right.\\&\left.+\lambda\left[\frac{1}{2}a_{ijkl}e_{ij}e_{kl}+\frac{1}{2}b_{ijkl}\sigma_{ij}\sigma_{kl}-e_{ij}\sigma_{ij}\right]\right\}\mathrm{d}V\\&+\iint_{S_u}\bar{u}_i n_j\sigma_{ij}\,\mathrm{d}S+\iint_{S_\sigma}u_i(\sigma_{ij}n_j-\bar{p}_i)\mathrm{d}S\end{aligned} \tag{1.14}$$

其中λ为一任意标量,也可以是x_i的任意标量函数.

$\Pi_{G\lambda}$在文献[9]曾经误认为有三类独立的变量.本文证明$\Pi_{G\lambda}$中也有变分约束条件(1.2a),也即是说$\Pi_{G\lambda}$中的三类变量中,只有两类是独立的.$\Pi_{G\lambda}$在变分约束条件(1.2a)下变分,其驻值条件给出(1.1),(1.3),(1.4),(1.5)诸关系.

7. 三类变量的更一般的广义变分原理之二(驻值原理)[9]

$$\begin{aligned}\Pi_{G\lambda'}=&\iiint_V\left\{\frac{1}{2}a_{ijkl}e_{ij}e_{kl}+\sigma_{ij}\left[e_{ij}-\frac{1}{2}(u_{i,j}+u_{j,i})\right]-\bar{F}_iu_i\right.\\&\left.+\lambda'\left(\frac{1}{2}a_{ijkl}e_{ij}e_{kl}+\frac{1}{2}b_{ijkl}\sigma_{ij}\sigma_{kl}-e_{ij}\sigma_{ij}\right)\right\}\mathrm{d}V\\&-\iint_{S_u}n_j\sigma_{ij}(u_i-\bar{u}_i)\mathrm{d}S-\iint_{S_\sigma}\bar{p}_iu_i\,\mathrm{d}S\end{aligned} \tag{1.15}$$

其中λ'和λ性质一样;$\Pi_{G\lambda'}$和$\Pi_{G\lambda}$一样,也有变分约束条件(1.2a).

二、拉氏乘子法证明胡鹫原理并不是三类独立变量的无条件变分原理，而是变分约束条件为应力应变关系的变分原理

现在让我们试用拉氏乘子法把有约束条件的最小位能原理化为无约束条件的广义变分原理.

拉氏乘子法可以这样理解：设变分约束条件为 $f=0$，为了解除这个变分约束条件而在泛函中增设的修正项应写成 $\phi(f)$，而且

$$\phi(f)_{f=0}=0 \tag{2.1}$$

设 $\phi(f)$ 为 f 的正规函数，则 $\phi(f)$ 可以用 f 的泰勒级数展开

$$\phi(f)=\alpha_1 f+\alpha_2 f^2+\cdots \tag{2.2}$$

当 f 很小时，略去 $\phi(f)$ 的 f 高次项，得

$$\phi(f)=\alpha_1 f \tag{2.3}$$

其中 α_1 为待定的拉氏乘子. 当 $\alpha_1\neq 0$，我们就把约束条件 $f=0$ 解除了，成了泛函的一部分. 如果 $f=0$ 仍然是一般的约束条件，则泛函的修正项恒等于零，而修正后的新泛函还原成原来的有约束条件的泛函. 同样，如果把 α_1 看作是待定的变量，把修正后的泛函变分，驻值条件证明 $\alpha_1=0$，则这个泛函也还原为原有泛函，亦即是说，这个条件并没通过拉氏乘子法引入泛函，从而解除约束，所以这个原理仍旧是有约束条件的变分原理.

最小位能原理(1.9)，有两类待定变量 e_{ij} 和 u_i，它们有两个变分约束条件(1.10a，b). 我们可以引进两种独立的待定拉氏乘子 α_{ij} 和 β_i，而且根据(2.3)，把这两个变分约束条件(1.10a，b)吸收入泛函 Π_P（即(1.9)）后，得广义变分原理的泛函

$$\Pi_P^*=\Pi_P+\iiint_V\alpha_{ij}\left[e_{ij}-\frac{1}{2}(u_{i,j}+u_{j,i})\right]\mathrm{d}V+\iint_{S_u}\beta_i(u_i-\bar{u}_i)\mathrm{d}S \tag{2.4}$$

其中 α_{ij}，β_i，e_{ij}，u_i 都是独立的变量，变分驻值条件通过部分积分后，可以写成

$$\begin{aligned}\delta\Pi_P^*=&\iiint_V\Big\{(a_{ijkl}e_{kl}+\alpha_{ij})\delta e_{ij}+(\alpha_{ij,j}-\bar{F}_i)\delta u_i\\&+\left[e_{ij}-\frac{1}{2}(u_{i,j}+u_{j,i})\right]\delta\alpha_{ij}\Big\}\,\mathrm{d}V\\&+\iint_{S_u}(\beta_i-n_j\alpha_{ij})\delta u_i\,\mathrm{d}S+\iint_{S_u}(u_i-\bar{u}_i)\delta\beta_1\,\mathrm{d}S\\&-\iint_{S_\sigma}(n_i\alpha_{ij}+\bar{p}_i)\delta u_i\,\mathrm{d}S=0\end{aligned} \tag{2.5}$$

由此,得下列各独立的关系

$$(1)\ a_{ijkl}e_{kl}+\alpha_{ij}=0 \qquad (\text{在}\ V\ \text{内}) \tag{2.6a}$$

$$(2)\ \alpha_{ij,j}-\bar{F}_i=0 \qquad (\text{在}\ V\ \text{内}) \tag{2.6b}$$

$$(3)\ e_{ij}-\frac{1}{2}(u_{i,j}+u_{j,i})=0 \qquad (\text{在}\ V\ \text{内}) \tag{2.6c}$$

$$(4)\ u_i-\bar{u}_i=0 \qquad (\text{在}\ S_u\ \text{上}) \tag{2.6d}$$

$$(5)\ \beta_i-n_j\alpha_{ij}=0 \qquad (\text{在}\ S_u\ \text{上}) \tag{2.6e}$$

$$(6)\ n_j\alpha_{ij}+\bar{p}_i=0 \qquad (\text{在}\ S_\sigma\ \text{上}) \tag{2.6f}$$

在这六个变分驻值条件中,有两个可以用来决定 α_{ij}, β_i,其余四个就是(1.1),(1.3),(1.4),(1.5)诸条件,其结果为

$$\alpha_{ij}=-a_{ijkl}e_{kl} \quad \beta_i=-n_ja_{ijkl}e_{kl} \tag{2.7}$$

代入(2.6b, f)得

$$a_{ijkl}e_{kl,}+\bar{F}_i=0 \tag{2.8a}$$

$$a_{ijkl}e_{kl}=\bar{p}_i \tag{2.8b}$$

(2.8a),(2.8b)分别为用应变 e_{kl} 表示的平衡方程(1.1)和外力已知边界条件(1.5),把(2.7)式的拉氏乘子代入(2.4),得

$$\Pi_P^*=\Pi_P-\iiint_V a_{ijkl}e_{kl}\left[e_{ij}-\frac{1}{2}(u_{i,j}+u_{j,i})\right]\mathrm{d}V-\iint_{S_u} n_ja_{ijkl}e_{kl}(u_i-\bar{u}_i)\mathrm{d}S \tag{2.9}$$

或可写成(把(1.9)式代入)

$$\begin{aligned}\Pi_P^*=&\iiint_V\left\{\frac{1}{2}a_{ijkl}e_{ij}e_{kl}-\bar{F}_iu_i-a_{ijkl}e_{kl}\left[e_{ij}-\frac{1}{2}(u_{i,j}+u_{j,i})\right]\right\}\mathrm{d}V\\&-\iint_{S_u} n_ja_{ijkl}e_{kl}(u_i-\bar{u}_i)\mathrm{d}S-\iint_{S_\sigma}\bar{p}_iu_i\,\mathrm{d}S\end{aligned} \tag{2.10}$$

这是一个有两类独立变量的广义变分原理,Π_P 的变分约束条件(1.10a, b)都已解除了,(2.10)的变分驻值条件给出(1.1),(1.3),(1.4),(1.5),其中(1.1)和(1.5)都是以(2.8a, b)的形式表示的,在求本问题的待定量 σ_{ij} 时,我们使用一般的约束条件(1.2a).

$$\sigma_{ij}=a_{ijkl}e_{kl} \tag{2.11}$$

我们可以将(2.10)写成

$$\Pi_P^* = \iiint_V \left\{ \frac{1}{2} a_{ijkl} e_{ij} e_{kl} - \bar{F}_i u_i + (\sigma_{ij} - a_{ijkl} e_{kl} - \sigma_{ij}) \left[e_{ij} - \frac{1}{2}(u_{i,\,j} + u_{j,\,i}) \right] \right\} \mathrm{d}V$$
$$+ \iint_{S_u} n_j (\sigma_{ij} - a_{ijkl} e_{kl} - \sigma_{ij})(u_i - \bar{u}_i) \mathrm{d}S - \iint_{S_\sigma} \bar{p}_i u_i \, \mathrm{d}S \tag{2.12}$$

如果把(2.11)的一般约束条件代入(2.12),上式化为 Π_{HW}

$$\Pi_{HW} = \iiint_V \left\{ \frac{1}{2} a_{ijkl} e_{ij} e_{kl} - \bar{F}_i u_i - \sigma_{ij} \left[e_{ij} - \frac{1}{2}(u_{i,\,j} + u_{j,\,i}) \right] \right\} \mathrm{d}V$$
$$- \iint_{S_u} n_j \sigma_{ij} (u_j - \bar{u}_i) \mathrm{d}S - \iint_{S_\sigma} \bar{p}_i u_i \, \mathrm{d}S \tag{2.13}$$

而且(2.11)成为(2.13)的变分约束条件.

(2.13)是一个三类自变函数的广义变分原理的泛函,但是这三类变量并不都是独立的,而是受有应力应变关系(2.11)的限制约束. Π_{HW} 就是胡海昌和鹫津久一郎在 1954～1955 年间用猜试法求得的广义变分原理的泛函. 从猜试法建立泛函的过程,并不能分辨这些变量是独立的或是不独立的. 胡海昌先生并没有任何根据说明它们是独立的,胡海昌先生的证明只是把 σ_{ij}, e_{ij}, u_i 当作独立变量后,对 Π_{HW} 进行变分,其驻值条件给出(1.1)～(1.5)式全部方程和边界条件. 这样的证明并不能认为是充分的. 因为,我们在承认 σ_{ij}, e_{ij} 之间的应力应变关系是约束条件下,同样可以证明其驻值条件给出(1.2)以外的一切方程和边界条件.

例如,我们认为 Π_{HW} 中的 σ_{ij}, e_{ij}, u_i 之间存在着一个变分约束条件(2.11). 于是,我们可以用(2.11)式从(2.13)式消去 σ_{ij},将 Π_{HW} 还原为 Π_P^*. Π_P^* 是一个两类独立变量的泛函,其驻值条件给出(2.6c),(2.6d),(2.8a),(2.8b),再用约束条件(2.11)消去 $a_{ijkl}e_{kl}$,即得(1.1),(1.3),(1.4),(1.5). 把它们和已给的约束条件(2.11)合在一起,也得到全部方程和边界条件.

所以,胡海昌先生猜试证明法,并不能说明 u_i, σ_{ij}, e_{ij} 都是独立的,也不能说明 Π_{HW} 的驻值原理是一个什么变分约束条件都没有的广义变分原理.

总结起来讲,本节的拉氏乘子法证明了 Π_P^* 是两类变量 u_i, e_{ij} 的广义变分原理,它对 u_i, e_{ij} 没有任何变分约束. 在从 e_{ij} 求 σ_{ij} 时,再用应力应变关系(2.11),它是 e_{ij} 和 σ_{ij} 的一般约束关系. 如果我们把 Π_P^* 中的两个因子 $a_{ijkl}e_{kl}$ 写成 σ_{ij} 而导出 Π_{HW},就等于说 Π_{HW} 中的 σ_{ij} 不是任意的,而是必须服从(2.11)的,所以 Π_{HW} 受(2.11)的限制,或即是说,(2.11)是 Π_{HW} 的变分约束条件.

现在让我们证明用普通的拉氏乘子法,无法解除 Π_P^* 中关于(σ_{ij}, e_{ij})的约束条件.

取待定乘子 $\lambda_{ij} = \lambda_{ji}$. 用下列新的泛函 Π_P^{**} 来解除约束条件(2.11),即

$$\Pi_P^{**} = \Pi_P^* + \iiint_V \lambda_{ij}(\sigma_{ij} - a_{ijkl}e_{kl})\mathrm{d}V \tag{2.14}$$

把 u_i, σ_{ij}, e_{ij}, λ_{ij} 作为独立变量，Π_P^{**} 的变分为

$$\begin{aligned}\delta\Pi_P^{**} = &\iiint_V \Big\{[\sigma_{ij} - a_{ijkl}e_{kl}]\delta\lambda_{ij} - [\bar{F}_i + a_{ijkl}e_{kl,j}]\delta_u + \lambda_{ij}\,\delta\sigma_{ij} \\ &- \Big[e_{kl} - \frac{1}{2}(u_{k,l} + u_{l,k}) + \lambda_{kl}\Big]a_{ijkl}\,\delta e_{ij}\Big\}\,\mathrm{d}V \\ &- \iint_{S_u} n_j a_{ijkl}\,\delta e_{kl}(u_i - \bar{u}_i)\mathrm{d}S + \iint_{S_\sigma}(n_j a_{ijkl}e_{kl} - \bar{p}_i)\delta u_i\,\mathrm{d}S\end{aligned} \tag{2.15}$$

驻值条件为

$$\lambda_{ij} = 0 \qquad (\text{在 } V \text{ 内}) \tag{2.16a}$$

$$\bar{F}_i + a_{ijkl}e_{kl,j} = 0 \qquad (\text{在 } V \text{ 内}) \tag{2.16b}$$

$$\sigma_{ij} - a_{ijkl}e_{kl} = 0 \qquad (\text{在 } V \text{ 内}) \tag{2.16c}$$

$$e_{kl} - \frac{1}{2}(u_{k,l} + u_{l,k}) + \lambda_{kl} = 0 \qquad (\text{在 } V \text{ 内}) \tag{2.16d}$$

$$u_i - \bar{u}_i = 0 \qquad (\text{在 } S_u \text{ 内}) \tag{2.16e}$$

$$n_j a_{ijkl}e_{kl} - \bar{p}_i = 0 \qquad (\text{在 } S_\sigma \text{ 内}) \tag{2.16f}$$

由于 $\lambda_{ij} = 0$，所以(2.16c)就不成立，我们无法解除(2.11)的(σ_{ij}, e_{ij})的约束.

三、高阶拉氏乘子法和泛函更一般的弹性力学广义变分原理

为了进一步证明 Π_{HW} 是以应力应变关系为变分约束条件的一完全的弹性力学广义变分原理，我们将采用高阶拉氏乘子法求得形式上一切约束条件都已解除的弹性力学广义变分原理.

在上节的证明中，我们业已证明，用线性的拉氏乘子法，只能求得 Π_P^* 的变分原理，在这个变分原理中，我们无法解除一切约束条件. 其原因为：在 Π_P^{**} 的驻值条件中，有关应力应变(2.11)那个变分条件的拉氏乘子恒等于零，亦即这个拉氏乘子不满足原来假定它不等于零的条件. 在拉氏乘子恒等于零的条件下，$\phi(f)$ 的展开式(2.2)中，我们必须采用 $\phi(f)$ 展开式的二次项 $\alpha_2 f^2$. 我们称这个条件为**临界变分条件**.

我们现在遇见的临界变分条件为

$$f = \sigma_{ij} - a_{ijkl}e_{kl} = 0 \tag{3.1}$$

设

$$\phi(f)=A_{ijkl}(\sigma_{ij}-a_{ijmn}e_{mn})(\sigma_{kl}-a_{klpq}e_{pq}) \tag{3.2}$$

其中 A_{ijkl} 为高次项的拉氏乘子,其实二次项 f^2 的乘子,它们有下列对称性

$$A_{ijkl}=A_{klij}=A_{jikl}=A_{ijlk} \tag{3.3}$$

它们是待定的,和 a_{ijkl}, b_{ijkl} 的对称性相同.

建立新的泛函

$$\Pi_P^2=\Pi_P^*+\iiint_V A_{ijkl}(\sigma_{ij}-a_{ijmn}e_{mn})(\sigma_{kl}-a_{klpq}e_{pq})\,\mathrm{d}V \tag{3.4}$$

其中 Π_P^* 见(2.4),即

$$\begin{aligned}\Pi_P^2=&\iiint_V\left\{\frac{1}{2}a_{ijkl}e_{ij}e_{kl}-\bar{F}_iu_i+\alpha_{ij}\left[e_{ij}-\frac{1}{2}(u_{i,j}+u_{j,i})\right]\right.\\&\left.+A_{ijkl}(\sigma_{ij}-a_{ijmn}e_{mn})(\sigma_{kl}-a_{klpq}e_{pq})\right\}\mathrm{d}V\\&-\iint_{S_\sigma}\bar{p}_i u\,\mathrm{d}S+\iint_{S_u}\beta_i(u-\bar{u}_i)\,\mathrm{d}S\end{aligned} \tag{3.5}$$

其中 α_{ij}, β_i 为线性的拉氏乘子,A_{ijkl} 为高阶拉氏乘子. 它们都是待定的.

Π_P^2 的驻值条件为

$$\begin{aligned}\delta\Pi_P^2=&\iiint_V\left\{a_{ijkl}e_{kl}+\alpha_{ij}-2A_{ijkl}a_{ijmn}(\sigma_{kl}-a_{klpq}e_{pq})\right\}\delta e_{ij}\,\mathrm{d}V\\&+\iiint_V 2A_{ijkl}(\sigma_{kl}-a_{klpq}e_{pq})\delta\sigma_{ij}\,\mathrm{d}V\\&+\iiint_V\left\{(\alpha_{ij,j}-\bar{F}_i)\delta u+\left[e_{ij}-\frac{1}{2}(u_{i,j}+u_{j,i})\right]\delta\alpha_{ij}\right.\\&\left.+(\sigma_{ij}-a_{ijmn}e_{mn})(\sigma_{kl}-a_{klpq}e_{pq})\delta A_{ijkl}\right\}\mathrm{d}V\\&+\iint_{S_u}\left\{(u_i-\bar{u}_i)\delta\beta_i+\iint_{S_u}(\beta_i-n_j\alpha_{ij})\delta u_i\,\mathrm{d}S\right.\\&-\iint_{S_\sigma}(n_j\alpha_{ij}+\bar{p}_i)\delta u_i\,\mathrm{d}S\equiv 0\end{aligned} \tag{3.6}$$

δe_{ij}, $\delta\sigma_{ij}$, $\delta\alpha_{ij}$, δu_i, δA_{ijkl} 在 V 内,$\delta\beta_i$, δu_i 在 δ_u 上,和 δu_i 在 S_σ 上都是独立的. 所以,(3.6)给出驻值条件:

(1) $a_{ijkl}e_{kl}+\alpha_{ij}-2A_{ijkl}a_{ijmn}(\sigma_{kl}-a_{klpq}e_{pq})=0$ （在 V 内） (3.7a)

(2) $2A_{ijkl}(\sigma_{kl}-a_{klpq}e_{pq})=0$ （在 V 内） (3.7b)

(3) $\alpha_{ij,j}-\bar{F}_i=0$ （在 V 内） (3.7c)

(4) $e_{ij}-\frac{1}{2}(u_{i,j}+u_{j,i})=0$ （在 V 内） (3.7d)

(5) $(\sigma_{ij}-a_{ijmn}e_{mn})(\sigma_{kl}-a_{klpq}e_{pq})=0$ （在 V 内） (3.7e)

(6) $u_i-\bar{u}_i=0$ （在 S_u 上） (3.7f)

(7) $\beta_i-n_j\alpha_{ij}$ （在 S_u 上） (3.7g)

(8) $n_j\alpha_{ij}+\bar{p}_i=0$ （在 S_σ 上） (3.7h)

从(3.7e),(3.7b)中,我们导出

$$\sigma_{ij}=a_{ijkl}e_{kl} \quad （在 V 内） \tag{3.8a}$$

$$A_{ijkl}\neq 0（待定） \quad （在 V 内） \tag{3.8b}$$

我们从变分驻值条件中导出了应力应变关系,而且在泛函中的高阶拉氏乘子项并不恒等于零,所以(3.8a)在这里已经不再是变分约束条件,也即是说,我们业已解除了应力应变关系的约束,把(3.8a, b)代入(3.7a, c, d, f, g, h)各式,得

$$\alpha_{ij}=-\alpha_{ijkl}e_{kl}=-\sigma_{ij} \quad （在 V 内） \tag{3.9a}$$

$$\beta_i=n_j\alpha_{ij}=-\sigma_{ij}n_j \quad （在 S_u 上） \tag{3.9b}$$

以及

$$\sigma_{ij,j}+\bar{F}_i=0 \quad （在 V 内） \tag{3.10a}$$

$$e_{ij}=\frac{1}{2}(u_{i,j}+u_{j,i}) \quad （在 V 内） \tag{3.10b}$$

$$u_i=\bar{u}_i \quad （在 S_u 上） \tag{3.10c}$$

$$n_j\sigma_{ij}=\bar{p}_i \quad （在 S_\sigma 上） \tag{3.10d}$$

(3.10a, b, c, d)和(3.8a)就是弹性力学原方程(1.1)—(1.5),(2.9a, b)给出了待定拉氏乘子 α_{ij} 和 β_i,把(3.9a, b),(3.8a)代入(3.4),得

$$\Pi_P^{(2)}=\Pi_{HW}^{*}+\iiint_V A_{ijkl}(\sigma_{ij}-a_{ijmn}e_{mn})(\sigma_{kl}-a_{klpq}e_{pq})\mathrm{d}V \tag{3.11}$$

其中 A_{ijkl} 是任意的乘子,而且不等于零. 这是三类变量的广义变分原理,而且到此为止,这三类变量之间,不再有什么约束,因此是独立的. 式中 Π_{HW}^{*} 的表达式和(1.12)的 Π_{HW} 相同,但在 e_{ij},σ_{ij} 之间并不存在约束条件(2.11). 在文献[9]中,我们称这个泛函为 $\Pi_{G\text{II}}$,而这个更一般的广义变分原理的泛函为

$$\Pi_{G\text{II}}=\iiint_V\Big\{\frac{1}{2}a_{ijkl}e_{ij}e_{kl}+A_{ijkl}(\sigma_{ij}-a_{ijmn}e_{mn})(\sigma_{kl}-a_{klpq}e_{pq})$$

$$
-\sigma_{ij}\left[e_{ij}-\frac{1}{2}(u_{i,j}+u_{j,i})\right]-\bar{F}_i u_i\Big\}\,\mathrm{d}V
$$

$$
-\iint_{S_\sigma}\bar{p}_i u_i\,\mathrm{d}S-\iint_{S_u}n_i\sigma_{ij}(u_i-\bar{u}_i)\mathrm{d}S \tag{3.12}
$$

这是一个三类变量的广义变分原理，变分时不再有任何变量的约束条件.

让我们取 A_{ijkl} 为下列特例形式

$$
A_{ijkl}=\frac{1}{2}\lambda' b_{ijkl} \tag{3.13}
$$

其中 λ' 为任意不等于零的变量或标量. 于是 $\Pi_{G\mathrm{II}}$ 可以写成

$$
\Pi_{G\lambda'}=\iiint_V\Big\{\frac{1}{2}a_{ijkl}e_{ij}e_{kl}+\lambda'\left(e_{ij}\sigma_{ij}-\frac{1}{2}a_{ijkl}e_{ij}e_{kl}-\frac{1}{2}b_{ijkl}\sigma_{ij}\sigma_{kl}\right)
$$

$$
-\sigma_{ij}\left[e_{ij}-\frac{1}{2}(u_{i,j}+u_{j,i})\right]-\bar{F}_i u_i\Big\}\,\mathrm{d}V
$$

$$
-\iint_{S_\sigma}\bar{p}_i u_i\,\mathrm{d}S-\iint_{S_u}n_j\sigma_{ij}(u_i-\bar{u}_i)\mathrm{d}S \tag{3.14}
$$

从上面的证明中可以看到，$\Pi_{G\lambda'}$ 是一个有三类变量的广义变分原理，它没有任何约束条件，λ' 是一个任意不等于零的变量或标量.

在下节，我们将用反证法通过唯一性定理证明，即使在 $\Pi_{G\lambda'}$ 这样一个变分原理中，三类变量之间也不是独立的，也存在着应力应变关系这样的变分约束条件. 把这个约束条件代还(2.14)，也同样导出 Π_{HW}，这就证明了在胡海昌鹫津久一郎的泛函 Π_{HW} 的三类变量中，不是相互独立的，而存在着应力应变关系这样的变分约束条件.

四、唯一性定理和 $\Pi_{G\lambda'_3}$，Π_{HW} 等三类变量的变分原理中存在着变分约束条件的又一证明

对于某一物理问题而言，只要变量是完备的，变分约束条件已知，或根本没有任何变分约束条件，则其有关变分原理或广义变分原理的泛函，是唯一决定的. 这是公认的变分原理的唯一性定理. 如果没有这一唯一性定理，人们就无法用变分原理来代替求解物理问题在一定边界条件下的场函数的微分方程.

现在让我们用唯一性定理来证明 $\Pi_{G\lambda'}$ 的泛函中，σ_{ij}，e_{ij} 之间存在着应力应变关系这样一个变分约束条件. 也即是说，$\Pi_{G\lambda'}$ 中的三类变量 σ_{ij}，e_{ij}，u_i 之间**并不是互相独立的.**

$\Pi_{G\lambda'}$ 中的 λ' 是任意标量，如果有两个不相等的 λ' 称为 λ'_1 和 λ'_2，则对于这个物理有两个泛函.

$$\Pi_{G\lambda'_1} = \iiint_V \left\{ \frac{1}{2}a_{ijkl}e_{ij}e_{kl} - \sigma_{ij}\left(e_{ij} - \frac{1}{2}u_{i,j} - \frac{1}{2}u_{j,i}\right) + \lambda'_1\left(e_{ij}\sigma_{ij} - \frac{1}{2}a_{ijkl}e_{ij}e_{kl} - \frac{1}{2}b_{ijkl}\sigma_{ij}\sigma_{kl}\right)\right\} \mathrm{d}V - \iint_{S_\sigma} \bar{p}_i u_i \,\mathrm{d}S - \iint_{S_u} n_j\sigma_{ij}(u_i - \bar{u}_i)\mathrm{d}S \tag{4.1}$$

$$\Pi_{G\lambda'_2} = \iiint_V \left\{ \frac{1}{2}a_{ijkl}e_{ij}e_{kl} - \sigma_{ij}\left(e_{ij} - \frac{1}{2}u_{i,j} - \frac{1}{2}u_{j,i}\right) + \lambda'_2\left(e_{ij}\sigma_{ij} - \frac{1}{2}a_{ijkl}e_{ij}e_{kl} - \frac{1}{2}b_{ijkl}\sigma_{ij}\sigma_{kl}\right)\right\} \mathrm{d}V - \iint_{S_\sigma} \bar{p}_i u_i \,\mathrm{d}S - \iint_{S_u} n_j\sigma_{ij}(u_i - \bar{u}_i)\mathrm{d}S \tag{4.2}$$

这两个泛函都有三个独立的变量,而且都没有任何约束条件,其变分结果,都满足弹性力学的一切场量的方程式和边界条件. 根据唯一性定理,这两个泛函应该相同. 亦即

$$\Pi_{G\lambda'_1} - \Pi_{G\lambda'_2} = 0 \tag{4.3}$$

或得

$$\iiint_V (\lambda'_1 - \lambda'_2)\left\{\sigma_{ij}e_{ij} - \frac{1}{2}a_{ijkl}e_{ij}e_{kl} - \frac{1}{2}b_{ijkl}\sigma_{ij}\sigma_{kl}\right\}\mathrm{d}V = 0 \tag{4.4}$$

但是,根据定义

$$\lambda'_1 - \lambda'_2 \neq 0 \tag{4.5}$$

所以,(4.4)给出

$$\sigma_{ij}e_{ij} - \frac{1}{2}a_{ijkl}e_{ij}e_{kl} - \frac{1}{2}b_{ijkl}\sigma_{ij}\sigma_{kl} = 0 \tag{4.6}$$

或可写成

$$\frac{1}{2}(\sigma_{ij} - a_{ijkl}e_{kl})(e_{ij} - b_{ijmn}\sigma_{mn}) = 0 \tag{4.7}$$

甚或写成

$$-\frac{1}{2}b_{ijmn}(\sigma_{ij} - a_{ijkl}e_{kl})(\sigma_{mn} - a_{mn}e_{pq}e_{pg}) = 0 \tag{4.8}$$

两个因子都相同,所以从(4.6)式可以求得

$$\sigma_{ij}=a_{ijkl}e_{kl} \tag{4.9}$$

这就是应力应变关系. 也就是说,只有当(e_{ij}, σ_{ij})满足应力应变关系(4.9)式时,$\Pi_{G\lambda_1'}$, $\Pi_{G\lambda_2'}$,才是相等的. 这就否定了原来认为$\Pi_{G\lambda'}$这个泛函中三类变量σ_{ij}, e_{ij}, u_i都是独立的假说. 也即是说,$\Pi_{G\lambda'}$这个泛函的变分原理存在着变分约束条件(4.9). 所以,在三类变量中,只有两类是独立的.

如果把(4.9)式代入(3.14)式的$\lambda'(\cdots)$项中,$\Pi_{G\lambda'}$立刻简化为Π_{HW},亦即在(4.9)式的条件下:

$$\Pi_{G\lambda'}\big|_{(3,9)\text{式}}=\iiint_V\left\{\frac{1}{2}a_{ijkl}e_{ij}e_{kl}-\sigma_{ij}\left[e_{ij}-\frac{1}{2}(u_{i,j}+u_{j,i})\right]\right.$$
$$\left.-\bar{F}_iu_i\right\}\mathrm{d}V-\iint_{S_\sigma}\bar{p}_iu_i\,\mathrm{d}S-\iint_{S_u}n_j\sigma_{ij}(u_i-\bar{u}_i)\mathrm{d}S=\Pi_{HW} \tag{4.10}$$

也即是说,$\Pi_{G\lambda'}$式中剩下的部分是Π_{HW},而且在这个剩下的部分中,(σ_{ij}, e_{ij})之间也满足(4.9)式. 这就证明了Π_{HW}为泛函的变分原理,是以(4.9)式这样的变分约束为条件的三变量变分原理. 所以,这三个变量也不是相互独立的.

以上,又一次证明了胡海昌-鹫津久一郎原理并不像胡海昌先生所肯定的那样,认为是一个三类独立变量的没有约束条件的变分原理,恰好相反,胡鹫原理是一个以应力应变关系(4.9)为变分约束条件的变分原理,形式上虽有三类变量,实质上e_{ij}和σ_{ij}之间必须满足(4.9)式. 所以,只有两类变量是独立的.

五、Hellinger-Reissner 原理和胡鹫原理之间的等价定理

E. Hellinger(1914)和后来 E. Reissner(1950)先后提出了一个变分原理,它是从余能原理导出的广义变分原理. Hellinger-Reissner 原理的泛函Π_{HR}见(1.11)式,这是一个两类独立变量的广义变分原理,其第三类变量e_{ij}是根据变分约束条件

$$e_{ij}-b_{ijkl}\sigma_{kl}=0 \tag{5.1}$$

计算求得的.

现在让我们证明 Hellinger-Reissner 原理和胡海昌-鹫津久一郎原理,在共同的变分条件(4.9)或(5.1)下,是等价的,亦即Π_{HR}和Π_{HW}之间在(5.1)或(4.9)的约束条件下是等价的.

把(1.11)的Π_{HR}和(4.10)式的Π_{HW}相减,得

$$\Pi_{HR}-\Pi_{HW}=\iiint_V\left\{e_{ij}\sigma_{ij}-\frac{1}{2}a_{ijkl}e_{ij}e_{kl}-\frac{1}{2}b_{ijkl}\sigma_{ij}\sigma_{kl}\right\}\mathrm{d}V$$
$$-\iiint_V[u_i\sigma_{ij,j}+u_{i,j}\sigma_{ij}]\mathrm{d}V+\iint_{S_u}n_j\sigma_{ij}u_i\,\mathrm{d}S+\iint_{S_\sigma}n_j\sigma_{ij}u_i\,\mathrm{d}S \tag{5.2}$$

利用格林定理

$$\iiint_V [u_i\sigma_{ij,j}+u_{i,j}\sigma_{ij}]\mathrm{d}V=\iiint_V (u_i\sigma_{ij})_{ij}\mathrm{d}V=\iint_{S_u+S_\sigma} n_j\sigma_{ij}u_i\,\mathrm{d}S \tag{5.3}$$

把(5.3)代入(5.2),得

$$\Pi_{HR}-\Pi_{HW}=\iiint_V \left\{e_{ij}\sigma_{ij}-\frac{1}{2}a_{ijkl}e_{ij}e_{kl}-\frac{1}{2}b_{ijkl}\sigma_{ij}\sigma_{kl}\right\}\mathrm{d}V \tag{5.4}$$

这和胡海昌先生在[1]中的(10)式相同.

但是本文第二节中业已证明 Π_{HW} 有约束条件(2.11),Π_{HR} 也有相同的约束条件(5.1).当然这个约束条件也是约束 $\Pi_{HR}-\Pi_{HW}$ 的.把(2.11)或(5.1)代入(5.4),即得

$$\Pi_{HR}-\Pi_{HW}=0 \tag{5.5}$$

这就证明了 Hellinger-Reissner 原理和胡鹫原理是等价,所以等价定理成立.

我们也可以证明在变分约束条件(5.1)下,从 Π_{HW} 导出 Π_{HR}.

根据变分约束条件(5.1),我们有

$$e_{ij}\sigma_{ij}-\frac{1}{2}a_{ijkl}e_{ij}e_{kl}=-\frac{1}{2}b_{ijkl}\sigma_{ij}\sigma_{kl} \tag{5.6}$$

把(5.6)代入 Π_{HW},得

$$\begin{aligned}\Pi_{HW}=&\iiint_V \left\{-\frac{1}{2}b_{ijkl}\sigma_{ij}\sigma_{kl}+\sigma_{ij}u_{i,j}-\bar{F}_iu_i\right\}\mathrm{d}V\\&-\iint_{S_\sigma}\bar{p}_iu_i\,\mathrm{d}S-\iint_{S_u}n_j\sigma_{ij}(u_i-\bar{u}_i)\mathrm{d}S\end{aligned} \tag{5.7}$$

利用格林定律(5.3),我们即可从上式导出 Π_{HR}. 即

$$\begin{aligned}\Pi_{HW}=&\iiint_V \left\{-\frac{1}{2}b_{ijkl}\sigma_{ij}\sigma_{kl}-u_i(\sigma_{ij,j}+\bar{F}_i)\right\}\mathrm{d}V\\&+\iint_{S_\sigma}u_i(\sigma_{ij}n_j-\bar{p}_i)\mathrm{d}S+\iint_{S_u}n_j\sigma_{ij}\bar{u}_i\,\mathrm{d}S=\Pi_{HR}\end{aligned} \tag{5.8}$$

这个泛函,同样有变分约束条件(5.1)式.所以,等价定理成立.

我们看不出有什么"误解".作者认为郭仲衡[9]、戴天民[10]、陈至达[11]、刘殿魁、张其洁[12]、邬瑞铎、奚肖风[13]等的等价定理工作都没有"误解",也没有"误入迷途".似乎胡海昌先生自己对于胡鹫原理有一定的误解,误认为胡鹫原理的三类变量都是独立的,不受任何约束条件的约束.本文已从各方面证明胡鹫原理三类变量之间存在着应力应变关系这样的约束条件,所以在这个变分原理中,只有两类变量

是独立的.这种“误解”的根源,在于当年胡海昌先生建立泛函时,采用了猜试再猜试的方法,他只能把三类变量当作是独立的条件下,证明驻值变分导出弹性原理的一切方程和边界条件.他无法证明三类变量之间,是不是完全独立的,或是还有什么变分约束条件的存在.

六、对胡海昌先生的某些指责的答复

胡海昌先生在[1]文中提出作者在他发表其原理(1954)[7]时曾极力推荐的,并指责说:“钱伟长先生却从早期认为本人的工作‘有极大的价值’[16]的评价,转变为近期两种变分原理完全等价的观点”.既然胡海昌先生公开提出了这样的历史性问题,好像这个“转变”有什么不正当的目的.对此作者不得不作一些必要的答复.当然在说明历史过程中,也不得不涉及一些历史真况.

胡海昌先生自1950年至1957年间,是中国科学院数学研究所力学研究室和后来力学研究所的青年科研人员,作者是当时各该单位的负责人,亦曾充任过胡海昌先生的导师.看到解放后在党的领导下,人才辈出,高兴之情,溢于言表,是不足为奇的.作者一贯主张青年人的工作只要有一得之见,绝不能责备求全,而应尽速推荐发表,以求社会的理解和承认.作者不仅推荐了胡海昌关于“论弹性体力学和受范性体力学中的一般变分原理”一篇论文,而且推荐了自1950年至1957年间胡海昌先生的所有论文.在1954年的《物理学报》上曾刊出了作者所推荐的论文12篇,其中胡海昌先生的就有5篇.胡海昌先生的这项工作;在我和叶开沅合著的《弹性力学》中曾称誉为“有极大价值的”.这一点在1980年的再版中也没有改变,可见作者对胡海昌先生工作的历史价值,一直就是尊重的.

但是,我们科学工作者都知道,对客观真理的认识是没有止境的,对客观事物规律的认识是逐步深入的.作者在认识广义变分原理的过程中,也是这样.作者在早期也曾误认为胡鹫原理的三类变量都是独立的.于是认为胡先生的工作是很有价值的.但对于胡海昌先生的猜试证明法不很满意,在1964年[7]和1979年[3]中再三陈述了拉氏乘子法,同时发现了在 σ_{ij} , e_{ij} 满足应力应变关系下的等价定理.在1982年[9]又提出了高阶拉氏乘子法研究那些用线性拉氏乘子法无法解除约束条件的问题.这次又整理了二十多年来的逐步深入的认识,写就这篇论文,和胡海昌先生商榷.当然,我并不认为这样认识是最后的,因为这里还有不少有意义的问题没有获得圆满的解决,例如,现在还不知道为什么所有已知的变分原理中无法解除应力应变关系的约束.不过,根据现在的认识,胡鹫原理的确也已逊色不少.它不再是像胡海昌先生所估价的那样“许多前人的结果都可包括在我们的一般变分原理中”[7],或是“弹性力学的最一般的变分原理”[1, 2].胡海昌先生还声称,“这个观点得到了日本、美、英、苏、法、德、意等国学者的公认.Reissner 本人也从未提出过不同看法”.胡海昌先生搬出国际公认,和 Reissner 从未表态的事实来支持他的观点,其实这是无补于事的. 我们当然应该珍视国际同行的成就和意见,但是我们绝不能盲目迷信这些意见,科学发展史就是破除不正确的但被错误地公认为正确的意见而向前发展的. Reissner 从未表态,不能认为 Reissner 就默认和胡先生意见一致了. 我的意见是: 我们应该重视权威的意见,但不要盲目迷信权威的意义. 我们的标准只有一个,就是逐步深入认识的真理.

参考文献

[1] 胡海昌. 略论 Hellinger-Reissner 和胡海昌鹫津久一郎两种广义变分原理的联系. 力学学报,1983, (3).

[2] 胡海昌. 弹性力学变分原理简介. 北京市力学学会主持的在北京工业学院召开的学术报告会上的报告,北京市力学学会印(1982 年 10 月).

[3] 钱伟长. 弹性理论中广义变分原理的研究及其在有限元计算中的应用. 力学与实践,1(1979),16;2(1979),18.

[4] 钱伟长. 变分法及有限元. 北京:科学出版社,1980.

[5] Hellinger E. Die allgemeine Ansatz der Mechanik der Kontinua Encyclopadie der Mathematisehen Wissenschaften, 1914, 4(4): 602.

[6] Reissner E. On a variational theorem in elasticity. Journal of Mathematics and Phyiscs, 1950,29(2): 90.

[7] 胡海昌. 论弹性体力学与受范性体力学中的一般变分原理. 物理学报,1954,10(3): 259.

[8] Washizu K. On the variational principles of elasticity and plastlicily. Aeroelasticitic and Structures Research Laboratory, Massachusetts Institute of Technology, Technical Report 25—18,March,1955.

[9] 钱伟长. 拉氏乘子法、高阶拉氏乘子法,和弹性理论中更一般的广义变分原理. 应用数学和力学,1983(印刷中).

[10] 郭仲衡. 非线性弹性理论变分原理的统一理论. 应用数学和力学,1980,1(1): 5.

[11] 戴天民. 非局部微极线性弹性介质理论中的各种互易定理和变分原理. 应用数学和力学,1980,1(1): 89.

[12] 陈至达. 钱氏定理在有限变形极矩弹性力学广义变分原理的应用. 应用数学和力学,1981,2(2): 191.

[13] 刘殿魁,张其洁. 弹性理论中非保守问题的一般变分原理. 力学学报,1981(6): 562.

[14] 邬瑞铎,奚肖风. 弹性-蠕变体理论的广义变分原理. 固体力学学报,1982(3): 453.

[15] 胡海昌. 弹性力学的变分原理及其应用. 北京:科学出版社,1981.

[16] 钱伟长,叶开沅. 弹性力学. 北京:科学出版社,第一版,1956,第二次印刷,1980.

[17] 钱伟长. 关于弹性力学的广义变分原理及其在板壳问题上的应用. 未发表,见力学学报编辑部 64—057 号来信 1964 年 10 月 6 日.

Further Study on Generalized Variational Principles in Elasticity — Discussion with Mr. Hu Hai-chang on the Problem of Equivalent Theorem

Abstract The purpose of this paper is to present my personal point of view about the contraversy existed in the problem of equivalent theorem mentioned by Mr. Hu Hai-chang[1, 2].

My point of view is as following:

(1) By means of the method of undetermined Lagrange multiplier, it can be proved that the three kinds of variational functions in Hu-Washizu principle are not independent to each other, and the stress-strain relationships are the constraint conditions in the process of variation. There have three kinds of variational functions in the principle, but only two of which are independent.

(2) By means of the method of high-order Legrange multiplier, we find a family of infinite numbers of functionals, with three kinds of variational functions, all of which are more general than that of Hu-Washizu principle. All these principles treat the same physical problem in elasticity, possess same three kinds of variational functions, and free from any constraint . Therefore, these functionals must be equivalent to each other. This is an uniqueness theorem in variational method, from which the stress-strain relation is derived. That is to say, in these infinite variaty of functionals, the stress-strain relation must be satisfied between stresses and strains. Similarly, we find that in Hu-Washizu principle, the stress-strain relation must be also satisfied between stresses and strains. Hence, in Hu-Washizu principle, three kinds of variational functions are not independent. Hu-Washizu principle is not a non-conditional variational principle, and in fact, the stress-strain relation is actually the existing condition of variation.

(3) Under the variational constraint of stress-strain relation, it is shown that Hellinger-Reissner principle and Hu-Washizu principle are but equivalent principles in elasticity.

The conclusion of this paper is as following. Equivalent theorem is correct, and is not misinterpretation. The works done by various authors including Guo, Zhong-heng[10], Dai, Tian-min[11], Chen, Zhi-da[12], Liu, Dian-kui and Chang, Qi-jie[13],

Wu, Rui-duo and Xi, Xiao -feng[14] on equivalent theorems of various variational problems are all correct, no any misinterpretation, and cannot labelled as "one has gone astrey from right path". The reason for the mis-understanding appears to be the "try and error" mothod used by Mr. Hu in his work, with which it is impossible to justify the independence of threekinds of variational functions, and the non-existance of variational constraint in Hu-Washizu principle.

Incompatible Plate Elements Based upon the Generalized Variational Principles

1. Introduction

In finite element calculation for a plate, the continuity or equilibrium conditions along interelement boundaries can be satisfied by compatible plate elements at the expense of higher degrees of freedom or large amounts of calculation. Pian[1], Tong[2], and Herrmann[3, 4] pointed out in a series of papers that the simple incompatible plate elements can be used if these interelement boundary conditions are to be relaxed to the extent that they are satisfied in an integral sense, and hence will be completely satisfied when the element size becomes infinitesimally small. This formulation thus calls for modified (or generalized) variational principles, for which the interelement conditions are introduced as conditions of constraint and appropriate boundary variables are used as the corresponding Lagrange multipliers. In this paper, the above-mentioned boundary variables are further identified in terms of the original variable and its derivatives, so that no new variables are needed in the generalized variational principles. Thus further simplification in finite element computations for incompatible plate elements has been satisfied.

2. Principle of Minimum Potential Energy and Its Generalization for Incompatible Plate Elements

For a thin plate of bending rigidity D and Posison's ratio μ under the action of lateral loads $f(x, y)$, the lateral deflection $w(x, y)$ is given by

$$\nabla^2\nabla^2 w = \frac{f}{D} \qquad (\text{in } A) \tag{1}$$

Reprinted from *Hybrid and Mixed Finite Element Methods* (Edited by Atluri, Gallagher, and Zienkwtcz), John Wiley & Sons, Ltd, 1983: 381 - 404.

where

$$\nabla^2 = \frac{\partial^2}{\partial x^2} + \frac{\partial^2}{\partial y^2} \tag{2}$$

There are various kinds of boundary conditions:

(a) Equivalent shearing force (or edge force) $H_v = Q_v + M_{vS,S}$ is given or lateral deflection w is given:

$$H_v = \overline{H} \qquad (\text{in } S_{\sigma_1}) \tag{3a}$$

$$w = \overline{w} \qquad (\text{in } S_{w_1}) \tag{3b}$$

(b) Edge moment M is given or normal slope of deflections in the outward normal direction w is given:

$$M_v = \overline{M} \qquad (\text{in } S_{\sigma_2}) \tag{4a}$$

$$w_{,v} = \overline{w}_{,v} \qquad (\text{in } S_{w_2}) \tag{4b}$$

where

$$S_{\sigma_1} + S_{w_1} = S_{\sigma_2} + S_{w_2} = \text{entire boundary} \tag{5}$$

There are also various kinds of conditions at edge corners. Corner forces normal to the plate are given or the corner deflections are given:

$$P_{k_1} = \overline{P}_{k_1} \qquad (\text{at corners } k_1 = 1, 2, \cdots, k_\sigma) \tag{6a}$$

$$w_{k_2} = \overline{w}_{k_2} \qquad (\text{at corners } k_2 = 1, 2, \cdots, k_w) \tag{6b}$$

where we take i as the total number of corners on the boundary

$$k_\sigma + k_w = i \tag{7}$$

The principle of minimum potential energy may be stated as follows. Among all possible $w(x, y)$ which satisfy deflection boundary conditions (3b), (4b), (6b) in the boundaries S_{w_1}, S_{w_2} and corners k_w, the one which minimizes the functional Π gives the solution of (1) in A under the actions of boundary forces (3a), (4a), (6a) in the boundaries S_{σ_1}, S_{σ_2} and the corners k_σ, and the distributed load $f(x, y)$ in A.

In this case, the functional Π may be written as

$$\Pi = \Pi_0 - \iint_A f w \,\mathrm{d}A - \int_{S_{\sigma_1}} \overline{H} w \,\mathrm{d}s - \int_{S_{\sigma_2}} \overline{M} w_{,v} \,\mathrm{d}s - \sum_{k_1=1}^{k_\sigma} \overline{P}_{k_1} w_{k_1} \tag{8}$$

in which Π_0 is the bending energy in the plate

$$\Pi_0 = \iint_A \frac{D}{2}\left\{\left(\frac{\partial^2 w}{\partial^2 x}+\frac{\partial^2 w}{\partial^2 x}\right)^2 - 2(1-\mu)\left(\frac{\partial^2 w}{\partial^2 x}\frac{\partial^2 w}{\partial^2 y}-\frac{\partial^2 w}{\partial x \partial y}\frac{\partial^2 w}{\partial x \partial y}\right)\right\}\mathrm{d}A \quad (9)$$

This principle can be easily proved by taking variation of Π, in which[5]

$$\delta\Pi_0 = \iint_A D\,\nabla^2\nabla^2 w\mathrm{d}A - \int_S M_v(w)\frac{\partial \delta w}{\partial v}\mathrm{d}s + \int_S H_v(w)\delta w \mathrm{d}s + \sum_{k=1}^{i} P_k(w)\delta w_k \quad (10)$$

where $M_v(w)$, $H_v(w)$, $P_k(w)$ are the following linear functions of w and its derivatives on the boundaries or at edge corners:

$$M_v(w) = -D\left\{\mu\nabla^2 w + (1-\mu)\frac{\partial^2 w}{\partial v^2}\right\} \quad \text{(on boundary } S) \quad (11a)$$

$$M_v(w) = -D\left\{\frac{\partial}{\partial v}\left[\nabla^2 w + (1-\mu)\frac{\partial^2 w}{\partial s^2}\right] - (1-\mu)\frac{\partial}{\partial s}\frac{1}{\rho_s}\frac{\partial w}{\partial s}\right\} \quad \text{(on boundary } S) \quad (11b)$$

$$P_k(w) = -(1-\mu)D\Delta\left\{\frac{\partial^2 w}{\partial v \partial s} - \frac{1}{\rho_s}\frac{\partial w}{\partial s}\right\}_k \quad \text{(at corners } k) \quad (11c)$$

in which $\Delta\left\{\frac{\partial^2 w}{\partial v \partial s} - \frac{1}{\rho_s}\frac{\partial w}{\partial s}\right\}$ represents the increment of $\frac{\partial^2 w}{\partial v \partial s} - \frac{1}{\rho_s}\frac{\partial w}{\partial s}$ at the kth corner on the boundary curves S, and in general we assume that there are i edge corners on S. ρ_s is the radius of curvature of boundary curve S and is positive when the boundary curve is convex at that point. For straight edges, $1/\rho_s$ vanishes.

Minimization of $\widetilde{\Pi}$ in (8) gives not only the field equation (1) in A but also the force boundary conditions (3a), (4a), and the force ocrner conditions (6a). In fact, (11a, b, c) are the expressions of edge bending moment, edge shearing force, and corner force respectively in the plate edges in terms of the derivatives of the deflection.

The minimum potential energy variational principle can be generalized by considering the deflection boundary conditions (3b), (4b), (6b) as conditions of constraint and using corresponding Lagrange multipliers. Thus we have the following generalized variational principle based upon the principle of minumum potential energy.

Among all possible $w(x, y)$, the one which makes the following functional $\widetilde{\Pi}$ stationary gives the solution of the field equation (1) under the boundary conditions (3a, b), (4a, b), and the corner conditions (6a, b). This functional

$\widetilde{\Pi}$ can be written in terms of undetermined Lagrange multipliers $\lambda_{(1)}$, $\lambda_{(2)}$, and $\lambda_{(3)k_2}$ (where $k_2 = 1, 2, \cdots, k_w$) as follows:

$$\widetilde{\Pi} = \Pi_0 - \iint_A fw\mathrm{d}A - \int_{S_{\sigma_1}} \overline{H}w\mathrm{d}s + \int_{S_{\sigma_2}} \overline{M}w_{,v}\mathrm{d}s - \sum_{k_1=1}^{k_\sigma} \overline{P}_{k_1} w_{k_1}$$
$$+ \int_{S_{w_1}} \lambda_{(1)}(s)(w - \overline{w})\mathrm{d}s - \int_{S_{w_2}} \lambda_{(2)}(s)(w_{,v} - \overline{w}_{,v})\mathrm{d}s + \sum_{k_2=1}^{k_w} \lambda_{(3)k_2}(w_{k_2} - \overline{w}_2) \tag{12}$$

where $\lambda_{(1)}$, $\lambda_{(2)}$ are functions of boundary arc length coordinates and $\lambda_{(3)k_2}$ ($k_2 = 1, 2, \cdots, k_w$) are undetermined constants.

By means of (10), the variation of $\widetilde{\Pi}$ gives

$$\delta\widetilde{\Pi} = \iint_A (D\nabla^2\nabla^2 w - f)\delta w\mathrm{d}A + \int_{S_{\sigma_1}} (H_v - \overline{H})\delta w\mathrm{d}s - \int_{S_{\sigma_2}} (M_v - \overline{M})\frac{\partial\delta w}{\partial v}\mathrm{d}s$$
$$+ \sum_{k_1=1}^{k_\sigma}(p_{k_1} - \overline{P}_{k_1})\delta w_{k_1} + \int_{S_{w_1}} [\lambda_{(1)}(s) + H_v(w)]\delta w\mathrm{d}s$$
$$+ \int_{S_{w_2}} [\lambda_{(2)}(s) - M_v(w)]\frac{\partial\delta w}{\partial v}\mathrm{d}s + \sum_{k_2=1}^{k_w}\left\{\lambda_{(3)k_2} + P_{k_2}\right\}\delta w_{k_2}$$
$$+ \int_{S_{w_1}} (w - \overline{w})\delta\lambda_{(1)}\mathrm{d}s + \int_{S_{w_2}} (w_{,v} - \overline{w}_{,v})\delta\lambda_{(2)}\mathrm{d}s$$
$$+ \sum_{k_2=1}^{k_w}(w_{k_2} - \overline{w}_{k_2})\delta\lambda_{(3)k_2} \tag{13}$$

The stationary condition of this functional

$$\delta\widetilde{\Pi} = 0 \tag{14}$$

gives not only the field equation (1), the boundary conditions (3a, b), (4a, b), and the corner conditions (5a, b) but also the definitions of $\lambda_{(1)}(s)$, $\lambda_{(2)}(s)$, and $\lambda_{(3)k_2}$. They are

$$\lambda_{(1)}(s) = -H_v(w) = D\left\{\frac{\partial}{\partial v}\left[\nabla^2 w + (1-\mu)\frac{\partial^2 w}{\partial s^2}\right] - (1-\mu)\frac{\partial}{\partial s}\frac{1}{\rho_s}\frac{\partial w}{\partial s}\right\} \tag{15a}$$

$$\lambda_{(2)}(s) = M_v(w) = -D\left\{\mu\nabla^2 w + (1-\mu)\frac{\partial^2 w}{\partial v^2}\right\} \tag{15b}$$

$$\lambda_{(3)k_2} = -P_{k_2}(w) = (1-\mu)D\Delta\left\{\frac{\partial^2 w}{\partial v\partial s} - \frac{1}{\rho_s}\frac{\partial w}{\partial s}\right\}_{k_2} \tag{15c}$$

Substitution of $\lambda_{(1)}(s)$, $\lambda_{(2)}(s)$, $\lambda_{(3)k_2}$ from (15a, b, c) into (13), we obtain the expression of the functional $\widetilde{\Pi}$ of our generalized variational principle:

$$\widetilde{\Pi} = \Pi_0 - \iint_A fw\mathrm{d}A - \int_{S_{\sigma_1}} \overline{H}w\mathrm{d}s + \int_{S_{\sigma_2}} \overline{M}\frac{\partial w}{\partial v}\mathrm{d}s - \sum_{k_1=1}^{k_\sigma} \overline{P}_{k_1} w_{k_1}$$
$$- \int_{S_{w_1}} H_v(w-\overline{w})\mathrm{d}s + \int_{S_{w_2}} M_v(w)(w_{,v}-\overline{w}_{,v})\mathrm{d}s - \sum_{k_2=1}^{k_w} P_{k_2}(w)(w_{k_2}-\overline{w}_{k_2}) \tag{16}$$

If the field variable $w(x, y)$ in this variational principle is chosen so that it saitsfies various deflection boundary conditions (3b), (4b), and (6b), then the generalized functional $\widetilde{\Pi}$ in (16) reduces to the from Π in (8).

Now we turn to discuss various variational principles for finite element calculation. Let us suppose that the region of the plate is subdivided into a finite number of discrete elements, say N elements altogether, and each element possesses r continuous segments and r corners, where r in general is equal to or greater than 2 for curved segments and is equal to or greater than 3 for staight segments. Let us suppose that we formulate the finite element field functions with the compatible model, i. e. the deflections and normal slopes of deflection are continuous along all the interement boundaries of any two neighbouring elements and also the deflection of any corner of anelement is equal to the deflections of common corners of all neighbouring elements. Let us suppose that there are c_F points (x_{c_1}, y_{c_1}) in the interior of the plate domain A loaded by given concentrated loads $\overline{F}_{c_1}$, and c_w points (x_{c_2}, y_{c_2}) in A supported with given deflections $\overline{w}_{c_2}$, That is,

$$F_{c_1} = \overline{F}_{c_1} \qquad \text{(at points } x_{c_1}, y_{c_1}, \text{ where } c_1 = 1, 2, \cdots, c_F) \tag{17a}$$

$$w_{c_2} = \overline{w}_{c_2} \qquad \text{(at supporting points } x_{c_2}, y_{c_2}, \text{ where } c_2 = 1, 2, \cdots, c_w) \tag{17b}$$

Let us further suppose that all $c_F + c_w$ points are at the same time the common nodal corner points of the discrete elements.

Thus the generalized variational principles of this plate for the finite element field function with the compatible model can be stated as follows. Among all possible sets of compatible finite element field functions $w^{(n)}(x, y)$, $n = 1, 2, \cdots, N$, the set which makes the following functional $\widetilde{\Pi}_f$ stationary gives the solution of the field equation (1) with the boundary conditions (3b), (4b), plate corner conditions (6b), and the point supported conditions (17b) under the actions of the distributed load $f(x, y)$, concentrated loads F_{c_1} of (17a), boundary bending moments $\overline{M}$ of (4a), boundary shearing forces $\overline{H}$ of (3a), and the boundary corner forces $\overline{P}_{k_1}$ of (6a):

$$\widetilde{\Pi}_f = \sum_{n=1}^{N} \Pi_f^{(n)} - \sum_{k_1=1}^{k_\sigma} \overline{P}_{k_1} w_{k_1} - \sum_{k_2=1}^{k_w} \sum_{j=1}^{r_1} p_{k_2}^{(j)}(w)(w_{k_2}^{(j)} - \overline{w}_{k_2}) - \sum_{c_1=1}^{c_F} \overline{F}_{c_1} w_{c_1} - \sum_{c_2=1}^{c_w} \sum_{j=1}^{r} p_{c_2}^{(j)}(w)(w_{c_2}^{(j)} - \overline{w}_{c_2}) \tag{18a}$$

$$\delta \widetilde{\Pi}_f = 0 \tag{18b}$$

in which

$$\Pi_f^{(n)} = \Pi_{0f}^{(n)} - \iint_{A^{(n)}} f w^{(n)} \mathrm{d}A^{(n)} - \int_{S_{\sigma_1}^{(n)}} \overline{H} w^{(n)} \mathrm{d}s^{(n)} + \int_{S_{\sigma_2}^{(n)}} \overline{M} \frac{\partial w^{(n)}}{\partial v^{(n)}} \mathrm{d}s^{(n)} - \int_{S_{w_1}^{(n)}} H_v(w^{(n)})(w^{(n)} - \overline{w}) \mathrm{d}s^{(n)} + \int_{S_{w_2}^{(n)}} M_v(w^{(n)}) \left(\frac{\partial w^{(n)}}{\partial v^{(n)}} - \frac{\partial \overline{w}}{\partial v} \right) \mathrm{d}s^{(n)} \tag{19a}$$

$$\Pi_{0f}^{(n)} = \iint_{A^{(n)}} \frac{D}{2} \left\{ \left(\frac{\partial^2 w^{(n)}}{\partial x^2} + \frac{\partial^2 w^{(n)}}{\partial y^2} \right)^2 - 2(1-\mu) \left(\frac{\partial^2 w^{(n)}}{\partial x^2} \frac{\partial^2 w^{(n)}}{\partial y^2} - \frac{\partial^2 w^{(n)}}{\partial x \partial y} \frac{\partial^2 w^{(n)}}{\partial x \partial y} \right) \right\} \mathrm{d}A^{(n)} \tag{19b}$$

$$p_{k_2}^{(j)}(w) = -(1-\mu) D \Delta_{k_2} \left\{ \frac{\partial^2 w^{(j)}}{\partial v^{(j)} \partial s^{(j)}} - \frac{1}{\rho_s^{(j)}} \frac{\partial w^{(j)}}{\partial s^{(j)}} \right\} \tag{19c}$$

$$p_{c_2}^{(j)}(w) = -(1-\mu) D \Delta_{c_2} \left\{ \frac{\partial^2 w^{(j)}}{\partial v^{(j)} \partial s^{(j)}} - \frac{1}{\rho_s^{(j)}} \frac{\partial w^{(j)}}{\partial s^{(j)}} \right\} \tag{19d}$$

r' = number of elements with common corner k_2 along the plate boundary, where deflection w_{k_2} is given (19e)

r = number of elements with common corner in the interior of plate domain at c_2, where the deflection w_{c_2} is given (19f)

$$w_{k_1} = w_{k_1}^{(j)} \qquad \text{for } j = 1, 2, \cdots, r'' \tag{19g}$$

$$w_{c_1} = w_{c_1}^{(j)} \qquad \text{for } j = 1, 2, \cdots, r''' \tag{19h}$$

r''=number of elements with common corner k_1 along the plate boundary, where corner force P_{k_1} is given (19i)

r'''=number of elements with common corner in the interior of plate domain at c_1, where the concentrated load F_{c_1} is given (19j)

In (18a, b), $w^{(n)}$ of the nth element satisfies the following interelement boundary conditions, i. e. if (n), (n') are two neighbouring elements, then we have

$$w^{(n)} - w^{(n')} = 0 \qquad \text{(on } n-n' \text{ interelement boundary)} \tag{20a}$$

$$\frac{\partial w^{(n)}}{\partial v^{(n)}} + \frac{\partial w^{(n')}}{\partial v^{(n')}} = 0 \qquad \text{(on } n-n' \text{ interelement boundary)} \tag{20b}$$

in which

$$\mathrm{d}v^{(n)} = -\mathrm{d}v^{(n')} \qquad \text{(on } n-n' \text{ interelement boundary)} \tag{20c}$$

It is easily seen that (19g, h) are continuity conditions at common corners of the elements for the deflection. Furthermore, $S_{\sigma_1}^{(n)}$, $S_{\sigma_2}^{(u)}$, $S_{w_1}^{(n)}$, $S_{w_2}^{(n)}$ are respectively the plate boundary segments with prescribed forces and deflections in the nth element.

We can further generalize the variational principles (18a, b) by considering interelemen boundary conditions (20a, b) and common corner conditions (19g, h) as conditions of constraint and using corresponding Lagrange multipliers. Thus we have the following generalized variational principles for the incompatible model of finite elements.

Among all possible sets of finite element field functions $w^{(n)}(x, y)$, $n = 1, 2, \cdots, N$, which are not necessarily compatible with each other, the set which makes the following functional $\widetilde{\Pi}_f^*$ stationary gives the solution of the field equation (1) with boundary conditions (3b), (4b), (6b), point supported conditions (18b), and interelement continuity conditions (20a, b), (19g, h) under the actions of the distributed load $f(x, y)$, concentrated loads $\overline{F}_{c_1}$, of (18a), boundary bending moment $\overline{M}$ of (4a), boundary shearing force $\overline{H}$ of (3a), and the boundary corner forces $\overline{P}_{k_1}$ of (6a):

$$\widetilde{\Pi}_f^* = \sum_{n=1}^{N} \Pi_f^{(n)} - \sum_{k_1=1}^{k_\sigma} \overline{P}_{k_1} w_{k_1}^{(1'')} + \sum_{k_1=1}^{k_\sigma} \sum_{n''=2''}^{r''} \Lambda_{3k_1}^{(1''n'')} (w_{k_1}^{(1'')} - w_{k_1}^{(n'')})$$

$$
\begin{aligned}
&-\sum_{c_1=1}^{c_F}\overline{F}_{c_1}w_{c_1}^{(1''')}+\sum_{c_1=1}^{c_F}\sum_{n'''=2'''}^{r'''}\Lambda_{3c_1}^{(1'''n''')}(w_{c_1}^{(1''')}-w_{c_1}^{(n''')})\\
&-\sum_{k_2=1}^{k_w}\sum_{j=1}^{r'}p_{k_2}^{(j)}(w)(w_{k_2}^{(j)}-\overline{w}_{k_2})-\sum_{S_2=1}^{S_w}\sum_{j=1}^{r}P_{s_2}^{(j)}(w)(w_{s_2}^{(j)}-\overline{w}_{s_2})\\
&+\sum_{\mathrm{All}\,(nn')}\int\Lambda_1^{(nn')}(s)(w^{(n)}-w^{(n')})\mathrm{d}s^{(n)}\\
&+\sum_{\mathrm{All}\,(nn')}\int\Lambda^{(nn')}(s)\left(\frac{\partial w^{(n)}}{\partial v^{(n)}}+\frac{\partial w^{(n')}}{\partial v^{(n')}}\right)\mathrm{d}s^{(n)}
\end{aligned}
\tag{21a}
$$

$$
\delta\widetilde{\Pi}_f^*=0 \tag{21b}
$$

where $\Lambda_1^{(nn')}(s)$, $\Lambda_2^{(nn')}(s)$ are Lagrange multipliers defined as functions of arc length s along an interelement boundary of element (n) and (n'). $\widetilde{\Pi}_{3k_1}^{(1''n'')}$ $(n''=2'', 3'', \cdots, r'')$ are Lagrange multipliers defined as constant at each common corner $k_1(=1, 2, \cdots, k)$ related to a pair of neighbouring elements $(1'')$ and (n'') on the plate boundary. Similarly, $\Lambda_{3c}^{(1'''n''')}$ $(n'''=2''', 3''', \cdots, r''')$ are Lagrange multipliers defined as constant at each common corner $c_1(=1, 2, \cdots, c_F)$ related to a pair of neighbouring elements $(1''')$ and (n''') in the interior of the plate.

The generalized variational principle for the incompatible model of finite element is the stationary condition (21b) of the functional $\widetilde{\Pi}_f^*$, where $w^{(n)}$, $\Lambda_1^{(nn')}(s)$, $\Lambda_2^{(nn')}(s)$, $\Lambda_{3k_1}^{(1''n'')}$, $\Lambda_{3c_1}^{(1'''n''')}$ are taken to be independent variables. It should be noted that if we tae the counterclockwise direction of $\mathrm{d}s^{(n)}$ for the boundary of element (n) as the positive direction, then from Figure 1, for the interelement boundary $\mathrm{d}s^{(n)}$ and $\mathrm{d}s^{(n')}$, we have

$$
\mathrm{d}s^{(n)}=-\mathrm{d}s^{(n')},\ \mathrm{d}v^{(n)}=-\mathrm{d}v^{(n')} \tag{22}
$$

If we taken

$$
\Lambda_1^{(nn')}=\Lambda_1^{(n'n)} \tag{23}
$$

then we have

$$
\int_{(nn')}\Lambda_1^{(nn')}(w^{(n)}-w^{(n')})\mathrm{d}s^{(n)}=\int_{(nn')}\Lambda_1^{(nn')}w^{(n)}\mathrm{d}s^{(n)}+\int_{(n'n)}\Lambda^{(n'n)}w^{(n')}\mathrm{d}s^{(n')} \tag{24}
$$

or

$$
\sum_{\mathrm{All}\,(nn')}\int_{(nn')}\Lambda_1^{(nn')}(w^{(n)}-w^{(n')})\mathrm{d}s^{(n)}=\sum_{\mathrm{All}\,n}\ \sum_{\substack{\mathrm{All}\,n'\\ \text{neigh. to n}}}\int_{(nn')}\Lambda_1^{(nn')}w^{(n)}\mathrm{d}s^{(n)} \tag{25}
$$

Similaryl, if we take

$$\Lambda_2^{(nn')} = -\Lambda_2^{(n'n)} \tag{26}$$

we have

$$\int_{(nn')} \Lambda_2^{(nn')} \left\{ \frac{\partial w^{(n)}}{\partial v^{(n)}} + \frac{\partial w^{(n')}}{\partial v^{(n')}} \right\} ds^{(n)} = \int_{(nn')} \Lambda_2^{(nn')} \frac{\partial w^{(n)}}{\partial v^{(n)}} ds^{(n)} + \int_{(n'n)} \Lambda_2^{(n'n)} \frac{\partial w^{(n')}}{\partial v^{(n')}} ds^{(n')} \tag{27}$$

or

$$\sum_{\substack{\text{All} \\ (nn')}} \int_{(nn')} \Lambda_2^{(nn')} \left\{ \frac{\partial w^{(n)}}{\partial v^{(n)}} + \frac{\partial w^{(n')}}{\partial v^{(n')}} \right\} ds^{(n)} = \sum_{\text{All } n} \sum_{\substack{\text{All } n' \\ \text{neigth.} \\ \text{to } n}} \int_{(nn')} \Lambda_2^{(nn')} \frac{\partial w^{(n)}}{\partial v^{(n)}} ds^{(n)} \tag{28}$$

Substituting (25), (28) into (21a), this functional can be further simplified into the form

$$\begin{aligned} \widetilde{\Pi}_f^* = & \sum_{n=1}^{N} \widetilde{\Pi}_f^{*(n)} - \sum_{k_1=1}^{k_\sigma} p_{k_1} w_{k_1}^{(1'')} + \sum_{k_1=1}^{k_\sigma} \sum_{n''=2''}^{r''} \Lambda_{3k_1}^{(1''n'')} (w_{k_1}^{(1'')} - w_{k_1}^{(n'')}) \\ & - \sum_{k_2=1}^{k_w} \sum_{j=1}^{r'} p_{k_2}^{(j)}(w)(w_{k_2}^{(j)} - \overline{w}_{k_2}) - \sum_{c_2=1}^{c_w} \sum_{j=1}^{r} P_{c_2}^{(j)}(w)(w_{c_2}^{(j)} - \overline{w}_{k_2}) \\ & - \sum_{c_1=1}^{c_F} \overline{F}_{c_1} w_{c_1}^{(1''')} + \sum_{c_1=1}^{c_F} \sum_{n'''=2'''}^{r'''} \Lambda_{3c_1}^{(1'''n''')} (w_{c_1}^{(1''')} - w_{c_1}^{(n''')}) \end{aligned} \tag{29a}$$

where

$$\Pi_f^{*(n)} = \Pi_f^{(n)} + \sum_{\substack{\text{All } n' \\ \text{neigh.} \\ \text{to } n}} \left\{ \int_{(nn')} \Lambda_1^{(nn')} w^{(n)} ds^{(n)} + \int_{(nn')} \Lambda_2^{(nn')} \frac{\partial w^{(n)}}{\partial v^{(n)}} ds^{(n)} \right\} \tag{29b}$$

This functional is similar to the functional introduced by Tong[1] and Pian[2] for the same problems, except that the corner conditions at k_1, k_2, c_1, c_2 are taken into consideration. This kind of formulation has the disadvantage of introducing too many unknowns in the finite element calculation and consequently a very large matrix is used even for a simple problem.

It can be shown through the variation of (29a) that $\Lambda_1^{(nn')}$, $\Lambda_2^{(nn')}$, $\Lambda_{3k_1}^{(1''n'')}$, $\Lambda_{3c_1}^{(1'''n''')}$ (where $n''=2'', 3'', \cdots, r''$; $n'''=2''', 3''', \cdots, r'''$) can be expressed in terms of functions of w and its derivatives.

The variations of (29a) can be written as

$$\delta \widetilde{\Pi}_f^* = \sum_{n=1}^{N} \delta \widetilde{\Pi}_f^{*(n)} + \sum_{(nn')} \delta \widetilde{\Pi}^{(nn')} + \sum_{k_1=1}^{k_\sigma} \delta \widetilde{\Pi}_{k_1} + \sum_{k_2=1}^{k_w} \delta \widetilde{\Pi}_{k_2} + \sum_{c_1=1}^{c_F} \delta \widetilde{\Pi}_{c_1} + \sum_{c_2=1}^{c_w} \delta \widetilde{\Pi}_2 \tag{30}$$

in which

$\delta \widetilde{\Pi}_f^{*(n)}$ = variations of $\widetilde{\Pi}_f^*$ for n-th element (30a)

$\delta \widetilde{\Pi}^{(nn')}$ = variations of $\widetilde{\Pi}_f^*$ for interelement boundary (n, n') (30b)

$\delta \widetilde{\Pi}_{k_1}$ = variations of $\widetilde{\Pi}_f^*$ for boundary corners with prescribed corner force $\overline{P}_{k_1}$ (30c)

$\delta \widetilde{\Pi}_{k_2}$ = variations of $\widetilde{\Pi}_f^*$ for boundary corners with prescribed deflection $\overline{w}_{k_2}$ (30d)

$\delta \widetilde{\Pi}_{c_1}$ = variations of $\widetilde{\Pi}_f^*$ for interelement corners in the interior of plate with prescribed concentrated load $\overline{F}_{c_1}$ (30e)

$\delta \widetilde{\Pi}_{c_2}$ = variations of $\widetilde{\Pi}_f^*$ for interelement corners in the interior of plaie with prescribed deflection $\overline{w}_{c_1}$ (30f)

They are

$$\begin{aligned}
\delta \widetilde{\Pi}_f^{*(n)} = & \iint_{A^{(n)}} (D\nabla^2\nabla^2 w - f)\delta w^{(n)} \mathrm{d}A^{(n)} + \int_{S_{\sigma_1}^{(n)}} [H_y(w^{(n)}) - \overline{H}]\delta w^{(n)} \mathrm{d}s^{(n)} \\
& - \int_{S_{\sigma_2}^{(n)}} (w^{(n)} - \overline{w})\delta H_v(w^{(n)}) \mathrm{d}s^{(n)} - \int_{S_{\sigma_2}^{(n)}} [M_v(w^{(n)}) - \overline{M}] \frac{\partial \delta w^{(n)}}{\partial v^{(n)}} \mathrm{d}s^{(n)} \\
& + \int_{S_{w_2}^{(n)}} \left(\frac{\partial w^{(n)}}{\partial v^{(n)}} - \frac{\partial w}{\partial v} \right) \delta M_v(w^{(n)}) \mathrm{d}s^{(n)}
\end{aligned} \tag{31a}$$

$$\begin{aligned}
\delta \widetilde{\Pi}^{(nn')} = & \int_{(nn')} \{\Lambda_1^{(nn')} + H_v(w^{(n)})\}\delta w^{(n)} \mathrm{d}s^{(n)} + \int_{(n'n)} \{\Lambda_1^{(n'n)} + H_v(w^{(n')})\} \\
& \times \delta w^{(n')} \mathrm{d}s^{(n')} + \int_{(nn')} \{\Lambda_2^{(nn')} - M_v(w^{(n)})\} \frac{\partial \delta w^{(n)}}{\partial v^{(n)}} \mathrm{d}s^{(n)} \\
& + \int_{(n'n)} \{\Lambda_2^{(n'n)} - M_v(w^{(n')})\} \frac{\partial \delta w^{(n')}}{\partial v^{(n')}} \mathrm{d}s^{(n')} \\
& + \int_{(nn')} (w^{(n)} - w^{(n')} \delta \Lambda_1^{(nn')}) \mathrm{d}s^{(n)} + \int_{(n'n)} \left(\frac{\partial w^{(n)}}{\partial v^{(n)}} + \frac{\partial w^{(n')}}{\partial v^{(n')}} \right) \delta \Lambda_2^{(nn')} \mathrm{d}s^{(n')}.
\end{aligned} \tag{31b}$$

$$\delta \widetilde{\Pi}_{k_1} = \sum_{n''=2''}^{r''} (w_{k_1}^{(1'')} - w_{k_1}^{(n'')}) \delta \Lambda_{3k_1}^{(1''n'')} + \left[\sum_{n''=2''}^{r''} \Lambda_{3k_1}^{(1''n'')} - \overline{P}_{k_1} + p_{k_1}^{(1'')}(w) \right] \delta w_{k_1}^{(1'')}$$

$$+\sum_{n''=2''}^{r''}[-\Lambda_{3k_1}^{(1''n'')}+p_{k_1}^{(n'')}(w)]\delta w_{k_1}^{(n'')} \tag{31c}$$

$$\delta\widetilde{\Pi}_{k_2}=-\sum_{j=1}^{r'}[w_{k_2}^{(j)}-\overline{w}_{k_2}]\delta P_{k_2}^{(j)}(w) \tag{31d}$$

$$\delta\widetilde{\Pi}_{c_1}=\sum_{n'''=2'''}^{r'''}[w_{c_1}^{(1''')}-w_{c_1}^{(n''')}]\delta\Lambda_{3c_1}^{(1'''n''')}+\Big[\sum_{n'''=2'''}^{r'''}\Lambda_{3c_1}^{(1'''n''')}-\overline{F}_{c_1}+P_{c_1}^{(1''')}(w)\Big]\delta w_{c_1}^{(1''')}$$
$$+\sum_{n'''=2'''}^{r'''}[-\Lambda_{3c_1}^{(1'''n''')}+P_{c_1}^{(n''')}(w)]\delta w_{c_1}^{(n''')} \tag{31e}$$

$$\widetilde{\Pi}\delta_{c_2}=-\sum_{j=1}^{r}[w_{c_2}^{(j)}-\overline{w}_{c_2}]\delta p_{c_2}^{(j)}(w) \tag{31f}$$

where $H_v(w^{(n)})$, $M_v(w^{(n)})$, $P_{k_1}(w^{(n)})$ are given in (11a, b, c); $p_{k_2}^{(i)}(w)$, $p_{c_2}^{(j)}(w)$ are given in (19c, d); and $p_{k_1}^{(n'')}(w)$, $p_{c_1}^{(n''')}(w)$ are given similarly as follows:

$$p_{k_1}^{(n'')}(w)=-(1-\mu)D\Delta_{k_1}\left\{\frac{\partial^2 w}{\partial v\partial s}-\frac{1}{\rho_s}\frac{\partial w}{\partial s}\right\}^{(n'')}\left\{\begin{matrix}n''=1'',\ 2'',\ \cdots,\ r''\\ k_1=1,\ 2,\ \cdots,\ k_\sigma\end{matrix}\right\} \tag{32}$$

$$p_{c_1}^{(n''')}(w)=-(1-\mu)D\Delta_{c_1}\left\{\frac{\partial^2 w}{\partial v\partial s}-\frac{1}{\rho_s}\frac{\partial w}{\partial s}\right\}^{(n''')}\left\{\begin{matrix}n'''=1''',\ 2''',\ \cdots,\ r'''\\ c_1=1,\ 2,\ \cdots,\ c_F\end{matrix}\right\} \tag{33}$$

The stationary condition of variation of $\widetilde{\Pi}_f^*$ in (30) gives not only the field equation (1) and the boundary conditions (3a, b), (4a, b), and edge corner conditions (6a, b) for each element, but also the interelement boundary conditions (20a, b) and common corner conditions (19g, h). Furthermore, the Lagrange multipliers are also determined by the following relations:

$$\Lambda_1^{(nn')}=D\left\{\frac{\partial}{\partial v}\left[\nabla^2 w+(1-\mu)\frac{\partial^2 w}{\partial s^2}\right]+(1-\mu)\frac{\partial}{\partial s}\frac{1}{\rho_s}\frac{\partial w}{\partial s}\right\}^{(n)}=-H_v(w^{(n)})$$
$$=D\left\{\frac{\partial}{\partial v}\left[\nabla^2 w+(1-\mu)\frac{\partial^2 w}{\partial s^2}\right]+(1-\mu)\frac{\partial}{\partial s}\frac{1}{\rho_s}\frac{\partial w}{\partial s}\right\}^{(n')}=-H_v(w^{(n)}) \tag{34a}$$

$$\Lambda_2^{(nn')}=-D\left\{\mu\nabla^2 w+(1-\mu)\frac{\partial^2 w}{\partial v^2}\right\}^{(n)}=M_v(w^{(n)})$$
$$=D\left\{\mu\nabla^2 w+(1-\mu)\frac{\partial^2 w}{\partial v^2}\right\}^{(n')}=-M_v(w^{(n')}) \tag{34b}$$

$$\Lambda_{3k_1}^{(1''n'')}=-(1-\mu)D\Delta_{k_1}\left\{\frac{\partial^2 w}{\partial v\partial s}-\frac{1}{\rho_s}\frac{\partial w}{\partial s}\right\}^{(n''')}=p_{k_1}^{(n'')}(w)\left\{\begin{matrix}n'''=2''',\ 3''',\ \cdots,\ r'''\\ k_1=1,\ 2,\ \cdots,\ k_\sigma\end{matrix}\right\} \tag{35a}$$

$$\sum_{n''=2''}^{r''}\Lambda_{3k_1}^{(1''n'')}+p_{k_1}^{(1'')}(w)=\sum_{n''=1''}^{r''}p_{k_1}^{(n'')}(w)=\overline{P}_{k_1} \tag{35b}$$

$$\begin{aligned}\Lambda_{3c_1}^{(1'''n''')}&=-(1-\mu)D\Delta_{c_1}\left\{\frac{\partial^2 w}{\partial v\partial s}-\frac{1}{\rho_s}\frac{\partial w}{\partial s}\right\}^{(n''')}\\&=p_{c_1}^{(n''')}(w)\left\{\begin{matrix}n'''=2''',\ 3''',\ \cdots,\ r'''\\c_1=1,\ 2,\ \cdots,\ c_F\end{matrix}\right\}\end{aligned} \tag{36a}$$

$$\sum_{n'''=2'''}^{r'''}\Lambda_{3c_1}^{(1''')}+p_{c_1}^{(1''')}(w)=\sum_{n'''=1'''}^{r'''}p_{c_1}^{(n''')}(w)=\overline{F}_{c_1} \tag{36b}$$

The relations (34a, b) represent the continuity conditions of the equivalent shearing force and the bending moment along the inteelement boundaries. The relations (35a, b), (36a, b) represent the fact that the resultant shearing force contributed from all elements to their common corners is equal to the applied loads. Thus we have

$$\begin{aligned}\int_{(nn')}\Lambda_1^{(nn')}[w^{(n)}-w^{(n')}]ds^{(n)}=&-\int_{(nn')}H_v(w^{(n)})w^{(n)}ds^{(n)}\\&-\int_{(nn')}H_v(w^{(n')})w^{(n')}ds^{(n')}\end{aligned} \tag{37a}$$

$$\begin{aligned}\int_{(nn')}\Lambda_2^{(nn')}\left(\frac{\partial w^{(n)}}{\partial v^{(n)}}+\frac{\partial w^{(n')}}{\partial v^{(n')}}\right)ds^{(n)}=&\int_{(nn')}M_v(w^{(n)})\frac{\partial w^{(n)}}{\partial v^{(n)}}ds^{(n)}\\&+\int_{(nn')}M_v(w^{(n')})\frac{\partial w^{(n')}}{\partial v^{(n')}}ds^{(n')}\end{aligned} \tag{37b}$$

$$\begin{aligned}\sum_{n''=2''}^{r''}\Lambda_{3k_1}^{(1''n'')}[w_{k_1}^{(1'')}-w_{k_1}^{(n'')}]-\overline{P}_{k_1}w_{k_1}^{(1'')}=&\left\{\sum_{n''=2''}^{r''}p_{k_1}^{(n'')}(w)-\overline{P}_{k_1}\right\}w_{k_1}^{(1'')}\\&-\sum_{n''=2''}^{r''}p_{k_1}^{(n'')}(w)w_{k_1}^{(n'')}\end{aligned} \tag{38a}$$

$$\begin{aligned}\sum_{n'''=2'''}^{r'''}\Lambda_{3c_1}^{(1'''n''')}[w_{c_1}^{(1''')}-w_{c_1}^{(n''')}]-\overline{F}_{c_1}w_{c_1}^{(1''')}=&\left\{\sum_{n'''=2'''}^{r'''}p_{c_1}^{(n''')}(w)-\overline{F}_{c_1}\right\}w_{c_1}^{(1''')}\\&-\sum_{n'''=2'''}^{r'''}p_{c_1}^{(n''')}(w)w_{c_1}^{(n''')}\end{aligned} \tag{38b}$$

The relations (37a, b) can be written as

$$\begin{aligned}\int_{(nn')}\Lambda_1^{(nn')}[w^{(n)}-w^{(n')}]ds^{(n)}=&-\int_{(nn')}\frac{1}{2}[H_v(w^{(n)})+H_v(w^{(n')})]w^{(n)}ds^{(n)}\\&-\int_{(nn')}\frac{1}{2}[H_v(w^{(n)})+H_v(w^{(n')})]w^{(n')}ds^{(n')}\end{aligned} \tag{39a}$$

$$\int_{(nn')} \Lambda_2^{(nn')} \left[\frac{\partial w^{(n)}}{\partial v^{(n)}} + \frac{\partial w^{(n')}}{\partial v^{(n')}} \right] ds^{(n)} = \int_{(nn')} \frac{1}{2} [M_v(w^{(n)}) + M_v(w^{(n')})] \frac{\partial w^{(n)}}{\partial v^{(n)}} ds^{(n)}$$
$$+ \int_{(nn')} \frac{1}{2} [M_v(w^{(n)}) + M_v(w^{(n')})] \frac{\partial w^{(n')}}{\partial v^{(n')}} ds^{(n')} \tag{39b}$$

Therefore, we may finally write (29a, b) as

$$\Pi_f^{**} = \sum_{n=1}^{N} \Pi_f^{**(n)} + \sum_{k_1=1}^{k_\sigma} \left\{ \sum_{n''=2''}^{r''} p_{k_1}^{(n'')}(w) [w_{k_1}^{(1'')} - w_{k_1}^{(n'')}] - \overline{P}_{k_1} w_{k_1}^{(1'')} \right\}$$
$$+ \sum_{c_1=1}^{c_F} \left\{ \sum_{n'''=2'''}^{r'''} p_{c_1}^{(n''')}(w) [w_{c_1}^{(1''')} - w_{c_1}^{(n''')}] - \overline{F}_{k_1} w_{c_1}^{(1''')} \right\}$$
$$- \sum_{k_2=1}^{k_w} \sum_{j=1}^{r} p_{k_2}^{(j)}(w) [w_{k_2}^{(j)} - \overline{w}_{k_2}] - \sum_{c_2=1}^{c_w} \sum_{j=1}^{r} p_{c_2}^{(j)} [w_{c_2}^{(j)} - \overline{w}_{c_2}] \tag{40a}$$

$$\Pi_f^{**(n)} = \Pi_f^{(n)} + \sum_{\substack{\text{All } n \\ \text{neigh.} \\ \text{to } n}} \int_{(nn')} \frac{1}{2} [M_v(w^{(n)}) + M_v(w^{(n')})] \frac{\partial w^{(n)}}{\partial v^{(n)}} ds^{(n)}$$
$$- \sum_{\substack{\text{All } n \\ \text{neigh.} \\ \text{to } n}} \int_{(nn')} \frac{1}{2} [H_v(w^{(n)}) + H_v(w^{(n')})] w^{(n)} ds^{(n)} \tag{40b}$$

in which $\Pi_f^{(n)}$ represents (19a).

The superindices $1''$, $2''$, …, r'' represent r'' elements having a common corner at the plate boundary point k_1, and we can take any element among $1''$, $2''$, $3''$, …, r'' as the $1''$th element. Similarly, the superindices $1'''$, $2'''$, …, r''' represent r''' elements having a common interelement corner c_1 in the interior of the plate, and we can take any one of them as $1'''$th element.

It is easily proved that the stationary condition of variation of Π_f^{**}, i. e.

$$\delta \Pi_f^{**} = 0 \tag{41}$$

gives not only the field equation (1), the boundary conditions (3a, b), (4a, b), and the edge corner conditions (6a, b) for each element, but also the interelement boundary conditions (20a, b) and the common corner conditions (19a, b). Furthermore, (41) also gives the conditions of continuity of the equivalent shearing force (34a) and the bending moment (34b) along the interelement boundaries, and the conditions that the resultant shearing force contributed from all the neighbouring elements to their common corners equal to the applied concentrated loads respectively.

Hence, the stationary condition of the variation of the functional (40a) truly represents the original plate-bending problem, whose solution is continuous everywhere in the given domain.

3. Incompatible Finite Elements for Plate Bending

Let us consider following 6 or 9 degrees of freedom interpolation functions for incompatible triangular serendipity elements (Fig. 1). The field function in the nth element may be written as

$$w^{(n)} = \sum_{i=1}^{6 \text{ or } 9} N_i^{(n)} w_i^{(n)} = \mathbf{N}^{(n)} \mathbf{w}^{(n)} \tag{42}$$

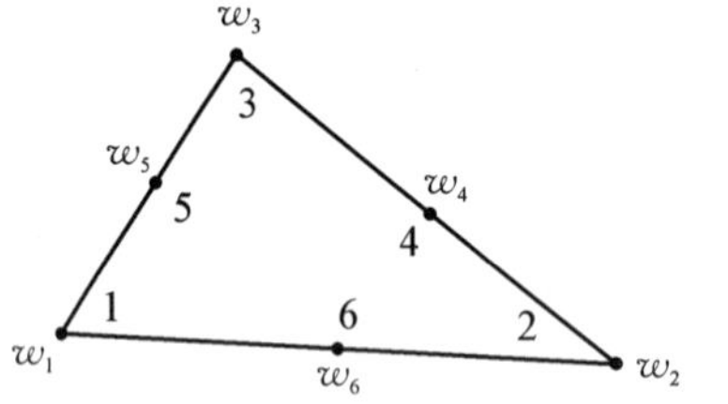

(a) 6-degrees of freedom

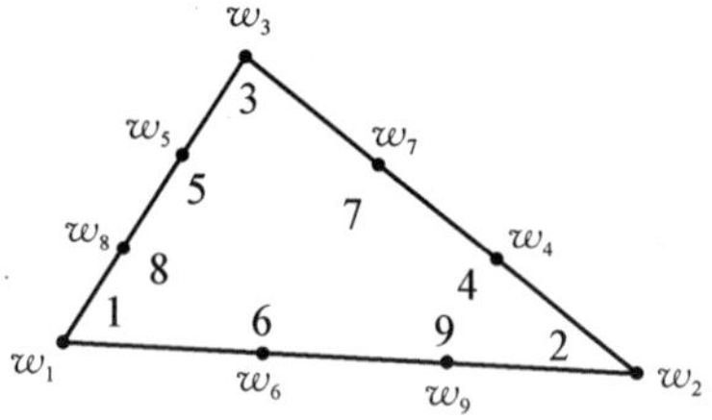

(b) 9-degrees of freedom

Fig. 1 Incompatible triangular serendipity elements

For 6 degrees of freedom interpolation functions, we have

$$N_i^{(n)} = 2L_i^{(n)}\left(L_i^{(n)} - \frac{1}{2}\right) \quad \text{for } i = 1, 2, 3$$

$$N_i^{(n)} = 4L_jL_k \quad \text{for } i = 4, 5, 6 \ (i-3, j, k \text{ are cyclic of } 1, 2, 3) \tag{43a}$$

For 9 degrees of freedom interpolation functions, we have

$$N_i^{(n)} = \frac{9}{2}L_i^{(n)}\left(L_i^{(n)} - \frac{1}{3}\right)\left(L_i^{(n)} - \frac{2}{3}\right) \quad \text{for } i = 1, 2, 3$$

$$N^{(n)} = \frac{27}{2}L_j^{(n)}L_k^{(n)}\left(L_j^{(n)} - \frac{1}{3}\right) \quad \text{for } i = 4, 5, 6 \ (i-3, j, k \text{ are cyclic of } 1, 2, 3)$$

$$N_i^{(n)} = \frac{27}{2}L_j^{(n)}L_k^{(n)}\left(L_k^{(n)} - \frac{1}{3}\right) \quad \text{for } i = 7, 8, 9 \ (i-6, j, k \text{ are cyclic of } 1, 2, 3) \tag{43b}$$

where

$$\mathbf{N}^{(n)} = [N_1, N_2, \cdots, N_{6 \text{ or } 9}]^{(n)} \tag{44}$$

$$\boldsymbol{w}^{(n)\mathrm{T}} = [w_1, w_2, \cdots, w_{6 \text{ or } 9}]^{(n)} \tag{45}$$

$L_1^{(n)}$, $L_2^{(n)}$, $L_3^{(n)}$ are area coordinates of the nth triangular element and $w_i^{(n)}$ $(i = 1, 2, \cdots, 6 \text{ or } 9)$ are the deflections of nodal points.

With these interpolation functions, if we take the deflection of boundary nodal points of neighbouring elements as being equal to each other (Fig. 2), the interelement boundary conditions of (20a) and (19g, h) are automatically satisfied. Hence the functional $\widetilde{\Pi}_f^{**}$ of (40a, b) can be simplified to the form:

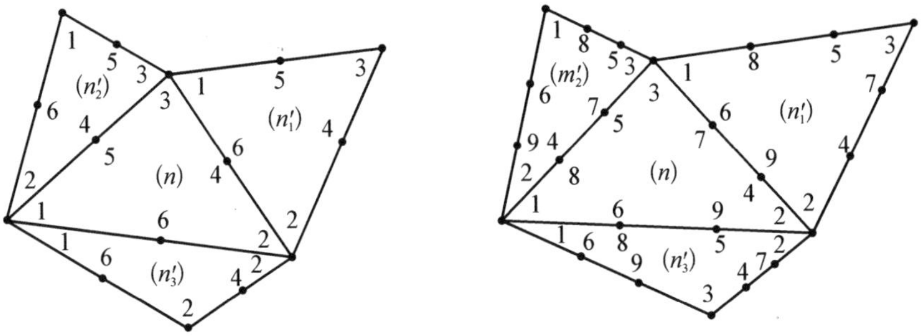

(a) 6-degrees of freedom (b) 9-degrees of freedom

Fig. 2 The position of nodal points of neighbouring elements

$$\begin{aligned}\widetilde{\Pi}_f^{**} = & \sum_{n=1}^{N} \widetilde{\Pi}_f^{**(n)} - \sum_{k_1=1}^{k_\sigma} \overline{P}_{k_1} w_{k_1} - \sum_{k_2=1}^{k_w} (w_{k_2} - \overline{w}_{k_2}) \sum_{j=1}^{r'} p_{k_2}^{(j)}(w) \\ & - \sum_{c_1=1}^{c_w} \overline{F}_{c_1} w_{c_1} - \sum_{c_2=1}^{c_w} (w_{c_2} - \overline{w}_{c_2}) \sum_{j=1}^{r} p_{c_2}^{(j)}(w)\end{aligned} \tag{46}$$

$$\widetilde{\Pi}_f^{**(n)} = \Pi_f^{(u)} + \sum_{\substack{\text{All } n' \\ \text{neigh. to } n}} \int_{(nn')} \frac{1}{2}[M_v(w^{(n)}) + M_v(w^{(n')})] \frac{\partial w^{(n)}}{\partial v^{(n)}} \mathrm{d}s^{(n)} \tag{47}$$

where $\Pi_f^{(n)}$ is given in (19a. b) and

$$M_v(w^{(n)}) = -D\left\{\mu \nabla^2 w + (1-\mu)\frac{\partial^2 w}{\partial v^2}\right\}^{(n)} \tag{48a}$$

$$M_v(w^{(n')}) = -D\left\{\mu \nabla^2 w + (1-\mu)\frac{\partial w^2}{\partial v^2}\right\}^{(n')} \tag{48b}$$

$$p_{k_2}^{(j)}(w) = -(1-\mu) D \Delta_{k_2} \left(\frac{\partial^2 w}{\partial v \partial s}\right)^{(j)} \tag{48c}$$

$$p_{c_2}^{(j)}(w) = -(1\mu) D \Delta_{c_2} \left(\frac{\partial^2 w}{\partial v \partial s}\right)^{(j)} \tag{48d}$$

It should be noted that, in $\Pi_f^{(n)}$, there are terms involving $H_v(w^{(n)})$. n this interpolation function,

$$H_v(w^{(n)}) = 0 \qquad \text{(for 6 degrees of freedom)} \tag{49a}$$

$$H_v(w^{(n)}) = \text{constant} \qquad \text{(for 9 degrees of freedom)} \tag{49b}$$

In the case of 6 degrees of freedom interpolation functions, $H_v(w^{(n)})$ vanishes everywhere; thus

$$\int_{S_{w_1}^{(n)}} H_v(w^{(n)})(w^{(n)} - \bar{w})\mathrm{d}s^{(n)} = 0 \tag{49c}$$

We should retain this condition of prescribed deflection by putting

$$w_j^{(n)} - \bar{w}_j^{(n)} = 0 \tag{49d}$$

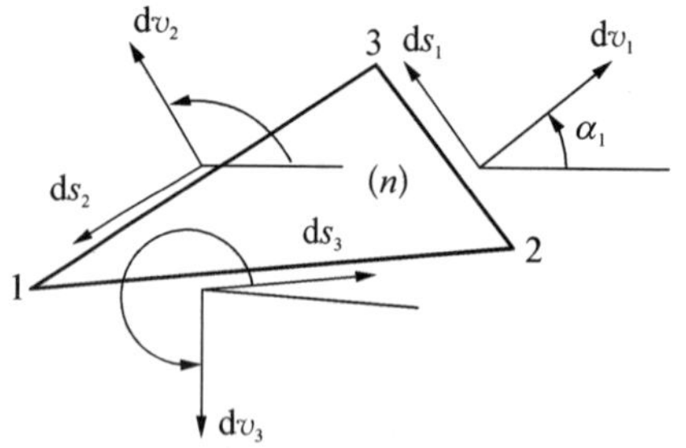

Fig. 3 The angle of inclination for various edges of triangular element

where j represents the number of nodal points in this part of the plate boundary $S_{w_1}^{(n)}$.

In order to calculate $\partial^2 w/\partial v^2$, $\partial^2 w/\partial v\partial s$, $\partial^2 w/\partial s^2$, let us use the inclination angle of normal v of the triangle edges to the r axis α as shown in Fig. 3. Consider first a rotation of the coordinate axis (x, y) through an angle α about the origin. Let the new axes be denoted by v and s. The relationship between the two systems may be expressed as

$$v = x\cos\alpha + y\sin\alpha, \qquad s = -x\sin\alpha + y\cos\alpha \tag{50}$$

or

$$x = v\cos\alpha - s\sin\alpha, \qquad y = v\sin\alpha + s\cos\alpha \tag{51}$$

Differentiation with respect to v and s gives

$$\frac{\partial x}{\partial v} = \cos\alpha, \qquad \frac{\partial y}{\partial v} = \sin\alpha, \qquad \frac{\partial x}{\partial s} = -\sin\alpha \qquad \frac{\partial y}{\partial s} = \cos\alpha \tag{52}$$

Hence we have

$$\begin{bmatrix} \dfrac{\partial w}{\partial v} \\ \dfrac{\partial w}{\partial s} \end{bmatrix} = \begin{bmatrix} \cos\alpha & \sin\alpha \\ -\sin\alpha & \cos\alpha \end{bmatrix} \begin{bmatrix} \dfrac{\partial w}{\partial x} \\ \dfrac{\partial w}{\partial y} \end{bmatrix} \tag{53}$$

and

$$\begin{bmatrix} \dfrac{\partial^2 w}{\partial v^2} \\ \dfrac{\partial^2 w}{\partial v \partial s} \\ \dfrac{\partial^2 w}{\partial^2 s} \end{bmatrix} = \begin{bmatrix} \cos^2\alpha & 2\sin\alpha\cos\alpha & \sin^2\alpha \\ -\sin\alpha\cos\alpha & \cos^2\alpha - \sin^2\alpha & \sin\alpha\cos\alpha \\ \sin^2\alpha & -2\sin\alpha\cos\alpha & \cos^2\alpha \end{bmatrix} \begin{bmatrix} \dfrac{\partial^2 w}{\partial x^2} \\ \dfrac{\partial^2 w}{\partial x \partial y} \\ \dfrac{\partial^2 w}{\partial y^2} \end{bmatrix} \tag{54}$$

Thus, from (48a, b), we find

$$M_v = -D[1 \quad 0 \quad \mu] \begin{bmatrix} \dfrac{\partial^2 w}{\partial v^2} \\ \dfrac{\partial^2 w}{\partial v \partial s} \\ \dfrac{\partial^2 w}{\partial^2 s} \end{bmatrix} = -D\boldsymbol{\tau} \begin{bmatrix} \dfrac{\partial^2 w}{\partial x^2} \\ \dfrac{\partial^2 w}{\partial x \partial y} \\ \dfrac{\partial^2 w}{\partial y^2} \end{bmatrix} \tag{55}$$

where

$$\boldsymbol{\tau} = [\cos^2\alpha - \mu\sin^2\alpha,\ 2(1-\mu)\sin\alpha\cos\alpha,\ \sin^2\alpha - \mu\cos^2\alpha] \tag{56}$$

From (42), we find

$$\begin{bmatrix} \dfrac{\partial^2 w}{\partial x^2} \\ \dfrac{\partial^2 w}{\partial x \partial y} \\ \dfrac{\partial^2 w}{\partial y^2} \end{bmatrix} = \boldsymbol{G}\boldsymbol{w} \tag{57}$$

where $\boldsymbol{G}$ is a matrix in this element. For the case of 6 degrees of freedom, all the elements of this matrix are constants, while for the case of 9 degrees of freedom, all the elements of this matrix are linear functions of x and y:

$$\boldsymbol{G} = \begin{bmatrix} \dfrac{\partial_2 N_1}{\partial^2 x} & \dfrac{\partial^2 N_2}{\partial x^2} & \cdots & \dfrac{\partial^2 N_6}{\partial x^2}\left(\text{or } \dfrac{\partial^2 N_9}{\partial x^2}\right) \\ \dfrac{\partial^2 N_1}{\partial x \partial y} & \dfrac{\partial^2 N_2}{\partial x \partial y} & \cdots & \dfrac{\partial^2 N_6}{\partial x \partial y}\left(\text{or } \dfrac{\partial^2 N_9}{\partial x \partial y}\right) \\ \dfrac{\partial^2 N_1}{\partial y^2} & \dfrac{\partial^2 N_2}{\partial y^2} & \cdots & \dfrac{\partial^2 N_6}{\partial y^2}\left(\text{or } \dfrac{\partial^2 N_9}{\partial y^2}\right) \end{bmatrix} \tag{58}$$

We obtain finally from (48a)

$$\boldsymbol{M}_v(w) = -D\boldsymbol{\tau}\boldsymbol{G}\boldsymbol{w} = \boldsymbol{M}_v(N)\boldsymbol{w} \tag{59}$$

where

$$\boldsymbol{M}_v(N) = [\boldsymbol{M}_v(N_1),\ \boldsymbol{M}_v(N_2),\ \cdots,\ \boldsymbol{M}_v(N_6) \text{ or } \boldsymbol{M}_v(N_9)] \tag{60}$$

$$\boldsymbol{M}_v(N_i) = -D\boldsymbol{\tau}\begin{bmatrix} \dfrac{\partial^2 N_i}{\partial x^2} \\ \dfrac{\partial^2 N_i}{\partial x \partial y} \\ \dfrac{\partial^2 N_i}{\partial y^2} \end{bmatrix} \tag{61}$$

This formula for bending moment (59) can be used for various interelement boundaries of element (n). For example, let us take the boundary edge 1 (see Fig. 4) of this element, then the matrices $\boldsymbol{G}^{(n)}$ and $\boldsymbol{w}^{(n)}$ are calculated for the element (n), while $\boldsymbol{\tau}^{(n)}$ is calculated from (56) by means of α_1. We may denote this $\boldsymbol{\tau}^{(n)}$ as $\boldsymbol{\tau}_1^{(n)}$. In general, we find for various triangle edges

$$\boldsymbol{\tau}_j^{(n)} = [\cos^2\alpha_j - \mu\sin^2\alpha_j,\ 2(1-\mu)\sin\alpha_j\cos\alpha_j,\ \sin^2\alpha_j - \mu\cos^2\alpha_j] \tag{62a}$$

$$M_{v_j}(w^{(n)}) = -D\boldsymbol{\tau}_j^{(n)}\boldsymbol{G}^{(n)}\boldsymbol{w}^{(n)} \qquad \text{for } j = 1,\ 2,\ 3 \tag{62b}$$

Similarly we find for the element (n') neighbouring to element (n),

$$M_{v_1}(w^{(n')}) = -D\boldsymbol{\tau}_j^{(n')}\boldsymbol{G}^{(n')}\boldsymbol{w}^{(n')} \qquad \text{for } j = 1,\ 2,\ 3 \tag{63}$$

According to Fig. 3, there are three neighbouring elements, that is $n'_t = n'_1,\ n'_2,\ n'_3$. The bending moment acting on the interelement boundary $(n,\ n'_t)$ of the elements n and n'_t are respectively

$$M_{v_3}(w^{(n'_1)}) = -D\boldsymbol{\tau}_3^{(n'_1)}\boldsymbol{G}^{(n'_1)}\boldsymbol{w}^{(n'_1)} \tag{64a}$$

$$M_{v_1}(w^{(n'_2)}) = -D\boldsymbol{\tau}_1^{(n'_3)}\boldsymbol{G}^{(n'_2)}\boldsymbol{w}^{(n'_2)} \tag{64b}$$

$$M_{v_2}(w^{(n'_3)}) = -D\boldsymbol{\tau}_2^{(n'_3)}\boldsymbol{G}^{(n'_3)}\boldsymbol{w}^{(n'_3)} \tag{64c}$$

Furthermore, we have

$$\frac{\partial w^{(n)}}{\partial v_i^{(n)}} = [\cos\alpha_i,\ \sin\alpha_i]\begin{bmatrix} \dfrac{\partial w}{\partial x} \\ \dfrac{\partial x}{\partial y} \end{bmatrix}_i^{(n)_i} = \boldsymbol{R}_i^{(n)}\boldsymbol{w}^{(n)} \tag{65}$$

where

$$\boldsymbol{R}_i^{(n)} = [\cos\alpha_i,\ \sin\alpha_i]\begin{bmatrix} \dfrac{\partial N_1}{\partial x}, \dfrac{\partial N_2}{\partial x}, \cdots, \dfrac{\partial N_6}{\partial x}\left(\text{or } \dfrac{\partial N_9}{\partial x}\right) \\ \dfrac{\partial N_1}{\partial y}, \dfrac{\partial N_2}{\partial y}, \cdots, \dfrac{\partial N_6}{\partial y}\left(\text{or } \dfrac{\partial N_9}{\partial y}\right)\end{bmatrix}^{(n)} \tag{65a}$$

We are now in the position to calculate the integrals in (47):

$$\begin{aligned} &\sum_{n_1'n_2'n_3'}\int_{(nn')}\frac{1}{2}[M_v(w^{(n)})+M_v(w^{(n')})]\frac{\partial w^{(n)}}{\partial v^{(n)}}\mathrm{d}s^{(n)} \\ &=-\int_{(nn_1')}\frac{D}{2}[\boldsymbol{\tau}_1^{(n)}\boldsymbol{G}^{(n)}\boldsymbol{w}^{(n)}+\boldsymbol{\tau}_3^{(n_1')}\boldsymbol{G}^{(n_1')}\boldsymbol{w}^{(n_1')}]\boldsymbol{R}_1^{(n)}\boldsymbol{w}^{(n)}\mathrm{d}s_1^{(n)} \\ &\quad-\int_{(nn_2')}\frac{D}{2}[\boldsymbol{\tau}_2^{(n)}\boldsymbol{G}^{(n)}\boldsymbol{w}^{(n)}+\boldsymbol{\tau}_1^{(n_2')}\boldsymbol{G}^{(n_2')}\boldsymbol{w}^{(n_2')}]\boldsymbol{R}_2^{(n)}\boldsymbol{w}^{(n)}\mathrm{d}s_2^{(n)} \\ &\quad-\int_{(nn_3')}\frac{D}{2}[\boldsymbol{\tau}_3^{(n)}\boldsymbol{G}^{(n)}\boldsymbol{w}^{(n)}+\boldsymbol{\tau}_2^{(n_3')}\boldsymbol{G}^{(n_3')}\boldsymbol{w}^{(n_3')}]\boldsymbol{R}_3^{(n)}\boldsymbol{w}^{(n)}\mathrm{d}s_3^{(n)} \\ &=\frac{1}{2}\boldsymbol{w}^{(n)\mathrm{T}}\boldsymbol{K}_0^{(n)}\boldsymbol{w}^{(n)}+\frac{1}{2}\sum_{i=1}^{3}\boldsymbol{w}^{(n)\mathrm{T}}\boldsymbol{K}_{(i)}^{(nn_i')}\boldsymbol{w}^{(n_i')} \end{aligned} \tag{66}$$

where
$$\boldsymbol{K}_0^{(n)} = -D\sum_{i=1}^{3}\int_{(nn')}\boldsymbol{R}^{(n)\mathrm{T}}\boldsymbol{\tau}_i^{(n)}\boldsymbol{G}^{(n)}\mathrm{d}s_i^{(n)} \tag{67a}$$

$$\boldsymbol{K}_1^{(nn_1')} = -D\int_{(nn_1')}\boldsymbol{R}_1^{(n)\mathrm{T}}\boldsymbol{\tau}_3^{(n_1')}\boldsymbol{G}^{(n_1')}\mathrm{d}s_1^{(n)} \tag{67b}$$

$$\boldsymbol{K}_2^{(nn_2')} = -D\int_{(nn_2')}\boldsymbol{R}_2^{(n)\mathrm{T}}\boldsymbol{\tau}_1^{(n_2')}\boldsymbol{G}^{(n_2')}\mathrm{d}s_2^{(n)} \tag{67c}$$

$$\boldsymbol{K}_3^{(nn_3')} = -D\int_{(nn_3')}\boldsymbol{R}_3^{(n)\mathrm{T}}\boldsymbol{\tau}^{(3')\mathrm{T}}\boldsymbol{\tau}_2^{(n_3')}\boldsymbol{G}^{(n_3')}\mathrm{d}s_3^{(n)} \tag{67d}$$

By means of (42), $\Pi_{0f}^{(n)}$ of (18b) may be calculated from

$$\Pi_{0f}^{(n)} = \iint_{A^{(n)}}\frac{D}{2}\boldsymbol{w}^{(n)\mathrm{T}}\boldsymbol{G}^{(n)\mathrm{T}}\boldsymbol{\mu}\boldsymbol{G}^{(n)}\boldsymbol{w}^{(n)}\mathrm{d}A^{(n)} = \frac{1}{2}\boldsymbol{w}^{(n)\mathrm{T}}\boldsymbol{K}_{0f}^{(n)}\boldsymbol{w}^{(n)} \tag{68}$$

in which

$$\boldsymbol{K}_{0f}^{(n)} = \iint_{A^{(m)}}D\boldsymbol{G}^{(n)\mathrm{T}}\boldsymbol{\mu}\boldsymbol{G}^{(n)}\mathrm{d}A^{(n)} \tag{69a}$$

$$\boldsymbol{\mu} = \begin{bmatrix} 1 & & \mu \\ & 2(1-\mu) & \\ \mu & & 1 \end{bmatrix} \tag{69b}$$

Similarly, we have on S_w the integral

$$\int_{S^{(n)}_{w_2}} M_v(w^{(n)})\frac{\partial w^{(n)}}{\partial v^{(n)}}\mathrm{d}s^{(n)} = \boldsymbol{w}^{(n)\mathrm{T}}\boldsymbol{K}^{(n)}_{S_{w_2}}\boldsymbol{w}^{(n)} \tag{70}$$

where

$$\boldsymbol{K}^{(n)}_{S_{w_2}} = -\int_{S^{(n)}_{w_2}} D\boldsymbol{R}^{(n)}_{S_{w_2}}\boldsymbol{\tau}^{(n)}_{S_{w_2}}\boldsymbol{G}^{(n)}\mathrm{d}s^{(n)}_{w_2} \tag{70a}$$

Let us now calculate the equivalent shearing force $H_v(w)$ from (11b). In the present case, $1/\rho_s = 0$; thus

$$H_v(w) = -D\frac{\partial}{\partial v}\left[\frac{\partial^2 w}{\partial v^2} + (2-\mu)\frac{\partial^2 w}{\partial s^2}\right] \tag{71}$$

Using (53), (54), we have

$$\frac{\partial}{\partial v} = \frac{\partial x}{\partial v}\frac{\partial}{\partial x} + \frac{\partial y}{\partial v}\frac{\partial}{\partial y} = \cos\alpha\frac{\partial}{\partial x} + \sin\alpha\frac{\partial}{\partial y} \tag{72a}$$

$$\frac{\partial^2 w}{\partial v^2} + (2-\mu)\frac{\partial^2 w}{\partial^2 s} = [\cos^2\alpha + (2-\mu)\sin^2\alpha]\frac{\partial^2 w}{\partial x^2} - 2(1-\mu)\sin\alpha\cos\alpha\frac{\partial^2 w}{\partial x\partial y} + [\sin^2\alpha + (2-\mu)\cos^2\alpha]\frac{\partial^2 w}{\partial y^2} \tag{72b}$$

Hence $M(w)$ in (71) can be regrouped into matrix form:

$$H_v(w) = -D\boldsymbol{\sigma}\begin{bmatrix}\dfrac{\partial^3 w}{\partial x^3}\\ \dfrac{\partial^3 w}{\partial x^2\partial y}\\ \dfrac{\partial^3 w}{\partial x\partial y^2}\\ \dfrac{\partial^3 w}{\partial y^3}\end{bmatrix} = -D\boldsymbol{\sigma}\boldsymbol{J}\boldsymbol{w} \tag{73}$$

where

$$\boldsymbol{\sigma} = [\sigma_{(1)}, \sigma_{(2)}, \sigma_{(3)}, \sigma_{(4)}] \tag{74}$$

$$\sigma_{(1)} = [\cos^2\alpha + (2-\mu)\sin^2\alpha]\cos\alpha \tag{74a}$$

$$\sigma_{(2)} = [(2-\mu)\sin^2\alpha - (1-2\mu)\cos^2\alpha]\sin\alpha \tag{74b}$$

$$\sigma_{(3)} = [(2-\mu)\cos^2\alpha - (1-2\mu)\sin^2\alpha]\cos\alpha \tag{74c}$$

$$\sigma_{(4)} = [\sin^2\alpha + (2-\mu)\cos^2\alpha]\sin\alpha \tag{74d}$$

and

$$\begin{bmatrix} \dfrac{\partial^3 w}{\partial^3 x} \\ \dfrac{\partial^3 w}{\partial x^2 \partial y} \\ \dfrac{\partial w^3}{\partial x \partial y^2} \\ \dfrac{\partial^3 w}{\partial y^3} \end{bmatrix} = \boldsymbol{J}\boldsymbol{w} \tag{75}$$

$$\boldsymbol{J} = \begin{bmatrix} \dfrac{\partial^3 N_1}{\partial x^3} & \dfrac{\partial^3 N_2}{\partial x^3} & \cdots & \dfrac{\partial^3 N_6}{\partial x^3}\left(\text{or } \dfrac{\partial^3 N_9}{\partial x^3}\right) \\ \dfrac{\partial^3 N_1}{\partial x^2 \partial y} & \dfrac{\partial^3 N_2}{\partial x^2 \partial y} & \cdots & \dfrac{\partial^3 N_6}{\partial x^2 \partial y}\left(\text{or } \dfrac{\partial^3 N_9}{\partial x^2 \partial y}\right) \\ \dfrac{\partial^3 N_1}{\partial x \partial y^2} & \dfrac{\partial^3 N_2}{\partial x \partial y^2} & \cdots & \dfrac{\partial^3 N_6}{\partial x \partial y^2}\left(\text{or } \dfrac{\partial^3 N_9}{\partial x \partial y^2}\right) \\ \dfrac{\partial^3 N_1}{\partial y^3} & \dfrac{\partial^3 N_2}{\partial y^3} & \cdots & \dfrac{\partial^3 N_6}{\partial y^3}\left(\text{or } \dfrac{\partial^3 N_9}{\partial x^2 \partial y}\right) \end{bmatrix} \tag{76}$$

From (59), (72), we can calculate the following integral:

$$\int_{S_{w_1}^{(n)}} H_v(w^{(n)}) w^{(n)} \mathrm{d}s^{(n)} = \boldsymbol{w}^{(n)\mathrm{T}} \boldsymbol{K}_{S_{w_1}}^{(n)} \boldsymbol{w}^{(n)} \tag{77a}$$

$$\int_{S_{w_2}^{(n)}} M_v(w^{(n)}) \frac{\partial w^{(n)}}{\partial v^{(n)}} \mathrm{d}s^{(n)} = \boldsymbol{w}^{(n)\mathrm{T}} \boldsymbol{K}_{S_{w_2}}^{(n)} \boldsymbol{w}^{(n)} \tag{77b}$$

where $\boldsymbol{K}_{S_{w_2}}^{(n)}$ is given in (70a) and

$$\boldsymbol{K}_{w_1}^{(n)} = -\int_{S_{w_1}^{(n)}} D\boldsymbol{N}_{S_{w_1}}^{(n)\mathrm{T}} \boldsymbol{\sigma}_{S_{w_1}}^{(n)} \boldsymbol{J}^{(n)} \mathrm{d}s_{w_1}^{(n)} \tag{78}$$

$\boldsymbol{N}_{S_{w_1}}^{(n)}$, $\boldsymbol{\sigma}_{S_{w_1}}^{(n)}$, $\boldsymbol{J}^{(n)}$ are calculated according to (44), (74), and (76) respectively.

Using (68), (77a, b), we may write (19a) similarly in terms of matrix notation:

$$\begin{aligned} \Pi_f^{(n)} = & \frac{1}{2}\boldsymbol{w}^{(n)\mathrm{T}} \boldsymbol{K}_{0f}^{(n)} \boldsymbol{w}^{(n)} - \bar{f}^{(n)} \boldsymbol{w}^{(n)} - \overline{H}^{(n)} \boldsymbol{w}^{(n)} + \overline{M}^{(n)} \boldsymbol{w}^{(n)} \\ & - \boldsymbol{w}^{(n)\mathrm{T}} \boldsymbol{K}_{S_{w_1}}^{(n)} \boldsymbol{w}^{(n)} - \boldsymbol{w}^{(n)\mathrm{T}} \boldsymbol{K}_{S_{w_2}}^{(n)} \boldsymbol{w}^{(n)} + \overline{w}^{(n)} \boldsymbol{w}^{(n)} - \overline{w}_{S_v}^{(n)} \boldsymbol{w}^{(n)} \end{aligned} \tag{79}$$

where

$$\bar{f}^{(n)} = \iint_{A(e)} \boldsymbol{f}\boldsymbol{N}^{(n)}\,\mathrm{d}A^{(n)} \tag{80a}$$

$$\bar{H}^{(n)} = \int_{S_{\sigma_1}^{(n)}} \bar{H}\boldsymbol{N}^{(n)}\,\mathrm{d}s_{\sigma_1}^{(n)} \tag{80b}$$

$$\bar{M}^{(n)} = \int_{S_{\sigma_2}^{(n)}} \bar{M}\boldsymbol{R}_{S_{\sigma_2}}^{(n)}\,\mathrm{d}s_{\sigma_2}^{(n)} \tag{80c}$$

$$\bar{w}^{(n)} = -\int_{S_{w_1}^{(n)}} D\bar{w}\boldsymbol{\tau}_{S_{w_1}}^{(n)}\,\boldsymbol{J}^{(n)}\,\mathrm{d}s_{w_1}^{(n)} \tag{80d}$$

$$\bar{\boldsymbol{w}}_{,v}^{(n)} = -\int_{S_{w_3}^{(n)}} D\bar{w}_{,v}\boldsymbol{\tau}_{S_{w_2}}^{(n)}\,\boldsymbol{G}^{(n)}\,\mathrm{d}s_{w_2}^{(n)} \tag{80e}$$

Equation (79) can be further simplified:

$$\Pi_f^{(n)} = \frac{1}{2}\boldsymbol{w}^{(n)\mathrm{T}}\boldsymbol{K}_f^{(n)}\boldsymbol{w}^{(n)} - \bar{F}_f^{(n)}\boldsymbol{w}^{(n)} \tag{81}$$

where

$$\boldsymbol{K}_f^{(n)} = \boldsymbol{K}_{0f}^{(n)} - 2\boldsymbol{K}\bar{w}_{S_{w_1}}^{(n)} - 2\boldsymbol{K}_{S_{w_2}}^{(n)} \tag{81a}$$

$$\bar{F}_s^{(n)} = \bar{f}^{(n)} + \bar{H}^{(n)} - \bar{M}^{(n)} - \bar{\boldsymbol{w}} + \bar{w}_{,v}^{(n)} \tag{81b}$$

$\bar{F}_f^{(n)}$ represents the resultant influence of the prescribed loads and deflections on the element area and its plate boundary.

The summation of (81) and (66) gives

$$\tilde{\Pi}^{**(n)} = \frac{1}{2}\boldsymbol{w}^{(n)\mathrm{T}}\boldsymbol{K}^{**(n)}\boldsymbol{w}^{(n)} + \frac{1}{2}\sum_{i=1}^{3}\boldsymbol{w}^{(n)\mathrm{T}}\boldsymbol{K}_{(i)}^{(nn_i')}\boldsymbol{w}^{(n_i')} - \bar{F}_f^{(n)}\boldsymbol{w}^{(n)} \tag{82}$$

where

$$\boldsymbol{K}^{**(n)} = \boldsymbol{K}_0^{(n)} = \boldsymbol{K}_f^{(n)} \tag{83}$$

Let us now consider the matrix representation of $p_{k_2}^{(j)}(w)$ from (19c). For the case of straight boundaries, we have

$$p_{k_2}^{(j)}(w) = -(1-\mu)D\Delta_{k_2}\left(\frac{\partial^2 w}{\partial v\partial s}\right)^{(j)} \tag{84}$$

From (54), we have

$$\frac{\partial^2 w}{\partial v\partial s} = [-\sin\alpha\cos\alpha,\ \cos^2\alpha - \sin^2\alpha,\ \sin\alpha\cos\alpha]\begin{bmatrix}\dfrac{\partial w}{\partial x^2}\\[2ex] \dfrac{\partial^2 w}{\partial x\partial y}\\[2ex] \dfrac{\partial^2 w}{\partial y^2}\end{bmatrix} = \boldsymbol{\pi}\boldsymbol{G}\boldsymbol{w} \tag{85}$$

where

$$\boldsymbol{\pi} = [-\sin\alpha\cos\alpha,\ \cos^2\alpha - \sin^2\alpha,\ \sin\alpha\cos\alpha] \tag{85a}$$

Thus, (84) can be written as

$$p_{k_2}^{(j)}(w) = -(1-\mu)D\Delta_{k_2}(\boldsymbol{\pi}\boldsymbol{G})^{(j)}\boldsymbol{w}^{(j)} = \boldsymbol{p}_k{}^{(j)}\boldsymbol{w}^{(j)} \tag{86}$$

where

$$p_{k_2}^{(j)} = -(1-\mu)D\Delta_{k_2}(\boldsymbol{\pi}\boldsymbol{G})^{(j)} \tag{86a}$$

Therefore, (46) is

$$\begin{aligned}\overline{\Pi}_f^{**} = & \sum_{n=1}^{N}\left\{\frac{1}{2}\boldsymbol{w}^{(n)\mathrm{T}}\boldsymbol{K}^{**(n)}\boldsymbol{w}^{(n)} + \frac{1}{2}\sum_{i=1}^{3}\boldsymbol{w}^{(n)\mathrm{T}}\boldsymbol{K}_{(i)}^{(nn_i')}\boldsymbol{w}_i^{(n')} - \overline{F}_f^{(n)}\boldsymbol{w}^{(n)}\right\} \\ & - \sum_{k_2=1}^{k_w}(w_{k_2} - \overline{w}_{k_2})\sum_{j=1}^{r'}\boldsymbol{p}_{k_2}^{(j)}\boldsymbol{w}^{(j)} - \sum_{k_1=1}^{k_\sigma}\overline{P}_{k_1}w_{k_1} \\ & - \sum_{c_2=1}^{c_w}(w_{c_2} - \overline{w}_{c_2})\sum_{j=1}^{r}\boldsymbol{p}_{c_2}^{(j)}\boldsymbol{w}^{(j)} - \sum_{c_1=1}^{c_F}\overline{F}_{c_1}w_{c_1}\end{aligned} \tag{87}$$

or in assembled form

$$\widetilde{\Pi}_f^{**} = \frac{1}{2}\boldsymbol{w}^{\mathrm{T}}\boldsymbol{K}^{**}\boldsymbol{w} - \overline{\boldsymbol{F}}\boldsymbol{w} \tag{88}$$

where $\boldsymbol{K}^{**}$ is the assembled rigidity matrix, which is defined by

$$\begin{aligned}\frac{1}{2}\boldsymbol{w}^{\mathrm{T}}\boldsymbol{K}^{**}\boldsymbol{w} = & \sum_{n=1}^{N}\left\{\frac{1}{2}\boldsymbol{w}^{(n)\mathrm{T}}\boldsymbol{K}^{**(n)}\boldsymbol{w}^{(n)} + \frac{1}{2}\sum_{i=1}^{3}\boldsymbol{w}^{(n)\mathrm{T}}\boldsymbol{K}_{(i)}^{(nn_i)}\boldsymbol{w}^{(i')}\right\} \\ & - \sum_{c_2=1}^{c_w}w_{c_2}\sum_{j=1}^{r}\boldsymbol{p}_{c_2}^{(j)}\boldsymbol{w}^{(j)} - \sum_{k_2=1}^{k_w}w_{k_2}\sum_{j=1}^{r'}\boldsymbol{p}_{k_2}^{(j)}\boldsymbol{w}^{(j)}\end{aligned} \tag{89a}$$

$$\begin{aligned}\overline{\boldsymbol{F}}\boldsymbol{w} = & \sum_{n=1}^{N}\overline{F}_f^{(n)}\boldsymbol{w}^{(n)} - \sum_{k_2=1}^{k_m}\overline{w}_{k_2}\sum_{j=1}^{r'}\boldsymbol{p}_{k_2}^{(j)}\boldsymbol{w}^{(j)} - \sum_{c_2=1}^{c_w}\overline{w}_{c_2}\sum_{j=1}^{r}\boldsymbol{p}_{c_2}^{(j)}\boldsymbol{w}^{(j)} \\ & + \sum_{k_1=1}^{k_\sigma}\overline{P}_{k_1}w_{k_1} + \sum_{c_1=1}^{c_F}\overline{F}_{c_1}w_{c_1}\end{aligned} \tag{89b}$$

The variation of (88) gives the equations for the determination of $\widetilde{\Pi}_f^{**}$, this is

$$\delta\Pi_f^{**} = 0, \qquad \boldsymbol{K}\boldsymbol{w} = \overline{F} \tag{90}$$

where in general

$$\boldsymbol{K} = \frac{1}{2}\boldsymbol{K}^{**} + \frac{1}{2}\boldsymbol{K}^{**\mathrm{T}} \tag{91}$$

For a simply supported square plate under a uniformly distributed load, the present calculation can be greatly simplified. If we assume that the deflection of the plate edge is satisfied in the final caluclation, then (46), (47), (19a, b) can be written as

$$\widetilde{\Pi}_f^{**(n)} = \Pi_f^{(n)} + \sum_{\substack{\text{All } n' \\ \text{neigh. to } n}} \int_{nn'} \frac{1}{2}[M_v(w^{(n)}) + M_v(w^{(n')})] \frac{\partial w^{(n)}}{\partial v^{(n)}} \mathrm{d}s^{(n)} \tag{92}$$

$$\Pi_f^{(n)} = \iint_{A^{(n)}} \frac{D}{2}\left\{\left(\frac{\partial^2 w}{\partial x^2} + \frac{\partial^2 w}{\partial y^2}\right)^2 - 2(1-\mu)\left(\frac{\partial^2 w}{\partial x^2}\frac{\partial^2 w}{\partial y^2} - \frac{\partial^2 w \partial^2 w}{\partial x \partial y \partial x \partial y}\right)\right\}^{(n)} \mathrm{d}A^{(n)} - \iint_{A^{(n)}} f w^{(n)} \mathrm{d}A^{(n)} \tag{93}$$

Hence, the assembled form is the same as (88), and $\boldsymbol{K}^{**}$, $\overline{\boldsymbol{F}}$ are defined by

$$\frac{1}{2}\boldsymbol{w}^{\mathrm{T}}\boldsymbol{K}^{**}\boldsymbol{w} = \sum_{n=1}^{N}\left\{\frac{1}{2}\boldsymbol{w}^{(n)\mathrm{T}}\boldsymbol{K}^{**(n)}\boldsymbol{w}^{(n)} + \frac{1}{2}\sum_{i=1}^{3}\boldsymbol{w}^{(n)\mathrm{T}}\boldsymbol{K}_{(i)}^{(nn_i')}\boldsymbol{w}^{(n)}\right\} \tag{94a}$$

$$\overline{\boldsymbol{F}}\boldsymbol{w} = \sum_{n=1}^{N} \bar{f}^{(n)}\boldsymbol{w}^{(n)} \tag{94b}$$

where $K^{**(n)}$ is given by (83), (81a), (67a), and $\boldsymbol{K}_{(i)}^{(nn_i')}$ are given in (67b, c, d).

References

[1] Pian Theodore H H, Tong Pin. Finite element methods in continuum mechanics. Yih Chia-shu. Advances in Applied Mechanics. Vol 12. Academic Press, 1972: 1-58.

[2] Tong Pin. New displacement hybrid finite element model for solid continua. Int J Num Meth in Eng, 1970,2: 78-83.

[3] Herrmann L R. A bending analysis for plates. Proc First Conf Matrix Methods in Struct Mech, 1965: 1165-1194, AFFDL-TR-68-150, 1966.

[4] Herrmann L R. Finite element bending analysis for plates. J Eng Mech Div, ASCE, 1967, 98(EM5): 13-16.

[5] Chien Wei-Zang. Variational Principles and Finite Elements (in Chinese). Beijing: Science Publications, 1980.

U 型波纹管的非线性特性摄动法计算*

摘　要　本文利用圆环壳的一般解[1]，引用小参数摄动理论，求得 U 型波纹管的线性精确解和非线性解.

U 型波纹管在工程上是一种应用广泛的弹性元件(图 1)，因此，有关这个课题的理论研究和实验分析，是人们长期注意的问题之一.

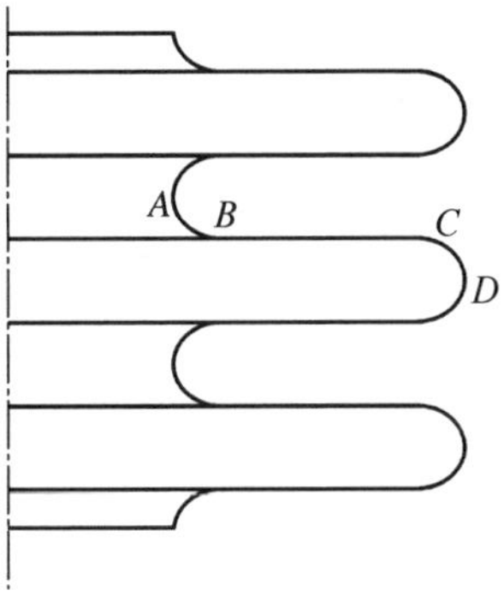

图 1

研究这类波纹管时，人们一般把它简化为圆环壳和圆环板的一种组合件. Hamada 及 Takezono 对 U 型波纹管的环壳部分采用摄动解法. 经过一系列研究，得出了一些简化设计公式，并制成了应用图表[5, 6]. 但是，他们的摄动法结果只适用于 $\alpha \leqslant 0.3$ 和 $\mu < 5$ 的范围，而且也受到摄动参数展开取项的限制[7]；他们只考虑了线性变形，所得的结果没有反映 U 型波纹管非线性的特点.

Л. Е. Андреева[8]曾用差分法把轴对称壳的非线性微分方程化为差分方程，再用牛顿法求出 U 型波纹管的数值解. 这个解法不仅相当麻烦，而且其结果似有较大的误差.

本文考虑到波纹管的非线性特点主要由环板决定，特别是目前工程常用的波纹管，环壳很小，环板很大，环板的变形大大超过了环壳的变形，因此，本文对环板部分采用了大挠度非线性方程，而与之相接的环壳，其基本方程仍采用线性的. 这样简化，就可以利用作者已导出的圆环壳的精确解[1]，并引用小参数摄动法，求出 U 型波纹管各级摄动的内力及变形. 第一级摄动解，实际上就是 U 型波纹管的线性精确解析解.

一、符号及基本方程

取 U 型波纹管的一段计算长度 $ABCD$(图 2). 为了求解方便，假设壳在 B 点

作者：钱伟长、吴明德. 原载《应用数学和力学》，1983，4(5)：595－608.

* 参加这项工作的还有郑思梁、谢志成、王瑞五.

的 z 向位移为零，这个假设并不失去问题的一般性质.

a_1，a_2——圆环壳子午平面内曲率半径；

R_1，R_2——圆环壳子午平面内圆心到旋转轴的距离；

h_1，h_2，h——分别表示两部分环壳及环板的厚度；

E，ν——弹性模量和泊松系数；

P_e，q——表示波纹管的外集中力和均布力，它们的正向如图 2 所示；

$\mu_1=\sqrt{3(1-\nu^2)}\,\dfrac{a_1^2}{R_1h_1}$；　　$\mu_2=\sqrt{3(1-\nu^2)}\,\dfrac{a_2^2}{R_2h_2}$；

$\alpha_1=a_1/R_1$；$\alpha_2=a_2/R_2$；

μ_1，μ_2，α_1，α_2——环壳的几何参数.

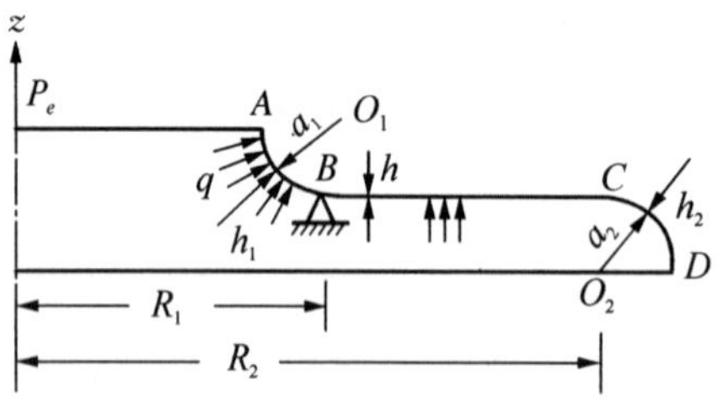

图 2

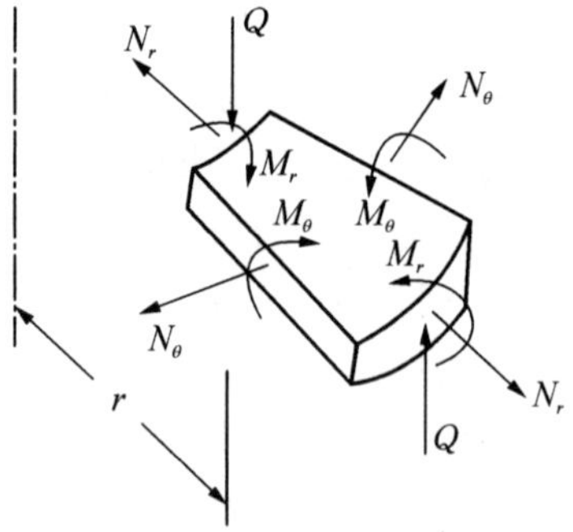

图 3

U 型波纹管分成环板和圆环壳两部分：

1. 环板的基本方程

环板单元的受力如图 3 所示，其大挠度卡门方程为

$$\left.\begin{aligned}&D\frac{1}{r}\frac{\mathrm{d}}{\mathrm{d}r}r\frac{\mathrm{d}}{\mathrm{d}r}\frac{1}{r}\frac{\mathrm{d}}{\mathrm{d}r}r\frac{\mathrm{d}w}{\mathrm{d}r}-\frac{1}{r}\frac{\mathrm{d}}{\mathrm{d}r}rN_r\frac{\mathrm{d}w}{\mathrm{d}r}=-q\\&r\frac{\mathrm{d}}{\mathrm{d}r}\frac{1}{r}\frac{\mathrm{d}}{\mathrm{d}r}r^2N_r+\frac{Eh}{2}\left(\frac{\mathrm{d}w}{\mathrm{d}r}\right)^2=0\\&N_\theta=\frac{\mathrm{d}}{\mathrm{d}r}(rN_r)\end{aligned}\right\}\tag{1.1}$$

其中 $D=\dfrac{Eh^3}{12(1-\nu^2)}$ 为板的抗弯刚度；$w(r)$ 为板的挠度.

2. 圆环壳的基本方程

环壳的内力和位移如图 4 所示. 在 Love-Kirchhoff 弹性薄壳假定下，В. В. Новожилов 导出的轴对称圆环壳复变方程为

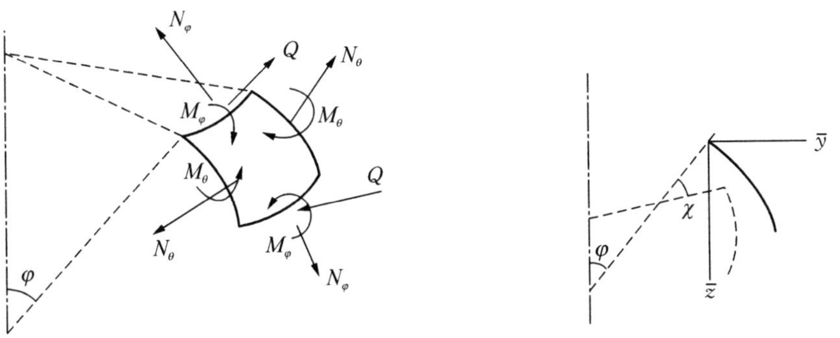

(a)　　　　(b)

图 4

$$(1+\alpha\sin\varphi)\frac{\mathrm{d}^2V}{\mathrm{d}\varphi^2}-\alpha\cos\varphi\frac{\mathrm{d}V}{\mathrm{d}\varphi}+\mathrm{i}2\mu\sin\varphi V=2\mu P_0\cos\varphi \tag{1.2}$$

其中，

$$V=\frac{-4\mu^2D}{a\alpha^2}(1+\alpha\sin\varphi)\chi+\mathrm{i}\left[\frac{2\mu}{\alpha}\frac{(1+\alpha\sin\varphi)^2}{\sin\varphi}Q-2\mu\frac{Q_0}{\alpha}\cot\varphi\right]$$

$$P_0=-\frac{1}{2}\alpha qa\,\mathrm{i}+\frac{Q_0}{\alpha}2\mu$$

Q_0 为 $\varphi=0$ 处的剪力；χ 和 Q 分别为壳的轴向转角变形和剪力.

二、环板摄动法解

环板单元的正向受力如图 3 所示. 设 $u(r)$ 表示板的径向位移,引入无量纲量:

坐标变量:　$\xi=r/R_1$

板的薄膜力:　$S_r=N_r\frac{R_1^2}{D},\ S_\theta=N_\theta\frac{R_1^2}{D}$

板的剪力和弯矩:　$V_r=Q\frac{R_1^3}{Dh};\ m_r=M_r\frac{R_1^2}{Dh},\ m_\theta=M_\theta\frac{R_1^2}{Dh}$

位移:　$y=\nu'w/h,\quad U=\nu'u/h$

外力:　$p=\frac{\nu'}{Dh}qR_1^4$

其中　$\nu'=\sqrt{6(1-\nu^2)}$，于是,圆薄板的大挠度方程[3]：

$$\frac{1}{\xi}\frac{\mathrm{d}}{\mathrm{d}\xi}\xi\frac{\mathrm{d}}{\mathrm{d}\xi}\frac{1}{\xi}\frac{\mathrm{d}}{\mathrm{d}\xi}\xi\frac{\mathrm{d}y}{\mathrm{d}\xi}-\frac{1}{\xi}\frac{\mathrm{d}}{\mathrm{d}\xi}\xi S_r\frac{\mathrm{d}y}{\mathrm{d}\xi}=-p \tag{2.1}$$

$$\xi \frac{\mathrm{d}}{\mathrm{d}\xi} \frac{1}{\xi} \frac{\mathrm{d}}{\mathrm{d}\xi} \xi^2 S_r + \left(\frac{\mathrm{d}y}{\mathrm{d}\xi}\right)^2 = 0 \tag{2.2}$$

$$S_\theta = \frac{\mathrm{d}}{\mathrm{d}\xi} \xi S_r \tag{2.3}$$

再加上位移与内力关系，

$$U/\xi = E^* (S_\theta - \nu S_r) \tag{2.4}$$

$$m_r = -\frac{1}{\nu'}\left(\frac{\mathrm{d}^2 y}{\mathrm{d}\xi^2} + \frac{v}{\xi} \frac{\mathrm{d}y}{\mathrm{d}\xi}\right) \tag{2.5}$$

$$m_\theta = -\frac{1}{\nu'}\left(\nu \frac{\mathrm{d}^2 y}{\mathrm{d}\xi^2} + \frac{1}{\xi} \frac{\mathrm{d}y}{\mathrm{d}\xi}\right) \tag{2.6}$$

$$V_r = \frac{1}{\nu'} \frac{1}{\xi}\left(\frac{\mathrm{d}}{\mathrm{d}\xi} \xi \frac{\mathrm{d}^2 y}{\mathrm{d}\xi^2} - \frac{1}{\xi} \frac{\mathrm{d}y}{\mathrm{d}\xi}\right) \tag{2.7}$$

能确定环板全部内力和变形. 式中 $E^* = \dfrac{1}{2v'} \dfrac{h}{R_1}$.

用摄动法求解时，我们引用环板外边 C 点的挠度 $W_m\left(= \nu' \dfrac{w_C}{h}\right)$ 为摄动参数，并把所有的物理量都展开为 W_m 的幂级数. 例如，

$$\left.\begin{aligned} y(\xi) &= \sum_{i=1}^{\infty} y_i(\xi) W_m^i \\ \theta(\xi) &= \sum_{i=1}^{\infty} \theta_i(\xi) W_m^i \\ S_r(\xi) &= \sum_{i=1}^{\infty} S_{r_i}(\xi) W_m^i \\ p(\xi) &= \sum_{i=1}^{\infty} p_i(\xi) W_m^i \end{aligned}\right\} \tag{2.8}$$

将(2.8)代入(2.1)及(2.2)，收集 W_m 同幂次项，即得各级摄动方程：

$$\left.\begin{aligned} W_m:\ & \mathrm{D_A}(\xi\theta_1) = -p_1 \\ & \mathrm{D_C}(\xi^2 S_{r_1}) = 0 \end{aligned}\right\} \tag{2.9}$$

$$\left.\begin{aligned} W_m^2:\ & \mathrm{D_A}(\xi\theta_2) - \mathrm{D_B}(\xi S_{r_1} \theta_1) = -p_2 \\ & \mathrm{D_C}(\xi^2 S_{r_2}) + \theta_1^2 = 0 \end{aligned}\right\} \tag{2.10}$$

$$\left.\begin{aligned} W_m^3:\ &\mathrm{D}_A(\xi\theta_3)-\mathrm{D}_B(\xi S_{r_1}\theta_2+\xi S_{r_2}\theta_1)=-p_3 \\ &\mathrm{D}_C(\xi^2 S_{r_3})+2\theta_1\theta_2=0 \end{aligned}\right\} \tag{2.11}$$

$$\vdots$$

其中

$$\left.\begin{aligned} \mathrm{D}_A &= \frac{1}{\xi}\frac{\mathrm{d}}{\mathrm{d}\xi}\xi\frac{\mathrm{d}}{\mathrm{d}\xi}\frac{1}{\xi}\frac{\mathrm{d}}{\mathrm{d}\xi} \\ \mathrm{D}_B &= \frac{1}{\xi}\frac{\mathrm{d}}{\mathrm{d}\xi} \\ \mathrm{D}_C &= \xi\frac{\mathrm{d}}{\mathrm{d}\xi}\frac{1}{\xi}\frac{\mathrm{d}}{\mathrm{d}\xi} \end{aligned}\right\} \tag{2.12}$$

各级摄动方程的解可写为

$$\left.\begin{aligned} \theta_i &= \frac{1}{2}A_1^{(i)}\xi\left(\ln\xi-\frac{1}{2}\right)+\frac{1}{2}A_2^{(i)}\xi+A_3^{(i)}/\xi+\theta_i^*(\xi) \\ S_i &= A_4^{(i)}+A_5^{(i)}/\xi^2+S_{r_i}^*(\xi) \end{aligned}\right\} \tag{2.13}$$

式中 $A_j^{(i)}$ 表示(i)级摄动方程的积分常数,它们要靠环板的边界条件和连接条件来确定;$\theta_i^*(\xi)$,$S_{r_i}^*(\xi)$ 表示(i) 级摄动方程的特解. 把(2.13)代入(2.3)～(2.7),将求得全部内力和变形.

三、环壳的线性解

在文[2]和[4]中,已经给出了圆环壳在轴向力和均布力作用下的全部内力和变形. 为了使环壳和环板各种物理量的量纲统一,也要把壳的内力和变形按环板的规定化为无量纲量. 由于在环板中已把载荷 p 展开为参数 W_m 的幂级数,在环壳中也应把总的轴向力 P_e 化为无量纲量后展开为 W_m 的幂级数,即

$$\left.\begin{aligned} P &= P_e\frac{R_1^2}{Dh} \\ P &= \sum_{i=1}^{\infty}P_iW_m^i \end{aligned}\right\} \tag{3.1}$$

所以,下面利用环壳理论求得的只是相应于各级摄动的载荷系数 p_i 和 P_i 作用下环壳的线性内力和变形.

取 AB 段环壳(图 5),根据环壳理论[2, 4],得各级内力:

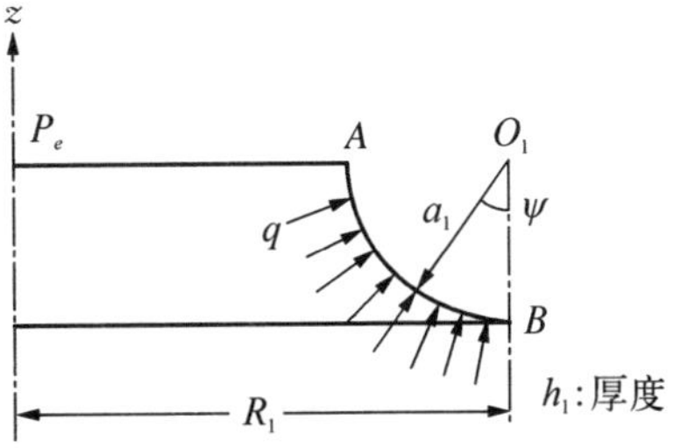

图 5

$$
\left.\begin{aligned}
N_{\varphi_1}^{(i)} &= \frac{2\cos\psi}{(1-a_1\sin\psi)^2}[Q_{01}^{(i)}K_1 - T_1^{(i)}J_1 + B_{\mathrm{II}}^{(i)}\Omega_1 + B_{\mathrm{I}}^{(i)}\Omega_2] \\
&\quad + \frac{\alpha_1-\sin\psi}{(1-\alpha_1\sin\psi)^2}Q_{01}^{(i)} - \frac{1}{2}\frac{1}{v'}\frac{a_1h}{R_1^2}p_i\frac{2-\alpha_1\sin\psi}{1-\alpha_1\sin\psi} \\
N_{\theta_1}^{(i)} &= -\frac{2}{\alpha_1(1-\alpha_1\sin\psi)}\left[Q_{01}^{(i)}\frac{\mathrm{d}K_1}{\mathrm{d}\psi} - T_1^{(i)}\frac{\mathrm{d}J_1}{\mathrm{d}\psi} + B_{\mathrm{II}}^{(i)}\frac{\mathrm{d}\Omega_1}{\mathrm{d}\psi} + B_{\mathrm{I}}^{(i)}\frac{\mathrm{d}\Omega_2}{\mathrm{d}\psi}\right] \\
&\quad - \frac{2\cos\psi}{(1-\alpha_1\sin\psi)^2}[Q_{01}^{(i)}K_1 - T_1^{(i)}J_1 + B_{\mathrm{II}}^{(i)}\Omega_1 + B_{\mathrm{I}}^{(i)}\Omega_2] \\
&\quad - \frac{\alpha_1-\sin\psi}{(1-\alpha_1\sin\psi)^2}Q_{01}^{(i)} - \frac{1}{2}\frac{1}{v'}\frac{a_1h}{R_1^2}p_i \\
M_{\varphi_1}^{(i)} &= \frac{a_1}{\mu_1h}\frac{1}{1-\alpha_1\sin\psi}\left[Q_{01}^{(i)}\frac{\mathrm{d}J_1}{\mathrm{d}\psi} + T_1^{(i)}\frac{\mathrm{d}K_1}{\mathrm{d}\psi} + B_{\mathrm{I}}^{(i)}\frac{\mathrm{d}\Omega_1}{\mathrm{d}\psi}\right. \\
&\quad \left. - B_{\mathrm{II}}^{(i)}\frac{\mathrm{d}\Omega_2}{\mathrm{d}\psi}\right] + \frac{\alpha_1\alpha_1}{\mu_1h}\frac{(1-v)\cos\psi}{(1-\alpha_1\sin\psi)^2}[Q_{01}^{(i)}J_1 + T_1^{(i)}K_1 \\
&\quad + B_{\mathrm{I}}^{(i)}\Omega_1 - B_{\mathrm{II}}^{(i)}\Omega_2] \\
M_{\theta_1}^{(i)} &= \frac{va_1}{\mu_1h}\frac{1}{1-\alpha_1\sin\psi}\left[Q_{01}^{(i)}\frac{\mathrm{d}J_1}{\mathrm{d}\psi} + T_1^{(i)}\frac{\mathrm{d}K_1}{\mathrm{d}\psi} + B_{\mathrm{I}}^{(i)}\frac{\mathrm{d}\Omega_1}{\mathrm{d}\psi}\right. \\
&\quad \left. - B_{\mathrm{II}}^{(i)}\frac{\mathrm{d}\Omega_2}{\mathrm{d}\psi}\right] - \frac{\alpha_1a_1}{\mu_1h}\frac{(1-v)\cos\psi}{(1-\alpha_1\sin\psi)^2}[Q_{01}^{(i)}J_1 + T_1^{(i)}K_1 \\
&\quad + B_{\mathrm{I}}^{(i)}\Omega_1 - B_{\mathrm{II}}^{(i)}\Omega_2] \\
Q_1^{(i)} &= -\frac{R_1}{h}\frac{2\sin\psi}{(1-\alpha_1\sin\psi)^2}[Q_{01}^{(i)}K_1 - T_1^{(i)}J_1 + B_{\mathrm{II}}^{(i)}\Omega_1 + B_{\mathrm{I}}^{(i)}\Omega_2] \\
&\quad - \frac{R_1}{h}\frac{\cos\psi}{(1-\alpha_1\sin\psi)^2}Q_{01}^{(i)}
\end{aligned}\right\} \tag{3.2}
$$

环壳的转角 χ、水平位移 $\bar{y}$ 以及垂直相对位移 $\bar{z}$ 分别为

$$
\left.\begin{aligned}
\chi_1^{(i)} &= -\frac{2\mu_1}{v'}\left(\frac{h^2}{R_1h_1}\right)\frac{1}{\alpha_1^2(1-\alpha_1\sin\psi)}(Q_{01}^{(i)}J_1 + T_1^{(i)}K_1 + B_{\mathrm{I}}^{(i)}\Omega_1 - B_{\mathrm{II}}^{(i)}\Omega_2) \\
\bar{y}_1^{(i)} &= -\frac{1}{v'}\left(\frac{h^2}{R_1h_1}\right)\left[\frac{1}{\alpha_1}\left(Q_{01}^{(i)}\frac{\mathrm{d}K_1}{\mathrm{d}\psi} - T_1^{(i)}\frac{\mathrm{d}J_1}{\mathrm{d}\psi} + B_{\mathrm{II}}^{(i)}\frac{\mathrm{d}\Omega_1}{\mathrm{d}\psi}\right.\right. \\
&\quad \left. + B_{\mathrm{I}}^{(i)}\frac{\mathrm{d}\Omega_2}{\mathrm{d}\psi}\right) + \frac{(1+v)\cos\psi}{1-\alpha_1\sin\psi}\left(Q_{01}^{(i)}K_1 - T_1^{(i)}J_1 + B_{\mathrm{II}}^{(i)}\Omega_1\right.
\end{aligned}\right\}
$$

$$
\left.\begin{aligned}
&+B_{\mathrm{I}}^{(i)}\Omega_2\Big)+\frac{1}{2}\,\frac{(1+v)(\alpha_1-\sin\psi)}{1-\alpha_1\sin\psi}Q_{01}^{(i)}\\
&+\frac{1}{4v'}\,\frac{h}{R_1}\,\frac{a_1}{R_1}p_i(1-2v)\Big(1-\frac{1-v}{1-2v}\alpha_1\sin\psi\Big)\Big]\\
\bar{z}_1^{(i)}&=\frac{2}{v'}\Big(\frac{h^2}{R_1h_1}\Big)\frac{\mu_1}{\alpha_1}\int_0^{\psi}\frac{\cos\psi}{1-\alpha_1\sin\psi}\Big(Q_{01}^{(i)}J_1+T_1^{(i)}K_1\\
&\qquad+B_{\mathrm{I}}^{(i)}-B_{\mathrm{II}}^{(i)}\Omega_2\Big)\mathrm{d}\psi
\end{aligned}\right\}\tag{3.3}
$$

式中转角 χ_1 相当于壳的实际转角乘以 $v'R_1/h$，其余各无量纲的内力和位移的定义均与环板处的相同.(3.3)式中的 $B_{\mathrm{I}}^{(i)}$，$B_{\mathrm{II}}^{(i)}$ 各级摄动的待定积分常数，它们将由圆环壳与环板的连接条件来确定.式中

$$
\left.\begin{aligned}
Q_{01}^{(i)}&=-\frac{h}{2R_1}\Big(\frac{P_i}{\pi}+\frac{p_i}{v'}\Big)\\
T_1^{(i)}&=-\frac{\alpha_1^2}{4\mu_1v'}\cdot\frac{a_1h}{R_1^2}p_i
\end{aligned}\right\}\tag{3.4}
$$

$$
\left.\begin{aligned}
J_1(\psi)&=\sum_{n=1}^{\infty}J_n\sin\Big(\psi+\frac{\pi}{2}\Big)\\
K_1(\psi)&=\sum_{n=1}^{\infty}K_n\sin\Big(\psi+\frac{\pi}{2}\Big)
\end{aligned}\right\}\tag{3.5}
$$

它们所组成的复数

$$
A_n=J_n+\mathrm{i}K_n\tag{3.6}
$$

由下面连分式确定：

$$
\left.\begin{aligned}
&A_1=\cfrac{1}{\cfrac{1}{\mu_1}-\mathrm{i}\Big(1+\mathrm{i}\,\cfrac{2\cdot3}{2}\,\cfrac{\alpha_1}{\mu_1}\Big)\cfrac{A_2}{A_1}}\\
&\frac{A_n}{A_{n-1}}=\cfrac{\mathrm{i}\Big[1+\mathrm{i}\,\cfrac{(n-1)(n-2)}{2}\,\cfrac{\alpha_1}{\mu_1}\Big]}{\cfrac{n^2}{\mu_1}-\mathrm{i}\Big[1+\mathrm{i}\,\cfrac{(n+1)(n+2)}{2}\,\cfrac{\alpha_1}{\mu_1}\Big]\cfrac{A_{n+1}}{A_n}}\\
&(n=1,\ 2,\ 3,\ \cdots)
\end{aligned}\right\}\tag{3.7}
$$

(3.3)式中 Ω_1，Ω_2 定义为

$$\left.\begin{aligned}\Omega_1(\psi) = &\left[G_1\cos\gamma_1\left(\frac{\pi}{2}-\psi\right)+F_2\sin\gamma_1\left(\frac{\pi}{2}-\psi\right)\right]\sinh\beta_1\left(\frac{\pi}{2}-\psi\right)\\ &+\left[-G_2\sin\gamma_1\left(\frac{\pi}{2}-\psi\right)-F_1\cos\gamma_1\left(\frac{\pi}{2}-\psi\right)\right]\cosh\beta_1\left(\frac{\pi}{2}-\psi\right)\\ \Omega_2(\psi) = &\left[G_1\sin\gamma_1\left(\frac{\pi}{2}-\psi\right)-F_2\cos\gamma_1\left(\frac{\pi}{2}-\psi\right)\right]\cosh\beta_1\left(\frac{\pi}{2}-\psi\right)\\ &+\left[G_2\cos\gamma_1\left(\frac{\pi}{2}-\psi\right)-F_1\sin\gamma_1\left(\frac{\pi}{2}-\psi\right)\right]\sinh\beta_1\left(\frac{\pi}{2}-\psi\right)\end{aligned}\right\}\quad(3.8)$$

(3.8)式中的函数 F_1，F_2，G_1，G_2 分别为

$$\left.\begin{aligned}F_1(\psi) &= -\sum_{n=1,3,5}^{\infty} p_n\cos n\psi-\sum_{n=2,4,6}^{\infty} q'_n\sin n\psi\\ F_2(\psi) &= -\sum_{n=1,3,5}^{\infty} q_n\cos n\psi+\sum_{n=2,4,6}^{\infty} p'_n\sin n\psi\\ G_1(\psi) &= 1+\sum_{n=2,4,6}^{\infty} p_n\cos n\psi+\sum_{n=1,3,5}^{\infty} q'_n\sin n\psi\\ G_2(\psi) &= \sum_{n=2,4,6}^{\infty} q_n\cos n\psi-\sum_{n=1,3,5}^{\infty} p'_n\sin n\psi\end{aligned}\right\}\quad(3.9)$$

上式的 p_n，p'_n，q_n，q'_n 由下列两个复数确定：

$$a_n+\mathrm{i}b_n,\qquad a_{-n}+\mathrm{i}b_{-n}$$

$$p_n=\frac{1}{2}(a_n+a_{-n}),\qquad p'_n=\frac{1}{2}(a_n-a_{-n})$$

$$q_n=\frac{1}{2}(b_n+b_{-n}),\qquad q'_n=\frac{1}{2}(b_n-b_{-n})$$

而这两个复数又由下列连分式确定：

$$\frac{c_n}{c_0}=\frac{1}{2}(a_n+\mathrm{i}b_n),\qquad \frac{c_{-n}}{c_0}=\frac{1}{2}(a_{-n}+\mathrm{i}b_{-n})$$

$$\frac{c_n}{c_{n-1}}=\frac{-\left\{\mu_1-\frac{\alpha_1}{2}\mathrm{i}[\lambda_1+\mathrm{i}(n-1)][\lambda_1+\mathrm{i}(n-2)]\right\}}{(\lambda_1+\mathrm{i}n)^2-\left\{\mu_1-\frac{\alpha_1}{2}\mathrm{i}[\lambda_1+\mathrm{i}(n+1)][\lambda_1+\mathrm{i}(n+2)]\right\}\frac{c_{n+1}}{c_n}}\quad(n>0)\tag{3.10}$$

$$\frac{c_n}{c_{n+1}}=\frac{\left\{\mu_1-\frac{\alpha_1}{2}\mathrm{i}[\lambda_1+\mathrm{i}(n+1)][\lambda_1+\mathrm{i}(n+2)]\right\}}{(\lambda_1+\mathrm{i}n)^2+\left\{\mu_1-\frac{\alpha_1}{2}\mathrm{i}[\lambda_1+\mathrm{i}(n-1)][\lambda_1+\mathrm{i}(n-2)]\right.\frac{c_{n-1}}{c_n}}\quad(n<0)\tag{3.11}$$

式中 λ_1 是一个复数，

$$\lambda_1 = \beta_1 + \mathrm{i}\gamma_1$$

它的实部 β_1 和虚部 γ_1 可根据环壳的 α_1 及 μ_1 值，按[1]文中的计算结果，用双插值法求得.

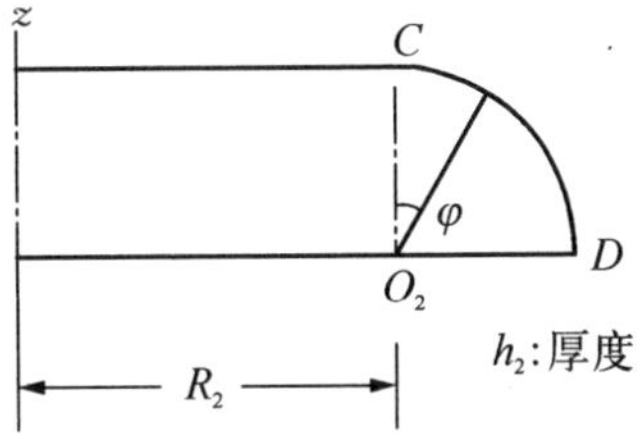

图 6

对第二部分壳 CD（图 6），将 AB 段公式中的常数 $B_{\mathrm{I}}^{(i)}$，$B_{\mathrm{II}}^{(i)}$ 改为 $C_{\mathrm{I}}^{(i)}$，$C_{\mathrm{II}}^{(i)}$，将(3.2)及(3.3)式中的 $Q_{01}^{(i)}$ 及 $T_1^{(i)}$ 改为

$$\left.\begin{aligned} Q_{02}^{(i)} &= \frac{1}{2}\frac{h}{R_2}\left(\frac{P_i}{\pi} + \frac{p_i}{v'}\frac{R_2^2}{R_1^2}\right) \\ T_2^{(i)} &= \frac{1}{4}\frac{a_2^2}{\mu_2 v'}\frac{a_2 h}{R_1^2}p_i \end{aligned}\right\} \tag{3.12}$$

并将(3.8)式改为

$$\left.\begin{aligned} \bar{\Omega}_1(\varphi) = &-\left[G_1\cos\gamma_2\left(\frac{\pi}{2}-\varphi\right) + F_2\sin\gamma_2\left(\frac{\pi}{2}-\varphi\right)\right]\sinh\beta_2\left(\frac{\pi}{2}-\varphi\right) \\ &+\left[G_2\sin\gamma_2\left(\frac{\pi}{2}-\varphi\right) + F_1\cos\gamma_2\left(\frac{\pi}{2}-\varphi\right)\right]\cosh\beta_2\left(\frac{\pi}{2}-\varphi\right) \\ \bar{\Omega}_2(\varphi) = &\left[-G_1\sin\gamma_2\left(\frac{\pi}{2}-\varphi\right) + F_2\cos\gamma_2\left(\frac{\pi}{2}-\varphi\right)\right]\cosh\beta_2\left(\frac{\pi}{2}-\varphi\right) \\ &+\left[-G_2\cos\gamma_2\left(\frac{\pi}{2}-\varphi\right) + F_1\sin\gamma_2\left(\frac{\pi}{2}-\varphi\right)\right]\sinh\beta_2\left(\frac{\pi}{2}-\varphi\right) \end{aligned}\right\} \tag{3.13}$$

再将(3.2)～(3.5)式中所有下标“1”改为“2”，将(3.2)、(3.3)、(3.5)、(3.9)中的 ψ 用 $\varphi-\pi$ 代入，即得出第二部分壳全部各级摄动的内力和位移.

应该指出，(3.2)、(3.3)式所表示的内力和位移，并不是环壳的实际内力和位移，而只是相当于各级外力系数 p_i 和 P_i 作用下壳的内力和位移系数. 为了求得实际的内力和位移，还要利用类似(2.8)式的幂级数展开式. 例如，求环壳的弯矩 M_φ 和转角 χ 时，要用

$$\left.\begin{aligned} M_\varphi &= \sum_{i=1}^{\infty} M_\varphi^{(i)} W_m^i \\ \chi &= \sum_{i=1}^{\infty} \chi^{(i)} W_m^i \end{aligned}\right\} \tag{3.14}$$

四、连接条件和边界条件

在环板的各级解中，包含 6 个待定常数 $A_j^{(i)}$ 和未定的载荷系数 p_i 或 P_i；在环

壳解中,各级摄动解包含4个待定常数 $B_{\mathrm{I}}^{(i)}$, $B_{\mathrm{II}}^{(i)}$, $C_{\mathrm{I}}^{(i)}$, $C_{\mathrm{II}}^{(i)}$,它们都要由环壳与环板的连接条件和边界条件来确定.

在 B 点,$\xi=1$,环板与环壳连接,即

$$\left.\begin{aligned} V_{i0} &= -Q_{10}^{(i)} \\ S_{ri0} &= N_{\varphi_1}^{(i)}(0) \\ m_{ri0} &= -M_{\varphi_1}^{(i)}(0) \\ \theta_{i0} &= \chi_1^{(i)}(0) \\ U_{i0} &= \bar{y}_1^{(i)}(0) \end{aligned}\right\} \tag{4.1}$$

环板在 $\xi=\alpha_r$(C 点)与第二部分环壳连接,故

$$\left.\begin{aligned} S_{rin} &= N_{\varphi_2}^{(i)}(0) \\ m_{rin} &= M_{\varphi_2}^{(i)}(0) \\ \theta_{in} &= \chi_2^{(i)}(0) \\ U_{in} &= \bar{y}_2^{(i)}(0) \end{aligned}\right\} \tag{4.2}$$

除上述连接条件外,环板在边界 $\xi=1$ 处还有边界条件 $y=0$,即 $y_i(1)=0$. 在 $\xi=\alpha_r$ 处,环板的挠度应等于 W_m,即

$$\xi=\alpha_r,\quad y=W_m=y_1W_m+y_2W_m^2+y_3W_m^3+\cdots$$

故有

$$y_1=1,\ y_2=0,\ y_3=0,\ \cdots \tag{4.3}$$

用以确定未知的载荷系数 p_i 或 P_i.

五、计算例题*

按上述理论,分别计算图7所示U型波纹壳在集中力 P_e 和均布力 q 作用下的内力和变形,波纹壳的已知参数:$a_1=a_2=2.5\,\mathrm{cm}$, $R_1=20.5\,\mathrm{cm}$, $R_2=26.5\,\mathrm{cm}$, $h_1=h_2=h=0.2\,\mathrm{cm}$, $E=2.1\times10^6\,\mathrm{kg/cm^2}$, $v=0.3$. 图8,9的各曲线表示该波纹管的线性内力. 为了验证它的正确性,我们用有限元法[9],求出该波纹管的数值解,并将其结果画在图8,9上. 表1列出波纹管的线性轴向变形,即 AD 两点的相对轴向位移,并给出有限元法计算结果.

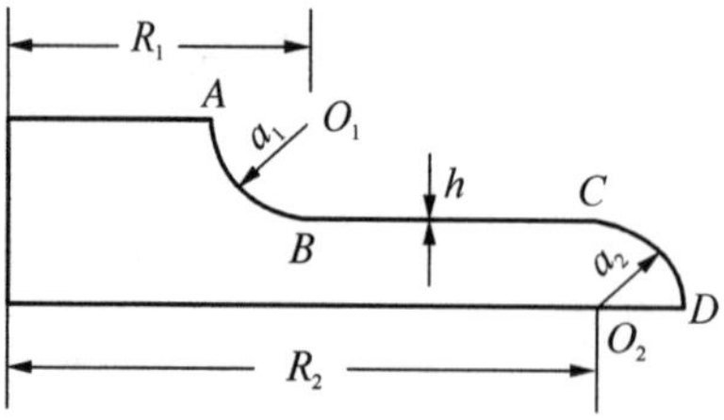

图7

* 计算结果均用本文规定的无量纲量表示.

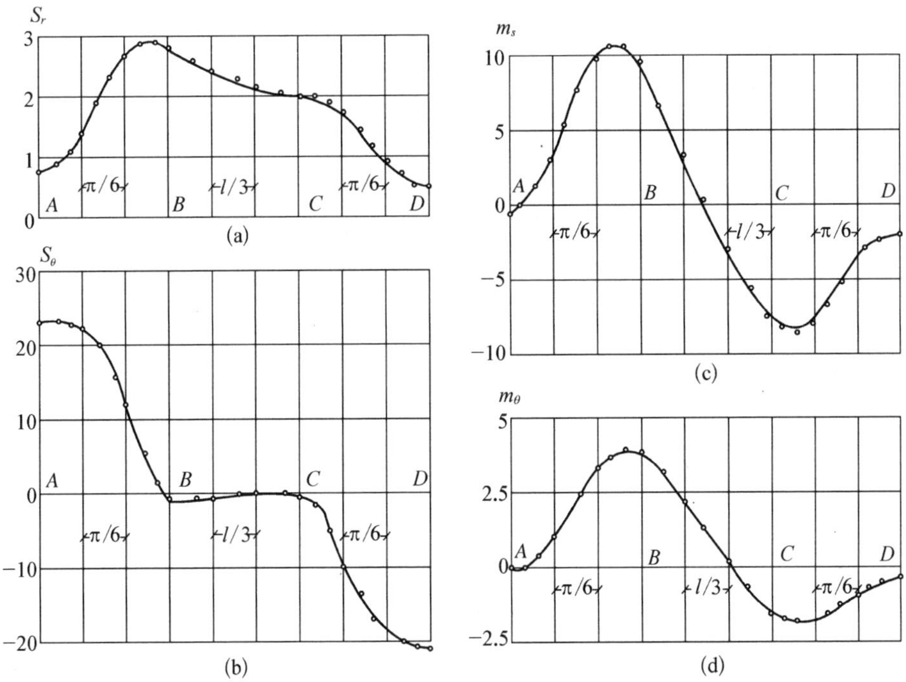

图 8　集中力作用下 U 型壳的内力

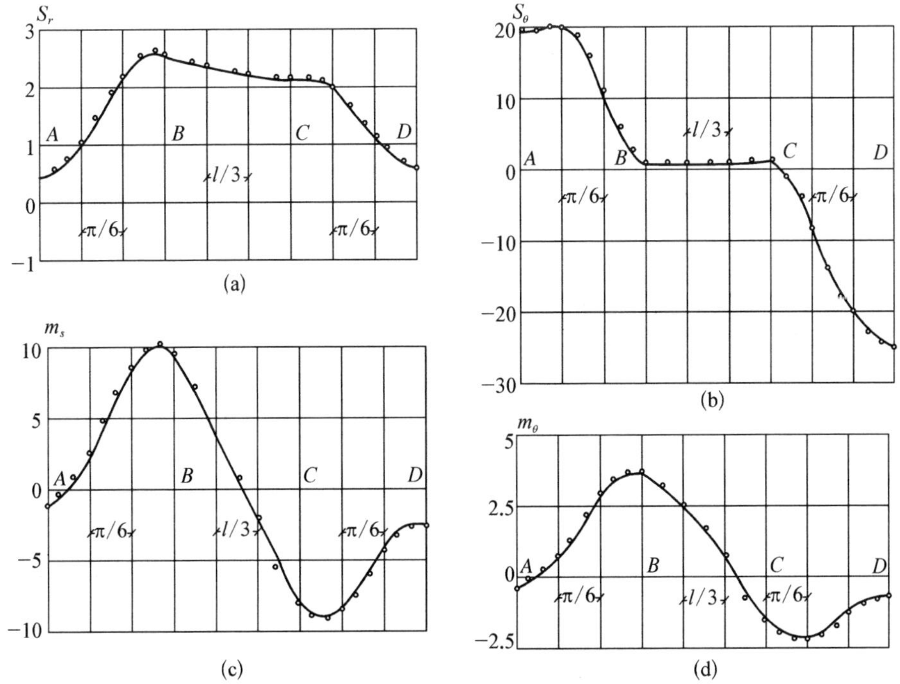

图 9　均布力作用下 U 型壳的内力

表 1　U 型波纹管的线性位移

	集　中　力	均　布　力
本文理论解	1.275	1.276
有限元法解	1.303	1.305
误　　差	2%	2%

按本文摄动法求得的外力与波纹壳轴向位移的非线性关系为

集中力

$$\frac{P}{992.41}=\left(\frac{W_C}{h}\right)+6.711\times10^{-2}\left(\frac{W_C}{h}\right)^2+1.521\times10^{-2}\left(\frac{W_C}{h}\right)^3 \tag{5.1}$$

均布力

$$\frac{p}{559.01}=\left(\frac{W_C}{h}\right)+8.289\left(\frac{W_C}{h}\right)^2+1.752\left(\frac{W_C}{h}\right)^3 \tag{5.2}$$

其中 W_C 为环板 C 点的挠度，h 为板的厚度，P 及 p 均为外载荷的无量纲量. 若将 C 点的挠度换算为 AD 两点的相对轴向位移 $\bar{z}$，则有

$$\frac{P}{778.11}=\left(\frac{\bar{z}}{h}\right)+6.117\times10^{-2}\left(\frac{\bar{z}}{h}\right)^2+9.872\times10^{-3}\left(\frac{\bar{z}}{h}\right)^3 \tag{5.3}$$

$$\frac{p}{438.10}=\left(\frac{\bar{z}}{h}\right)+7.293\times10^{-2}\left(\frac{\bar{z}}{h}\right)^2+1.133\,6\times10^{-2}\left(\frac{\bar{z}}{h}\right)^3 \tag{5.4}$$

图 10 表示出外力与位移的关系曲线.

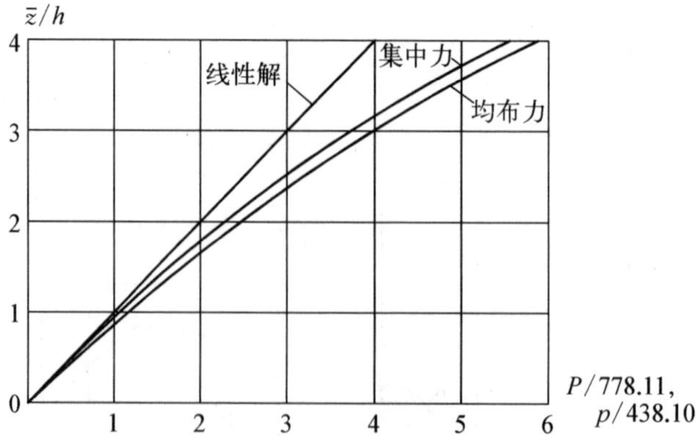

图 10　载荷与位移关系曲线

为了进行对比，本文计算了 Андреева 著作[8]中一个 U 型波纹管模型的结果 ($R_1=13.5$ mm, $R_2=18.25$ mm, $a=0.75$ mm, $h=0.12$ mm, $E=(1\sim1.35)\times$

$10^4\ \mathrm{kg/mm^2}$，$v=0.33$，$q=0.004\ \mathrm{kg/mm^2}$)，并用有限元法进行校核，图 11 表示出按本文方法和有限元法求得的线性内力结果. 这两种方法求得的 AD 点的相对线性位移：

$$\frac{\bar{z}_{\max}}{h}=3.12 \qquad (\text{本文解析解})$$

$$\frac{\bar{z}_{\max}}{h}=3.11 \qquad (\text{有限元法解})$$

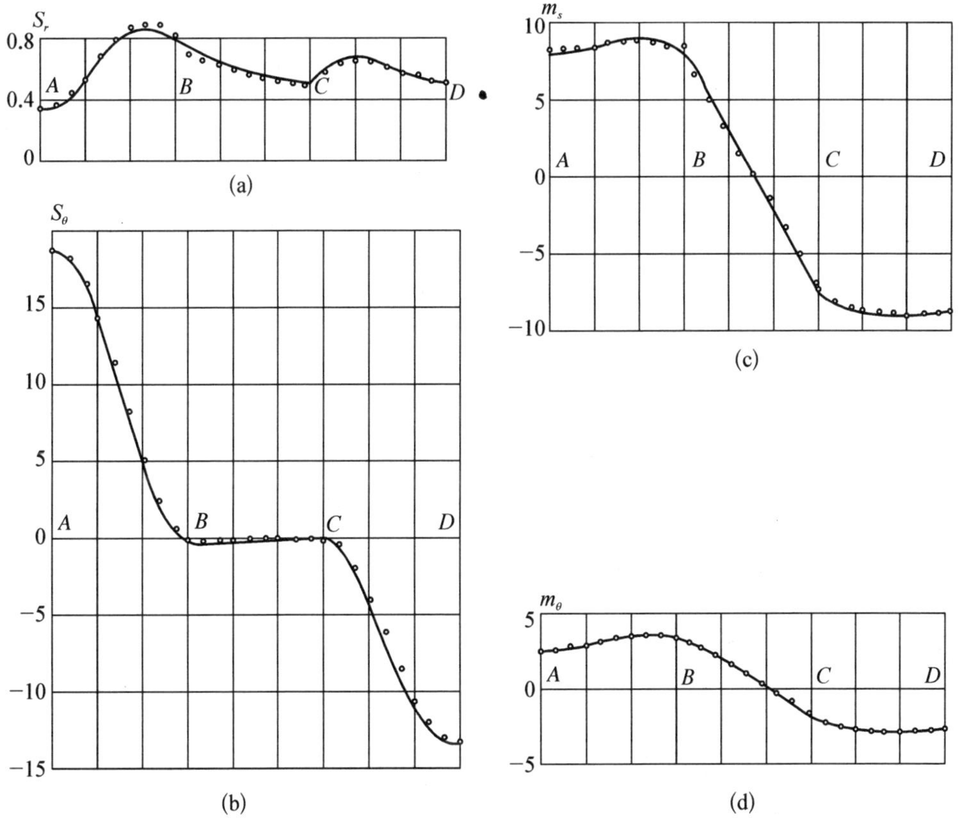

图 11 Андреева 模型的内力

按本文方法求得的内压 p 与位移的非线性关系为

$$\frac{p}{376{,}588}=\frac{\bar{z}}{h}+2.6676\times10^{-2}\left(\frac{\bar{z}}{h}\right)^2+1.1879\times10^{-2}\left(\frac{\bar{z}}{h}\right)^3$$

图 12 表示出此方程的曲线*；图中也给出 Андреева 的理论计算结果和实验结果.

---

* 图 12 表示 8 个波的波纹管的位移与内压关系曲线.

由于 Андреева 对此模型没有进行内力计算,故在图 11 中没有画出 Андреева 的计算结果.

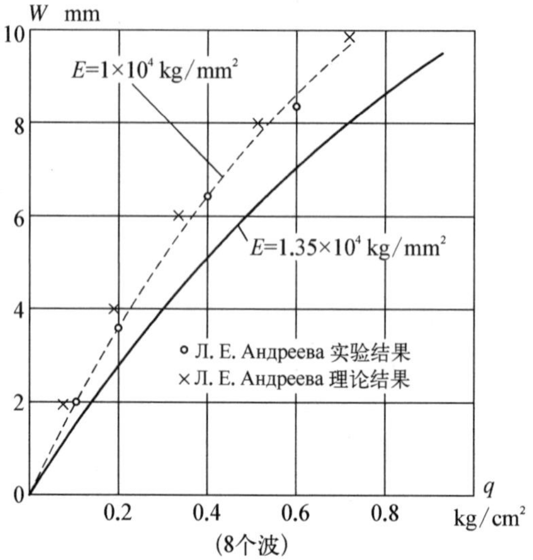

图 12　Андреева 模型的位移和内压关系

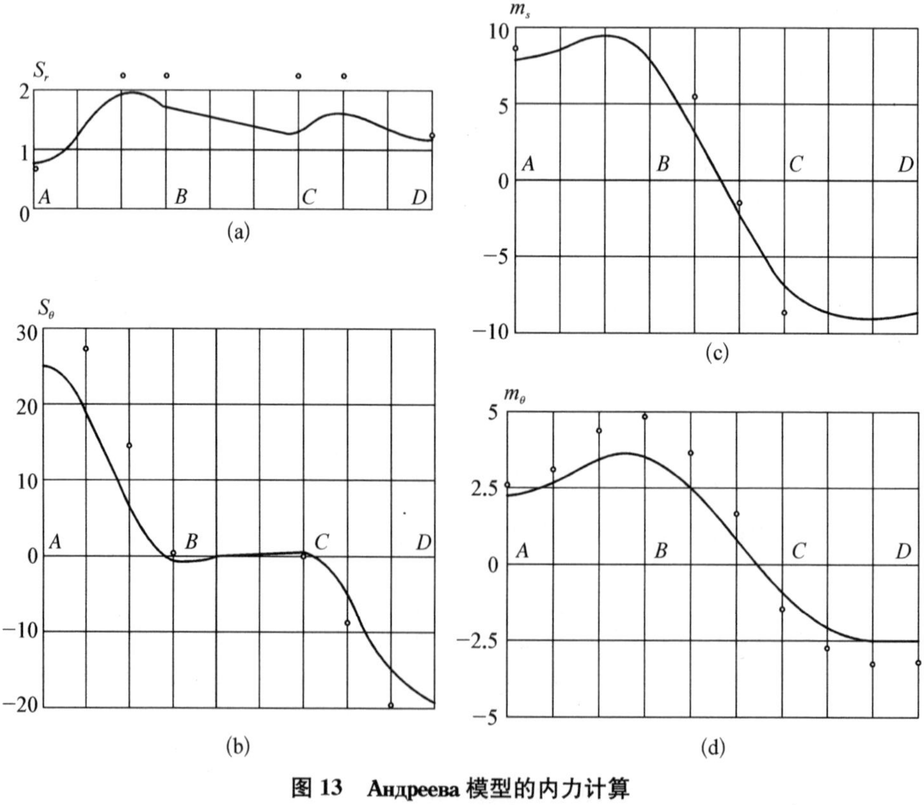

图 13　Андреева 模型的内力计算

图 13 给出我们计算的 Андреева 另一个模型的内力（$R_1 = 0.352$ cm，$R_2 = 0.448$ cm，$a = 0.032$ cm，$h = 0.0064$ cm，$E = 2.1 \times 10^6$ kg/cm^2，$v = 0.3$，$q = 1$ kg/cm^2），同时也把 Андреева 的计算结果画在图上.

六、结　论

由图 8,9 看出，本文的线性解与有限元法求得的结果符合得很好，这说明本文的方法是正确的. 由于在薄壳的精度范围内没有略去方程中的任何量，因此，只要在薄壳的条件下，本文的解将到处适用，没有像 Hamada 及 Takezono 所要求的对波纹管的限制.

由公式(5.3)、(5.4)可见，对图 7 所示的波纹管，当壳的相对位移z等于厚度 h 时，非线性项约占线性项的 6%～7%；若位移为厚度的 2 倍时，非线性项则占 15～18%. 当然，不同参数的 U 型波纹管，其非线性性质是不相同的. 对 Андреева 模型，本文求出的非线性对线性的偏离与 Андреева 计算的结果相符；但对该模型的材料 БрБ2，若选用弹性模数 $E = 1.35 \times 10^4$ kg/mm^2，则她计算的线性位移与本文所得的结果相差甚远. 由于本文所求得的该模型的线性内力和位移与用有限元法求得的结果完全一致，故疑 Андреева 的结果有误；也可能因为选用的弹性模量与实际材料不符. 由图 12 可以看出，若选用 $E = 1 \times 10^4$ kg/mm^2，则本文计算结果相当符合 Андреева 的实验结果.

对另一个模型，Андреева 求出了它的内力分布. 用本文方法校核她的结果，发现她的理论计算结果都偏大，有些地方偏大得相当多.

按摄动法求得 U 型波纹管的非线性解与非线性板理论的实用范围是一致的. 这种方法与非线性有限元法计算相比，具有计算迅速、省工省时的特点.

参考文献

[1] 钱伟长，郑思梁. 轴对称圆环壳的一般解，应用数学和力学，1980，1(3).

[2] 钱伟长，郑思梁. 半圆弧波纹管的计算——环壳一般解的应用. 应用数学和力学，1981，2(1).

[3] 钱伟长，林鸿荪，胡海昌，叶开沅. 弹性圆薄板大挠度问题，中国科学院(1954).

[4] 陈山林. S 型波纹管的轴对称应力和位移. 清华大学研究生毕业论文，1980.

[5] Hamada M, Takezono S. Strength of U-shaped bellows. Bull JSME, 1965，18(32).

[6] Hamada M, Takezono S. Strength of U-shaped bellows. Bull JSME, 1966，19(35).

[7] Ôta T, Hamada M. On the strength of toroidal shell. Bull JSME，1963，16(24).

[8] Андреева Л Е, Сильфоны, Расчет и Проектирование. Машиностроение, 1975.

[9] 谢志成，郑思梁，付承诵. 有曲率突变轴对称壳(波纹壳)的有限元解. 应用数学和力学，1981，2(1).

The Nonlinear Characteristics of U-Shaped Bellows — Calculations by the Method of Perturbation

Abstract In this paper, the linear exact solution and nonlinear solution for U-shaped bellows have been obtained by using the general solution of circular ring shell[1] and the method of perturbation.

关于非线性力学*

我们知道，很多年以前人们就研究过非线性问题. 但是，世界上第一个明确提出非线性问题的是钱学森的老师 von Kármán. 1940 年，von Kármán 在美国航空科学年会上作了一个报告. 这个报告后来发表在美国数学学会会报上，引起了人们对非线性问题的注意. 他指出："现在力学的最大缺陷是仅仅停留在线性化的基础上，而工程实际需要非线性理论. "von Kármán 兼长流体力学和固体力学，他全面衡量了两个学科领域的状况，提出了一些当时看来难以解决的非线性问题. 他的讲话使 Friedrichs 搁下数学，用整整 20 年的时间去研究薄板大挠度问题；也促使 RiViliu 因此去研究非线性材料的有限变形问题，这是非线性力学的开始. 从此，力学工作者不断地向非线性力学进军.

非线性力学的出现是有其工业背景和生产背景的. 首先是大量人造纤维和塑料的问世，这些材料的本构关系是非线性的；其次是航空工业采用薄的固体材料，凡这类材料都可以引起大变形，但应变很小，其本构关系依然是线性的. 这就叫几何非线性；第三是当时正在研制超声速飞机，空气动力学在亚声速、超声速范围都可以线性化，但在跨声速范围就不能线性化，这个问题同航空工业中突破"声障"这个问题密切有关；第四方面是在宇宙航行中如何选择从地球到月球耗能最小的轨道，这也是一个高度非线性的问题，在 40 年代没有计算机，人们只能用现有的数学工具去解决它，并提出了"限制轨道理论". 由此可见，为了适应工业发展的需要，我们从事力学研究不能局限在线性理论的范畴，必须进一步深入到非线性的领域中去.

从 50 年代起，人们认真地考虑了一些问题，提出了两套处理非线性问题的办法，一是理性力学，它企图系统地、合乎逻辑地解决人们过去不太了解的物性问题；二是奇异摄动理论，它主要是用分析的方法来解决非线性问题，尤其是动力非线性问题，如波动、非线性振动和大量流体、固体力学问题. 在这一方面，我国的科学家是作出了贡献的. 在奇异摄动理论的七种比较有效的方法中，有三种是中国学者提出来的. 这一方面的研究过去长期受不到重视，打倒"四人帮"以后，才冲破了障碍.

原载《力学进展》，1983，13(3)：117－119.

* 在中国力学学会全国非线性力学会议(1982 年 10 月 18—22 日，无锡)全体会议上的报告.

美籍华裔学者林家翘讲“这是中国人最有成就的学科，为什么不介绍”. 过去有人说这是理论脱离实际，这种说法，害人匪浅. 实际上，如果没有高水平的理论研究，就不能解决有重大意义的实际课题. 近四年来，美籍华裔学者林家翘、丁汝在北京、上海就这方面问题进行讲学；我们自己也已认识到它的重要性，也开始设置课程了. 这一方面的理论研究正在发展中. 此外，从 60 年代起，由于计算机的出现，它可以帮助我们解决用分析方法处理不了的复杂问题，当然，对于带有突变性的问题，目前计算机也无能为力. 从 von Kármán 的时代至今已有 40 多年的历史，这是一个不短的时间，由于有了上述的分析方法、数值方法，研究非线性力学的条件成熟了.

现在，涉及非线性力学的课题很多，数学家也参加了我们的行列，研究理性力学和奇异摄动理论. 有些理论问题虽然还没有搞清楚，但我们不能等待，我们依然可以用特定的方法去进行研究. 譬如，最近认识到渗流力学中的 Darcy 定律是局部性的，要考虑非局部效应；对于土的本构方程也有了突破，承认土是由颗粒和空隙两相组成的(包括充水、不充水的情况)，两相混合理论提出来了，与实际情况也相符. Zienkwitz 对这个问题有贡献，中国科学院武汉岩体土力学研究所也在进行工作得出了类似的结论，这说明中国人并不落后. 除了物理非线性问题外，还有板壳大挠度的几何非线性问题，以及兼有两种非线性现象的复杂情况，这时，材料一般都已进入塑性区域. 关于高速变形，即弹塑性动力学问题，包括撞击、穿孔等也都是高度非线性的. 在流体力学中，凡涉及高速和稳定性方面的课题往往要考虑非线性效应. 目前还有两个与国民经济密切有关、迫切需要解决的实际问题：一是造滴和空化过程，它对于船舶、水轮机的设计制造非常重要，要开发水力资源，这个问题是不能回避的；二是海洋工程中造波以及波和结构物的相互作用问题. 要同时考虑水波和与其协调动作的海洋平台，其中包括了水、气、固以及计及表面张力效应的界面相间动量、能量交换，情况十分复杂. 现在可用半经验公式进行计算. 这个问题如果不尽快解决，就会使我国国民经济受到损失.

现在来讲讲从数学上处理非线性问题的情况，对于定常非线性问题，无论是用摄动法还是迭代法，都要求线性项是占主导地位的，非线性项是高阶小量，即弱非线性的情况. 对于非线性项与线性项同阶，甚至超过线性项的强非线性情况，上述方法就无能为力了；对于非定常问题，分析解当然会遇到同样的困难. 用数值方法进行计算时，可以用这一时刻的位移、变形、速度求出该时刻的加速度，并以此作为下一时间间隔的平均加速度，从而获得下一时刻的位移、变形或速度，于是非线性的困难就消失了；计算动力学的问题需要大型计算机，针对我国的情况，这就提出了任何在小机器上计算大型问题的新课题. 最近有人提出了“子结构和多重子结构程序”，从而扩大了小型计算机的应用范围；还有，要计算加速度，势必要涉及质量矩阵. 30 年代以来，采用了集中质量矩阵，这对于大的有限元来说，会引起较大误差. 若采用小的有限元，计算工作量骤增. 这是一个矛盾. Zienkwitz 提出用形参数分布来计算质量矩阵，即一致质量矩阵，由于它是非稀疏矩阵，求逆工作量亦很大. 在今年(1982)上海国际有限元学术会议上，我提出了对角化的一致质量矩阵有限元方法，Zienkwitz 一直在考虑这个问题. 关于误差估计还有待于进一步研究. 总的说来，对于非线性力学的研究还仅仅是开始，对于强的非线性问题，具有突变性的问题，还存在一些困难. 目前已出现了一些新的数学方法，我们“理性力学与力学中的数学方法”专业组有责任把这些新的学科领域介绍进来，并予以研究开发. 最近由江苏科技出版社出版了“现代连续统物理丛书”，也是为了这个目的.

这次全国非线性力学会议的任务是要了解国内外非线性力学的发展状况，检阅我们的科研队伍，从国际潮流和我国国民经济发展的需要来看，我们必须跟上时代的步伐，把非线性力学的研究进一步开展起来，为我国的四个现代化作出贡献！

粘性流体力学的变分原理和广义变分原理

摘　要　本文建立了不可压缩和可压缩粘性流体力学问题的变分原理,即最大功率消耗原理和它们的广义变分原理.

一、引　言

由于有限元法的发展,人们开始研究流体力学问题的有关变分原理.其中著名者有林家翘和 Rubinow (1948)[1], Skobeikin (1957)[2], Guderley (1972)[3], Morice (1977)[4], Manwall (1980)[5], Hafez 和 Lovell (1983)[6].但大多数都是研究非粘性流动,重点放在物体外场的流动,而且多数是从伯努利方程出发的,有不少是根据流函数的表达式建立泛函.

本文重点是研究粘性流动;不论是可压缩的,或是不可压缩的,其泛函都是直接从 Navier-Stokes 方程出发建立的.最后把物态方程、连续方程和有关边界条件等变分条件用拉氏乘子法解除掉,成为无条件的广义变分原理.

二、可压缩性粘性流体力学方程

如果我们取欧拉坐标 x_i,各点的流速为 $u_i(x_1, x_2, x_3, t)$,密度为 $\rho(x_1, x_2, x_3, t)$,压强为 $p(x_1, x_2, x_3, t)$. 设流体中各点的应力为 σ_{ij},粘度为 μ,则

$$\sigma_{ij} = -p\delta_{ij} - \frac{2}{3}\mu u_{k,k}\delta_{ij} + \mu(u_{i,j} + u_{j,i}) \tag{2.1}$$

其中

$$\delta_{ij} = \begin{cases} 1, & i = j \\ 0, & i \neq j \end{cases} \tag{2.2}$$

$$u_{i,j} = \frac{\partial u_i}{\partial x_j} \tag{2.3}$$

原载《应用数学和力学》,1984,5(3): 305 - 322.

流体在各点的运动方程(Navier-Stokes 方程)为

$$\rho \frac{Du_i}{Dt} = \rho \overline{F}_i + \sigma_{ij,j} \tag{2.4}$$

其中 $\overline{F}_i$ 为每单位重量所受体积力，ρ 为密度，$\frac{D(\cdot)}{Dt}$ 为

$$\frac{D(\cdot)}{Dt} = \frac{\partial(\cdot)}{\partial t} + u_k(\cdot)_{,k} \tag{2.5}$$

所以，有

$$\frac{Du_i}{Dt} = \frac{\partial u_i}{\partial t} + u_k u_{i,k} \tag{2.6a}$$

$$\frac{D\rho}{Dt} = \frac{\partial \rho}{\partial t} + u_k \rho_{,k} \tag{2.6b}$$

还有连续方程

$$\frac{D\rho}{Dt} = -\rho u_{k,k} \tag{2.7}$$

也可以写成

$$\frac{\partial \rho}{\partial t} = -\rho u_{k,k} - u_k \rho_{,k} = -(\rho u_k)_{,k} \tag{2.8}$$

最后，ρ 和 p 之间有物态方程. 对气体而言

$$\frac{p}{p_0} = \left(\frac{\rho}{\rho_0}\right)^{\gamma} \tag{2.9}$$

对液体而言，有

$$p = \kappa\left(\frac{\rho}{\rho_0} - 1\right) \tag{2.10}$$

其中 γ 为气体的热容比，κ 为液体的体积压缩系数.

我们有(2.1)，(2.4)，(2.7)，(2.9)[或(2.8)和(2.10)]诸式求解 u_i，σ_{ij}，ρ 和 p.

边界条件如下：

(1) 在受力边界 Γ_σ 上

$$\sigma_{ij} n_j = \overline{f}_i \qquad (\text{在 } \Gamma_\sigma \text{ 上}) \tag{2.11}$$

(2) 在固体边界 Γ_s 上，有粘性，所以无滑动.

$$u_i = 0 \qquad (\text{在 } \Gamma_s \text{ 上}) \tag{2.12a}$$

对于无粘性的流体而言,应该是

$$u_i n_i = 0 \qquad (\text{在 } \Gamma_s \text{ 上}) \tag{2.12b}$$

(3) 在洪水口的边界 (Γ_u) 上,流速已知

$$u_i = \bar{u}_i \qquad (\text{在 } \Gamma_u \text{ 上}) \tag{2.13}$$

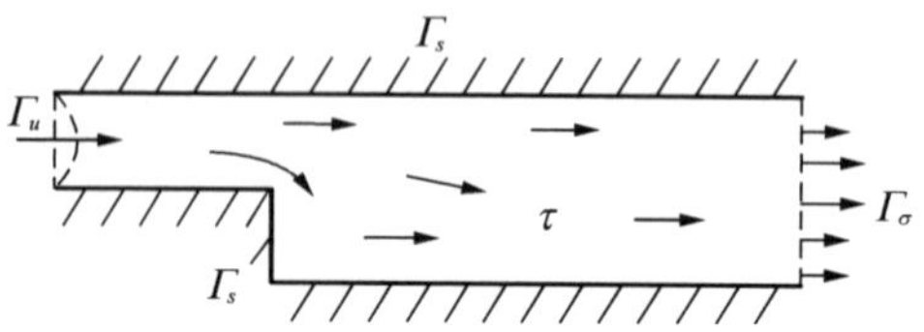

图 1　流动域边界示意图

设流动域 τ 的表面为 Γ, 而(见图 1)

$$\Gamma = \Gamma_\sigma + \Gamma_s + \Gamma_u \tag{2.14}$$

本文不讨论有自由表面的流动问题.

本文的一般问题是: 求 u_i, σ_{ij}, p, ρ 在边界条件(2.11),(2.12a 或 b),(2.13)下的解.

本文的方法,也可以用来处理外场流动问题. 当然在这类问题中,我们应该从流速 u_i 中减去无穷远处的流速 $u_{\infty i}$ 后得的差值作为待定变量,才能得到可用的泛函.

三、不可压缩的粘性流问题的变分原理

在不可压缩的流动中, ρ 保持不变,而且有不可压缩条件

$$u_{k,k} = 0 \tag{3.1}$$

于是(2.1)式简化为

$$\sigma_{ij} = -p\delta_{ij} + \mu(u_{i,j} + u_{j,i}) \tag{3.2}$$

而 Navier-Stokes 运动方程可以写成

$$\rho \frac{\partial u_i}{\partial t} + \rho u_k u_{i,k} - \rho \bar{F}_i - \sigma_{ij,j} = 0 \tag{3.3}$$

边界条件为

$$\sigma_{ij} n_j = \bar{f}_i \qquad (\text{在 } \Gamma_\sigma \text{ 上}) \tag{3.4a}$$

$$u_i = 0 \qquad (\text{在 } \Gamma_s \text{ 上}) \tag{3.4b}$$

$$u_i = \bar{u}_i \qquad (\text{在 } \Gamma_u \text{ 上}) \tag{3.4c}$$

(3.1)～(3.3)是 u_i, σ_{ij}, p 三类变量的三种微分方程. 这三类变量共有 10 个,微分

方程也有 10 个.(3.4a, b, c)是求解这些待定变量的边界条件. 这里的 ρ 是一个已给的常数.

现在让我们建立不可压缩粘性流动问题的变分原理.

上述问题可以看作是：在 u_i, σ_{ij}, p 满足(3.1),(3.2),(3.4b, c)的条件下,求(3.3),(3.4a)的解. 让我们采用权余法,设 G_i, H_i 为权函数

$$\delta\Pi_{iv} = \iiint_\tau \left\{\rho\frac{\partial u_i}{\partial t} + \rho u_k u_{i,k} - \rho\bar{F}_i - \sigma_{ij,j}\right\} G_i \mathrm{d}\tau + \iint_{\Gamma_\sigma} (\sigma_{ij}n_j - \bar{f}_i) H_i \mathrm{d}S = 0 \tag{3.5}$$

其中 G_i, H_i 是任意选用的. 设取

$$G_i = \delta u_i \quad (\text{在}\ \tau\ \text{中}) \tag{3.6}$$

于是(3.5)可以写成

$$\delta\Pi_{iv} = \iiint_\tau \left\{\rho\frac{\partial u_i}{\partial t}\delta u_i + \rho u_k u_{i,k}\delta u_i - \rho\bar{F}_i\delta u_i - \sigma_{ij,j}\delta u_i\right\}\mathrm{d}\tau + \iint_{\Gamma_\sigma} (\sigma_{ij}n_j - \bar{f}_i) H_i \mathrm{d}S = 0 \tag{3.7}$$

其中有一个积分可以用格林定理简化,即

$$-\iiint_\tau \sigma_{ij,j}\delta u_i \mathrm{d}\tau = \iiint_\tau \sigma_{ij}\delta u_{i,j}\mathrm{d}\tau - \iint_\Gamma \sigma_{ij}n_j\delta u_i \mathrm{d}S \tag{3.8}$$

但在 Γ_u, Γ_s 上, u_i 都是已给的,所以 $\delta u_i = 0$, (3.8)可以化为

$$-\iiint_\tau \sigma_{ij,j}\delta u_i \mathrm{d}\tau = \frac{1}{2}\iiint_\tau \sigma_{ij}\delta(u_{i,j} + u_{j,i})\mathrm{d}\tau - \iint_{\Gamma_\sigma} \sigma_{ij}n_j\delta u_i \mathrm{d}S \tag{3.9}$$

其中, 我们根据 $\sigma_{ij} = \sigma_{ji}$, 所以有 $\sigma_{ij}\delta u_{i,j} - \frac{1}{2}\sigma_{ij}(\delta u_{i,j} + \delta u_{j,i})$. 把(3.9)代入(3.7)式, 得

$$\delta\Pi_{iv} = \iiint_\tau \left\{\rho\frac{\partial u_i}{\partial t}\delta u_i + \rho u_k u_{i,k}\delta u_i - \rho\bar{F}_i\delta u_i + \frac{1}{2}\sigma_{ij}(\delta u_{i,j} + \delta u_{j,i})\right\}\mathrm{d}\tau + \iint_{\Gamma_\sigma} n_j\sigma_{ij}(H_i - \delta u_i)\mathrm{d}S - \iint_{\Gamma_\sigma} \bar{f}_i H_i \mathrm{d}S \tag{3.10}$$

如果我们识别权函数 H_i, 使

$$H_i = \delta u_i \qquad (\text{在}\ \Gamma_\sigma\ \text{上}) \tag{3.11}$$

这样做并不损害 H_i 的一般性,于是(3.10)式可以写成

$$\delta\Pi_{iv}=\iiint_{\tau}\left\{\rho\frac{\partial u_i}{\partial t}\delta u_i+\rho u_k u_{i,k}\delta u_i\right\}\mathrm{d}\tau$$
$$-\iiint_{\tau}\left\{\rho\bar{F}_i\delta u_i-\frac{1}{2}\sigma_{ij}(\delta u_{i,j}+\delta u_{j,i})\right\}\mathrm{d}\tau-\iint_{\Gamma_\sigma}\bar{f}_i\delta u_i\mathrm{d}S=0 \quad (3.12)$$

从(3.2)式,我们有

$$\delta(u_{i,j}+u_{j,i})=\frac{1}{\mu}\delta p\delta_{ij}+\frac{1}{\mu}\delta\sigma_{ij} \quad (3.13)$$

(3.12)中有一个积分可以化简如下:

$$-\iiint_{\tau}\frac{1}{2}\sigma_{ij}(\delta u_{i,j}+\delta u_{j,i})\mathrm{d}\tau=-\iiint_{\tau}\frac{1}{2\mu}\sigma_{ij}\delta\sigma_{ij}\mathrm{d}\tau-\iiint_{\tau}\frac{1}{2\mu}\sigma_{ii}\delta p\mathrm{d}\tau \quad (3.14)$$

但是,从(3.2)式,我们取 $i=j$, 得

$$\sigma_{ii}=-3p+2\mu u_{i,i}=-3p \quad (3.15)$$

于是

$$-\iiint_{\tau}\frac{1}{2}\sigma_{ij}(\delta u_{i,j}+\delta u_{j,i})\mathrm{d}\tau=-\iiint_{\tau}\frac{1}{4\mu}\delta(\sigma_{kl}\sigma_{kl})\mathrm{d}\tau+\iiint_{\tau}\frac{3}{4\mu}\delta p^2\mathrm{d}\tau \quad (3.16)$$

代入(3.12)式,得

$$\delta\Pi_{iv}=\iiint_{\tau}\rho\left(\frac{\partial u_i}{\partial t}+u_k u_{i,k}\right)\delta u_i\mathrm{d}\tau-\iiint_{\tau}\left\{\rho\bar{F}_i\delta u_i-\frac{1}{4\mu}\delta(\sigma_{kl}\sigma_{kl})+\frac{3}{4\mu}\delta p^2\right\}\mathrm{d}\tau$$
$$-\iint_{\Gamma_\sigma}\bar{f}_i\delta u_i\mathrm{d}S=0 \quad (3.17)$$

或可写成

$$\delta\Pi_{iv}=\iiint_{\tau}\rho\left(\frac{\partial u_i}{\partial t}+u_k u_{i,k}\right)\delta u_i\mathrm{d}\tau-\delta\iiint_{\tau}\left\{\rho\bar{F}_i u_i-\frac{1}{4\mu}\sigma_{kl}\sigma_{kl}+\frac{3}{4\mu}p^2\right\}\mathrm{d}\tau$$
$$-\delta\iint_{\Gamma_\sigma}\bar{f}_i u_i\mathrm{d}S=0 \quad (3.18)$$

于是,我们最后得

$$\delta\Pi_{iv}=0 \quad (3.19a)$$

$$\Pi_{iv}=\Pi_0-\iiint_{\tau}\left\{\rho\bar{F}_i u_i-\frac{1}{4\mu}\sigma_{kl}\sigma_{kl}+\frac{3}{4\mu}p^2\right\}\mathrm{d}\tau-\iint_{\Gamma_\sigma}\bar{f}_i u_i\mathrm{d}S \quad (3.19b)$$

其中

$$\delta\Pi_0=\iiint_{\tau}\rho\left\{\frac{\partial u_i}{\partial t}+u_k u_{i,k}\right\}\delta u_i\mathrm{d}\tau \quad (3.20)$$

这些项的物理意义分别为

(1) $\Pi_0 =$ 单位时间内,流体积贮的总动能 (3.21a)

(2) $\iiint_\tau \frac{1}{4\mu}(\sigma_{kl}\sigma_{kl} - 3p^2)\mathrm{d}\tau =$ 单位时间内,流体消耗于粘性的能量 (3.21b)

(3) $\iiint_\tau \rho \bar{F}_i u_i \mathrm{d}\tau =$ 单位时间内,体积力对流体流动所做的功 (3.21c)

(4) $\iint_{\Gamma_\sigma} \bar{f}_i u_i \mathrm{d}S =$ 单位时间内,外力对流体流动所做的功 (3.21d)

所以,Π_{iv} 是流动流体的功率消耗.

于是,我们有不可压缩粘性流体流动问题的**最大功率消耗原理**(Principle of Maximum Power Losses):

在满足(1) 不可压缩条件 $u_{i,i} = 0$,(2) 在固体表面(Γ_s)上,$u_i = 0$,(3) 在来流断面(Γ_u)上,$u_i = \bar{u}_i$,(4) 应力和流速关系 $\sigma_{ij} = -p\delta_{ij} + \mu(u_{i,j} + u_{j,i})$ 的所有 u_i,σ_{ij},p 中,其使流动功率消耗 Π_{iv} 最大者,为不可压缩粘性流体流动问题的正确解. Π_{iv} 见(3.19b).

证明 设 u_i,σ_{ij},p 为其解,则

$$\Pi_{iv}[u_i + \delta u_i, \sigma_{ij} + \delta\sigma_{ij}, p + \delta p] = \Pi_{iv}(u_i, \sigma_{ij}, p) + \delta\Pi_{iv} + \delta^2\Pi_{iv} + \delta^3\Pi_{iv} \tag{3.22}$$

其中,当 Π_{iv} 为极值时

$$\delta\Pi_{iv} = \delta\Pi_0 - \iiint_\tau \left\{\rho\bar{F}_i\delta u_i - \frac{1}{2\mu}\sigma_{kl}\delta\sigma_{kl} + \frac{3}{2\mu}p\delta p\right\}\mathrm{d}\tau - \iint_{\Gamma_\sigma} \bar{f}_i\delta u_i \mathrm{d}S = 0 \tag{3.23}$$

其他各级变分为

$$\delta^2\Pi_{iv} = \iiint_\tau \rho\delta u_i\delta\left[\frac{\partial u_i}{\partial t} + u_k u_{i,k}\right]\mathrm{d}\tau + \iiint_\tau \left(\frac{1}{4\mu}\delta\sigma_{kl}\delta\sigma_{kl} - \frac{3}{4\mu}\delta p\delta p\right)\mathrm{d}\tau \tag{3.24a}$$

$$\delta^3\Pi_{iv} = \iiint_\tau \rho\delta u_i\delta u_k\delta u_{i,k}\mathrm{d}\tau \tag{3.24b}$$

从(3.2),我们有

$$\delta\sigma_{ij} = -\delta p\delta_{ij} + \mu(\delta u_{i,j} + \delta u_{j,i}) \tag{3.25}$$

于是

$$\iiint_\tau \left\{\frac{1}{2\mu}\sigma_{kl}\delta\sigma_{kl} - \frac{3}{2\mu}p\delta p\right\}\mathrm{d}\tau = \iiint_\tau \left\{-\frac{1}{2\mu}\sigma_{kl}\delta p\delta_{kl} + \sigma_{ij}\delta u_{i,j} - \frac{3}{2\mu}p\delta p\right\}\mathrm{d}\tau \tag{3.26}$$

从(3.2),我们还可化得

$$\sigma_{kk} = -3p + 2\mu u_{k,k} = -3p \tag{3.27}$$

所以,(3.27)可以简化为

$$\iiint_\tau \left\{\frac{1}{2\mu}\sigma_{kl}\delta\sigma_{kl} - \frac{3}{2\mu}p\,\delta p\right\}\mathrm{d}\tau = \iiint_\tau \sigma_{ij}\delta u_{i,j}\mathrm{d}\tau = \iint_{\Gamma_\sigma+\Gamma_u+\Gamma_s} \sigma_{ij}\delta u_i n_j \mathrm{d}S - \iiint_\tau \sigma_{ij,j}\delta u_i \mathrm{d}\tau \tag{3.28}$$

于是,(3.23)可以写成(利用了Γ_u,Γ_s上u_i已给的条件)

$$\delta\Pi_{iv} = \iiint_\tau \left\{\rho\frac{\partial u_i}{\partial t} + \rho u_k u_{i,k} - \rho\overline{F}_i - \sigma_{ij,j}\right\}\delta u_i\mathrm{d}\tau + \iint_{\Gamma_\sigma}(\sigma_{ij}n_j - \overline{f}_i)\delta u_i\mathrm{d}S = 0 \tag{3.29}$$

其变分的自然条件为

$$\rho\frac{\partial u_i}{\partial t} + \rho u_k u_{i,k} - \rho\overline{F}_i - \sigma_{ij,j} = 0 \qquad (\text{在}\ \tau\ \text{内}) \tag{3.30a}$$

$$\sigma_{ij}n_j - \overline{f}_i = 0 \qquad (\text{在}\ \Gamma_\sigma\ \text{上}) \tag{3.30b}$$

它们就是(3.3),(3.4a).这就证明了Π_{iv}的极值条件的确给出问题的解.这个极值究竟是极大还是极小,决定于$\delta^2\Pi_{iv}$的正负.

现在研究(3.24a).把(3.25)平方,得

$$\begin{aligned}\delta\sigma_{ij}\delta\sigma_{ij} &= \{\delta p\,\delta_{ij} - \mu(\delta u_{i,j} + \delta u_{j,i})\}\{\delta p\,\delta_{ij} - \mu(\delta u_{i,j} + \delta u_{j,i})\} \\ &= 3\delta p\,\delta p - 2\mu\delta p\,\delta_{ij}(\delta u_{i,j} + \delta u_{j,i}) + \mu^2(\delta u_{i,j} + \delta u_{j,i})(\delta u_{i,j} + \delta u_{j,i})\end{aligned} \tag{3.31}$$

但是

$$\delta_{ij}(\delta u_{i,j} + \delta u_{j,i}) = 2\delta u_{k,k} = 0 \tag{3.32}$$

所以

$$\delta\sigma_{ij}\delta\sigma_{ij} - 3\delta p\,\delta p = \mu^2(\delta u_{i,j} + \delta u_{j,i})(\delta u_{i,j} + \delta u_{j,i}) \tag{3.33}$$

再利用(3.25)式,上式可以进一步化为

$$\delta\sigma_{ij}\delta\sigma_{ij} - 3\delta p\,\delta p = \mu(\delta u_{i,j} + \delta u_{j,i})(\delta\sigma_{ij} + \delta p\,\delta_{ij}) = 2\mu\delta\sigma_{ij}\delta u_{i,j} \tag{3.34}$$

同时,(3.30a)的变分为

$$\rho\delta\left[\frac{\partial u_i}{\partial t} + u_k u_{i,k}\right] - \delta\sigma_{ij,j} = 0 \tag{3.35}$$

所以，(3.24a)的 $\delta^2\Pi_{iv}$ 可以写成

$$\delta^2\Pi_{iv}=\iiint_\tau\left\{\delta u_i\delta\sigma_{ij,j}+\frac{1}{4\mu}(\delta\sigma_{kl}\delta\sigma_{kl}-3\delta p\delta p)\right\}\mathrm{d}\tau \tag{3.36a}$$

也可以改写为

$$\delta^2\Pi_{iv}=\iiint_\tau\left\{\delta u_i\delta\sigma_{ij,j}+\frac{1}{2\mu}(\delta\sigma_{kl}\delta\sigma_{kl}-3\delta p\delta p)-\frac{1}{4\mu}(\delta\sigma_{kl}\delta\sigma_{kl}-3\delta p\delta p)\right\}\mathrm{d}\tau \tag{3.36b}$$

这里有两项都有因子 $(\delta\sigma_{kl}\delta\sigma_{kl}-3\delta p\delta p)$，让我们用(3.34)式代表其第一项，用(3.33)式代表其第二项，于是(3.36b)可以写为

$$\delta^2\Pi_{iv}=\iiint_\tau\{\delta u_i\delta\sigma_{ij,j}+\delta\sigma_{ij}\delta u_{i,j}\}\mathrm{d}\tau-\iiint_\tau\frac{1}{4}\mu(\delta u_{i,j}+\delta u_{j,i})(\delta u_{i,j}+\delta u_{j,i})\mathrm{d}\tau \tag{3.37}$$

但是，利用格林定理，我们有

$$\iiint_\tau\{\delta u_i\delta\sigma_{ij,j}+\delta\sigma_{ij}\delta u_{i,j}\}\mathrm{d}\tau=\iiint_\tau(\delta u_i\delta\sigma_{ij})_{,j}\mathrm{d}\tau=\iint_{\Gamma_\sigma+\Gamma_s+\Gamma_u}\delta u_i\delta\sigma_{ij}n_j\mathrm{d}S=0 \tag{3.38}$$

这是因为我们从边界条件(3.4a，b，c)，有

$$\delta\sigma_{ij}n_j=0\qquad(\text{在 }\Gamma_\sigma\text{ 上}) \tag{3.39a}$$

$$\delta u_i=0\qquad(\text{在 }\Gamma_s,\ \Gamma_u\text{ 上}) \tag{3.39b}$$

所以，我们最后从(3.37)式证明

$$\delta^2\Pi_{iv}=-\frac{1}{4}\mu\iiint_\tau(\delta u_{i,j}+\delta u_{j,i})(\delta u_{i,j}+\delta u_{j,i})\mathrm{d}\tau<0 \tag{3.40}$$

这就证明了，对于不等零的 δu_i，$\delta\sigma_{ij}$，δp 而言，

$$\Pi_{iv}(u_i+\delta u_i,\ \sigma_{ij}+\delta\sigma_{ij},\ p+\delta p)-\Pi_{iv}(u_i,\ \sigma_{ij},\ p)<0 \tag{3.41}$$

或即是说：正确解是 Π_{iv} 的极大，这就全部证明了不可压缩粘性流体流动问题的最大功率消耗原理.

四、不可压缩粘性流问题的单变量的最大功率消耗原理

(3.19a，b)是一个三类变量的泛函的变分原理，变分中必须事前满足下列四个变分条件：

(1) $u_{i,i}=0$ （在 τ 内） (4.1a)

(2) $u_i=0$ （在 Γ_s 内） (4.1b)

(3) $u_i = \bar{u}_i$ (在 Γ_u 内) (4.1c)

(4) $\sigma_{ij} = -p\delta_{ij} + \mu(u_{i,j} + u_{j,i})$ (在 τ 内) (4.1d)

如果我们利用应力流速关系，消去 σ_{ij}，而且在 $u_{k,k} = 0$ 的不可压缩条件下，把(3.19b)式化为只有 u_i 一类变量的泛函. 用(3.33)式的证明相同的步骤，我们很易证明

$$\sigma_{ij}\sigma_{ij} - 3p^2 = \mu^2(u_{i,j} + u_{j,i})(u_{i,j} + u_{j,i}) = 2\mu^2(u_{i,j} + u_{j,i})u_{i,j} \tag{4.2}$$

于是，我们从(3.19a, b)中，得

$$\Pi_{iv(1)} = \Pi_0 - \iiint_\tau \left\{\rho \bar{F}_i u_i - \frac{1}{2}\mu(u_{i,j} + u_{j,i})u_{i,j}\right\} d\tau - \iint_{\Gamma_\sigma} \bar{f}_i u_i dS \tag{4.3}$$

其中

$$\delta\Pi_0 = \iiint_\tau \rho\left\{\frac{\partial u_i}{\partial t} + u_k u_{i,k}\right\}\delta u_i d\tau \tag{4.4}$$

单变量的不可压缩粘性流问题的最大功率消耗原理为：

在满足(1) $u_{i,i} = 0$ (τ)，(2) $u_i = 0$ (Γ_s)，(3) $u_i = \bar{u}_i(\Gamma_u)$ 的所有 u_i 中，其使流动功率消耗 $\Pi_{iv(1)}$ 最大者，为不可压缩粘性流动问题的正确解. $\Pi_{iv(1)}$ 见(4.3)式，σ_{ij} 可按(4.1d)计算.

证明 将(4.3)式变分，得

$$\delta\Pi_{iv(1)} = \delta\Pi_0 - \iiint_\tau \{\rho \bar{F}_i \delta u_i - \mu(u_{i,j} + u_{j,i})\delta u_{i,j}\} d\tau - \iint_{\Gamma_\sigma} \bar{f}_i \delta u_i dS \tag{4.5}$$

由于 $u_{i,i} = 0$，有

$$\iiint_\tau p\delta u_{i,i} d\tau = \iiint_\tau p\delta_{ij}\delta u_{i,j} d\tau = 0 \tag{4.6}$$

所以，(4.5)式也可以写成

$$\begin{aligned}\delta\Pi_{iv(1)} = \delta\Pi_0 - \iiint_\tau \rho \bar{F}_i \delta u_i d\tau + \iiint_\tau \{-p\delta_{ij} \\ + \mu(u_{i,j} + u_{j,i})\}\delta u_{i,j} d\tau - \iint_{\Gamma_\sigma} \bar{f}_i \delta u_i dS\end{aligned} \tag{4.7}$$

用格林定理，我们有

$$\begin{aligned}\iiint_\tau \{-p\delta_{ij} + \mu(u_{i,j} + u_{j,i})\}\delta u_{i,j} d\tau = \iiint_\tau \{p_{,i} - \mu(u_{i,j} + u_{j,i})_{,j}\}\delta u_i d\tau \\ + \iint_{\Gamma_\sigma} \{-pn_i + \mu(u_{i,j} + u_{j,i})n_j\}\delta u_i dS\end{aligned} \tag{4.8}$$

其中有关 $\Gamma_u+\Gamma_s$ 的部分，根据(4.1b，c)恒等于零. 最后，从(4.7)得

$$\delta\Pi_{iv(1)}=\iiint_\tau\left\{\rho\frac{\partial u_i}{\partial t}+\rho u_k u_{i,k}-\rho\bar{F}_i+p_{,i}-\mu(u_{i,j}+u_{j,i})_{,j}\right\}\delta u_i\mathrm{d}\tau$$
$$+\iint_{\Gamma_\sigma}[-pn_i+\mu(u_{i,j}+u_{j,i})n_j-\bar{f}_i]\delta u_i\mathrm{d}S=0 \tag{4.9}$$

其变分的自然条件为

$$\rho\frac{\partial u_i}{\partial t}+\rho u_k u_{i,k}-\rho\bar{F}_i+p_{,i}-\mu(u_{i,j}+u_{j,i})_{,j}=0\qquad(\text{在 }\tau\text{ 内})\tag{4.10a}$$

$$-pn_i+\mu(u_{i,j}+u_{j,i})n_j-\bar{f}_i=0\qquad(\text{在 }\Gamma_\sigma\text{ 内})\tag{4.10b}$$

这就证明了最大功率消耗原理的必要条件，用和上节相同的方法，可以证明充分条件 $\delta^2\Pi_{iv(1)}<0$. (4.10a)，(4.10b)可以从(3.30a，b)和(4.1d)中消去 σ_{ij} 而求得.

五、不可压缩粘性流问题的广义变分原理(双变量 p，u_i)

现在让我们研究单变量的最大功率消耗原理的广义变分原理. 在最大功率消耗原理中原来有三个变分约束条件. 让我们引进三种待定的拉氏乘子，λ，λ_i，π_i. 新的泛函可以写成

$$\Pi^*_{iv(1)}=\Pi_{iv(1)}+\iiint_\tau\lambda u_{k,k}\mathrm{d}\tau+\iint_{\Gamma_s}\lambda_i u_i\mathrm{d}S+\iint_{\Gamma_u}\pi_i(u_i-\bar{u}_i)\mathrm{d}S \tag{5.1}$$

变分后得

$$\delta\Pi^*_{iv(1)}=\iiint_\tau\left\{\rho\frac{\partial u_i}{\partial t}+\rho u_k u_{i,k}-\rho\bar{F}_i-\mu(u_{i,j}+u_{j,i})_{,j}-\lambda_{,i}\right\}\delta u_i\mathrm{d}\tau$$
$$+\iint_{\Gamma_\sigma+\Gamma_s+\Gamma_u}\{\mu(u_{i,j}+u_{j,i})n_j+\lambda n_i\}\delta u_i\mathrm{d}S+\iiint_\tau\delta\lambda u_{k,k}\mathrm{d}\tau$$
$$+\iint_{\Gamma_s}(u_i\delta\lambda_i+\lambda_i\delta u_i)\mathrm{d}S+\iint_{\Gamma_u}\{(u_i-\bar{u}_i)\delta\pi_i+\pi_i\delta u_i\}\mathrm{d}S$$
$$-\iint_{\Gamma_\sigma}\bar{f}_i\delta u_i\mathrm{d}S=0 \tag{5.2}$$

于是，得下列各自然条件，即

(1) 欧拉方程

$$\rho\frac{\partial u_i}{\partial t}+\rho u_k u_{i,k}-\rho\bar{F}_i-\mu(u_{i,j}+u_{j,i})_{,j}+p_{,i}-(p+\lambda)_{,i}=0 \tag{5.3a}$$

$$u_{k,k}=0 \tag{5.3b}$$

(2) 自然边界条件

$$[\mu(u_{i,j}+u_{j,i})-\delta_{ij}p]n_j+(\lambda+p)n_i-\bar{f}_i=0 \qquad (\Gamma_\sigma) \tag{5.4a}$$

$$[\mu(u_{i,j}+u_{j,i})-\delta_{ij}p]n_j+(\lambda+p)n_i+\pi_i=0 \qquad (\Gamma_u) \tag{5.4b}$$

$$[\mu(u_{i,j}+u_{j,i})-\delta_{ij}p]n_j+(\lambda+p)n_i+\lambda_i=0 \qquad (\Gamma_s) \tag{5.4c}$$

$$u_i=0 \qquad (\Gamma_s) \tag{5.4d}$$

$$u_i-\bar{u}_i=0 \qquad (\Gamma_u) \tag{5.4e}$$

如果我们取

$$(p+\lambda)_{,i}=0 \qquad (\text{在}\,\tau\,\text{内}) \tag{5.5}$$

$$p+\lambda=0 \qquad (\text{在}\,\Gamma_\sigma+\Gamma_u+\Gamma_s\,\text{上}) \tag{5.6}$$

其唯一解为

$$\lambda=-p \qquad (\text{在}\,\tau+\Gamma\,\text{中}) \tag{5.7}$$

这就求得了 λ 值. 于是(5.3a, b)化为

$$\rho\frac{\partial u_i}{\partial t}+\rho u_k u_{i,k}-\rho\bar{F}_i-\mu(u_{i,j}+u_{j,i})_{,j}+p_{,i}=0 \qquad (\text{在}\,\tau\,\text{内}) \tag{5.8a}$$

$$u_{k,k}=0 \qquad (\text{在}\,\tau\,\text{内}) \tag{5.8b}$$

它们是用 u_i, p 表示的 Navier-Stokes 运动方程(4.10a)和不可压缩条件(4.1a). 把(5.7)代入(5.4a),(5.4b),(5.4c),得

$$[\mu(u_{i,j}+u_{j,i})-\delta_{ij}p]n_j=\bar{f}_i \qquad (\Gamma_\sigma) \tag{5.9a}$$

$$-[\mu(u_{i,j}+u_{j,i})-\delta_{ij}p]n_j=\pi_i \qquad (\Gamma_u) \tag{5.9b}$$

$$-[\mu(u_{i,j}+u_{j,i})-\delta_{ij}p]n_j=\lambda_i \qquad (\Gamma_s) \tag{5.9c}$$

其中(5.9a)就是 Γ_σ 上的边界条件(4.10b),而(5.9b, c)给出待定的拉氏乘子 π_i, λ_i. (5.4d, e)分别为 Γ_s, Γ_u 上的流速已知的边界条件. 这是不可压缩粘性流体流动问题的全部方程和边界条件.

把 λ, π_i, λ_i 的结果(5.7),(5.9b),(5.9c)代入(5.1)式,得不可压缩粘性流体的广义变分原理(双变量的泛函).

$$\begin{aligned}\Pi^*_{iv(1)}=\Pi_{iv(1)}&-\iiint_\tau pu_{k,k}\,\mathrm{d}\tau-\iint_{\Gamma_s}[\mu(u_{i,j}+u_{j,i})-p\delta_{ij}]n_j u_i\,\mathrm{d}S\\&-\iint_{\Gamma_u}[\mu(u_{i,j}+u_{j,i})-p\delta_{ij}]n_j(u_i-\bar{u}_i)\,\mathrm{d}S\end{aligned} \tag{5.10}$$

或可写成

$$\Pi_{iv(1)}^{*}=\Pi_{0}-\iiint_{\tau}\left\{\rho\bar{F}_{i}u_{i}+pu_{i,i}-\frac{1}{2}\mu u_{i,j}(u_{i,j}+u_{j,i})\right\}\mathrm{d}\tau-\iint_{\Gamma_{\sigma}}\bar{f}_{i}u_{i}\mathrm{d}S$$
$$-\iint_{\Gamma_{s}}[\mu(u_{i,j}+u_{j,i})-p\delta_{ij}]n_{j}u_{i}\mathrm{d}S-\iint_{\Gamma_{u}}[\mu(u_{i,j}+u_{j,i})$$
$$-p\delta_{ij}]n_{j}(u_{i}-\bar{u}_{i})\mathrm{d}S \tag{5.11}$$

其中

$$\delta\Pi_{0}=\iiint_{\tau}\rho\left\{\frac{\partial u_{i}}{\partial t}+u_{k}u_{i,k}\right\}\delta u_{i}\mathrm{d}\tau \tag{5.12}$$

所以,**不可压缩粘性流体的广义变分原理(双变量 u_i, p 的)**为:

在一切 u_i, p 中,其使(5.11)的 $\Pi_{iv(1)}^{*}$ 的泛函为驻值的 u_i, p,必为不可压缩粘性流体流动问题的正确解,即变分驻值条件能导出一切方程和条件.

六、不可压缩的粘性流体流动问题的广义变分原理(三类变量 u_i, σ_{ij}, p)

三类变量的变分原理 $\delta\Pi_{iv}=0$ 有四个变分约束条件,即

(1) 应力流速关系(3.2)式,在这里我们将取更一般的形式(2.1)式.在不可压缩条件下,它们是相同的,即

$$\sigma_{ij}=-p\delta_{ij}-\frac{2}{3}\mu u_{k,k}\delta_{ij}+\mu(u_{i,j}+u_{j,i})\qquad(\text{在 }\tau\text{ 内}) \tag{6.1}$$

(2) 不可压缩条件(3.1)式,即

$$u_{k,k}=0\qquad(\text{在 }\tau\text{ 内}) \tag{6.2}$$

(3) 在固体边界上的条件(3.4b)

$$u_{i}=0\qquad(\text{在 }\Gamma_{s}\text{ 上}) \tag{6.3}$$

(4) 在进水口处(即来流截面上)的条件

$$u_{i}=\bar{u}_{i}\qquad(\text{在 }\Gamma_{u}\text{ 上}) \tag{6.4}$$

为了从不可压缩粘性流体流动问题的最大功率消耗原理中解除这些约束条件,让我们引进四种拉氏乘子 λ_{ij}, λ_i, λ, π_i,泛函 Π_{iv} (3.19b)可以改写为新的泛函:

$$\Pi_{iv}^{*}=\Pi_{iv}+\iiint_{\tau}\lambda_{ij}\left\{\sigma_{ij}+p\delta_{ij}+\frac{2}{3}\mu u_{k,k}\delta_{ij}-\mu(u_{i,j}+u_{j,i})\right\}\mathrm{d}\tau$$
$$+\iiint_{\tau}\lambda u_{k,k}\mathrm{d}\tau+\iint_{\Gamma_{s}}\lambda_{i}u_{i}\mathrm{d}S+\iint_{\Gamma_{u}}\pi_{i}(u_{i}-\bar{u}_{i})\mathrm{d}S \tag{6.5}$$

其中 Π_{iv} 见(3.19b),λ_{ij}, λ_i, λ, π_i 为尚待识别的拉氏乘子.让我们把 λ_{ij}, λ_i, λ, π_i,

u_i, σ_{ij}, p 看作为独立变量,进行变分,得

$$\delta\Pi_{iv}^* = \iiint_\tau \left\{\rho\frac{\partial u_i}{\partial t} + \rho u_k u_{i,k} - \rho\bar{F}_i)\delta u_i + \frac{1}{2\mu}\sigma_{kl}\delta\sigma_{kl} - \frac{3}{2\mu}p\delta p\right\}d\tau$$
$$+\iiint_\tau \left\{\sigma_{ij} + p\delta_{ij} + \frac{2}{3}\mu u_{k,k}\delta_{ij} - \mu(u_{i,j} + u_{j,i})\right\}\delta\lambda_{ij}\,d\tau$$
$$+\iiint_\tau \lambda_{ij}\left\{\delta\sigma_{ij} + \delta p\delta_{ij} + \frac{2}{3}\mu\delta u_{k,k}\delta_{ij} - 2\mu\delta u_{i,j}\right\}d\tau$$
$$+\iiint_\tau (\lambda\delta u_{k,k} + u_{k,k}\delta\lambda)d\tau - \iint_{\Gamma_\sigma}\bar{f}_i\delta u_i\,dS$$
$$+\iint_{\Gamma_s}(u_i\delta\lambda_i + \lambda_i\delta u_i)dS + \iint_{\Gamma_u}[(u_i - \bar{u}_i)\delta\pi_i + \pi_i\delta u_i]dS \tag{6.6}$$

先让我们利用格林定理,简化下列积分:

$$\iiint_\tau \left\{\lambda\delta u_{k,k} + \frac{2}{3}\mu\lambda_{ii}\delta u_{k,k} - 2\mu\lambda_{ij}\delta u_{i,j}\right\}d\tau$$
$$= \iint_{\Gamma_\sigma+\Gamma_s+\Gamma_u}\left(\lambda n_i + \frac{2}{3}\mu\lambda_{kk}n_i - 2\mu\lambda_{ij}n_j\right)\delta u_i\,dS$$
$$-\iiint_\tau \left\{\lambda_{,i} + \frac{2}{3}\mu\lambda_{kk,i} - 2\mu\lambda_{ij,j}\right\}\delta u_i\,d\tau \tag{6.7}$$

于是(6.6)可以整理成

$$\delta\Pi_{iv}^* = \iiint_\tau \left\{\rho\frac{\partial u_i}{\partial t} + \rho u_k u_{i,k} - \rho\bar{F}_i - \lambda_{,i} - \frac{2}{3}\mu\lambda_{kk,i} + 2\mu\lambda_{ij,j}\right\}\delta u_i\,d\tau$$
$$+\iiint_\tau \left\{\left(\frac{1}{2\mu}\sigma_{ij} + \lambda_{ij}\right)\delta\sigma_{ij} + \left(\lambda_{ii} - \frac{3}{2\mu}p\right)\delta p + u_{i,i}\delta\lambda\right\}d\tau$$
$$+\iiint_\tau \left\{\sigma_{ij} + \delta_{ij}p + \frac{2}{3}\mu u_{k,k}\delta_{ij} - \mu(u_{i,j} + u_{j,i})\right\}\delta\lambda_{ij}\,d\tau$$
$$+\iint_{\Gamma_\sigma}\left\{\lambda n_i + \frac{2}{3}\mu\lambda_{kk}n_i - 2\mu\lambda_{ij}n_j - \bar{f}_i\right\}\delta u_i\,dS$$
$$+\iint_{\Gamma_s}\left\{\lambda n_i + \frac{2}{3}\mu\lambda_{kk}n_i - 2\mu\lambda_{ij}n_j + \lambda_i\right\}\delta u_i\,dS$$
$$+\iint_{\Gamma_u}\left\{\lambda n_i + \frac{2}{3}\mu\lambda_{kk}n_i - 2\mu\lambda_{ij}n_j + \pi_i\right\}\delta u_i\,dS$$
$$+\iint_{\Gamma_s}u_i\delta\lambda_i\,dS + \iint_{\Gamma_u}(u_i - \bar{u}_i)\delta\pi_i\,dS \tag{6.8}$$

驻值条件

$$\delta \Pi_{iv}^{*}=0 \tag{6.9}$$

给出下列各自然条件

欧拉方程：(在 τ 内)

(a) $$\rho \frac{\partial u_{i}}{\partial t}+\rho u_{k} u_{i, k}-\rho \bar{F}_{i}-\lambda_{, i}-\frac{2}{3} \mu \lambda_{kk, i}+2 \mu \lambda_{ij, j}=0 \tag{6.10a}$$

(b) $$\frac{1}{2 \mu} \sigma_{ij}+\lambda_{ij}=0 \tag{6.10b}$$

(c) $$\lambda_{ii}-\frac{3}{2 \mu} p=0 \tag{6.10c}$$

(d) $$u_{i, i}=0 \tag{6.10d}$$

(e) $$\sigma_{ij}+\delta_{ij} p+\frac{2}{3} \mu u_{k, k} \delta_{ij}-\mu\left(u_{i, j}+u_{j, i}\right)=0 \tag{6.10e}$$

自然边界条件

(f) $$\lambda n_{i}+\frac{2}{3} \mu \lambda_{kk} n_{i}-2 \mu \lambda_{ij} n_{j}-\bar{f}_{i}=0 \quad (\Gamma_{\sigma}) \tag{6.10f}$$

(g) $$\lambda n_{i}+\frac{2}{3} \mu \lambda_{kk} n_{i}-2 \mu \lambda_{ij} n_{j}+\lambda_{i}=0 \quad (\Gamma_{s}) \tag{6.10g}$$

(h) $$\lambda n_{i}+\frac{2}{3} \mu \lambda_{kk} n_{i}-2 \mu \lambda_{ij} n_{j}+\pi_{i}=0 \quad (\Gamma_{u}) \tag{6.10h}$$

(i) $$u_{i}=0 \quad (\Gamma_{s}) \tag{6.10i}$$

(j) $$u_{i}-\bar{u}_{i}=0 \quad (\Gamma_{u}) \tag{6.10j}$$

应该注意到(6.10d，e，i，j)分别为原来的约束条件(6.1)，(6.2)，(6.3)，(6.4).

从(6.10b)，我们求得

$$\lambda_{ij}=-\frac{1}{2 \mu} \sigma_{ij} \tag{6.11}$$

很易从(6.10d，e)和(6.11)证明(6.10c)也是满足的.

把(6.10c)，(6.11)代入(6.10a)，得

$$\rho \frac{\partial u_{i}}{\partial t}+\rho u_{k} u_{i, k}-\rho \bar{F}_{i}-\lambda_{, i}-p_{, i}-\sigma_{ij, j}=0 \tag{6.12}$$

和(2.4)相比，即可求得

$$\lambda = - p \tag{6.13}$$

把(6.11)，(6.14)代入(6.10f, g, h)，得

$$\sigma_{ij} n_j - \bar{f}_i = 0 \qquad (\Gamma_\sigma) \tag{6.14a}$$

$$\sigma_{ij} n_j + \lambda_i = 0 \qquad (\Gamma_s) \tag{6.14b}$$

$$\sigma_{ij} n_j + \pi_i = 0 \qquad (\Gamma_u) \tag{6.14c}$$

(6.14a)给出了受力边界的条件(2.11)，而(6.14b, c)给出 λ_i，π_i 两种待定的拉氏乘子

$$\lambda_i = - \sigma_{ij} n_j \qquad (\Gamma_s); \qquad \pi_i = - \sigma_{ij} n_j \qquad (\Gamma_u) \tag{6.15}$$

这样就求得了全部方程和边界条件，以及全部待定的拉氏乘子，把它们代入(6.5)式，即得不可压缩的粘性流体流动问题的三变量的广义变分原理，其泛函为

$$\begin{aligned} \Pi_{iv}^* = \Pi_0 & - \iiint_\tau \frac{1}{2\mu} \sigma_{ij} \left\{ \sigma_{ij} + p\delta_{ij} + \frac{2}{3}\mu u_{k,k}\delta_{ij} - \mu(u_{i,j} + u_{j,i}) \right\} \mathrm{d}\tau \\ & - \iiint_\tau \left\{ \rho \bar{F}_i u_i - \frac{1}{4\mu}\sigma_{kl}\sigma_{kl} + \frac{3}{4\mu} p^2 \right\} \mathrm{d}\tau - \iiint_\tau p u_{i,i} \mathrm{d}\tau \\ & - \iint_{\Gamma_\sigma} \bar{f}_i u_i \mathrm{d}S - \iint_{\Gamma_s} \sigma_{ij} n_j u_i \mathrm{d}S - \iint_{\Gamma_u} \sigma_{ij} n_j (u_i - \bar{u}_i) \mathrm{d}S \end{aligned} \tag{6.16}$$

其中

$$\delta \Pi_0 = \iiint_\tau \rho \left\{ \frac{\partial u_i}{\partial t} + u_k u_{i,k} \right\} \delta u_i \mathrm{d}\tau \tag{6.17}$$

凡 u_i，σ_{ij}，p 使

$$\delta \Pi_{iv}^* = 0 \tag{6.18}$$

即使 Π_{iv}^* 为驻值者，即为不可压缩粘性流体流动问题的正确解.

这个广义变分原理业已消除了一切约束条件，是一个完全的广义变分原理.

七、可压缩的粘性流体流动问题的变分原理

前面讨论的都是不可压缩的粘性流体的流动问题. 现在让我们考虑液体按压缩系数线性变形的物态方程(2.10)而变化的流动问题.

我们的问题是，在体积 τ 内，p，ρ，σ_{ij}，u_i 满足(1) 运动方程(2.4)，(2) 连续方程(2.7)，(3) 应力流速关系(2.1)，(4) 液体的物态方程(2.10)，在边界面 $\Gamma = \Gamma_\sigma + \Gamma_s + \Gamma_u$ 上，分别满足(2.11)，(2.12a)，(2.13). 求 p，ρ，σ_{ij}，u_i 的解.

让我们把本题化为在约束条件(2.7)，(2.1)，(2,12a)，(2.13)诸条件下，求 p，

ρ, σ_{ij}, u_i 满足运动方程(2.4)和受力边界条件(2.11)的解.

让我们用权余法.称

$$\delta\Pi_{PC}=\iiint_{\tau}\left\{\rho\frac{\partial u_i}{\partial t}+\rho u_k u_{i,k}-\rho\bar{F}_i-\sigma_{ij,j}\right\}\delta u_i\mathrm{d}\tau+\iint_{\Gamma_\sigma}(\sigma_{ij}n_j-\bar{f}_i)H_i\mathrm{d}S \tag{7.1}$$

δu_i 是任选的,H_i 待定.因为

$$\iiint_{\tau}\sigma_{ij,j}\delta u_i\mathrm{d}\tau=\iint_{\Gamma}\sigma_{ij}n_j\delta u_i\mathrm{d}S-\iiint_{\tau}\sigma_{ij}\delta u_{i,j}\mathrm{d}\tau \tag{7.2}$$

在 Γ_s, Γ_u 上,u_i 已知,$\delta u_i=0$. 所以,上式写为

$$\iiint_{\tau}\sigma_{ij,j}\delta u_i\mathrm{d}\tau=\iint_{\Gamma_\sigma}\sigma_{ij}n_j\delta u_i\mathrm{d}S-\iiint_{\tau}\sigma_{ij}\delta u_{i,j}\mathrm{d}\tau \tag{7.3}$$

把它代入(7.1),得

$$\begin{aligned}\delta\Pi_{PC}=&\iiint_{\tau}\left\{\rho\frac{\partial u_i}{\partial t}+\rho u_k u_{i,k}-\rho\bar{F}_i\right\}\delta u_i\mathrm{d}\tau+\iiint_{\tau}\frac{1}{2}\sigma_{ij}\delta(u_{i,j}+u_{j,i})\mathrm{d}\tau\\&-\iint_{\Gamma_\sigma}\sigma_{ij}n_j(\delta u_i-H_i)\mathrm{d}S-\iint_{\Gamma_\sigma}\bar{f}_iH_i\mathrm{d}S\end{aligned} \tag{7.4}$$

让我们选用

$$H_i=\delta u_i\qquad(\Gamma_\sigma) \tag{7.5}$$

于是(7.4)化为

$$\delta\Pi_{PC}=\iiint_{\tau}\left\{\left[\rho\frac{\partial u_i}{\partial t}+\rho u_k u_{i,k}-\rho\bar{F}_i\right]\delta u_i+\frac{1}{2}\sigma_{ij}\delta(u_{i,j}+u_{j,i})\right\}\mathrm{d}\tau-\iint_{\Gamma_\sigma}\bar{f}_i\delta u_i\mathrm{d}S \tag{7.6}$$

让我们进一步简化(7.6)式,从(2.1)中解出 $(u_{i,j}+u_{j,i})$

$$(u_{i,j}+u_{j,i})=\frac{1}{\mu}\sigma_{ij}+\frac{p}{\mu}\delta_{ij}+\frac{2}{3}u_{k,k}\delta_{ij} \tag{7.7}$$

于是,我们有

$$\begin{aligned}\iiint_{\tau}\frac{1}{2}\sigma_{ij}\delta(u_{i,j}+u_{j,i})\mathrm{d}\tau&=\iiint_{\tau}\frac{1}{2}\sigma_{ij}\left\{\frac{1}{\mu}\delta\sigma_{ij}+\frac{1}{\mu}\delta_{ij}\delta p+\frac{2}{3}\delta_{ij}\delta u_{k,k}\right\}\mathrm{d}\tau\\&=\iiint_{\tau}\left\{\frac{1}{2\mu}\sigma_{ij}\delta\sigma_{ij}+\frac{1}{2\mu}\sigma_{ii}\delta p+\frac{1}{3}\delta u_{k,k}\sigma_{ii}\right\}\mathrm{d}\tau\end{aligned} \tag{7.8}$$

但是,从(2.1),我们有 $\sigma_{ii}=-3p$. 所以,(7.8)式化为

$$\iiint_\tau \frac{1}{2}\sigma_{ij}\delta(u_{i,j}+u_{j,i})\mathrm{d}\tau=\iiint_\tau\left\{\frac{1}{2\mu}\sigma_{ij}\delta\sigma_{ij}-\frac{3}{2\mu}p\delta p-p\delta u_{k,k}\right\}\mathrm{d}\tau \tag{7.9}$$

把(7.9)代入(7.6),得

$$\delta\Pi_{PC}=\iiint_\tau\left\{\left[\rho\frac{\partial u_i}{\partial t}+\rho u_k u_{i,k}-\rho\bar{F}_i\right]\delta u_i-p\delta u_{k,k}\right\}\mathrm{d}\tau+\iiint_\tau\frac{1}{4\mu}[\delta(\sigma_{ij}\sigma_{ij})-3\delta p^2]\mathrm{d}\tau-\iint_{\Gamma_\sigma}\bar{f}_i\delta u_i\mathrm{d}S \tag{7.10}$$

或可写成

$$\Pi_{PC}=\Pi_{OC}+\iiint_\tau\frac{1}{4\mu}[\sigma_{ij}\sigma_{ij}-3p^2]\mathrm{d}\tau-\iint_{\Gamma_\sigma}\bar{f}_i u_i\mathrm{d}S \tag{7.11}$$

其中

$$\delta\Pi_{OC}=\iiint_\tau\left\{\left[\rho\frac{\partial u_i}{\partial t}+\rho u_k u_{i,k}-\rho\bar{F}_i\right]\delta u_i-p\delta u_{k,k}\right\}\mathrm{d}\tau \tag{7.12}$$

上式可以分为三部分

$$\delta\Pi_{OC}=\delta\Pi_0+\delta\Pi_1+\delta\Pi_2 \tag{7.13}$$

其中

$$\delta\Pi_0=\iiint_\tau\left[\rho\frac{\partial u_i}{\partial t}+\rho u_k u_{i,k}\right]\delta u_i\mathrm{d}\tau \tag{7.14}$$

$\Pi_0=$ 单位时间内,流体积贮的总动能 (7.14a)

$$\delta\Pi_1=-\iiint_\tau\rho\bar{F}_i\delta u_i\mathrm{d}\tau \tag{7.15}$$

$\Pi_1=$ 单位时间内,体积力 $\bar{F}_i$ 做的功 (7.15a)

$$\delta\Pi_2=-\iiint_\tau p\delta u_{k,k}\mathrm{d}\tau \tag{7.16}$$

$\Pi_2=$ 单位时间内,内压 p 做的功 (7.16a)

还有

$$\Pi_{粘}=\iiint_\tau\frac{1}{4\mu}(\sigma_{ij}\sigma_{ij}-3p^2)\mathrm{d}\tau=\text{单位时间内,流体消耗于粘性的能量} \tag{7.17}$$

$$\Pi_f=-\iint_{\Gamma_\sigma}\bar{f}_i u_i\mathrm{d}S=\text{单位时间内,外力对流体的流动做的功} \tag{7.18}$$

所以

$$\Pi_{PC} = \text{流动的功率消耗} \tag{7.19}$$

因此,我们有**可压缩粘性流动问题的最大功率消耗原理:**

在满足条件(1) 连续方程(2.7)式,(2) 应力流速关系(2.1)式,(3) 液体物态方程(2.10)式,以及(4) 固体边界(Γ_s)和供水口边界(Γ_u)上的已知流速条件(2.12a),(2.13)式的一切 p, ρ, σ_{ij}, u_i 中,其使流动的总功率消耗 Π_{PC}[(7.11)式]为最大的 p, ρ, σ_{ij}, u_i,即为可压缩粘性流动问题的正确解.

证明: 设 p, ρ, σ_{ij}, u_i 为正确解. 设在其附近有一组 $p+\delta p$, $\rho+\delta\rho$, $\sigma_{ij}+\delta\sigma_{ij}$, $u_i+\delta u_i$ 值,其总功率消耗为

$$\Pi_{PC}(p+\delta p,\ \rho+\delta\rho,\ \sigma_{ij}+\delta\sigma_{ij},\ u_i+\delta u_i) = \Pi_{PC}(p,\ \rho,\ \sigma_{ij},\ u_i) + \delta\Pi_{PC} + \delta^2\Pi_{PC} \tag{7.20}$$

从(7.11)式,有

$$\delta\Pi_{PC} = \delta\Pi_{OC} + \iiint_\tau \frac{1}{2\mu}[\sigma_{ij}\delta\sigma_{ij} - 3p\delta p]\mathrm{d}\tau - \iint_{\Gamma_\sigma} \bar{f}_i\delta u_i\mathrm{d}S \tag{7.21}$$

$$\begin{aligned}\delta^2\Pi_{PC} = &\iiint_\tau \left\{\delta\left[\rho\frac{\partial u_i}{\partial t} + \rho u_k u_{i,k} - \rho\bar{F}_i\right]\delta u_i - \delta p\delta u_{k,k}\right\}\mathrm{d}\tau \\ &+ \iiint_\tau \frac{1}{4\mu}[\delta\sigma_{ij}\delta\sigma_{ij} - 3\delta p\delta p]\mathrm{d}\tau\end{aligned} \tag{7.22}$$

Π_{PC} 的极值条件 ($\delta\Pi_{PC}=0$, 必要条件)给出

$$\begin{aligned}\delta\Pi_{PC} = &\iiint_\tau \left\{\left[\rho\frac{\partial u_i}{\partial t} + \rho u_k u_{i,k} - \rho\bar{F}_i\right]\delta u_i - p\delta u_{k,k}\right\}\mathrm{d}\tau \\ &+ \iiint_\tau \frac{1}{2\mu}[\sigma_{ij}\delta\sigma_{ij} - 3p\delta p]\mathrm{d}\tau - \iint_{\Gamma_\sigma} \bar{f}_i\delta u_i\mathrm{d}S = 0\end{aligned} \tag{7.23}$$

由(2.1)式,我们有

$$\begin{aligned}\sigma_{ij}\delta\sigma_{ij} &= \sigma_{ij}\left\{-\delta p\delta_{ij} - \frac{2}{3}\mu\delta u_{k,k}\delta_{ij} + \mu\delta(u_{i,j} + u_{j,i})\right\} \\ &= -\sigma_{ii}\delta p - \frac{2}{3}\mu\sigma_{ii}\delta u_{k,k} + 2\mu\sigma_{ij}\delta u_{i,j} \\ &= 3p\delta p + 2\mu p\delta u_{k,k} + 2\mu\sigma_{ij}\delta u_{i,j}\end{aligned} \tag{7.24}$$

代入(7.23)式,我们有

$$\delta\Pi_{PC} = \iiint_\tau \left\{\left[\rho\frac{\partial u_i}{\partial t} + \rho u_k u_{i,k} - \rho\bar{F}_i\right]\delta u_i + \sigma_{ij}\delta u_{ij}\right\}\mathrm{d}\tau - \iint_{\Gamma_\sigma} \bar{f}_i\delta u_i\mathrm{d}S = 0 \tag{7.25}$$

由于δu_i在τ中和在Γ_σ上都是独立的，(7.25)中即导出运动方程(2.4)和边界条件(2.11)式. 这就证明了Π_{PC}为最大的必要条件.

现在从(7.22)式证明Π_{PC}为极大的充分条件：

从运动方程(2.4)式，我们有

$$\delta\left[\rho\frac{\partial u_i}{\partial t}+\rho u_k u_{i,k}-\rho\overline{F}_i\right]=\delta\sigma_{ij,j} \tag{7.26}$$

把它代入(7.22)，得

$$\delta^2\Pi_{PC}=\iiint_\tau\left\{\delta\sigma_{ij,j}\delta u_i-\delta p\delta u_{k,k}+\frac{1}{4\mu}(\delta\sigma_{ij}\delta\sigma_{ij}-3\delta p\delta p)\right\}\mathrm{d}\tau \tag{7.27}$$

但是

$$\iiint_\tau\delta\sigma_{ij,j}\delta u_i\mathrm{d}\tau=\iint_\Gamma\delta\sigma_{ij}\delta u_i n_j\mathrm{d}S-\iiint_\tau\delta\sigma_{ij}\delta u_{i,j}\mathrm{d}\tau \tag{7.28}$$

在Γ_σ上，$\delta\sigma_{ij}=0$；在Γ_s，Γ_u上，$\delta u_i=0$，所以

$$\delta^2\Pi_{PC}=\iiint_\tau\left\{-\delta\sigma_{ij}\delta u_{i,j}-\delta p\delta u_{k,k}+\frac{1}{4\mu}(\delta\sigma_{ij}\delta\sigma_{ij}-3\delta p\delta p)\right\}\mathrm{d}\tau \tag{7.29}$$

用(7.7)式，上式可以化为

$$\delta^2\Pi_{PC}=-\frac{1}{4\mu}\iiint_\tau\{\delta\sigma_{ij}\delta\sigma_{ij}-3\delta p\delta p\}\mathrm{d}\tau<0 \tag{7.30}$$

这一点很易证明，从(2.1)式有

$$\begin{aligned}\delta\sigma_{ij}\delta\sigma_{ij}&=\left\{-\delta_{ij}\delta p-\frac{2}{3}\mu\delta_{ij}\delta u_{k,k}+\mu(\delta u_{i,j}+\delta u_{j,i})\right\}\\&\quad\cdot\left\{-\delta_{ij}\delta p-\frac{2}{3}\mu\delta_{ij}\delta u_{k,k}+\mu(\delta u_{i,j}+\delta u_{j,i})\right\}\\&=3(\delta p)^2+\mu^2(\delta u_{i,j}+\delta u_{j,i})(\delta u_{i,j}+\delta u_{j,i})\end{aligned} \tag{7.31}$$

或

$$\delta\sigma_{ij}\delta\sigma_{ij}-3\delta p\delta p=\mu^2(\delta u_{i,j}+\delta u_{j,i})(\delta u_{i,j}+\delta u_{j,i})>0 \tag{7.32}$$

这就证明了

$$\delta^2\Pi_{PC}<0 \tag{7.33}$$

是Π_{PC}为极大的充分条件，亦即证明了**可压缩粘性流动问题的最大功率消耗原理.**

八、可压缩性粘性流体的流动问题的广义变分原理

让我们引进λ，λ_{ij}，π，μ_i，η_i诸拉氏乘子来解消最大功率消耗定理的全部约束

条件[即(2.7),(2.11),(2.10),(2.12a),(2.13)诸式].设新的泛函为

$$\Pi_{PC}^{*}=\Pi_{PC}+\iiint_{\tau}\lambda\left(\frac{\partial\rho}{\partial t}+u_k\rho_{,k}+\rho u_{k,k}\right)d\tau$$
$$+\iiint_{\tau}\lambda_{ij}\left\{\sigma_{ij}+p\delta_{ij}+\frac{2}{3}\mu u_{k,k}\delta_{ij}-\mu(u_{i,j}+u_{j,i})\right\}d\tau$$
$$+\iiint_{\tau}\pi\left\{p-\kappa\left(\frac{\rho}{\rho_0}-1\right)\right\}d\tau+\iint_{\Gamma_s}\mu_i u_i dS+\iint_{\Gamma_u}(u_i-\bar{u}_i)\eta_i dS \quad (8.1)$$

把 λ, λ_{ij}, π, μ_i, η_i, ρ, p, σ_{ij}, u_i 都看作是独立变量,并进行变分,得

$$\delta\Pi_{PC}^{*}=\iiint_{\tau}\left\{\left[\rho\frac{\partial u_i}{\partial t}+\rho u_k u_{i,k}-\rho\bar{F}_i\right]\delta u_i-p\delta u_{k,k}+\frac{1}{2\mu}[\sigma_{ij}\delta\sigma_{ij}-3p\delta p]\right.$$
$$+\delta\lambda\left[\frac{\partial\rho}{\partial t}+(u_k\rho)_{,k}\right]+\delta\lambda_{ij}\left[\sigma_{ij}+p\delta_{ij}+\frac{2}{3}\mu u_{k,k}\delta_{ij}-\mu(u_{i,j}+u_{j,i})\right]$$
$$+\delta\pi\left[p-\kappa\left(\frac{\rho}{\rho_0}-1\right)\right]+\pi\left[\delta p-\frac{\kappa}{\rho_0}\delta\rho\right]+\lambda\left[\frac{\partial\delta\rho}{\partial t}+\delta u_k\rho_{,k}+u_k\delta\rho_{,k}\right.$$
$$\left.\left.+\delta\rho u_{k,k}+\rho\delta u_{k,k}\right]+\lambda_{ij}\left[\delta\sigma_{ij}+\delta p\delta_{ij}+\frac{2}{3}\mu\delta u_{k,k}\delta_{ij}-\mu(\delta u_{i,j}+\delta u_{j,i})\right]\right\}d\tau$$
$$-\iint_{\Gamma_\sigma}\bar{f}_i\delta u_i dS+\iint_{\Gamma_s}[\delta\mu_i u_i+\mu_i\delta u_i]dS$$
$$+\iint_{\Gamma_u}\{\delta\eta_i(u_i-\bar{u}_i)+\eta_i\delta u_i\}dS \quad (8.2)$$

先研究下面的积分:

$$\iiint_{\tau}\left\{-p\delta u_{k,k}+\lambda u_k\delta\rho_{,k}+\lambda\rho\delta u_{k,k}+\frac{2}{3}\mu\lambda_{kk}\delta u_{i,i}-\mu\lambda_{ij}\delta u_{i,j}\right\}d\tau$$
$$=\iint_{\Gamma}\left\{\left[-pn_i+\lambda\rho n_i+\frac{2}{3}\mu\lambda_{kk}n_i-\mu\lambda_{ij}n_j\right]\delta u_i+\lambda u_i n_i\delta\rho\right\}dS$$
$$+\iiint_{\tau}\left\{\left[p_{,i}-(\lambda\rho)_{,i}-\frac{2}{3}\mu\lambda_{kk,i}+\mu\lambda_{ij,j}\right]\delta u_i-(\lambda u_k)_{,k}\delta\rho\right\}d\tau \quad (8.3)$$

所以,用(8.3)式,可以把(8.2)式化为

$$\delta\Pi_{PC}^{*}=\iiint_{\tau}\left\{\rho\frac{\partial u_i}{\partial t}+\rho u_k u_{i,k}-\rho\bar{F}_i+p_{,i}-\rho\lambda_{,i}-\frac{2}{3}\mu\lambda_{kk,i}+\mu\lambda_{ij,j}\right\}\delta u_i d\tau$$
$$+\iiint_{\tau}\left\{\left(\frac{1}{2\mu}\sigma_{ij}+\lambda_{ij}\right)\delta\sigma_{ij}+\left(\lambda_{ii}-\frac{3p}{2\mu}+\pi\right)\delta p+\lambda\frac{\partial\delta\rho}{\partial t}\right.$$
$$\left.+\left[-(\lambda u_k)_{,k}+\lambda u_{k,k}-\pi\frac{\kappa}{\rho_0}\right]\delta\rho\right\}d\tau$$

$$+\iiint_{\tau}\left\{\delta\lambda_{ij}\left[\sigma_{ij}+p\delta_{ij}+\frac{2}{3}\mu u_{k,k}\delta_{ij}-\mu(u_{i,j}+u_{j,i})\right]\right.$$

$$\left.+\delta\lambda\left[\frac{\partial\rho}{\partial t}+(u_k\rho)_{,k}\right]+\delta\pi\left[p-\left(\frac{\rho}{\rho_0}-1\right)\kappa\right]\right\}d\tau$$

$$+\iint_{\Gamma_s}\left\{\delta\mu_i u_i+\left(\mu_i-pn_i+\lambda\rho n_i+\frac{2}{3}\mu\lambda_{kk}n_i-\mu\lambda_{ij}n_j\right)\delta u_i\right\}dS$$

$$+\iint_{\Gamma_\sigma}\left\{-pn_i+\lambda\rho n_i+\frac{2}{3}\mu\lambda_{kk}n_i-\mu\lambda_{ij}n_j-\bar{f}_i\right\}\delta u\,dS$$

$$+\iint_{\Gamma_u}\left\{\delta\eta_i(u_i-\bar{u}_i)+\left(\eta_i-pn_i+\lambda\rho n_i+\frac{2}{3}\mu\lambda_{kk}n_i-\mu\lambda_{ij}n_j\right)\delta u_i\right\}dS$$

(8.4)

驻值条件 $\delta\Pi^*_{PC}=0$ 给出下列欧拉方程

$$\rho\frac{\partial u_i}{\partial t}+\rho u_k u_{i,k}-\rho\bar{F}_i+\rho_{,i}\lambda+p_{,i}-(\lambda\rho)_{,i}-\frac{2}{3}\mu\lambda_{kk,i}+2\mu\lambda_{ij,j}=0$$

(8.5a)

$$\frac{1}{2\mu}\sigma_{ij}+\lambda_{ij}=0 \tag{8.5b}$$

$$\lambda_{ii}-\frac{3}{2}\frac{p}{\mu}+\pi=0 \tag{8.5c}$$

$$-(\lambda u_k)_{,k}+\lambda u_{k,k}-\pi\frac{\kappa}{\rho_0}=0 \tag{8.5d}$$

$$\sigma_{ij}=-p\delta_{ij}-\frac{2}{3}\mu u_{k,k}\delta_{ij}+\mu(u_{i,j}+u_{j,i}) \tag{8.5e}$$

$$\frac{\partial\rho}{\partial t}+(u_k\rho)_{,k}=0 \tag{8.5f}$$

$$p-\kappa\left(\frac{\rho}{\rho_0}-1\right)=0 \tag{8.5g}$$

$$\lambda=0 \tag{8.5h}$$

也给出下列自然边界条件：

$$u_i=0 \qquad (\Gamma_s) \tag{8.6a}$$

$$\mu_i-pn_i+\lambda\rho n_i+\frac{2}{3}\mu\lambda_{kk}n_i-2\mu\lambda_{ij}n_j=0 \qquad (\Gamma_s) \tag{8.6b}$$

$$-pn_i+\lambda\rho n_i+\frac{2}{3}\mu\lambda_{kk}n_i-2\mu\lambda_{ij}n_j-\bar{f}_i=0 \qquad (\Gamma_\sigma) \tag{8.6c}$$

$$u_i - \bar{u}_i = 0 \qquad (\Gamma_u) \tag{8.6d}$$

$$\eta_i - pn_i + \lambda\rho n_i + \frac{2}{3}\mu\lambda_{kk}n_i - 2\mu\lambda_{ij}n_j = 0 \qquad (\Gamma_u) \tag{8.6e}$$

从(8.5d, h),(8.5b),(8.5c),(8.6b, e),我们求得

$$\left.\begin{aligned} &\lambda = \pi = 0,\ \lambda_{ij} = -\frac{1}{2\mu}\sigma_{ij},\ \lambda_{ii} = \frac{3p}{2\mu} \\ &\mu_i = \sigma_{ij}n_j,\ \eta_i = \sigma_{ij}n_j \end{aligned}\right\} \tag{8.7}$$

(8.5a),(8.5e)分别给出

$$\left.\begin{aligned} &\rho\frac{\partial u_i}{\partial t} + \rho u_k u_{i,k} - \rho\bar{F}_i - \sigma_{ij,j} = 0 \\ &\sigma_{ij} = -p\delta_{ij} - \frac{2}{3}\mu u_{k,k}\delta_{ij} + \mu(u_{i,j} + u_{j,i}) \end{aligned}\right\} \tag{8.8a, b}$$

由于 $\lambda = \pi = 0$,(8.5f, g)仍保持为约束条件. 自然边界条件为

$$u_i = 0 \qquad (\Gamma_s),\ \sigma_{ij}n_j - \bar{f}_i = 0 \qquad (\Gamma_\sigma),\ u_i = \bar{u}_i \qquad (\Gamma_u) \tag{8.9a, b, c}$$

把(8.7)代入 Π_{PC}^* (8.1),得广义变分原理的泛函

$$\begin{aligned} \Pi_{PC}^* = {} & \Pi_{PC} - \frac{1}{2\mu}\iiint_\tau \sigma_{ij}\left[\sigma_{ij} + p\delta_{ij} + \frac{2}{3}\mu u_{k,k}\delta_{ij} - \mu(u_{i,j} + u_{j,i})\right]\mathrm{d}\tau \\ & + \iint_{\Gamma_s}\sigma_{ij}n_j u_i \mathrm{d}S + \iint_{\Gamma_u}\sigma_{ij}n_j(u_i - \bar{u}_i)\mathrm{d}S \end{aligned} \tag{8.10}$$

其中 Π_{PC} 见(7.11),(7.12)式.

这里很易看到,对于约束条件(8.5f, g)而言,Π_{PC}^* 仍没有解除,所以,是一种临界状态[7].

可压缩粘性流体的流动问题的广义变分原理:

在满足(1) 连续方程(2.7)式,(2) 液体物态方程(2.10)式两个条件的一切 $\boldsymbol{\sigma}_{ij}$, $\boldsymbol{u}_i$, $\boldsymbol{p}$, $\boldsymbol{\rho}$ 中,其使 $\boldsymbol{\Pi}_{PC}^*$(8.10)式为驻值的 $\boldsymbol{\sigma}_{ij}$, $\boldsymbol{u}_i$, $\boldsymbol{p}$, $\boldsymbol{\rho}$,必为可压缩粘性流问题的正确解.

为了进一步解除连续方程和物态方程的约束(临界约束),我们可以采用高阶拉氏乘子法[7].

新的泛函可以写成

$$\Pi_{G\lambda(粘)} = \Pi_{PC}^* + \iiint_\tau \lambda\left[\frac{\partial\rho}{\partial t} + (u_k\rho)_{,k}\right]\left[p - \kappa\left(\frac{\rho}{\rho_0} - 1\right)\right]\mathrm{d}\tau \tag{8.11}$$

Π_{PC}^{*} 见(8.10)式.很易证明,变分后的自然条件是可压缩粘性流体力学问题的一切方程和边界条件,而 $\lambda \neq 0$ 则是一个任选的标量.

可压缩粘性流体的流动问题的更一般的广义变分原理:

凡使 $\Pi_{G\lambda(粘)}$ 为驻值的 ρ, p, u_i, σ_{ij},必为可压缩粘性流体流动问题的正确解.

参考文献

[1] Lin C C (林家翘), Rubinow L. On the flow behind curved shocks. Journal of Mathematics and Physics, 1948,27:105-129.

[2] Skobeikin V I. Variational principles in hydrodynamics. Soviet Physics, JETP, 1957,4(1): 68-71.

[3] Guderley K G. An extremun principle for three dimensional compressible inviscid flows. SIAM, Journal of Applied Mathematics, 1972,23(2): 259-275.

[4] Morice P. Un Principe Variational et ume Methode de Resolution Numerigue par Elemente Finis pour des Ecoulements Avec, Frontiers, Libres. Paper presented at XIII Symposium of Dynamics of Fluids, Kortawo, Poland, Sept(1977).

[5] Manwell A R. A variational principle for steady honenergie compressible flow with finite shocks. Wave Motion, 1980,2: 83-95.

[6] Hafez M, Lovell D. Numerical solution of transonic stream function equation. AIAA Journal, 1983,21(3).

[7] 钱伟长.高阶拉氏乘子法和弹性理论中更一般的广义变分原理.应用数学和力学,1983,4(2): 137-150.

Variational Principles and Generalized Variational Principles in Hydrodynamics of Viscous Fluids

Abstract In this paper, the variational principles of hydrodynamic problems for the incompressible and compressible viscous fluids are established. These principles are principles of maximum power lossed. Their generalized variational principles are also discussed on the bases of Lagrange multiplier methods.

亦论广义变分原理与无条件变分原理
——就本题答胡海昌先生

摘　要　本文就胡海昌先生提出的：(1) 变分原理的边界(约束)条件算不算约束；(2) 关于广义变分原理的命名的争论，进行了详细的答复.

一、变分原理的边界约束条件算不算约束？

近年来，胡海昌先生在力学学报[1]、固体力学学报[2]发表的文章和在北京[3]、上海[4]等地[5-7]的讲稿中，在什么叫变分(约束)条件、无条件变分原理以及广义变分原理的名称上，提出了许多我们不能同意的观点. 作者认为阐明这些名称的真正含义，对广大读者是有益的.

他在讲稿中有下列一段话，这段话也就是固体力学学报发表的文章[2]的第二段：

"有无条件是一个古老的数学概念，指的是变分式中的自变函数事前要不要满足某种条件(不包括函数的连续性、可导性、可积性等一系列定性的要求，有时甚至不包括边界条件，见文献[3]第21页，即本文参考文献[8]). 如果在某变分式中，自变函数事前不用满足什么条件，那么它就叫做无条件的变分式. 反之则叫做有条件的变分式. 有无条件既然是一个古老的数学概念，我们最好尊重数学家的'首创权'，不要改变这个形容词的含义."(文下边的"·"是本文作者加的"·"，下文同.)

胡海昌先生的专著(1981)[8]的第21页是怎样写的呢？原文是："自变函数首先必须使给定的泛函有意义，其次还要满足一部分边界条件，不过这些条件是很容易满足，以致人们往往不把它们看作是一种条件. 本章以后几节所讲的条件驻立值问题，是指还有除上述两种条件以外的其他条件."

对于"变分式中的自变量函数事前要不要满足某种条件"来区分有条件和无条件变分，本文作者和胡海昌先生并无分歧. 这大概算是"一个古老的概念". 但是，胡海昌先生认为这些条件"有时甚至不包括边界条件". 如果有无条件是胡海昌先生在这里所说的那"一个古老的数学概念"，即用"很容易满足"和不"很容易满足"来

原载《固体力学学报》，1984，(3)：451－468.

区分无条件和有条件，实在难于苟同. 如果说这是胡海昌先生首创的“全新”的数学概念，尚无不可. 可惜很难得到大家的承认.

现在让我们引用一下手头找得到的大家所公认的资料来说明胡海昌先生的“首创”和“古老的数学概念”之间，有着多么严重的差别.

Courant 和 Hilbert(1924)[9]在他们的名著《数学物理方法》英译本(1953)第一卷第 233 页上有这么一段关于变分自然条件和约束的定义的话：

“我们将称变分为零的必要条件(如欧拉方程和自然边界条件)为自然条件，事先强加的辅助条件和边界条件为约束”(文字下有“·”作者在原文中是斜体字.)

这就指出了，凡是事先一定要满足的边界条件，不论它们“很容易满足”或不“很容易满足”，都是变分的约束条件. Courant-Hilbert 这本名著，有英、法、俄、日各种文字的译本，在国际上风行了近 60 年，它的“数学概念”总不能说不“古老”的了，但和胡海昌先生的“首创权”，显然是背道而驰的.

这种概念在最近是不是有可能有所变化呢？据本文作者所知，除了胡海昌先生的独创而外，的确没有什么变化. 例如 Lee. A. Segel (1977)[10] 和 O. C. Zienkienwicz (1977)[11]的著作中都有专章专节说明这个问题. 他们都指出：一个泛函的自变量函数在变分中必须要满足若干事先规定的约束条件(Constraint Conditions)，其中包括事先规定的若干约束边界条件(Constraint Boundary Conditions). 在变分驻值问题中，导出欧拉方程和一些从变分中自然而然得到的自然边界条件(Natural Boundary Conditions). 欧拉方程是这些自变量函数的微分方程. Segel 在他的著作的 469 页第四行中明确指出，我们在求解这些微分方程时，必须用到事先规定的约束边界条件和变分中得到的自然边界条件.

约束边界条件各家有不同的名称：

(1) 事先规定的边界条件(Prescribed Boundary Condition)，见 Segel (1977) 469 页第四行.

(2) 强迫边界条件(Forced Boundary Condition)，见 O. C. Zienkienwicz (1977)48 页第 3.3 节，80 页第 3.13.2 节和 81 页第 6 行等处).

总之，边界条件确有两种，即事先规定自变量函数必须满足的强迫边界条件(或约束边界条件)和事先无需满足而在变分后自然而然导出的自然边界条件. 强迫边界条件和自然边界条件是按事先“要不要满足”来区分的，而不是按“容易不容易满足”来区分的.

也许胡海昌先生会辩论说：他并没有说这种有强迫边界条件的变分问题不是“条件驻立值”问题，不过因为这种条件很易满足，所以根据“古老的数学概念”和“数学家的首创权”，就不包括在条件驻值的问题以内了. 如果谁要包括在内，就是“不尊重数学家的首创权”，就是改变了古老的数学概念对于有无条件的形容词的含义.

现在让我翻译一段 O. C. Zienkienwicz (1977) 80—81 页上的原文来驳斥这种谬论：

“我们已经指出，只要选择试用函数 ϕ 使强迫边界条件

$$C(\phi)=\phi-\overline{\phi}=0 \qquad \text{“(3.134)”}$$

在 Γ_ϕ 上得到满足，则变分原理

$$\Pi=\int_\Omega\left[\frac{1}{2}k\left(\frac{\partial\phi}{\partial x}\right)^2+\frac{1}{2}k\left(\frac{\partial\phi}{\partial y}\right)^2-Q\phi\right]\mathrm{d}\Omega-\int_{\Gamma_q}\overline{q}\phi\mathrm{d}\Gamma \qquad \text{“(3.72)”}$$

(的变分驻值条件)就能确定热传导问题控制方程和自然边界条件”.

“上述强迫边界条件也可以看作为原题的一个约束，我们可以把约束变分原理(Constraint Variational Principle)写成

$$\overline{\Pi}=\Pi+\int_{\Gamma_\phi}\lambda(\phi-\overline{\phi})\mathrm{d}\Gamma \qquad \text{“(3.135)”}$$

其中 Π 见“(3.72)”.

Zienkienwicz 接着通过变分驻值的运算，导出了 Ω 中的热传导方程“(A178)”和边界 Γ_ϕ，Γ_q 上的边界条件“(A197)”，“(A180)”以及识别 λ 的关系

$$\lambda=-k\frac{\partial\phi}{\partial n} \qquad \text{“(3.140)”}$$

他接着写道：“完成了乘子的物理识别，拉氏变量的识别导致了修正变分原理(Modified Variational Principle)的确立，这个修正变分原理(的泛函)就是用业已识别的量代替 λ 得到的”.

“我们就可以把上述例子的新的原理写成

$$\overline{\Pi}=\Pi+\int_{\Gamma_\phi}k\frac{\partial\phi}{\partial n}(\phi-\overline{\phi})\mathrm{d}\Gamma \qquad \text{“(3.141)”}$$

其中 Π 仍由(3.72)给出，但 ϕ 并不再受任何边界条件的约束”.

“陈、梅(1974)[12]和 Zienkienwicz 等(1977)[13]曾进一步推广使用了这类原理.鹫津(1975)[14]曾讨论了在结构力学中的许多应用，读者可以核实，‘(3.141)’所表达的变分原理，导致所处理问题的一切边界条件的自动满足.”

Zienkienwicz 所说的“约束变分原理”就是胡海昌先生所说的“条件驻立值问题”，而且明确只处理一个强迫边界条件的约束问题，并没有涉及任何胡海昌先生所独创规定的其他约束条件.

胡海昌先生认为自变量函数的约束条件并“不包括函数的连续性、可导性、可积性等一系列定性的要求”一事，也是值得商榷的.

Zienkienwicz (1977)[11]的第十二章"弹性能量原理的拉氏约束条件.全场法(Complete Field Method)和间界面变量法(Interale Variable Method)即杂交元法(Hybrid Method)"对于这个问题有较详细的说明和讨论.全场法指整个积分区域作为一个完整区域来处理,在这个区域内,自变量函数一般有连续性、可导性、可积性等一系列定性要求;它们在早期的偏于数学理论的变分法书籍(如 A. R. Forsyth (1927)[16],(G. A. Bliss (1946)[16])中,都有较细的说明和讨论,但在近期的偏于应用的书籍(如 Zienkienwicz (1977)[11]第 46,47 页,Segel (1977)[10]第 462 页)中,只有一些简略的讨论,他们常把这种要求用函数的光滑性(Smoothness)或足够光滑(Sufficient Smooth)来表示.显然人们认识到函数足够光滑是一种约束条件.但迄今为止并没有人认真研究怎样来消除这种约束.甚至在全场法处理整个积分域的变分问题时常常略而不谈这个问题.胡海昌在他的不少著作中,在不少地方也是不提的,其实这是人人皆知的问题,不认真提及并不表示问题的不存在,只是因为人人都知道,不提也不要紧.但他们仍然是自变量函数的变分约束.这和胡先生公开认为变分约束中"不包括函数的连续性、可导性、可积性等一系列定性的要求"这种"古老的数学概念",毫无相同之处.在有限元计算中,间界面上的函数连续要求就显得特别重要,首先把这些函数在有限元间界面的连续要求作为变分约束条件处理的,就是美国麻省理工大学的卞学镄教授(1969～1972)[17, 18, 10].他的拉氏乘子是间界面座标的函数,他称用这种间界面函数的条件变分原理为"杂交元法".Zienkienwicz (1977)称之为"间界面函数法".本文作者在最近也曾用识别了的拉氏乘子法(Identitied Lagrange Multiplier Method)处理了同一问题.分别在美国大西城的杂交元国际会议(1981)[20]上和合肥国际有限元工作会议(1981)[21]上发表过两次报告.

总之,自变量函数的定性性质在原则上也是一种约束条件,至于需不需要用约束变分原理来处理,则完全看有没有实用价值而定.在全场法,一般都用在连续性的函数进行近似,这个条件就不是一个很有实用价值的问题.因此,长期以来,无人问津.但在有限元法中,在用界面函数法时,界面处的连续条件就成为一个很有实用价值的问题,从而就有大批人对这个约束变分问题进行研究.算不算约束条件和有没有人去处理这种约束条件的变分原理是两回事.不能因为无人问津,就强迫大家说连约束条件都不算了.正因为如此,我们对全场法的问题中,忽视有关自变量函数定性性质的约束条件,而称不再有其他约束条件(包括约束边界条件)的变分问题为完全无条件的变分原理,是无可厚非的.

二、答胡海昌先生挑起的关于广义变分原理命名的争论

本文作者从来就认为广义变分原理都是无条件变分原理,但从来没有认为一切无条件变分原理都是广义变分原理,正如素数都是整数,而整数不一定都是素数

的道理一样，是合乎正常人的逻辑的. 我在(1979)的文章[22]和(1980)的著作[23]中是这样写的：

“凡是全部变分条件都消除了的变分原理称为完全的广义变分原理，或简称广义变分原理，实际上是完全无条件的变分原理”.

“广义变分原理在实质上就是把有条件的变分泛函用拉格朗日乘子法化为无条件的泛函的变分原理.”

我现在还是这样看！但是，胡海昌先生为什么要提出这个问题呢？他提出了两条重要理由：

(1) 理由一：在胡海昌先生(1983)[4]中说：“胡鹫变分原理把具有直接的力学意义的三类量都看作为独立的自变函数，而变分式反映了弹性力学中的连续、应力应变关系和平衡三大基本规律，因此胡鹫变分原理是弹性力学中最一般的变分原理，其他的变分原理(包括 Hellinger-Reissner 原理在内)都是它的特殊情况”.

(2) 理由二，“在鹫津(1975)[4]的用词中，广义变分原理专指别人所叫胡鹫原理”. 也见胡海昌(1983)[4]第 2 页.

其实他提出的两条道理，没有一条是站得住脚的.

第一条理由的不成立，业已在一篇文章(1983)[24]详细证明，其结论是：“通过待定的拉格朗日乘子法证明了胡鹫原理的三类变量之间并不独立，应力应变关系仍然是应力和应变之间应该首先满足的变分约束条件. 这个变分原理只是在形式上有应力、应变、位移三类变量，在实际上，这些变量中只有两类是独立的……也证明了胡鹫原理并不是三类变量都独立的和没有任何约束条件的完全的变分原理，而是一个以应力应变关系为变分约束条件的变分原理. 在应力应变关系的变分约束条件下，我们证明了 Hellinger-Reissner 原理和胡鹫原理的等价定理”.

理由二也是不成立的. 胡海昌(1983)[4]所说：“在鹫津用词中(1975)[14]，广义变分原理专指别人所叫胡鹫变分原理”. 显然胡海昌歪曲了鹫津的原意，因为在鹫津(1975)[14]原著第 2.3 节(31，32，33，34 页)的标题就是“最小位能原理的普遍化(Generalization of ...)”，以后本节文字中有“普遍化了的原理(Generalized Principle)字样，从上下行文看，这是指最小位能原理普遍化了的结果，这里并没有把“普遍化的原理”一词专门用来“指别人所叫胡鹫变分原理”的意义. 为了说明这是胡海昌在歪曲鹫津的原意，我现在把鹫津(1975)[14]第 32 页一段话逐字译出作为见证：

“我们现在即将证明，上述(2)和(3)的假定所讲的辅加条件可以引用拉氏乘子放入变分式的框架中去，从而最小位能原理得以普遍化. 引进九个拉氏乘子 σ_x，σ_y，…，τ_{xy} 和 p_x，p_y，p_z，它们是分别定义在 V 中和在 S_2 上的，普遍化了的原理可以表达如下.”

这里还应指出，根据鹫津(1975)[14]同页，假定(2)为应变位移规定，或应变的协调条件.假定(3)为位移的边界条件.请读者注意,这里没有消除应力应变关系.

即使 Generalized 可以译成“广义化了的”,甚至把 Generalized Principle 简译成“广义原理”,鹫津也没有把“广义原理”作为胡鹫原理的专用词,而只是说这个胡鹫原理是最小位能原理的“广义化了”的原理,或简化为“最小位能原理的广义原理”,或用胡海昌曾在(1954)的论文[25]中那样,称之为“广义位能原理”.这样做不正是“把有条件的变分泛函用拉氏乘子化为无条件的泛函数变分原理”吗?正如鹫津那样,我们把其他有条件的变分原理用拉氏乘子化为无条件的变分原理,而称这种较普遍化的变分原理为某一问题的广义变分原理,又有什么不能这样做的理由呢?

到现在为止,胡鹫原理被专用地称为广义变分原理的恐怕只有胡海昌先生一人.其实胡海昌先生在 1954 年[15]时,还是把它称为广义位能原理的,只是到 1983 年初[4],才提出“广义变分原理专指别人所叫的胡海昌鹫津一郎变分原理”的.

最后谈一谈胡海昌先生提出的关于“广义变分原理和无条件变分原理”的关系和名词的争论问题.他在 1983 年[4]中提出:

“在讨论变分原理和有限元素法的许多文献中,常常出现‘广义变分原理’和‘无条件变分原理’这样两个名词,在不同的文献中,例如在专著‘[1]～[3]’中,这两个名词有不同的含义”.见[4]中第一句.文中[1]～[3]即为本文[14]、[23]、[8].

“广义变分原理英文叫做 Generalized Variational Principle,在 Hellinger 的文章标题中的 allgemine Ansatz 是否相当于英文的 generalized Principle,在国内难于查证,即使起源于 Hellinger,广义变分原理也是本世纪才首先在弹性力学使用的新名词.它是一个力学概念,因而它可以由全世界的力学工作者商定一个公认的含义”(见[4]第 12 页,或[2]第三段).

“钱伟长先生则把广义变分原理等价于无条件变分原理”(见[4]第 2 页).

“Hellinger-Reissner 和胡海昌鹫津久一郎两种变分原理,从数学上看都属于无条件的变分原理,是不是所有无条件变分原理都是广义变分原理?不一定”(见[4]第 2 页),还举了三个例子(也见[27]).

胡海昌先生硬派我是“把广义变分原理等价于无条件变分原理”的.在这一点,我不仅在(1980)[23]的专著里没有说过,就是其他我写的著作里也从未说过.我虽然说过广义变分原理都是无条件变分原理,但从来没有认为“所有无条件变分原理都是广义变分原理”.这也是胡海昌先生硬加于我的.胡海昌先生在这篇文章里还引了我讲的两句话,作为把广义变分原理等价于无条件变分原理的证据.这两句话是“凡是把全部变分条件都消除了的变分原理,称为完全的广义变分原理,或简称广义变分原理;实际上是完全无条件的变分原理”.又说“广义变分原理在实质上就是把有条件的变分原理用拉格朗日乘子法化为无条件的泛函变分原理”.这里正说明了我并不曾“把所有无条件变分原理都是广义变分原理”,而只是“把有条件的变分原理用拉氏乘子法化为无条件的泛函的变分原理”称为“广义变分原理”,而且明确地说应该是某一问题的(即原来是有条件的变分原理的)广义变分原理. 例如,胡鹫原理充其量可以叫做为"最小位能原理的广义变分原理". 那些原来就是没有变分约束的变分原理也是无条件的变分原理,当然没有人会叫它是普遍化了的变分原理,或广义变分原理的. 奇怪的是胡海昌先生在两年前的著作中(1980)[8],在这个问题上和我的观点还是相同的. 例如,在该书384页上,胡海昌先生是这样说的:"Hellinger和Reissner先后推广最小余能原理,得到了以应力和位移为自变量函数的无条件变分原理,后来这个变分原理便经常叫做Hellinger-Reissner变分原理. 匡震邦,钱伟长,Hlavacek先后指出,推广这一类广义变分原理的最简单的办法是用拉格朗日乘子". 在这里,胡海昌先生还承认Hellinger-Reissner是"一类广义变分原理",还没有把广义变分原理专利地用给胡鹫原理一家,但是两年以后,就说什么"allgemine Ansatz是否相当于英文的generalized Principle在国内难以查证"了.

对胡鹫原理的名称,据我调查有下列各种:

(1) 混合变分原理(Mixed Variational Principle),见Zienkienwicz (1977)[11]第308页最后一行,12.2.2节的标题. 也见Atluri等(1983)[27].

(2) 修正位能原理(Modified Potential Energy Principle),见卞学镄、董平(1973)[19]的文章. 美国一般都称修正的什么什么变分原理,也见Zienkienwicz (1977)[11]的第82页.

对于"无条件的变分原理",有时也称"自然变分原理"(Natural Variational Principle),见Zienkienwicz (1977)[11]第88页第5行.

在国外,除了Hellinger外,很少称这类消除的约束条件的变分原理为广义变分原理.

当然称什么变分原理,各人都有自由的观点,在没有统一的认识时,谁也不必强求一致,同时还应该尊重不同的意见.

参考文献

[1] 胡海昌. 略论Hellinger-Reissner和胡海昌鹫津久一郎两种广义变分原理的联系. 力学学报,1983,(3).

[2] 胡海昌. 广义变分原理与无条件变分原理. 固体力学学报,1983,(3): 462-463.

[3] 胡海昌. 弹性力学变分原理简介. 北京市力学学会印,1982年10月(共45页).

[4] 胡海昌. 关于广义变分原理的几个问题. 上海市力学学会印,1983年1月(共15页).

[5] 胡海昌. 弹性力学变分原理简介. 湖北省暨武汉市力学学会、武汉水利电力学院印,1983年6月(共38页).

[6] 胡海昌. 弹性力学变分原理简介. 广东省力学学会印,1983年3月.

[7] 胡海昌. 弹性力学变分原理简介(内容同[3]). 合肥科技大学,1983年3月.

[8] 胡海昌. 弹性力学的变分原理及其应用. 北京: 科学出版社,1981.

[9] Courant R, Hilbert D. Methods of Mathematical Physics. First English Edition (1953),

Translated and Relised from the German Original (1924), vol I, Interscience Publishers, Inc. New York, USA.

[10] Lee A Segel. Mathematies Applied to Continuum Mechanics. Mac-Millan Co. , 1977.

[11] Zienkienwicz O C. The Finite Element Method. 3rd ed, Mc Graw-Hill, 1977.

[12] Chen H S, Mei C C. Oscillations and water forces in an offshore harbour. Ralph, M. Parsons Laboratory for Water Resources and Hydodynamics, Report 190, Cambridge Mass, USA, 1974.

[13] Zienkienwicz O C, Kelly D W, Battess P. The coupling of the finite element method and boundary solution procedures. Int J Numerical Methods in Engineering, 1977, 11: 355 - 375.

[14] Washizu K. Variationae Method in Elastieily and Plasticily. 1st ed. 1968, 3rd ed. 1975, Pergamon Press.

[15] Forsyth A R. Calculus of Variations. Cambridge Press, 1927.

[16] Bliss G A. Lectures on the Calculus of Variations. Univ of Chicago Press, 1946.

[17] Pian T H H (卞学镄), Tong P (董平). Basis of finite element methods for solid continuum. Int J Numerical Math Eng. 1969,1(3): 28.

[18] Pian T H H(卞学镄). Hybrid Models in Numerical and Computer Methods in Applied Mechanics (eds. S. J. Fenves, et al), Academic Press, 1971.

[19] Pian T H H (卞学镄), Tong P (董平). Finite element methods in continuum mechanics. Advance in Applied Mechanics (eds, Chia-Shun Yeh). Vol 12. , 1973:1 - 58.

[20] Chien W Z (钱伟长). Incompatible plate elements based upon generalized variational principles//Hybrid and Mixed Finile Element Methods (eds by A. N. Atluri. R. H. Gallagher, O. C. Zienkienwicz), 381 - 404 (1983), John Wiley and sons, New York, USA, 1983: 381 - 404.

[21] Chien W Z (钱伟长). Incompatible elements and generalized variational principles//Proc of Symposium on Finite Element Method. Beijing: Science Press and New York: Gordon and Breach Science Publ, 1982: 252 - 329.

[22] 钱伟长. 弹性理论中广义变分原理的研究及其在有限元计算中的应用. 力学与实践, 1979,(1): 16 - 24;(2): 18 - 27;机械工程学报,1979,15(2): 1 - 23.

[23] 钱伟长. 变分法和有限元. 上册. 北京: 科学出版社,1980.

[24] 钱伟长. 再论弹性力学中的广义变分原理——就等价定理问题和胡海昌同志商榷. 力学学报,1983,(4): 325.

[25] 胡海昌. 论弹性体力学与受范体力学中的一般变分原理. 物理学报. 1954,10(3): 259.

[26] Hellinger E. Die allgemeine Ansatz der Mechanik der Kontinua. Encyclopadie der Mathematischen Wissenschaften, 1914,4(4): 602.

[27] Atluri S N, Tong P, Murakawa H. Recent studies in hybrid and mixed finile element methods in mechanics. Hybrid and Mixed Finile Element Methods, Edited by S. N. Atluri, R. H. Gallaghar, and O. C. Zienkienwicz, 1983: 53.

Also on Generalied Variational Principle and Non-conditional Variational Principle — Answers to Mr. Hu Hai-chang concerning the above problems

Abstract In this paper, detailed answers are given to Mr. Hu Hai-chang concerning the controversy whether or not the boundary conditions principles are constraints and how to understand the terminology of generalized variational principle.

弹性理论中各种变分原理的分类

摘　要　本文按弹性理论中各种变分原理的约束条件的不同，对所有变分原理进行分类. 我们在前文[4]中业已指出，应力应变关系这样的约束条件是不能用拉氏乘子法解除的. 剩下的可能约束条件共有四种：(1) 平衡方程，(2) 应变位移关系，(3) 边界外力已知的边界条件，和(4) 边界位移已知的边界条件. 弹性理论的各种变分原理中，有的只有一种约束条件，有的有两种或三种，最多只能有四种约束条件. 这样一共可能有15种变分原理，但是每种变分原理既可以用应变能 A 表示，又可以用余能 B 表示. 这样，我们一共应有30种形式完全不同的变分原理，我们全部列出了这三十种形式的变分原理.

一、引　言

胡海昌(1981)[1]，(1983)[2]曾“按照变分法所反映的客观规律进行分类”，把弹性力学平衡问题的变分原理划分为11类，其中有第6、第11两类，是“目前还未搞出来”的.

胡海昌的分类有两方面的缺点，(1) 胡氏误认为胡海昌-鹫津久一郎变分原理是一个完全解除了约束条件的广义变分原理，其实应力应变关系仍为胡-鹫原理的约束条件(证明见钱伟长(1983)[3]，[4]). 本文作者曾证明[4]，不论海林格-赖斯纳原理，或是胡-鹫原理，或是其他原理，人们都无法通过线性拉氏乘子法，解除应力应变关系的变分约束条件. 胡氏分类法中，把应力应变关系看作为“变分原理所(可能)反映的客观规律”看待，就是承认我们有办法消除这类约束的. 胡氏的分类法就是建立在这种错误的认识基础上的，无怪按胡氏的分类中，会出现“目前还未搞出来”的两大类变分原理这样的怪事. (2) 胡氏把变分所得的自然条件分为三类，即平衡条件、连续条件和应力应变关系三种. 称之为“变分原理所反映的客观规律”. 除了应力应变关系不可能按线性拉氏乘子法化为自然条件从而使它被当作自然条件不合理外，胡氏把平衡方程和外力已知边界条件都归入平衡条件一类，应变位移关系和位移已知边界条件都归入连续条件一类，这样就排除了平衡方程和位移已

原载《应用数学和力学》，1984，5(6)：765－770.

知边界条件作为约束条件,应变位移关系和外力已知的边界条件作为自然条件的一类变分原理,也排除了应变位移关系和外力已知边界条件作为约束条件,平衡方程和位移已知边界条件作为自然条件的一类变分原理. 还有一些不完全的广义变分原理也排除在这种分类之外.

本文按泛函所受的变分约束条件的不同来分类. 在这种分类的结果中,一切都有明确泛函表达式,没有出现像胡氏分类法中那些"目前还未搞出来"的情况.

二、按变分约束条件分类

本文将对弹性理论中各种变分原理按变分约束条件来进行分类. 我们可以看见:

(1) 所有各种变分原理,除了采用高阶拉氏乘子法求得的更一般的广义原理外,在变分时,泛函都受到应力应变关系的约束(见[4]).

(2) 在受到应力应变关系约束的上述各种变分原理中,只涉及剩下的四个物理条件,即

(a) 平衡方程 $\sigma_{ij,j}+\overline{F}_i=0$ (在 τ 中) (1)

(b) 应变位移方程 $e_{ij}-\frac{1}{2}(u_{i,j}+u_{j,i})=0$ (在 τ 中) (2)

(c) 外力已知边界条件 $\sigma_{ij}n_j-\overline{p}_i=0$ (在 S_p 上) (3)

(d) 位移已知边界条件 $u_i-\bar{u}_i=0$ (在 S_u 上) (4)

(3) 在受到应力应变关系的上述变分原理中,设尚有 n 个约束条件和设由变分导出的自然条件为 m 个,则

$$n+m=4 \tag{5}$$

(4) 在泛函内,不论应用应变能密度或用余能密度表示,只要所受约束条件相同,变分导出的自然条件也必相同,而这两者的变分泛函一定等价.

除 $n=4$ (即全部都是约束条件)外,其他一共有 $n=3$ 的 4 种,$n=2$ 的 6 种,$n=1$ 的 4 种,$n=0$ 的 1 种,共 15 种不同约束条件的泛函. 每一种泛函都有用应变能密度表示和余能密度表示两种表示方法,但这两种表示法都是一一等价的. 所以,在受到应力应变关系约束的变分原理中,理论上共有 30 种不同的泛函,其中有一半用应变能密度表示,一半用余能密度表示. 例如海林格-赖斯纳变分原理(Π_{HR})和胡-鹫原理(Π_{HW})就是除了应力应变关系的约束外,不再受有任何其他约束($n=0$)的广义变分原理,而且又是相互等价的变分原理. 最小位能原理(Π_P)除了应力应变关系的约束外,还受有(b) 应变位移关系和(d) 位移已知边界条件的两种约束的,并以应变能密度表示的变分原理,$n=2$. 最小余能原理的 n 也等于

2,但所受约束不同,它除了应力应变关系外,还受有(a) 平衡条件和(c) 外力已知的边界约束条件. 为了简单标明各种不同的变分原理,我们用 5 标号法. 第一标号在泛函标号 Π 的右上角,或为 P 或为 C, P 表示采用应变能密度的表达式, C 表示采用了余能密度的表达式,第 2, 3, 4, 5 标号写在右下角. 右下角的第一标号为 a 或 o, a 表示以平衡方程为约束, o 表示不以平衡方程为约束. 第二标号为 b 或 o, b 表示以应变位移关系为约束, o 表示不以应力应变关系为约束. 第三标号为 c 或 o, c 表示以外力已知边界条件为约束, o 表示不以外力已知边界条件为约束. 最后一个标号为 d 或 o, d 表示以位移已知边界条件为约束, o 表示不以位移已知边界条件为约束. 于是海林格-赖斯纳原理的泛函标号可以写成 Π^C_{oooo},而胡-鹫原理的泛函标号可以写成 Π^P_{oooo},最小位能的泛函标号为 Π^P_{obod},最小余能原理的标号为 Π^C_{aoco}.

根据这个标号原则,我们制成下列分类表,即表 1.

表 1　各种广义变分原理(其约束条件除应力应变关系外还有下列各项)

约束条件(除应力应变关系外)

(a) $\sigma_{ij,j}+\bar{F}_i=0$ (在 τ 内)　　(c) $\sigma_{ij}n_j=\bar{p}_i$ (在 S_p 上)

(b) $e_{ij}-\frac{1}{2}(u_{i,j}+u_{j,i})$ (在 τ 内)　　(d) $u_i=\bar{u}_i$ (在 S_u 上)

$A(e)=$ 应变能密度, $B(\sigma)=$ 余能密度

编号	标　号(原用标号)	变分原理泛函
1	Π^C_{oooo} (Π_{HR})	$\iiint_\tau\{B+(\sigma_{ij,j}+\bar{F}_i)u_i\}d\tau-\iint_{S_u}\sigma_{ij}n_j\bar{u}_i dS-\iint_{S_p}u_i(\sigma_{ij}n_j-\bar{p}_i)dS$
2	Π^P_{oooo} (Π_{HW})	$\iiint_\tau\left\{A-\sigma_{ij}\left(e_{ij}-\frac{1}{2}u_{i,j}-\frac{1}{2}u_{j,i}\right)-\bar{F}_iu_i\right\}d\tau-\iint_{S_u}\sigma_{ij}n_j(u_i-\bar{u}_i)dS-\iint_{S_p}\bar{p}_iu_i dS$
3	Π^C_{aooo}	$\iiint_\tau B(\sigma)d\tau-\iint_{S_u}\sigma_{ij}n_j\bar{u}_i dS-\iint_{S_p}u_i(\sigma_{ij}n_j-\bar{p}_i)dS$
4	Π^P_{aooo}	$\iiint_\tau(A-e_{ij}\sigma_{ij})d\tau+\iint_{S_u}\sigma_{ij}n_j\bar{u}_i dS+\iint_{S_p}u_i(\sigma_{ij}n_j-\bar{p}_i)dS$
5	Π^C_{oboo}	$\iiint_\tau(B-e_{ij}\sigma_{ij}+\bar{F}_iu_i)d\tau+\iint_{S_u}\sigma_{ij}n_j(u_i-\bar{u}_i)dS+\iint_{S_p}\bar{p}_iu_i dS$
6	Π^P_{oboo}	$\iiint_\tau(A-\bar{F}_iu_i)d\tau-\iint_{S_u}\sigma_{ij}n_j(u_i-\bar{u}_i)dS-\iint_{S_p}\bar{p}_iu_i dS$

续 表

编号	标　号 （原用标号）	变分原理泛函
7	Π^C_{ooco}	$\iiint_\tau \{B+(\sigma_{ij,j}+\bar{F}_i)u_i\}d\tau-\iint_{S_u}\sigma_{ij}n_j\bar{u}_i dS$
8	Π^P_{ooco}	$\iiint_\tau \{A-e_{ij}\sigma_{ij}-(\sigma_{ij,j}+\bar{F}_i)u_i\}d\tau+\iint_{S_u}\sigma_{ij}n_j\bar{u}_i dS$
9	Π^C_{oood}	$\iiint_\tau (B-\sigma_{ij}u_{i,j}+F_iu_i)d\tau+\iint_{S_p}\bar{p}_iu_i dS$
10	Π^P_{oood}	$\iiint_\tau \left\{A-\sigma_{ij}\left(e_{ij}-\frac{1}{2}u_{i,j}-\frac{1}{2}u_{j,i}\right)-\bar{F}_iu_i\right\}d\tau-\iint_{S_p}\bar{p}_iu_i dS$
11	Π^C_{aboo}	$\iiint_\tau (B-\sigma_{ij}e_{ij}-\sigma_{ij,j}u_i)d\tau+\iint_{S_u}\sigma_{ij}n_j(u_i-\bar{u}_i)dS+\iint_{S_p}\bar{p}_iu_i dS$
12	Π^P_{aboo}	$\iiint_\tau (A+\sigma_{ij,j}u_i)d\tau-\iint_{S_u}\sigma_{ij}n_j(u_i-\bar{u}_i)dS-\iint_{S_p}\bar{p}_iu_i dS$
13	Π^C_{aoco} （Π_C）	$\iiint_\tau B d\tau-\iint_{S_u}\sigma_{ij}n_j\bar{u}_i dS$
14	Π^P_{aoco}	$\iiint_\tau (A-e_{ij}\sigma_{ij})d\tau+\iint_{S_u}\sigma_{ij}n_j\bar{u}_i dS$
15	Π^C_{aood}	$\iiint_\tau B d\tau-\iint_{S_u}\sigma_{ij}n_ju_i dS-\iint_{S_p}u_i(\sigma_{ij}n_j-\bar{p}_i)dS$
16	Π^P_{aood}	$\iiint_\tau (A-e_{ij}\sigma_{ij})d\tau+\iint_{S_u}\sigma_{ij}n_ju_i dS+\iint_{S_p}u_i(\sigma_{ij}n_j-\bar{p}_i)dS$
17	Π^C_{obco}	$\iiint_\tau (B-e_{ij}\sigma_{ij}+\bar{F}_iu_i)d\tau+\iint_{S_u}\sigma_{ij}n_j(u_i-\bar{u}_i)dS+\iint_{S_p}\sigma_{ij}n_ju_i dS$
18	Π^P_{obco}	$\iiint_\tau (A-\bar{F}_iu_i)d\tau-\iint_{S_u}\sigma_{ij}n_j(u_i-\bar{u}_i)dS-\iint_{S_p}\sigma_{ij}n_ju_i dS$
19	Π^C_{obod}	$\iiint_\tau (B-e_{ij}\sigma_{ij}+\bar{F}_iu_i)d\tau+\iint_{S_p}\bar{p}_iu_i dS$
20	Π^P_{obod} （Π_P）	$\iiint_\tau (A-\bar{F}_iu_i)d\tau-\iint_{S_u}\bar{p}_iu_i dS$

续 表

编号	标　号（原用标号）	变分原理泛函
21	Π^C_{oocd}	$\iiint_\tau \{B+(\sigma_{ij,j}+\bar{F}_i)u_i\}\mathrm{d}\tau-\iint_{S_u}\sigma_{ij}n_ju_i\mathrm{d}S$
22	Π^P_{oocd}	$\iiint_\tau \{A-e_{ij}\sigma_{ij}-(\sigma_{ij,j}+\bar{F}_i)u_i\}\mathrm{d}\tau+\iint_{S_u}\sigma_{ij}n_ju_i\mathrm{d}S$
23	Π^C_{obcd}	$\iiint_\tau (B+\bar{F}_iu_i-\sigma_{ij}e_{ij})\mathrm{d}\tau+\iint_{S_p}\sigma_{ij}n_ju_i\mathrm{d}S$
24	Π^P_{obcd}	$\iiint_\tau (A-\bar{F}_iu_i)\mathrm{d}\tau-\iint_{S_p}\sigma_{ij}n_ju_i\mathrm{d}S$
25	Π^C_{aocd}	$\iiint_\tau B\mathrm{d}\tau-\iint_{S_u}\sigma_{ij}n_ju_i\mathrm{d}S$
26	Π^P_{aocd}	$\iiint_\tau (A-e_{ij}\sigma_{ij})\mathrm{d}\tau+\iint_{S_u}\sigma_{ij}n_ju_i\mathrm{d}S$
27	Π^C_{abod}	$\iiint_\tau (B-e_{ij}\sigma_{ij}-\sigma_{ij,j}u_i)\mathrm{d}\tau+\iint_{S_p}\bar{p}_iu_i\mathrm{d}S$
28	Π^P_{abod}	$\iiint_\tau (A+\sigma_{ij,j}u_i)\mathrm{d}\tau-\iint_{S_p}\bar{p}_iu_i\mathrm{d}S$
29	Π^C_{abco}	$\iiint_\tau (B-e_{ij}\sigma_{ij}-\sigma_{ij,j}u_i)\mathrm{d}\tau+\iint_{S_u}\sigma_{ij}n_j(u_i-\bar{u}_i)\mathrm{d}S+\iint_{S_p}\sigma_{ij}n_ju_i\mathrm{d}S$
30	Π^P_{abco}	$\iiint_\tau (A+(\sigma_{ij,j}u_i)\mathrm{d}\tau-\iint_{S_u}\sigma_{ij}n_j(u_i-\bar{u}_i)\mathrm{d}S-\iint_{S_p}\sigma_{ij}n_ju_i\mathrm{d}S$

三、分类表中各泛函的建立

分类表中的第一号和第二号，标号为Π^C_{oooo}和Π^P_{oooo}，分别为海林格-赖斯纳原理和胡-鹫原理. 它们都是已知的，还有第十三号Π^C_{aoco}和第二十号Π^P_{obod}，分为位能原理和余能原理，它们也都是已知的.

从第三号至第十号泛函中，都只有一个约束条件. 它们都可以从Π^C_{oooo}和Π^P_{oooo}中推导求得. 例如，如果把约束条件(a)，即$\sigma_{ij,j}+\bar{F}_i=0$，代入$\Pi^C_{oooo}$，亦即把$\Pi^C_{oooo}$的第二项$(\sigma_{ij,j}+\bar{F}_i)u_i$置于零，即得$\Pi^C_{aooo}$，这就求得了第三式. 由于所有这些泛函都是受应力应变关系约束的.因此,如果用 $B=-A+\sigma_{ij}e_{ij}$ 将 Π^{C}_{aooo} 中的 B 换置成 $-A+\sigma_{ij}e_{ij}$,则所得泛函应该就是用应变能密度表示的并受平衡方程(a)约束的变分原理的泛函.为了使泛函中的 A 或 B 都用正号表示,我们可以将这样换置后的泛函的正负号逐项改换,即得 Π^{P}_{aooo},这就是第四号泛函.

泛函五号六号可以用相同方法求得.将约束条件(b),即 $e_{ij}-\frac{1}{2}(u_{i,j}+u_{j,i})=0$,代入 Π^{P}_{oooo},即得 Π^{P}_{oboo}.将 Π^{P}_{oboo} 改变正负号,并用 $-B+\sigma_{ij}e_{ij}$ 代替 A,即得 Π^{C}_{oboo}.

泛函七号八号可以将约束条件(c),即 $\sigma_{ij}n_j-\overline{p}_i=0$,代入 Π^{C}_{oooo} 求得 Π^{C}_{ooco},然后改变正负号,并用 $A-e_{ij}\sigma_{ij}$ 代替 $-B$,即得 Π^{P}_{ooco}.

泛函九号十号可以将约束条件(d),即 $u_i-\bar{u}_i=0$,代入 Π^{P}_{oooo} 入手,即能相似地求得 Π^{P}_{oood},Π^{C}_{oood}.

泛函十一号至十六号可以在泛函五号至十号中将 $\overline{F}_iu_i$ 改写成 $-\sigma_{ij,j}u_i$ 而求得.

如果把 Π^{C}_{oboo},Π^{P}_{oboo},Π^{C}_{oood},Π^{P}_{oood} 中的 $\overline{p}_i$ 改写为 $\sigma_{ij}n_j$,即分别引进约束条件(c),得 Π^{C}_{obco},Π^{P}_{obco},Π^{C}_{oocd},Π^{P}_{oocd}.或即十七,十八,二十一,二十二号诸泛函.

如果把约束条件 $u_i-\bar{u}_i=0$ 代入 Π^{C}_{oboo},Π^{P}_{oboo},即得 Π^{C}_{obod},Π^{P}_{obod},即十九,二十号泛函.

从 Π^{C}_{obco},Π^{P}_{obco} 中引入 $u_i-\bar{u}_i=0$,即得 Π^{C}_{obcd},Π^{P}_{obcd}.或即二十三,二十四号泛函.

从 Π^{C}_{aood},Π^{P}_{aood} 中引入 $\sigma_{ij}n_j-\overline{p}_i=0$,即得 Π^{C}_{aocd},Π^{P}_{aocd},或即二十五,二十六号泛函.

从 Π^{C}_{aboo},Π^{P}_{aboo} 中引入 $u_i-\bar{u}_i=0$,即得 Π^{C}_{abod},Π^{P}_{abod},或即二十七,二十八号泛函.

从 Π^{C}_{aboo},Π^{P}_{aboo} 中将 $\sigma_{ij}n_j$ 替代 $\overline{p}_i$,即得 Π^{C}_{abco},Π^{P}_{abco};或即二十九,三十号泛函.

如果在表 1 中各泛函上增加 $\iiint_{\tau}\lambda(A+B-e_{ij}\sigma_{ij})\mathrm{d}\tau$ 一项,即得解除了应力应变关系约束的广义变分原理的各种泛函.这类泛函也有 30 种.

四、按变分求得的自然条件进行分类

本文所述,是按变分约束条件来进行分类的.当然,我们也可以用变分所得自然条件进行分类.自然条件有两种,一种是变分所得的欧拉方程,如平衡方程和应变位移关系都是欧拉方程,另一种自然条件是自然边界条件,如外力已知边界条件和位移已知边界条件都可以是自然边界条件.例如 Π^{C}_{oocd},Π^{P}_{oocd} 的自然条件都是欧拉方程,而 Π^{C}_{aboo},Π^{P}_{aboo} 的自然条件则都是自然边界条件.

变分中,约束条件和自然条件是互补的.这些条件合在一起是解题的全部条件.因此,用约束条件分类和用自然条件分类所得结果应该是相同的.

胡海昌所说的"按照变分法所反映的客观规律进行分类"实际上就是按变分所

得自然条件进行分类.为什么胡氏分类法得到一片混乱的结果呢?主要原因还是胡海昌不肯承认在胡-鹫原理中应力应变关系是约束条件这一事实而已.当然,胡海昌也不承认有约束边界条件这一事实,而硬说,"有无条件是一个古老的数学概念.……有时甚至不包括边界条件".

参考文献

[1] 胡海昌.弹性力学中的变分原理及其应用.北京:科学出版社,1981.

[2] 胡海昌.弹性力学变分原理简介.北京力学学会印(1982年10月).

[3] 钱伟长.高阶拉氏乘子法和弹性理论中更一般的广义变分原理.应用数学和力学,1983,4(2):137-150.

[4] 钱伟长.再论弹性力学中的广义变分原理——就等价定理问题和胡海昌先生商榷.力学学报,1983,(4):325-340.

Classification of Variational Principles in Elasticity

Abstract In this paper, variational principles in elasticity are classified according to the differences in the constraints used in these principles. It is shown in a previous paper[4] that the stress-strain relations are the constraint conditions in all these variational principles, and can not be removed by the method of linear Lagrange multiplier. The other possible constrants are four of them: (1) equations of equilibrium, (2) Strain-displacement relations, (3) boundary conditions of given external forces and boundary conditions of given boundary displacements. In variational principles of elasticity, some of them have only one kind of such constraints, some have two kinds or three kinds of constraints and at the most four kinds of constraints. Thus, we have altogether 15 kinds of possible variational principles. However, for every possible variational principle, either the strain energy density or the complementary energy density may be used. Hence, there are altogether 30 classes of functionals of variational principles in elasticity. In this paper, all these functionals are tabulated in detail.

各向异性的非线性静磁场的磁能原理、余能原理，以及有关的广义变分原理

摘　要　本文研究了各向正交异性的非线性静磁场问题的各种变分原理. 我们不仅得到了众所周知的，以磁位矢 A_i 为独立变量的磁能变分原理，而且还导得了前所未知的余能变分原理.

这些变分原理还可以用磁场矢量 H_i，磁通量密度 B_i，和磁位矢 A_i 来表示. 于是磁场强度 H_i 和磁通量 B_i 之间关系，磁位矢量 A_i 的定义，以及麦克斯韦方程等就成为这些变分原理的全部约束条件，这些变分约束条件加上边界约束条件组成这些变分原理的全部约束条件. 本文采用拉格朗日乘子法解除了所有这些变分约束条件，得到了两种形式的广义变分原理. 它们可以证明是互等的.

一、引　论

电机中稳态运行时的磁场分布在电机设计中非常重要，而且也是最基本的理论工作. 在历史上通常都把电机结构过分简化；试图求得分析近似解，但成效不大，自从有限元发展以后，这一方面采用有限元法得到飞速发展，其中重要工作，基本上都是 70 年代的工作. 如 Branal，Reichert 和 Vogt（1975，瑞士）[1]，Kreisinger（1974，捷克）[2]，Glowinski 和 Mariocco（1974，法国）[3]，Silvester，Cabayan 和 Browne(1973，美国)[4]，Silvester 和 Chari(1970，美国)[5] 和 Andersen(1972，美国)[6]，其中尤以 Silvester 和 Chari 贡献较大，他们曾合编过一本《电磁场问题中的有限元》(1980)[7]，汇总了这一方面的主要发展情况.

这一别问的主要困难是：(1) 机构复杂，机构形状在轴向变化较多，三维计算困难很多，为了克服困难，人们都把三维问题勉强化为一片片的正截面的分段，当作二维问题进行计算，而且还假设电流强度都是轴向的，(2) 第二种困难是机内构造复杂，诱磁系数 μ_{ij} 在不同构件中都不同，所以是坐标的函数，不能当作常数看待，其次 μ_{ij} 也是磁场强度的函数，它就是 $B-H$ 曲线的各点斜度，所以决定磁场的方程不是线性的，而是非线性的.

原载《上海工业大学学报》，1984，(3)：1－14.

本文按三维问题研究各向异性的非线性静磁场问题，并抓住有限元问题的本质，研究有关的变分原理. 不仅研究众所周知的磁能变分原理，而且还导得了前所未知的余能变分原理. 同时，还进一步利用拉氏乘子法消除了有关变分原理的所有变分约束条件，求得了两种形式的三类变量的广义变分原理. 它们可以证明是互等的.

最后把这些变分原理，化为人所习知的二维的并以轴向磁位矢 A_3（或用 A）表示的磁能变分原理，和有关的广义变分原理.

二、静磁场的数学问题

各向异性的磁介质占有体积 τ，其表面积为 S. 在 τ 内各点有待定量磁场强度 H_i，磁通量密度 B_i，和磁位矢 A_i，它们都是矢量，都是 τ 内各点的函数. 角标 i 为 1，2，3，代表 x_1，x_2，x_3 三个轴向的分量，在三者之间，有下列关系式.

(1) 麦克斯韦磁场方程

$$\varepsilon_{ijk}H_{j,k}=\bar{J}_i \qquad (\text{在 } \tau \text{ 内}) \tag{1}$$

其中：

$\bar{J}_i=\tau$ 内电流密度，有三个分量 $\bar{J}_1$，$\bar{J}_2$，$\bar{J}_3$，都是已给的各点的函数（凡已给量上方都用“—”表示）. (2a)

ε_{ijk} 称为顺序符号，只有 i，j，k 分别为不等值时，才不等于零，如果有两个相等或三个都相等时都等于零. 用偶次数调整可以换成 1，2，3 的次序者为 +1，奇次数调整换成 1，2，3 者为 −1，亦即

$$\left.\begin{aligned}\varepsilon_{123}=\varepsilon_{231}=\varepsilon_{321}=+1\\ \varepsilon_{132}=\varepsilon_{213}=\varepsilon_{321}=-1\end{aligned}\right\} \tag{2b}$$

$H_{j,k}$ 中的逗号“,”代表偏导数，亦即简写

$$H_{j,k}=\frac{\partial H_j}{\partial x_k} \tag{2c}$$

在(1)中，角标 jk 在一项 $\varepsilon_{ijk}H_{j,k}$ 中重复出现时称为哑标. 它代表 j，k 都分别用 1，2，3 表示时，所得各项之和，例如，当 $i=1$ 时，

$$\begin{aligned}\varepsilon_{1jk}H_{j,k}&=\varepsilon_{111}H_{1,1}+\varepsilon_{121}H_{2,1}+\varepsilon_{131}H_{3,1}+\varepsilon_{112}H_{1,2}+\varepsilon_{113}H_{1,3}+\varepsilon_{122}H_{2,2}\\&\quad+\varepsilon_{123}H_{2,3}+\varepsilon_{132}H_{3,2}+\varepsilon_{133}H_{3,3}=\varepsilon_{123}H_{2,3}+H_{3,2}\\&=H_{2,3}-H_{3,2}=\frac{\partial H_2}{\partial x_3}-\frac{\partial H_3}{\partial x_2}\end{aligned} \tag{3a}$$

同样，有

$$\varepsilon_{2jk}H_{j,k}=H_{3,1}-H_{1,3}=\frac{\partial H_3}{\partial x_1}-\frac{\partial H_1}{\partial x_3} \tag{3b}$$

$$\varepsilon_{3jk}H_{j,k}=H_{1,2}-H_{2,1}=\frac{\partial H_1}{\partial x_2}-\frac{\partial H_2}{\partial x_1} \tag{3c}$$

所以,(1) 式用矢量表示,即为 $\vec{H}$ 的旋度方程

$$\nabla\times\vec{H}=\vec{J} \tag{4}$$

(2) 磁位矢 A_i 的定义

$$B_i=\varepsilon_{ijk}A_{j,k} \tag{5}$$

用矢量表示,即为

$$\vec{B}=\nabla\times\vec{A} \tag{5a}$$

(3) 磁化关系,即 B_i, H_i 间的关系(本构方程)

$$B_i=\mu_{ij}H_j \tag{6a}$$

$$H_i=v_{ij}B_j \tag{6b}$$

其中 μ_{ij} 为诱磁系数张量,它既是 x_i 的函数,也是 H_i 的函数(即非线性的),v_{ij} 为磁化系数张量,它既是 x_i 的函数,也是 B_i 的函数.

$$\mu_{ij}=\mu_i(H),\ v_{ij}=v_i(B) \tag{7}$$

现在让我们引进磁能和余能的概念. 磁化曲线见图 1.

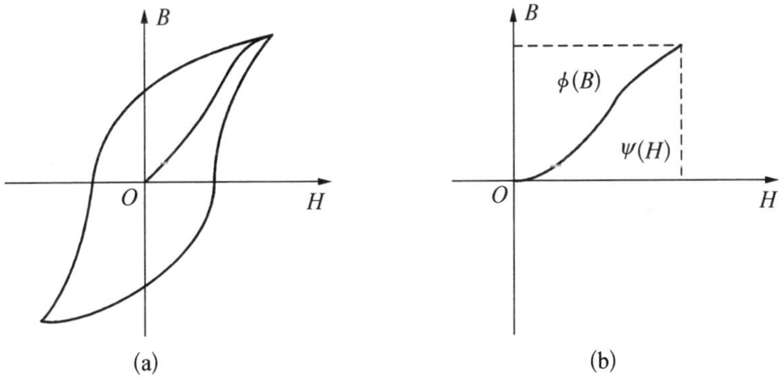

图 1 磁化曲线、磁能 $\psi(H)$ 和余能 $\phi(B)$

根据余能 $\psi(H)$ 和磁能 $\phi(B)$ 的定义,它们是

$$\psi(H)=\int_O^H B_i\,\mathrm{d}H_i \tag{8a}$$

$$\phi(B)=\int_{O}^{B}H_i\mathrm{d}B_i \tag{8b}$$

我们从图 1(b),很易看到有

$$\phi(B)+\psi(H)-B_iH_i=0 \tag{9}$$

从(8a, b)也可以看到有

$$\frac{\partial\phi}{\partial B_i}=H_i,\ \frac{\partial\psi}{\partial H_i}=B_i \tag{10}$$

(6a)或(6b)是 B_i, H_i 的本构关系,(9), (10)也是 B_i, H_i 的本构关系.

(1), (5), (6)为求解 H_i, B_i, A_i 的三种方程式,(6)即(6a),(6b),也可以用(9)和(10)代替.求解这三种方程式时,用下列常见的边界条件,边界 S 分两部分,S_S 和 S_G, S_S 是铁质边界面或对称面,S_G 是空隙边界面,在铁质边界面或对称面上,磁力线和边界面的外法线垂交,在空隙边界面上,磁位矢 A_i 等于零,所以,边界条件可以写成

$$\varepsilon_{ijk}H_jn_k=0\qquad 在\ S_S\ 上 \tag{11}$$

$$A_i=0\qquad 在\ S_G\ 上 \tag{12}$$

$$S=S_S+S_G \tag{13}$$

其中 n_k 为外法线单位矢量.

我们的数学问题,就是在边界条件(11),(12)下,求解(1),(5),(6)式中的 H_i, B_i, A_i.

三、最小磁能原理

现在让我们研究最小磁能原理.

从(1),(11)式中求解 A_i, H_i, B_i,其求解条件为在 τ 中满足(5),(10),在 S_G 上满足(12)式,让我们采用伽辽金法,取任意变量 δA_i 和δP_i,其中 δP_i 是待定的,于是从(1),(10),(11)式中建立

$$\delta\Pi_P=\iiint_{\tau}(\varepsilon_{ijk}H_{j,k}-\bar{J})\delta A_i\mathrm{d}\tau+\iint_{S_S}\varepsilon_{ijk}H_jn_k\delta P_i\mathrm{d}s=0 \tag{14}$$

很容易看到,根据格林定理,有

$$\begin{aligned}\iiint_{\tau}\varepsilon_{ijk}H_{j,k}\delta A_i\mathrm{d}\tau&=\iiint_{\tau}\{(\varepsilon_{ijk}H_j\delta A_j)_{,k}-\varepsilon_{ijk}H_j\delta A_{i,k}\}\mathrm{d}\tau\\&=-\iiint_{\tau}\varepsilon_{ijk}H_j\delta A_{i,k}\mathrm{d}\tau+\iint_{S_S+S_G}\varepsilon_{ijk}H_j\delta A_in_k\mathrm{d}S\end{aligned} \tag{15}$$

根据(5)和(12)式,有

$$\left.\begin{aligned} -\varepsilon_{ijk}H_j\delta A_{i,k} = \varepsilon_{ijk}H_j\delta A_{i,k} = H_j\delta B_j \qquad & \text{在 } \tau \text{ 内} \\ \delta A_i = 0 \qquad & \text{在 } S_G \text{ 上} \end{aligned}\right\} \tag{16}$$

于是

$$\iiint_\tau \varepsilon_{ijk}H_{j,k}\delta A_i\mathrm{d}\tau = \iiint_\tau H_i\delta B_i\mathrm{d}\tau + \iint_{S_S}\varepsilon_{ijk}H_j\delta A_j n_k\mathrm{d}S \tag{17}$$

把(17)代入(14),并利用(10)得

$$\delta\Pi_P = \iiint_\tau \delta[\phi(B) - \bar{J}_i A_i]\mathrm{d}\tau + \iint_{S_i}\varepsilon_{ijk}H_j n_k(\delta A_i + \delta P_i)\mathrm{d}S = 0 \tag{18}$$

这里的 δP_i 是待定的,取

$$\delta P_i = -\delta A_i \qquad \text{在 } S_S \text{ 上} \tag{19}$$

(18)式即可写成

$$\delta\Pi_P = \delta\iiint_\tau [\phi(B) - \bar{J}_i A_i]\mathrm{d}\tau = 0 \tag{20}$$

也可写成

$$\delta\Pi_P = 0 \tag{21a}$$

$$\Pi_P = \iiint_\tau [\phi(B) - \bar{J}_i A_i]\mathrm{d}\tau \tag{21b}$$

这就是说,满足 τ 内的(5)式和 S_G 上的(12)式的解必使 Π_P 为极值或驻值.

下面我们将证明下列最小磁能原理.

在满足本构关系(10)、磁位矢的定义(5)和 S_G 面上的边界条件(12)的一切 H_i, B_i, A_i 中,其使泛函 Π_P 为最小的 H_i, B_i, A_i,必满足麦克斯韦磁场方程(1),以及 S_S 面上的边界条件(11),亦即,在(5)、(12)的条件下使 Π_P 为最小的 H_i, B_i, A_i 必为本问题的解

证明如下:在利用了(10)式以后,我们有

$$\delta\Pi_P = \iiint_\tau \left\{\frac{\partial\phi}{\partial B_i}\delta B_i - \bar{J}_i\delta A_i\right\}\mathrm{d}\tau = \iiint_\tau \{H_i\delta B_i - \bar{J}_i\delta A_i\}\mathrm{d}\tau \tag{22}$$

利用(5),并进行部分积分(即利用格林定理),有

$$\iiint_\tau H_i\delta B_i\mathrm{d}\tau = \iiint_\tau \varepsilon_{ijk}H_i\delta A_{j,k}\mathrm{d}\tau = \iint_{S_S+S_G}\varepsilon_{ijk}H_i\delta A_j n_k\mathrm{d}s - \iiint_\tau \varepsilon_{ijk}H_{i,k}\delta A_j\mathrm{d}\tau \tag{23}$$

在利用 S_G 上的边界条件(12),并调换哑标,即

$$\varepsilon_{ijk}H_{i,k}\delta A_j = -\varepsilon_{ijk}H_{j,k}\delta A_i \tag{24}$$

得

$$\iiint_{\tau} H_i\delta B_i \mathrm{d}\tau = \iiint_{\tau}\varepsilon_{ijk}H_{j,k}\delta A_i\mathrm{d}\tau + \iint_{S_S}\varepsilon_{ijk}H_i\delta A_j n_k \mathrm{d}s \tag{25}$$

把上式代入(22)式,得

$$\delta\Pi_P = \iiint_{\tau}(\varepsilon_{ijk}H_{j,k} - \bar{J})\delta A_i\mathrm{d}\tau + \iint_{S_S}\varepsilon_{ijk}H_i n_k\delta A_j \mathrm{d}s \tag{26}$$

由于δA_i和在S_S上的δA_i都是独立的任选的,所以$\delta\Pi_P = 0$这个极值或驻值条件,给出τ中的(1)和S_S上的(11). 这是极小值的必要条件,但还不是充分的,为了研究充分条件,让我们计算$\Pi_P(A_i+\delta A_i,\ B_i+\delta B_i,\ H_i+\delta H_i)$和$\Pi_P(A_i,\ B_i,\ H_i)$之差.

$$\Pi_P(A_i+\delta A_i,\ B_i+\delta B_i,\ H_i+\delta H_i) - \Pi_P(A_i,\ B_i,\ H_i) = \delta\Pi_P + \delta^2\Pi_P + \cdots \tag{27}$$

其中根据驻值或极值问题的解,我们有

$$\delta\Pi_P = 0 \tag{28}$$

$$\delta^2\Pi_P = \iiint_{\tau}\frac{\partial^2\phi}{\partial B_i\partial B_j}\delta A_i\delta B_j\mathrm{d}\tau = \iiint_{\tau}\frac{\partial H_i}{\partial B_j}\delta B_i\delta B_j\mathrm{d}\tau \tag{29}$$

只要$\dfrac{\partial H_i}{\partial B_j}\delta B_i\delta B_j$是正定的. 我们就证明了$\delta^2\Pi_P < 0$,也即就证明了极小值的充分条件. 我们很易证明,在线性的$H_i \sim B_i$关系曲线上,$\dfrac{\partial H_i}{\partial B_j}\delta B_i\delta A_j$是正定的. 设(6b)式的$v_{ij}$是常数,即得

$$\frac{\partial H_i}{\partial B_j} = v_{ik}\delta_{kj} \tag{30}$$

而且

$$\delta_{kj} = 1,\ k=j;\ \delta_{kj} = 0,\ k\neq j \tag{31}$$

于是

$$\frac{\partial H_i}{\partial B_j}\delta B_i\delta B_j = v_{11}\delta B_1\delta B_1 + v_{22}\delta B_2\delta B_2 + v_{33}\delta B_3\delta B_3 \tag{32}$$

这就证明了$\dfrac{\partial H_i}{\partial B_j}\delta B_i\delta B_j$的正定性,对于大多数磁性材料而言,$\dfrac{\partial H_i}{\partial B_j}\geqslant 0$,所以,

$\frac{\partial H_i}{\partial B_j}\delta B_i \delta B_j$ 也是正定的.

这就全部证明了最小磁能原理.

四、最小余能原理

最小余能原理的建立和证明和最小磁能原理十分相似，最小余能原理可以写成：

在满足麦克斯韦方程(1)，本构关系(10)，以及 S_S 面上的边界条件(11)式的一切 H_i, A_i, B_i 中，其使泛函 Π_C 为最小的 H_i, A_i, B_i，必须满足磁位矢的定义关系(5)，和 S_G 面上的边界条件(12)，亦即在(1)，(10)，(11)的条件下使 Π_C 为最小的 H_i, A_i, B_i，必为本题的解，其中

$$\Pi_C = \iiint_\tau \psi(H)\,\mathrm{d}\tau \tag{33}$$

证明如下：根据本构关系(10)，我们有

$$\delta\Pi_C = \iiint_\tau \frac{\partial\psi}{\partial H_i}\delta H_i \mathrm{d}\tau = \iiint_\tau B_i \delta H_i \mathrm{d}\tau = \iiint_\tau \{(B_i - \varepsilon_{ijk}A_{j,k})\delta H_i + \varepsilon_{ijk}A_{j,k}\delta H_i\}\mathrm{d}\tau \tag{34}$$

但我们通过格林定理有

$$\iiint_\tau \varepsilon_{ijk}A_{j,k}\delta H_i \mathrm{d}\tau = -\iiint_\tau \varepsilon_{ijk}\delta H_{i,k}A_j \mathrm{d}\tau + \iint_{S_S+S_G}\varepsilon_{ijk}\delta H_i n_k \mathrm{d}s \tag{35}$$

根据(1)式和(11)式，有

$$\left.\begin{aligned} &\varepsilon_{ijk}\delta H_{j,k} = \delta(\varepsilon_{ijk}H_{j,k}) = 0 \qquad \text{在}\ \tau\ \text{内} \\ &\varepsilon_{ijk}\delta H_i n_k = \delta(\varepsilon_{ijk}H_j n_k) = 0 \qquad \text{在}\ S_S\ \text{上} \end{aligned}\right\} \tag{36}$$

(35)式即可化简为

$$\iiint_\tau \varepsilon_{ijk}A_{j,k}\delta H_i \mathrm{d}\tau = -\iint_{S_S}\varepsilon_{ijk}\delta H_j n_k A_i \mathrm{d}s \tag{37}$$

把它代入(34)式，即得

$$\delta\Pi_C = \iiint_\tau (B_i - \varepsilon_{ijk}A_{j,k})\delta H_i \mathrm{d}\tau - \iint_{S_G}\varepsilon_{ijk}\delta H_j n_k A_i \mathrm{d}s \tag{38}$$

当 Π_C 达到极值或驻值时，$\delta\Pi_C = 0$，这就给出

$$B_i = \varepsilon_{ijk}A_{j,k} \qquad \text{在}\ \tau\ \text{内} \tag{39a}$$

$$A_i = 0 \qquad \text{在}\ S_G\ \text{上} \tag{39b}$$

这是 Π_C 为最小的必要条件. 充分条件为 $\delta^2\Pi_C \geqslant 0$. 其证明办法和最小磁能原理相似.

五、磁能原理和余能原理的广义变分原理

磁能原理和余能原理都是有约束条件的变分原理. 我们可以采用拉格朗日乘子法[8, 9]来解除这些约束条件,从而得到有关的广义变分原理.

磁能原理的约束条件为

$$\frac{\delta\phi}{\partial B_i} - H_i = 0 \qquad \text{在 } \tau \text{ 内} \tag{40a}$$

$$B_i - \varepsilon_{ijk}A_{i,k} = 0 \qquad \text{在 } \tau \text{ 内} \tag{40b}$$

$$A_i = 0 \qquad \text{在 } S_G \text{ 内} \tag{40c}$$

为此,引入三种待定的拉格朗日乘子 σ_i, λ_i, μ_i. 设有关的广义变分原理的泛函为

$$\Pi_P^* = \Pi_P + \iiint_\tau \left\{\sigma_i\left(\frac{\partial\phi}{\partial B_i} - H_i\right) + \lambda_i(B_i - \varepsilon_{ijk}A_{j,k})\right\}\mathrm{d}\tau + \iint_{S_G}\mu_i A_i \mathrm{d}s \tag{41}$$

或可写成

$$\Pi_P^* = \iiint_\tau \left\{[\phi(B) - \bar{J}_i A_i] + \sigma_i\left(\frac{\partial\phi}{\partial B_i} - H_i\right) + \lambda_i(B_i - \varepsilon_{ijk}A_{j,k})\right\}\mathrm{d}\tau + \iint_{S_G}\mu_i A_i \mathrm{d}s \tag{42}$$

把 A_i, B_i, H_i, σ_i, λ_i, μ_i 都看作是独立的. 变分,并用格林定理,得

$$\begin{aligned}\delta\Pi_P^* = &\iiint_\tau \left\{\left(\frac{\partial\phi}{\partial B_i} + \lambda_i\right)\delta B_i + \sigma_i\left(\frac{\partial^2\phi}{\partial B_i\partial B_j}\right)\delta B_j - \sigma_i\delta H_i\right. \\ &\left. - (\varepsilon_{ijk}\lambda_{j,k} + \bar{J})\delta A_i + \left(\frac{\partial\phi}{\partial B_i} - H_i\right)\delta\sigma_i + (B_i - \varepsilon_{ijk}A_{j,k})\delta\lambda_i\right\}\mathrm{d}\tau \\ &+ \iint_{S_S}\varepsilon_{ijk}\lambda_j n_k\delta A_i \mathrm{d}s + \iint_{S_G}[A_i\delta\mu_i + (\varepsilon_{ijk}\lambda_j n_k + \mu_i)\delta A_i]\mathrm{d}s\end{aligned} \tag{43}$$

Π_P^* 的驻值条件首先给出

$$\sigma_i = 0 \tag{44}$$

这指出约束条件(40a)无法通过拉格朗日乘子法予以解除,其余的驻值条件为

$$\frac{\partial\phi}{\partial B_i} + \lambda_i = 0 \qquad \text{在 } \tau \text{ 内} \tag{45a}$$

$$\varepsilon_{ijk}\lambda_{j,k}-\bar{J}_i=0 \qquad \text{在 } \tau \text{ 内} \tag{45b}$$

$$B_i-\varepsilon_{ijk}A_{j,k}=0 \qquad \text{在 } \tau \text{ 内} \tag{45c}$$

$$\varepsilon_{ijk}\lambda_j n_k=0 \qquad \text{在 } S_S \text{ 上} \tag{45d}$$

$$A_i=0 \qquad \text{在 } S_G \text{ 上} \tag{45e}$$

$$\varepsilon_{ijk}\lambda_j n_k+\mu_i=0 \qquad \text{在 } S_G \text{ 上} \tag{45f}$$

和未能解除的约束条件(40a)在一起,我们解得

$$\lambda_i=-H_i,\ \mu_i=\varepsilon_{ijk}H_j n_k \tag{46}$$

其中(45b),(45c),(45d),(45e)分别给出(1),(5),(11),(12)式. 把(46),(44)代入(42)式,得从最小磁能原理导出的广义变分原理的泛函

$$\Pi_P^*=\iiint_\tau\{\phi(B)-\bar{J}_iA_i-H_i(B_i-\varepsilon_{i,k}A_{j,k})\}\mathrm{d}\tau+\iint_{S_G}\varepsilon_{ijk}H_jn_kA_i\mathrm{d}s \tag{47}$$

所以,从最小磁能原理导出的广义变分原理可以写成:

在约束条件 $\frac{\partial\phi}{\partial B_i}-H_i=0$ 下,使 Π_P^* 为驻值的 H_i, A_i, B_i,必为本题的正确解.

Π_P^* 为驻值的广义变分原理给出的欧拉方程为(1),(5)式,自然边界条件为(11),(12)式.

余能原理的约束条件为

$$\frac{\partial\psi}{\partial H_i}-B_i=0 \qquad \text{在 } \tau \text{ 内} \tag{48a}$$

$$\varepsilon_{ijk}H_{j,k}-\bar{J}_i=0 \qquad \text{在 } \tau \text{ 内} \tag{48b}$$

$$\varepsilon_{jk}H_jn_k=0 \qquad \text{在 } S_S \text{ 上} \tag{48c}$$

为此,引入三种待定的拉格朗日乘子 σ_i, λ_i, μ_i,设有关的广义变分原理的泛函为

$$\Pi_C^*=\Pi_C+\iiint_\tau\left\{\sigma_i\left(\frac{\partial\psi}{\partial H_i}-B_i\right)+\lambda_i(\varepsilon_{ijk}H_{j,k}-\bar{J}_i)\right\}\mathrm{d}\tau+\iint_{S_S}\mu_i\varepsilon_{ijk}H_ju_k\mathrm{d}s \tag{49}$$

或可写成

$$\Pi_C^*=\iiint_\tau\left\{\psi(H)+\sigma_i\left(\frac{\partial\psi}{\partial H_i}-B_i\right)+\lambda_i(\varepsilon_{ijk}H_{j,k}-\bar{J}_i)\right\}\mathrm{d}\tau+\iint_{S_S}\mu_i\varepsilon_{ijk}H_jn_k\mathrm{d}s \tag{50}$$

把 A_i, B_i, H_i, σ_i, λ_i, μ_i 都看作是独立的,变分并用格林定理,得

$$\delta\Pi_C^* = \iiint_\tau \left\{ \left(\frac{\partial\psi}{\partial H_i} + \varepsilon_{ijk}\lambda_{j,k} \right)\delta H_i + \sigma_i \frac{\partial^2\psi}{\partial H_j \partial H_i}\delta H_i - \sigma_i \delta B_i \right.$$
$$\left. + \left(\frac{\partial\psi}{\partial H_i} - B_i \right)\delta\sigma_i + (\varepsilon_{ijk}H_{j,k} - \bar{J}_i)\delta\lambda_i \right\} d\tau$$
$$+ \iint_{S_S} \{ \varepsilon_{ijk}H_j n_k \delta\mu_i - \mu_j \varepsilon_{ijk} n_k + \lambda_j \varepsilon_{ijk} n_k)\delta H_i \} ds$$
$$- \iint_{S_G} \lambda_j \varepsilon_{ijk} \delta H_i n_k ds \tag{51}$$

Π_C^* 的驻值条件首先是

$$\sigma_i = 0 \tag{52}$$

这指出，我们无法通过拉格朗日乘子法解除(48a)这个约束条件，其余的驻值条件为

$$\frac{\partial\psi}{\partial H_i} + \varepsilon_{ijk}\lambda_{j,k} = 0 \qquad \text{在 } \tau \text{ 内} \tag{53b}$$
$$\varepsilon_{ijk}H_{j,k} - \bar{J}_i = 0 \qquad \text{在 } \tau \text{ 内} \tag{53b}$$
$$\varepsilon_{ijk}H_j n_k = 0 \qquad \text{在 } S_S \text{ 上} \tag{53c}$$
$$\mu_j + \lambda_j = 0 \qquad \text{在 } S_S \text{ 上} \tag{53d}$$
$$\lambda_j = 0 \qquad \text{在 } S_G \text{ 上} \tag{53e}$$

这些条件和未能解除约束条件在一起，可以解得

$$\lambda_i = -A_i,\ \mu_i = A_i$$

而(53a)，(53b)，(53c)，(53e)分别给出(5)，(1)，(11)，(12)，它们和(10)式或(48a)一起，组成全部的求解条件. 把(54)，(52)代入(50)式，得

$$\Pi_C^* = \iiint_\tau \{ \psi(H) - A_i(\varepsilon_{ijk}H_{j,k} - \bar{J}_i) \} d\tau + \iint_{S_S} \varepsilon_{ijk}H_j n_k A_i ds \tag{55}$$

所以，从最小余能原理导出的广义变分原理可以写成：

在约束条件 $\frac{\partial\psi}{\partial H_i} = B_i$ 下，使 Π_C^* 为驻值的 H_i，A_i，B_i，必为本题的正确解.

Π_C^* 为驻值的广义变分原理给出的欧拉方程为(1)，(5)式，自然边界条件为(11)，(12)式.

六、广义变分原理的等效定理

上节的两种广义变分原理都只有一个共同的约束条件 $\frac{\partial\psi}{\partial H_i} = B_i$ 或 $\frac{\partial\phi}{\partial B_i} =$

H_i，又都是求解同一物理问题的，它们应该是等效的.

设将 Π_P^* 和 Π_C^* 相加，得

$$\Pi_P^* + \Pi_C^* = \iiint_\tau \{\psi(H) + \phi(B) - H_iB_i\} \mathrm{d}\tau - \iiint_\tau (\varepsilon_{ijk}H_jA_i)_{,k} \mathrm{d}\tau + \iint_{S_S+S_G} \varepsilon_{ijk}H_jn_kA_i \mathrm{d}s \tag{56}$$

利用格林定理，上式简化为

$$\Pi_P^* + \Pi_C^* = \iiint_\tau \{\psi(H) + \phi(B) - H_iB_i\} \mathrm{d}\tau \tag{57}$$

对于满足本构方程(10)的磁性材料，也必满足(9)式，于是，我们证明

$$\Pi_P^* + \Pi_C^* = 0 \tag{58}$$

这就是说 Π_P^* 和 Π_C^* 的绝对值相等，只差这一正负号. 所以，我们有广义变分原理的等效定理：

由磁能原理和余能原理分别导出的两种广义变分原理，受有相同的约束条件，形式上有差别，在实质上是等效的.

七、更一般的广义变分原理

我们将用高阶拉格朗日乘子法[10]解除前两种广义变分原理的约束，高阶拉格朗日乘子法业已在弹性理论中成功地解除了普通线性的拉格朗日乘子法无法解除的约束. 我们将不再重复其具体推导而把其结果列出如下：

$$\Pi_{P\lambda}^* = \Pi_P^* + \iiint_\sigma \lambda[\psi(H) + \phi(B) - H_iB_i] \mathrm{d}\tau \tag{59}$$

$$\Pi_{C\lambda'}^* = \Pi_C^* + \iiint_\tau \lambda'[\psi(H) + \phi(B) - H_iB_i] \mathrm{d}\tau \tag{60}$$

其中 λ，λ' 分别为不等于零的任意选用的高阶乘子. (59)，(60)为两个不再有任何变分约束的三变量的变分泛函，它们是更一般的广义变分原理的变分函. 它们之间也有等效性：

$$\Pi_{P\lambda}^* + \Pi_{C\lambda'}^* = \iiint_\tau (1 + \lambda + \lambda')[\psi(H) + \phi(B) - H_iB_i] \mathrm{d}\tau \tag{61}$$

当

$$1 + \lambda + \lambda' = 0 \tag{62}$$

时，不论 $\psi + \phi - H_iB_i$ 是否等于零，$\Pi_{P\lambda}^* + \Pi_{C\lambda'}^*$，都等于零，也就是说 $\Pi_{P\lambda}^*$，$\Pi_{C\lambda'}^*$ 是等

效的，我们称(62)式为等效关系.

我们于是有下列等效定理：

只要 λ，λ' 满足等效关系(62)式，则 $\Pi^*_{P\lambda}$，$\Pi^*_{C\lambda'}$ 必等效.

二、二维问题的变分原理及广义变分原理

设把电机三维问题作为一片片的正截面的分段，当作二维问题进行计算，而且假设电流密度 $\bar{J}_i$ 都是 x_3 轴向的.

$$\bar{J}_1=\bar{J}_2=0,\ \bar{J}_3=\bar{J} \tag{63}$$

从而给出磁位矢 A_i 也是轴向的.

$$A_1=A_2=0,\ A_3=A \tag{64}$$

根据 $B_i=\varepsilon_{ijk}A_{j,k}$ 的定义和(64)式，求得

$$B_1=-A_{3,2}=-A_{,2},\ B_2=A_{3,1}=A_{,1},\ B_3=0 \tag{65}$$

上式可以用张量符号写成

$$\left.\begin{aligned}&B_\alpha=-\varepsilon_{\alpha\beta}A_{,\beta}\quad(\alpha=1,\text{或 }2)\\&B_3=0\end{aligned}\right\} \tag{66}$$

其中

$$\left.\begin{aligned}&\varepsilon_{\alpha\beta}=0,\qquad \alpha=\beta\\&\varepsilon_{12}=1,\qquad \varepsilon_{21}=-1\end{aligned}\right\} \tag{67}$$

如果我们取横观各向异性体，则有

$$v_{12}=v_{21},\ v_{31}=v_{13}=0,\ v_{32}=v_{23}=0 \tag{68}$$

从(6b)式，得

$$\left.\begin{aligned}&H_1=v_{11}B_1+v_{12}B_2=-v_{11}A_{,2}+v_{12}A_{,1}\\&H_2=v_{21}B_1+v_{22}B_2=-v_{11}A_{,2}+v_{22}A_{,1}\\&H_3=0\end{aligned}\right\} \tag{69}$$

或可写成

$$H_\alpha=v_{\alpha\beta}B_\beta=-v_{\alpha\beta}\,\varepsilon_{\beta\gamma}A_{,\gamma},\qquad H_3=0 \tag{70}$$

如果我们采用了(63)，(64)，(66)，(70)来表示 J_i，A_i，B_i，H_i，则在 Ω(二维域)中应该满足的(5)，(6b)式都已自动满足，(1)式可以写成

$$\varepsilon_{\alpha\beta}H_{\alpha,\beta}=\bar{J}\qquad \text{在 }\Omega\text{ 内} \tag{71}$$

或用(70)消去 H_α，得麦克斯韦方程

$$\varepsilon_{\alpha\beta}\varepsilon_{\gamma\delta}(v_{\alpha\gamma}A_{,\delta})_{,\beta}+\bar{J}=0 \qquad \text{在}\ \Omega\ \text{内} \tag{72}$$

这是决定 A 的微分方程：在边界 Γ_S 和 Γ_G 上，有下列边界条件（相当于三维的(11)，(12)式）

$$\left.\begin{aligned}&\varepsilon_{\alpha\beta}\varepsilon_{\gamma\delta}v_{\alpha\gamma}A_{,\delta}n_\beta=0 \quad &\text{在}\ \Gamma_S\ \text{上}\\ &A=0 &\text{在}\ \Gamma_G\ \text{上}\end{aligned}\right\} \tag{73}$$

而且，Ω 的总边界为 Γ

$$\Gamma=\Gamma_S+\Gamma_G \tag{74}$$

现在让我们也用 A 来表示磁能和余能

$$\phi=\int_O^B H_\alpha \mathrm{d}B_\alpha=\int_O^A v_{\alpha\gamma}\varepsilon_{\gamma\delta}A_{,\delta}\varepsilon_{\alpha\beta}\varepsilon_{\alpha\beta}\mathrm{d}A_{,\beta} \tag{75a}$$

$$\psi=\int_O^H B_\alpha \mathrm{d}H_\alpha=\int_O^A \varepsilon_{\alpha\beta}A_{,\beta}\varepsilon_{\gamma\delta}\mathrm{d}(v_{\alpha\gamma}A_{,\delta}) \tag{75b}$$

于是二维磁能原理的泛函和(21b)相似，可以写成

$$\Pi_{P2}=\iint_\Omega\left\{\int_O^A v_{\alpha\gamma}\varepsilon_{\gamma\delta}A_{,\delta}\varepsilon_{\alpha\beta}\mathrm{d}A_{,\beta}-\bar{J}A\right\}\mathrm{d}\Omega \tag{76}$$

二维问题最小磁能原理为

在二维问题中，在满足 Γ_G 上的边界条件 $A=0$ 的一切 A 中，其使泛函 Π_{P2} 为最小的 A，必为本问题之解. 亦即，这样决定的 A 也必满足麦克斯韦方程(72)式和 Γ_S 上边界条件(73).

证明如下：将 Π_{P2} 变分，得

$$\delta\Pi_{P2}=\iint_\Omega\{v_{\alpha\gamma}\varepsilon_{\gamma\delta}A_{,\delta}\varepsilon_{\alpha\beta}\delta A_{,\beta}-\bar{J}\delta A\}\mathrm{d}\Omega \tag{77}$$

通过部分积分，利用格林定理，并利用 Γ_G 上 $A=0$ 的边界条件，上式可以写成

$$\delta\Pi_{P2}=-\iint_\Omega\{\varepsilon_{\alpha\beta}\varepsilon_{\gamma\delta}(v_{\alpha\gamma}A_{,\delta})_{,\delta}+\bar{J}\}\delta A\mathrm{d}\Omega+\int_{\Gamma_S}v_{\alpha\gamma}\varepsilon_{\gamma\delta}A_{,\delta}\varepsilon_{\alpha\beta}n_\beta\delta A\mathrm{d}\Gamma_s \tag{78}$$

极值的必然条件为 $\delta\Pi_{P2}=0$，给出(72)和(73a)，最小值的充分条件 $\delta^2\Pi_{P2}\geqslant 0$ 也是可以证明的.

如果磁性材料是各向同性体，则有

$$v_{11}=v_{22}=v,\ v_{12}=v_{21}=0 \tag{79}$$

于是，二维磁能原理的泛函(76)式，可以写成

$$\Pi_2 = \iint_{\Omega} \left\{ \int_O^A vA_{,\alpha} \mathrm{d}A_{,\alpha} - \bar{J}A \right\} \mathrm{d}\Omega \tag{80}$$

麦克斯韦方程(72)也简化为

$$(vA_{,\alpha})_{,\alpha} + \bar{J} = 0 \qquad \text{在 } \Omega \text{ 内} \tag{81}$$

边界条件为

$$vA_{,\alpha}n_\alpha = v\frac{\partial A}{\partial n} = 0 \qquad \text{在 } \Gamma_S \text{ 上} \tag{82a}$$

$$A = 0 \qquad \text{在 } \Gamma_G \text{ 上} \tag{82b}$$

(80),(81),(82a, b)即为通常采用[7, 11]的二维各向同性的磁场问题的变分泛函,麦克斯韦方程,及其边界条件.

用相同的方法也可以求得二维的最小余能原理的泛函

$$\Pi_{C2} = \iint_{\Omega} \psi \mathrm{d}\Omega = \iint_{\Omega} \left\{ \int_O^A \varepsilon_{\alpha\beta} A_{,\beta} \varepsilon_{\gamma\delta} \mathrm{d}(v_{\alpha\gamma} A_{,\delta}) \right\} \mathrm{d}\Omega \tag{83}$$

二维的最小余能原理:

在二维问题中,在满足麦克斯韦方程(73)和 Γ_S 上的边界条件(73A)的一切 A 中,其使(83)式的 Π_{C2} 为最小值的 A,必为本问题的解.

对于各向同性的材料而言,Π_{C2} 可以简化为

$$\Pi_{C2} = \iint_{\Omega} \left\{ \int_O^A A_{,\alpha} \mathrm{d}(vA_{,\alpha}) \right\} \mathrm{d}\Omega \tag{84}$$

同样,二维问题也有两类广义变分原理:

(一) 从最小磁能原理导出的广义变分原理

凡使 Π_{P2}^* 为驻值的 A, 必为二维磁场问题的解

$$\Pi_{P2}^* = \iint_{\Omega} \left\{ \int_O^A v_{\alpha\gamma} \varepsilon_{\gamma\delta} A_{,\delta} \varepsilon_{\alpha\beta} \mathrm{d}A_{,\beta} - \bar{J}A \right\} \mathrm{d}\Omega - \int_{\Gamma_G} \varepsilon_{\alpha\beta} \varepsilon_{\gamma\delta} A_{,\delta} v_{\alpha\gamma} n_\beta A \mathrm{d}\Gamma \tag{85}$$

(二) 从最小余能原理导出的广义变分原理

凡使 Π_{C2}^* 为驻值的 A, 必为二维磁场问题的解

$$\begin{aligned}\Pi_{C2}^* = &\iint_{\Omega} \left\{ \int_O^A \varepsilon_{\alpha\beta} A_{,\beta} \varepsilon_{\gamma\delta} \mathrm{d}(v_{\alpha\gamma} A_{,\delta}) \right\} \mathrm{d}\Omega + \iint_{\Omega} A \{ \varepsilon_{\alpha\beta} \varepsilon_{\gamma\delta} (v_{\alpha\gamma} A_{,\delta})_{,\beta} + \bar{J} \} \mathrm{d}\Omega \\ &- \int_{\Gamma_S} \varepsilon_{\alpha\beta} \varepsilon_{\gamma\delta} v_{\alpha\gamma} A_{,\delta} n_\beta A \mathrm{d}\Gamma \end{aligned} \tag{86}$$

我们也可以证明 Π_{P2}^* 和 Π_{C2}^* 是等价的. 即

$$\Pi_{P2}^{*}+\Pi_{C2}^{*}=0 \tag{87}$$

对于各向同性的材料而言，$v_{\alpha\beta}$ 为(80)式所示，Π_{P2}^{*} 和 Π_{C2}^{*} 可以简化为

$$\Pi_{P2}^{*}=\iint_{\Omega}\left\{\int_{O}^{A}vA_{,\alpha}\mathrm{d}A_{,\alpha}-\bar{J}A\right\}\mathrm{d}\Omega-\int_{\Gamma_G}vAA_{,\alpha}n_{\alpha}\mathrm{d}\Gamma \tag{88a}$$

$$\Pi_{C2}^{*}=\iint_{\Omega}\left\{\int_{O}^{A}A_{,\alpha}\mathrm{d}(vA_{,\alpha})+A[(vA_{,\alpha})_{,\alpha}+\bar{J}]\right\}\mathrm{d}\Omega-\int_{\Gamma_S}vAA_{,\alpha}n_{\alpha}\mathrm{d}\Gamma \tag{88b}$$

Π_{P2}^{*}，Π_{C2}^{*} 都是只有一个变量的无条件的广义变分原理，而且是等价的.

参考文献

[1] Branal P, Reichert K, Vogt W. Simulation of turbogenerators on steady state load. Brown Boveri Review, 1975, 9.

[2] Kreisinger V. Iterative methods for the solution of nonlinear magnetic Fields. ACTA TECHNICA CSAV. 1974,3.

[3] Glowinski R, Mariocco A. Analyse Numerique du champ magnetique d'un Alternteur pur elements finis et surrelaxation ponctuelle non lineaire. Computer Methods in Applied Mechanics and Engineering, 1974,3: 55 - 85.

[4] Silvester P, Cabayan H S, Browne B T. Efficient techniques for finite element analysis of electric machines. IEEE, Transaction, PAS—92, 1973,(4).

[5] Silvester P, Chari M V K. Finite element solution of saturable magnetic field problems. IEEE. Transactions on Power Apparatus and Systems, PAS—89, 1970,(7): 1642 - 1651.

[6] Andersen O W. Iterative solution of finite element equations in magnetic field problems. IEEE. Power Engineering. Society Paper T72, 411 - 7 (1972).

[7] Chari M V K, Silvester P P. Finite Elements in Electrical and Magnetic Field Problems. New York: John Wiley, 1980.

[8] 钱伟长. 弹性理论中的广义变分原理的研究及其在有限元计算中的应用. 机械工程学报，1979,15(2): 1 - 24;力学与实践,1979,1(1): 16 - 24; 1979,1(2): 18 - 27;清华大学科学报告 TH - 78011(1978 年 11 月).

[9] 钱伟长. 变分法和有限元. 北京：科学出版社,1980.

[10] 钱伟长. 高阶拉氏乘子法和具有更一般泛函的广义变分原理. 应用数学和力学,1983,4(2).

[11] 钱伟长. 多学科学术讲座丛书：广义变分原理. 上海：上海大百科出版社,1984(在印刷中).

Variational Principles of Magnetic Energy and Complementay Energy for the Problems of Orthotropic Nonlinear Static Magnetic Field and Their Generalized Variational Principles

Abstract In this paper, various variational principles for problems of orthotropic nonlinear static magnetic field are studied. We obtained in this paper not only the well-known magnetic energy principle with magnetic vector potential A_i as independent variable, but also the complementary energy principle which is unknown to us up to the present time.

These variational principles may be represented by magnetic field vector H_i, magnetic flux density B_i, and magnetic vector potential A_i. Thus, the relation between magnetic filed vector H_i and magnetic flux B_i, the definition of magnetic vector potential A_i, and the Maxwell's equation, may be considered as the variational constraints of these principles. The total variational constraints consist of above constraints and that of boundary conditions. In this paper, all the constraint conditions may be removed by means of method of Lagrange Multiplier, and two forms of generalized variational principles are thus obtained. These two forms of above-said generlized variational principles are proved to be equivalent.

环壳理论与直交异性板理论在计算三圆弧波纹膜片上的比较

摘　要　有人用直交异性板的理论[1]计算波纹板(膜片)的弹性位移,所得结果曾与实验对照比较满意.但是并没有人认真分析波纹数目、形状对直交异性板的弹性位移和应力分布的数量上的影响,以致未能对用直交异性板理论计算波纹板的范围作明确的说明.以前只是较一般地说,直交异性板理论用于计算波纹数目较多的膜片弹性特性(弹性位移与外力的关系)较满意,计算应力误差较大.本文利用环壳理论[2,3]分析了对称和不对称三圆弧波纹膜片的位移与应力,并与直交异性理论所得结果比较,明确了直交异性板理论的应用范围.

一、膜片的结构与环壳体方程

圆弧波纹膜片可以看成是由环壳组成.环壳理论已有详细的讨论[2].

图1所示为推荐的三圆弧波纹膜片.薄片硬中心的半径 $r_0^* = 2.5R_0^*$. R_0^* 是波纹圆弧半径.每个波纹圆弧所对中心角为60°.膜片的均匀厚度为 h^*,弹性模量为 E,泊松比为 ν.图1所示膜片是由五段环壳及环板组成.五段环壳是组成常用膜片的最少数目.以下用“ * ”表有量纲.

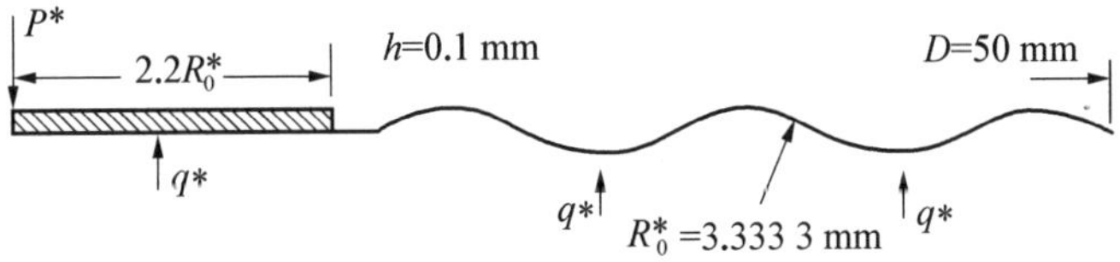

图1　三圆弧波纹膜片

环壳的诺沃日洛夫(B. B. Новожилов)方程

$$\frac{\mathrm{d}^2 V}{\mathrm{d}\varphi^2} = K\left(\alpha\cos\varphi\frac{\mathrm{d}V}{\mathrm{d}\varphi} - \mathrm{i}\mu V\sin\varphi + \mu P_0\cos\varphi\right) \tag{1.1}$$

式中

作者：钱伟长、樊大钧、黄黔. 原载《应用数学和力学》,1984,5(1)：41－48.

$$\left.\begin{aligned}
&V=V^{*}/Q_0^{*},\ P_0=P_0^{*}/Q_0^{*},\ \alpha=R_0/m,\ \mu=\mu_0R_0^2/m\\
&\mu_0=2\sqrt{3(1-\nu^2)}R_0^{*}/h^{*},\ P_0^{*}=\frac{\mu}{\alpha}Q_0^{*}-(-1)^{m+1}\mathrm{i}\alpha q^{*}\ \frac{R_0^{*}}{2}\\
&V^{*}=-\frac{\mu^2D^{*}}{\alpha R_0^{*2}}\cdot\frac{\vartheta}{K}+\mathrm{i}\ \frac{\mu}{\alpha}\left[Q^{*}\ \frac{1}{K^2\sin\varphi}-Q_0^{*}\cot\varphi\right]\\
&D^{*}=\frac{E^{*}h^{*3}}{12(1-\nu^2)},\ K=(1+\alpha\sin\varphi)^{-1}
\end{aligned}\right\}\tag{1.2}$$

这里 ϑ 为经线转角，Q^{*} 为壳体单位长度上的剪力，Q_0^{*} 为 $\varphi=0$ 处的剪力. φ 为波纹膜片子午剖面弧线(经线)由弧顶中线起算的角. 因此

$$Q_0^{*}=(-1)^{m+1}q^{*}R_0^{*}(P+qm^2)/2m\tag{1.3}$$

q^{*} 代表作用于膜片上的均布压力，P^{*} 代表集中力. 取 $P=\dfrac{P^{*}}{\pi R_0^{*2}\ \bar{q}}$，取 $q=q^{*}/\bar{q}$，m 代表环壳平均半径与圆弧半径之比 ($m=3,\ 4,\ 5,\ 6,\ 7$). R^{*} 为膜片半径.

当 $q^{*}\geqslant 10^{-5}$ MPa 时，取 $\bar{q}=q^{*}$；当 $q^{*}<10^{-5}$ MPa 时，取 $\bar{q}=\dfrac{P^{*}}{\pi R^{*2}}$；$m=3,\ 5,\ 7$ 时，$R_0=1$；$m=4,\ 6$ 时，$R_0=\cos(\pi/3-\Delta\delta)$.

由初参数法[7]，求得方程(1.1)的齐次积分 V^{h_1} 和 V^{h_2}，非齐次积分 V^{p}.

波纹膜片环壳部分的一般数值解为

$$V_g=\widetilde{C}_1V^{h_1}+\widetilde{C}_2V^{h_2}+V^{p}\tag{1.4}$$

把它和中心环板的解连结，可以得到波纹膜片的解. $\widetilde{C}_1$ 和 $\widetilde{C}_2$ 为常数.

环壳部分上的应力、位移等的表达式为

$$\left.\begin{aligned}
&\sigma_{N_\varphi}=(-1)^{m+1}\left[K^2\left(\sin\varphi+\frac{R_0}{m}-\frac{\operatorname{Im}V}{\mu_0R_0}\cos\varphi\right)\left(\frac{P}{m}+qm\right)+R_0q(1+K)\right]\Big/2\\
&\sigma_{N_\theta}=(-1)^{m+1}\left[K^2\left(\frac{\operatorname{Im}V}{\mu_0R_0}-\frac{R_0}{m}-\sin\varphi-\frac{m}{\mu_0KR_0^2}\operatorname{Im}\frac{\mathrm{d}V}{\mathrm{d}\varphi}\right)\left(\frac{P}{m}+qm\right)+R_0q\right]\Big/2\\
&\sigma_{M_\varphi}=(-1)^{m+1}K\left[\frac{1}{R_0}\operatorname{Re}\frac{\mathrm{d}V}{\mathrm{d}\varphi}-(1-\nu)\ \frac{K}{m}\operatorname{Re}V\cdot\cos\varphi\right](P+qm^2)/2R_0^2\\
&\sigma_{M_\theta}=(-1)^{m+1}K\left[\frac{\nu}{R_0}\operatorname{Re}\frac{\mathrm{d}V}{\mathrm{d}\varphi}+(1-\nu)\ \frac{K}{m}\operatorname{Re}V\cos\varphi\right](P+qm^2)/2R_0^2\\
&Q=Q^{*}/\bar{q}R_0^{*}=(-1)^{m+1}K^2\left(\frac{\operatorname{Im}V}{\mu_0R_0}\sin\varphi+\cos\varphi\right)(P+qm^2)/2m\\
&\widetilde{\vartheta}=(-1)^{m}K(P+qm^2)\operatorname{Re}V/2R_0
\end{aligned}\right\}$$

$$\left.\begin{aligned} &u_r=\frac{m}{K}(\sigma_{N_\theta}-\nu\sigma_{N_\varphi}),\ H=Q\sin\varphi-\sigma_{N_\varphi}\cos\varphi \\ &\frac{\mathrm{d}u_z}{\mathrm{d}\varphi}=\frac{1}{2}(-1)^{m+1}K(P+qm^2)\operatorname{Re}V\cos\varphi \end{aligned}\right\} \tag{1.5}$$

式中 u_r 和 u_z 代表径向和沿轴方向的位移(无量纲量). H 代表无量纲的水平径向力.

五段环壳之间的连接条件为(凹环壳加下角“0”)

$$\widetilde{\vartheta}=\widetilde{\vartheta}_0,\ \sigma_{M_\varphi}=-\sigma_{0M_\varphi},\ H=-H_0,\ u_r=u_{r0} \tag{1.6}$$

膜片中心平板(或环板)部分:

环板部分的拉伸问题所得位移与应力为

$$\left.\begin{aligned} u_{rp}&=\frac{\rho_1}{\rho_1^2-\rho_0^2}\left(\rho-\frac{\rho_0^2}{\rho}\right)u_{rp1} \\ \sigma_{rp}&=\frac{\rho_1}{\rho_1^2-\rho_0^2}\left(\frac{1}{1-\nu}+\frac{1}{1+\nu}\frac{\rho_0^2}{\rho^2}\right)u_{rp1} \\ \sigma_{\theta p}&=\frac{\rho_1}{\rho_1^2-\rho_0^2}\left(\frac{1}{1-\nu}-\frac{1}{1+\nu}\frac{\rho_0^2}{\rho^2}\right)u_{rp1} \end{aligned}\right\} \tag{1.7}$$

式中 u_{rp1} 是当 $\rho=\rho_1$ 时环板的径向位移(无量纲).

$\rho_0=r_0^*/R_0^*$, $\rho_1=r_1^*/R_0^*$, $r_1^*=2.5R_0^*$, r_0^* 是刚性硬中心的外半径(若无硬中心,则 $r_0^*=0$).

σ_{rp} 和 $\sigma_{\theta p}$ 是环板的径向和圆周方向拉应力.

由环板的弯曲所得环板的轴向位移为

$$w=\frac{1}{2}\mu_0^2\left[\frac{1}{2}\rho^2C_1+C_2\ln\rho+\frac{\rho^4}{32}q+\frac{1}{4}P\rho^2(\ln\rho-1)\right]+C_3 \tag{1.8}$$

由边界条件:

$$\left.\frac{\mathrm{d}w}{\mathrm{d}\rho}\right|_{\rho=\rho_0}=0,\ \left.w\right|_{\rho=\rho_1}=w(1),\ \left.\frac{\mathrm{d}w}{\mathrm{d}\rho}\right|_{\rho=\rho_1}=-\widetilde{\vartheta}_1=0.6(P+9q)\operatorname{Re}V(1) \tag{1.9}$$

得到诸常数 C_1, C_2, C_3 如下:

$$\left.\begin{aligned} C_1&=\left[3\operatorname{Re}V(1)(P+9q)/\mu_0^2-\frac{P}{2}(\rho_1^2\ln\rho_1-\rho_0^2\ln\rho_0)\right]\Big/(\rho_1^2-\rho_0^2)+P/4-\frac{q}{8}(\rho_1^2+\rho_0^2) \\ C_2&=\rho_0^2\left\{0.781\,25q-\left[3\operatorname{Re}V(1)(P+9q)+3.125P\ln\frac{\rho_0}{\rho_1}\right]\Big/(\rho_1^2-\rho_0^2)\right\} \\ C_3&=w(1)-\frac{\mu_0^2}{2}\left[\frac{C_1}{2}\rho_1^2+C_2\ln\rho_1+\frac{q}{32}\rho_1^4+\frac{P}{4}\rho_1^2(\ln\rho_1-1)\right] \end{aligned}\right\} \tag{1.10}$$

环板部分上的弯曲应力、位移的无量纲表达式为

$$\left.\begin{aligned}
&\tilde{\sigma}_{rp} = \frac{\mu_0^2}{2}\left\{(1+\nu)C_1-(1-\nu)\frac{C_2}{\rho^2}+\frac{P}{4}[(1+\nu)2\ln\rho+1-\nu]+\frac{q}{8}\rho^2(3+\nu)\right\}\\
&\tilde{\sigma}_{\theta p} = \frac{\mu_0^2}{2}\left\{(1+\nu)C_1+(1-\nu)\frac{C_2}{\rho^2}+\frac{P}{4}[(1+\nu)2\ln\rho-1+\nu]+\frac{q}{8}\rho^2(1+3\nu)\right\}\\
&\tilde{\vartheta}_p = -\frac{\mu_0^2}{2}\left[C_1\rho+\frac{C_2}{\rho}+\frac{P}{4}\rho(2\ln\rho-1)+\frac{q}{8}\rho^3\right]\\
&Q_r = (\rho q+P/\rho)/2\\
&w = \mu_0^2\left[\frac{C_1}{2}\rho^2+C_2\ln\rho+\frac{q}{32}\rho^4+\frac{P}{4}\rho^2(\ln\rho-1)\right]+C_3
\end{aligned}\right\} \tag{1.11}$$

若选波纹膜片的外边界点为积分起点,并取

$$\tilde{\vartheta}=0,\ H=0 \tag{1.12}$$

设下列函数为积分初参数

$$V^{h_1}=[0,\ 1,\ 0,\ 0,\ 0],\ V^{h_2}=[0,\ 0,\ 0,\ 1,\ 0],\ V^{p}=[0,\ 0,\ \mathrm{Im}\,V(0),\ 0,\ 0] \tag{1.13}$$

$V(0)$ 为对应 φ 角初始值 φ^0 时的函数 V 值.

积分终点是环壳与圆环板的交界点处,在这里的边界条件为

$$当\ \rho=\rho_1,\ \sigma_{M_\varphi}=\tilde{\sigma}_{rp},\ -H=\sigma_{rp} \tag{1.14}$$

并令

$$\left.\begin{aligned}
&A(1)=\mathrm{Im}\frac{\mathrm{d}V^{h_1}}{\mathrm{d}\varphi}-\beta_1\mathrm{Im}\,V^{h_1},\qquad A(2)=\mathrm{Im}\frac{\mathrm{d}V^{h_2}}{\mathrm{d}\varphi}-\beta_1\mathrm{Im}\,V^{h_2}\\
&A(3)=\mathrm{Im}\frac{\mathrm{d}V^{p}}{\mathrm{d}\varphi}-\beta_1\mathrm{Im}\,V^{p}-\beta_2\\
&B(1)=\mathrm{Re}\frac{\mathrm{d}V^{h_1}}{\mathrm{d}\varphi}-\beta_3\mathrm{Re}\,V^{h_1},\qquad B(2)=\mathrm{Re}\frac{\mathrm{d}V^{h_2}}{\mathrm{d}\varphi}-\beta_3\mathrm{Re}\,V^{h_2}\\
&B(3)=\mathrm{Re}\frac{\mathrm{d}V^{p}}{\mathrm{d}\varphi}-\beta_3\mathrm{Re}\,V^{p}-\beta_4
\end{aligned}\right\} \tag{1.15}$$

于是得到常数 $\tilde{C}_1$ 和 $\tilde{C}_2$ 为

$$\left.\begin{aligned}
&\tilde{C}_1=[A(2)B(3)-A(3)B(2)]/[A(1)B(2)-A(2)B(1)]\\
&\tilde{C}_2=[A(3)B(1)-A(1)B(3)]/[A(1)B(2)-A(2)B(1)]
\end{aligned}\right\} \tag{1.16}$$

式中

$$\left.\begin{aligned}
&\beta_1=0.2\sqrt{3}(1+\nu)+0.4/f\\
&\beta_2=\frac{\mu_0}{3}\{0.2(1+\nu)-0.2\sqrt{3}/f+q(2.5-5.5\nu-2.75\sqrt{3}/f)/(P+9q)\}\\
&\beta_3=0.2\sqrt{3}(1-\nu)+0.4(1+\nu)+0.8\rho_0^2/(6.25-\rho_0^2)\\
&\beta_4=\mu_0^2\left\{P\left[1.25+2.5\rho_0^2\ln\left(\frac{\rho_0}{2.5}\right)\Big/(6.25-\rho_0^2)\right]\right.\\
&\qquad\left.+q(3.90625-0.625\rho_0^2)\right\}\Big/(3P+27q)\\
&f=\left[\frac{6.25}{1-\nu}+\rho_0^2/(1+\nu)\right]\Big/(6.25-\rho_0^2)
\end{aligned}\right\}\tag{1.17}$$

把 $\widetilde{C}_1$ 和 $\widetilde{C}_2$ 代回式(1.4)，可得波纹膜片环壳部分的解. 利用式(1.5)，(1.7)，(1.11)可得出波纹膜片的全部应力和位移.

二、对称三圆弧波纹膜片的直交异性板解

由文献[1]给出的近似的波纹膜片的非线性特性解为

均布压力
$$\frac{q^*R^{*4}}{E^*h^{*4}}=\eta_q a_q\frac{w_0^*}{h^*}+\xi_q b_q\left(\frac{w_0^*}{h^*}\right)^3\tag{2.1}$$

集中力
$$\frac{P^*R^{*2}}{\pi E^*h^{*4}}=\eta_P a_P\frac{w_0^*}{h^*}+\xi_P b_P\left(\frac{w_0^*}{h^*}\right)^3\tag{2.2}$$

式中

$$\left.\begin{aligned}
&a_q=\frac{2(3+\omega)(1+\omega)}{3k_1(1-\nu^2/\omega^2)}\\
&b_q=\frac{32k_1}{\omega^2-9}\left[\frac{1}{6}-\frac{3-\nu}{(\omega-\nu)(\omega+3)}\right]\\
&\eta_q=\frac{(3-\omega)(1-\omega)}{(3+\omega^2)(1-\rho_0^4)+\dfrac{4\omega}{1-\rho_0^{2\omega}}[2\rho_0^{\omega+1}(1+\rho_0^2)-(1+\rho_0^{2\omega})(1+\rho_0^4)]}\\
&\xi_q=\frac{1}{(1-\rho_0^2)^4(1+\rho_0^2)\left[\dfrac{1}{6}-\dfrac{3-\nu}{(\omega-\nu)(\omega+3)}\right]}\left\{\frac{1-\rho_0^6}{6}\right.\\
&\qquad\left.-\frac{3-\nu}{1-\rho_0^{2\omega}}\left[\frac{(1-\rho_0^{\omega+3})^2}{(\omega-\nu)(3+\omega)}+\frac{(\rho_0^{\omega}-\rho_0^3)^2}{(\omega+\nu)(3-\omega)}\right]\right\}
\end{aligned}\right\}$$

$$
\left.\begin{aligned}
& a_P=\frac{(1+\omega)^2}{3k_1(1-\nu^2/\omega^2)},\ b_P=\frac{k_1}{\omega^2-1}\left[\frac{1}{2}-\frac{1-\nu}{(\omega-\nu)(\omega+1)}\right] \\
& \eta_P=\frac{(1-\omega)^2}{(1+\omega^2)(1-\rho_0^2)+\frac{2\omega}{1-\rho_0^{2\omega}}\left[4\rho_0^{1+\omega}-(1+\rho_0^{2\omega})(1+\rho_0^2)\right]} \\
& \xi_P=\frac{1}{(1-\rho_0)^4\left[\frac{1}{2}-\frac{1-\nu}{(\omega-\nu)(\omega+1)}\right]}\left\{\frac{1-\rho_0^2}{2}\right. \\
& \qquad \left.-\frac{1-\nu}{1-\rho_0^{2\omega}}\left[\frac{(1-\rho_0^{\omega+1})^2}{(\omega-\nu)(\omega+1)}+\frac{(\rho_0^{\omega}-\rho_0)^2}{(\omega+\nu)(1-\omega)}\right]\right\} \\
& \omega^2=k_1\cdot k_2
\end{aligned}\right\} \tag{2.3}
$$

对称圆弧波纹的 k_1 和 k_2 值如下：

$$
\left.\begin{aligned}
& k_1=s/l \\
& k_2=\frac{24R_0^{*2}}{h^{*2}}\left\{\frac{1}{2}\varphi_0-\frac{3}{4}\sin 2\varphi_0+\varphi_0\cos^2\varphi_0\right\}+2\left\{\frac{1}{2}\varphi_0+\frac{1}{4}\sin 2\varphi_0\right\}
\end{aligned}\right\} \tag{2.4}
$$

s 代表半圆弧的波纹长度；φ_0 代表半圆弧波纹所对中心角.

由直交异性板理论所得应力公式为

膜片受均布压力时

$$
\left.\begin{aligned}
& \sigma_r=\frac{E}{2}k_1c^2\left[\frac{\rho^2}{\omega^2-9}-a\rho^{\omega-1}-b\rho^{-\omega-1}\right]\pm 3\left(\frac{R^*}{h^*}\right)^2\left[(\omega+\nu)d\rho^{\omega-1}\right. \\
& \qquad \left.+(\omega-\nu)e\rho^{-\omega-1}+\frac{\rho^2}{9-\omega^2}(3+\nu)\right] \\
& \sigma_\theta=\frac{E}{2}k_1c^2\left[\frac{3\rho^2}{\omega^2-9}-\omega(a\rho^{\omega-1}-b\rho^{-\omega-1})\right]\pm 3\omega^2\left(\frac{R^*}{h^*}\right)^2\left[\left(1+\frac{\nu}{\omega}\right)d\rho^{\omega-1}\right. \\
& \qquad \left.+\left(1+\frac{\nu}{\omega}\right)e\rho^{-\omega-1}+\frac{\rho^2}{9-\omega^2}\left(1+3\frac{\nu}{\omega^2}\right)\right]
\end{aligned}\right\} \tag{2.5}
$$

式中

$$
a=\left[\frac{\rho_0^2}{\omega^2-9}(3-\nu)-\left(\frac{2\delta}{c^2}+\frac{3-\nu}{\omega^2-9}\right)\rho_0^{-\omega-1}\right]\Big/(\omega-\nu)(\rho_0^{\omega-1}-\rho_0^{-\omega-1})
$$

$$
b=\left[\frac{\rho_0^2}{\omega^2-9}(3-\nu)-\left(\frac{2\delta}{c^2}+\frac{3-\nu}{\omega^2-9}\right)\rho_0^{\omega-1}\right]\Big/(\omega+\nu)(\rho_0^{\omega-1}-\rho_0^{-\omega-1})
$$

$$d=\frac{1}{\omega^2-9}\left(\frac{\rho_0^3-\rho_0^{-\omega}}{\rho_0^{\omega}-\rho_0^{-\omega}}\right),\qquad e=\frac{1}{\omega^2-9}\left(\frac{\rho_0^{\omega}-\rho_0^3}{\rho_0^{\omega}-\rho_0^{-\omega}}\right)$$

c 是与中心位移 w_0^* 等有关的系数.

δ 是膜片外边缘的径向位移,若膜片外边缘焊在刚度很大的支架或夹紧紧固时,$\delta=0$.

膜片受集中力时

$$\left.\begin{aligned}\sigma_r&=\frac{E}{2}k_1c_1^2\left[\frac{1}{\omega^2-1}-a_1\rho^{\omega-1}-b_1\rho^{-\omega-1}\right]\pm\frac{3P^*}{\pi h^{*2}}\left[(\omega+\nu)d_1\rho^{\omega-1}\right.\\&\quad\left.+(\nu-\omega)e_1\rho^{-\omega-1}+\frac{1+\nu}{1-\omega^2}\right]\\\sigma_\theta&=\frac{E}{2}k_1c_1^2\left[\frac{1}{\omega^2-1}-\omega(a_1\rho^{\omega-1}-b_1\rho^{-\omega-1})\right]\pm\frac{3\omega^2P^*}{\pi h^{*2}}\left[\left(1+\frac{\nu}{\omega}\right)d_1\rho^{\omega-1}\right.\\&\quad\left.+\left(1-\frac{\nu}{\omega}\right)e_1\rho^{-\omega-1}+\frac{1+\nu/\omega^2}{1-\omega^2}\right]\end{aligned}\right\}\tag{2.6}$$

式中

$$a_1=\frac{\nu-1}{(1-\omega^2)(\omega-\nu)}\cdot\frac{1-\rho_0^{\omega+1}}{1-\rho_0^{2\omega}},\qquad b_1=\frac{1-\nu}{(1-\omega^2)(\omega+\nu)}\cdot\frac{\rho_0^{\omega+1}-\rho_0^{2\omega}}{1-\rho_0^{2\omega}}$$

$$d_1=\frac{1}{\omega^2-1}\left(\frac{\rho_0-\rho_0^{-\omega}}{\rho_0^{\omega}-\rho_0^{-\omega}}\right),\qquad e_1=\frac{1}{1-\omega^2}\left(\frac{\rho_0-\rho_0^{\omega}}{\rho_0^{\omega}-\rho_0^{-\omega}}\right)$$

c_1 是与 w_0^* 等有关的系数.

三、两种理论在位移方面的比较

按图 1 所示波纹膜片的尺寸比例,膜片厚度为 0.1 mm,所受均布压力

$$q^*=13.6\times10^{-4}\ \mathrm{kg/mm^2}$$

膜片直径 $D=35.71$ mm　　$\left(\frac{w_0^*}{h_0^*}\right)_s=1.40$,$\left(\frac{w_0^*}{h_0^*}\right)_p=1.45$

$D=38.46$ mm　　$\left(\frac{w_0^*}{h_0^*}\right)_s=1.68$,$\left(\frac{w_0^*}{h_0^*}\right)_p=1.73$

$D=41.67$ mm　　$\left(\frac{w_0^*}{h_0^*}\right)_s=2.05$,$\left(\frac{w_0^*}{h_0^*}\right)_p=2.09$

$$D = 45.45\ \text{mm} \qquad \left(\frac{w_0^*}{h_0^*}\right)_s = 2.54,\ \left(\frac{w_0^*}{h_0^*}\right)_p = 2.54$$

$$D = 50\ \text{mm} \qquad \left(\frac{w_0^*}{h_0^*}\right)_s = 3.20,\ \left(\frac{w_0^*}{h_0^*}\right)_p = 3.18$$

$$D = 55.55\ \text{mm} \qquad \left(\frac{w_0^*}{h_0^*}\right)_s = 4.16,\ \left(\frac{w_0^*}{h_0^*}\right)_p = 4.06$$

膜片受集中力作用 $P^* = 0.6\ \text{kg}$

膜片直径 $D = 35.71\ \text{mm} \qquad \left(\frac{w_0^*}{h_0^*}\right)_s = 1.38,\ \left(\frac{w_0^*}{h_0^*}\right)_p = 1.38$

$$D = 38.46\ \text{mm} \qquad \left(\frac{w_0^*}{h_0^*}\right)_s = 1.42,\ \left(\frac{w_0^*}{h_0^*}\right)_p = 1.41$$

$$D = 41.67\ \text{mm} \qquad \left(\frac{w_0^*}{h_0^*}\right)_s = 1.47,\ \left(\frac{w_0^*}{h_0^*}\right)_p = 1.44$$

$$D = 45.45\ \text{mm} \qquad \left(\frac{w_0^*}{h_0^*}\right)_s = 1.52,\ \left(\frac{w_0^*}{h_0^*}\right)_p = 1.47$$

$$D = 50\ \text{mm} \qquad \left(\frac{w_0^*}{h_0^*}\right)_s = 1.58,\ \left(\frac{w_0^*}{h_0^*}\right)_p = 1.50$$

$$D = 55.55\ \text{mm} \qquad \left(\frac{w_0^*}{h_0^*}\right)_s = 1.66,\ \left(\frac{w_0^*}{h_0^*}\right)_p = 1.54$$

以上诸式中,注脚“s”表环壳理论计算结果,“p”表直交异性板理论计算结果. 硬中心半径与膜片半径的比值 $\rho_0 = 0.275$.

四、两种理论在应力方面的比较

设膜片厚度为 0.1 mm, $\rho_0 = 0.275$. 膜片直径 $D = 50$ mm.

膜片受均布压力时, $q^* = 13.6 \times 10^{-4}\ \text{kg/mm}^2$. 而当受集中力作用时, $P^* = 0.6$ kg. 图 2 是在均布压力下,环壳理论所得应力与直交异性板理论所得应力的比较.

图 3 是集中力作用下,环壳理论所得应力与直交异性板理论所得应力的比较.

从图 2 和图 3 中可以看出,由环壳理论算出的应力沿径向有近似的周期变化. 这种理论结果与实验是一致的. 在波纹的顶部和底部,壳的法线接近于水平,载荷主要靠弯曲应力支撑. 在波纹的中部,大部分载荷都靠中面力支持,以致弯矩很小,表面应力也就比较小.

而直交异性板理论不能体现出不同点法线方向的变化,不能给出应力沿径向的近似的周期性变化. 应力数值也相去甚远.

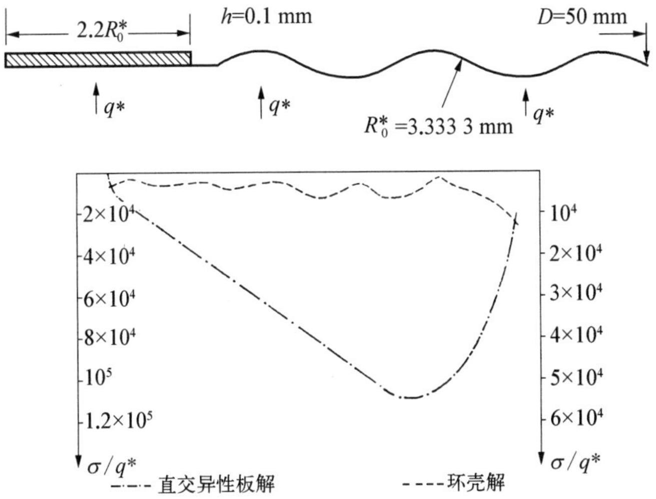

图 2　均布压力下外表面合成应力 $\sigma=\sqrt{\sigma_\varphi^2+\sigma_\theta^2-\sigma_\varphi\sigma_\theta}$

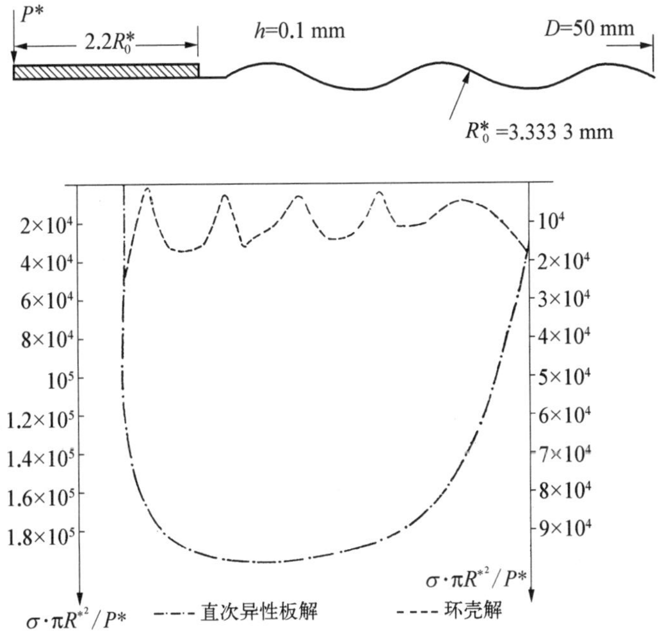

图 3　集中力作用下外表面合成应力 $\sigma=\sqrt{\sigma_\varphi^2+\sigma_\theta^2-\sigma_\varphi\sigma_\theta}$

五、结　论

1. 用直交异性板理论计算出的三圆弧波纹膜片的应力值，与用环壳理论得到的应力值相差很远. 这主要是因为直交异性板不能体现各点子午线法线方向的变化.

2. 与环壳理论得到的合成应力值相比较，直交异性板理论计算出的合成应力相差6%到十几倍.一般说，膜片外边缘两种计算结果差别最小；均布压力下二者差别比集中力作用下的差别为小.

3. 对三圆弧波纹膜片，两种理论所得位移相差很小（小于2.5%）. 对波纹数大于3的波纹膜片而言，在位移方面的差别会更小. 因此，用直交异性板近似公式计算膜片的位移是有效的.

参考文献

[1] Андреева Л Е. Расчет гофрированных мембран как анизотропных плястинок. Инженерый Сборник，АН СССР，Т XXI (1955).

[2] 钱伟长，郑思梁. 轴对称圆环壳的复变量方程和轴对称细环壳的一般解. 清华大学学报，1979，19(1)：27－47.

[3] Новожилов В В. Теория Тонких Оболочек. Ленинград，1962.

[4] Wildhack W A，Goerke V H. Corrugated metal diaphragms for aircraft pressuremeasuring instruments. T N NACA，1939，738.

[5] 樊大钧，黄黔. 圆弧波纹膜片的理论分析和工程设计方法. 在第二届仪器仪表学术年会上宣读，北京(1982.12).

[6] 樊大钧，黄黔. 三圆弧波纹膜片的设计，仪器仪表学报(排印中).

[7] 黄黔. 用数值积分的初参数法解波纹管. 应用数学和力学，1982，3(1)：101－112.

Comparison of the Calculations of Three-Convolution Circular Arc Corrugated Diaphragms by Toroidal Shell Theory and by Orthogonal Anisotropy Plate Theory

Abstract The calculation of elastic deformations of corrugated diaphragms has been given by orthogonal anisotropy plate theory[1], and its result agrees with the experimental results. But it has never been discussed seriously how the number and form of convolutions affect the elastic deformations and stress distributions of anisotropy plate. As a result, adaptable limits of orthogonal anisotropy plate theory cannot be indicated when applied to calculate diaphragms. It is said that the theory is fairly good for calculating elastic deformations of the diaphragms which have more convolutions. It is also said that the error in calculating stresses is rather large. This paper, by using toroidal shell theory, presents the calculation of deformations and stresses of three-convolution circular are corrugated diaphragms both symmetrical and unsymmetrical, compares its result with that of the orthogonal anisotropy plate theory and gives definite adaptable limits of the latter theory.

带有环向加强肋的任意截面柱壳理论

摘　要　本文利用最小势能原理研究了带有加强肋的任意闭合截面柱壳的理论. 建立了在 Bernoulli 假设下容许的精确的稀肋柱壳的肋的连续条件和密肋柱壳作为正交各向异性壳的平衡方程.

本文对于这个理论的量级作了比较详细的分析,证明对于粗肋而言,肋的应变能在 Bernoulli 假设的基础上只能正确到一级近似,对于细肋而言,可以正确到二级近似.

不论对于粗肋和细肋,本文都列出了肋的应变能的二级近似项,虽然对于粗肋而言,由于 Bernoulli 假设的限制,有关二级近似项只有参考价值;但是,根据曲杆理论的经验,这种二级近似项的保留一般可以在很大程度上改善理论结果,使更符合于实际情况.

量级分析证明:在通常的情况下,一级近似理论只要考虑肋在其本身平面内的拉伸压缩和弯曲的作用,横弯和扭转的作用完全可以略去. 在二级近似理论中,粗肋的横弯(即弯出其本身平面的弯曲)参加作用,而扭转的作用仍可略去.

对于密肋而言,本文从最小势能原理导出各向异性壳的平衡方程;但是,对于这种结构上各向异性的壳而言,和材料上各向异性的壳有本质上的差别,其方程的形式也不相同.

一、序　言

关于处理带有环向加强肋的圆柱壳的理论,有两种不同的处理方法:当肋的间距较远时,可以称为稀肋问题. 在这种稀肋问题里,可以把肋所分割的壳分段处理,其关键在于研究相邻的两段柱壳在肋上的连续条件. 当肋的间距较小时,称为密肋问题,把肋的加强作用看作为均匀分配在壳内的,加强肋的圆柱壳于是可以看作为各向异性的圆柱壳. 前者如 Hoff, N. J. (1944, 1949)[1], Liebowiz, H. (1949)[2], Boley, B. A. (1949)[3]等. 他们都着重考虑加强肋在其本身平面内的抗弯作用,对于肋的抗扭、抗拉和抗拒弯出其本身平面的弯曲等刚度而言,或假定为零,略去其影响,或假定其刚度为无穷大,绝对限制其变形. 而且在具体计算实际问题时,都利用 Ritz 法进行近似计算. 后者如 Flugge, W. (1932)[4], Лехнцчкцй,

---

原载《上海工业大学学报》,1984,(1):1-30.

C. T. (1957)[5]，Новожцлов，B. B. (1951)[6]. 他们都处理了对截面的加强肋，也只着重考虑其抗拉和抗弯作用. 他们只是根据肋的抗拉和抗弯刚度适当地修正壳的环向的抗拉和抗弯刚度，从而建立各向异性壳的方程.

本文的目的，在于利用最小势能原理，建立有关环向加强肋的柱壳理论，并对于这个理论，在 Bernoulli 假设的基础上严格地研究它们的精确程度. 首先，我们将对柱壳的截面形状不加限制，讨论一般闭合截面的柱壳，其结果就可以利用来处理椭圆柱壳那样的实用问题. 其次我们对肋的截面形状也不加限制，无需有对称的要求，不论肋在其本身平面内的抗弯刚度、弯出其本身平面的抗弯刚度、抗扭刚度和抗拉刚度都是有限的. 这样我们就考虑了最一般的加强肋的条件. 最后，我们将肋的粗细按它的厚度量级和壳厚的量级的相对关系分成两类：当肋的厚度和壳的厚度量级相当时称为细肋，当肋的厚度量级大于壳的厚度量级时称为粗肋. 我们详细研究了粗肋的理论，也附带研究了细肋的理论. 我们证明了在 Bernoulli 假设的基础上，在与 Bernoulli 假设相当的允许的精确度范围内，不论粗肋和细肋都只有肋的抗拉以及在其本身平面内的抗弯刚度是起作用的，其他刚度的影响都在 Bernoulli 假设的精度以外，无需考虑. 这些结论证实了(如 Новожцлов B. B. (1951)[6])通常略去肋的抗扭刚度和弯出肋的平面的抗弯刚度的处理方法是正确的. 同时，这些结论也指出，肋的截面是不是对称的，在 Bernoulli 假设的允许精度范围内，对于肋的理论并无影响.

我们也得到结论，证明对于粗肋的理论而言，在 Bernoulli 假设的允许精度范围内，只能正确到一级近似，但对于细肋的理论而言，可以正确到二级近似. 这个结论对于利用渐近展开法求解加强肋的任意截面柱壳问题是很关键的.

从曲杆理论的实践中知道，在 Bernoulli 假设的基础上，曲率半径对于抗弯刚度的影响虽然在量级上和略去的横剪相当；但是，如果考虑了这种影响，一般在很大程度上可以改进理论的结果，使它更符合于实际情况. 因此，对于粗肋而言，我们还研究了二级近似理论，这种二级近似理论中一方面利用 Bernoulli 假设计算抗弯抗拉刚度，一方面利用儒拉夫斯基理论考虑了横剪的直接影响；并证明这种直接影响在二级近似理论中仍可略去. 严格说来，这种二级近似理论只有参考价值. 但是，根据曲杆理论的实践经验，将能对于粗肋理论，给出更接近于实际的结果.

我们必须指出，虽然本文在大体上证明了在习惯上只考虑肋的抗拉和在本身平面内的抗弯刚度是正确的；但是，并不是说，前面引述的各种著作的最终方程都是合理的. 本文通过最小能量原理给出了在上面所说的量级基础上迄今为止比较合理和完备的肋的条件.

最后，我们也讨论了肋在间距较小时的密肋问题，建立了有相同基础的正交各向异性壳的平衡方程和相关的边界条件，这些方程和前面引述的各种著作的结果也是不同的.

所有本文的结果，都写成可以用渐近解法求解的形式，具体求解将于另文叙述.

二、柱壳的变形能及其变分

设柱壳中面的坐标为 x, y,垂直中面的外向法线坐标为 z(图 1),为了把它们化为无量纲坐标,引进一标准长度 a,它可以是平均曲率半径,也可以是最大半径,或最小半径,或周长和柱壳周长相等的圆半径. 于是可以利用下列无量纲坐标 a, α, s, γ,即

$$x = a\alpha,\ y = as,\ z = a\gamma \tag{1}$$

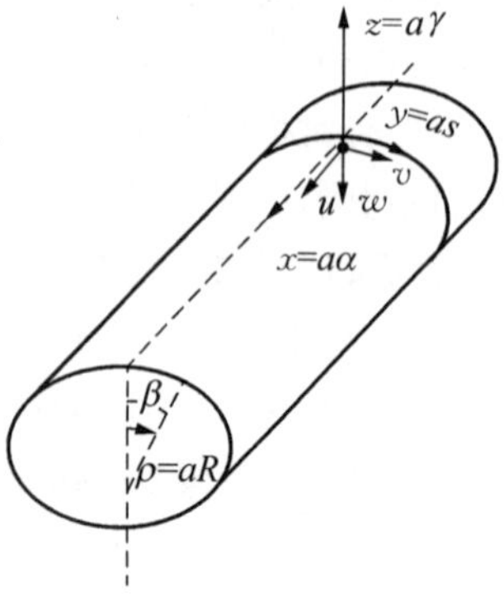

图 1 柱壳的中面坐标及位移分量

设柱壳的曲率半径为 $\rho(s)$,它是 s 的函数,我们也引进无量纲的曲率半径 $R(s)$,即

$$\rho = aR(s) \tag{2}$$

如果我们引用壳的法线方向角 β 作为柱壳的环向坐标,则根据定义有

$$\frac{\mathrm{d}s}{\mathrm{d}\beta} = R(s) = R(\beta) \tag{3}$$

这里 β 顺时针时为正,绕柱壳一周时,从零变到 2π.

在下面,我们将主要用 a, s, γ 坐标进行推导. 设中面上在 x, y 坐标方向的位移为 u, v,在 z 反方向的法向位移为 w. 根据 Новожцлов - Валаьух[6]一级近似的修正理论,柱壳的应变位移关系为

$$\left.\begin{aligned}
&\varepsilon_\alpha = \frac{1}{a}\frac{\partial u}{\partial \alpha},\ \varepsilon_s = \frac{1}{a}\left(\frac{\partial v}{\partial s} - \frac{w}{R}\right), \qquad \omega = \frac{1}{a}\left(\frac{\partial v}{\partial \alpha} + \frac{\partial u}{\partial s}\right),\\
&K_\alpha = \frac{1}{a^2}\frac{\partial^2 w}{\partial \alpha^2},\ K_s = \frac{1}{a^2}\frac{\partial}{\partial s}\left(\frac{\partial w}{\partial s} + \frac{v}{R}\right),\ \tau = \frac{1}{a^2}\frac{\partial}{\partial \alpha}\left(\frac{\partial w}{\partial s} + \frac{v}{R}\right).
\end{aligned}\right\} \tag{4}$$

有关的弹性关系式为

$$\left.\begin{aligned}
&T_\alpha = C(\varepsilon_\alpha + \nu\varepsilon_s) = \frac{C}{a}\left(\frac{\partial u}{\partial \alpha} + \nu\frac{\partial v}{\partial s} - \nu\frac{w}{R}\right),\\
&T_s = C(\varepsilon_s + \nu\varepsilon_\alpha) = \frac{C}{a}\left(\frac{\partial v}{\partial s} - \frac{w}{R} + \nu\frac{\partial u}{\partial \alpha}\right),\\
&S = \frac{1}{2}(1-\nu)C\omega = \frac{1}{2}(1-\nu)\frac{C}{a}\left(\frac{\partial v}{\partial \alpha} + \frac{\partial u}{\partial s}\right),\\
&M_\alpha = D(K_\alpha + \nu K_s) = \frac{D}{a^2}\left[\frac{\partial^2 w}{\partial \alpha^2} + \nu\frac{\partial}{\partial s}\left(\frac{\partial w}{\partial s} + \frac{v}{R}\right)\right],\\
&M_s = D(K_s + \nu K_\alpha) = \frac{D}{a^2}\left[\frac{\partial}{\partial s}\left(\frac{\partial w}{\partial s} + \frac{v}{R}\right) + \nu\frac{\partial^2 w}{\partial \alpha^2}\right],\\
&H = (1-\nu)D\tau = (1-\nu)\frac{D}{a^2}\frac{\partial}{\partial \alpha}\left(\frac{\partial w}{\partial s} + \frac{v}{R}\right),
\end{aligned}\right\} \tag{5}$$

其中 T_α，T_s，S 为薄膜内力素，M_α，M_s，H 为弯矩和扭矩内力素，C，D 为壳的抗拉和抗弯刚度

$$C=\frac{Eh}{1-\nu^2},\ D=\frac{Eh^3}{12(1-\nu^2)} \tag{6}$$

h 为壳的厚度，E 为弹性模量，ν 为泊松比.

相关的壳的应变能为

$$U_1=\frac{1}{2}\int_0^{\alpha_1}\oint\Big\{C\Big[\varepsilon_\alpha^2+\varepsilon_s^2+2\nu\varepsilon_\alpha s_s+\frac{1}{2}(1-\nu)\omega^2\Big]$$
$$+D[K_\alpha^2+K_s^2+2\nu K_\alpha K_s+2(1-\nu)\tau^2]\Big\}\alpha^2\,\mathrm{d}s\mathrm{d}\alpha \tag{7}$$

其中 $a\alpha_1$ 为两条平行的肋之间的距离. $\oint$ 代表环向积分，任意两肋间的一段壳的应变能表达式都可以写成(7)式，将(7)变分，利用(5)式，可得

$$\delta U_1=\int_0^{\alpha_1}\oint[T_\alpha\delta\varepsilon_\alpha+T_s\delta\varepsilon_s+S\delta\omega+M_\alpha\delta K_\alpha+M_s\delta K_s+2H\delta\tau]^2\alpha\mathrm{d}\alpha\mathrm{d}s \tag{8}$$

将(4)式代入(8)式，通过部分积分，即可证明

$$\delta U_1=\delta U_1^{(1)}+\delta U_1^{(2)}, \tag{9}$$

$$\delta U_1^{(1)}=-\int_0^{\alpha_1}\oint\Big\{\Big(\frac{\partial T_\alpha}{\partial\alpha}+\frac{\partial S}{\partial s}\Big)\delta u+\Big(\frac{\partial S}{\partial\alpha}+\frac{\partial T_s}{\partial s}+\frac{1}{aR}\frac{\partial M_s}{\partial s}+\frac{2}{aR}\frac{\partial H}{\partial\alpha}\Big)\delta v$$
$$+\frac{1}{a}\Big(\frac{T_s a}{R}-\frac{\partial^2M_\alpha}{\partial\alpha^2}-\frac{\partial^2M_s}{\partial s^2}-2\frac{\partial^2H}{\partial\alpha\partial s}\Big)\delta w\Big\}\alpha\,\mathrm{d}\alpha\mathrm{d}s, \tag{9a}$$

$$\delta U_1^{(2)}=\oint\Big\{T_\alpha\delta u+\Big(s+\frac{2H}{aR}\Big)\delta v-\frac{1}{a}\Big(\frac{\partial M_\alpha}{\partial\alpha}+2\frac{\partial H}{\partial s}\Big)\delta w+\frac{M_\alpha}{a}\frac{\partial}{\partial\alpha}\delta w\Big\}_0^{\alpha_1}\alpha\mathrm{d}s. \tag{9b}$$

如果把 δU_1 和外力做的功的变分加在一起，则(9a)将给出壳内的内力素平衡方程，而(9b)将给出壳的端面上 ($\alpha=0$，$\alpha=\alpha_1$) 的边界条件，从(9b)中很易看出，T_α 代表边界上薄膜内力的法向分量. $s+\dfrac{2H}{aR}$ 代表边界上薄膜内力的切向分量，M_α 代表边界上弯矩，$-\dfrac{1}{a}\Big(\dfrac{\partial M_\alpha}{\partial\alpha}+2\dfrac{\partial H}{\partial s}\Big)$ 代表边界上内力素所造成的边界横剪.

对于为肋所分割的壳的区间而言，(9b)代表壳的边界上的内力素对于边界加

强肋发生虚位移 δu，δv，δw，$\delta\dfrac{\partial w}{\partial\alpha}$ 时做的功，亦即是说，这些边界上的内力素代表壳通过边界作用在肋上的边界力和边界力矩，这些边界力矩相当于肋所受的分布扭矩.

对于一般加强肋而言，肋一方面受到左方的壳的边界力作用（相当于 $\alpha=\alpha_1$ 积分上限）；另一方面也受到右方的壳的边界力的作用（相当于 $\alpha=0$ 积分下限）. 肋的连续条件一方面要求肋两侧的壳的变形位移 u，v，w，$\dfrac{1}{a}\dfrac{\partial w}{\partial\alpha}=\theta$ 在肋上连续，同时，肋的变形内力和壳作用在肋上的左右侧边界力取得平衡.

为了研究肋的变形平衡条件，我们也可以从研究肋的变形能着手.

在处理肋的变形能时，我们将把肋条作为薄壁杆件看待，假设(1) 肋的截面周边形状保持不变，(2) 肋的截面在弯曲时保持平面，(3) 肋的截面尺寸小于壳的曲率半径，(4) 肋作为杆件（曲杆）伴随着壳的中面的边界变形而发生变形.

设图 2 表示柱壳和肋的一个 $s=$ 常数的截面. 阴影部分代表肋的横截面，在一般情况下，它是不对称的：设肋的正截面的形心为 C，并以通过 C 点的柱壳横截面（$\alpha=0$ 或 $\alpha=\alpha_1$）作为肋所处的计算平面，于是 $a\alpha$，as，$a\gamma$ 为以壳的中面上边界的一点 O 为原点的柱壳坐标，s 坐标指向纸的背面. 设 x_1，y_1，z_1 为以 C 为原点的直角坐标，它们分别平行于 α，s，γ 轴，对于对称截面而言，x_1，z_1 是肋的截面的惯性主轴，但对于不对称截面的肋而言，它们并不是惯性主轴.

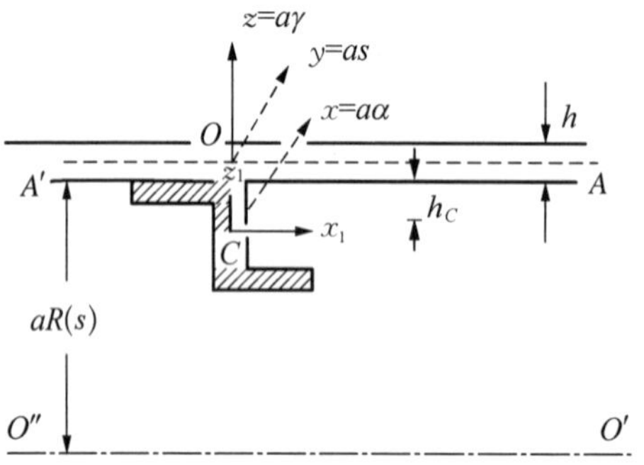

图 2　肋的 $s=$常数的截面及其形心坐标（C 为形心），AA' 为壳的中面，$O'O''$ 为曲率中心轴线

现在让我们用 O 点的位移 u_0，v_0，w_0，θ_0 来描写肋的截面上各点的变形，其中 θ_0 为壳的弯曲在 O 点上引起的柱壳母线的转角，它们都是 s 的函数，即

$$u_0=u(0,\ s),\ v_0=v(0,\ s),\ w_0=w(0,\ s)$$

$$\theta_0=\frac{1}{a}\left(\frac{\partial w}{\partial\alpha}\right)_{\alpha=0}=\frac{1}{\alpha}\frac{\partial w_0}{\partial\alpha} \tag{10}$$

在肋的截面上的任意点$(\alpha,\ \gamma)$的环向位移可以写成

$$v_1=\left(1+\frac{\gamma}{R}\right)v_0+\gamma\frac{\partial w_0}{\partial s}-\alpha\frac{\partial u_0}{\partial s} \tag{11}$$

它以 s 的正轴向为正. 同样,γ 轴向(指向壳内为正)的法向位移 w_1 可以写成

$$w_1 = w_0 + a\frac{\partial w_0}{\partial \alpha} \tag{12}$$

于是,由这些位移引起的环向正应变为

$$e_s^{(1)} = \frac{R}{a(R+\gamma)}\frac{\partial v_1}{\partial s} - \frac{w_1}{a(R+\gamma)} \tag{13}$$

把(11),(12)式代入(13)式,整理后可以写成

$$e_s^{(1)} = \frac{1}{1+\dfrac{\gamma}{R}}\left\{\varepsilon_{s0} + a\gamma k_{s0} + a\left(\frac{\partial \varepsilon_{s0}}{\partial \alpha} - \frac{\partial w_0}{\partial s}\right)\right\} \tag{14}$$

其中 ε_{s0}, k_{s0}, ω_0 为 ε_s, k_s, ω 在 $\alpha = 0$ 处的值,根据(4)式

$$\varepsilon_{s0} = \frac{1}{a}\left(\frac{\partial v_0}{\partial s} - \frac{w_0}{R}\right),\ k_{s0} = \frac{1}{a^2}\frac{\partial}{\partial s}\left(\frac{\partial w_0}{\partial s} + \frac{v_0}{R}\right),\ \omega_0 = \frac{1}{a}\left(\frac{\partial v_0}{\partial \alpha} + \frac{\partial u_0}{\partial s}\right), \tag{15}$$

而且

$$\frac{\partial \varepsilon_{s0}}{\partial \alpha} - \frac{\partial \omega_0}{\partial s} = -\frac{1}{aR}\frac{\partial w_0}{\partial \alpha} - \frac{1}{a}\frac{\partial^2 u_0}{\partial s^2} \tag{15a}$$

除了由于(14)式所代表的 $e_s^{(1)}$ 外,还有由于肋作为薄壁杆件扭转引起的翘曲正应力(或双力矩正应力)有关的正应变 $e_s^{(2)}$. 根据 Вдасов, В. З,(1959)[7] 的薄壁捍件扭转理论,如果取捍件截面的弧长坐标为 ζ(图 3),截面厚度为 $t(\zeta)$,并设在 ζ 处的主扇性面积为 $\Omega(\zeta)$,则由于约束扭转而产生的截面翘曲为

$$v_\Omega = \frac{R}{a(R+\gamma)}\frac{\partial \theta_0}{\partial s}\Omega \tag{16}$$

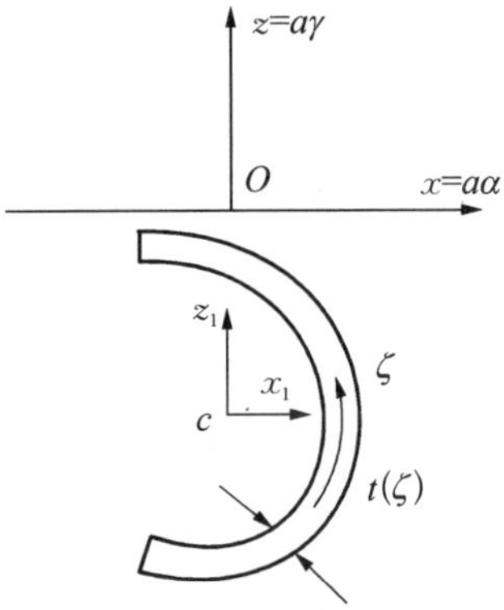

图 3 截面的弧长坐标 ζ 及厚度 $t(\zeta)$

其中 $\Omega(\zeta)$ 满足条件:

$$\left.\begin{aligned}&\int_0^{\zeta_1}\Omega(\zeta)t(\zeta)\mathrm{d}\zeta = 0,\\&\int_0^{\zeta_1}\Omega(\zeta)x_1(\zeta)t(\zeta)\mathrm{d}\zeta = 0,\\&\int_0^{\zeta_1}\Omega(\zeta)z_1(\zeta)t(\zeta)\mathrm{d}\zeta = 0.\end{aligned}\right\} \tag{17}$$

其中 x_1, z_1 为截面的形心坐标,ζ_1 为肋的截面的总弧

长，这里我们略去了肋的杆件截面和壳内壁连结件的连结约束对于翘曲的影响.我们经过详细而繁重的推演，可以证明这种影响的量级小于 v_Ω 本身，由于从 v_Ω 所生的正应变的应变能本身并不是重要项，其量级较小，所以它的修正项可以不必考虑了. v_Ω 所引起的轴向拉伸应变为

$$e_s^{(2)}=\frac{R}{a(R+\gamma)}\frac{\partial v_\Omega}{\partial s}=-\frac{1}{1+\gamma/R}\frac{\partial}{\partial s}\frac{1}{1+\gamma/R}\frac{\partial\theta_0}{\partial s}\frac{\Omega}{a^2} \tag{18}$$

肋的应变能应该由下面三部分组成，即由 $e_s=e_s^{(1)}+e_s^{(2)}$ 所产生的拉伸、弯曲和约束扭转的应变能；自由扭转所产生的自由扭转应变能；和横剪所产生的横剪应变能.

由 e_s 所产生的拉伸弯曲和约束扭转应变能为

$$U'_2=\frac{1}{2}E\int_0^{\zeta_1}\oint[e_s^{(1)}+e_s^{(2)}]^2a\left(1+\frac{\gamma}{R}\right)t(\zeta)\mathrm{d}s\mathrm{d}\zeta \tag{19}$$

由自由扭转所产生的自由扭转应变能为

$$U''_2=\frac{1}{2}GJ_k\oint\left[\frac{1}{o}\frac{\partial\theta_0}{\partial s}\right]^2a\mathrm{d}s \tag{20}$$

其中 GJ_k 为自由扭转的抗扭刚度

$$GJ_k=\frac{G}{3}\int_0^{\zeta_1}t^3(\zeta)\mathrm{d}\zeta \tag{21}$$

这里必须指出，在计算自由扭转的应变能时，扭转中心并不在 s 轴线上，所以(20)式也是一个近似的表达式.但是，自由扭转的应变能一般是较高级的小量，所以这种近似等于略去了更高级的小量，是完全容许的.

在计算横剪应变能以前，让我们先计算 U'_2，为了易于和截面的常用性质相比较，并简化(19)式的积分，让我们引用原点在形心上的坐标 x，z，对于对称截面而言，这是主惯性坐标：

$$a\gamma=z_1-h_c\qquad a\alpha=x_1 \tag{22}$$

于是 U'_2 可以先对 ζ 积分，在积分时，可以先将 $e_s^{(1)}$，$e_s^{(2)}$ 展开为 $\dfrac{\gamma}{R}$ 的幂级数，即

$$\begin{aligned}U'_2=&\frac{E}{2}\int_0^{\zeta_1}\oint\left\{1-\frac{\gamma}{R}+\frac{\gamma^2}{R^2}-\cdots\right\}\left\{\varepsilon_{s0}^2+a^2\gamma^2k_{s0}^2+2a\gamma\varepsilon_{s0}k_{s0}+\alpha^2\left(\frac{\partial\varepsilon_{s0}}{\partial\alpha}-\frac{\partial\omega_0}{\partial s}\right)^2\right.\\&+2\alpha(a\gamma k_{ss}+\varepsilon_{s0})\left(\frac{\partial\varepsilon_{s0}}{\partial\alpha}-\frac{\partial\omega_i}{\partial s}\right)+\left[\frac{\partial^2\theta_0}{\partial s^2}-\gamma\frac{\partial}{\partial s}\frac{1}{R}\frac{\partial\theta_0}{\partial s}+\gamma^2\frac{\partial}{\partial s}\frac{1}{R^2}\frac{\partial\theta_0}{\partial s}\right.\\&\left.+\cdots\right]^2\frac{\Omega^2}{a^4}-2\left[\varepsilon_{s0}+a\gamma k_{s0}+a\left(\frac{\partial\varepsilon_{s0}}{\partial\alpha}-\frac{\partial\omega_0}{\partial s}\right)\right]\end{aligned}$$

$$\cdot\left[\frac{\partial^2\theta_0}{\partial s^2}-\gamma\frac{\partial}{\partial s}\frac{1}{R}\frac{\partial\theta_0}{\partial s}+\gamma^2\frac{\partial}{\partial s}\frac{1}{R^2}\frac{\partial\theta_0}{\partial s}+\cdots\right]\frac{\Omega}{a^2}\Bigg\}t(\zeta)\mathrm{d}\zeta a\,\mathrm{d}s \tag{23}$$

利用(17)和

$$\int_0^{\zeta_1}x_1t(\zeta)\mathrm{d}\zeta=0,\qquad\int_0^{\zeta_1}z_1t(\zeta)\mathrm{d}\zeta=0, \tag{24}$$

同时引进下列诸惯性矩.

$$\begin{aligned}&I_x=\int_0^{\zeta_1}z_1^2t\mathrm{d}\zeta,\qquad I_z=\int_0^{\zeta_1}x_1^2t\mathrm{d}\zeta,\qquad I_{xz}=\int_0^{\zeta_1}x_1z_1t\mathrm{d}\zeta,\\&F=\int_0^{\zeta_1}t\mathrm{d}\zeta,\qquad I_\Omega=\int_0^{\zeta_1}\Omega^2t\mathrm{d}\zeta\end{aligned} \tag{25}$$

(23)式就可以逐项积分.其中 I_x, I_z, I_{xz} 理应写成为 I_{x_1}, I_{z_1}, $I_{x_1z_1}$,为了简单起见,把标 1 号略去,I_x, I_z, I_{xz}, I_Ω 都是肋的截面的惯性矩和扇性惯性矩.把(22)式代入(23)式,逐项积分,即得

$$\begin{aligned}U'_2=\frac{E}{2}\oint\Bigg\{&\varepsilon_{s0}^2\left(F+\frac{1}{aR}Fh_c+\frac{1}{a^2R^2}I'_x+\cdots\right)+k_{s0}^2\left(I'_x+\frac{h_c}{aR}I''_x+\cdots\right.\\&+2k_{s0}\varepsilon_{s0}\left(-Fh_c-\frac{1}{aR}I'_x-\cdots\right)+\frac{1}{a^2}\left(\frac{\partial\varepsilon_{s0}}{\partial\alpha}-\frac{\partial\omega_0}{\partial s}\right)^2\left(I_z+\frac{h_c}{aR}I_z+\cdots\right)\\&+2k_{s0}\frac{1}{a}\left(\frac{\partial\varepsilon_{s0}}{\partial\alpha}-\frac{\partial\omega_0}{\partial s}\right)(I_{xz}+\cdots)+2\varepsilon_{s0}\frac{1}{a}\left(\frac{\partial\varepsilon_{s0}}{\partial\alpha}-\frac{\partial\omega_0}{\partial s}\right)\left(-\frac{1}{aR}I_{xz}+\cdots\right)\\&+\frac{1}{a^4}\left(\frac{\partial^2\theta_0}{\partial s^2}\right)^2I_\Omega-\frac{1}{a^4}\left(\frac{\partial^2\theta_0}{\partial s^2}\right)\left(\frac{\partial}{\partial s}\frac{1}{R}\frac{\partial\theta_0}{\partial s}\right)\frac{h_c}{aR}I_\Omega+\cdots\Bigg\}a\mathrm{d}s\end{aligned} \tag{25a}$$

其中 I'_x, I''_x 为下列惯性矩的简写

$$I'_x=I_x+h_c^2F\qquad I''_x=3I_x+h_c^2F \tag{26}$$

现在让我们计算由于弯曲正应力 $Ee_s^{(1)}$ 所引起的儒拉夫斯基剪应力有关的应变能,设肋的截面有着任意的不闭合的外形(作为薄壁杆件),为了决定外形某点 b 处的剪力 $\tau t(\zeta)$ 起见,从肋中割出元素 $abcd$ 如图 4,边 ab 及 cd 属于肋内两个无限靠近的截面,边 ac 表示该肋的自由边部分,而 bd 为肋上 b 点沿着母线所形成的切口.在图 4(b)中,表示作用于割出元素三边上的力,而 N_{ab} 为弯曲正应力 $Ee_s^{(1)}$ 的合力

$$N_{ab}=\int_0^{\zeta_1}E\bar{e}_s^{(1)}t(\zeta)\mathrm{d}\zeta \tag{27}$$

将(22)式代入(14)式,展开为 z_1 及 α 的级数,其中线性项为弯曲正应力 $E\bar{e}_s^{(1)}$ 部

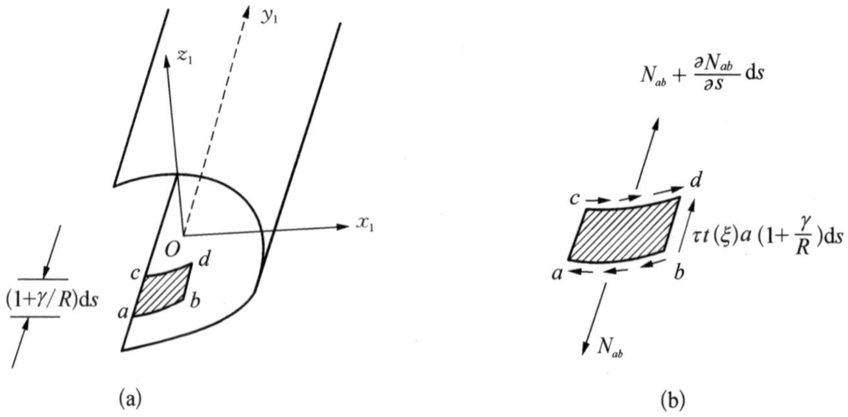

图 4　由弯曲引起的剪应力

分,结果为

$$E\bar{e}_i^{(1)} \approx Ez_1\left(k_{s0}-\frac{1}{aR}\varepsilon_{s0}\right)+\frac{1}{a}E\alpha\left(\frac{\partial \varepsilon_{s0}}{\partial \alpha}-\frac{\partial \omega_0}{\partial s}\right) \tag{28}$$

这里我们业已略去了 $\frac{h_c}{aR}$ 的高次项,把(28)式代入(27)式,积分得

$$N_{ab}(\zeta)=ES_{x_1}\left(k_{s0}-\frac{1}{aR}\varepsilon_{s0}\right)+\frac{1}{a}ES_{z_1}\left(\frac{\partial \varepsilon_{s0}}{\partial a}-\frac{\partial \omega_0}{\partial s}\right) \tag{29}$$

其中 $S_{x_1}(\zeta)$ 为截面 ab 部分对 x_1 轴的静面矩,$S_{z_1}(\zeta)$ 为截面 ab 部分对 z_1 轴的静面矩

$$S_{x_1}(\zeta)=\int_0^{\zeta_1} z_1 t(\zeta)\mathrm{d}\zeta,\ S_{z_1}(\zeta)=\int_0^{\zeta_1} x_1 t(\zeta)\mathrm{d}\zeta \tag{30}$$

根据图 4(b)中 $abcd$ 元素的平衡方程式,有

$$\frac{\partial N_{ab}}{\partial s}=-\tau t(\zeta)a\left(1+\frac{\gamma}{R}\right) \tag{31}$$

于是,有剪应力的表达式

$$\begin{aligned}\tau(\zeta)&=-\frac{1}{a\left(1+\frac{\gamma}{R}\right)t(\zeta)}\frac{\partial N_{ab}}{\partial s}\\&\approx-\frac{1}{ar(\zeta)}\left\{ES_{x_1}\left[\frac{\partial k_{s0}}{\partial s}-\frac{1}{a}\frac{\partial}{\partial s}\frac{\varepsilon_{s0}}{R}\right]+\frac{1}{a}ES_{z_1}\left[\frac{\partial^2\varepsilon_{s0}}{\partial s\partial \alpha}-\frac{\partial \omega_0^2}{\partial s^2}\right]\right\}\end{aligned} \tag{32}$$

横剪的应变能可以写成

$$U''_2=\frac{1}{2G}\int_0^{\zeta_1}\oint\tau^2(\zeta)t(\zeta)a\mathrm{d}\zeta\mathrm{d}s \tag{33}$$

将(32)式代入(33)式,对 ζ 积分,在略去高阶项后,可以写成

$$\begin{aligned}U'''_2=(1+\gamma)\oint\Big\{&\frac{1}{a^2}\left[\frac{\partial k_{s0}}{\partial s}-\frac{1}{a}\frac{\partial}{\partial s}\left(\frac{\varepsilon_{s0}}{R}\right)\right]^2EJ_{xs}+\frac{1}{a^4}\left[\frac{\partial}{\partial s}\left(\frac{\partial\varepsilon_{s0}}{\partial\alpha}-\frac{\partial\omega_0}{\partial s}\right)\right]EJ_{zs}\\&+\frac{2}{a^3}\left[\frac{\partial k_{s0}}{\partial s}-\frac{1}{a}\frac{\partial}{\partial s}\left(\frac{\varepsilon_{s0}}{R}\right)\right]\left[\frac{\partial}{\partial s}\left(\frac{\partial\varepsilon_{s0}}{\partial a}-\frac{\partial\omega_0}{\partial s}\right)\right]EJ_{xzs}\Big\}a\,\mathrm{d}s\end{aligned} \tag{34}$$

其中 EJ_{xs}, EJ_{zs}, EJ_{xzs} 为抗剪刚度

$$J_{xs}=\int_0^{\zeta_1}\frac{1}{t(\zeta)}S_{x_1}^2\mathrm{d}\zeta,\ J_{zs}=\int_0^{\zeta_1}\frac{1}{t(\zeta)}S_{z_1}^2\mathrm{d}\zeta,\ J_{xzs}=\int_0^{\zeta_1}\frac{1}{t(\zeta)}S_{x_1}S_{z_1}\mathrm{d}\zeta \tag{35}$$

肋的应变能为

$$U_2=U'_2+U''_2+U'''_2 \tag{36}$$

其中 U'_2, U''_2, U'''_2 分别见(25)式,(20)式,及(24)式,其结果比较复杂.

进一步简化,必须根据这种量的相对量级进行近似,这些量级的分析一定和肋的粗细有关.本文中将着重研究两种肋的尺寸,设用 $\frac{h}{a}$ 表示壳的相对厚度,称 $\frac{h^2}{12a^2}$ 的量级为 ϵ^4, $\frac{h_c}{a}$ 表示肋的相对粗细,如果 $\frac{h_c}{a}$ 的量级为 ϵ,则它称为粗肋;如果 $\frac{h_c}{a}$ 的量级为 ϵ^2 时,称为细肋.本文对粗肋将作比较详细的分析,同时也附带讨论了细肋的问题.我们在这里必须指出,ϵ 为薄柱壳渐近理论的基本参数,柱壳的渐近解一般可以用 ϵ 为小参数渐近展开求得(见 Гольденвейзер, А. Л. (1953)[8]).

让我们先检查一下,在粗肋问题中的各项截面性质的量级;通过典型粗肋的截面性质的计算(详细计算见后文),若将计算结果用无量纲量表示时,得(下式中 C 见(6)式)

$$\begin{aligned}&\frac{h_c}{a}\sim\epsilon,\ \frac{EF}{Ca}\sim\epsilon,\ \frac{EI'_x}{Ca^3}\sim\epsilon^3,\ \frac{EI''_x}{Ca_3}\sim\epsilon^3,\ \frac{EI'''_z}{Ca^3}\sim\epsilon^4,\\&\frac{EI_{xz}}{Ca^3}\sim\epsilon^5,\ \frac{GJ_k}{Ca_3}\sim\epsilon^5,\ \frac{EI_\Omega}{Ca^5}\sim\epsilon^5,\\&\frac{EJ_{xs}}{Ca^5}\sim\epsilon^6,\ \frac{EJ_{zs}}{Ca^5}\sim\epsilon^7,\ \frac{EJ_{xzs}}{Ca^6}\sim\epsilon^8\end{aligned} \tag{37}$$

由于曲杆的 Bernoulli 假设的限制,(36)式的正确度不超过 $\frac{h_c}{a}$ 的量级,亦即是说,对于粗肋而言,Bernoulli 假设业已略去了 ϵ 相对于 1 的量级. 因此,如果将(36)式中各项按 ϵ 的量级顺序排列,只有一级近似是完全正确的. 其二级近似项业已涉及 Bernoulli 假设的基础,保留它们严格说来就不再有什么意义;但是,根据材料力学中曲杆理论的实践经验告诉我们,在纯弯条件下,保留 $\frac{h_c}{a}$ 的二级近似项(即考虑曲率半径对于曲杆抗弯刚度的影响),可以使理论结果获得比较符合实际的效果,在横弯条件下亦然. 因此,我们也将讨论这里的二级近似问题,作为参考.

(36)式中各项的量级不仅和刚度系数的量级有关,而且和 ε_{s0}, k_{s0}, θ_0 等变形分量的量级有关. 现在让我们在下面根据 Гольденвецзер, А. Л.[8] 的渐近解法中三种不同的应力状态的量级关系来讨论它们之间的相对量级.

在柱壳的渐近理论里,一般由三种应力状态的解叠加组成,即薄膜应力状态、纯弯应力状态和边界效应应力状态,有关这三种应力状态的渐近解业已由 Гольденвецзер, А. Л. (1953)[8] 详细讨论过,这里不再详叙. 下面的量级讨论 Гольденвецзер 的结论完全一致,也可以由作者的后续论文中得到证实.

(36)式中所有各项,都可以分成六种项,即由薄膜应力状态的应变分量相自乘的项(用 $M\times M$ 表示),由纯弯应力状态的应变分量相自乘的项(用 $B\times B$ 表示),由边界效应应力状态的应变分量相自乘的项(用 $L\times L$ 表示),和它们之间的相互交叉相乘的项(用 $B\times M$, $B\times L$, $M\times L$ 表示),现在让我们分别研究它们的相对量级.

(一) 薄膜应力状态相自乘的项 $(M\times M)$: 设 ε_{s0}, k_{s0}, ω_0, θ_0 等代表壳的薄膜应力状态的解,则它们都是同量级的量,它们对 s 和 α 的导数和这些量的本身也是量级. 设其量级为 ϵ^m, 则利用(37)式中有关粗肋刚度的量级,可以把(36)式中的一级近似项和二级近似项及它们的量级写出如下:

一级近似项:

$$\frac{1}{2}EF\varepsilon_{s0}^2 \sim O(\epsilon^{2m+1}Ca) \tag{38a}$$

二级近似项:

$$\frac{1}{2}\frac{EFh_c}{aR}\varepsilon_{s0}^2 - EFh_c k_{s0}\varepsilon_{s0} \sim O(\epsilon^{2m+2}Ca) \tag{38b}$$

其他各项的量级,都小于 $\epsilon^{2m+2}Ca$, 根据上面的分析,由于在计算肋的正应力时肋的截面保持平面的 Bernoulli 假设,业已略去了 $\epsilon^{2m+2}Ca$ 量级的量,所以在能量式中,二级近似项只有参考价值. 正确到二级近似项(用下画线表示)的适用于薄膜应力

状态的能量表达式可以写成

$$U_2=\oint\frac{1}{2}Ea\,\mathrm{d}s\left\{F\varepsilon_{s0}^2+\underline{\frac{Fh_c}{aR}\varepsilon_s^2-2Fh_ck_{s0}\varepsilon_{s0}}\right\}+O(\epsilon^{2m+3}Ca)\tag{39}$$

（二）纯弯解应力状态相乘的项 $(B\times B)$. 对于纯弯解而言，ε_{s0}，ω_0 都恒等于零，k_{s0}，θ_0 和它们的导数都是同量级. 设其量级为 ϵ^p，于是(37)式中的一级二级近似项为

一级近似项

$$\frac{1}{2}EI'_xk_{s0}^2\sim O(\epsilon^{2p+3}Ca)\tag{40a}$$

二级近似项

$$\frac{1}{2}\frac{Eh_cI''_x}{aR}k_{s0}^2\sim O(\epsilon^{2p+4}Ca)\tag{40b}$$

于是，正确到二级近似的适用于纯弯应力状态的能量表达式可以写成

$$U_2=\oint\frac{1}{2}Ea\,\mathrm{d}s\left\{I'_xk_{s0}^2+\frac{h_cI''_x}{aR}k_{s0}^2\right\}+O(\epsilon^{2p+5}Ca)\tag{41}$$

（三）边界效应应力状态相自乘的项 $(L\times L)$：对于边界效应解而言，设 $\frac{w_0}{a}$ 的量级为 ϵ^q，则 $\frac{v_0}{a}$，$\frac{u_0}{a}$ 的量级分别为 ϵ^{q+2} 和 ϵ^{q+1}，同时，不论 $\frac{u_0}{a}$，$\frac{v_0}{a}$ 或 $\frac{w_0}{a}$，对 s 微分时，量级不变，但对 α 微分时，提高量级，每对 α 微分一次，提高以 ϵ 为一级的量级，于是，ε_{io}，ak_{s0} 的量级为 ϵ^q，$\frac{\partial\varepsilon_{s0}}{\partial\alpha}-\frac{\partial\omega_0}{\partial s}=-\frac{1}{aR}\frac{\partial w_0}{\partial\alpha}-\frac{\partial^2u_0}{\partial s^2}\frac{1}{a}$ 中 $-\frac{1}{aR}\frac{\partial w_0}{\partial\alpha}$ 的量级为 ϵ^{q-1}，而 $-\frac{1}{a}\frac{\partial^2u_0}{\partial s^2}$ 的量级为 ϵ^{q+1}；其余如 θ_0，$\frac{\partial\theta_0}{\partial s}$，$\frac{\partial^2\theta_0}{\partial s^2}$，$\frac{\partial}{\partial s}\frac{1}{R}\frac{\partial\theta_0}{\partial s}$ 等项的量级都是 ϵ^{q-1}. 根据这些量级分析的结果，和刚度的量级(37)式，(36)式中的一级、二级近似项分别为

一级近似项

$$\frac{1}{2}EF\varepsilon_{s0}^2\sim O(\epsilon^{2q+1}Ca)\tag{42a}$$

二级近似项

$$\frac{1}{2}\frac{FhE}{aR}\varepsilon_{sy}^2-EFh_ck_{s0}+\frac{1}{2}\frac{EI_z}{a^2R^2}\theta_0^2\sim O(\epsilon^{2q+2}Ca)\tag{42b}$$

于是,适用于边界效应应力状态的正确到二级近似的能量表达式可以写成

$$U_2 = \oint \frac{1}{2} Ea\,\mathrm{d}s \left\{ F\varepsilon_{s0}^2 + \frac{h_c F}{aR}\varepsilon_{s0}^2 - 2Fh_c k_{s0}\varepsilon_{s0} + \frac{I_z}{a^2R^2}\theta_0^2 \right\} + O(\epsilon^{2q+3}Ca) \tag{43}$$

(四) 薄膜应力状态和纯弯应力状态的交叉项 ($M\times B$): 根据上面的量级分析结果,我们有

一级近似项

$$-EFh_c k_{s0}\varepsilon_{s0} \sim O(\epsilon^{m+p+2}Ca) \tag{44a}$$

二级近似项

$$-\frac{EI'_x}{aR}k_{s0}\varepsilon_{s0} + \frac{1}{2}EI'_x k_{s0}^2 \sim O(\epsilon^{m+p+3}Ca) \tag{44b}$$

而有关的能量表达式为

$$U_2 = \oint \frac{1}{2} Ea\,\mathrm{d}s \left\{ -2Fh_c k_{s0}\varepsilon_{s0} - 2\frac{I'_x}{aR}k_{s0}\varepsilon_{s0} + I'_x k_{s0}^2 \right\} + O(\epsilon^{m+p+4}Ca) \tag{45}$$

(五) 薄膜应力状态和边界效应应力状态的交叉项 ($M\times L$): 我们有

一级近似项

$$\frac{1}{2}EF\varepsilon_{s0}^2 \sim (\epsilon^{m+q+1}Ca) \tag{46a}$$

二级近似项

$$\frac{1}{2}\frac{Eh_c F}{aR}\varepsilon_{s0}^2 - EFh_c k_{s0}\varepsilon_{s0} \sim O(\epsilon^{m+q+2}Ca) \tag{46b}$$

而有关的能量表达式为

$$U_2 = \oint \frac{1}{2} Ea\,\mathrm{d}s \left\{ F\varepsilon_{s0}^2 + \frac{h_c F}{aR}\varepsilon_{s0}^2 - 2EFh_c k_{s0}\varepsilon_{s0} \right\} + O(\epsilon^{m+q+3}Ca) \tag{47}$$

(六) 纯弯应力状态和边界效应应力状态的交叉项 ($B\times L$): 同样有

一级近似项

$$-EFh_c k_{20}\varepsilon_{s0} \sim O(\epsilon^{q+p+2}Ca) \tag{48a}$$

二级近似项

$$-\frac{EI'_x}{aR}k_{s0}\varepsilon_{s0} + \frac{1}{2}EI'_x k_{s0}^2 \sim O(\epsilon^{q+p+3}Ca) \tag{48b}$$

而有关的能量表达式为

$$U_2 = \oint \frac{1}{2} Ea\,\mathrm{d}s \left\{ -2Fh_c k_{s0} \varepsilon_{s0} - 2\frac{I'_x}{aR} k_{s0} \varepsilon_{s0} + I'_x k_{s0}^2 \right\} + O(\epsilon^{p+q+4} Ca) \tag{49}$$

如果我们使 U_2 保证在任何情况下同样都有一级近似的正确度和二级近似的参考价值则我们必须同时保留(39),(41),(43),(45),(47),(49)式中各项.所以,我们有 U_2 的近似表达式

$$\begin{aligned} U_2 = \oint \frac{1}{2} Ea\,\mathrm{d}s \Bigg\{ & F\varepsilon_{s0}^2 - 2Fh_c k_{s0} \varepsilon_{s0} + I'_x k_{s0}^2 + \underline{\frac{Fh_c}{aR} \varepsilon_{s0}^2} \\ & - \underline{2\frac{I'_x}{aR} k_{s0} \varepsilon_{s0}} + \underline{\frac{h_c I''_x}{aR} k_{s0}^2} + \underline{\frac{I_z}{a^2 R^2} \theta_0^2} \Bigg\} \end{aligned} \tag{50}$$

有下画线的项,在任何情况下都只有二级近似的意义.

现在让我们讨论一下(50)式的意义.首先(50)式是在 Гольденвецзер, А. Л. 的解法的基础上进行比较量级得到的,Гольденвецзер 渐近解只适用于所谓中长度壳,亦即肋距 $a\alpha_1$ 和 a 是相同量级的问题,这种情况对于粗肋而言,一般是相当于稀肋的条件.其次,从(50)式中可以看到,经过严格的分析后业已证明,和横剪、扭转、斜弯有关各项都可以略去不计:不论肋的截面是否对称.其起作用的截面性质,和截面的对称与否无关:对于一级近似而言,弯出肋本身平面的抗弯能力也可以略去不计.这种抗弯能力的影响只有在二级近似中才显示出来.二级近似中有四个修正项.其中三项涉及曲杆理论中曲率对于刚度的修正.例如第三项 $\frac{h_c I''_x}{aR} k_{s0}^2$ 为一级近似项 $I'_x k_{s0}^2$ 的修正.主要是抗弯刚度 EI'_x 的修正值 $E\left(I'_x + \frac{h_c}{aR} I''_x\right)$ 所造成的.同样 $\frac{EFh_c}{aR}\varepsilon_{s0}^2$ 为 $EF\varepsilon_{s0}^2$ 的修正,相当于抗拉刚度 EF 的修正 $E\left(F + \frac{Fh_c}{aR}\right)$,而 $-2\frac{EI'_x}{aR} k_{s0} \varepsilon_{s0}$ 为 $-2Fh_c k_{s0} \varepsilon_{s0}$ 的修正,亦即刚度 EFh_c 的修正 $E\left(Fh_c + \frac{I'_x}{aR}\right)$.在曲杆理论中,我们知道曲杆曲率对于刚度的修正是很重要的.我们可以推想,这里的二级近似理论的修正,虽然和 Bernoulli 假设中略去的项量级相同.但是仍然是重要的修正.因此,建议采用(50)式作为粗肋的应变能近似表达式.而且认为在大多数情况下,业已保留了二级近似理论的主要部分,其结果有较重要的参考价值,其一级近似部分是完全正确的.

我们将用(50)式的变分推导出肋的连续条件.当利用这些条件求解壳的方程时,就受到这些条件中某些项是由(50)式的二级近似项导出的限制,当渐近解只利

用(50)式中一级近似项所导出的项时,其解是完全正确的.当要利用到(50)式中的二级近似项所导出的项时,就不能说是完全正确的.当然,它们的参考价值是可以肯定的.在下文,我们将继续用下画线划出这些二级近似理论的导出的项,以示区别.

将(15)式引进(50)式,或将

$$\varepsilon_{s0}=\frac{1}{a}\left(\frac{\partial v_0}{\partial s}-\frac{w_0}{R}\right),\ k_{s0}=\frac{1}{a^2}\frac{\partial}{\partial s}\left(\frac{\partial w_0}{\partial s}+\frac{v_0}{R}\right),\ \theta_0=\frac{1}{a}\frac{\partial w_0}{\partial \alpha} \tag{51}$$

引进(50)式,同时引用下列各无量纲的刚度系数

$$k_f=\frac{EF}{Ca},\ k'_x=\frac{EI'_x}{Ca^3},\ k''_x=\frac{EI''_x}{Ca^3},\ k_c=\frac{h_c}{a},\ k_2=\frac{EI_z}{Ca^3} \tag{52}$$

(50)式在变分后给出

$$\begin{aligned}
\delta U_2=&\oint C\mathrm{d}s\left\{-k_f\frac{\partial}{\partial s}\left(\frac{\partial u_0}{\partial s}-\frac{w_0}{R}\right)+k_fk_c\left[\frac{1}{R}\frac{\partial}{\partial s}\left(\frac{\partial v_0}{\partial s}-\frac{w_0}{R}\right)+\frac{\partial^2}{\partial s^2}\left(\frac{\partial w_0}{\partial s}+\frac{v_0}{R}\right)\right.\right.\\
&\left.\underline{-\frac{\partial}{\partial s}\frac{1}{R}\left(\frac{\partial v_0}{\partial s}-\frac{w_0}{R}\right)}\right]+k'_x\left[-\frac{1}{R}\frac{\partial^2}{\partial s^2}\left(\frac{\partial w_0}{\partial s}+\frac{v_0}{R}\right)+\underline{\frac{1}{R}\frac{\partial}{\partial s}\frac{1}{R}\left(\frac{\partial v_0}{\partial s}-\frac{w_0}{R}\right)}\right.\\
&\left.\left.\underline{+\frac{\partial}{\partial s}\frac{1}{R}\frac{\partial}{\partial s}\left(\frac{\partial w_0}{\partial s}+\frac{v_0}{R}\right)}\right]-\underline{k_ck'_x\frac{1}{R}\frac{\partial}{\partial s}\frac{1}{R}\frac{\partial}{\partial s}\left(\frac{\partial w_0}{\partial s}+\frac{v_0}{R}\right)}\right\}\delta v_0\\
&+\oint C\mathrm{d}s\left\{-k_f\frac{1}{R}\left(\frac{\partial v_0}{\partial s}-\frac{w_0}{R}\right)+k_fk_c\left[-\frac{\partial^2}{\partial s^2}\left(\frac{\partial v_0}{\partial s}-\frac{w_0}{R}\right)+\frac{1}{R}\frac{\partial}{\partial s}\left(\frac{\partial w_0}{\partial s}+\frac{v_0}{R}\right)\right.\right.\\
&\left.\underline{-\frac{1}{R^2}\left(\frac{\partial v_0}{\partial s}-\frac{w_0}{R}\right)}\right]+k'_x\left[\frac{\partial^3}{\partial s^3}\left(\frac{\partial w_0}{\partial s}+\frac{v_0}{R}\right)-\underline{\frac{\partial^2}{\partial s^2}\frac{1}{R}\left(\frac{\partial v_0}{\partial s}-\frac{w_0}{R}\right)}\right.\\
&\left.\left.\underline{+\frac{1}{R^2}\frac{\partial}{\partial s}\left(\frac{\partial w_0}{\partial s}+\frac{v_0}{R}\right)}\right]+\underline{k_ck''_x\frac{\partial^2}{\partial s^2}\frac{1}{R}\frac{\partial}{\partial s}\left(\frac{\partial w_0}{\partial s}+\frac{v_0}{R}\right)}\right\}\delta w_0\\
&+\underline{\oint Cak_2\frac{1}{e^2}\frac{\partial w_0}{\partial s}\delta\theta_0\mathrm{d}s}
\end{aligned} \tag{53}$$

(53)式中每一项代表肋的内力对肋的虚位移做的功,其中肋的轴向位移 δu_i 不做功.也即是说,在上面所说的 Bernoulli 假设的条件下,粗肋的轴向位移的约束力可以略去不计,也即是说,柱壳轴向力在肋上可以不间断地贯穿传递过去.但柱壳的环向切力、横剪和扭转则在肋上受有一定的约束,它们是不连续的.同时,还必须指出肋的扭转约束力是二级近似的作用,在一级近似中仍旧可以略去的.这种扭转约束力主要是由弯出肋本身平面的抗弯作用所引起的.

四、一般粗稀肋的连续条件和平衡条件

现设有一条粗肋 AA 处于柱壳的 i 区间和 $i+1$ 区间的交界处,对于这样能量

变分的有关部分可以从(9b)和(53)式求得. i 区间及 $i+1$ 区间的边界力对于肋 AA 的虚位移 δu_0, δv_0, δw_0, $\delta\theta_0$ 做的功分别为

$$\delta U_{1i}^{(2)-}=\oint\left\{T_{\alpha i}^{-}\delta u_0+\left(S_i^{-}+\frac{2H_i^{-}}{aR}\right)\delta v_0+M_{\alpha i}^{-}\delta\theta_0\right.$$
$$\left.-\left(\frac{1}{a}\frac{\partial M_{\alpha i}^{-}}{\partial a}+\frac{2}{a}\frac{\partial H_i^{-}}{\partial s}\right)\delta w_0\right\}a\mathrm{d}s \tag{54a}$$

$$\delta U_{1i+1}^{(2)+}=-\oint\left\{T_{\alpha i+1}^{+}\delta u_0+\left(S_{i+1}^{+}+\frac{2H_{i+1}^{+}}{aR}\right)\delta v_0+M_{\alpha i+1}^{+}\delta\theta_0\right.$$
$$\left.-\left(\frac{1}{a}\frac{\partial M_{\alpha i+1}^{+}}{\partial \alpha}+\frac{2}{a}\frac{\partial H_{i+1}^{+}}{\partial s}\right)\delta w_0\right\}a\mathrm{d}s \tag{54b}$$

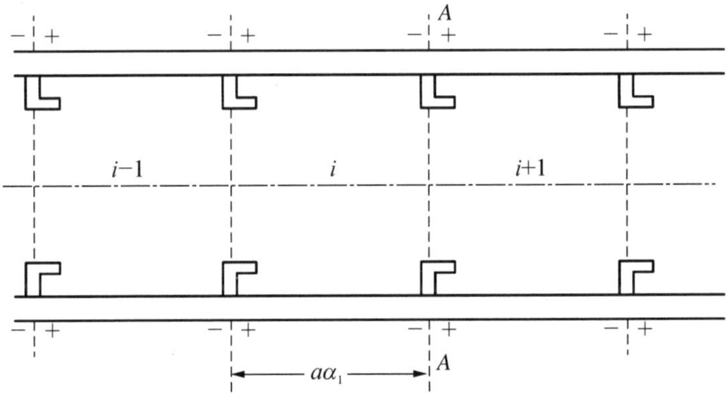

图 5　柱壳的肋和区间

其中(54b)右方的负号是根据(9b)积分下限所决定的. 肋的平衡条件为

$$\delta U_2+\delta U_{1i}^{(2)-}+\delta U_{1i+1}^{(2)+}=0 \tag{55}$$

这里的 δu_0, δv_0, δw_0, $\delta\theta_0$ 都是任意的, δU_2 见(53)式,由此导出

$$T_{\alpha i}^{-}-T_{\alpha i-1}^{+}=0, \tag{56a}$$

$$\frac{a}{C}\left(S_i^{-}+\frac{2}{aR}H_i^{-}\right)-\frac{a}{C}\left(S_{i+1}^{+}+\frac{2}{aR}H_{i+1}^{+}\right)-k_f\frac{\partial}{\partial s}\left(\frac{\partial v_0}{\partial s}-\frac{w_0}{R}\right)$$
$$+k_fk_c\left[\frac{1}{R}\frac{\partial}{\partial s}\left(\frac{\partial v_0}{\partial s}-\frac{w_0}{R}\right)+\frac{\partial^2}{\partial s^2}\left(\frac{\partial w_0}{\partial s}+\frac{v_0}{R}\right)-\underline{\frac{\partial}{\partial s}\frac{1}{R}\left(\frac{\partial v_0}{\partial s}-\frac{w_0}{R}\right)}\right]$$
$$+k'_a\left[-\frac{1}{R}\frac{\partial^2}{\partial s^2}\left(\frac{\partial w_0}{\partial s}+\frac{v_0}{R}\right)\right.$$

$$+\underline{\frac{1}{R}\frac{\partial}{\partial s}\frac{1}{R}\left(\frac{\partial v_0}{\partial s}-\frac{w_0}{R}\right)}+\underline{\frac{\partial}{\partial s}\frac{1}{R}\frac{\partial}{\partial s}\left(\frac{\partial w_0}{\partial s}+\frac{v_0}{R}\right)}\Bigg]$$

$$\underline{-k_c k''_x\frac{1}{R}\frac{\partial}{\partial s}\frac{1}{R}\frac{\partial}{\partial s}\left(\frac{\partial w_0}{\partial s}+\frac{v_0}{R}\right)}=0, \tag{56b}$$

$$\frac{1}{C}(M^-_{\alpha i}-M^-_{\alpha i+1})+\underline{k_z\frac{1}{R^2}\frac{\partial w_0}{\partial \alpha}}=0, \tag{56c}$$

$$-\frac{1}{C}\left(\frac{\partial M^-_{\alpha i}}{\partial \alpha}+2\frac{\partial H^-_i}{\partial s}\right)+\frac{1}{C}\left(\frac{\partial M^+_{\alpha i+1}}{\partial \alpha}+2\frac{H^+_{i+1}}{\partial s}\right)-k_f\frac{1}{R}\left(\frac{\partial v_0}{\partial s}-\frac{w_0}{R}\right)$$

$$+k_f k_c\left[-\frac{\partial^2}{\partial s^2}\left(\frac{\partial v_0}{\partial s}-\frac{w_0}{R}\right)+\frac{1}{R}\frac{\partial}{\partial s}\left(\frac{\partial w_0}{\partial s}+\frac{v_0}{R}\right)-\underline{\frac{1}{R^2}\left(\frac{\partial v_0}{\partial s}-\frac{w_0}{R}\right)}\right]$$

$$+k'_x\left[\frac{\partial^2}{\partial s^2}\left(\frac{\partial w_0}{\partial s}+\frac{v_0}{R}\right)-\underline{\frac{\partial^2}{\partial s^2}\frac{1}{R}\left(\frac{\partial v_0}{\partial s}-\frac{w_0}{R}\right)}+\underline{\frac{1}{R^2}\frac{\partial}{\partial s}\left(\frac{\partial w_0}{\partial s}+\frac{v_0}{R}\right)}\right]$$

$$\underline{+k_c k''_x\frac{\partial^2}{\partial x^2}\frac{1}{R}\frac{\partial}{\partial s}\left(\frac{\partial w_0}{\partial s}+\frac{v_0}{R}\right)}=0 \tag{56d}$$

我们应该注意到上面的推导中业已利用了位移和转角的连续条件

$$u_i^-=u_{i+1}^+=u_h,\ v_i^-=v_{i+1}^+=v_0,w_i^-=w_{i-1}^+=w_0,\ \frac{\partial w_i^-}{\partial \alpha}=\frac{\partial w_{i+1}^+}{\partial \alpha}=\frac{\partial w_0}{\partial \alpha} \tag{57}$$

(56)式为肋的平衡条件,(56a)为壳的轴向力平衡.(56b)为壳的切向力(肋的拉压)的平衡,(56c)为壳的弯矩(肋的扭矩)平衡,(56d)为壳的横剪(肋的平面内的法向力)平衡.(56)、(57)式指出,u, v, w, $\frac{\partial w}{\partial \alpha}$, $\frac{\partial u}{\partial \alpha}$ 都是连续的,但 $\frac{\partial v}{\partial \alpha}$, $\frac{\partial^2 w}{\partial \alpha^2}$, $\frac{\partial^3 w}{\partial \alpha^3}$ 则不连续.(56)式给出这些不连续的关系式,(56)式也指出,壳的轴向力是贯穿肋而连续的,但切力 S, 弯矩 M_α, 及横剪 $\frac{\partial M_\alpha}{\partial \alpha}+2\frac{\partial H}{\partial s}$ 在一般条件下都不连续,(56)和(57)在一起组成肋上全部过渡条件.

(56)式中有下画线的项为有关肋的二级近似的项,(56)式中肋的一级近似项是完全正确的,二级近似项并不完全,但仍有参考价值.

这里必须指出,(56b),(56d)中有些项表面上看来应该量级相同,但都不是同级的近似项.例如(56b)中 $k_f k_c\frac{1}{R}\frac{\partial}{\partial s}\left(\frac{\partial v_0}{\partial s}-\frac{w_0}{R}\right)$ 和 $-k_f k_c\frac{\partial}{\partial s}\frac{1}{R}\left(\frac{\partial v_0}{\partial s}-\frac{w_0}{R}\right)$ 应该是量级相同的项,但前者是一级近似项,后者是二级近似项.同样(56b)中还有 $-k'_x\frac{1}{R}\frac{\partial^2}{\partial s^2}\left(\frac{\partial w_0}{\partial s}+\frac{v_0}{R}\right)$, $k'_x\frac{\partial}{\partial s}\frac{1}{R}\frac{\partial}{\partial s}\left(\frac{\partial w_0}{\partial s}+\frac{v_0}{R}\right)$ 也有相同的问题.在(56d)中,

$-k_f k_c \dfrac{\partial^2}{\partial s^2}\left(\dfrac{\partial v_0}{\partial s}-\dfrac{w_0}{R}\right)$，$-k_f k_c \dfrac{1}{R^2}\left(\dfrac{\partial v_0}{\partial s}+\dfrac{w_0}{R}\right)$和$k'_x \dfrac{\partial^3}{\partial s^3}\left(\dfrac{\partial w_0}{\partial s}+\dfrac{v_0}{R}\right)$，$k'_x \dfrac{1}{R^2} \dfrac{\partial}{\partial s}\left(\dfrac{\partial w_0}{\partial s}+\dfrac{v_0}{R}\right)$也有相同的性质. 这些表面上的矛盾是由于选择 δv，δw 作为独立变分的变量而引起的，不同的选择完全可以避免发生这种表面的矛盾. 我们也可以从(56b)，(56d)中消去有矛盾的量，就可以得到在形式上毫无量级矛盾的表达式. 如在(56d)上作用 $\dfrac{\partial}{\partial s}R(\cdots)$，然后将结果和(56b)相减得

$$\begin{aligned}&\frac{1}{C}\left[aS_i^-+\frac{2}{R}H_i^-+\frac{\partial}{\partial s}R\frac{\partial M_{\alpha i}^-}{\partial\alpha}+2\frac{\partial}{\partial s}R\frac{\partial H_i^-}{\partial s}\right]-\frac{1}{C}\left[as_{i+1}^++\frac{2}{R}H_{i+1}^++\frac{\partial}{\partial s}R\frac{\partial H_{\alpha i+1}^+}{\partial\alpha}\right.\\&\quad\left.+2\frac{\partial}{\partial s}R\frac{\partial H_{i+1}^+}{\partial s}\right]+k_fk_c\left[\left(\frac{\partial}{\partial s}R\frac{\partial}{\partial s}+\frac{1}{R}\right)\frac{\partial}{\partial s}\left(\frac{\partial v_0}{\partial s}-\frac{w_0}{R}\right)\right]\\&\quad+k'_x\left[-\left(\frac{\partial}{\partial s}R\frac{\partial}{\partial s}+\frac{1}{R}\right)\frac{\partial^2}{\partial s^2}\left(\frac{\partial w_0}{\partial s}+\frac{v_0}{R}\right)+\underline{\left(\frac{\partial}{\partial s}R\frac{1}{\partial s}+\frac{1}{R}\right)\frac{\partial}{\partial s}\frac{1}{R}\left(\frac{\partial v_0}{\partial s}-\frac{w_0}{R}\right)}\right]\\&\quad-k_ck''_x\left(\frac{\partial}{\partial s}R\frac{\partial}{\partial s}+\frac{1}{R}\right)\frac{\partial}{\partial s}\frac{1}{R}\frac{\partial}{\partial s}\left(\frac{\partial w_0}{\partial s}+\frac{v_0}{R}\right)=0\end{aligned}\tag{56b$'$}$$

如在(56b)上作用 $\dfrac{\partial}{\partial s}R(\cdots)$，然后将结果和(56d)相加，得

$$\begin{aligned}&\frac{1}{C}\left[a\frac{\partial}{\partial s}(RS_i^-)-\frac{\partial M_{\alpha i}^-}{\partial\alpha}\right]-\frac{1}{C}\left[a\frac{\partial}{\partial s}(RS_{i+1}^+)-\frac{\partial M_{\alpha i+1}^-}{\partial\alpha}\right]\\&\quad-k_f\left[\left(\frac{\partial}{\partial s}R\frac{\partial}{\partial s}+\frac{1}{R}\right)\left(\frac{\partial v_0}{\partial s}-\frac{w_0}{R}\right)\right]+k_fk_c\left[\left(\frac{\partial}{\partial s}R\frac{\partial}{\partial s}+\frac{1}{R}\right)\frac{\partial}{\partial s}\left(\frac{\partial w_0}{\partial s}+\frac{v_0}{R}\right)\right.\\&\quad\left.-\underline{\left(\frac{\partial}{\partial s}R\frac{\partial}{\partial s}+\frac{1}{R}\right)\frac{1}{R}\left(\frac{\partial v_0}{\partial s}-\frac{w_0}{R}\right)}\right]+\underline{k'_x\left(\frac{\partial}{\partial s}R\frac{\partial}{\partial s}+\frac{1}{R}\right)\frac{1}{R}\left(\frac{\partial v_0}{\partial s}-\frac{w_0}{R}\right)}=0\end{aligned}\tag{56d$'$}$$

(56b′)和(56a′)就完全没有前面所说的量级矛盾了，(56b)和(56d)可以用(56b′)(56d′)来代替，实际计算时(56b′)，(56d′)是不可避免的.

同时，还必须指出，(56)中并不包括肋截面的不对称性质，如 I_{xy} 的项，这指出对于粗肋而言，二级近似理论对于对称截面肋和不对称截面肋并无本质区别.

对于粗肋而言，一级近似理论中只考虑抗拉和肋在其本身平面内的抗弯作用，而抗扭和弯出其本身平面的弯抗作用都可以略去不计，这是本节的主要结论.

五、稀的粗肋问题的无量纲参数

对于稀的粗肋问题，最好引进下列诸无量纲量把这些关系式化为无量纲形式，

对于均布载荷而言，可以引用下列诸无量纲量.

设无量纲位移为

$$U=\frac{Ehu}{(1-\nu^2)a^2q}\qquad V=\frac{Ehv}{(1-\nu^2)a^2q}\qquad W=\frac{Ehw}{(1-\nu^2)a^2q}\tag{58}$$

于是，无量纲内力素可以写成

$$\left.\begin{aligned}&\overline{T}_\alpha=\frac{T_\alpha}{aq}=\frac{\partial U}{\partial\alpha}+\nu\left(\frac{\partial V}{\partial s}-\frac{W}{R}\right),\ \overline{M}_\alpha=\frac{M_\alpha}{a^2q}=\epsilon^4\left[\frac{\partial^2W}{\partial\alpha^2}+\nu\frac{\partial}{\partial s}\left(\frac{\partial W}{\partial s}+\frac{V}{R}\right)\right]\\&\overline{T}_s=\frac{T_s}{aq}=\frac{\partial V}{\partial s}-\frac{W}{R}+\nu\frac{\partial U}{\partial\alpha},\ \overline{M}_s=\frac{M_s}{a^2q}=\epsilon^4\left[\frac{\partial}{\partial s}\left(\frac{\partial W}{\partial s}+\frac{V}{R}\right)+\nu\frac{\partial^2W}{\partial\alpha^2}\right],\\&\overline{S}=\frac{S}{aq}=\frac{1}{2}(1-\nu)\left(\frac{\partial V}{\partial\alpha}+\frac{\partial U}{\partial s}\right),\ \overline{H}=\frac{H}{a^2q}=(1-\nu)\epsilon^4\frac{\partial}{\partial\alpha}\left(\frac{\partial W}{\partial s}+\frac{V}{R}\right)\end{aligned}\right\}\tag{59}$$

其中 ϵ 为本问题的主要参数

$$\epsilon^4=\frac{h^2}{12a^2}\tag{60}$$

有关的平衡方程可以写成

$$\begin{aligned}&\frac{\partial^2U}{\partial\alpha^2}+\frac{1}{2}(1-\nu)\frac{\partial^2U}{\partial s^2}+\frac{1}{2}(1+\nu)\frac{\partial^2V}{\partial\alpha\partial s}-\frac{\nu}{R}\frac{\partial W}{\partial\alpha}=0,\\&\frac{1}{2}(1+\nu)\frac{\partial^2U}{\partial\alpha\partial s}+\frac{1}{2}(1-\nu)\frac{\partial^2V}{\partial\alpha^2}+\frac{\partial^2V}{\partial s^2}-\frac{\partial}{\partial s}\left(\frac{V}{R}\right)+\frac{\epsilon^4}{R}\left[\frac{\partial^2}{\partial s^2}\left(\frac{V}{R}\right)\right.\\&\left.+2(1-\nu)\frac{1}{R}\frac{\partial^2V}{\partial\alpha^2}+\frac{\partial^3W}{\partial\alpha^3}+(2-\nu)\frac{\partial^3W}{\partial\alpha^2\partial s}\right]=0,\\&\epsilon^4\left[\left(\frac{\partial^2}{\partial\alpha^2}+\frac{\partial^2}{\partial s^2}\right)^2W+\frac{\partial^3}{\partial s^3}\left(\frac{V}{R}\right)+(2-\nu)\frac{\partial^3}{\partial s\partial\alpha^2}\left(\frac{V}{R}\right)\right]\\&-\frac{1}{R}\frac{\partial V}{\partial s}+\frac{W}{R^2}-\frac{\nu}{R}\frac{\partial U}{\partial\alpha}-1=0\end{aligned}\tag{61}$$

本式适用于任一区间的壳的平衡.

肋上的连续条件可以写成

$$U^-=U^+=U_0,\ V^-=V^+=V_0,\ W^-=W^+=W_0,\ \frac{\partial W^-}{\partial\alpha}=\frac{\partial W^+}{\partial\alpha}=\frac{\partial W_0}{\partial\alpha}\tag{62}$$

肋的平衡条件可以写成

$$\overline{T}_\alpha^- -\overline{T}_\alpha^+=0,\tag{62a}$$

$$\left(\bar{S}^{-}+\frac{2}{R}\bar{H}^{-}\right)-\left(\bar{S}^{+}+\frac{2}{R}\bar{H}^{+}\right)-k_f\frac{\partial}{\partial s}\left(\frac{\partial V_0}{\partial s}-\frac{W_0}{R}\right)+k_fk_c\left[\frac{1}{R}\frac{\partial}{\partial s}\left(\frac{\partial V_0}{\partial s}-\frac{W_0}{R}\right)\right.$$
$$+\frac{\partial^2}{\partial s^2}\left(\frac{\partial W_0}{\partial s}+\frac{V_0}{R}\right)-\left.\frac{\partial}{\partial s}\frac{1}{R}\left(\frac{\partial V_0}{\partial s}-\frac{W_0}{R}\right)\right]+k'_x\left[-\frac{1}{R}\frac{\partial^2}{\partial s^2}\left(\frac{\partial W_0}{\partial s}+\frac{V_0}{R}\right)\right.$$
$$\left.+\frac{1}{R}\frac{\partial}{\partial s}\frac{1}{R}\left(\frac{\partial V_0}{\partial s}-\frac{W_0}{R}\right)+\frac{\partial}{\partial s}\frac{1}{R}\frac{\partial}{\partial s}\left(\frac{\partial W_0}{\partial s}+\frac{V_0}{R}\right)\right]$$
$$-k_ck''_x\frac{1}{R}\frac{\partial}{\partial s}\frac{1}{R}\frac{\partial}{\partial s}\left(\frac{\partial W_0}{\partial s}+\frac{V_0}{R}\right)=0, \tag{62b}$$

$$(\bar{M}_\alpha^{-}-\bar{M}_\alpha^{+})+k_2\frac{1}{R^2}\frac{\partial W_0}{\partial \alpha}=0, \tag{62c}$$

$$-\left(\frac{\partial \bar{M}_\alpha^{-}}{\partial \alpha}+2\frac{\partial \bar{H}^{-}}{\partial s}\right)+\left(\frac{\partial \bar{M}_\alpha^{+}}{\partial \alpha}+2\frac{\partial \bar{H}^{+}}{\partial s}\right)-k_f\frac{1}{R}\left(\frac{\partial V_0}{\partial s}-\frac{W_0}{R}\right)$$
$$+k_fk_c\left[-\frac{\partial^2}{\partial s^3}\left(\frac{\partial V_0}{\partial s}-\frac{W_0}{R}\right)+\frac{1}{R}\frac{\partial}{\partial s^2}\left(\frac{\partial W_0}{\partial s}+\frac{V_0}{R}\right)-\frac{1}{R^2}\left(\frac{\partial V_0}{\partial s}-\frac{W_0}{R}\right)\right]$$
$$+k'_x\left[\frac{\partial^3}{\partial s^3}\left(\frac{\partial W_0}{\partial s}+\frac{V_0}{R}\right)-\frac{\partial^2}{\partial s^2}\frac{1}{R}\left(\frac{\partial V_0}{\partial s}-\frac{W_0}{R}\right)+\frac{1}{R^2}\frac{\partial}{\partial s}\left(\frac{\partial W_0}{\partial s}+\frac{V_0}{R}\right)\right]$$
$$+k_ck''_x\frac{\partial^2}{\partial s^2}\frac{1}{R}\frac{\partial}{\partial s}\left(\frac{\partial W_0}{\partial s}+\frac{V_0}{R}\right)=0. \tag{62d}$$

其中用负标号的量，都应带有 i 为下标，用+标号的量，都应带有 $i+1$ 为下标，略去这些下标并不会带来任何混乱不清的可能，所以都略去不写了. 式中共有无量纲参数 ϵ, k_f, k_c, k'_x, k''_x, k_z，它们都是小量，但是，并不是相同的量级. 现在让我们根据常用的粗肋截面尺寸估计一下这些无量纲参数的量级，为了校核前一节中的量级估计，我们也计算了 k_Ω, k_k, k_{xz}, k_{xs}, k_{zs}, k_{xzs}（见(37)式）的量级，即

$$k_\Omega=\frac{EJ_\Omega}{Ca^5},\ k_{xz}=\frac{EI_{xz}}{Ca^3},\ k_k-\frac{GJ_k}{Ca^3},\ k_{xs}-\frac{EJ_{xs}}{Ca^5},\ k_{zs}-\frac{EJ_{zs}}{Ca^5},\ k_{xzs}=\frac{EJ_{xzs}}{Ca^5} \tag{63}$$

设取

$$\frac{h}{a}=0.02 \tag{64}$$

于是

$$\epsilon=0.076 \tag{65}$$

我们对图 6 中的四种肋的截面进行了计算，其相对尺寸如图所示，计算结果见表 1，根据这些结果，我们可以比较估计这些无量纲刚度系数的量级，其结果见表 1 的最

后一行.

为此,我们引进零量级的刚度符号 λ_c, λ_f 等:

$$\lambda_c\epsilon = k_c,\ \lambda_f\epsilon = k_f,\ \lambda'_x\epsilon^3 = k'_x,\ \lambda''_x\epsilon^3 = k''_x,\ \lambda_z\epsilon^4 = k_z$$

$$\lambda_{xz}\epsilon^5 = k_{xz},\ \lambda_\Omega\epsilon^5 = k_\Omega,\ \lambda_k\epsilon^5 = k_j,\ \lambda_{xs}\epsilon^6 = k_{xs},\ \lambda_{zs}\epsilon^7 = k_{zs},\ \lambda_{xz}\epsilon^8 = k_{xzs} \quad (66)$$

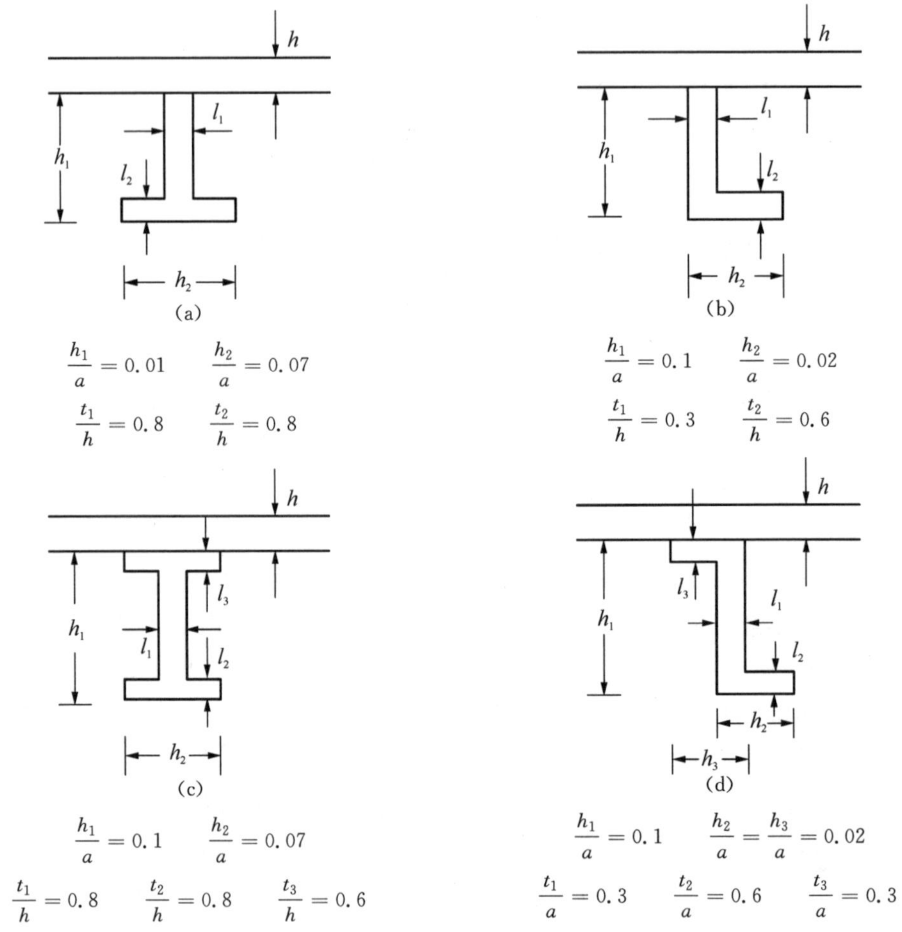

图 6 肋的典型尺寸

(66)式证实了在前两节中对于粗肋分析时所用的量级估计,将(66)式代入(62)式,整理后可以把各项按 ϵ 的系数排队,写出肋的平衡方程:

$$\overline{T}_\alpha^- - \overline{T}_\alpha^+ = 0, \quad (67a)$$

$$\left(\overline{S}^- + \frac{2}{R}\overline{H}^-\right) - \left(\overline{S}^+ + \frac{2}{R}\overline{H}^+\right) - \lambda_f\epsilon\frac{\partial}{\partial s}\left(\frac{\partial V_0}{\partial s} - \frac{W_0}{R}\right) + \lambda_f\lambda_c\epsilon^2\left[\frac{1}{R}\frac{\partial}{\partial s}\left(\frac{\partial V_0}{\partial s} - \frac{W_0}{R}\right)\right.$$

$$
\begin{aligned}
&+\frac{\partial^2}{\partial s^2}\left(\frac{\partial W_0}{\partial s}+\frac{V_0}{R}\right)-\underline{\frac{\partial}{\partial s}\frac{1}{R}\left(\frac{\partial V_0}{\partial s}-\frac{W_0}{R}\right)}\Bigg]-\lambda'_x\epsilon^3\Bigg[-\frac{1}{R}\frac{\partial^2}{\partial s^2}\left(\frac{\partial W_0}{\partial s}+\frac{V_0}{R}\right)\\
&+\underline{\frac{1}{R}\frac{\partial}{\partial s}\frac{1}{R}\left(\frac{\partial V_0}{\partial s}-\frac{W_0}{R}\right)}+\underline{\frac{\partial}{\partial s}\frac{1}{R}\frac{\partial}{\partial s}\left(\frac{\partial W_0}{\partial s}+\frac{V_0}{R}\right)}\Bigg]\\
&\underline{-\lambda''_x\lambda_c\epsilon^4\frac{1}{R}\frac{\partial}{\partial s}\frac{1}{R}\frac{\partial}{\partial s}\left(\frac{\partial W_0}{\partial s}+\frac{V_0}{R}\right)}=0,
\end{aligned}
\tag{67b}
$$

$$
(\bar{M}_\alpha^- - \bar{M}_\alpha^+)+\lambda_z\epsilon^4\frac{1}{R^2}-\frac{\partial W_0}{\partial \alpha}=0,
\tag{67c}
$$

$$
\begin{aligned}
&-\left(\frac{\partial \bar{M}_\alpha^-}{\partial \alpha}+2\frac{\partial \bar{H}^-}{\partial s}\right)+\left(\frac{\partial \bar{M}_\alpha^+}{\partial \alpha}+2\frac{\partial \bar{H}^+}{\partial s}\right)-\lambda_f\epsilon\frac{1}{R}\left(\frac{\partial V_0}{\partial s}-\frac{W_0}{R}\right)\\
&\quad+\lambda_f\lambda_c\epsilon^2\left[-\frac{\partial^2}{\partial s^2}\left(\frac{\partial V_0}{\partial s}-\frac{W_0}{R}\right)+\frac{1}{R}\frac{\partial}{\partial s}\left(\frac{\partial W_0}{\partial s}+\frac{V_0}{R}\right)-\frac{1}{R^2}\left(\frac{\partial V_0}{\partial s}-\frac{W_0}{R}\right)\right]\\
&\quad+\lambda'_x\epsilon^3\left[\frac{\partial^3}{\partial s^3}\left(\frac{\partial W_0}{\partial s}+\frac{V_0}{R}\right)-\underline{\frac{\partial^2}{\partial s^2}\frac{1}{R}\left(\frac{\partial V_0}{\partial s}-\frac{W_0}{R}\right)}+\underline{\frac{1}{R^2}\frac{\partial}{\partial s}\left(\frac{\partial W_0}{\partial s}+\frac{V_0}{R}\right)}\right]\\
&\quad\underline{+\lambda''_x\lambda_c\epsilon^4\frac{\partial^2}{\partial s^2}\frac{1}{R}\frac{\partial}{\partial s}\left(\frac{\partial W_0}{\partial s}+\frac{V_0}{R}\right)}=0.
\end{aligned}
\tag{67d}
$$

表 1　典型的粗肋的截面性质及其量级估计(ϵ=0.076)

截面系数	⊥	L	I	ㄱ	计算量级
k_c	0.074	0.070	0.062 5	0.066	$\lambda_c\epsilon$
$\frac{F}{a^2}$	2.46×10^{-3}	0.77×10^{-3}	3.1×10^{-3}	0.85×10^{-3}	
k_f	0.112	0.035	0.142	0.039	$\lambda_f\epsilon$
$\frac{I_x}{a^4}$	2.34×10^{-6}	0.76×10^{-6}	4.1×10^{-6}	0.98×10^{-6}	
k'_x	7.2×10^{-4}	2.04×10^{-4}	7.4×10^{-4}	2.11×10^{-4}	$\lambda'_x\epsilon^3$
k''_x	9.3×10^{-4}	2.7×10^{-4}	1.11×10^{-3}	3.4×10^{-4}	$\lambda''_x\epsilon^3$
$\frac{I_x}{a^4}$	4.6×10^{-7}	1.77×10^{-8}	8.3×10^{-7}	3.05×10^{-8}	
k_z	2.011×10^{-5}	0.805×10^{-6}	3.75×10^{-5}	0.140×10^{-5}	$\lambda_z\epsilon^4$
$\frac{I_{xz}}{a^4}$	0	-0.85×10^{-7}	0	-1.08×10^{-7}	

续 表

截面系数	⊥	L	I	Ꞁ	计算量级
k_{vz}	0	-0.262×10^{-5}	0	-0.494×10^{-5}	$\lambda_{xz}\epsilon^5$
$\frac{I_\Omega}{a^6}$	0	0	0.145×10^{-8}	0.545×10^{-10}	
k_Ω	0	0	0.66×10^{-7}	0.248×10^{-8}	$\lambda_\Omega\epsilon^5$
$\frac{J_k}{a^4}$	2.3×10^{-7}	0.166×10^{-7}	2.34×10^{-7}	0.173×10^{-7}	
k_k	4.0×10^{-6}	0.29×10^{-6}	4.1×10^{-6}	0.30×10^{-6}	$\lambda_h\epsilon^5$
$\frac{J_{xs}}{a^6}$	1.44×10^{-9}	1.07×10^{-9}	2.43×10^{-9}	0.75×10^{-9}	
k_{xs}	6.5×10^{-8}	4.9×10^{-8}	1.10×10^{-7}	3.4×10^{-8}	$\lambda_{xz}\epsilon^6$
$\frac{J_{zs}}{a^6}$	2.3×10^{-10}	1.03×10^{-11}	3.9×10^{-10}	1.43×10^{-10}	
k_{zs}	1.04×10^{-8}	4.7×10^{-9}	1.78×10^{-8}	6.5×10^{-9}	$\lambda_{zs}\epsilon^7$
$\frac{J_{xzs}}{a^6}$	1.56×10^{-10}	0.92×10^{-10}	1.59×10^{-11}	2.3×10^{-11}	
k_{xzs}	7.1×10^{-9}	4.2×10^{-9}	7.2×10^{-10}	1.04×10^{-9}	$\lambda_{xzs}\epsilon^8$

表中计算量级根据四种截面中的最大值估计.

(61),(62),(67)式在一起就完全可以求解本问题,方程式业已整理到适宜于利用 ϵ 作为小参数,进行渐近求解,λ_c, λ_f, λ'_x, λ''_x, λ_z 为本问题的无量纲参数,它们都是零级量.这样的粗肋理论,一级近似结果是完全正确的,二级近似结果也有重要参考价值.

六、细肋的应变能和它的连续条件

凡肋的 $\frac{h_c}{R}$ 和 ϵ^2 同量级时,称为细肋,对于细肋而言,我们对于截面性质的量级可以作下列的估计

$$k_f=\frac{EF}{Ca}\sim\epsilon^2,\ k_c=\frac{h_c}{a}\sim\epsilon^2,\ k'_x=\frac{EI'_x}{Ca^3}\sim\epsilon^6,\ k''_x=\frac{EI''_x}{Ca^2}\sim\epsilon^6$$
$$k_z=\frac{EI_z}{Ca^3}\sim\epsilon^8,\ k_{xz}=\frac{EI_{xz}}{Ca^3}\sim\epsilon^8,\ k_\Omega=\frac{EI_\Omega}{Ca^3}\sim\epsilon^{10},\ k_k=\frac{GJ_k}{Ca^3}\sim\epsilon^8$$
$$k_{xs}=\frac{EJ_{xs}}{Ca^5}\sim\epsilon^{11},\ k_{zs}=\frac{EJ_{zs}}{Ca^5}\sim\epsilon^{12},\ k_{xzs}=\frac{EJ_{xzi}}{Ca^5}\sim\epsilon^{13} \tag{68}$$

根据曲杆的 Bernoulli 假设的限制，我们的理论正确度可以允许有两级近似. 即 ϵ^0，ϵ 级，而 ϵ^2 级以下的量级就包括有 Bernoulli 假设略去的量，这个要求和壳的 Kirchhoff-Love 假设的限制是一致的. 所以对于细肋的条件而言，我们将满足于二级近似.

我们仍旧可以在(36)式的基础上，研究各项的相对量级，其结果见表 2.

表 2　细肋(稀肋)的能量式各项的相对量级

	一级近似各项	量　　级	二级近似各项	量　　级
$M\times M$	$\frac{1}{2}EF\varepsilon_{s0}^2$	$\epsilon^{2m+2}Ca$	无	$\epsilon^{p2+3}Ca$
$B\times B$	$\frac{1}{2}EI'_x k_{s0}^2$	$\epsilon^{2p+6}Ca$	无	$\epsilon^{2m+7}Ca$
$L\times L$	$\frac{1}{2}EF\varepsilon_{s0}^2$	$\epsilon^{3q+2}Ca$	无	$\epsilon^{2q+3}Ca$
$M\times B$	$-EFh_c k_{s0}\varepsilon_{t0}$	$\epsilon^{m+q+4}Ca$	无	$\epsilon^{m+p+5}Ca$
$M\times L$	$\frac{1}{2}EF\varepsilon_{s0}^2$	$\epsilon^{m+q+2}Ca$	无	$\epsilon^{m+q+3}Ca$
$B\times L$	$-EFh_c k_{sc}\varepsilon_{s0}$	$\epsilon^{m+q+3}Ca$	无	$\epsilon^{p+q+4}Ca$

M 代表薄腹应力状态；B 代表纯弯应力状态；L 代表边界效应应力的状态.

从表 2 中可以看到，一级近似和二级近似理论的能量项表达式基本相同，它可以写成

$$U_2=\oint\frac{1}{2}Ea\,\mathrm{d}s\{F\varepsilon_{s0}^2-2Fh_c k_{s0}\varepsilon_{s0}+I'_x K_{s0}^2\}\tag{69}$$

如果把(69)式和粗肋中的能量式相比，对于粗肋的能量式而言，二级近似业已越出 Bernoulli 假设容许的范围，并且要引进若干和曲杆的曲率修正有关的项. 对于细肋而言，同样的三项正确到二级近似，并且仍然满足 Bernoulli 假设，这样，使细肋的理论比粗肋理论简单得多.

(69)式告诉我们，对于细肋而言，在 Bernoulli 假设和 Kirchhoff-Love 假设的容许范围内有二级近似的正确度，细肋的作用只需考虑其抗拉和在其本身平面内抗弯的作用，其他如抗扭，抗拒弯出其本身平面的弯曲和斜弯，横剪都可以略去不计.

利用(69)式通过变分，也可以求得肋的平衡条件，其结果和粗肋的平衡条件的一级近似完全一致. 即(56)式中没有下画线标出的部分，但细肋理论就用这一部分中的各项求二级近似解.

(56)式这一部分的无量纲形式,由于 $\dfrac{EF}{Ca}$, $\dfrac{EFh_c}{Aa^2}$, $\dfrac{EI'_x}{Ca^3}$ 的量级不同,而有所不同,利用

$$\frac{EI'_x}{Ca^3}=k'_x=\lambda_x^*\epsilon^6,\ \frac{EF}{Ca}=k_f=\lambda_f^*\epsilon^2,\ \frac{h_c}{a}=k_c=\lambda_c^*\epsilon^2 \tag{70}$$

其中 λ_x^*, λ_f^*, λ_c^* 对于细肋而言是零星级量.

有关的细肋平衡条件于是可以写成

$$\overline{T}_\alpha^- - \overline{T}_\alpha^+ = 0, \tag{71a}$$

$$\begin{aligned}\left(\overline{S}^- + \frac{2}{R}\overline{H}^-\right) - \left(\overline{S}^+ + \frac{2}{R}\overline{H}^+\right) - \lambda_f^*\epsilon^2\frac{\partial}{\partial s}\left(\frac{\partial V_0}{\partial s}-\frac{W_0}{R}\right) + \lambda_f^*\lambda_c^*\epsilon^4\left[\frac{1}{R}\frac{\partial}{\partial s}\left(\frac{\partial V_0}{\partial s}-\frac{W_0}{R}\right)\right.\\ \left.+\frac{\partial^2}{\partial s^2}\left(\frac{\partial W_0}{\partial s}+\frac{V_0}{R}\right)\right] - \lambda_x^*\epsilon^6\frac{1}{R}\frac{\partial^2}{\partial s^2}\left(\frac{\partial W_0}{\partial s}+\frac{V_0}{R}\right)=0,\end{aligned} \tag{71b}$$

$$\overline{M}_\alpha^- - \overline{M}_\alpha^+ = 0 \tag{71c}$$

$$\begin{aligned}&-\left(\frac{\partial \overline{M}_\alpha^-}{\partial\alpha}+2\frac{\partial\overline{H}^-}{\partial s}\right)+\left(\frac{\partial \overline{M}_\alpha^+}{\partial\alpha}+2\frac{\partial\overline{H}^+}{\partial s}\right)-\lambda_f^*\epsilon^2\frac{1}{R}\left(\frac{\partial V_0}{\partial s}-\frac{W_0}{R}\right)\\&+\lambda_f^*\lambda_c^*\epsilon^4\left[-\frac{\partial^2}{\partial s^2}\left(\frac{\partial V_0}{\partial s}-\frac{W_0}{R}\right)+\frac{1}{R}\frac{\partial}{\partial s}\left(\frac{\partial W_0}{\partial s}+\frac{V_0}{R}\right)\right]\\&+\lambda_x^*\epsilon^6\frac{\partial^3}{\partial s^3}\left(\frac{\partial W_0}{\partial s}+\frac{V_0}{R}\right)=0.\end{aligned} \tag{71d}$$

从这些平衡条件中可以看到,不仅壳的轴向力是贯穿连续的,而且弯矩 M_α 在肋上也是连续的. 这个平衡条件适用至二级近似的精确度.

七、密肋理论

当肋的间距很小,α_1 为 ϵ 的量级和更小的量级时,称为密肋. 在密肋柱壳的两肋之间的每一段壳都是短壳,短壳的应力状态和中长度壳的应力状态的量级并不完全相同,Тольденвецгер 有关中长度壳的渐近解并不适用于短壳. 因此,有关稀肋的量级分析也不尽适用. 对于短壳而言,目前并没有系统的渐近理论. 本文的篇幅也不足以容纳这样的讨论,我们将在这里简单地介绍一下作者对于短壳的渐近理论所得的量级分析的结果,详细讨论将用另文发表.

短柱壳的应力也可以用三种应力状态的叠加来满足:(一)短壳的薄膜应力状态:如果称 v_1, w 的量级为 ϵ^m,则 u 的量级为 ϵ^{m+1}, ϵ_{s0}, ω_0, k_{s0} 的量级分别为 ϵ^m, ϵ^{m-1}, ϵ^m;不论任何量对于 a 的导数都提高一个 ϵ 的量级,但对于 s 的导数量级不变,

例如 θ_0 的量级为 ϵ^{m-1}，以后用 M^* 表示这个应力状态.（二）纯弯应力状态：ε_{s0}，ω_0 恒等于零，k_{s0} 的量级为 ϵ^p，任何量对于 α 的导数都提高一个 ϵ 的量级，对 s 的导数则量级不变，θ_0 的量级为 ϵ^{p-1}，以后用 B^* 来表示这个应力状态.（三）柱壳的弯曲基本解：这个解和中长度壳的边界效应解性质相同，但适用于短壳的全程. 其量级也和中长度壳的边界效应解的量级相同，以后用 L^* 表示这个应力状态.

如果利用上述的应力状态的量级分析，我们就可以分别对粗肋和细肋的刚度量级，像第三节那样来分析粗肋和细肋的一级、二级能量项. 它们的结果见表 3 和表 4.

表 3　密的粗肋的能量式各项的相对量级

	一级近似各项	量　级	二级近似各项	量级
$M^*\times M^*$	$\frac{1}{2}EF\varepsilon_{s0}^2$	$\epsilon^{2m+1}Ca$	$\frac{1}{2}EFh_c\frac{\varepsilon_{s0}^2}{aR}-EFh_ck_{s0}\varepsilon_{s0}+\frac{EI_z}{2a^2R^2}\theta_0^2$	$\epsilon^{3m+2}Ca$
$B^*\times B^*$	$\frac{1}{2}EI'_xk_{s0}^2+\frac{1}{2}EI_\Omega\frac{1}{a^4}\left(\frac{\partial^2\theta_0}{\partial s^2}\right)^2+\frac{1}{2}GJ_s\frac{1}{a^2}\left(\frac{\partial\theta_0}{\partial s}\right)^2$	$\epsilon^{2p+3}Ca$	$\frac{1}{2}EI''_x\frac{h_c}{aR}k_{s0}^2-\frac{1}{2a^4}\frac{EI_\Omega h_c}{aR}\left(\frac{\partial^2\theta_0}{\partial s^2}\right)\left(\frac{\partial}{\partial s}\frac{1}{R'}\frac{\partial\theta_0}{\partial s}\right)$	$\epsilon^{2q+4}Ca$
$L^*\times L^*$	$\frac{1}{2}EF\varepsilon_{s0}^2$	$\epsilon^{2q+1}Ca$	$\frac{1}{2}EF\frac{h_c}{aR}\varepsilon_{s0}^2-EFh_{cs0}\varepsilon_{s0}+\frac{1}{2a^2R^2}EI_z\theta_0^2$	$\epsilon^{2q+4}Ca$
$M^*\times B^*$	$-EFh_ck_{s0}\varepsilon_{s0}+\frac{1}{2}\frac{E}{a^2R^2}I_z\theta_0^2$	$\epsilon^{m+p+2}Ca$	$-\frac{EI'_x}{aR}k_{s0}\varepsilon_{s0}+\frac{1}{2}EI'_xk_{s0}^2+\frac{1}{2}GJ_k\frac{1}{a^2}\left(\frac{\partial\theta_0}{\partial s}\right)^2+\frac{Eh_cI_z}{2a^3R^3}\theta_0^2+\frac{EI_\Omega}{2a^4}\left(\frac{\partial^2\theta_0}{\partial s^2}\right)^2$	$\epsilon^{m+p+3}Ca$
$M^*\times L^*$	$\frac{1}{2}EF\varepsilon_{s0}^2$	$\epsilon^{m+q+1}Ca$	$\frac{EFh_c}{2aR}\varepsilon_{s0}^2-EFh_ck_{s0}\varepsilon_{s0}+\frac{EI_z}{2a^2R^2}\theta_0^2$	$\epsilon^{m+q+2}Ca$
$B^*\times L^*$	$-EFh_ck_{s0}\varepsilon_{s0}+\frac{EI_2}{2a^2R^2}\theta_0^2$	$\epsilon^{p+q+2}Ca$	$\frac{EI'_x}{2}k_{s0}^2-\frac{EI'_x}{aR}k_{s0}\varepsilon_{s0}+\frac{GJ_k}{2a^4}\left(\frac{\partial\theta_0}{\partial s}\right)^2+\frac{h_cEI_z}{2a^3R^3}\theta_0^2+\frac{EI_\Omega}{2a^4}\left(\frac{\partial^2\theta_0}{\partial s^2}\right)^2$	$\epsilon^{p+q+3}Ca$

表 4　密的细肋的能量式各项的相对量级

	一级近似各项	量　级	二级近似各项	量　级
$M^* \times M^*$	$\frac{1}{2}EF\varepsilon_{s0}^2$	$\epsilon^{2m+2}Ca$	无	$\epsilon^{2m+3}Ca$
$B^* \times B^*$	$\frac{1}{2}EI'_x k_{s0}^2+\frac{1}{2}GJ_k\left(\frac{1}{1a}\frac{\partial\theta_0}{\partial s}\right)^2$	$\epsilon^{2p+6}Ca$	无	$\epsilon^{2p+7}Ca$
$L^* \times L^*$	$\frac{1}{2}EF\varepsilon_{s0}^2$	$\epsilon^{2q+2}Ca$	无	$\epsilon^{2q+3}Ca$
$M^* \times B^*$	$-EFh_c k_{s0}\varepsilon_{s0}$	$\epsilon^{m+p+4}Ca$	无	$\epsilon^{m+p+5}Ca$
$M^* \times L^*$	$\frac{1}{2}EF_{s0}^2$	$\epsilon^{m+q+2}Ca$	无	$\epsilon^{m+q+3}Ca$
$B^* \times L^*$	$-EFh_c k_{s0}\varepsilon_{s0}$	$\epsilon^{p+q+4}Ca$	无	$\epsilon^{p+q+5}Ca$

于是,密的粗肋的能量式可以写成

$$U^2=\frac{1}{2}\oint\left\{F\varepsilon_{s0}^2-2Fh_c k_{s0}\varepsilon_{s0}+I_x k_{s0}^2+\frac{1}{a^2R^2}I_2\theta_0^2+\frac{1}{E}GJ_k\left(\frac{1}{a}\frac{\partial\theta_0}{\partial s}\right)^2+I_\Omega\left(\frac{1}{a^2}\frac{\partial^2\theta_0}{\partial s^2}\right)^2\right.$$
$$+\underline{Fh_c\frac{1}{aR}\varepsilon_{s0}^2}-\underline{\frac{2I'_x}{aR}k_{s0}\varepsilon_{s0}}+\underline{\frac{h_cI''_x}{aR}k_{s0}^2}+\underline{\frac{h_cI_z}{a^3R^3}\theta_0^2}$$
$$\left.-\underline{\frac{h_cI_\Omega}{a^5R}\left(\frac{\partial^2\theta_0}{\partial s^2}\right)\left(\frac{\partial}{\partial s}\frac{1}{R}\frac{\partial\theta_0}{\partial s}\right)}\right\}Ea\,\mathrm{d}s. \tag{72}$$

而密的细肋的能量式可以写成

$$U_2=\frac{1}{2}\oint\left\{F\varepsilon_{s0}^2-2Fh_c k_{s0}\varepsilon_{s0}+I'_x k_{s0}^2+\frac{GJ_k}{E}\left(\frac{1}{a}\frac{\partial\theta_0}{\partial s}\right)^2\right\}Ea\,\mathrm{d}s \tag{73}$$

(73)式适用至二级近似. 从(72),(73)式中可以看到,对于密肋而言,虽然横剪和斜弯仍旧可以略去,但对于扭转就不能完全略去,只要纯弯解起作用的问题中,扭转就是重要的一级近似项. 例如自由边的边界条件下的问题就是这类问题.

通过变分,并引用无量纲刚度系数,即得密的粗肋的平衡条件:

$$\overline{T}_\alpha^- - \overline{T}_\alpha^+ = 0, \tag{74a}$$

$$\left(\overline{S}^-+\frac{2}{R}\overline{H}^-\right)-\left(\overline{S}^++\frac{2}{R}\overline{H}^+\right)-\lambda_f\epsilon\frac{\partial}{\partial s}\left(\frac{\partial V_0}{\partial s}-\frac{W_0}{R}\right)+\lambda_f\lambda_c\epsilon^2\left[\frac{1}{R}\frac{\partial}{\partial s}\left(\frac{\partial V_0}{\partial s}-\frac{W_0}{R}\right)\right.$$
$$\left.+\frac{\partial^2}{\partial s^2}\left(\frac{\partial W_0}{\partial s}+\frac{V_0}{R}\right)-\underline{\frac{\partial}{\partial s}\frac{1}{R}\left(\frac{\partial V_0}{\partial s}-\frac{W_0}{R}\right)}\right]+\lambda'_x\epsilon^3\left[-\frac{1}{R}\frac{\partial^2}{\partial s^2}\left(\frac{\partial W_0}{\partial s}+\frac{V_0}{R}\right)\right.$$

$$
+\underline{\frac{1}{R}\frac{\partial}{\partial s}\frac{1}{R}\left(\frac{\partial V_0}{\partial s}-\frac{W_0}{R}\right)}+\underline{\frac{\partial}{\partial s}\frac{1}{R}\frac{\partial}{\partial s}\left(\frac{\partial W_0}{\partial s}+\frac{V_0}{R}\right)}\Bigg]
$$

$$
\underline{-\lambda_c\lambda''_x\epsilon^4\frac{1}{R}\frac{\partial}{\partial s}\frac{1}{R}\frac{\partial}{\partial s}\left(\frac{\partial W_0}{\partial s}+\frac{V_0}{R}\right)}=0. \tag{74b}
$$

$$
(\bar{M}_\alpha^- -\bar{M}_\alpha^+)+\lambda_z\epsilon^4\frac{1}{R^2}\frac{\partial W_0}{\partial \alpha}-\lambda_k\epsilon^5\frac{\partial^3 W_0}{\partial s^2\partial\alpha}+\lambda_\Omega\epsilon^5\frac{\partial^5 W_0}{\partial\alpha\partial s^4}+\underline{\lambda_c\lambda_z\epsilon^5\frac{1}{R^3}\frac{\partial W_0}{\partial\alpha}}
$$

$$
\underline{-\frac{1}{2}\lambda_c\lambda_\Omega\epsilon^6\left[\frac{\partial^2}{\partial s^2}\frac{1}{R}\frac{\partial}{\partial s}\frac{1}{R}\frac{\partial^2 W_0}{\partial s\partial\alpha}+\frac{\partial}{\partial s}\frac{1}{R}\frac{\partial}{\partial s}\frac{1}{R}\frac{\partial^3 W_0}{\partial s^2\partial\alpha}\right]}=0, \tag{74c}
$$

$$
-\left(\frac{\partial\bar{M}_\alpha^-}{\partial\alpha}+2\frac{\partial\bar{H}^-}{\partial s}\right)+\left(\frac{\partial\bar{M}_\alpha^+}{\partial\alpha}+2\frac{\partial\bar{H}^+}{\partial s}\right)-\lambda_f\epsilon\frac{1}{R}\left(\frac{\partial V_0}{\partial s}-\frac{W_0}{R}\right)
$$

$$
+\lambda_f\lambda_c\epsilon^2\left[-\frac{\partial^2}{\partial s^2}\left(\frac{\partial V_s}{\partial s}-\frac{W_0}{R}\right)+\frac{1}{R}\frac{\partial}{\partial s}\left(\frac{\partial W_0}{\partial s}+\frac{V_0}{R}\right)-\underline{\frac{1}{R^2}\left(\frac{\partial V_0}{\partial s}-\frac{W_0}{R}\right)}\right]
$$

$$
+\lambda'_x\epsilon^3\left[\frac{\partial^2}{\partial s^3}\left(\frac{\partial W_0}{\partial s}+\frac{V_0}{R}\right)-\underline{\frac{\partial^2}{\partial s^2}\frac{1}{R}\left(\frac{\partial V_0}{\partial s}-\frac{W_0}{R}\right)}+\underline{\frac{1}{R^2}\frac{\partial}{\partial s}\left(\frac{\partial W_0}{\partial s}+\frac{V_0}{R}\right)}\right]
$$

$$
\underline{+k_ck''_x\epsilon^4\frac{\partial^2}{\partial s^2}\frac{1}{R}\frac{\partial}{\partial s}\left(\frac{\partial W_0}{\partial s}+\frac{V_0}{R}\right)}=0. \tag{74d}
$$

从上式可以看到,(74)式和稀的粗肋的平衡条件的差别只在于第三式有关扭矩的项.此外是完全相同的,(74)式的二级近似项只有参考价值.

密的细肋的平衡条件也可以通过(74)式的变分求得,其结果为

$$
\bar{T}_\alpha^- -\bar{T}_\alpha^+ =0, \tag{75a}
$$

$$
\left(\bar{S}^-+\frac{2}{R}\bar{H}^-\right)-\left(\bar{S}^++\frac{2}{R}\bar{H}^+\right)-\lambda_f^*\epsilon^2\frac{\partial}{\partial s}\left(\frac{\partial V_0}{\partial s}-\frac{W_0}{R}\right)+\lambda_f^*\lambda_c^*\epsilon^4\left[\frac{1}{R}\frac{\partial}{\partial s}\left(\frac{\partial V_0}{\partial s}-\frac{W_0}{R}\right)\right.
$$

$$
\left.+\frac{\partial^2}{\partial s^2}\left(\frac{\partial W_0}{\partial s}+\frac{V_0}{R}\right)\right]-\lambda_x^*\epsilon^6\frac{1}{R}\frac{\partial^2}{\partial s^2}\left(\frac{\partial W_0}{\partial s}+\frac{V_0}{R}\right)=0, \tag{75b}
$$

$$
\bar{M}_\alpha^- -\bar{M}_\alpha^+ -\lambda_f^*\epsilon^8\frac{\partial^3 W_0}{\partial s^2\partial a}=0, \tag{75c}
$$

$$
-\left(\frac{\partial\bar{M}_\alpha^-}{\partial\alpha}2\frac{\partial\bar{H}^-}{\partial s}\right)+\left(\frac{\partial\bar{M}_\alpha^+}{\partial\alpha}+2\frac{\partial\bar{H}^+}{\partial s}\right)-\lambda_f^*\epsilon^2\frac{1}{R}\left(\frac{\partial V_0}{\partial s}-\frac{W_0}{R}\right)
$$

$$
+\lambda_f^*\lambda_c^*\epsilon^4\left[-\frac{\partial^2}{\partial s^2}\left(\frac{\partial V_0}{\partial s}-\frac{W_0}{R}\right)+\frac{1}{R}\frac{\partial}{\partial s}\left(\frac{\partial W_0}{\partial s}+\frac{V_0}{R}\right)\right]
$$

$$
+\lambda_x^*\epsilon^6\frac{\partial^3}{\partial s^3}\left(\frac{\partial W_0}{\partial s}+\frac{V_0}{R}\right)=0. \tag{75d}
$$

其中 $\lambda_k^* \epsilon^8 = k_k$. 如果把(71)式细稀肋和(75)式细密肋的平衡方程相比较,其差别也在第三式有关扭矩的部分.

八、密肋柱壳作为正交各向异性壳的方程式

当肋的间距很小时,每一根肋的变形能可以平均分配在肋所占有的壳的区间内,作为加强了的柱壳处理,这种柱壳是结构上正交各向异性的.

先让我们讨论细肋的各向异性壳理论,设每单位长度有肋 n 根,则有

$$na\alpha_1 = 1 \quad 或 \quad n = \frac{1}{a\alpha_1} \tag{76}$$

其中 $a\alpha_1$ 为肋的间距. 于是 $a\mathrm{d}\alpha$ 的长度内有肋 $na\,\mathrm{d}\alpha$ 或$\dfrac{1}{\alpha_1}\mathrm{d}\alpha$ 根,所有肋的总能量为

$$U_2 = \int_0^l u_2 na\,\mathrm{d}\alpha = \int_0^l U_2\frac{1}{\alpha_1}\mathrm{d}\alpha = \oint\int_0^l \frac{1}{2}\frac{a}{\alpha_1}\mathrm{d}\alpha\mathrm{d}s\Big\{EF\varepsilon_s^2 - 2EFh_c\varepsilon_s k_s + EI'_x k_s^2 - GJ_k\frac{1}{a^2}\Big(\frac{\partial\theta}{\partial s}\Big)^2\Big\} \tag{77}$$

其中

$$\theta = \frac{1}{a}\frac{\partial W}{\partial\alpha} \tag{78}$$

这里利用了细密肋的能量式(73)式,并把其中的 ε_{s0}, k_{s0}, θ_0 写成肋所处的当地的值 ε_s, k_s, θ 了.

于是壳和肋所组成的综合结构物的总能量为

$$\begin{aligned} U = U_1 = U_2 = \frac{1}{2}\int_0^l\oint\Big\{&C\Big[\varepsilon_a^2 + \varepsilon_s^2 + 2\nu\varepsilon_a\varepsilon_s + \frac{1}{2}(1-\nu)\omega^2\Big] \\ &+ D[k_n^2 + k_s^2 + 2\nu k_a k_s + 2(1-\nu)\tau^2] + \frac{1}{a\alpha_1}EF\varepsilon_s^2 - \frac{2}{a\alpha_1}EFh_c\varepsilon_s k_s \\ &+ \frac{1}{a\alpha_1}EI'_x k_s^2 + \frac{1}{a\alpha_1}GJ_k\Big(\frac{1}{a}\frac{\partial\theta}{\partial s}\Big)^2\Big\}a^2\,\mathrm{d}\alpha\mathrm{d}s. \end{aligned} \tag{79}$$

(79)式中的能量式由于各向异性壳的假设,存在着一定的近似,所以有关肋的能量项并不都是一级和二级近似项. 现在让我们重新比较(79)式中的各能量项的量级.

我们注意到这个壳的整体在本质仍旧是一个中长壳,这些应变分量仍旧可以用中长壳的薄膜解,纯弯解和边界效应解的叠加来满足,这些解的量级业已在第三节中有了详细交待,这里不再详述. 但应该注意,在(79)式中,

$$\alpha_1 \sim \epsilon,\ k_f = \frac{EF}{Ca} \sim \epsilon^2,\ k'_x = \frac{EI'_x}{Ca^3} \sim \epsilon^6,\ k_k = \frac{GJ_k}{Ca^3} \sim \epsilon^8,\ \frac{h_c}{a} \sim \epsilon^2 \tag{80}$$

表 5 中列出了(79)中各能量项的一级和二级近似项的量级，所以在壳的 Kirchhoff-Love 假设和肋的 Bernoulli 假设容许条件下的能量表达式(79)应该简化为

$$\begin{aligned} U = \frac{1}{2}\int_0^l \oint \Big\{ & C\Big[\varepsilon_\alpha^2 + \varepsilon_s^2 + 2\nu\varepsilon_\alpha\varepsilon_s + \frac{1}{2}(1-\nu)\omega^2\Big] + D[k_\alpha^2 + k_\alpha^2 + 2\nu k_\alpha k_s + 2(1-\nu)\tau^2] \\ & + \frac{1}{a\alpha_1}EF\varepsilon_s^2 - \frac{2}{a\alpha_1}EFh_c\varepsilon_s k_s + \frac{1}{a\alpha_1}EI'_x k_s^2\Big\} a^2 \mathrm{d}\alpha \mathrm{d}s \end{aligned} \tag{81}$$

显然，(79)式中有关扭转的项仍旧是可以略去. 我们必须指出，如果用稀细肋的能量式(69)式为基础，作各向异性壳近似，其结论也相同. 其实这里的各向异性壳的近似，在本质上是把壳内的应力状态用中长度壳的应力状态来近似表示的理论. 因此，肋的能量的有效部分必然是稀肋的部分，这就是(81)式的实质，(81)式在这里正确到二级近似.

表 5 细密肋的各向异性理论的能量项

能量项	一级近似各项	量级	二级近似各项	量级
$M\times M$	$\frac{1}{2}C\Big[\varepsilon_\alpha^2+\varepsilon_s^2+2\nu\varepsilon_\alpha\varepsilon_s+\frac{1}{2}(1-\nu)\omega^2\Big]$	$\epsilon^3 mCa$	$\frac{1}{2a\alpha_1}EF\varepsilon_s^2$	$\epsilon^{2m+1}Ca$
$B\times B$	$\frac{1}{2}D[k_\alpha^2+k_s^2+2\nu k_\alpha k_s+2(1-\nu)\tau^2]$	$\epsilon^{2p+4}Ca$	$\frac{1}{2a\alpha_1}EI'_x k_s^2$	$\epsilon^{2p+5}Ca$
$L\times L$	$\frac{1}{2}Dk_\alpha^2+\frac{1}{2}C[\varepsilon_2^a+\varepsilon_2^s+2\nu\varepsilon_\alpha\varepsilon_s]$	$\epsilon^{2q}Ca$	无	$\epsilon^{2q+1}Ca$
$M\times B$	$-\frac{1}{a\alpha_1}EFh_c\varepsilon_s k_s$	ϵ^{m+p+3}	$\frac{1}{2}D[k_\alpha^2+h_s^2+2\nu h_\alpha k_s$ $+2(1-\nu)\tau^2]$	$\epsilon^{m+p+4}Ca$
$M\times L$	$\frac{1}{2}C[\varepsilon_\alpha^2+\varepsilon_s^2+2\nu\varepsilon_\alpha\varepsilon_s]$	$\epsilon^{m+q}Ca$	$-\frac{1}{4}C(1-\nu)\omega^2+\frac{EF}{2a\alpha_1}\varepsilon_s^2$	$\epsilon^{m+q+1}Ca$
$B\times L$	$\frac{1}{2}D[k_\alpha^2+2\nu k_\alpha k_s]$	$\epsilon^{p+q+2}Ca$	$D(1-\nu)\tau^2+\frac{EFh_c}{a\alpha_1}\varepsilon_s k_s$	$\epsilon^{p+q+4}Ca$

外压力 q 做的功为

$$W = \int_0^l \oint q w a^2 \mathrm{d}\alpha \mathrm{d}s \tag{82}$$

而变分条件为

$$\delta \Pi = \delta U - \delta W = 0 \tag{83}$$

这里假定边界上没有外力做功，(83)式给出有关微分方程和边界条件：首先(81)式的变分式可以写成

$$\delta U = \int_0^l \{T_\alpha^* \delta\varepsilon_\alpha + T_s^* \delta\varepsilon_s + S^* \delta w + M_\alpha^* \delta k_\alpha + M_s^* \delta k_s + 2H^* \delta\tau\} a^2 \mathrm{d}\alpha \mathrm{d}s \tag{84}$$

其中 T_α^*，T_s^*，S^*，M_α^*，M_s^*，H^* 为各向异性壳的内力素，其表达式为

$$\left.\begin{aligned} &T_\alpha^* = T_\alpha = C(\varepsilon_\alpha + \nu\varepsilon_s), \qquad M_\alpha^* = M_\alpha = D(k_\alpha + \nu k_s) \\ &T_s^* = T_s = C(\varepsilon_s + \nu\varepsilon_\alpha) + \frac{1}{aa_1} EF\varepsilon_s - \frac{1}{aa_1} EFh_c k_s, \\ &M_s^* = D(k_s + \nu k_\alpha) + \frac{EI'_x}{aa_1} k_s - \frac{EFh_c}{aa_1} \varepsilon_s \\ &S^* = S = \frac{1}{2}(1-\nu)\omega, \qquad H^* = H = (1-\nu)D\tau \end{aligned}\right\} \tag{85}$$

通过部分积分，即得

$$\delta U = \delta U^{(1)} + \delta U^{(2)} \tag{86}$$

其中

$$\begin{aligned} \delta U^{(1)} = -\int_0^l \oint \Big\{ &\frac{1}{a}\left(\frac{\partial T_\alpha^*}{\partial \alpha} + \frac{\partial s^*}{\partial s}\right)\delta u + \frac{1}{a}\left(\frac{\partial s^*}{\partial \alpha} + \frac{\partial T_s^*}{\partial s} + \frac{1}{aR}\frac{\partial M_s^*}{\partial s} + \frac{2}{aR}\frac{\partial H^*}{\partial \alpha}\right)\delta v \\ &- \frac{1}{a^2}\left[\frac{\partial^2 M_\alpha^*}{\partial \alpha^2} + \frac{\partial^2 M_s^*}{\partial s^2} + 2\frac{\partial^2 H^*}{\partial \alpha \partial s} - \frac{aT_s^*}{R}\right]\delta w \Big\} a^2 \mathrm{d}\alpha \mathrm{d}s, \end{aligned} \tag{86a}$$

$$\begin{aligned} \delta U^{(2)} = \oint \Big\{ &T_\alpha^* \delta u + \left[S^* + \frac{2}{aR}H^*\right]\delta v + \left[\frac{1}{a}M_\alpha^*\right]\frac{\partial \delta w}{\partial \alpha} - \frac{1}{a}\left[\frac{\partial M_\alpha^*}{\partial \alpha}\right. \\ &\left. + 2\frac{\partial H^*}{\partial s}\right]\delta w \Big\}_0^l a \mathrm{d}s, \end{aligned} \tag{86b}$$

于是，得壳的平衡方程式

$$\left.\begin{aligned} &\frac{\partial T_\alpha^*}{\partial \alpha} + \frac{\partial S^*}{\partial s} = 0, \\ &\frac{\partial S^*}{\partial \alpha} + \frac{\partial T_s^*}{\partial s} + \frac{1}{aR}\frac{\partial M_s^*}{\partial s} + \frac{2}{aR}\frac{\partial H^*}{\partial \alpha} = 0, \\ &\frac{\partial^2 M_\alpha^*}{\partial \alpha^2} + \frac{\partial^2 M_s^*}{\partial s^2} + 2\frac{\partial^2 H^*}{\partial \alpha \partial s} - \frac{aT_s^*}{R} - qa^2 = 0. \end{aligned}\right\} \tag{87}$$

有关边界条件可以从(86b)式求得.例如,自由边界的条件为

$$T_\alpha^* = 0,\qquad S^* + \frac{2}{aR}H^* = 0,\qquad M_\alpha^* = 0,\qquad \frac{\partial M_\alpha^*}{\partial \alpha} + 2\frac{\partial H^*}{\partial s} = 0 \tag{88}$$

利用(4)式和(85)式,我们可以把(87)式化为用位移表示的方程式.整理后可以写成

$$\frac{c}{a}\frac{\partial^2 u}{\partial \alpha^2} + \frac{1}{2}(1-\nu)\frac{c}{a}\frac{\partial^2 u}{\partial s^2} + \frac{1}{2}(1+\nu)\frac{c}{a}\frac{\partial^2 u}{\partial\alpha\partial s} - \frac{\nu c}{aR}\frac{\partial w}{\partial \alpha} = 0 \tag{89a}$$

$$\begin{aligned}&\frac{1}{2}(1+\nu)\frac{c}{a}\frac{\partial^2 u}{\partial\alpha\partial s} + \frac{1}{2}(1-\nu)\left[\frac{c}{a} + \frac{4D}{a^3R^2}\right]\frac{\partial^2 v}{\partial\alpha^2} + \left[\frac{1}{a}\left(C + \frac{EF}{a\alpha_1}\right) - \frac{EFh_c}{a\alpha_1^3R}\right]\frac{\partial^2 v}{\partial s^2}\\&+\left[\frac{1}{a^3R}\left(D + \frac{FI'_x}{a\alpha_1}\right) - \frac{EFh_c}{a^3\alpha_1}\right]\frac{\partial^2}{\partial s^2}\left(\frac{v}{R}\right) - \left[\frac{1}{a}\left(C + \frac{EF}{a\alpha_1}\right) - \frac{EFh_c}{a^3\alpha_1R}\right]\frac{\partial}{\partial s}\left(\frac{w}{R}\right)\\&+\left[\frac{1}{a^3R}\left(D\frac{EI'_x}{a\alpha_1}\right) - \frac{EFh_c}{a^3\alpha_1}\right]\frac{\partial^3 w}{\partial s^3} + \frac{(2-\nu)D}{a^3R}\frac{\partial^3 w}{\partial s\partial\alpha^2} = 0\end{aligned} \tag{89b}$$

$$\begin{aligned}&-\frac{\nu c}{aR} - \frac{\partial u}{\partial\alpha} + (2-\nu)\frac{D}{a^3}\frac{\partial^3}{\partial s\partial\alpha^2}\left(\frac{v}{R}\right) + \frac{1}{a^3}\left(D + \frac{EI'_x}{a\alpha_1}\right)\frac{\partial^3}{\partial s^3}\left(\frac{v}{R}\right) - \frac{EFh_c}{a^3\alpha_1}\frac{\partial^3 v}{\partial s^3}\\&-\frac{1}{aR}\left(C + \frac{EF}{a\alpha_1}\right)\frac{\partial v}{\partial s} + \frac{EFh_c}{a^3\alpha_1R}\frac{\partial}{\partial s}\left(\frac{v}{R}\right) + \frac{D}{a^3}\frac{\partial^4 w}{\partial\alpha^4} + \frac{2D}{a^3}\frac{\partial^4 w}{\partial s^2\partial\alpha^2}\\&+\frac{1}{a^3}\left(D + \frac{EI'_x}{a\alpha_1}\right)\frac{\partial^4 w}{\partial s^4} + \frac{EFh_c}{a^3\alpha_1}\frac{\partial^2}{\partial s^2}\left(\frac{w}{R}\right) + \frac{EFh_c}{a^3\alpha_1R}\frac{\partial^2 w}{\partial s^2}\\&+\frac{1}{a^2R}\left(C + \frac{EF}{a\alpha_1}\right)w - qa = 0\end{aligned} \tag{89c}$$

这里细密肋的各向异性壳平衡方程式,它有二级近似正确度,即 ϵ^2 相对于 1 业已略去,而 ϵ 的量级仍是正确的.

Новожцлов, В. В[6] 曾用不同的方法得出了圆柱壳有加强肋时的各向异性理论,如果把他的结果和这里的结果相比较,则可以看到他略去了(81)式中的交叉项 $-2EF\dfrac{1}{a\alpha_1}h_ck_s\varepsilon_s$,其他部分完全一致.我们必须指出,这一项来源于纯弯应力状态,在某一些问题中,例如固定边界问题,纯弯应力状态部分本来是很小时,这一项的略去就无可非议了.但当纯弯应力状态部分不是很小时,它们的略去将造成一定的误差.在自由边的支撑条件下,纯弯应力状态一般较重要,所以,在这一类问题中,Новожцлов, В. В 的理论将有较显著的误差.

同时,Новожцлов, В. В 在叙述他的理论时,似乎并不知道这个理论只适用于

细肋,这里的结果是根据比较严格的量级分析求得的,对这些方程的精确度和应用范围有比较严格的理解.

用同样的推导,我们可以证明,用粗肋组成的密肋柱壳的各向异性理论,应该根据粗稀肋的应变能式(50)式求得.它的综合结构物的应变能表达式为

$$U=\frac{1}{2}\int_0^l\oint\left\{C\left[\varepsilon_\alpha^2+\varepsilon_s^2+2\nu\varepsilon_\alpha\varepsilon_s+\frac{1}{2}(1-\nu)\omega^2\right]+D[k_\alpha^2+k_s^2+2\nu k_\alpha k_s+2(1-\nu)\tau^2]\right.$$
$$\left.+\frac{E}{a\alpha_1}\left[F\varepsilon_s^2-2Fh_ck_s\varepsilon_s+I'_xk_s^2+\frac{1}{a^2R^2}I_z\theta^2+\underline{\frac{Fh_c}{aR}\varepsilon_s^2}-\underline{\frac{2}{aR}I'_xk_s\varepsilon_s}+\underline{\frac{h_cI'_x}{aR}k_s^2}\right]\right\}a^2\mathrm{d}\alpha\mathrm{d}s \tag{90}$$

其中画有下画线的项,为越出了肋的 Bernoulli 假设容许范围的项.这里立刻可以证明,这个理论只有一级近似解是同时满足壳的 Kirchhoff-Love 假设和肋的 Bernoulli 假设的;其二级近似解虽然满足壳的 Kirchhoff-Love 假设,但已越出肋的 Bernoulli 假设的容许范围,当然,由于曲杆理论的实践经验,二级近似项仍有一定的参考价值.

(90)式的变分式可以写成

$$\delta U=\int_0^l\oint\{T_\alpha^*\delta\varepsilon_\alpha+T_s^*\delta\varepsilon_s+S^*\delta\omega+M_x^*\delta k_\alpha+M_s^*\delta k_s+2H^*\delta\tau\}a^2\mathrm{d}\alpha\mathrm{d}s$$
$$+\int_0^l\left\{\frac{EI_z}{\alpha_1a^4R^2}w\delta\frac{\partial w}{\partial\alpha}\right\}_0^l a\mathrm{d}s \tag{91}$$

其中

$$\left.\begin{aligned}
T_\alpha^*&=T_\alpha=C(\varepsilon_\alpha+\nu\varepsilon_s),\\
T_s&=C(\varepsilon_s+\nu\varepsilon_\alpha)+\frac{EF}{a\alpha_1}\varepsilon_s-\frac{EFh_c}{a\alpha_1}k_s+\frac{EFh_c}{a^2\alpha_1R}\varepsilon_s-\frac{EI'_x}{a^2\alpha_1R}k_s,\\
S^*&=S=\frac{1}{2}(1-\nu)c\omega,\\
M_\alpha^*&=(k_\alpha+\nu k_s)-\frac{EI_z}{a^3\alpha_1R^2}w,\\
M_s^*&=D(k_s+\nu k_\alpha)-\frac{EFh_c}{a\alpha_1}\varepsilon_s+\frac{EI'_x}{a\alpha_1}k_s-\frac{EI'_x}{a^2\alpha_1R}\varepsilon_s+\frac{EI''_xh_c}{a^2\alpha_1R}k_s,\\
H^*&=H=(1-\nu)D\tau
\end{aligned}\right\} \tag{92}$$

通过部分积分,即得平衡方程(87)式和有关的边界条件,对于自由边的边界条件为

$$T_{\alpha}^{*}=0,\ S^{*}+\frac{2}{aR}H^{*}=0,\ \frac{1}{a}M_{\alpha}^{*}+\frac{EI_{z}}{\alpha_{1}a^{4}R^{2}}w=0,\ \frac{\partial M_{\alpha}^{*}}{\partial\alpha}+2\frac{\partial H^{*}}{\partial s}=0 \tag{93}$$

平衡方程用位移表示时可以写成

$$\frac{c}{a}\frac{\partial^{2}u}{\partial\alpha^{2}}+\frac{1}{2}(1-\nu)\frac{c}{a}\frac{\partial^{2}u}{\partial s^{2}}+\frac{1}{2}(1+\nu)\frac{c}{a}\frac{\partial^{2}v}{\partial\alpha\partial s}-\frac{\nu c}{aR}\frac{\partial w}{\partial\alpha}=0, \tag{94a}$$

$$\begin{aligned}&\frac{1}{2}(1+\nu)\frac{c}{a}\frac{\partial^{2}u}{\partial\alpha\partial s}+\frac{1}{2}(1-\nu)\left[\frac{c}{a}+\frac{4D}{a^{3}R^{2}}\right]\frac{\partial^{2}v}{\partial\alpha^{2}}+\left[\frac{1}{a}\left(C+\frac{EF}{a\alpha_{1}}\right)-\frac{EFh_{c}}{a^{2}\alpha_{1}R}\right]\\&\qquad\frac{\partial}{\partial s}\left(\frac{\partial v}{\partial s}-\frac{w}{R}\right)\\&+\left[\frac{1}{a^{3}R}\left(D+\frac{EI'_{x}}{a\alpha_{1}}\right)-\frac{EFh_{c}}{a^{3}\alpha_{1}}\right]\frac{\partial^{2}}{\partial s^{2}}\left(\frac{\partial w}{\partial s}+\frac{v}{R}\right)+\underline{\left[\frac{EFh_{c}}{a^{2}\alpha_{1}}-\frac{EI'_{x}}{a^{2}\alpha_{1}R}\right]\frac{\partial}{\partial s}\frac{1}{R}\left(\frac{\partial v}{\partial s}-\frac{w}{R}\right)}\\&\underline{-\left(\frac{EI_{x}}{a^{2}\alpha_{1}}-\frac{EI''_{x}h_{e}}{a^{3}\alpha_{1}R}\right)\frac{\partial}{\partial s}\frac{1}{R}\frac{\partial}{\partial s}\left(\frac{\partial w}{\partial s}+\frac{v}{R}\right)}+\frac{(2-v)D}{a^{3}R}\frac{\partial^{3}w}{\partial s\partial\alpha^{2}}=0,\end{aligned} \tag{94b}$$

$$\begin{aligned}&-\frac{\nu c}{Ra}\frac{\partial u}{\partial\alpha}-\frac{1}{R}\left[\frac{c}{a}+\frac{EF}{a^{2}\alpha_{1}}+\frac{EFh_{c}}{a^{3}\alpha_{1}R}\right]\left(\frac{\partial v}{\partial s}-\frac{w}{R}\right)+\frac{E}{\alpha_{1}}\left[\frac{Eh_{c}}{a^{3}}+\frac{I'_{x}}{a^{4}R}\right]\frac{1}{R}\frac{\partial}{\partial s}\left(\frac{\partial w}{\partial s}+\frac{v}{R}\right)\\&+\frac{D}{a^{3}}\frac{\partial^{4}w}{\partial\alpha^{4}}-\frac{EI_{z}}{a^{4}\alpha_{1}R^{2}}\frac{\partial^{2}w}{\partial\alpha^{2}}+\frac{2D}{a^{4}}\frac{\partial^{4}w}{\partial\alpha^{2}\partial s}+\frac{(1-\nu)}{a^{3}}D\frac{\partial^{3}}{\partial\alpha^{2}\partial s}\left(\frac{v}{R}\right)\\&+\left(\frac{D}{a^{3}}+\frac{EI_{x}}{\alpha_{1}a^{4}}\right)\frac{\partial^{3}}{\partial s^{3}}\left(\frac{\partial w}{\partial s}+\frac{v}{R}\right)-\frac{EFh_{e}}{\alpha_{1}a^{3}}\frac{\partial^{2}}{\partial s^{2}}\left(\frac{\partial v}{\partial s}-\frac{w}{R}\right)-\underline{\frac{EI'_{x}}{\alpha_{1}a^{4}}-\frac{\partial^{2}}{\partial s^{2}}\frac{1}{R}\left(\frac{\partial v}{\partial s}-\frac{w}{R}\right)}\\&\underline{+\frac{EI''_{x}}{\alpha_{1}a^{5}}-\frac{\partial^{2}}{\partial s^{2}}\frac{1}{R}\frac{\partial}{\partial s}\left(\frac{\partial w}{\partial s}+\frac{v}{R}\right)}-qa=0.\end{aligned} \tag{94c}$$

从(94)和(89)式的比较中可以看到,粗肋和细肋的各向异性壳理论是有不小的区别的.(94)式只有一级近似理论是完全正确的,其二级近似只有参考价值.

本文的分析方法,只限于闭合柱壳和环向的载荷变化不大的壳.其结果有可能推广到处理其他刚度(如抗扭刚度等)较大的肋的问题中去,这样就必须在能量式中保留有关 I_{Ω}, I_{k} 等量的有关项.通过相同的方法也可以得到有关的各向异性壳的方程式,这些方程式和(94)式(89)式不仅刚度系数不同,就是形式上也是不同的.

上面这样推导所得的结构上各向异性壳的方程和材料性质各向异性壳的方程有显著不同.材料上各向异性壳的方程在形式上和各向同性方程相同,只是有不同的刚度系数;但是,这里证明对于结构上各向异性的壳而言,方程的形式也是不同的.这一点是很重要的,因为在目前很有一些作者把这两种各向异性壳混同起来.

参考文献

[1] Hoff N J. Stresses in reinforced nonocoque cylinder under concentrated symmetric transverse loads. J of Applied Mechanics，1944，11(4)：235；Hoff N J. Concentrated load effects in reinforced monocoque structure//Edawrds J W，Reissner Anniversary Volume. Ann，Arbor，Michigan，1949：277－289.

[2] Liebowitz H. The effect of bending of stringers in a reinforced monocoque with an arbitrary number of fields//Reissner Anniversary Volume，1949：300－312.

[3] Boley B A. Consideration of the eccentricity and the shearing and extensional deformations of the rings//Reissner Anniversary Volume，1949：313－320. 还有该书中 Salerno V L (290－299)和 Nardo S V (321－332)的著作.

[4] Flugge W. Die Stabilitat der Kreiszylinderschale. Ing — Arch，1932，3：463－506；Flugge W. Stresses in Shells，1960：304－307.

[5] Лехниций С С. Анизотрные пластинки. Гостехиздат，1957：285－360. 也见 Атьарцумян С А. Теория Анизотрпых оьолочек. Гостехизда，1961：181－184.

[6] Ново жилов В В. Теория тонкцх оьолочек. Гостехиздат，1951.

[7] Власов В З. Тонкостенные упругие стержни，Гостехиздат，1959.

[8] Гольденвеизер А Л. Теория упргих тонкцх оьолочек，Гостехиздат，1953.

Theory of Circumferentially rib-rieinforced Monocoque Cylinder with Arbitrary Cross-section

Abstract In this paper，the theory of circumferentially rib-reinforced monocoque cylinder with arbitrary cross-section is studied by means of minimum potential energy principle. The continuity conditions on the rib for sparsely distributed ribs are established under Bernoulli assumption with desired accurary. In the case of densely distributed ribs，the equations of equilibrium of monocoque cylinder are established by considering this monocoque cylinder as an orthotropic cylinderical shell.

Above-said theory is studied in detail by comparing the orders of magnitude of various terms.

It shows that，in the case of thick ribs，the strain energy expression of ribs under Bernoulli assumptions is only accurate to the first order of approximation，while in the case of thin ribs，the strain energy expression is accurate to the second order of approximation.

In this paper, the strain energy expression of ribs is given both for thick and thin ribs up to the second order of approximation. It should be noted that, the Bernoulli assumptions give the limitation of the accurary of the theory, second order terms in strain energy expression for thick ribs are included merely for reference purpose. However, the experience from curved bar theory indicates that, the second order terms included in the theory may greatly improve the accuracy of the theoretival results.

The analysis of the order of magnitude of various terms proves that, for ordinary purpose, in the first order of approximation, we must consider the elongation, compression and the binding actions in the plane of ribs, while the torsion and binding actions out of the plane of ribs may be neglected. In the second order of approximation, the binding out of the rib-plane must be taken into account for the thick ribs, while the action of torsion still can be neglected.

In the case of densely distributed ribs, the equations of equilibrium of orthotropic shells are derived from the minimum potential energy principle. However, the structural orthotropic shells are different from the materially orthortopic shells, and their equations of equilibrium are also different from each other.

有加强肋的任意闭合截面(椭圆截面)柱壳在均布外压下的渐近解

摘　要　本文在前文[1]的基础上，求得了任意闭合截面带有 $n-1$ 条加强稀肋的柱壳在均布外压下的渐近解. 对于椭圆截面的柱壳特别进行了数学计算，柱壳的两端的边界条件或是同时固定，或是同时铰支，甚至一边固定一边铰支. 我们在计算时，假定肋条是粗肋，并且肋的间距和截面的平均半径的量级相同(即为稀肋问题).

本问题由于数学上有下述双重困难，从未有过确切解法；其困难为：(1) 微分方程为非常系数的，(2) 有 $n-1$ 条加强肋，因此，一定构成一系列差分方程. 我们利用渐近解法克服了第一个困难同时也解出了差分方程，从而克服了第二个困难，得到了渐近的解析解. 这种解法是有一般意义的. 例如可以用以处理一系列飞机结构上的问题.

计算结果证明，壳的所有内力素，除了薄膜剪力而外，都是贯穿着肋而连续的，就是薄膜剪力而言，其一级近似解也是贯穿着肋而连续的，只有二级近似部分不连续. 也即是说，肋对于壳的加强作用，只有其抗压作用是重要的，其他如抗弯抗扭作用在壳的 Kirchhoff-Love 假设的条件限制的正确度下都是可以略去的.

一、引言

本文研究有加强肋的任意闭合截面柱壳在均布外压下的渐近解，闭合截面柱壳的边界处于固定，或铰支，甚或一端固定一端铰支的情况下，承受均布外压. 这是一个在工业中很有实用价值的问题，也和飞机结构中一系列的问题联系着，但是，由于数学上的困难，据作者所知，并没有以壳体理论为基础的正确解存在.

我们将假定肋的截面尺寸大于壳的厚度，设壳厚为 h，壳的截面的标准曲率半径为 a，对于圆椭而言，a 可以是椭圆的长半轴，称

$$\epsilon^4=\frac{h^2}{12a^2} \tag{1}$$

原载《上海工业大学学报》，1984，(2)：1－40.

设肋的截面形心离壳中面的垂直距离为 h_c，而 h_c/a 为 ϵ 的量级，我们称这种肋为粗肋.

根据作者在前文[1]分析的结果，本问题的无量纲微分方程可以写成

$$\left.\begin{aligned}
&\frac{\partial^2}{\partial\alpha^2}+\frac{1}{2}(1-\nu)\frac{\partial^2 U}{\partial s^2}+\frac{1}{2}(1+\nu)\frac{\partial^2 V}{\partial\alpha\partial s}-\frac{\nu}{R}\frac{\partial W}{\partial\alpha}=0,\\
&\frac{1}{2}(1+\nu)\frac{\partial^2 U}{\partial\alpha\partial s}+\frac{1}{2}(1-\nu)\frac{\partial^2 V}{\partial\alpha^2}+\frac{\partial^2 V}{\delta s^2}-\frac{\partial}{\partial s}\left(\frac{W}{R}\right)\\
&\qquad+\frac{\epsilon^4}{R}\left\{\frac{\partial^2}{\partial s^2}\left(\frac{V}{R}\right)+2(1-\nu)\frac{1}{R}\frac{\partial^2 V}{\partial\alpha^2}+\frac{\partial^2 W}{\partial s^2}\right.\\
&\qquad\left.+(2-\nu)\frac{\partial^3 W}{\partial s\partial\alpha^2}\right\}=0,\\
&\frac{1}{R}\frac{\partial V}{\partial s}-\frac{W}{R^2}+\frac{\nu}{R}\frac{\partial U}{\partial\alpha}-\epsilon^4\left\{\left(\frac{\partial^2}{\partial\alpha^2}+\frac{\partial^2}{\partial s^2}\right)^2 W+\frac{\partial^3}{\partial s^3}\left(\frac{V}{R}\right)\right.\\
&\qquad\left.+(2-\nu)\frac{\partial^3}{\partial s\partial\alpha^2}\left(\frac{V}{R}\right)\right\}+1=0.
\end{aligned}\right\}\tag{2}$$

其中 α, s 分别为无量纲的轴向和环向坐标，它们和有量纲坐标 x, y 的关系为

$$x=a\alpha,\ y=as\tag{3}$$

U, V, W 为无量纲位移，它们和有量纲位移 u, v, w 的关系为

$$\{U,\ V,\ W\}=\frac{Eh}{(1-\nu^2)a^2 q}\{u,\ v,\ w\}\tag{4}$$

其中 E 为弹性模量，ν 为泊松比，h 为壳厚，q 为壳所受外压强，R 为无量纲曲率半径. 如果引用法线方向坐标 β(图 1)，则

$$\frac{\mathrm{d}s}{\mathrm{d}\beta}=R\tag{5}$$

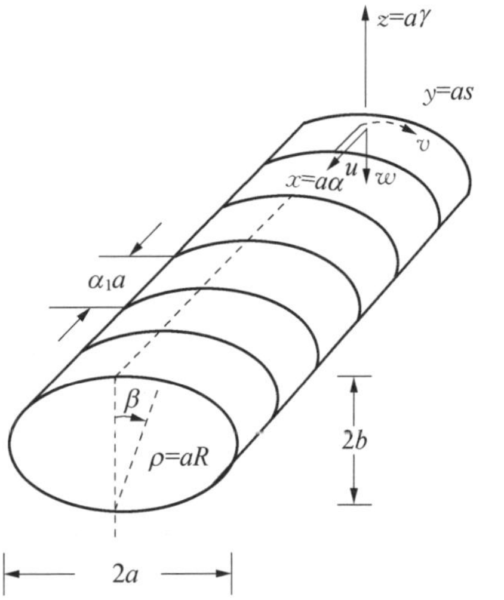

图 1　任意截面(椭圆)柱壳的坐标和肋

对于椭圆柱壳而言，曲率半径 ρ 为

$$\rho=aR,\ R=\frac{1-\varepsilon^2}{(1-\varepsilon^2\cos^2\beta)^{3/2}},\quad \varepsilon^2=1-\frac{b^2}{a^2}\tag{6}$$

(2)式中的 ϵ 由(1)式决定，为本题的基本小参数，所有解都可以依靠这个参数展

开,(2)式也适用于每一段由两条邻肋所分割的区域之内.

同时,壳的无量纲内力素的表达式可以写成

$$\left.\begin{aligned}
\bar{T}_\alpha &= \frac{T_\alpha}{aq} = \frac{\partial U}{\partial \alpha} + \nu\left(\frac{\partial V}{\partial s} - \frac{W}{R}\right), \\
\bar{M}_\alpha &= \frac{M_\alpha}{a^2 q} = \epsilon^4\left[\frac{\partial^2 W}{\partial \alpha^2} + \nu\frac{\partial}{\partial s}\left(\frac{\partial W}{\partial s} + \frac{V}{R}\right)\right], \\
\bar{T}_s &= \frac{T_s}{aq} = \frac{\partial V}{\partial s} - \frac{W}{R} + \nu\frac{\partial U}{\partial \alpha}, \\
\bar{M}_s &= \frac{M_s}{a^2 q} = \epsilon^4\left[\frac{\partial}{\partial s}\left(\frac{\partial W}{\partial s} + \frac{V}{R}\right) + \nu\frac{\partial^2 W}{\partial \alpha^2}\right], \\
\bar{S} &= \frac{S}{aq} = \frac{1}{2}(1-\nu)\left(\frac{\partial V}{\partial \alpha} + \frac{\partial U}{\partial s}\right), \\
\bar{H} &= \frac{H}{a^2 q} = (1-\nu)\epsilon^4\frac{\partial}{\partial \alpha}\left(\frac{\partial W}{\partial s} + \frac{V}{R}\right),
\end{aligned}\right\} \tag{7}$$

为了写出肋上的边界条件,让我们引进无量纲参数

$$\left.\begin{aligned}
&\lambda_c = \frac{h_c}{a},\ \lambda_f\epsilon = \frac{EF}{ca},\ \lambda_x\epsilon^3 = \frac{EI_x}{a^3 c},\ \lambda_z\epsilon^4 = \frac{EI_z}{a^3 c} \\
&\lambda_x'\epsilon^3 = \frac{1}{ca^3}[EFh_c^2 + EI_x],\ \lambda_x''\epsilon^3 = \frac{1}{ca^3}[EFh_c^2 + 3EI_x],
\end{aligned}\right\} \tag{8}$$

其中 h_c 为肋的截面形心到壳中面的距离, EF 为肋的抗拒刚度, EI_x 为肋在其平面内弯曲的抗弯刚度, EI_z 为肋在弯出其平面时的抗弯刚度, c 为壳的抗拉刚度,即

$$c = \frac{Eh}{1-\nu^2} \tag{9}$$

λ_c, λ_f, λ_x, λ_z, λ_x', λ_x'' 对于粗肋而言,根据常用截面所得数据结果,证明都可以看作为零级量,前文[1]给出粗肋上的连续条件为

$$\Delta U = U^+ - U^- = 0, \tag{10a}$$

$$\Delta V = V^+ - V^- = 0, \tag{10b}$$

$$\Delta W = W^+ - W^- = 0, \tag{10c}$$

$$\Delta\left(\frac{\partial W}{\partial \alpha}\right) = \frac{\partial W^+}{\partial \alpha} - \frac{\partial W^-}{\partial \alpha} = 0. \tag{10d}$$

肋的平衡条件为

$$\Pi_1 = \overline{T}^-_\alpha - \overline{T}^+_\alpha = 0, \tag{11a}$$

$$\begin{aligned}\Pi_2 = &\left(\overline{S}^- + \frac{2}{R}\overline{H}^-\right) - \left(\overline{S}^+ + \frac{2}{R}\overline{H}^+\right) - \lambda_f \epsilon \frac{\partial}{\partial s}\left(\frac{\partial V_0}{\partial s} - \frac{W_0}{R}\right) \\ &+ \lambda_f \lambda_c \epsilon^2 \left[\frac{1}{R}\frac{\partial}{\partial s}\left(\frac{\partial V_0}{\partial s} - \frac{W_0}{R}\right) + \frac{\partial^2}{\partial s^2}\left(\frac{\partial W_0}{\partial s} + \frac{V_0}{R}\right)\right. \\ &\left. - \frac{\partial}{\partial s}\frac{1}{R}\left(\frac{\partial V_0}{\partial s} - \frac{W_0}{R}\right)\right] + \lambda_x' \epsilon^3 \left[-\frac{1}{R}\frac{\partial^2}{\partial s^2}\left(\frac{\partial W_0}{\partial s} + \frac{V_0}{R}\right)\right. \\ &\left. + \frac{1}{R}\frac{\partial}{\partial s}\frac{1}{R}\left(\frac{\partial V_0}{\partial s} - \frac{W_0}{R}\right) + \frac{\partial}{\partial s}\frac{1}{R}\frac{\partial}{\partial s}\left(\frac{\partial W_0}{\partial s} + \frac{V_0}{R}\right)\right] \\ &- \lambda_x'' \lambda_c \epsilon^4 \frac{1}{R}\frac{\partial}{\partial s}\frac{1}{R}\left(\frac{\partial W_0}{\partial s} + \frac{V_0}{R}\right) = 0,\end{aligned} \tag{11b}$$

$$\Pi_3 = \overline{M}^-_\alpha + \overline{M}^+_\alpha + \lambda_z \epsilon^4 \frac{1}{R^2}\frac{\partial W_0}{\partial \alpha} = 0, \tag{11c}$$

$$\begin{aligned}\Pi_4 = &-\left(\frac{\partial \overline{M}^-_\alpha}{\partial \alpha} + 2\frac{\partial \overline{H}}{\partial s}\right) + \left(\frac{\partial \overline{M}^+_\alpha}{\partial \alpha} + 2\frac{\partial \overline{H}^+}{\partial s}\right) + \lambda_f \epsilon \frac{1}{R}\left(\frac{\partial V_0}{\partial s} - \frac{W_i}{R}\right) \\ &+ \lambda_f \lambda_c \epsilon^2 \left[-\frac{\partial^2}{\partial s^2}\left(\frac{\partial V_0}{\partial s} - \frac{W_0}{R}\right) + \frac{1}{R}\frac{\partial}{\partial s}\left(\frac{\partial W_0}{\partial s} + \frac{V_0}{R}\right)\right. \\ &\left. - \frac{1}{R^2}\left(\frac{\partial V_0}{\partial s} - \frac{W_0}{R}\right)\right] + \lambda_x' \epsilon^3 \left[\frac{\partial^3}{\partial s^3}\left(\frac{\partial W_0}{\partial s} + \frac{V_0}{R}\right) - \frac{\partial^3}{\partial s^3}\frac{1}{R}\left(\frac{\partial V_0}{\partial s} - \frac{W_0}{R}\right)\right. \\ &\left. + \frac{1}{R^2}\frac{\partial}{\partial s}\left(\frac{\partial W_0}{\partial s} + \frac{V_0}{R}\right)\right] + \lambda_x'' \lambda_c \epsilon^4 \frac{\partial^2}{\partial s^2}\frac{1}{R}\frac{\partial}{\partial s}\left(\frac{\partial W_0}{\partial s} + \frac{V_0}{R}\right) = 0.\end{aligned} \tag{11d}$$

V^-, U^-, W^-, $\dfrac{\partial W^-}{\partial \alpha}$, $\overline{T}^-_\alpha$, $\overline{S}^-$, $\overline{H}^-$, $\overline{M}^-_\alpha$, $\dfrac{\partial \overline{M}^-_\alpha}{\partial \alpha}$, $\dfrac{\partial \overline{H}^-}{\partial s}$ 代表肋的左邻的壳的有关量的边界值，V^+, U^+, W^+, $\dfrac{\partial W^+}{\partial \alpha}$, $\overline{T}^+_\alpha$, $\overline{S}^+$, $\overline{H}^+$, $\overline{M}^+_\alpha$, $\dfrac{\partial \overline{M}^+_\alpha}{\partial \alpha}$, $\dfrac{\partial \overline{H}^+}{\partial s}$ 代表肋的右邻的那段壳的有关量的边界值，U_0, V_i, W_0, $\dfrac{\partial W_0}{\partial \alpha}$ 代表肋处的位移，它们根据(10)式，左肋上都是连续的，我们在计算时，可以用U^+, V^+, W^+, $\dfrac{\partial W^+}{\partial \alpha}$ 代表它们，也可以用 U^-, V^-, W^-, $\dfrac{\partial W^-}{\partial \alpha}$ 代表它们. 我们在以后的计算中，将统一地用前者，即 U^+, V^+, W^+, $\dfrac{\partial W^+}{\partial \alpha}$ 代表 U_0, V_0, W_0, $\dfrac{\partial W_0}{\partial \alpha}$.

设壳共有 $n-1$ 条肋，每肋之间的距离为 $\alpha_1 a$，总长为 $na\alpha_1$. 如果两端固定，则两端

边界条件为

$$\left.\begin{array}{l}U(0)=0,\ V(o)=0,\ W(o)=0,\ \left(\dfrac{\partial W}{\partial \alpha}\right)_{\alpha=0}=0,\\ U(n\alpha_1)=0,\ V(n\alpha_1)=0,\ W(n\alpha_1)=0,\ \left(\dfrac{\partial W}{\partial \alpha}\right)_{\alpha=n\alpha_1}=0.\end{array}\right\}\tag{12}$$

如果两端铰支,则两端边界条件为

$$\left.\begin{array}{l}U(0)=0,\ V(0)=0,\ W(0)=0,\ \overline{M}_\alpha(0)=0,\\ U(n\alpha_1)=0,\ V(n\alpha_1)=0,\ W(n\alpha_1)=0,\ \overline{M}_n(n\alpha_1)=0.\end{array}\right\}\tag{13}$$

如果一端固定一端铰支,则边界条件可以写成

$$\left.\begin{array}{l}U(0)=0,\ V(0)=0,\ W(0)=0,\ \left(\dfrac{\partial W}{\partial \alpha}\right)_{\alpha=0}=0\\ U(n\alpha_1)=0,\ V(n\alpha_1)=0,\ W(n\alpha_1)=0,\ \overline{M}_\alpha(n\alpha_1)=0\end{array}\right\}\tag{14}$$

我们的问题,是在连续条件(10),平衡条件(11)和有关的边界条件(12)、(13)或(14)下,求解(2)式.

二、满足薄膜固定边界条件的薄膜非齐次解

让我们先研究(2)式的一个非齐次解,这个非齐次解相当于贯穿全壳的一个薄膜解,它在两端满足固定的边界条件,即满足

$$U^*(0)=0,\ V^*(0)=0,\ U^*(n\alpha)=0,\ V^*(n\alpha)=0\tag{15}$$

设该非齐次解可以展开为 ϵ 的级数:

$$\left.\begin{array}{l}U^*=U_0^*+U_1^*\epsilon+U_2^*\epsilon^2+\cdots,\\ V^*=V_0^*V_1^*\epsilon+V_2^*\epsilon^2+\cdots,\\ W^*=W_0^*+W_1^*\epsilon+W_2^*\epsilon^2+\cdots,\end{array}\right\}\quad 0\leqslant\alpha\leqslant n\alpha_1\tag{16}$$

其中 U_i^*, V_i^*, W_i^* 为 α, s 的函数,和 ϵ 无关,把(16)式代入(2)式,展开为 ϵ 的级数,由于 ϵ 是任意微量,其逐级系数给出逐级近似方程:

$$\left.\begin{array}{l}\dfrac{\partial^2U_0^*}{\partial\alpha^2}+\dfrac{1}{2}(1-\nu)\dfrac{\partial^2U_0^*}{\partial s^2}+\dfrac{1}{2}(1+\nu)\dfrac{\partial^2V_0^*}{\partial\alpha\partial s}-\dfrac{\nu}{R}\dfrac{\partial W_0^*}{\partial\alpha}=0,\\ \dfrac{1}{2}(1+\nu)\dfrac{\partial^2U_0^*}{\partial\alpha\partial s}+\dfrac{1}{2}(1-\nu)\dfrac{\partial^2V_0^*}{\partial\alpha^2}+\dfrac{\partial^2V_0^*}{\partial s^2}-\dfrac{\partial}{\partial s}\left(\dfrac{W_0^*}{R}\right)=0,\\ \dfrac{1}{R}\dfrac{\partial V_0^*}{\partial s}-\dfrac{W_0^*}{R^2}+\dfrac{\nu}{R}\dfrac{\partial U_0^*}{\partial\alpha}+1=0\end{array}\right\}\quad 0\leqslant\alpha\leqslant n\alpha_1\tag{17}$$

$$\left.\begin{aligned}&\frac{\partial^2 U_i^*}{\partial\alpha^2}+\frac{1}{2}(1-\nu)\frac{\partial^2 U_i^*}{\partial s^2}+\frac{1}{2}(1+\nu)\frac{\partial^2 V_i^*}{\partial\alpha\partial s}-\frac{\nu}{R}\frac{\partial W_i^*}{\partial\alpha}=0,\\&\frac{1}{2}(1+\nu)\frac{\partial^2 U_i^*}{\partial\alpha\partial s}+\frac{1}{2}(1-\nu)\frac{\partial^2 V_i^*}{\partial\alpha^2}+\frac{\partial^2 V_i^*}{\partial s^2}-\frac{\partial}{\partial s}\left(\frac{W_i^*}{R}\right)=0,\\&\frac{1}{R}\frac{\partial V_i^*}{\partial s}-\frac{W_i^*}{R^2}+\frac{\nu}{R}\frac{\partial U_i^*}{\partial\alpha}=0\end{aligned}\right\}\begin{aligned}&0\leqslant\alpha\leqslant n\alpha_1\\&i=1,2,3\end{aligned}\tag{18}$$

(17)式满足固定边界条件(15)式的解可以写成

$$\left.\begin{aligned}U_0^*&=-\frac{1}{12(2-\nu^2)}\frac{\mathrm{d}^2R}{\mathrm{d}s^2}\alpha(2\alpha-n\alpha_1)(\alpha-n\alpha_1),\\V_0^*&=\frac{1}{24(1-\nu^2)}\frac{\mathrm{d}^3R}{\mathrm{d}s^3}\alpha^2(\alpha-n\alpha_1)^2+\frac{1}{1-\nu}\frac{\mathrm{d}R}{\mathrm{d}s}\alpha(\alpha-n\alpha_1),\\\frac{W_0^*}{R}&=\frac{1}{24(1-\nu^2)}\frac{\mathrm{d}^2R}{\mathrm{d}s^4}\alpha^3(\alpha-n\alpha_1)^3+\frac{2+\nu}{2(1-\nu^2)}\frac{\mathrm{d}^2R}{\mathrm{d}s^2}\alpha(\alpha-n\alpha_1)\\&\quad-\frac{\nu}{12(1-\nu^2)}\frac{\mathrm{d}^2R}{\mathrm{d}s^2}n^2\alpha_1^2+R\end{aligned}\right\}\tag{19}$$

对于二、三、四级近似式(18)而言,满足 U_i, V_i固定的边界条件的解恒等于零,亦即

$$U_i^*=V_i^*=W_i^*=0\qquad(i=1,2,3)\tag{20}$$

这里必须指出,(17)式为柱壳的薄膜方程,(18)式为(17)式的齐次形式,柱壳的薄膜方程的解是众所周知的,(如 Новожилов, B. B.[2]),这里无需详细推导,但很易用代入法证明(19)、(20)式是(17)、(18)式的解.

总起来说,满足两端边界条件(15)式的薄膜非齐次解可以写成

$$\left.\begin{aligned}U&=-\frac{1}{12(1-\nu^2)}\frac{\mathrm{d}^2R}{\mathrm{d}s^2}\alpha(2\alpha-n\alpha_1)(\alpha-n\alpha_1)+O(\epsilon^4),\\V^*&=\frac{1}{24(1-\nu^2)}\frac{\mathrm{d}^3R}{\mathrm{d}s^3}\alpha^2(\alpha-n\alpha_1)^2+\frac{1+\nu}{1-\nu^2}\frac{\mathrm{d}R}{\mathrm{d}s}\alpha(\alpha-n\alpha_1)+O(\epsilon^4),\\\frac{W^*}{R}&=\frac{1}{24(1-\nu^2)}\frac{\mathrm{d}^4R}{\mathrm{d}s^4}\alpha^2(\alpha-\alpha_1 n)^2\sim\frac{2+\nu}{2(1-\nu^2)}\frac{\mathrm{d}^2R}{\mathrm{d}s^2}\alpha(\alpha-\alpha_1 n)\\&\quad-\frac{\nu}{12(1-\nu^2)}n^2\alpha_1^2\frac{\mathrm{d}^2R}{\mathrm{d}s^2}+R+O(\epsilon^4)\end{aligned}\right\}\tag{21}$$

把它们代入(7)式,就可以求得相应的内力素表达式. 这个解只满足 U, V 的固定

边界条件,但不满足 W, $\frac{\partial W}{\partial \alpha}$ 的固定边界条件,或 $\overline{M}_\alpha$ 的弯矩为零的铰支条件;在肋上,连续条件(10)恒得满足,但肋的平衡条件,除(11a)外,其他(11b, c, d)等都不满足,为了满足所有条件,我们必须利用(2)式的齐次解.

三、微分方程(2)式的齐次渐近薄膜解和纯弯解

现在让我们写出微分方程(2)式在第 $k-1$ 条肋和第 k 条肋之间(称为第 k 区间)的区域的齐次解(图 2).

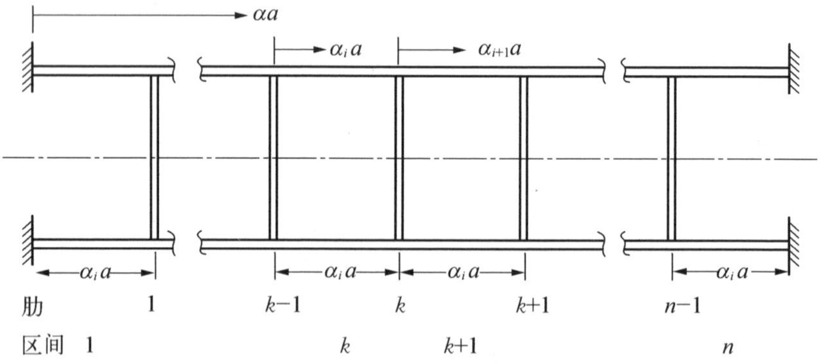

图 2　肋和区间的编号和轴向坐标

为了易于叙述,让我们称这个区间的储量为 k(下标),取新的适用于这个区间的轴向坐标 α_k',在第 $k-1$ 条肋处 $\alpha_k'=0$,在第 k 条肋处 $\alpha_k'=\alpha_1$.

根据 Гольденвеизер, А. Л.[3] 的柱壳渐近理论,柱壳的渐近齐次解可以分成三部分,即薄膜齐次解,纯弯解和边界效应解,Гольденвеизер, А. Л. 利用微分方程的渐近解理论,求得了渐近解的一级近似,黄克智,蒋智翔,郑思梁[4] 指出,在 Kirchhoff-Love 假设的容许范围内,渐近解应该可以正确到二级近似. 在下面我们将用小参数展开法求得上述诸渐近解. 其结果和 Гольденвеизер. 黄克智的结果完全相同,但在形式上简单得多,并且也易于理解使用.

现在让我们先研究薄膜齐次解和纯弯齐次解的渐近解.

设(2)式的齐次解在 k 区间内可以展开为 ϵ 的级数:

$$\left.\begin{aligned} U_k &= \epsilon^m U_{k0} + \epsilon^{m+1} U_{k1} + \epsilon^{m+2} U_{k2} + \cdots, \\ V_k &= \epsilon^m V_{k0} + \epsilon^{m+1} V_{k1} + \epsilon^{m+2} V_{k2} + \cdots, \\ W_k &= \epsilon^m W_{k0} + \epsilon^{m+1} W_{k1} + \epsilon^{m+2} W_{k2} + \cdots. \end{aligned}\right\} \tag{22}$$

其中 ϵ^m 为待定量级, U_{ki}, W_{ki}, V_{ki} $(i=0, 1, 2, \cdots, \infty, k=1, 2, \cdots, n)$ 为 α_k', s 的待定函数,但和 ϵ 无关. 将(22)式代入(2)式的齐次式,并展开为 ϵ 的幂级数. 由于

不论 ϵ 是什么微量，(2)式的齐次式都适合，所以 ϵ^{m+i} 的各级系数都必恒等于零，这样就得到(2)式的齐次式的各级近似方程：

$$\left.\begin{aligned}&\frac{\partial^2 U_{ki}}{\partial \alpha_k'^2}+\frac{1}{2}(1-\nu^2)\frac{\partial^2 U_{ki}}{\partial s^2}+\frac{1}{2}(1+\nu)\frac{\partial^2 V_{ki}}{\partial \alpha_k'\partial s}-\frac{\nu}{R}\frac{\partial W_{ki}}{\partial \alpha_k'}=0,\\&\frac{1}{2}(1+\nu)\frac{\partial^2 U_{ki}}{\partial \alpha_k'\partial s}+\frac{1}{2}(1-\nu)\frac{\partial^2 V_{ki}}{\partial \alpha_k'^2}+\frac{\partial^2 V_{ki}}{\partial s^2}-\frac{\partial}{\partial s}\left(\frac{W_{ki}}{R}\right)=0,\\&\frac{\partial V_{ki}}{\partial s}-\frac{W_{ki}}{R}+\nu\frac{\partial U_{ki}}{\partial \alpha_k'}=0.\end{aligned}\right\}\begin{aligned}&i=0,1,2,3\\&k=1,2,3,\cdots,n\\&0\leqslant\alpha_k'\leqslant\alpha_1\end{aligned}\tag{23}$$

根据 Kirchhoff-Love 假设，壳的理论只能正确到二级近似 $i=1$，所以 $i=2$ 的近似解只有参考价值.

(23)式的每一级近似都是薄膜无矩齐次方程，如果称

$$\left.\begin{aligned}\bar{T}_{\alpha ki}&=\frac{\partial U_{ki}}{\partial \alpha_k'}+\nu\left(\frac{\partial V_{ki}}{\partial s}-\frac{W_{ki}}{R}\right)\\\bar{T}_{ski}&=\frac{\partial V_{ki}}{\partial s}-\frac{W_{ki}}{R}+\nu\frac{\partial U_{ki}}{\partial \alpha_k'},\\\bar{S}_{ki}&=\frac{1}{2}(1-\nu)\left(\frac{\partial V_{ki}}{\partial \alpha_k'}+\frac{\partial U_{ki}}{\partial s}\right)\end{aligned}\right\}\begin{aligned}&0\leqslant\alpha_k'\leqslant\alpha_1\\&i=0,1,2,3\\&k=1,2,3,\cdots,n\end{aligned}\tag{24}$$

则(23)式可以写成

$$\frac{\partial\bar{T}_{\alpha ki}}{\partial\alpha_k'}+\frac{\partial\bar{S}_{ki}}{\partial s}=0,\ \frac{\partial\bar{S}_{ki}}{\partial\alpha_k'}+\frac{\partial\bar{T}_{ski}}{\partial s}=0,\ \bar{T}_{ski}=0,\ i=0,1,2,3\tag{25}$$

其解可以写成

$$\left.\begin{aligned}&\bar{T}_{\alpha ki}=-\frac{\mathrm{d}f_{i1}^{(k)}}{\mathrm{d}s}\alpha_k'+f_{i2}^{(k)},\\&S_{ki}=f_{i1}^{(k)},\\&T_{ski}=0.\end{aligned}\right\}0\leqslant\alpha_k''\leqslant\alpha_1;\ i=0,1,2,3;\ k=1,2,3\cdots,n\tag{26}$$

其中 $f_{i1}^{(k)}$，$f_{i2}^{(k)}$ 为待定的积分函数，它们是 s 的函数，它代表各级近似解的边界薄膜剪力和拉力

$$f_{i1}^{(k)}=(S_{0ki})_{\alpha i}=0,\ f_{i2}^{(k)}=(T_{\alpha ki})_{\alpha i}=0,\quad i=0,1,2,3\tag{27}$$

利用(28)式，可以求出中面应变分量

$$\left.\begin{aligned}&(1-\nu^2)\frac{\partial U_{ki}}{\partial\alpha_k'}=-\frac{\mathrm{d}f_{i1}^{(k)}}{\mathrm{d}s}\alpha_k'+f_{i2}^{(k)},\\&(1-\nu^2)\left(\frac{\partial V_{ki}}{\partial\alpha_k'}+\frac{\partial U_{ki}}{\partial s}\right)=2(1+\nu)f_{i1}^{(k)},\\&(1-\nu^2)\left(\frac{\partial V_{ki}}{\partial s}-\frac{W_{ki}}{R}\right)=\nu\frac{\mathrm{d}f_{i1}^{(k)}}{\mathrm{d}s}\alpha_k'-\nu f_{i2}^{(k)},\end{aligned}\right\}\begin{aligned}&0\leqslant\alpha_k'\leqslant\alpha_1\\&i=0,1,2,3\\&k=1,2,3\cdots,n\end{aligned}\tag{28}$$

上式可以逐一对 α_k' 积分，我们将把(28)式的非齐次解和齐次解分开写，称(28)式的非齐次解为薄膜齐次解，它代表薄膜在没有表面力的作用但仅受边界力 $f_{i1}^{(k)}$ 和 $f_{i2}^{(k)}$ 作用下的解，称(28)式的齐次解为纯弯齐次解，它代表中面无应变的纯弯曲的(2)式的齐次解. 薄膜齐次解和纯弯齐次解的不同在于薄膜齐次解产生薄膜内力，纯弯齐次解不产生薄膜内力. 虽然两者产生弯矩，但是，它们可以是完全不同的量级. 我们将称薄膜齐次解的首项的量级为 ϵ^m 都纯弯齐次解(以后简称纯弯解)的首项量级为 ϵ^p，由薄膜齐次解产生的薄膜内力的量级仍为 ϵ^m 弯矩为 ϵ^{m+4}，但由纯弯解则不产生薄膜内力，其弯矩的量级为 ϵ^{p+4}.

(29)式的非齐次解可以写成

$$\left.\begin{aligned}&U_{ki}^{(m)}=\frac{1}{1-\nu^2}\left[f_{i2}^{(k)}\alpha_k'-\frac{1}{2}\frac{\mathrm{d}f_{i1}^{(k)}}{\mathrm{d}s}\alpha_k'^2\right],\\&V_{ki}^{(m)}=\frac{1}{1-\nu^2}\left[2(1+\nu)f_{i1}^{(k)}\alpha_k'-\frac{1}{2}\frac{\mathrm{d}f_{i2}^{(k)}}{\mathrm{d}s}\alpha_k'^2+\frac{1}{6}\frac{\mathrm{d}^2f_{i1}^{(k)}}{\mathrm{d}s^2}\alpha_k^3\right]\\&W_{ki}^{(m)}=\frac{R}{1-\nu^2}\left[\nu f_{i2}^{(k)}+(2+\nu)\frac{\mathrm{d}f_{i1}^{(k)}}{\mathrm{d}s}\alpha_k'-\frac{1}{2}\frac{\mathrm{d}^2f_{i2}^{(k)}}{\mathrm{d}s^2}\alpha_k'^2+\frac{1}{6}\frac{\mathrm{d}^3f_{i1}^{(k)}}{\mathrm{d}s^3}\alpha_k'^3\right],\\&\qquad 0\leqslant\alpha_k'\leqslant\alpha_1;\ i=0,1,2,3;\ k=1,2,3\cdots,n\end{aligned}\right\}\tag{29}$$

于是，薄膜齐次解(用(m)为上标表示)可以写成

$$\left.\begin{aligned}&U_k^{(m)}=\epsilon^m\frac{1}{1-\nu^2}\sum_{i=0,1,2,3}\epsilon^i\left[f_{i2}^{(k)}\alpha_k'-\frac{1}{2}\frac{\mathrm{d}f_{i1}^{(k)}}{\mathrm{d}s}\alpha_k'^2\right]+O(\epsilon^{m+4})\\&V_k^{(m)}=\epsilon^m\frac{1}{1-\nu^2}\sum_{i=0,1,2,3}\epsilon^i\left[2(1+\nu)f_{i1}^{(k)}\alpha_k'-\frac{1}{2}\frac{\mathrm{d}f_{i2}^{(k)}}{\mathrm{d}s}\alpha_k'^2+\frac{1}{6}\frac{\mathrm{d}^2f_{i1}^{(k)}}{\mathrm{d}s^2}\alpha_k'^3\right]\\&\qquad+O(\epsilon^{m+4}),\\&W_k^{(m)}=\epsilon^m\frac{R}{1+\nu^2}\sum_{i=0,1,2,3}\epsilon^i\left[\nu f_{i2}^{(k)}+(2+\nu)\frac{\mathrm{d}f_{i1}^{(k)}}{\mathrm{d}s}\alpha_k'-\frac{1}{2}\frac{\mathrm{d}^2f_{i2}^{(k)}}{\mathrm{d}s^2}\alpha_k'^2\right.\\&\qquad\left.+\frac{1}{6}\frac{\mathrm{d}^3f_{i1}^{(k)}}{\mathrm{d}s^3}\alpha_k'^3\right]+O(\epsilon^{m+4})\\&\qquad\qquad 0\leqslant\alpha_k'\leqslant\alpha_1,\ k=1,2,3,\cdots,n\end{aligned}\right\}\tag{30}$$

将(30)式代入(7)式,即可求得有关的内力素表示式.

由(28)式的齐次解所组成的纯弯齐次解可以写成

$$\left.\begin{aligned} U_k^{(p)} &= \epsilon^p[U_{k0}^{(p)} + U_{k1}^{(p)}\epsilon + U_{k2}^{(p)}\epsilon^2 + \cdots], \\ V_k^{(p)} &= \epsilon^p[V_{k0}^{(p)} + V_{k1}^{(p)}\epsilon + V_{k2}^{(p)}\epsilon^2 + \cdots], \\ W_k^{(p)} &= \epsilon^p[W_{k0}^{(p)} + W_{k1}^{(p)}\epsilon + W_{k2}^{(p)}\epsilon^2 + \cdots]. \end{aligned}\right\} \quad k = 1, 2, 3, \cdots, n \tag{31}$$

其中 $U_{ki}^{(p)}$, $V_{ki}^{(p)}$, $W_{ki}^{(p)}$ $(i = 0, 1, 2, 3)$满足

$$\frac{\partial U_{ki}^{(p)}}{\partial \alpha_k'} = 0, \quad \frac{\partial V_{ki}^{(p)}}{\partial \alpha_k'} + \frac{\partial U_{ki}^{(p)}}{\partial s} = 0, \quad \frac{\partial V_{ki}^{(p)}}{\partial s} - \frac{W_{ki}^{(p)}}{R} = 0, \quad i = 0, 1, 2, 3 \tag{32}$$

(32)式的积分为

$$U_{ki}^{(p)} = g_{i1}^{(k)}(s), \; V_{ki}^{(p)} = g_{i2}^{(k)}(S) - \frac{\mathrm{d}g_{i1}^{(k)}}{\mathrm{d}s}\alpha_k', \; W_k^{(p)} = -R\left(\frac{\mathrm{d}^2 g_{i1}^{(k)}}{\mathrm{d}s^2}\alpha_k' - \frac{\mathrm{d}g_{i2}^{(k)}}{\mathrm{d}s}\right). \quad i = 0, 1, 2, 3 \tag{33}$$

于是,纯弯齐次解由一对积分函数 $g_{i1}^{(k)}(s)$, $g_{i2}^{(k)}(s)$, $(i = 0, 1, 2, 3, k = 1, 2, 3, \cdots, n)$所决定,它们分别代表在 $\alpha_k' = 0$ 处的位移 $U_{ki}^{(p)}$, $V_{ki}^{(p)}$,总起来说,纯弯齐次解可以写成

$$\left.\begin{aligned} U_k^{(p)} &= \sum_{i=0,1,2,3} \epsilon^{p+i} g_{i1}^{(k)} + O(\epsilon^{p+4}), \\ V_k^{(p)} &= -\sum_{i=0,1,2,3} \epsilon^{p+i}\left[\frac{\mathrm{d}g_{i1}^{(k)}}{\mathrm{d}s}\alpha_k' - g_{i2}^{(k)}\right] + O(\epsilon^{p+4}), \\ W_k^{(p)} &= -R\sum_{i=0,1,2,3} \epsilon^{p+i}\left[\frac{\mathrm{d}^2 g_{i1}^{(k)}}{\mathrm{d}s^2}\alpha_k' - \frac{\mathrm{d}g_{i2}^{(k)}}{\mathrm{d}s}\right] + O(\epsilon^{p+4}). \end{aligned}\right\} \quad \begin{aligned} & k = 1, 2, 3, \cdots, n \\ & 0 \leqslant \alpha_k' \leqslant \alpha_1 \end{aligned} \tag{34}$$

将(34)式代入(7)式,即可求得有关内力素的表达式,很易看到,薄膜内力诸分量恒等于零.

每一级薄膜齐次解有两个待定函数 $f_{i1}^{(k)}$, $f_{i2}^{(k)}$,每一级纯弯齐次解也有两个待定函数 $g_{i1}^{(k)}(s)$, $g_{i2}^{(k)}(s)$,两组解共有每级四个待定的积分函数,每一级近似 n 个区间共有 $4n$ 个待定函数. 但是,本问题中,每一级近似共有 8 个边界条件,$8(n-1)$ 个肋的连续和平衡条件,也即是说,这样所得渐近解并不是完备的,原因是:这样的渐近解是根据 $\alpha_{k,s}'$ 为零级量的条件下求得的,或是,我们假设在整个积分域内,$\alpha_{k,s}'$ 的量级是均匀的. 实际上在靠近肋的边界区域中,$\alpha_{k,s}'$ 并不是零级量,而是较小量级的重. 也即是说,这样的渐近解在边界区域中,并不是均匀的,由于渐近的不均

匀性，失掉了一些只有在边界区域中有效的解，这些失掉的解在壳的广大区域内(即 $\alpha'_{k,s}$ 是零级量的区域内)完全不重要的，亦即在该区域内是渐近于零的高级小量，这种在均匀的渐近展开过程中失掉的解只有在靠近肋的边界区域内才是重要的，它们称为边界效应解.

四、边界效应解

现在让我们研究在 $0 \leqslant \alpha'_k \leqslant \epsilon^l \zeta$ 的边界区域中的(2)式的齐次式的渐近解，其中 ζ 为零量级的量，ϵ^l 的 l 待定.

我们在这里必须指出，由于薄膜解中，把 $\alpha'_{k,s}$ 看作为到处都是零级量进行渐近计算的，在这种渐近展开中，(2)式中的最高阶导数项 $\epsilon^4\nabla^4 w$ 变成高阶微量略去了；因此，使逐级微分方程都降低了阶数，失去了一些解，反之，如果我们要在边界效应解内反映这些失掉的解，则一定要在边界效应渐近方程中保留这些高阶项，亦即是说，这些边界效应的解一方面要求在远离边界的广大区域内渐近于零，另一方面又要求在这个狭小的边界区域内有较大的量级；则必然要求这个解在这个边界区域内变化很快，所以，解和它的导数本身可以是不同量级的量. 现在设

$$\alpha'_k = \epsilon^l \zeta \tag{35}$$

亦即只在 $0 \leqslant \alpha'_k \leqslant \epsilon^n \zeta$ 的范围内研究这个解，如果代入(2)式第三式的齐次式，则有

$$\left.\begin{aligned} &\epsilon^4 \frac{\partial^4 W_0}{\partial \alpha'^4_k} \sim \epsilon^{4-4l} \frac{\partial^4 W_0}{\partial \zeta^4} \\ &\frac{1}{R}\left(\frac{\partial V}{\partial s} + \nu \frac{\partial U}{\partial \alpha'_k} - \frac{W}{R}\right) = \frac{1}{R}\left(\frac{\partial V}{\partial s} + \kappa^{-l} \frac{\partial U}{\partial \zeta} - \frac{W}{R}\right) \end{aligned}\right\} \tag{36}$$

这里把 ζ 看作零量级的量，如果这两项是同量级，则微分方程的阶数就可以保持不变，在这种要求下，l 必然要求等于一，而 V, W 可以是同量级的量(设为 ϵ^q 的量级)，U 必须为低一级的微量，即量级为 ϵ^{q+4} 的量，根据这个结论，我们引进

$$\alpha'_k = \epsilon \zeta \tag{37}$$

使 ζ 为新的轴向坐标，它应该正确称为边界区域的法向坐标，ζ 仍为零级量.

让我们称靠近 $\alpha'_k = 0$ 的边界区域内的边界效应解为

$$\left.\begin{aligned} U''_k &= \epsilon^{q+1}\{U'_{k0} + U'_{k1}\epsilon + U'_{k2}\epsilon^2 + \cdots\}, \\ V''_k &= \epsilon^q\{V'_{k0} + V'_{n1}\epsilon + V'_{k2}\epsilon^2 + \cdots\}, \\ W''_k &= \epsilon^q\{W'_{k0} + W'_{k1}\epsilon + W'_{k2}\epsilon^2 \cdots\}. \end{aligned}\right\} \quad k = 1, 2, 3, \cdots, n \tag{38}$$

其中 U'_{ki}，V'_{ki}，W'_{ki} 都是 ζ，s 的函数，和 ϵ 无关. 并且根据边界效应解在内部区域内渐近于零的理解，应该满足

$$\lim_{\zeta\to\infty}(U'_{ki},\ V'_{ki},\ W'_{ki}) \to 0 \quad i=0,\ 1,\ 2,\ \cdots \tag{39}$$

将(37)，(38)式代入(2)式的齐次式，即得

$$\epsilon^{q-1}\left\{\frac{\partial^2 U'_{k0}}{\partial\zeta^2}+\frac{1}{2}(1+\nu)\frac{\partial^2 V'_{k0}}{\partial\zeta\partial s}-\frac{\nu}{R}\frac{\partial W'_{k0}}{\partial\zeta}\right\}+\epsilon^{q}\left\{\frac{\partial^2 U'_{k1}}{\partial\zeta^2}\right.$$
$$+\frac{1}{2}(1+\nu)\frac{\partial^2 V'_{k1}}{\partial\zeta\partial s}-\frac{\nu}{R}\frac{\partial W'_{k1}}{\partial\zeta}\bigg\}+\epsilon^{q+1}\left\{\frac{\partial^2 U'_{k2}}{\partial\zeta^2}+\frac{1}{2}(1+\nu)\frac{\partial^2 V'_{k2}}{\partial\zeta\partial s}\right.$$
$$\left.+\frac{1}{2}(1-\nu)\frac{\partial^2 U'_{k0}}{\partial s^2}-\frac{\nu}{R}\frac{\partial W'_{k2}}{\partial\zeta}\right\}+\cdots=0, \tag{40a}$$

$$\epsilon^{q-2}\left\{\frac{1}{2}(1-\nu)\frac{\partial^2 V'_{k0}}{\partial\zeta^2}\right\}+\epsilon^{q-1}\left\{\frac{1}{2}(1-\nu)\frac{\partial^2 V'_{k1}}{\partial\zeta^2}\right\}+\epsilon^{q}\left\{\frac{1}{2}(1-\nu)\frac{\partial^2 V'_{k2}}{\partial\zeta^2}\right.$$
$$\left.+\frac{1}{2}(1+\nu)\frac{\partial^2 U'_{k0}}{\partial\zeta\partial s}+\frac{\partial^2 V'_{k0}}{\partial s^2}-\frac{\partial}{\partial s}\left(\frac{W'_{k0}}{R}\right)\right\}+\epsilon^{q+1}\left\{\frac{1}{2}(1-\nu)\frac{\partial^2 V'_{k3}}{\partial\zeta^2}\right.$$
$$\left.+\frac{1}{2}(1+\nu)\frac{\partial^2 U'_{k1}}{\partial\zeta\partial s}+\frac{\partial^2 V'_{k1}}{\partial s^2}-\frac{\partial}{\partial s}\left(\frac{W'_{k1}}{R}\right)\right\}+\cdots=0 \tag{40b}$$

$$\epsilon^{q}\left\{\frac{\partial^4 W'_{k0}}{\partial\zeta^4}-\frac{1}{R}\frac{\partial V'_{k0}}{\partial s}+\frac{W'_{k0}}{R}-\frac{\nu}{R}\frac{\partial U'_{k0}}{\partial\zeta}\right\}+\epsilon^{q+1}\left\{\frac{\partial^4 W'_{k1}}{\partial\zeta^4}-\frac{1}{R}\frac{\partial V'_{k1}}{\partial s}\right.$$
$$\left.+\frac{W'_{k1}}{R}-\frac{\nu}{R}\frac{\partial U_{k1}}{\partial\zeta}\right\}+\epsilon^{q+2}\left\{\frac{\partial^4 W'_{k2}}{\partial\zeta^4}+2\frac{\partial^4 W'_{k0}}{\partial\zeta^2\partial s^2}+(2-\nu)\frac{\partial^3}{\partial s\partial\zeta^2}\left(\frac{V'_{k0}}{R}\right)\right.$$
$$\left.-\frac{1}{R}\frac{\partial V'_{k2}}{\partial s}+\frac{W'_{k2}}{R^2}-\frac{\nu}{R}\frac{\partial U_{k2}}{\partial\zeta}\right\}+\cdots=0 \tag{40c}$$

其一级、二级近似方程为

$$\left.\begin{aligned}&\frac{\partial^2 U'_{ki}}{\partial\zeta^2}+\frac{1}{2}(1+\nu)\frac{\partial^2 V'_{ki}}{\partial\zeta\partial s}-\frac{\nu}{R}\frac{\partial W'_{ki}}{\partial\zeta}=0,\\&\frac{\partial^2 V_{ki}}{\partial\zeta^2}=0,\\&\frac{\partial_5 W'_{ki}}{\partial\zeta^4}+\frac{W'_{ki}}{R^2}-\frac{1}{R}\frac{\partial V'_{ki}}{\partial s}-\frac{\nu}{R}\frac{\partial U'_{ki}}{\partial\zeta}=0.\end{aligned}\right\}\quad i=0,\ 1 \tag{41}$$

其三级、四级近似方程为

$$\left.\begin{aligned}&\frac{\partial^2 U_{ki}}{\partial\zeta^2}+\frac{1}{2}(1+\nu)\frac{\partial^2 V'_{ki}}{\partial\zeta\partial s}-\frac{\nu}{R}\frac{\partial W'_{ki}}{\partial\zeta}+\frac{1}{2}(1-\nu)\frac{\partial^2 V'_{ki-2}}{\partial s^2}=0,\\&\frac{1}{2}(1+\nu)\frac{\partial^2 V'_{ki}}{\partial\zeta^2}+\frac{1}{2}(1+\nu)\frac{\partial^2 U'_{ki-2}}{\partial\zeta\partial s}+\frac{\partial^2 V'_{ki-2}}{\partial s^2}-\frac{\partial}{\partial s}\left(\frac{W_{ki-2}}{R}\right)=0,\\&\frac{\partial^4 W'_{ki}}{\partial\zeta^4}+2\frac{\partial^4 W'_{ki-2}}{\partial\zeta^2\partial s^2}+(2-\nu)\frac{\partial^3}{\partial s\partial\zeta^2}\left(\frac{V'_{ki-2}}{R}\right)-\frac{1}{R}\frac{\partial V'_{ki}}{\partial s}\\&\quad+\frac{W'_{ki}}{R^2}-\frac{\nu}{R}\frac{\partial U'_{ki}}{\partial\zeta}=0\end{aligned}\right\}i=2,\ 3 \tag{42}$$

现在让我们积分(41)式，首先 U'_{ki}，W'_{ki}，V'_{ki} 在 $\zeta\to\infty$ 时满足(39)式，将(41)式中第二式积分两次，利用(39)式，即可证明：

$$V'_k(s,\ \zeta)=V'_{k1}(s,\ \zeta)=0 \tag{43}$$

这即是说，(38)式中有关 V'_k 的量级假设(ϵ^q)是错误的，它的首项量级应该是 ϵ^{q+2} 而不是 ϵ^q，这指出(38)式的假设量级对于最后结果并无影响，将(43)式代入(41)式第一式，积分一次，再度利用(39)式 $\zeta\to\infty$ 的条件，即可证明：

$$\frac{\partial U'_{ki}}{\partial\zeta}-\nu\frac{W'_{ki}}{R}=0\quad 或\quad \frac{\partial U'_{ki}}{\partial\zeta}=\nu\frac{W'_{ki}}{R}\quad (i=0,\ 1) \tag{44}$$

这指出边界效应解的 $\overline{T}'_{k\alpha}$ 的一级、二级近似都恒等于零，它的首项是 ϵ^{q+2} 的量经.

把(43)，(44)式代入(41)式第三式，得决定 $W'_{ki}(i=0,\ 1)$ 的方程式

$$\frac{\partial^4 W'_{ki}}{\partial\zeta^4}+4\lambda^4 W'_{ki}=0\quad (i=0,\ 1) \tag{45}$$

其中 $\lambda=\lambda(s)$ 为

$$4\lambda^4=\frac{1-\nu^2}{R^2} \tag{46}$$

所决定的 s 的函数，(45)式满足(39)式条件的解可以写成

$$W'_k(\zeta,\ s)=A_i^{(k)}(s)\mathrm{e}^{-\lambda\zeta}\cos\lambda\zeta+B_i^{(k)}(s)\mathrm{e}^{-\lambda\zeta}\sin\lambda\zeta\quad (i=0,\ 1) \tag{47}$$

其中 $A_i^{(k)}(s)$，$B_i^{(k)}(s)$ 为 $\alpha'_k=0$ 附近边界效应解的一对待定函数. 把(47)式代入(44)，对 ζ 积分一次，利用(39)式 $\zeta\to\infty$ 的条件，即可求得 $U'_{ki}(\zeta,\ s)$

$$\begin{aligned}U'_{ki}(\zeta,\ s)=\frac{v}{2R\lambda}\{&A_i^{(k)}(s)\mathrm{e}^{-\lambda\zeta}(\sin\lambda\zeta-\cos\lambda\zeta)+B_i^{(k)}(s)\mathrm{e}^{-\lambda\zeta}(\sin\lambda\zeta\\&+\cos\lambda\zeta)\}\quad (i=0,\ 1)\end{aligned} \tag{48}$$

我们应该求得 V'_{k2}，V'_{k3}，它们在实质上是 V'_k 的一级近似和二级近似项. 让我们利用(42)式中的第二式，得

$$\frac{1}{2}(1-\nu)\frac{\partial^2 V'_{ki}}{\partial\zeta^2}=-\frac{1}{2}(1-\nu)\frac{\partial^2 U_{ki-2}}{\partial\zeta\partial s}+\frac{\partial}{\partial s}\left(\frac{W'_{ki-2}}{R}\right)\quad(i=2,\ 3)\tag{49}$$

根据(44)式，消去 $\frac{W'_{ki-2}}{R}$，上式可以写成

$$\frac{\partial^2 V'_{ki}}{\partial\zeta^2}=\frac{2+\nu}{\nu}\frac{\partial^2 U'_{ki-2}}{\partial\zeta\partial s}\qquad(i=2,\ 3)\tag{50}$$

对 ζ 积分一次，并利用(39)式 $\zeta\to\infty$ 的条件

$$\frac{\partial V'_{ki}}{\partial\zeta}=\frac{2+\nu}{\nu}\frac{\partial U'_{ki-2}}{\partial s}\qquad(i=2,\ 3)\tag{51}$$

将(48)式代入(51)式，并对 ζ 积分一次，利用(39)式 $\zeta\to\infty$ 的条件，即可求得 $V'_{ki}(i=2,\ 3)$ 的表达式：

$$\begin{aligned}V'_{ki}(\zeta,\ s)=\frac{1}{2}(2+\nu)\frac{\partial}{\partial s}\Big\{\frac{1}{R\lambda^2}\big[&-A_{i-2}^{(k)}(s)e^{-\lambda\zeta}\sin\lambda\zeta\\&+B_{i-2}^{(k)}(s)e^{-\lambda\zeta}\cos\lambda\zeta\big]\Big\}\quad(i=2,\ 3)\end{aligned}\tag{52}$$

由于(46)式，上式也可以写成

$$V'_{ki}(\zeta,\ s)=\frac{(2+\nu)}{2R\lambda^2}\frac{\partial}{\partial s}\{-A_{i-2}^{(k)}\epsilon^{-\lambda\zeta}\sin\lambda\zeta+B_{i-2}^{(k)}(s)e^{-\lambda\zeta}\cos\lambda\zeta\}\quad(i=2,\ 3)\tag{53}$$

现在让我们写出这个解的内力素，它们都可以把U'_k, V'_k, W'_k直接代入求得，但 $\overline{T}'_{\alpha k}$ 除外，$\overline{T}'_{\alpha k}$ 的一级近似 $\frac{\partial U'_{k0}}{\partial\zeta}-\nu\frac{W'_{k0}}{R}$ 和二级近似 $\frac{\partial U'_{k1}}{\partial\zeta}-\nu\frac{W'_{k1}}{R}$ 都恒等于零. 因此，在实质上 $\overline{T}'_{\alpha k}$ 的首项为 $\left(\frac{\partial U'_{k2}}{\partial\zeta}+\nu\frac{\partial V'_{k2}}{\partial s}-\nu\frac{W'_{k2}}{R}\right)\epsilon^{q+2}$，它可以从(42)式的第一第二式直接积分求得

如果称

$$\left.\begin{aligned}&\overline{T}'_{\alpha k0}=\frac{\partial U'_{k2}}{\partial\zeta}+\nu\frac{\partial V'_{k2}}{\partial s}-\nu\frac{W'_{k2}}{R},\ \overline{S}'_{k2}=\frac{1}{2}(1-\nu)\left(\frac{\partial V'_{k2}}{\partial\zeta}+\frac{\partial U'_{j2}}{\partial s}\right),\\&\overline{T}'_{sk0}=-\frac{W'_{k0}}{R}+\nu\frac{\partial U'_{k0}}{\partial\zeta}\end{aligned}\right\}\tag{54}$$

则(42)式第一第二式可以写成

$$\frac{\partial T'_{\alpha k0}}{\partial\zeta}+\frac{\partial\overline{S}'_{k0}}{\partial s}=0,\quad \frac{\partial\overline{S}'_{k0}}{\partial\zeta}+\frac{\partial\overline{T}'_{ks0}}{\partial s}=0 \tag{55}$$

根据(47),(48)式,有

$$\begin{aligned}\overline{T}'_{sk0}&=-\frac{W'_k}{R}+\nu\frac{\partial U'_{k0}}{\partial\zeta}=-(1-\nu^2)\frac{W'_0}{R}\\&=-\frac{1-\nu^2}{R}[A_0^{(k)}(s)e^{-\lambda\zeta}\cos\lambda\zeta+B_0^{(k)}(s)e^{-\lambda\zeta}\sin\lambda\zeta]\end{aligned}\tag{56}$$

代入(55)式逐一对ζ积分,即得

$$\left.\begin{aligned}\overline{S}'_{k0}&=(1-\nu^2)\frac{\partial}{\partial s}\left\{\frac{1}{2\lambda R}[A_0^{(k)}(s)e^{-\lambda\zeta}(\sin\lambda\zeta-\cos\lambda\zeta)\right.\\&\qquad\left.-B_0^{(k)}(s)e^{-\lambda\zeta}(\sin\lambda\zeta+\cos\lambda\zeta)]\right\}\\\overline{T}'_{\alpha k0}&=\frac{(1-\nu^2)}{2\lambda^2R}\frac{\partial^2}{\partial s^2}\{A_0^{(k)}(s)e^{-\lambda\zeta}\sin\lambda\zeta-B_0^{(k)}(s)e^{-\lambda\zeta}\cos\lambda\zeta\}\end{aligned}\right\}\tag{57}$$

同样,我们还有二级近似表达式.

总起来说,在靠近$\alpha'_k=0$的边界区域内的边界效应解可以写成

$$\begin{aligned}U'_k=\epsilon^{q+1}\sum_{i=0,1}\epsilon^i\frac{\nu}{2R\lambda}z^{-\lambda\zeta}\{A_i^{(k)}(s)(\sin\lambda\zeta+\cos\lambda\zeta)\\-B_i^{(k)}(s)(\sin\lambda\zeta+\cos\lambda\zeta)\}+O(\epsilon^{q+3}),\end{aligned}\tag{58a}$$

$$\begin{aligned}V'_k=\epsilon^{q+2}\sum_{i=0,1}\epsilon^i\frac{(2+\nu)}{2R\lambda^2}\frac{\partial}{\partial s}\{e^{-\lambda\zeta}[-A_i^{(k)}(s)\sin\lambda\zeta\\+B_i^{(k)}(s)\cos\lambda\zeta]\}+O(\epsilon^{q+4})\end{aligned}\tag{58b}$$

$$W'_k=\epsilon^q\sum_{i=0,1}\epsilon^i e^{-\lambda\zeta}\{A_i^{(k)}(s)\cos\lambda\zeta+B_i^{(k)}(s)\sin\lambda\zeta\}+O(\epsilon^{q+2})\tag{58c}$$

有关的内力素表达式为

$$\begin{aligned}\overline{T}'_{\alpha k}=\epsilon^{q+2}\sum_{i=0,1}\epsilon^i\frac{(1-\nu^2)}{2\lambda^2R}\frac{\partial^2}{\partial s^2}\{e^{-\lambda\zeta}[A_i^{(k)}(s)\sin\lambda\zeta\\-B_i^{(k)}(s)\cos\lambda\zeta]\}+O(\epsilon^{q+4})\end{aligned}\tag{59a}$$

$$\begin{aligned}\overline{S}'_k=\epsilon^{q+1}\sum_{i=0,1}\epsilon^i(1-\nu^2)\frac{\partial}{\partial s}\left\{\frac{1}{2\lambda R}e^{-\lambda\zeta}[A_i^{(k)}(s)(\sin\lambda\zeta-\cos\lambda\zeta)\right.\\\left.-B_i^{(k)}(s)(\sin\lambda\zeta+\cos\lambda\zeta)]\right\}+O(\epsilon^{q+3}),\end{aligned}\tag{59b}$$

$$\overline{T}'_{sk} = -\epsilon^q \sum_{i=0,1} \epsilon^i \frac{(1-\nu^2)}{R} e^{-\lambda\zeta} [A_i^{(k)}(s)\cos\lambda\zeta + B_i^{(k)}(s)\sin\lambda\zeta] + O(\epsilon^{q+2}), \quad (59c)$$

$$\overline{M}'_{\alpha k} = \epsilon^{q+2} \sum_{i=0,1} \epsilon^i 2\lambda^2 e^{-\lambda\zeta} [A_i^{(k)}(s)\sin\lambda\zeta - B_i^{(k)}(s)\cos\lambda\zeta] + O(\epsilon^{q+4}), \quad (59d)$$

$$\overline{M}'_{sk} = \epsilon^{q+2} \sum_{i=0,1} \epsilon^i 2\gamma\lambda^2 e^{-\lambda\zeta} [A_i^{(k)}(s)\sin\lambda\zeta - B_i^{(k)}(s)\cos\lambda\zeta] + O(\epsilon^{q+4}) \quad (59e)$$

$$\overline{H}'_k = -\epsilon^{q+3} \sum_{i=0,1} \epsilon^i (1-\nu) \frac{\partial}{\partial s} \{\lambda e^{-\lambda\zeta} [A_i^{(k)}(s)(\cos\lambda\zeta + \sin\lambda\zeta) - B_i^{(k)}(s)(\cos\lambda\zeta + \sin\lambda\zeta)]\} + O(\epsilon^{q+5}) \quad (59f)$$

这样求得的U'_k, V'_k, W'_k的渐近解，只适用于每一段区间靠近左边的起始部分($\alpha'_k = 0$)的边界区域，在靠近右边的每一区间的结束部分($\alpha'_k = \alpha_1$)的边界区域内，也有边界效应解. 它们可以同理用坐标变换

$$\alpha_1 - \alpha'_k = \epsilon\eta \quad (60)$$

来在这个边界区域内渐近展开，求得这个区域的边界效应解，设这种解也可以展开为ϵ的级数，其首项量级和(38)式相当. 经过完全相同的推演可以证明这个边界效应解可以写成

$$U''_k = -\epsilon^{q+1} \sum_{i=0,1} \epsilon^i \frac{\nu}{2\lambda R} e^{-\lambda\eta} \{C_i^{(k)}(s)(\sin\lambda\eta - \cos\lambda\eta) - D_i^{(k)}(s)(\sin\lambda\eta + \cos\lambda\eta)\} + (\epsilon^{q+3}), \quad (61a)$$

$$V''_k = \epsilon^{q+2} \sum_{i=0,1} \epsilon^i \frac{(2+\nu)}{2R\lambda} \frac{\partial}{\partial s} \{e^{-\lambda\eta} [-C_i^{(k)}(s)\sin\lambda\eta + D_i^{(k)}(s)\cos\lambda\eta]\} + O(\epsilon^{q+4}), \quad (61b)$$

$$W''_k = \epsilon^q \sum_{i=0,1} \epsilon^i \{C_i^{(k)}(s)\cos\lambda\eta + D_i^{(k)}(s)\sin\lambda\eta\} e^{-\lambda\eta} + O(\epsilon^{q+2}). \quad (61c)$$

有关的内力素表达式为

$$\overline{T}''_{\alpha k} = \epsilon^{q+2} \sum_{i=0,1} \epsilon^i \frac{(1-\nu^2)}{2\lambda^2 R} \frac{\partial^2}{\partial s^2} \{e^{-\lambda\eta} [C_i^{(k)}(s)\sin\lambda\eta - D_i^{(k)}(s)\cos\lambda\eta]\} + O(\epsilon^{q+4}), \quad (62a)$$

$$\overline{S}''_k = -\epsilon^{q+1} \sum_{i=0,1} \epsilon^i (1-\nu^2) \frac{\partial}{\partial s} \left\{ \frac{1}{2\lambda R} e^{-\lambda\eta} [C_i^{(k)}(s)(\sin\lambda\eta - \cos\lambda\eta) - D_i^{(k)}(s)(\sin\lambda\zeta + \cos\lambda\zeta)] \right\} + O(\epsilon^{q+3}), \quad (62b)$$

$$\overline{T}''_{sk}=-\epsilon^{q}\sum_{i=0,1}\epsilon^{i}\frac{(1-\gamma^{2})}{R}\mathrm{e}^{-\lambda\eta}[C_{i}^{(k)}(s)\cos\lambda\eta+D_{i}^{(k)}(s)\sin\lambda\eta]+O(\epsilon^{q+2}),\tag{62c}$$

$$\overline{M}''_{\alpha k}=\epsilon^{q+2}\sum_{i=0,1}\epsilon^{i}2\lambda^{2}\mathrm{e}^{-\lambda\eta}[C_{i}^{(k)}(s)\sin\lambda\eta-D_{i}^{(k)}(s)\cos\lambda\eta]+O(\epsilon^{q+3}),\tag{62d}$$

$$\overline{M}''_{sk}=\epsilon^{q+2}\sum_{i=0,1}\epsilon^{i}2\gamma\lambda^{2}\mathrm{e}^{-\lambda\eta}[C_{i}^{(k)}(s)\sin\lambda\eta-D_{i}^{(k)}(s)\cos\lambda\eta]+O(\epsilon^{q+3}),\tag{62e}$$

$$\begin{aligned}\overline{H}''_{k}=\epsilon^{q+3}\sum_{i=0,1}\epsilon^{i}(1-\nu)\frac{\partial}{\partial s}\{\lambda\mathrm{e}^{-\lambda\eta}[C_{i}^{(k)}(s)(\cos\lambda\eta+\sin\lambda\eta)\\-D_{i}^{(k)}(s)(\cos\lambda\eta-\sin\lambda\eta)]\}+O(\epsilon^{q+5}).\end{aligned}\tag{62f}$$

其中 $C_i^{(k)}(s)$，$D_i^{(k)}(s)$为待定函数，ϵ^q为待定量级，一般说来，肋两侧的边界效应解的量级相同.

五、相邻区间的递推条件及其解

所有边界效应解都局限于肋的附近区域. 一条肋的影响不可能通过边界效应解直接传递到另一条相邻的肋，因此，我们只有通过求得 $f_{i1}^{(k)}$，$f_{i2}^{(k)}$，$g_{i1}^{(k)}$，$g_{i2}^{(k)}$ 和 $f_{i1}^{(k+1)}$，$f_{i2}^{(k+1)}$，$g_{i1}^{(k+1)}$，$g_{i2}^{(k+1)}$ 之间的递推条件来求得肋和肋之间的相互影响，这种递推条件只有从肋的连续条件和平衡条件求得.

肋的连续条件只有在 ϵ^m，ϵ^q，ϵ^p 的一定量级时才有唯一解.

设本问题的解由非齐次解(21)式，薄膜齐次解(30)式，纯弯齐次解(34)式和边界效应解(58)或(61)式的叠加组成，在靠近 $\alpha_k'=0$ 的区域内可以写成

$$\begin{aligned}(U,V,W)=(U^*,V^*,W^*)+(U_k^{(m)},V_k^{(m)},W_k^{(m)})+(U_k^{(p)},V_k^{(p)},\\W_k^{(p)})+(U_k',V_k',W_k')\end{aligned}\tag{63}$$

其中

$$(k-1)\alpha_1\leqslant\alpha\leqslant k\alpha_1,\ 0\leqslant\alpha_k'\leqslant\alpha_1,\ 0\leqslant\zeta\leqslant\infty\tag{64}$$

同时，本问题的解在区间 k 内和 $\alpha_k'=\alpha_1$ 的区域内可以写成

$$\begin{aligned}(U,V,W)=(U^*,V^*,W^*)+(U_k^{(m)},V_k^{(m)},W_k^{(m)})+(U_k^{(p)},V_k^{(p)},W_k^{(p)})\\+(U_k',V_k',W_k')\end{aligned}\tag{65}$$

其中

$$(k-1)\alpha_1\leqslant\alpha\leqslant k\alpha_1,\ 0\leqslant\alpha_k'\leqslant\alpha_1,\ 0\leqslant\eta\leqslant\infty\tag{66}$$

同样在区间 $k+1$ 内和靠近 $\alpha_{k+1}'=0$ 的区域内解可以写成

$$(U, V, W) = (U^*, V^*, W^*) + (U_{k+1}^{(m)}, V_{k+1}^{(m)}, W_{k+1}^{(m)}) + (U_{k+1}^{(p)}, V_{k+1}^{(p)}, W_{k+1}^{(p)}) + (U'_{k+1}, V'_{k+1}, W'_{k+1}) \tag{67}$$

其中

$$k\alpha_1 \leqslant \alpha \leqslant (k+1)\alpha_1,\ 0 \leqslant \alpha'_k \leqslant \alpha_1,\ 0 \leqslant \zeta \leqslant \infty \tag{68}$$

以此类推

如果把(66),(68)式代入(10),(11)式,即肋的连续条件和平衡条件,经过尝试即可决定只有

$$m = 1,\ p = 1,\ q = 0. \tag{69}$$

的情况下,(10),(11)式才是有解的.

利用第二、第三、第四节的结果,并用(68)式的初始值(即 $\alpha = \alpha_1 k,\ \alpha'_{k+1} = 0,\ \zeta = 0$) 作为$\left(U_0, V_0, W_i, \dfrac{\partial W_i}{\partial \alpha}\right)$的值,即

$$\begin{aligned}\left(U_0, V_0, W_0, \frac{\partial W_0}{\partial \alpha}\right) = {} & \left(U^*, V^*, W^*, \frac{\partial W^*}{\partial \alpha}\right)_{\alpha=\alpha_1 k} \\ & + \left(U_{k+1}^{(m)}, V_{k+1}^{(m)}, W_{k+1}^{(m)}, \frac{\partial W_{k+1}^{(m)}}{\partial \alpha'_{k+1}}\right)_{\alpha' k=0} \\ & + \left(U_{k+1}^{(p)}, V_{k+1}^{(p)}, W_{k+1}^{(p)}, \frac{\partial W_{k+1}^{(p)}}{\partial \alpha}\right)_{\alpha'' k+0} \\ & + \left(U'_{k+1}, V'_{k+1}, W'_{k+1}, \frac{1}{\epsilon}\frac{\partial W'_{k+1}}{\partial \alpha}\right)_{\zeta=0}\end{aligned} \tag{70}$$

(11)、(12)的肋的连续和平衡条件可以写成

$$\begin{aligned}\Delta U = {} & \epsilon\left\{\frac{1}{1\sim\nu^2}\left[\frac{1}{2}\frac{\mathrm{d}f_{01}^{(k)}}{\mathrm{d}s}\alpha_1^2 - f_{02}^{(k)}\alpha_1\right] + g_{01}^{(k+1)} - g_{01}^{(k)} - \frac{\nu}{2R\lambda}[A_0^{(k+1)} + B_0^{(k+1)}\right. \\ & \left. + C_0^{(k)} + D_0^{(k)}]\right\} + \epsilon^2\left\{\frac{1}{1-\nu^2}\left[\frac{1}{2}\frac{\mathrm{d}f_{11}^{(k)}}{\mathrm{d}s}\alpha_1^2 - f_{12}^{(k)}\alpha_1\right] + g_{11}^{(k+1)} - g_{11}^{(k)}\right. \\ & \left. - \frac{\nu}{2R\lambda}[A_1^{(k+1)} + B_1^{(k+1)} + C_1^{(k)} + D_1^{(k)}]\right\} + O(\epsilon^3) = 0\end{aligned} \tag{71a}$$

$$\begin{aligned}\Delta V = {} & \epsilon\left\{-\frac{1}{1-\nu^2}\left[\frac{1}{6}\frac{\mathrm{d}^2 f_{01}^{(k)}}{\mathrm{d}s^2}\alpha_1^3 - \frac{1}{2}\frac{\mathrm{d}f_{02}^{(k)}}{\mathrm{d}s}\alpha_1^2 + 2(1+\nu)f_{01}^{(k)}\alpha_1\right] + g_{02}^{(k+1)}\right. \\ & \left. - g_{02}^{(k)} + \frac{\mathrm{d}g_{01}^{(k)}}{\mathrm{d}s}\alpha_1\right\} + \epsilon^2\left\{-\frac{1}{1-\nu^2}\left[\frac{1}{6}\frac{\mathrm{d}^2 f_{11}^{(k)}}{\mathrm{d}s^2}\alpha_1^3 - \frac{1}{2}\frac{\mathrm{d}f_{11}^{(k)}}{\mathrm{d}s}\alpha_1^2\right.\right.\end{aligned}$$

$$+2(1+\nu)f_{11}^{(k)}\alpha_1\Big]+g_{12}^{(k+1)}-g_{12}^{(k)}+\frac{\mathrm{d}g_{11}^{(k)}}{\mathrm{d}s}\alpha_1$$

$$+\frac{1}{2}(2+\nu)\frac{\mathrm{d}}{\mathrm{d}s}\frac{1}{R\lambda^2}(B_0^{(k+1)}-D_0^{(k)})\Big\}+O(\epsilon^3)=0 \tag{71b}$$

$$\Delta W=\epsilon^0\{A_0^{(k+1)}-C_0^{(k)}\}+\epsilon\Big\{A_1^{(k+1)}-C_1^{(k)}-\frac{R}{1-\nu^2}\Big[\frac{1}{6}\frac{\mathrm{d}^3f_{01}^{(k)}}{\mathrm{d}s^3}\alpha_1^3-\frac{1}{2}\frac{\mathrm{d}^2f_{02}^{(k)}}{\mathrm{d}s^2}\alpha_1^2$$

$$+(2+\nu)\frac{\mathrm{d}f_{01}^{(k)}}{\mathrm{d}s}\alpha_1\Big]+\nu f_{02}^{(k)}-\nu f_{22}^{(k+1)}+R\Big[\frac{\mathrm{d}g_{02}^{(k+1)}}{\mathrm{d}s}-\frac{\mathrm{d}g_{02}^{(k)}}{\mathrm{d}s}+\frac{\mathrm{d}^2g_{11}^{(k)}}{\mathrm{d}s^2}\alpha^1\Big]\Big\}$$

$$+O(\epsilon^3)=0 \tag{71c}$$

$$\Delta\Big(\frac{\partial W}{\partial\alpha}\Big)=-\epsilon^{-1}\lambda[A_0^{(k+1)}-B_0^{(k+1)}+C_0^{(k+1)}-D_0^{(k+1)}]-\epsilon^0\lambda[A_1^{(k+1)}-B_1^{(k+1)}$$

$$+C_1^{(k+1)}-D_1^{(k+1)}]+O(\epsilon)=0 \tag{71b}$$

$$\Pi_1=-\epsilon\Big[\frac{\partial f_{01}^{(k)}}{\partial s}\alpha_1-f_{02}^{(k)}+f_{02}^{(k+1)}\Big]+\epsilon^2\Big\{-\Big[\frac{\partial f_{11}^{(k)}}{\partial s}\alpha_1-f_{12}^{(k)}+f_{12}^{(k+1)}\Big]$$

$$+(1-\nu^2)\frac{1}{2\lambda^2R}\frac{\mathrm{d}^2}{\mathrm{d}s^2}(B_0^{(k+1)}-D_0^{(k)})\Big\}+O(\epsilon^3) \tag{72a}$$

$$\Pi_2=\epsilon\Big\{-\frac{\lambda_f}{1-\nu^2}\Big[\frac{\nu}{2}k(k-n)\alpha_1^2\frac{\mathrm{d}^3R}{\mathrm{d}s^3}+\frac{\nu}{12}n^2\alpha_1^2\frac{\mathrm{d}^3R}{\mathrm{d}s^3}-(1-\nu^2)\frac{\mathrm{d}R}{\mathrm{d}s}\Big]+f_{01}^{(k)}$$

$$-f_{01}^{(k+1)}+(1-\nu^2)\frac{\mathrm{d}}{\mathrm{d}s}\frac{1}{2\lambda R}[A_0^{(k+1)}+B_0^{(k+1)}+C_0^{(k+1)}+D_0^{(k+1)}]+\lambda_f\frac{\mathrm{d}}{\mathrm{d}s}\Big(\frac{C_0^{(k)}}{R}\Big)\Big\}$$

$$+\epsilon^2\Big\{\frac{\lambda_f\lambda_c}{1-\nu^2}\Big[\frac{1}{24}\frac{\mathrm{d}^2}{\mathrm{d}s^2}\Big(\frac{\mathrm{d}}{\mathrm{d}s}R\frac{\mathrm{d}}{\mathrm{d}s}+\frac{1}{R}\Big)\frac{\mathrm{d}^3R}{\mathrm{d}s^3}k^2(k-n)^2\alpha_1^4$$

$$+(1+\nu)\frac{\mathrm{d}^2}{\mathrm{d}s^2}\Big(\frac{\mathrm{d}}{\mathrm{d}s}R\frac{\mathrm{d}}{\mathrm{d}s}+\frac{1}{R}\Big)\frac{\mathrm{d}R}{\mathrm{d}s}k(k-n)\alpha_1^2+\frac{\nu}{12}(6k^2-6kn$$

$$+n^2)\alpha_1^2\Big(\frac{1}{2}\frac{\mathrm{d}^3R}{\mathrm{d}s^3}-\frac{\mathrm{d}^3}{\mathrm{d}s^3}R\frac{\mathrm{d}^2R}{\mathrm{d}s^2}-\frac{\mathrm{d}}{\mathrm{d}s}\frac{1}{R}\frac{\mathrm{d}^2R}{\mathrm{d}s^2}\Big)+(1-\nu^2)\Big(\frac{\mathrm{d}^3R^2}{\mathrm{d}s^3}$$

$$-\frac{1}{R}\frac{\mathrm{d}R}{\mathrm{d}s}\Big)\Big]+f_{11}^{(k)}-f_{11}^{(k+1)}-\frac{\nu\lambda_f}{1-\nu^2}\Big[\frac{\mathrm{d}^2f_{01}^{(k)}}{\mathrm{d}s^2}\alpha_1-\frac{\mathrm{d}f_{02}^{(k)}}{\mathrm{d}s}\Big]$$

$$+(1-\nu^2)\frac{\mathrm{d}}{\mathrm{d}s}\frac{1}{2\lambda R}[A_1^{(k+1)}+B_1^{(k)}+C_1^{(k+1)}+D_1^{(k+1)}]+\lambda_f\frac{\mathrm{d}}{\mathrm{d}s}\Big(\frac{C_1^{(k)}}{R}\Big)$$

$$+\lambda_f\lambda_c\Big[\frac{\mathrm{d}^3C_0^{(k)}}{\mathrm{d}s^3}-\frac{1}{R}\frac{\mathrm{d}}{\mathrm{d}s}\Big(\frac{C_0^{(k)}}{R}\Big)+\frac{\mathrm{d}}{\mathrm{d}s}\Big(\frac{C_0^{(k)}}{R}\Big)\Big]\Big\}+O(\epsilon^3)=0, \tag{72b}$$

$$\Pi_3=\epsilon^2 2\lambda^2(B_0^{(k+1)}-D_0^{(k)})+\epsilon^3\{2\lambda^2(B_1^{(k+1)}-D_1^{(k)})+\lambda_z\frac{2\lambda^3}{R^2}(C_0^{(k)}-D_0^{(k)})\}$$

$$+O(\epsilon^4)=0, \tag{72c}$$

$$\begin{aligned}\Pi_4=&\epsilon\Big\{-\frac{\lambda_f}{1-\nu_2}\Big[\frac{\nu}{2R}k(k-n)\alpha_1^2\frac{d^2R}{ds^2}+\frac{\nu}{12R}n^2\alpha_1^2\frac{d^2R}{ds^2}-(1-\nu^2)\Big]\\&+2\lambda^2[A_0^{(k+1)}+B_0^{(k+1)}+C_0^{(k)}+D_0^{(k)}]+\lambda_f\frac{1}{R^2}C_0^{(k)}\Big\}\\&+\epsilon^2\Big\{\frac{\lambda_f\lambda_c}{1-\nu^2}\Big[\frac{1}{24}k^2(k-n)^2\alpha_1^4\frac{1}{R}\frac{d}{ds}\Big(\frac{d}{ds}R\frac{d}{ds}+\frac{1}{R}\Big)\frac{d^3R}{ds^3}\\&+\frac{(1+\nu)}{R}k(k-a)\alpha_1^2\frac{d}{ds}\Big(\frac{d}{ds}R\frac{d}{ds}+\frac{1}{R}\Big)\frac{dR}{ds}-\frac{\nu}{12}(6k^2-6kn\\&+n^2)\alpha_1^2\Big(\frac{d^4R}{ds^4}+\frac{1}{R^2}\frac{d^2R}{ds^2}+\frac{1}{R}\frac{d^2}{ds^2}R\frac{d^2R}{ds^2}\Big)+(1-\nu^2)\Big(\frac{1}{R}+\frac{d^2R}{ds^2}\\&+\frac{1}{R}\frac{d^2}{ds^2}R^2\Big)\Big]+\frac{\nu\lambda_f}{1-\nu^2}\frac{1}{R}\Big(\frac{df_{01}^{(k)}}{ds}\alpha_1-f_{02}^{(k)}\Big)+2\lambda^3(A_1^{(k+1)}+B_1^{(k+1)}\\&+C_1^{(k)}+D_1^{(k)})+\lambda_f\frac{C_1^{(k)}}{R^2}+\lambda_f\lambda_c\Big[\frac{d^2}{ds^2}\Big(\frac{C_0^{(k)}}{R}+\frac{1}{R^3}C_0^{(k)}\Big)+\frac{1}{R}\frac{d^2}{ds^2}C_0^{(k)}\Big]\Big\}\\&+O(\epsilon^3)=0.\end{aligned} \tag{72d}$$

所有(71),(72)式对一切 ϵ 值都适合,各该式的逐项 ϵ^k 的系数必恒等于零. 这样就给肋的连续和平衡的各级近似条件,其一级近似方程为

$$\begin{aligned}&\frac{1}{1-\nu^2}\Big[\frac{1}{2}\frac{df_{01}^{(k)}}{ds}\alpha_1^2-f_{01}^{(k)}\alpha_1\Big]+g_{01}^{(k+1)}-g_{01}^{(k)}-\frac{\gamma}{2R\lambda}(A_0^{(k+1)}+B_0^{(k+1)})+C_0^{(k)}\\&+D_0^{(k)}=0,\end{aligned} \tag{73a}$$

$$\begin{aligned}&-\frac{1}{1-\nu^2}\Big[\frac{1}{6}\frac{d^2f_{01}^{(k)}}{ds^2}\alpha_1^3-\frac{1}{2}\frac{df_{01}^{(k)}}{ds^2}\alpha+2(1+v)f_{01}^{(k)}\alpha_1\Big]+g_{01}^{(k+1)}-g_{02}^{(k)}\\&+\frac{dg_{01}^{(k)}}{ds}\alpha_1=0,\end{aligned} \tag{73b}$$

$$A_0^{(k+1)}-C_0^{(k+1)}=0, \tag{73c}$$

$$A_0^{(k+1)}-B_0^{(k+1)}+C_0^{(k)}-D_0^{(k)}=0, \tag{73d}$$

$$f_{02}^{(k+1)}-f_{02}^{(k)}+\frac{df_{01}^{(k)}}{ds}\alpha_1=0, \tag{73e}$$

$$-\frac{\lambda_f}{1-\nu^2}\Big[\frac{\nu}{12}(6k^2-6kn+n^2)\alpha_1^2\frac{d^3R}{ds^3}-(1-\nu^2)\frac{dR}{ds}\Big]+f_{01}^{(k)}-f_{01}^{(k+1)}$$

$$+(1-\nu^2)\frac{\mathrm{d}}{\mathrm{d}s}\frac{1}{2\lambda R}[A_0^{(k+1)}+B_0^{(k+1)}+C_0^{(k)}+D_0^{(k)}]+\lambda_f\frac{\mathrm{d}}{\mathrm{d}s}\left(\frac{C_0^{(k)}}{R}\right)=0, \tag{73f}$$

$$B_0^{(k+1)}-D_0^{(k+1)}=0, \tag{73g}$$

$$-\frac{\lambda_f}{1-\nu^2}\left[\frac{\nu}{12R}(6k^2-6kn+n^2)\alpha_1^2\frac{\mathrm{d}^2R}{\mathrm{d}s^2}-(1-\nu^2)\right]+3\lambda^3[A_0^{(k+1)}+B_0^{(k+1)}$$

$$+C_0^{(k)}+D_0^{(k)}]+\lambda_f\frac{1}{R^2}C_0^{(k)}=0 \tag{73h}$$

以上各式适用于 $k=1$, $k=2$, …, $k=n-1$, 在上式中,设 $f_{01}^{(k)}$, $f_{02}^{(k)}$, $g_{01}^{(k)}$, $g_{02}^{(k)}$ 为已知,则这里共有 8 个方程求解 8 个待定量 $f_{01}^{(k+1)}$, $g_{02}^{(k+1)}$, $g_{01}^{(k+1)}$, $g_{02}^{(k+1)}$, $A_0^{(k+1)}$, $B_0^{(k+1)}$, $C_0^{(k)}$, $D_0^{(k)}$. (73)式的解可以写成:

$$f_{01}^{(k+1)}=f_{01}^{(k)} \tag{74a}$$

$$f_{02}^{(k+1)}=f_{02}^{(k)}-\frac{\mathrm{d}f_{01}^{(k)}}{\mathrm{d}s}\alpha_1, \tag{74b}$$

$$g_{i1}^{(k+1)}=g_{01}^{(k)}-\frac{1}{1-\nu^2}\left[\frac{1}{2}\frac{\mathrm{d}f_{01}^{(k)}}{\mathrm{d}s}\alpha_1-f_{02}^{(k)}\right]\alpha_1+\frac{\dfrac{2\nu}{1-\nu^2}}{\lambda+\dfrac{2(1-\nu^2)}{\lambda_f}}\left[\frac{\nu}{12}(6k^2-6kn\right.$$

$$\left.+n^2)\alpha_1^2\frac{\mathrm{d}^2R}{\mathrm{d}s^2}-(1-\nu^2)R\right], \tag{74c}$$

$$g_{02}^{(k+1)}=g_{02}^{(k)}-\frac{\mathrm{d}g_{01}^{(k)}}{\mathrm{d}s}\alpha_1+\frac{1}{1-\nu^2}\left[\frac{1}{6}\frac{\mathrm{d}^2f_{01}^{(k)}}{\mathrm{d}s^2}\alpha^2-\frac{1}{2}\frac{\mathrm{d}f_{02}^{(k)}}{\mathrm{d}s}\alpha_1(1+\nu)f_{01}^{(k)}\right]\alpha_1 \tag{74d}$$

$$A_0^{(k+1)}=B_0^{(k+1)}=C_0^{(k)}=D_0^{(k)}=\frac{\dfrac{R\lambda}{1-\nu^2}}{\lambda+\dfrac{2(1-\nu^2)}{\lambda_f}}\left[\frac{\nu}{12}(6k^2-6kn+n^2)\alpha_1^2\frac{\mathrm{d}^2R}{\mathrm{d}s^2}\right.$$

$$\left.-(1-\nu^2)R\right] \tag{74e}$$

这里必须指出, $A_0^{(k+1)}$, $B_0^{(k+1)}$, $C_0^{(k)}$, $D_0^{(k)}$ 只和当地的非齐次解有关,和前一区间的解无关 $f_{k1}^{(k+1)}$, $f_{02}^{(k+1)}$, $g_{01}^{(k+1)}$, $g_{02}^{(k+1)}$ 是和前一区间的解 $f_{01}^{(k)}$, $f_{02}^{(k)}$, $g_{01}^{(k)}$, $g_{02}^{(k)}$ 有关的,(74)式前四式就给出了这种递推关系式. 这里还可以指出: $f_{01}^{(k)}$ 为薄膜

剪力在 k 区间的起始值，$f_{02}^{(k)}$ 为薄膜轴向力在 k 区间的起始值，$g_{01}^{(k)}$ 轴向位移在 k 区间的起始值，$g_{02}^{(k)}$ 为环向位移在 k 区间的起始值. 我们从(74a)可以看到，一级近似解的薄膜应力是贯穿着各区间的一个常数，它和壳的表面截荷分布无关.

(74)式是一组递推方程，这组方程的解可以写成

$$f_{01}^{(k)}=f_{01}^{(1)} \tag{75a}$$

$$f_{02}^{(k)}=f_{02}^{(1)}-(k-1)\alpha_1\frac{\mathrm{d}f_{01}^{(1)}}{\mathrm{d}s} \tag{75b}$$

$$g_{01}=g_{01}^{(1)}-\frac{1}{1-\nu^2}\left[\frac{1}{2}(k-1)^2\frac{\mathrm{d}f_{01}^{(1)}}{\mathrm{d}s}\alpha_1-(k-1)f_{02}^{(1)}\right]\alpha_1+\sum_{j=1}^{k-1}\Gamma_j \tag{75c}$$

$$\begin{aligned}g_{02}^{(1)}=g_{02}^{(1)}&-(k-1)\frac{\mathrm{d}g_{01}^{(1)}}{\mathrm{d}s}\alpha_1+\frac{1}{1-\nu^2}\left[\frac{1}{6}(k-1)^3\frac{\mathrm{d}^2f_{01}^{(1)}}{\mathrm{d}s^2}\alpha_1^2\right.\\&\left.-\frac{1}{2}(k-1)^2\frac{\mathrm{d}f_{02}^{(1)}}{\mathrm{d}s}\alpha_1+2(k-1)(1+\nu)f_{01}^{(1)}\right]\alpha_1\\&-\frac{\mathrm{d}}{\mathrm{d}s}\sum_{j=1}^{k-2}(k-j-1)\Gamma_j\alpha_1.\end{aligned} \tag{75d}$$

其中

$$\Gamma_j=\frac{2\nu}{1-\nu^2}\frac{1}{\lambda+\dfrac{2(1-\nu^2)}{\lambda_f}}\left[\frac{\nu}{12}(6j^2-6jn+n^2)\alpha_1^2\frac{\mathrm{d}^2R}{\mathrm{d}s^2}-(1-\nu^2)R\right] \tag{76}$$

我们很容易通过把(75)式代入(74)式，验证(75)式确乃(74)式的解，其中 $f_{01}^{(1)}$，$f_{02}^{(1)}$，$g_{01}^{(1)}$，$g_{02}^{(1)}$ 为四个待定的积分函数，它们将通过壳的边界条件决定.

同时利用求和公式

$$\left.\begin{aligned}&\sum_{j=1}^{k-2}j^3=\frac{1}{4}(k-2)^2(k-1)^2,\\&\sum_{j=1}^{k-2}j^2=\frac{1}{6}(k-2)(k-1)(2k-3),\ \sum_{j=1}^{k-1}j^2=\frac{1}{6}(k-1)k(2k-1),\\&\sum_{j=1}^{k-2}j=\frac{1}{2}(k-2)(k-1),\ \sum_{j=1}^{k-1}j=\frac{1}{2}(k-1)k.\end{aligned}\right\} \tag{77}$$

可以证明

$$\sum_{j=1}^{k-1}\Gamma_j=\frac{2\nu}{1-\nu^2}\frac{(k-1)}{\lambda+\dfrac{2(1-\nu^2)}{\lambda_f}}\left\{\frac{\nu}{12}\alpha_1^2[k(2k-1-3n)+n^2]\frac{\mathrm{d}^2R}{\mathrm{d}s^2}-(1-\nu^2)R\right\}\tag{78a}$$

$$\frac{\mathrm{d}}{\mathrm{d}s}\sum_{j=1}^{k-2}(k-j-1)\Gamma_j=\frac{\nu}{1-\nu^2}(k-1)(k-2)\frac{\mathrm{d}}{\mathrm{d}s}\left\{\frac{1}{\lambda+\dfrac{2(1-\nu^2)}{\lambda_f}}\left[\frac{\nu}{12}(k^2-2kn+n^2-k)\alpha_1^2\frac{\mathrm{d}^2R}{\mathrm{d}s^2}-(1-\nu^2)R\right]\right\}.\tag{78b}$$

(71),(72)式的二级近似项给出

$$\frac{1}{1-\nu^2}\left[\frac{1}{2}\frac{\mathrm{d}f_{11}^{(k)}}{\mathrm{d}s}\alpha_1-f_{12}^{(k)}\right]\alpha_1+g_{11}^{(k+1)}-g_{11}^{(k)}-\frac{\nu}{2R\lambda}[A_1^{(k+1)}+B_1^{(k+1)}+C_1^{(k)}+D_1^{(k)}]=0,\tag{79a}$$

$$-\frac{1}{1-\nu^2}\left[\frac{1}{6}\frac{\mathrm{d}^2f_{11}^{(k)}}{\mathrm{d}s^2}\alpha_1^3-\frac{1}{2}\frac{\mathrm{d}f_{12}^{(k)}}{\mathrm{d}s}\alpha_1^2+2(1+\nu)f_{11}^{(k)}\alpha_1\right]+g_{12}^{(k+1)}+\frac{\mathrm{d}g_{11}^{(k)}}{\mathrm{d}s}\alpha_1-g_{12}^{(k)}+\frac{2+\nu}{2}\frac{\mathrm{d}}{\mathrm{d}s}\frac{1}{R\lambda^2}(B_0^{(k+1)}-D_0^{(k)})=0,\tag{79b}$$

$$A_1^{(k+1)}-C_1^{(k)}-\frac{R}{1-\nu^2}\left[\frac{1}{6}\frac{\mathrm{d}^3f_{01}^{(k)}}{\mathrm{d}s^3}\alpha_1^3-\frac{1}{6}\frac{\mathrm{d}^2f_{02}^{(k)}}{\mathrm{d}s^2}\alpha_1^2+(2+\nu)\frac{\mathrm{d}f_{01}^{(k)}}{\mathrm{d}s}\alpha_1+\nu f_{02}^{(k)}-\nu f_{02}^{(k+1)}\right]+R\left[\frac{\mathrm{d}g_{02}^{(k+1)}}{\mathrm{d}s}+\alpha_1\frac{\mathrm{d}^2g_{01}^{(k)}}{\mathrm{d}s^2}-\frac{\mathrm{d}g_{02}^{(k)}}{\mathrm{d}s}\right]=0,\tag{79c}$$

$$A_1^{(k+1)}-B_1^{(k+1)}+C_1^{(k)}-D_0^{(k)}=0,\tag{79d}$$

$$-\left[\frac{\mathrm{d}f_{11}^{(k)}}{\mathrm{d}s}\alpha_1-f_{12}^{(k)}+f_{12}^{(k+1)}\right]+\frac{(1-\nu^2)}{2R\lambda^2}\frac{\mathrm{d}^2}{\mathrm{d}s^2}(B_0^{(k+1)}-D_0^{(k)})=0,\tag{79e}$$

$$\frac{\lambda_f\lambda_c}{1-\nu^2}\left\{\frac{1}{24}\frac{\mathrm{d}^2}{\mathrm{d}s^2}\left(\frac{\mathrm{d}}{\mathrm{d}s}R\frac{\mathrm{d}}{\mathrm{d}s}+\frac{1}{R}\right)\frac{\mathrm{d}^3R}{\mathrm{d}s^3}k^2(k-n)^2\alpha_1^4+(1+\nu)\frac{\mathrm{d}^2}{\mathrm{d}s^2}\left(\frac{\mathrm{d}}{\mathrm{d}s}\frac{1}{R}\frac{\mathrm{d}}{\mathrm{d}s}+\frac{1}{R}\right)\frac{\mathrm{d}R}{\mathrm{d}s}k(k-n)\alpha_1^2+(1-\nu^2)\left(\frac{\mathrm{d}^2R^2}{\mathrm{d}s}-\frac{1}{R}\frac{\mathrm{d}R}{\mathrm{d}s}\right)+\frac{\nu}{12}[9k^2-6kn+n^2]\alpha_1^2\left[-\frac{\mathrm{d}^3}{\mathrm{d}s^3}R\frac{\mathrm{d}^2R}{\mathrm{d}s^2}+\frac{1}{R}\frac{\mathrm{d}^3R}{\mathrm{d}s^3}-\frac{\mathrm{d}}{\mathrm{d}s}\frac{1}{R}\frac{\mathrm{d}^2R}{\mathrm{d}s^2}\right]\right\}+f_{11}^{(k)}-f_{11}^{(k+1)}$$

$$-\frac{\nu\lambda_f}{1-\nu^2}\left[\frac{\mathrm{d}^2 f_{11}^{(k)}}{\mathrm{d}s^2}\alpha_1-\frac{\mathrm{d}f_{12}^{(k)}}{\mathrm{d}s}\right]+(1-\nu)\frac{\mathrm{d}}{\mathrm{d}s}\left[\frac{1}{2\lambda R}(A_1^{(k+1)}+B_1^{(k+1)}+C_1^{(k)}\right.$$

$$\left.+D_1^{(k)})\right]+\lambda_f\frac{\mathrm{d}}{\mathrm{d}s}\left(\frac{C_1^{(k)}}{R}\right)+\lambda_f\lambda_c\left[\frac{\mathrm{d}^3}{\mathrm{d}s^3}C_0^{(k)}-\frac{1}{R}\frac{\mathrm{d}}{\mathrm{d}s}\left(\frac{C_0^{(k)}}{R}\right)\right.$$

$$\left.+\frac{\mathrm{d}}{\mathrm{d}s}\left(\frac{C_0^{(k)}}{R^2}\right)\right]=0, \tag{79f}$$

$$2\lambda^2(B_1^{(k+1)}-D_1^{(k)})+\lambda_z\frac{2\lambda^3}{R^2}(C_0^{(k)}-D_0^{(k)})=0, \tag{79g}$$

$$\frac{\lambda_f\lambda_c}{1-\nu^2}\left\{\frac{1}{24}k^2(k-n)^2\alpha_1^4\frac{1}{R}\frac{\mathrm{d}}{\mathrm{d}s}\left(\frac{\mathrm{d}}{\mathrm{d}s}R\frac{\mathrm{d}}{\mathrm{d}s}+\frac{1}{R}\right)\frac{\mathrm{d}^3R}{\mathrm{d}s^3}+(1+\nu)k(R\right.$$

$$-1)\alpha_1^2\frac{1}{R}\frac{\mathrm{d}}{\mathrm{d}s}\left(\frac{\mathrm{d}}{\mathrm{d}s}R\frac{\mathrm{d}}{\mathrm{d}s}+\frac{1}{R}\right)\frac{\mathrm{d}R}{\mathrm{d}s}+(1-\nu^2)\left(\frac{1}{R}+\frac{\mathrm{d}^2R}{\mathrm{d}s^2}+\frac{1}{R}\frac{\mathrm{d}^2R^2}{\mathrm{d}s^2}\right)$$

$$\left.-\frac{\nu}{12}[6k(k-n)+n^2]\alpha_1^2\left(\frac{\mathrm{d}^4R}{\mathrm{d}s^4}+\frac{1}{R^2}\frac{\mathrm{d}^2R}{\mathrm{d}s^2}+\frac{1}{R}\frac{\mathrm{d}^2}{\mathrm{d}s^2}R\frac{\mathrm{d}^2R}{\mathrm{d}s^2}\right)\right\}$$

$$-\frac{\nu\lambda_f}{1-v^2}\frac{1}{R}\left(\frac{\mathrm{d}f_{01}^{(k)}}{\mathrm{d}s}\alpha_1-f_{02}^{(k)}\right)+2\lambda^3(A_1^{(k+1)}+B_1^{(k+1)}+C_1^{(k)}+D_1^{(k)})$$

$$+\frac{\lambda_j}{R^2}C_1^{(k)}+\lambda_j\lambda_c\left[\frac{\mathrm{d}^2}{\mathrm{d}s^2}\left(\frac{C_0^{(k)}}{R}\right)+\frac{1}{R^3}C_0^{(k)}+\frac{1}{R}\frac{\mathrm{d}^2}{\mathrm{d}s^2}C_0^{(k)}\right]=0. \tag{79h}$$

解之，并利用一级近似关系(73)式，得

$$f_{11}^{(k+1)}=f_{11}^{(k)}+\frac{\lambda_f\lambda_c}{1-\nu^2}\left\{\frac{\nu}{12}[6k^2-6kn+n^2]\alpha_1^2\frac{1}{R}\left(\frac{\mathrm{d}}{\mathrm{d}s}R\frac{\mathrm{d}}{\mathrm{d}s}+\frac{1}{R}\right)\frac{\mathrm{d}^3R}{\mathrm{d}s^3}\right.$$

$$\left.-(1-\nu)\frac{1}{R}\left(\frac{\mathrm{d}}{\mathrm{d}s}R\frac{\mathrm{d}}{\mathrm{d}s}+\frac{1}{R}\right)\frac{\mathrm{d}R}{\mathrm{d}s}\right\}$$

$$-\lambda_f\lambda_c\frac{1}{R}\left(\frac{\mathrm{d}}{\mathrm{d}s}R\frac{\mathrm{d}}{\mathrm{d}s}+\frac{1}{R}\right)\frac{\mathrm{d}}{\mathrm{d}s}\left(\frac{C_0^{(k)}}{R}\right), \tag{80a}$$

$$f_{12}^{(k+1)}=f_{12}^{(k)}-\frac{\mathrm{d}f_{11}^{(k)}}{\mathrm{d}s}\alpha_1, \tag{80b}$$

$$g_{11}^{(k+1)}=g_{11}^{(k)}-\frac{1}{1-\nu^2}\left[\frac{1}{2}\frac{\mathrm{d}f_{11}^{(k)}}{\mathrm{d}s}\alpha_1-f_{12}^{(k)}\right]\alpha_1+\frac{2\nu}{R\lambda}D_1^{(k)}, \tag{80c}$$

$$g_{12}^{(k+1)}=g_{12}^{(k)}-\frac{\mathrm{d}f_{11}^{(k)}}{\mathrm{d}s}\alpha_1+\frac{1}{1-\nu^2}\left[\frac{1}{6}\frac{\mathrm{d}^2f_{11}^{(k)}}{\mathrm{d}s^2}\alpha_1^3-\frac{1}{2}\frac{2\mathrm{d}f_{12}^{(k)}}{\mathrm{d}s}\alpha_1\right.$$

$$\left.+2(1+\nu)f_{11}^{(k)}\alpha_1\right], \tag{80d}$$

$$A_1^{(k+1)}=B_1^{(k+1)}=C_1^{(k)}=D_1^{(k)}=-\frac{\lambda R^2}{1+\dfrac{2(1-\nu^2)}{\lambda\lambda_f}}\left[\frac{\mathrm{d}^2}{\mathrm{d}s^2}\left(\frac{C_0^{(k)}}{R}\right)+\frac{C_0^{(k)}}{R^3}\right.$$

$$\left.+\frac{1}{R}\frac{\mathrm{d}^2C_0^{(k)}}{\mathrm{d}s^2}\right]-\frac{\nu Rf_{02}^{(k+1)}}{(1-\nu^2)\left[1+\dfrac{2(1-\nu^2)}{\lambda\lambda_f}\right]}$$

$$-\frac{\lambda_c R^2}{(1-\nu^2)\left[1+\dfrac{2(1-\nu^2)}{\lambda\lambda_f}\right]}\left\{\frac{1}{24}k^2(k-n)^2\alpha_1^4\frac{1}{R}\frac{\mathrm{d}}{\mathrm{d}s}\left(\frac{\mathrm{d}}{\mathrm{d}s}R\frac{\mathrm{d}}{\mathrm{d}s}+\frac{1}{R}\right)\frac{\mathrm{d}^3R}{\mathrm{d}s^3}\right.$$

$$+(1+\nu)k(k-n)\alpha_1^2\frac{1}{R}\left(\frac{\mathrm{d}}{\mathrm{d}s}R\frac{\mathrm{d}}{\mathrm{d}s}+\frac{1}{R}\right)\frac{\mathrm{d}R}{\mathrm{d}s}-\frac{\nu}{12}[6k^2-6kn$$

$$+n^2]\alpha_1^2\left[\frac{\mathrm{d}^4R}{\mathrm{d}s^4}+\frac{1}{R^2}\frac{\mathrm{d}^2R}{\mathrm{d}s^2}+\frac{1}{R}\frac{\mathrm{d}^2}{\mathrm{d}s^2}R\frac{R}{\mathrm{d}s^2}\right]$$

$$\left.+(1-\nu^2)\left[\frac{1}{R}+\frac{\mathrm{d}^2R}{\mathrm{d}s^2}+\frac{1}{R}\frac{\mathrm{d}^2R^2}{\mathrm{d}s^2}\right]\right\}\tag{80e}$$

我们在这里必须指出,一级近似递推条件所给出的结果(即应力),只利用了壳的二级近似理论(即非齐次解的二级近似项)和肋的一级近似项,它在壳的Kirchhoff-Love 假设和肋的 Bernoulli 假设下完全是容许的;对于二级近似递推条件所给的结果(即应力)而言,它利用了壳的三级近似项(即非齐次解的三级近似项)和肋的二级近似项,它已越出了 Kirchhoff-Love-Bemoulli 假设容许的范围,所以只有参考价值.在下面我们将在这些假设所容许的范围下进行计算.因此,我们将不再进一步求递推方程(80a, b, c, d)的解.但 $A_1^{(k+1)}=B_1^{(k+1)}=C_1^{(k)}=D_1^{(k)}$ 业已解出见(80e)式.

很易看出,一级近似的递推条件的解(75)式中,有八个待定函数,$f_{01}^{(k)}$,$f_{02}^{(k)}$,$g_{01}^{(k)}$,$g_{02}^{(k)}$ $A_0^{(1)}$,$B_s^{(1)}$,$C_0^{(n)}$,$D_0^{(n)}$,它们将用壳两端的边界条件决定.

本文在下面将给出两端固定和两端铰支的解,其他一端固定一端铰交的求解方法相同,结果也大同小异,这里将略去它的叙述.

六、两端固定的加肋柱壳的解

设现有加强肋的柱壳(共 $n-1$ 条肋),两端固定.该壳除在加强肋上须满足递推条件(71),(72)式外,在两端还必须满足固定边界条件(12)式.

在起始一段区域 $(k-1)$ 内,其解可以写成(63)式,其中 $k=1$,同时,m,p,q 见(69)式,它所满足的边界条件为

$$
\left.\begin{aligned}
&U(0)=\epsilon\left\{-\frac{\nu}{2R\lambda}[A_0^{(1)}+B_0^{(1)}]+g_{01}^{(1)}\right\}+\epsilon^2\left\{-\frac{\nu}{2R\lambda}[A_1^{(1)}+B_1^{(1)}]g_{11}^{(1)}\right\}\\
&\qquad+O(\epsilon^3)=0,\\
&V(0)=\epsilon g_{02}^{(1)}+\epsilon^2\left[g_{12}^{(1)}+\frac{2+\nu}{2R\lambda^2}\frac{\mathrm{d}}{\mathrm{d}s}B_0^{(k)}\right]+O(\epsilon^2)=0,\\
&W(0)=\epsilon^0\left\{A_0^{(1)}-\frac{\nu R}{12(1-\nu^2)}n^2\alpha_1^2\frac{\mathrm{d}^2R}{\mathrm{d}s^2}+R^2\right\}+\epsilon\left\{A_1^{(1)}+\frac{\nu R}{1-\nu^2}f_{02}^{(1)}\right.\\
&\qquad\left.+R\frac{\mathrm{d}g_{02}^{(1)}}{\mathrm{d}s}\right\}+O(\epsilon^2)=0,\\
&\left(\frac{\partial W}{\partial\alpha}\right)_{\alpha=0}=\epsilon^{-1}\{\lambda(-A_0^{(1)}+B_0^{(1)})\}+\epsilon^0\left\{\lambda(-A_1^{(1)}+B_1^{(1)})\right.\\
&\qquad\left.-\frac{2+\nu}{2(1-\nu^2)}\frac{\mathrm{d}^2R}{\mathrm{d}s^2}\alpha^1 nR\right\}O(\epsilon)=0.
\end{aligned}\right\}\tag{81}
$$

从此，得起始边界 ($\alpha=0$) 上一级近似的起始边界条件为

$$
\left.\begin{aligned}
&-\frac{\nu}{2R\lambda}[A_0^{(1)}+B_0^{(1)}]+g_{01}^{(1)}=0,\quad g_{02}^{(1)}=0,\\
&A_0^{(1)}-\frac{\nu R}{12(1-\nu^2)}n^2\alpha_1^2\frac{\mathrm{d}^2R}{\mathrm{d}s^2}+R^2=0,\ A_0^{(1)}-B_0^{(1)}=0.
\end{aligned}\right\}\tag{82}
$$

其解为

$$
\begin{aligned}
&A_0^{(1)}=B_0^{(1)}=\frac{\nu R}{12(1-\nu^2)}n^2\alpha_1^2\frac{\mathrm{d}^2R}{\mathrm{d}s^2}-R^2,\\
&g_{01}^{(1)}=\frac{\nu^2n^2\alpha_1^2}{12(1-\nu^2)\lambda}\frac{\mathrm{d}^2R}{\mathrm{d}s^2}-\frac{\nu R}{\lambda},\\
&g_{02}^{(1)}=0.
\end{aligned}\tag{83}
$$

二级近似的起始边界条件为

$$
\left.\begin{aligned}
&-\frac{\nu}{2R\lambda}[A_1^{(1)}+B_1^{(1)}]+g_{11}^{(1)}=0,\ g_{12}^{(1)}+\frac{2+\nu}{2R\lambda^2}\frac{\mathrm{d}}{\mathrm{d}s}B_0^{(k)}=0,\\
&A_1^{(1)}+\frac{\nu R}{1-\nu^2}f_{02}^{(1)}+R\frac{\mathrm{d}g_{02}^{(1)}}{\mathrm{d}s}=0,\\
&-\lambda(A_1^{(1)}-B_1^{(1)})-\frac{2+\nu}{2(1-\nu^2)}\alpha_1 n\frac{\mathrm{d}^2R}{\mathrm{d}s^2}R=0.
\end{aligned}\right\}\tag{84}
$$

其解在利用了(83)式以后可以写成

$$\left.\begin{aligned}
A_1^{(1)}(s) &= -\frac{\nu R}{1-\nu^2} f_{02}^{(1)}, \\
B_1^{(1)} &= -\frac{\nu R}{1-\nu^2} f_{02}^{(1)} + \frac{2+\nu}{2(1-\nu^2)} \alpha_1 n R \frac{\mathrm{d}^2 R}{\mathrm{d}s^2} \\
g_{11}^{(1)} &= -\frac{\nu^2}{(1-\nu^2)N} f_{02}^{(1)} + \frac{(2+\nu)\nu\alpha_1 n}{4\lambda(1-\nu^2)} \frac{\mathrm{d}^2 R}{\mathrm{d}s^2} \\
g_{12}^{(1)} &= \frac{2+\nu}{2R\lambda^2} \frac{\mathrm{d}R^2}{\mathrm{d}s} + \frac{(2+\nu)\nu n^2 \alpha_1^2}{24R\lambda^2(1-\nu^2)} \frac{\mathrm{d}}{\mathrm{d}s} R \frac{\mathrm{d}^2 R}{\mathrm{d}s^2}.
\end{aligned}\right\} \tag{85}$$

其中 $f_{02}^{(1)}$ 尚待决定.

同样,在结尾的边界区域内,其解可以写成(65)式,固定边界条件给出

$$\begin{aligned}
U(n\alpha_1) = {} & \epsilon\left\{\frac{\nu}{2R\lambda}(C_0^{(n)} + B_0^{(n)}) - \frac{1}{1-\nu^2}\left(\frac{1}{2}\frac{\mathrm{d}f_{01}^{(n)}}{\mathrm{d}s}\alpha_1^2 - f_{02}^{(n)}\alpha_1\right) + g_{01}^{(n)}\right\} \\
& + \epsilon^2\left\{\frac{\nu}{2R\lambda}(C_1^{(n)} + D_1^{(n)}) - \frac{1}{1-\nu^2}\left(\frac{1}{2}\frac{\mathrm{d}f_{11}^{(n)}}{\mathrm{d}s}\alpha_1^2 + f_{21}^{(n)}\alpha_1\right) + g_{11}^{(n)}\right\} \\
& + O(\epsilon^3),
\end{aligned} \tag{86a}$$

$$\begin{aligned}
V(n\alpha_1) = {} & \epsilon\left\{\frac{1}{1-\nu^2}\left[\frac{1}{6}\frac{\mathrm{d}^2 f_{01}^{(n)}}{\mathrm{d}s^2}\alpha_1^3 - \frac{1}{2}\frac{\mathrm{d}f_{02}^{(n)}}{\mathrm{d}s}\alpha_1^2 + 2(1+\nu)f_{01}^{(n)}\alpha_1\right]\right. \\
& \left. - \left[\frac{\mathrm{d}g_{01}^{(n)}}{\mathrm{d}s}\alpha_1 - g_{02}^{(n)}\right]\right\} + \epsilon^2\left\{\frac{1}{1-\nu^3}\left[\frac{1}{6}\frac{\mathrm{d}^2 f_{01}^{(n)}}{\mathrm{d}s^2}\alpha_1^3 - \frac{1}{2}\frac{\mathrm{d}f_{12}^{(n)}}{\mathrm{d}s}\alpha_1^2\right.\right. \\
& \left.\left. + 2(1+\nu)f_{11}^{(n)}\alpha_1\right] - \left(\frac{\mathrm{d}g_{11}^{(n)}}{\mathrm{d}s}\alpha_1 - g_{12}^{(n)}\right) + \frac{2+\nu}{2R\lambda^2}\frac{\mathrm{d}D_0^{(n)}}{\mathrm{d}s}\right\} + O(\epsilon^3),
\end{aligned} \tag{86b}$$

$$\begin{aligned}
W(n\alpha_1) = {} & \epsilon^0\left\{C_0^{(n)} - \frac{\nu R}{12(1-\nu^2)} n^2\alpha_1^2 \frac{\mathrm{d}^2 R}{\mathrm{d}s^2} - R^2\right\} + \epsilon\left\{C_1^{(n)}\right. \\
& + \frac{R}{1-\nu^2}\left[\frac{1}{6}\frac{\mathrm{d}^3 f_{01}^{(n)}}{\mathrm{d}s^3}\alpha_1^3 - \frac{1}{2}\frac{\mathrm{d}^2 f_{02}^{(n)}}{\mathrm{d}s^2}\alpha_1^2 + (2+\nu)\frac{\mathrm{d}f_{01}^{(n)}}{\mathrm{d}s}\alpha_1 + \nu f_{02}^{(n)}\right] \\
& \left. - R\left[\frac{\mathrm{d}^2 g_{01}^{(n)}}{\mathrm{d}s^2}\alpha_1 - \frac{\mathrm{d}g_{02}^{(n)}}{\mathrm{d}s}\right]\right\} + O(\epsilon^2),
\end{aligned} \tag{86c}$$

$$\begin{aligned}
\left(\frac{\partial W}{\partial \alpha}\right)_{\alpha = n\alpha_1} = {} & \epsilon^{-1}\{\lambda(C_0^{(n)} - D_0^{(n)})\} + \epsilon^0\left\{\lambda(C_1^{(n)} - D_1^{(n)}) + \frac{2+\nu}{2(1-\nu^2)}\alpha_1 n \frac{\mathrm{d}^2 R}{\mathrm{d}s^2} R\right. \\
& \left. - R\frac{\mathrm{d}^2 g_{01}^{(n)}}{\mathrm{d}s^2} + \frac{R}{1-\nu}\left[\frac{1}{2}\frac{\mathrm{d}^3 f_{01}^{(n)}}{\mathrm{d}s^3}\alpha_1^2 - \frac{\mathrm{d}^2 f_{02}^{(n)}}{\mathrm{d}s^2}\alpha_1 + (2+\nu)\frac{\mathrm{d}f_{01}^{(n)}}{\mathrm{d}s}\right]\right\} \\
& + O(\epsilon)
\end{aligned} \tag{80d}$$

于是,得一级近似的结尾边界条件

$$\left.\begin{aligned}
&\frac{\nu}{2R\lambda}(C_0^{(n)}+D_0^{(n)})-\frac{1}{1-\nu^2}\left(\frac{1}{2}\frac{\mathrm{d}f_{01}^{(n)}}{\mathrm{d}s}\alpha_1-f_{02}^{(n)}\right)\alpha_1+g_{10}^{(n)}=0,\\
&\frac{1}{1-\nu}\left[\frac{1}{6}\frac{\mathrm{d}^3f_{01}^{(n)}}{\mathrm{d}s^3}\alpha_1^3-\frac{1}{2}\frac{\mathrm{d}f_{01}^{(n)}}{\mathrm{d}s}\alpha_1^2+2(1+\nu)f_{01}^{(n)}\alpha_1^2\right]-\frac{\mathrm{d}g_{01}^{(n)}}{\mathrm{d}s}\alpha_1+g_{02}^{(n)}=0,\\
&C_0^{(n)}-\frac{\nu R}{12(1-\nu^2)}n^2\alpha_1^2\frac{\mathrm{d}^2R}{\mathrm{d}s^2}+R^2=0,\\
&C_0^{(n)}-D_0^{(n)}=0.
\end{aligned}\right\}\tag{87}$$

设 $f_{01}^{(n)}$, $f_{02}^{(n)}$ 为已知,则(87)式的解可以写成

$$C_0^{(n)}=D_0^{(n)}=\frac{\nu R}{12(1-\nu^2)}n^2\alpha_1^2\frac{\mathrm{d}^2R}{\mathrm{d}s^2}-R^2\tag{88a}$$

$$g_{01}^{(n)}=\frac{1}{1-\nu^2}\left(\frac{1}{2}\frac{\mathrm{d}f_{01}^{(n)}}{\mathrm{d}s}\alpha_1-f_{02}^{(n)}\right)\alpha_1-\frac{\nu^2}{12(1-\nu^2)}\frac{n^2\alpha_1^2}{\lambda}\frac{\mathrm{d}^2R}{\mathrm{d}s^2}+\frac{\nu R}{\lambda},\tag{88b}$$

$$g_{02}^{(n)}=\frac{\mathrm{d}g_{01}^{(n)}}{\mathrm{d}s}\alpha_1-\frac{1}{1-\nu^2}\left[\frac{1}{6}\frac{\mathrm{d}^2f_{01}^{(n)}}{\mathrm{d}s}\alpha_1^2-\frac{1}{2}\frac{\mathrm{d}f_{02}^{(n)}}{\mathrm{d}s}\alpha_1+2(1+\nu)f_{01}^{(n)}\right]\alpha_1\tag{88c}$$

从(79e),(83),(88a)式中可以看到: $A_0^{(k)}$, $B_0^{(k)}$, $C_0^{(k)}$, $D_0^{(k)}$ $(k=1,2,\cdots,n)$业已全部求得.现在让我们用(75),(83),(88b, c)求 $f_{01}^{(1)}$, $f_{02}^{(1)}$, $g_{01}^{(1)}$, $g_{02}^{(1)}$ 的解.

将(83b, c)代入(75c, d),消去 $g_{01}^{(1)}$, $g_{02}^{(1)}$,得

$$\begin{aligned}
g_{01}^{(k)}=&\frac{\nu^2n^2\alpha_1^2}{12\lambda(1-\nu^2)}\frac{\mathrm{d}^2R}{\mathrm{d}s^2}-\frac{\nu R}{\lambda}\\
&-\frac{1}{1-\nu^3}\left[\frac{1}{2}(k-1)^2\frac{\mathrm{d}f_{01}^{(1)}}{\mathrm{d}s}\alpha_1-(k-1)f_{02}^{(1)}\right]\alpha_1+\sum_{j=1}^{k-1}\Gamma_j,
\end{aligned}\tag{89a}$$

$$\begin{aligned}
g_{02}^{(k)}=&-(k-1)\frac{\nu^2n^2\alpha_1^2}{12(k-1)}\frac{\mathrm{d}}{\mathrm{d}s}\frac{1}{\lambda}\frac{\mathrm{d}^2R}{\mathrm{d}s^2}+(k-1)\nu\alpha_1\frac{\mathrm{d}}{\mathrm{d}s}\left(\frac{R}{\lambda}\right)\\
&+\frac{1}{1-\nu^2}\left[\frac{1}{6}(k-1)^3\frac{\mathrm{d}^2f_{01}^{(1)}}{\mathrm{d}s}-\frac{1}{2}(k-1)^2\frac{\mathrm{d}f_{02}^{(1)}}{\mathrm{d}s}\alpha_1\right.\\
&\left.+2(k-1)(1+\nu)f_{01}^{(1)}\right]\alpha_1-\frac{\mathrm{d}}{\mathrm{d}s}\sum_{j=1}^{k-2}(k-j-1)\Gamma_j\alpha_1.
\end{aligned}\tag{89b}$$

将(89)式代入(88b, c),消去 $g_{01}^{(n)}$, $g_{02}^{(n)}$ 以后,利用(75a, b)消去 $f_{01}^{(n)}$, $f_{02}^{(n)}$,整理后得

$$\frac{1}{2}n^2\frac{\mathrm{d}f_{01}^{(1)}}{\mathrm{d}s}\alpha_1^2-nf_{02}^{(1)}\alpha_1=\frac{\nu^2n^2\alpha_1^2}{6\lambda}\frac{\mathrm{d}^2R}{\mathrm{d}s^2}-2\nu(1-\nu^2)\frac{R}{\lambda}+(1-\nu^2)\sum_{j=1}^{n-1}\Gamma_j, \tag{90a}$$

$$\begin{aligned}&\frac{1}{6}n^3\alpha_1^3\frac{\mathrm{d}^3f_{01}^{(1)}}{\mathrm{d}s^2}-\frac{1}{2}n^2\alpha_1^2\frac{\mathrm{d}f_{02}^{(1)}}{\mathrm{d}s}+2n\alpha_1(1+\nu)f_{01}^{(1)}\\=&\frac{\nu^2}{12}n^3\alpha_1^3\frac{\mathrm{d}}{\mathrm{d}s}\frac{1}{\lambda}\frac{\mathrm{d}^2R}{\mathrm{d}s^2}-\nu(1-\nu^2)n\alpha_1\frac{\mathrm{d}}{\mathrm{d}s}\left(\frac{R}{\lambda}\right)\\&+\alpha_1\frac{\mathrm{d}}{\mathrm{d}s}\left\{\sum_{j=1}^{n-1}\Gamma_j+\sum_{j=1}^{n-2}(n-j+1)\Gamma_j\right\}(1-\nu^2).\end{aligned} \tag{90b}$$

从(90a, b)中消去 $f_{02}^{(1)}$,得

$$\begin{aligned}&\frac{1}{12}n^3\alpha_1^3\frac{\mathrm{d}^2f_{01}^{(1)}}{\mathrm{d}s^2}-2n\alpha_1(1+\nu)f_{01}^{(1)}\\=&(1-\nu^2)\alpha_1\frac{\mathrm{d}}{\mathrm{d}s}\left\{\left(\frac{n}{2}-1\right)\sum_{j=1}^{n-1}\Gamma_j-\sum_{j=1}^{n-2}(n-j-1)\Gamma_j\right\}\end{aligned} \tag{91}$$

或可整理成

$$\frac{1}{12}n^3\alpha_1^3\frac{\mathrm{d}^2f_{01}^{(1)}}{\mathrm{d}s^2}-2n\alpha_1(1+\nu)f_{01}^{(1)}=(1-\nu^2)\alpha_1\frac{\mathrm{d}}{\mathrm{d}s}\sum_{j=1}^{n-1}\left(j-\frac{n}{2}\right)\Gamma_j \tag{91a}$$

将(76)式代入求和,用(77)式,很易证明

$$\sum_{j=1}^{n-1}\left(j-\frac{n}{2}\right)\Gamma_j-0 \tag{92}$$

于是(91a)式可以简化为

$$\frac{\mathrm{d}^2f_{01}^{(1)}}{\mathrm{d}s^2}-\mu^2f_{01}^{(1)}=0,\ \mu^2=\frac{24(1+\nu)}{n^2\alpha_1^2} \tag{93}$$

其一般解为

$$f_{01}^{(1)}=ACh\mu s+Bsh\mu s \tag{94}$$

这个解必须满足周期性条件,即

$$f_{01}^{(1)}(0)=f_{01}^{(1)}(s^*),\ \left(\frac{\mathrm{d}f_{01}^{(1)}}{\mathrm{d}s}\right)_{s=0}=\left(\frac{\mathrm{d}f_{01}^{(1)}}{\mathrm{d}s}\right)_{s=s^*} \tag{95}$$

其中 as^* 为截面的周长，这就给出两个求解 A, B 的条件，其解为

$$A=0,\quad B=0 \tag{96}$$

所以，我们证明了

$$f_{01}^{(1)}\equiv 0 \tag{97}$$

代入(90a)，得

$$f_{02}^{(1)}=-\frac{\nu^2 n\alpha_1}{6\lambda}\frac{\mathrm{d}^2R}{\mathrm{d}s^2}+2\nu(1-\nu^2)\frac{R}{n\alpha_1\lambda}-\frac{1-\nu^2}{n\alpha_1}\sum_{j=1}^{n-1}\Gamma_j \tag{98}$$

从(78a)，求出 $\sum_{j=1}^{n-1}\Gamma_j$，上式可以写成

$$f_{02}^{(1)}=-\frac{v^2 n\alpha_1}{6\lambda}\frac{\mathrm{d}^2R}{\mathrm{d}s^2}+2\nu(1-\nu^2)\frac{R}{n\alpha_1\lambda}+\frac{2\nu(n-1)}{\lambda+\dfrac{2(1-\nu^2)}{\lambda_f}}\left\{\frac{\nu\alpha_1}{12}\frac{\mathrm{d}^2R}{\mathrm{d}s^2}+\frac{1-\nu^2}{n\alpha_1}R\right\} \tag{99}$$

到此，我们求得了全部一级近似的初参数，$f_{01}^{(1)}$，$f_{02}^{(1)}$ 见(97)，(99)，$g_{01}^{(1)}$，$g_{02}^{(1)}$ 见(83)式，其中 $f_{01}^{(1)}$，$g_{02}^{(1)}$ 恒等于零，把这些结果代入(75)式，求得其他待定函数如下：

$$f_{01}^{(k)}=0 \tag{100a}$$

$$f_{02}^{(k)}=-\frac{\nu^2 n\alpha_1}{6\lambda}\frac{\mathrm{d}^2R}{\mathrm{d}s^2}+2\nu(1-\nu^2)\frac{R}{n\alpha_1\lambda}+\frac{2\nu(n-1)}{\lambda+\dfrac{2(1-\nu^2)}{\lambda_f}}\left\{\frac{\nu\alpha_1}{12}\frac{\mathrm{d}^2R}{\mathrm{d}s^2}+\frac{1-\nu^2}{\mathrm{d}\alpha_1}R\right\} \tag{100b}$$

$$g_{01}^{(k)}=\frac{\nu^2 n\alpha_1^2}{12(1-\nu^2)}(n-2k+2)\frac{1}{\lambda}\frac{\mathrm{d}^2R}{\mathrm{d}s^2}+(2k-3)\frac{\nu R}{\lambda}+\frac{2\nu(k-1)}{(1-\nu^2)\left[\lambda+\dfrac{2(1-\nu^2)}{\lambda_f}\right]}\left\{\frac{\nu\alpha_1^2}{12}[(n-1)+k(2k-1-3n)+n^2]\frac{\mathrm{d}^2R}{\mathrm{d}s^2}-\frac{1}{n}(1-\nu^2)R\right\} \tag{100c}$$

$$g_{02}^{(k)}=\frac{(k-1)\alpha_1}{1-\nu^2}\frac{\mathrm{d}}{\mathrm{d}s}\left\{\frac{\nu^2\alpha_1^2}{12}n(k-1-n)\frac{1}{\lambda}\frac{\mathrm{d}^2R}{\mathrm{d}s^2}-\frac{\nu(1-\nu^2)}{\lambda}\left[1-\frac{k-1}{n}\right]R\right.$$
$$-\frac{\nu}{\lambda+\dfrac{2(1-\nu^2)}{\lambda_f}}\left[\frac{\alpha_1^2\nu}{12}\left[(n-1)(k-1)+(k-1)(k-n)^2-k(k-2)\right]\right]\frac{\mathrm{d}^2R}{\mathrm{d}s^2}$$
$$\left.+(1-\nu^2)\left(\frac{n-1}{n}(k-1)-(k-2)R\right)\right\} \tag{100d}$$

当 $k=1$ 时,上式给出一级近似解(83)式,(100a, b, c, d),(74e),(88a)给出全部一级近似递推方程的待定条件.总起来说,除 $f_{01}^{(k)}$, $f_{02}^{(k)}$, $g_{01}^{(k)}$, $g_{02}^{(k)}$ ($k=1, 2, 3, \cdots, n$)业已见(100a, b, c, d)外,其他各量为

$$\left.\begin{aligned}
&A_0^{(1)}=B_0^{(1)}=\frac{\nu R}{12(1-\nu^2)}n^2\alpha_1^2\frac{\mathrm{d}^2R}{\mathrm{d}s^2}-R^2,\\
&A_0^{(k+1)}=B_0^{(k+1)}=C_0^{(k)}=D_0^{(k)}=\frac{R\lambda}{(1-\nu^2)\left(\lambda+\dfrac{2(1-\nu^2)}{\lambda_f}\right)}\left[\frac{\nu}{2}k(k\right.\\
&\qquad\left.-n)\alpha_1^2\frac{\mathrm{d}^2R}{\mathrm{d}s^2}+\frac{\nu}{12}n^2\alpha_1^2\frac{\mathrm{d}^2R}{\mathrm{d}s^2}-(1-\nu^2)R\right]\quad(k=1, 2, \cdots, n)\\
&C_0^{(n)}=D_0^{(n)}=\frac{\nu R}{12(1-\nu^2)}n^2\alpha_1^2\frac{\mathrm{d}^2R}{\mathrm{d}s^2}-R^2
\end{aligned}\right\} \tag{101}$$

用同样方法可以求得二级近似递推方程中的诸待定系数,但是,其中只有 $A_1^{(k)}$, $B_1^{(k)}$, $C_1^{(k)}$, $D_1^{(k)}$ 在计算二级近似的应力分量时才是有用的.其结果为

$$\left.\begin{aligned}
&A_1^{(1)}=C_1^{(n)}=\frac{\nu R}{1-\nu^2}\left\{\frac{\nu^2n\alpha_1}{(1-\nu^2)}\frac{\mathrm{d}^2R}{\mathrm{d}s^2}-2\nu(1-\nu^2)\frac{R}{\lambda n\alpha_1}\right.\\
&\qquad\left.-\frac{2\nu(n-1)}{\lambda+\dfrac{2(1-\nu^2)}{\lambda_f}}\left[\frac{\nu\alpha_1}{12}\frac{\mathrm{d}^2R}{\mathrm{d}s^2}+\frac{1-\nu^2}{n\alpha_1}R\right]\right\}\\
&B_1^{(1)}=D_1^{(n)}=\frac{\nu R}{1-\nu^2}\left\{\frac{2+\nu}{2\nu}\frac{\alpha_1n}{\lambda}\frac{\mathrm{d}^2R}{\mathrm{d}s^2}+\frac{\nu^2n\alpha_1}{6\lambda}\frac{\mathrm{d}^2R}{\mathrm{d}s^2}\right.\\
&\qquad\left.-2\nu(1-\nu^2)\frac{R}{\lambda n\alpha_1}-\frac{2\nu(n-1)}{\lambda+\dfrac{2(1-\nu^2)}{\lambda_f}}\left[\frac{\nu\alpha_1}{12}\frac{\mathrm{d}^2R}{\mathrm{d}s^2}+\frac{1-\nu^2}{n\alpha_1}R\right]\right\}\\
&A_1^{(k+2)}=B_1^{(k+1)}=C_1^{(k)}=D_1^{(k)}\quad[\text{见}(80\mathrm{e})]
\end{aligned}\right\} \tag{102}$$

根据(100,101,102)诸式给出的待定函数的解，和(69)给出的待定量级，我们可以写出全部位移和应力分量的表达式. 它们都可以正确到二级近似，其中弯曲所生的内力素的二级近似项业已涉及肋的二级近似项，因此，只有参考价值.

位移在第 k 区间的 $\alpha_k' = 0$ 附近的表达式为

$$U = -\frac{1}{12(1-\nu^2)}\frac{\mathrm{d}^2R}{\mathrm{d}s^2}\alpha(2\alpha - n\alpha_1)(\alpha - n\alpha_1) + \epsilon\left\{g_{01}^{(k)} + \frac{\alpha_k'}{1-\nu^2}f_{02}^{(k)} - \frac{\nu}{R\lambda}A_0^{(k)}\mathrm{e}^{-\lambda\zeta}\cos\lambda\zeta\right\} + O(\epsilon^2), \tag{103a}$$

$$V = -\frac{1}{24(1-\nu^2)}\frac{\mathrm{d}^3R}{\mathrm{d}s^3}\alpha^2(\alpha - n\alpha_1) + \frac{1}{1-\nu^2}\frac{\mathrm{d}R}{\mathrm{d}s}\alpha(\alpha - n\alpha_1) + \epsilon\left\{g_{02}^{(k)} - \alpha_k'\frac{\mathrm{d}g_{01}^{(k)}}{\mathrm{d}s} - \frac{1}{2(1-\nu^2)}\frac{\mathrm{d}f_{02}^{(k)}}{\mathrm{d}s}\alpha_k'^2\right\} + O(\epsilon^2), \tag{103b}$$

$$\begin{aligned} W = &\frac{R}{24(1-\nu^2)}\frac{\mathrm{d}^4R}{\mathrm{d}s^4}\alpha^2(\alpha - n\alpha_1)^2 + \frac{2+\nu}{2(1-\nu^2)}\frac{\mathrm{d}^2R}{\mathrm{d}s^2}\alpha(\alpha - \alpha_1 n)R \\ &- \frac{\nu R}{12(1-\nu^2)}n^2\alpha_1^2\frac{\mathrm{d}^2R}{\mathrm{d}s^2} + R^2 + A_0^{(k)}\mathrm{e}^{-\lambda\zeta}(\cos\lambda\zeta + \sin\lambda\zeta) \\ &+ \epsilon\left\{\frac{R}{1-\nu^2}\left[-\frac{1}{2}\frac{\mathrm{d}^2f_{02}^{(k)}}{\mathrm{d}s^2}\alpha_k'^2 + \nu f_{02}^{(k)}\right] - R\left[\frac{\mathrm{d}^2g_{01}^{(k)}}{\mathrm{d}s^2}\alpha_k' - \frac{\mathrm{d}g_{02}^{(k)}}{\mathrm{d}s}\right]\right. \\ &\left. + A_1^{(k)}\mathrm{e}^{-\lambda\zeta}\cos\lambda\zeta + B_1^{(k)}\mathrm{e}^{-\lambda\zeta}\sin\lambda\zeta\right\} + O(\epsilon^2). \end{aligned} \tag{103c}$$

其中 $\alpha = (k-1)\alpha_1 + \alpha_k'$，$\zeta = \dfrac{\alpha - (k-1)\alpha_1}{\epsilon} = \dfrac{\alpha_k'}{\epsilon}$，$0 \leqslant \alpha_k' \leqslant \alpha_1$.

位移在第 k 区间内的 $\alpha_k' = \alpha_1$ 附近的表达式：

$$U = -\frac{1}{12(1-\nu^2)}\frac{\mathrm{d}^2}{\mathrm{d}s^2}\alpha(2\alpha - \mathrm{d}\alpha_1)(\alpha - n\alpha_1) + \epsilon\left\{g_{01}^{(k)} + \frac{\alpha_k'}{1-\nu^2}f_{02}^{(k)} + \frac{\nu}{R\lambda}C_0^{(k)}\mathrm{e}^{-\lambda\eta}\cos\lambda\eta\right\} + O(\epsilon^2), \tag{104a}$$

$$V = \frac{1}{24(1-\nu^2)}\frac{\mathrm{d}^3R}{\mathrm{d}s^3}\alpha^2(\alpha - n\alpha_1) + \frac{1}{1-\nu^2}\frac{\mathrm{d}R}{\mathrm{d}s}\alpha(\alpha - n\alpha_1) + \epsilon\left\{g_{02}^{(k)} - \alpha_k'\frac{\mathrm{d}g_{01}^{(k)}}{\mathrm{d}s} - \frac{1}{2(1-\nu^2)}\frac{\mathrm{d}f_{02}^{(k)}}{\mathrm{d}s}\alpha_k'^2\right\} + O(\epsilon^2), \tag{104b}$$

$$W = \frac{R}{24(1-\nu^2)}\frac{\mathrm{d}^4R}{\mathrm{d}s^4}\alpha^2(\alpha - n\alpha_1)^2 + \frac{2+\nu}{2(1-\nu^2)}\frac{\mathrm{d}^2R}{\mathrm{d}s^2}\alpha(\alpha - \alpha_1 n)R$$

$$
\begin{aligned}
&-\frac{\nu R}{12(1-\nu^2)}n^2\alpha_1^2\frac{\mathrm{d}^2R}{\mathrm{d}s^2}+R^2+C_0^{(k)}\mathrm{e}^{-\lambda\eta}(\cos\lambda\eta+\sin\lambda\eta)\\
&+\epsilon\left\{\frac{R}{1-\nu^2}\left[-\frac{1}{2}\frac{\mathrm{d}^2f_{02}^{(k)}}{\mathrm{d}s^2}\alpha_k'^2+\nu f_{02}^{(k)}\right]-R\left[\frac{\mathrm{d}^2g_{01}^{(k)}}{\mathrm{d}s^2}\alpha_k'-\frac{\mathrm{d}g_{02}^{(k)}}{\mathrm{d}s}\right]\right.\\
&\left.+C_1^{(k)}\mathrm{e}^{-\lambda\eta}\cos\lambda\eta+D_1^{(k)}\mathrm{e}^{-\lambda\eta}\sin\lambda\eta\right\}+O(\epsilon^2).
\end{aligned}\tag{104c}
$$

其中 $\alpha=(k-1)\alpha_1+\alpha_k'$，$n=\dfrac{k\alpha_1-\alpha}{\epsilon}=\dfrac{\alpha_1-\alpha_k'}{\epsilon}$，$0\leqslant\alpha_k'\leqslant\alpha_1$.

位移在第 k 区间的广大内部的表达式为：

$$
\begin{aligned}
U=&-\frac{1}{12(1-\nu)^2}\frac{\mathrm{d}^2R}{\mathrm{d}s^2}\alpha(2\alpha-n\alpha_1)(\alpha-n\alpha_1)\\
&+\epsilon\left\{g_{01}^{(k)}+\frac{\alpha_k'}{1-\nu^2}f_{02}^{(k)}\right\}+O(\epsilon^2),
\end{aligned}\tag{105a}
$$

$$
\begin{aligned}
V=&\frac{1}{24(1-\nu^2)}\frac{\mathrm{d}^3R}{\mathrm{d}s^3}\alpha^2(\alpha-n\alpha_1)+\frac{1}{1-\nu^2}\frac{\mathrm{d}R}{\mathrm{d}s}\alpha(\alpha-n\alpha_1)\\
&+\epsilon\left\{g_{02}^{(k)}-\alpha_k'\frac{\mathrm{d}g_{01}^{(k)}}{\mathrm{d}s}-\frac{1}{2(1-\nu^2)}\frac{\mathrm{d}f_{02}^{(k)}}{\mathrm{d}s}\alpha_k'^2\right\}+O(\epsilon^2),
\end{aligned}\tag{105b}
$$

$$
\begin{aligned}
W=&\frac{R}{24(1-\nu^2)}\frac{\mathrm{d}^4R}{\mathrm{d}s^4}\alpha^2(\alpha-n\alpha_1)^2+\frac{2+\nu}{2(1-\nu^2)}\frac{\mathrm{d}^2R}{\mathrm{d}s^2}\alpha(\alpha-\alpha_1n)R\\
&-\frac{\nu R}{1-\nu^2}\frac{n^2\alpha_1^2}{12}\frac{\mathrm{d}^2R}{\mathrm{d}s^2}+R^2+\epsilon\left\{\frac{R}{1-\nu^2}\left[-\frac{1}{2}\frac{\mathrm{d}^2f_{02}^{(k)}}{\mathrm{d}s^2}\alpha_k'^2+\nu f_{02}^{(k)}\right]\right.\\
&\left.-R\left[\frac{\mathrm{d}^2g_{01}^{(k)}}{\mathrm{d}s^2}\alpha_k'-\frac{\mathrm{d}g_{02}^{(k)}}{\mathrm{d}s}\right]\right\}+O(\epsilon^2).
\end{aligned}\tag{105c}
$$

其中 $\alpha=(k-1)\alpha_1+\alpha_k'$，$0\leqslant\alpha_k'\leqslant\alpha_1$

内力素的表达式如下：

在 k 区间的 $\alpha_k'=0$ 附近：

$$
\overline{T}_\alpha=-\frac{1}{12}\frac{\mathrm{d}^2R}{\mathrm{d}s^2}[6\alpha^2-6\alpha_1n\alpha+n^2\alpha_1^2]-\nu R+\epsilon\{f_{02}^{(k)}\}+O(\epsilon^2),\tag{106a}
$$

$$
\overline{S}=\frac{1}{2}(2\alpha-n\alpha_1)\frac{\mathrm{d}R}{\mathrm{d}s}-\epsilon(1-\nu^2)\frac{\mathrm{d}}{\mathrm{d}s}\left[\frac{A_0^{(k)}}{\lambda R}\mathrm{e}^{-\lambda\zeta}\cos\lambda\zeta\right]+O(\epsilon^2),\tag{106b}
$$

$$
\overline{T}_s=-R-\frac{1-\nu^2}{R}A_0^{(k)}\mathrm{e}^{-\lambda\zeta}(\cos\lambda\zeta+\sin\lambda\zeta)
$$

$$-\epsilon(1-\nu^2)\frac{1}{R}[A_1^{(n)}e^{-\lambda\zeta}\cos\lambda\zeta+B_1^{(k)}e^{-\lambda\zeta}\sin\lambda\zeta]+O(\epsilon^2), \tag{106c}$$

$$\begin{aligned}\bar{M}_\alpha&=\epsilon^2 2\lambda^2 A_0^{(k)}e^{-\lambda\zeta}(\sin\lambda\zeta-\cos\lambda\zeta)+\\&+\epsilon^3 2\lambda^2 e^{-\lambda\zeta}[A_1^{(k)}\sin\lambda\zeta-B_1^{(k)}\cos\lambda\zeta]+O(\epsilon^4),\end{aligned} \tag{106d}$$

$$\begin{aligned}\bar{M}_s&=\epsilon^2 2\nu\lambda^2 A_0^{(k)}e^{-\lambda\zeta}(\sin\lambda\zeta-\cos\lambda\zeta)\\&+\epsilon^3 2\nu\lambda^2 e^{-\lambda\zeta}(A_1^{(k)}\sin\lambda\zeta-B_1^{(k)}\cos\lambda\zeta)+O(\epsilon^4)\end{aligned} \tag{106e}$$

$$\begin{aligned}\bar{H}=&-\epsilon^3 2(1-\nu)\frac{d}{ds}(\lambda A_0^{(k)}e^{-\lambda\zeta}\cos\lambda\zeta)\\&+\frac{\epsilon^4}{1+\nu}\left\{\frac{1}{12}\left(\frac{d}{ds}R\frac{d}{ds}+\frac{1}{R}\right)\frac{d^3R}{ds^3}(2\alpha^3-3\alpha^2 n\alpha_1+\alpha n\alpha_1)\right.\\&+(1+\nu)\left(\frac{d}{ds}R\frac{d}{ds}+\frac{1}{R}\right)\frac{dR}{ds}(2\alpha-\alpha_1 n)-\frac{\nu}{2(1-\nu^2)}R\frac{d^2R}{ds^2}(2\alpha-\alpha_1 n)\\&\left.-(1-\nu^2)\frac{d}{ds}\lambda e^{-\lambda\zeta}[A_1^{(k)}(\cos\lambda\zeta+\sin\lambda\zeta)-B_1^{(k)}(\cos\lambda\zeta-\sin\lambda\zeta)]\right\}\\&+O(\epsilon^5).\end{aligned} \tag{106f}$$

在 k 区间的 $\alpha_k'=\alpha_1$ 附近：

$$\bar{T}_\alpha=-\frac{1}{12}\frac{d^2R}{ds^2}(6\alpha^2-6\alpha_1 n\alpha+n^2\alpha_1^2)-\nu R+\epsilon f_{02}^{(k)}+O(\epsilon^2), \tag{107a}$$

$$\bar{S}=\frac{1}{2}(2\alpha-\alpha_1 n)\frac{dR}{ds}+\epsilon(1-\nu^2)\frac{d}{ds}\left[\frac{C_0^{(k)}}{\lambda R}e^{-\lambda\eta}\cos\lambda\eta\right]+O(\epsilon^2), \tag{107b}$$

$$\begin{aligned}\bar{T}_s=&-R-(1-\nu^2)\frac{1}{R}C_0^{(k)}e^{-\lambda\eta}(\cos\lambda\eta+\sin\lambda\eta)\\&-\epsilon(1-\nu^2)\frac{1}{R}(C_1^{(k)}e^{-\lambda\eta}\cos\lambda\eta+D_1^{(k)}e^{-\lambda\eta}\sin\lambda\eta)+O(\epsilon^2),\end{aligned} \tag{107c}$$

$$\begin{aligned}\bar{M}_\alpha&=\epsilon^2 2\lambda^2 C_0^{(k)}e^{-\lambda\eta}(\sin\lambda\eta-\cos\lambda\eta)\\&+\epsilon^3 2\lambda^2 e^{-\lambda\eta}(C_1^{(k)}\sin\lambda\eta-D_1^{(k)}\cos\lambda\eta)+O(\epsilon^4)\end{aligned} \tag{107d}$$

$$\begin{aligned}\bar{M}_s&=\epsilon^2 2\nu\lambda^2 C_0^{(k)}e^{-\lambda\eta}(\sin\lambda\eta-\cos\lambda\eta)\\&+\epsilon^3 2\nu\lambda^2 e^{-\lambda\eta}(C_0^{(k)}\sin\lambda\eta-D_1^{(k)}\cos\lambda\eta)+O(\epsilon^4),\end{aligned} \tag{107e}$$

$$\begin{aligned}\bar{H}=&\,\epsilon^3 2(1-\nu)\frac{d}{ds}(\lambda C_0^{(k)}e^{-\lambda\eta}\sin\lambda\eta)\\&+\frac{\epsilon^4}{1+\nu^2}\left\{\frac{1}{12}\left(\frac{d}{ds}R\frac{d}{ds}+\frac{1}{R}\right)\frac{d^3R}{ds^3}(2\alpha^3-3\alpha^2 n\alpha_1+\alpha n\alpha_1)\right.\end{aligned}$$

$$+(1+\nu)\left(\frac{\mathrm{d}}{\mathrm{d}s}R\frac{\mathrm{d}}{\mathrm{d}s}+\frac{1}{R}\right)\frac{\mathrm{d}R}{\mathrm{d}s}(2\alpha-\alpha_1 n)-\frac{\nu}{2(1-\nu^2)}R\frac{\mathrm{d}^2R}{\mathrm{d}s^2}(2\alpha-\alpha_1 n)$$

$$+(1-\nu)\frac{\mathrm{d}}{\mathrm{d}s}[\lambda C_1^{(k)}\mathrm{e}^{-\lambda\eta}(\cos\lambda\eta+\sin\lambda\eta)-\lambda D_1^{(k)}\mathrm{e}^{-\lambda\eta}(\cos\lambda\eta+\sin\lambda\eta)]\Big\}$$

$$+O(\epsilon^5). \tag{107f}$$

在 k 区间的广大内部

$$\overline{T}_\alpha=-\frac{1}{12}\frac{\mathrm{d}^2R}{\mathrm{d}s^2}[6\alpha^2-6\alpha_1 n\alpha+n^2\alpha_1^2]-\nu R+\epsilon_{02}^{(k)}+O(\epsilon^2), \tag{108a}$$

$$\overline{S}=\frac{1}{2}(2\alpha-\alpha_1 n)\frac{\mathrm{d}R}{\mathrm{d}s}+O(\epsilon^2), \tag{108b}$$

$$\overline{T}_s=-R+O(\epsilon^4), \tag{108c}$$

$$\overline{M}_\alpha=\frac{\epsilon^4}{1-\nu^2}\Big\{\frac{1}{24}R\frac{\mathrm{d}^4R}{\mathrm{d}s^4}[12\alpha^2-12\alpha n\alpha_1+2\alpha_1^2n^2]+(2+\nu)\frac{\mathrm{d}^2R}{\mathrm{d}s^2}$$

$$+\frac{\nu}{24}\frac{\mathrm{d}}{\mathrm{d}s}\left(\frac{\mathrm{d}}{\mathrm{d}s}R\frac{\mathrm{d}}{\mathrm{d}s}+\frac{1}{R}\right)\frac{\mathrm{d}^3R}{\mathrm{d}s^3}\alpha^2(\alpha-\alpha_1 n)^2+\nu(1+\nu)\frac{\mathrm{d}}{\mathrm{d}s}\Big(\frac{\mathrm{d}}{\mathrm{d}s}R\frac{\mathrm{d}}{\mathrm{d}s}$$

$$+\frac{1}{R}\Big)\frac{\mathrm{d}R}{\mathrm{d}s}\alpha(\alpha-\alpha_1 n)-\frac{\nu^2}{2}\frac{\mathrm{d}^2}{\mathrm{d}s^2}R\frac{\mathrm{d}^2R}{\mathrm{d}s^2}\alpha(\mathrm{d}-\alpha_1 n)$$

$$-\frac{\nu^2}{12}n^2\alpha_1^2\frac{\mathrm{d}^2}{\mathrm{d}s^2}R\frac{\mathrm{d}^2R}{\mathrm{d}s^2}+\nu(1-\nu^2)\frac{\mathrm{d}^2}{\mathrm{d}s^2}R^2\Big\}+\frac{\epsilon^5}{1-\nu^2}\Big\{-R\frac{\mathrm{d}^2f_{02}^{(k)}}{\mathrm{d}s^2}$$

$$-\frac{\nu}{2}\alpha_k'^2\frac{\mathrm{d}}{\mathrm{d}s}\left(\frac{\mathrm{d}}{\mathrm{d}s}R\frac{\mathrm{d}}{\mathrm{d}s}+\frac{1}{R}\right)\frac{\mathrm{d}f_{02}^{(k)}}{\mathrm{d}s}+\nu^2\frac{\mathrm{d}^2}{\mathrm{d}s^2}(Rf_{02}^{(k)})$$

$$-\nu(1-\nu^2)\alpha_k'\frac{\mathrm{d}}{\mathrm{d}s}\left(\frac{\mathrm{d}}{\mathrm{d}s}R\frac{\mathrm{d}}{\mathrm{d}s}+\frac{1}{R}\right)\frac{\mathrm{d}g_{01}^{(k)}}{\mathrm{d}s}$$

$$+\nu(1-\nu^2)\frac{\mathrm{d}}{\mathrm{d}s}\left(\frac{\mathrm{d}}{\mathrm{d}s}R\frac{\mathrm{d}}{\mathrm{d}s}+\frac{1}{R}\right)g_{02}^{(k)}\Big\}+O(\epsilon^6), \tag{108d}$$

$$\overline{M}_s=\frac{\epsilon^4}{1-\nu^2}\Big\{\frac{\nu}{12}R\frac{\mathrm{d}^4R}{\mathrm{d}s^4}(12\alpha^2-12\alpha n\alpha_1+2\alpha_1^2n^2)+\nu(2+\nu)\frac{\mathrm{d}^2R}{\mathrm{d}s^2}$$

$$+\frac{1}{24}\frac{\mathrm{d}}{\mathrm{d}s}\left(\frac{\mathrm{d}}{\mathrm{d}s}R\frac{\mathrm{d}}{\mathrm{d}s}+\frac{1}{R}\right)\frac{\mathrm{d}^3R}{\mathrm{d}s^3}\alpha^2(\alpha-\alpha_1 n)^2+(1+\nu)\frac{\mathrm{d}}{\mathrm{d}s}\Big(\frac{\mathrm{d}}{\mathrm{d}s}R\frac{\mathrm{d}}{\mathrm{d}s}$$

$$+\frac{1}{R}\Big)\frac{\mathrm{d}R}{\mathrm{d}s}\alpha(\alpha-\alpha_1 n)-\frac{\nu}{2}\frac{\mathrm{d}^2}{\mathrm{d}s^2}R\frac{\mathrm{d}^2R}{\mathrm{d}s^2}\alpha(\alpha-\alpha_1 n)-\frac{\nu}{12}n^2\alpha_1^2\frac{\mathrm{d}^2}{\mathrm{d}s^2}R\frac{\mathrm{d}^2R}{\mathrm{d}s^2}$$

$$+(1-\nu^2)\frac{\mathrm{d}^2}{\mathrm{d}s^2}R^2\Big\}+\frac{\epsilon^5}{1-\nu^2}\Big\{-R\nu\frac{\mathrm{d}^2f_{02}^{(k)}}{\mathrm{d}s^2}$$

$$-\frac{\alpha_k'^2}{2}\frac{\mathrm{d}}{\mathrm{d}s}\left(\frac{\mathrm{d}}{\mathrm{d}s}R\frac{\mathrm{d}}{\mathrm{d}s}+\frac{1}{R}\right)\frac{\mathrm{d}f_{02}^{(k)}}{\mathrm{d}s}$$

$$+\nu\frac{\mathrm{d}^2}{\mathrm{d}s^2}(Rf_{02}^{(k)})-(1-\nu^2)\alpha_k'^2\frac{\mathrm{d}}{\mathrm{d}s}\left(\frac{\mathrm{d}}{\mathrm{d}s}R\frac{\mathrm{d}}{\mathrm{d}s}+\frac{1}{R}\right)\frac{\mathrm{d}g_{01}^{(k)}}{\mathrm{d}s}$$

$$+(1-\nu^2)\frac{\mathrm{d}}{\mathrm{d}s}\left(\frac{\mathrm{d}}{\mathrm{d}s}R\frac{\mathrm{d}}{\mathrm{d}s}+\frac{1}{R}\right)g_{02}^{(k)}\Big\}+O(\epsilon^6), \tag{108e}$$

$$\bar{H}=\frac{\epsilon^4}{1+\nu}\Big\{\frac{1}{12}\left(\frac{\mathrm{d}}{\mathrm{d}s}R\frac{\mathrm{d}}{\mathrm{d}s}+\frac{1}{R}\right)\frac{\mathrm{d}^3R}{\mathrm{d}s^3}(2\alpha^3-3\alpha^3n\alpha^1+\alpha n\alpha_1)$$

$$+(1+\nu)\left(\frac{\mathrm{d}}{\mathrm{d}s}R\frac{\mathrm{d}}{\mathrm{d}s}+\frac{1}{R}\right)\frac{\mathrm{d}R}{\mathrm{d}s}(2\alpha-n\alpha_1)-\frac{\nu}{2(1-\nu^2)}R\frac{\mathrm{d}^2R}{\mathrm{d}s^2}(2\alpha-\alpha_1n)\Big\}$$

$$+\frac{\epsilon^5}{2(1+\nu)}\Big\{-\alpha_k'\left(\frac{\mathrm{d}}{\mathrm{d}s}R\frac{\mathrm{d}}{\mathrm{d}s}+\frac{1}{R}\right)\frac{\mathrm{d}f_{02}^{(k)}}{\mathrm{d}s}$$

$$-(1-\nu^2)\left(\frac{\mathrm{d}}{\mathrm{d}s}R\frac{\mathrm{d}}{\mathrm{d}s}+\frac{1}{R}\right)\frac{\mathrm{d}g_{01}^{(k)}}{\mathrm{d}s^2}\Big\}+O(\epsilon^6). \tag{108f}$$

最大应力在$\alpha=0$的固定截面上，在这个截面上的内力素可以从(108)式求得，其结果为：

$$\bar{T}_\alpha(0)=-\frac{1}{12}\frac{\mathrm{d}^2R}{\mathrm{d}s^2}\alpha_1^2n^2-\nu R+\epsilon f_{02}^{(1)}+O(\epsilon^2), \tag{109a}$$

$$\bar{T}_s(0)=-R-(1-\nu^2)\frac{A_0^{(1)}}{R}-\epsilon(1-\nu^2)\frac{A_1^{(1)}}{R}+O(\epsilon^2), \tag{109b}$$

$$\bar{S}(0)=-\frac{1}{2}\alpha_1n\frac{\mathrm{d}R}{\mathrm{d}s}-\epsilon(1-\nu^2)\frac{\mathrm{d}}{\mathrm{d}s}\frac{A_i^{(1)}}{\lambda R}+O(\epsilon^2), \tag{109c}$$

$$\bar{M}_\alpha(0)=-\epsilon^2 2\lambda^2A_0^{(1)}-\epsilon^3 2\lambda^2B_1^{(1)}(s)+O(\epsilon^4), \tag{109d}$$

$$\bar{M}_s(0)=-\epsilon^2 2\nu\lambda^2A_0^{(1)}-\epsilon^3 2\nu\lambda^2B_1^{(1)}(s)+O(\epsilon^4), \tag{109e}$$

$$\bar{H}(0)=\frac{\epsilon^4}{1+\nu}\Big\{-(1+\nu)\left(\frac{\mathrm{d}}{\mathrm{d}s}R\frac{\mathrm{d}}{\mathrm{d}s}+\frac{1}{R}\right)\frac{\mathrm{d}R}{\mathrm{d}s}\alpha_1n+\frac{\nu}{2(1-\nu^2)}\Big(\frac{\mathrm{d}}{\mathrm{d}s}R\frac{\mathrm{d}}{\mathrm{d}s}$$

$$+\frac{1}{R}\Big)\frac{\mathrm{d}^2R}{\mathrm{d}s^2}\alpha_1n-(1-\nu^2)\frac{\mathrm{d}}{\mathrm{d}s}[\lambda(A_1^{(1)}-B_1^{(1)})]\Big\}+O(\epsilon^5). \tag{109f}$$

在每一条肋(第k条肋)上，除了$\bar{S}$外，所有内力素都是连续的，其结果为：

$$\bar{T}_\alpha^-(k\alpha_1)=\bar{T}_\alpha^+(k\alpha_1)=-\frac{1}{12}\frac{\mathrm{d}^2R}{\mathrm{d}s^2}[6k^2-6kn+n^2]\alpha_1^2-\nu R$$

$$+6f_{02}^{(k+1)}+O(\epsilon^2), \tag{110a}$$

$$\overline{S}^{+}(k\alpha_1)=\frac{1}{12}(2k-n)\alpha_1\frac{\mathrm{d}R}{\mathrm{d}s}-\epsilon(1-\nu^2)\frac{\mathrm{d}}{\mathrm{d}s}\left[\frac{A_0^{(k+1)}}{\lambda R}\right]+O(\epsilon^2),\tag{110b}$$

$$\overline{T}_s^{-}(k\alpha_1)=\overline{T}_s^{+}(k\alpha_1)=-R-\frac{1-\nu^2}{R}A_0^{(k+1)}-\epsilon(1-\nu^2)\frac{1}{R}A_1^{(k+1)}+O(\epsilon^2),\tag{110c}$$

$$\overline{M}_\alpha^{-}(k\alpha_1)=\overline{M}_\alpha^{+}(k\alpha_1)=-\epsilon^2 2\lambda^2A_0^{(k+1)}-\epsilon^3 2\lambda^2B_1^{(k+1)}+O(\epsilon^4),\tag{110d}$$

$$\overline{M}_s^{-}(k\alpha_1)=\overline{M}_s^{+}(k\alpha_1)=-\epsilon^2 2\nu\lambda^2A_0^{(k+1)}-\epsilon^3 2\nu\lambda^2B_1^{(k+1)}+O(\epsilon^4),\tag{110e}$$

$$\begin{aligned}\overline{H}^{-}(k\alpha_1)=\overline{H}^{+}(k\alpha_1)=\frac{\epsilon^4}{1+\nu}\Big\{&\frac{1}{12}\left(\frac{\mathrm{d}}{\mathrm{d}s}R\frac{\mathrm{d}}{\mathrm{d}s}+\frac{1}{R}\right)\frac{\mathrm{d}^3R}{\mathrm{d}s^3}(2k^3-3nk^2+n^2k)\alpha_1^3\\&+(1+\nu)\left(\frac{\mathrm{d}}{\mathrm{d}s}R\frac{k}{\mathrm{d}s}+\frac{1}{R}\right)\frac{\mathrm{d}R}{\mathrm{d}s}(2k-n)\alpha_1\\&-\frac{\nu}{2(1-\nu^2)}R\frac{\mathrm{d}^2R}{\mathrm{d}s^2}(2k-n)\alpha_1\Big\}+O(\epsilon^5),\end{aligned}\tag{110f}$$

$$\overline{S}^{-}(k\alpha_1)=\frac{1}{2}2(2k-n)\alpha_1\frac{\mathrm{d}R}{\mathrm{d}s}+\epsilon(1-\nu^2)\frac{\mathrm{d}}{\mathrm{d}s}\left(\frac{A^{(k+1)}}{\lambda R}\right)+O(\epsilon^2).\tag{110g}$$

所以$\overline{S}$在k肋上的跳跃值为：

$$\Delta\overline{S}=\overline{S}^{+}(k\alpha_1)-\overline{S}^{-}(k\alpha_1)=-2\epsilon(1-\nu^2)\frac{\mathrm{d}}{\mathrm{d}s}\left(\frac{A^{(k+1)}}{\lambda R}\right)+O(\epsilon^2)\tag{111}$$

七、两端铰支的加肋柱的解

设现有加强肋的柱壳，共有$n-1$条肋，两端铰支，其在起始一段内所满足的铰支边界条件可以写成，

$$\left.\begin{aligned}&U(0)=\epsilon\left\{-\frac{\nu}{2R\lambda}(A_0^{(1)}+B_0^{(1)})+g_{01}^{(1)}\right\}+\\&\qquad\epsilon^2\left\{-\frac{\nu}{2R\lambda}(A_1^{(1)}+B_1^{(1)})+g_{11}^{(1)}\right\}+O(\epsilon^3)=0,\\&V(0)=\epsilon g_{02}^{(1)}+\epsilon^2\left\{g_{12}^{(1)}+\frac{2+\nu}{2}\frac{\mathrm{d}}{\mathrm{d}s}\left(\frac{B_0^{(1)}}{\lambda R}\right)\right\}+O(\epsilon^3)=0,\\&W(0)=\epsilon^0\left\{A_0^{(1)}-\frac{\nu R}{12(1-\nu^2)}n^2\alpha_1^2\frac{\mathrm{d}^2R}{\mathrm{d}s^2}+R^2\right\}\\&\qquad+\epsilon\left\{A_1^{(1)}+\frac{R\nu}{1-\nu}f_{02}^{(1)}+R\frac{\mathrm{d}g_{02}^{(1)}}{\mathrm{d}s}\right\}+O(\epsilon^2)=0\\&\overline{M}_\alpha(0)=-\epsilon^2 2\lambda^2B_0^{(1)}-\epsilon^3 2\lambda^2B_1^{(1)}+O(\epsilon^4)=0.\end{aligned}\right\}\tag{112}$$

在结尾一段内的铰支边界条件可以写成

$$U(n\alpha_1)=\epsilon\left\{\frac{\nu}{2R\lambda}(C_0^{(n)}+D_0^{(n)})-\frac{1}{1-\nu^2}\left(\frac{1}{2}\frac{\mathrm{d}f_{01}^{(n)}}{\mathrm{d}s}\alpha_1^2-f_{02}^{(n)}\alpha_1\right)+g_{01}^{(n)}\right\}$$
$$+\epsilon^2\left\{\frac{\nu}{2R\lambda}(C_1^{(n)}+D_1^{(n)})-\frac{1}{1-\nu^2}\left(\frac{1}{2}\frac{\mathrm{d}f_{11}^{(n)}}{\mathrm{d}s}\alpha_1^2-f_{12}^{(n)}\alpha_1\right)+g_{11}^{(n)}\right\}$$
$$+O(\epsilon^3)=0, \tag{113a}$$

$$V(n\alpha_1)=\epsilon\left\{\frac{1}{1-\nu^2}\left[\frac{1}{6}\frac{\mathrm{d}^2f_{01}^{(n)}}{\mathrm{d}s^2}\alpha_1^3-\frac{1}{2}\frac{\mathrm{d}f_{02}^{(n)}}{\mathrm{d}s}\alpha_1^2+2(1+\nu)f_{01}^{(n)}\alpha_1\right]-\left[\frac{\mathrm{d}g_{01}^{(n)}}{\mathrm{d}s}\alpha_1\right.\right.$$
$$\left.\left.-g_{02}^{(n)}\right]\right\}+\epsilon^2\left\{\frac{1}{1-\nu^2}\left[\frac{1}{6}\frac{\mathrm{d}^2f_{11}^{(n)}}{\mathrm{d}s^2}\alpha_1^3-\frac{1}{2}\frac{\mathrm{d}f_{12}^{(n)}}{\mathrm{d}s}\alpha_1^2+2(1+\nu)f_{11}^{(n)}\alpha_1\right]\right.$$
$$\left.-\left[\frac{\mathrm{d}g_{11}^{(n)}}{\mathrm{d}s}\alpha_1-g_{12}^{(n)}\right]+\frac{2+\nu}{2R\lambda^2}\frac{\mathrm{d}}{\mathrm{d}s}D_0^{(n)}\right\}+O(\epsilon^3)=0, \tag{113b}$$

$$\overline{M}_\alpha(n\alpha_1)=-\epsilon^2 2\lambda^2 D_0^{(n)}-\epsilon 2\lambda^2 D_1^{(n)}+O(\epsilon^4)=0, \tag{113c}$$

$$W(n\alpha_1)=\epsilon^0\left\{C_0^{(n)}-\frac{\nu R}{12(1-\nu^2)}n^2\alpha_1^2\frac{\mathrm{d}^2R}{\mathrm{d}s^2}+R^2\right\}$$
$$+\epsilon\left\{C_1^{(n)}+\frac{R}{1-\nu^2}\left[\frac{1}{6}\frac{\mathrm{d}^3f_{01}^{(n)}}{\mathrm{d}s^3}\alpha_1^3-\frac{1}{2}\frac{\mathrm{d}^2f_{02}^{(n)}}{\mathrm{d}s^2}\alpha_1^2+(2+\nu)\frac{\mathrm{d}f_{01}^{(n)}}{\mathrm{d}s}\alpha_1\right.\right.$$
$$\left.\left.+\nu f_{02}^{(n)}\right]-R\left[\frac{\mathrm{d}^2g_{01}^{(n)}}{\mathrm{d}s^2}\alpha_1-\frac{\mathrm{d}g_{02}^{(n)}}{\mathrm{d}s}\right]\right\}+O(\epsilon^2)=0. \tag{113d}$$

(112)和(113)式中的一级近似条件为

$$-\frac{\nu}{2R\lambda}(A_0^{(1)}+B_0^{(1)})+g_{01}^{(1)}=0, \tag{114a}$$

$$g_{02}^{(1)}=0, \tag{114b}$$

$$A_0^{(1)}-\frac{\nu R}{12(1-\nu^2)}n^2\alpha_1^2\frac{\mathrm{d}^2R}{\mathrm{d}s^2}+R^2=0, \tag{114c}$$

$$B_0^{(1)}=0, \tag{114d}$$

$$\frac{\nu}{2R\lambda}(C_0^{(n)}+D_0^{(n)})-\frac{1}{1-\nu^2}\left(\frac{1}{2}\frac{\mathrm{d}f_{01}^{(n)}}{\mathrm{d}s}\alpha_1-f_{02}^{(n)}\right)\alpha_1+g_{01}^{(n)}=0, \tag{114e}$$

$$\frac{1}{1-\nu^2}\left[\frac{1}{6}\frac{\mathrm{d}^2f_{01}^{(n)}}{\mathrm{d}s^2}\alpha_1^3-\frac{1}{2}\frac{\mathrm{d}f_{02}^{(n)}}{\mathrm{d}s}\alpha_1^2+2(1+\nu)f_{01}^{(n)}\alpha_1+\left[g_{02}^{(n)}-\frac{\mathrm{d}g_{01}^{(n)}}{\mathrm{d}s}\alpha_1\right]=0,\right.$$

(114f)

$$-\frac{\nu R}{12(1-\nu^2)}n^2\alpha_1^2\frac{\mathrm{d}^2R}{\mathrm{d}s^2}+R^2+C_0^{(n)}=0, \tag{114g}$$

$$D_0^{(n)}=0. \tag{114h}$$

(114)式可以结合(74e)及(75)式求解,从(114a, b, c, d)解得

$$\left.\begin{aligned} A_0^{(1)}&=\frac{\nu R}{12(1-\nu^2)}n^2\alpha_1^2\frac{\mathrm{d}^2R}{\mathrm{d}s^2}-R^2, & B_0^{(1)}&=0,\\ g_{01}^{(1)}&=\frac{\nu}{2R\lambda}\left[\frac{\nu R}{12(1-\nu^2)}n^2\alpha_1^2\frac{\mathrm{d}^2R}{\mathrm{d}s^2}-R^2\right], & g_{02}^{(1)}&=0. \end{aligned}\right\} \tag{115}$$

从(114g, h),求出 $C_0^{(n)}$, $D_0^{(n)}$,即

$$C_0^{(n)}=\frac{\nu R}{12(1-\nu^2)}n^2\alpha_1^2\frac{\mathrm{d}^2R}{\mathrm{d}s^2}-R^2,\quad D_0^{(n)}=0 \tag{116}$$

于是(114e, f)可以写成

$$\frac{1}{1-\nu^2}\left[\frac{1}{1}\frac{\mathrm{d}f_{01}^{(n)}}{\mathrm{d}s}\alpha_1+f_{02}^{(n)}\right]\alpha_1-g_{01}^{(n)}-\frac{\nu}{2R\lambda}\left[\frac{\nu Rn^2\alpha_1^2}{12(1-\nu^2)}\frac{\mathrm{d}^2R}{\mathrm{d}s^2}-R^2\right]=0, \tag{117a}$$

$$\frac{1}{1-\nu^2}\left[\frac{1}{6}\frac{\mathrm{d}^2f_{01}^{(n)}}{\mathrm{d}s^2}\alpha_1^3-\frac{1}{2}\frac{\mathrm{d}f_{02}^{(n)}}{\mathrm{d}s}\alpha_1^2+(1+\nu)f_{01}^{(n)}\alpha_1\right]-\frac{\mathrm{d}g_{01}^{(n)}}{\mathrm{d}s}\alpha_1g_{02}^{(n)}=0. \tag{117b}$$

将(75)式代入(117)式,并利用(115)式,即得

$$\frac{1}{1-\nu^2}\left[\frac{1}{2}n^2\frac{\mathrm{d}f_{01}^{(1)}}{\mathrm{d}s}\alpha_1-nf_{02}^{(1)}\right]-\frac{\nu}{R\lambda}\left[\frac{\nu R}{12(1-\nu^2)}n^2\alpha_1^2\frac{\mathrm{d}^2R}{\mathrm{d}s^2}-R^2\right]-\sum_{j=1}^{n-1}\Gamma_j, \tag{118a}$$

$$\begin{aligned} &\frac{1}{1-\nu^2}\left[\frac{1}{6}n^3\frac{\mathrm{d}^2f_{01}^{(1)}}{\mathrm{d}s^2}\alpha_1^3-\frac{1}{2}n^2\frac{\mathrm{d}f_{02}^{(1)}}{\mathrm{d}s}\alpha_1^2+2n(1+\nu)f_{01}^{(1)}\right]\\ &-n\alpha_1\frac{\mathrm{d}}{\mathrm{d}s}\frac{\nu}{2R\lambda}\left[\frac{\nu n^2\alpha_1^2}{24(1-\nu^2)}\frac{\mathrm{d}^2R}{\mathrm{d}s^2}R-R^2\right]\\ &-\alpha_1\frac{\mathrm{d}}{\mathrm{d}s}\left[\sum_{j=1}^{n-1}\Gamma_j-\sum_{j=1}^{n-2}(n-j-1)\Gamma_n\right]=0. \end{aligned} \tag{118b}$$

和(90a, b)的求解相同,(118a, b)的解为

$$\left.\begin{aligned} &f_{01}^{(1)}=0 \\ &f_{02}^{(1)}=-\frac{\nu(1-\nu^2)}{n\alpha_1 R\lambda}\left[\frac{\nu n^2\alpha_1^2}{12(1-\nu^2)}R\frac{\mathrm{d}^2R}{\mathrm{d}s^2}-R^2\right] \\ &\qquad+\frac{2\nu(n-1)}{\lambda n\alpha\left(1+\dfrac{2(1-\nu^2)}{\lambda\lambda_f}\right)}\left\{\frac{\nu n}{12}\alpha_1^2\frac{\mathrm{d}^2R}{\mathrm{d}s^2}+(1-\nu^2)R\right\}\end{aligned}\right\}\tag{119}$$

于是，我们求得一级近似边界条件的全部待定函数，$A_0^{(1)}$，$B_0^{(1)}$，$C_0^{(n)}$，$D_0^{(n)}$，$g_{01}^{(1)}$，$g_{02}^{(1)}$，$f_{01}^{(1)}$，$f_{02}^{(1)}$，即(115)，(116)，(119)式.

二级近似条件从(112)，(113)式求得为

$$-\frac{\nu}{2R\lambda}(A_1^{(1)}+B_1^{(1)})+g_{11}^{(1)}=0,\tag{120a}$$

$$g_{12}^{(1)}+\frac{1}{2}(2+\nu)\frac{\mathrm{d}}{\mathrm{d}s}\left(\frac{B_0^{(1)}}{R\lambda^2}\right)=0,\tag{120b}$$

$$A_1^{(1)}+\frac{R\nu}{1-\nu^2}f_{02}^{(1)}+R\frac{\mathrm{d}g_{01}^{(1)}}{\mathrm{d}s}=0,\tag{120c}$$

$$B_1^{(1)}=0,\tag{120d}$$

$$\frac{\nu}{2R\lambda}(C_1^{(n)}+D_1^{(n)})-\frac{1}{1-\nu^2}\left(\frac{1}{2}\frac{\mathrm{d}f_{11}^{(n)}}{\mathrm{d}s}\alpha_1-f_{12}^{(n)}\right)\alpha_1+g_{11}^{(n)}=0,\tag{120e}$$

$$\begin{aligned}&\frac{1}{1-\nu^2}\left[\frac{1}{6}\frac{\mathrm{d}^2f_{11}^{(n)}}{\mathrm{d}s^2}\alpha_1^3-\frac{1}{2}\frac{\mathrm{d}f_{12}^{(n)}}{\mathrm{d}s}\alpha_1^2+2(1+\nu)f_{12}^{(n)}\alpha_1\right] \\ &\qquad-\left[\frac{\mathrm{d}g_{11}^{(n)}}{\mathrm{d}s}\alpha_1-g_{12}^{(n)}\right]+\frac{1}{2}(2+\nu)\frac{\mathrm{d}}{\mathrm{d}s}\left(\frac{\mathrm{D}_1^{(n)}}{R\lambda^2}\right)=0,\end{aligned}\tag{120f}$$

$$\begin{aligned}&C_1^{(n)}+\frac{R}{1-\nu^2}\left[\frac{1}{6}\frac{\mathrm{d}^3f_{01}^{(n)}}{\mathrm{d}s^3}\alpha_1^3-\frac{1}{2}\frac{\mathrm{d}^2f_{02}^{(n)}}{\mathrm{d}s^2}\alpha_1^2+(2+\nu)\frac{\mathrm{d}f_{01}^{(n)}}{\mathrm{d}s}\alpha_1+\nu f_{02}^{(n)}\right] \\ &\quad-R\left[\frac{\mathrm{d}^2g_{01}^{(n)}}{\mathrm{d}s^2}\alpha_1-\frac{\mathrm{d}g_{02}^{(n)}}{\mathrm{d}s}\right]\alpha_1=0,\end{aligned}\tag{120g}$$

$$D_1^{(n)}=0.\tag{120h}$$

一级近似的结果(115)，(116)，(119)，(74e)，(75a, b, c, d)式代入上式，解之，得

$$A_1^{(1)}=-\frac{R\nu}{1-\nu^2}f_{02}^{(1)},\qquad B_1^{(1)}=0,\tag{121a, b}$$

$$C_1^{(n)}=-\frac{R\nu}{1-\nu^2}f_{02}^{(1)},\qquad D_1^{(1)}=0 \tag{121c, d}$$

$$g_{11}^{(1)}=-\frac{\nu^2}{2\lambda(1-\nu^2)}f_{02}^{(1)},\ g_{12}^{(1)}=0 \tag{121e, f}$$

由(120e, f)及(80a, b, c, d)诸式,还要以计算 $f_{11}^{(n)}$, $f_{12}^{(n)}$, $g_{11}^{(n)}$, $g_{12}^{(n)}$,但是,它们在计算内力素二级近似值时,并无用处.

根据上面的结果,我们可以写出全部有关铰支加肋壳的位移和内力素表达式:

(1) 在第 k 区间的 $\alpha_k'=\alpha_0$ 附近的表达式,和(103),(106)式相同, $k=2$, 3, …, $n-1$, n

(2) 在第 k 区间的 $\alpha_k'=\alpha_1$ 附近的表达式,和(104),(107)式相同, $k=1$, 2, 3, …, $n-1$

(3) 在第 k 区间的广大内部区域的表达式和(105),(108)式相同, $k=1$, 2, 3 …, n

(4) 在起始铰支截面上,内力素表达式为

$$\overline{T}_\alpha(0)=-\frac{1}{12}\frac{\mathrm{d}^2R}{\mathrm{d}s^2}\alpha_1^2n^2-\nu R+\epsilon f_{02}^{(1)}+O(\epsilon^2), \tag{122a}$$

$$\overline{T}_s(0)=-R-(1-\nu^2)\frac{1}{R}A_0^{(1)}-\epsilon(1-\nu^2)\frac{A_1^{(1)}}{R}+O(\epsilon^2), \tag{122b}$$

$$\overline{S}(0)=-\frac{1}{2}\alpha_1 n\frac{\mathrm{d}R}{\mathrm{d}s}-\epsilon(1-\nu^2)\frac{\mathrm{d}}{\mathrm{d}s}\left\{\frac{A_1^{(1)}}{2\lambda R}\right\}+O(\epsilon^2) \tag{122c}$$

$$\overline{M}_\alpha(0)=\overline{M}_s(0)=0, \tag{122d}$$

$$\begin{aligned}\overline{H}(0)=&-\epsilon^3(1-\nu)\frac{\mathrm{d}}{\mathrm{d}s}(\lambda A_0^{(1)})-\epsilon^4\Big\{(1-\nu)\frac{\mathrm{d}}{\mathrm{d}s}(\lambda A_1^{(1)})\\&+\left(\frac{\mathrm{d}}{\mathrm{d}s}R\frac{\mathrm{d}}{\mathrm{d}s}+\frac{1}{R}\right)\frac{\mathrm{d}R}{\mathrm{d}s}\alpha_1 n\\&-\frac{\nu\alpha_1 n}{2(1-\nu^2)(1+\nu)}\left(\frac{\mathrm{d}}{\mathrm{d}s}R\frac{\mathrm{d}}{\mathrm{d}s}+\frac{1}{R}\right)\frac{\mathrm{d}^2R}{\mathrm{d}s^2}\Big\}+O(\epsilon^5).\end{aligned} \tag{122e}$$

但所有这些表达式中的 $A_0^{(k)}$, $B_0^{(k)}$, $C_0^{(k)}$, $D_0^{(k)}$, $A_1^{(k)}$, $B_1^{(k)}$, $C_1^{(k)}$, $D_1^{(k)}$, $f_{ij}^{(k)}$, $g_{ij}^{(k)}$ 应用本节所求得的值.

一端固定一端铰支的问题,也可以用同样的方法求解. 这里将不再详细讨论.

八、数值计算及其结果

本文利用上述对任意截面都适用的渐近解结果,处理了椭圆柱壳.

我们取椭圆率

$$\varepsilon^2=\frac{1}{2} \tag{123}$$

其他尺寸比为

$$\left.\begin{array}{l}\dfrac{h}{a}=0.02,\ \epsilon=0.076\\ \lambda_c=0.983,\ \lambda_f=1.475,\ \lambda_x'=1.669,\ \lambda_z=0.6323\end{array}\right\} \tag{124}$$

首先我们通过(6)式,在一定的β值 $(0\leqslant\beta\leqslant\pi/2)$ 下计算R,同时,通过

$$\frac{\mathrm{d}R}{\mathrm{d}s}=\frac{1}{R}\frac{\mathrm{d}R}{\mathrm{d}\beta}=-\frac{3\varepsilon\cos\beta\sin\beta}{\Delta}, \tag{125a}$$

$$\frac{\mathrm{d}^2R}{\mathrm{d}s^2}=\frac{1}{R}\frac{\mathrm{d}}{\mathrm{d}\beta}\frac{1}{R}\frac{\mathrm{d}}{\mathrm{d}\beta}=3\frac{2-\varepsilon^2}{1-\varepsilon^2}\Delta^{1/2}-\frac{6}{\Delta^{1/2}}, \tag{125b}$$

$$R+R^2\frac{\mathrm{d}^2R}{\mathrm{d}s^2}+R\frac{\mathrm{d}^2R^2}{\mathrm{d}s^2}=-17\frac{1-\varepsilon^2}{\Delta^{3/2}}+27(1-\varepsilon^2)(2-\varepsilon^2)\frac{1}{\Delta^{5/2}}-36(1-\varepsilon^2)^2\frac{1}{\Delta^{7/2}} \tag{125c}$$

$$R^2\frac{\mathrm{d}^4R}{\mathrm{d}s^4}+\frac{\mathrm{d}^2R}{\mathrm{d}s^2}+R\frac{\mathrm{d}^2}{\mathrm{d}s^2}R\frac{\mathrm{d}^2R}{\mathrm{d}s^2}=-3\frac{2-\varepsilon^2}{1-\varepsilon^2}\Delta^{1/2}+\left[9\left(\frac{2-\varepsilon^2}{1-\varepsilon^2}\right)^2+6\right](1-\varepsilon^2)\frac{1}{\Delta^{1/2}}-54\frac{(2-\varepsilon^2)}{\Delta^{3/2}}+72\frac{(1-\varepsilon)^2}{\Delta^{5/2}} \tag{125d}$$

$$R\frac{\mathrm{d}}{\mathrm{d}s}\left(\frac{\mathrm{d}}{\mathrm{d}s}R\frac{\mathrm{d}}{\mathrm{d}s}+\frac{1}{R}\right)\frac{\mathrm{d}R}{\mathrm{d}s}=72\frac{1-\varepsilon^2}{\Delta^{5/2}}-54\frac{(2+\varepsilon^2)}{\Delta^{3/2}}+24\frac{1}{\Delta^{1/2}}+\frac{9}{1-\varepsilon^2}\Delta^{3/2}, \tag{125e}$$

$$\begin{aligned}R\frac{\mathrm{d}}{\mathrm{d}s}\left(\frac{\mathrm{d}}{\mathrm{d}s}R\frac{\mathrm{d}}{\mathrm{d}s}+\frac{1}{R}\right)\frac{\mathrm{d}^3R}{\mathrm{d}s^3}=&\frac{1}{(1-\varepsilon^2)^2}\left\{54(1-\varepsilon^2)\left[1-\frac{(2-\varepsilon^2)^2}{1-\varepsilon^2}\right]\Delta^{1/2}\right.\\&+(2-\varepsilon^2)\left[153+72\frac{(2-\varepsilon^2)^2}{1-\varepsilon^2}\right]\Delta^{3/2}\\&\left.+\left[90-360\frac{(2-\varepsilon^2)^2}{1-\varepsilon^2}\right]\Delta^{5/2}+315\frac{(2-\varepsilon^2)}{(1-\varepsilon^2)}\Delta^{7/2}\right\}\end{aligned} \tag{125f}$$

计算上述R有关的值,其中

$$\Delta = 1 - \varepsilon^2 \cos^2 \beta \tag{126}$$

同时根据

$$4\lambda^4 = \frac{1-\nu^2}{R^2} = \frac{0.91}{R^2} \tag{127}$$

计算 λ 值，于是便可以根据这些几何结果计算各近似值的待定系数，如 $A_0^{(1)}$，$f_{02}^{(1)}$ 等. 在这些计算中，如

$$\frac{\mathrm{d}}{\mathrm{d}s}\left(\frac{A_0^{(1)}}{\lambda R}\right),\ \frac{\mathrm{d}^2}{\mathrm{d}s^2}\left(\frac{C_0^{(1)}}{R}\right),\ \frac{\mathrm{d}^2 C_0^{(k)}}{\mathrm{d}s^2}\ 等 \tag{128}$$

可以利用数值微分式求得，有了这些结果后，就可以计算各内力素的分量了.

为了易于理解，我们可以将内力素化为有关的应力分量；薄膜应力分量为

$$\sigma_{\alpha m} = \frac{T_\alpha}{e} = \frac{\bar{T}q}{h},\quad \sigma_{sm} = \frac{T_s}{h} = \frac{\bar{T}_s a q}{h},\quad \tau_m = \frac{S}{h} = \frac{aq\bar{S}}{h} \tag{129}$$

最外纤维的弯曲应力分量

$$\sigma_{\alpha B} = \frac{6M_\alpha}{h^2} = \frac{6\,\bar{M}_\alpha a^2 q}{h^2},\quad \sigma_{sR} = \frac{6M_s}{h^2} = \frac{6\,\bar{M}a^2 q}{h^2},$$
$$\tau_B = \frac{6H}{h^2} = \frac{6\,\bar{H}a^2 q}{h^2} \tag{130}$$

我们计算了两端固定和两端铰支，壳长为 $n\alpha_1 = 1$，$n = 1, 2, 3, 4, 5$，或 $n\alpha_1 = 2$，$n = 1, 2, 4, 6, 8$，或 $n\alpha_1 = 3$，$n = 1, 2, 4, 6, 8, 10$ 的柱壳分别进行计算，以之比较.

所有计算结果见图 3A，3B，3C，4A，4B，5A，5B，5C，6A，6B，从这些计算结果上，很容易看到有下列结论：

(1) 所有薄膜力 T_s，T_α，弯矩 M_s，M_α 都是在肋上连续的，只有 S 是不连续的，H 很小，完全可以略去. 换句话说，只有肋的压缩变形是重要的.

(2) 固定端问题的最大应力为固定截面上的弯曲应力，铰支端问题的最大应力为加强肋上的弯曲应力，所有这些结果主要由整个柱壳长度 $n\alpha_1$ 所决定，不由肋条的条数所决定. 这是稀肋问题的特点.

换句话说，加强稀肋对固定端的弯曲应力影响很小，所以稀肋对于柱壳的速度并无增强的作用. 当然，我们并没有研究加强稀肋对于稳定的加强作用，因此，还不说稀肋是绝对不用的. 当然上述结论并不适用于密肋问题. 在密肋问题中弯矩可以从一条肋传到相邻的肋，肋对于弯曲应力一定也有增加强度的作用.

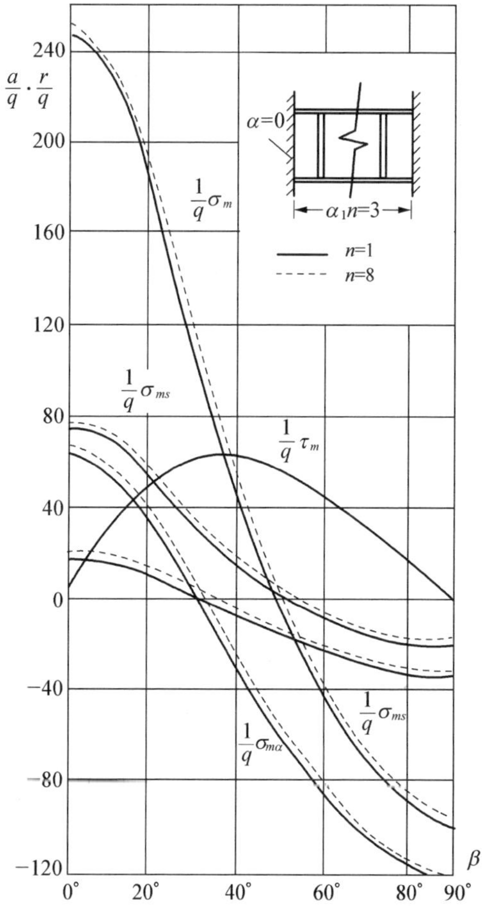

A 两端固定的固定端截面上的应力分布 ($\alpha_1 n=3$)

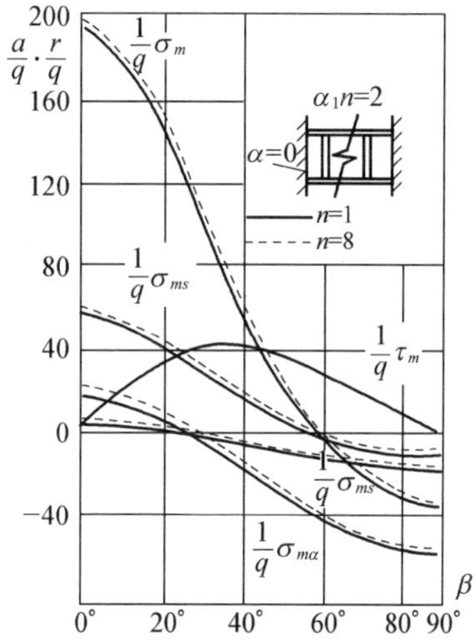

B 两端固定的固定端截面上的应力分布 ($\alpha_1 n=2$)

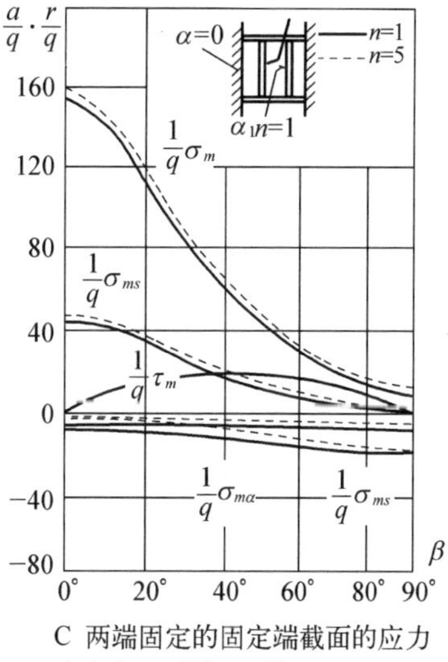

C 两端固定的固定端截面的应力分布 ($\alpha_1 n=1$)($a,n=3$)

图 3 A, B, C 两端固定的固定端面上的应力分布

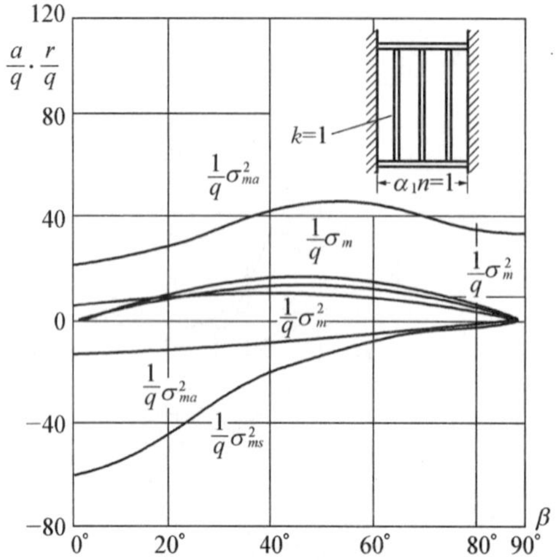

A 有三条肋的两端固定的柱壳中第一条肋上的应力分布 $\alpha_1 n=1, n=4, k=1$

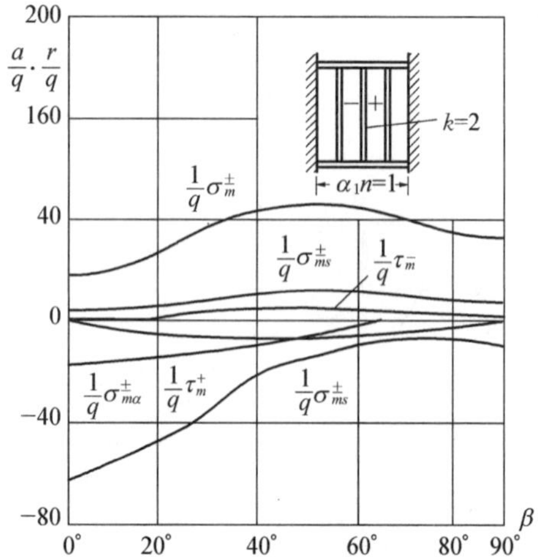

B 有三条肋的两端固定的柱壳的中肋上的应力分布 $\alpha_1 n=1, n=4, k=2$

图 4　A, B,有三条肋的两端固定的柱壳中肋上的应力分布

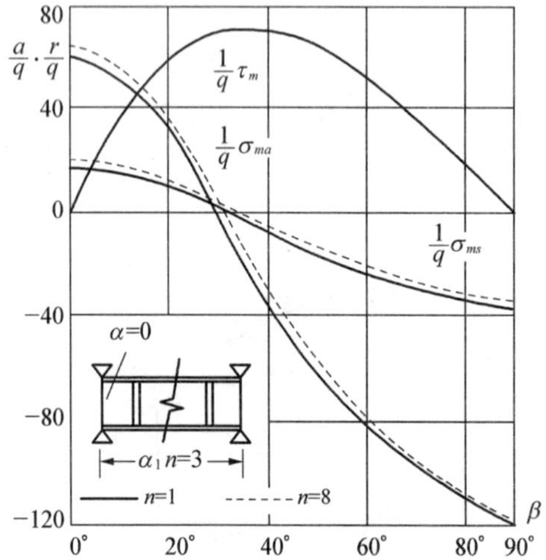

A 两端铰支的铰支截面上的应力分布 $\alpha_1 n=2$

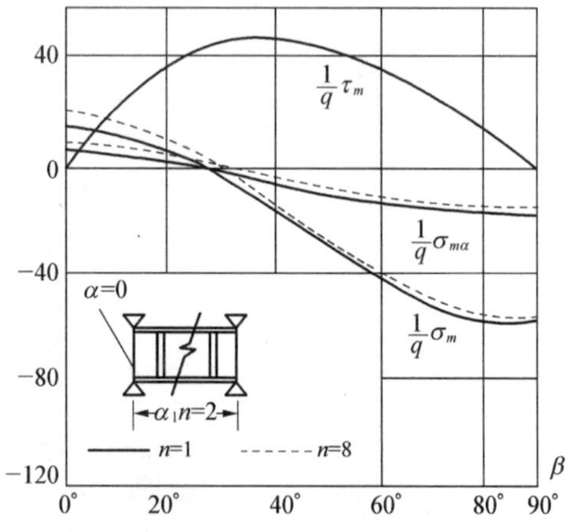

B 两端铰支的铰支截面上的应力分布 $\alpha_1 n=3$

图 5　A, B 两端铰支的铰支截面上的应力分布

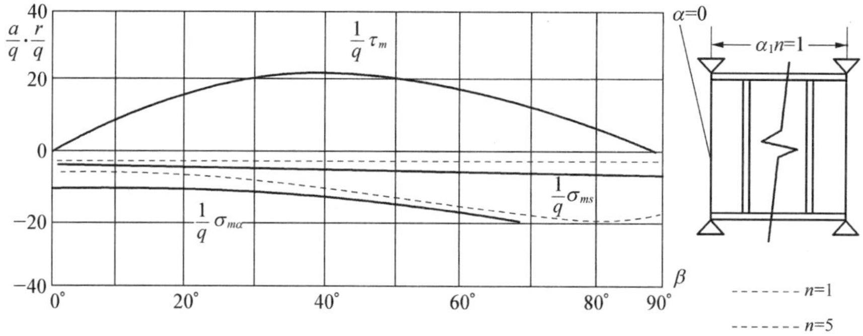

图 5　C 两端铰支的铰支截面上的应力分布 $\alpha_1 n=1$

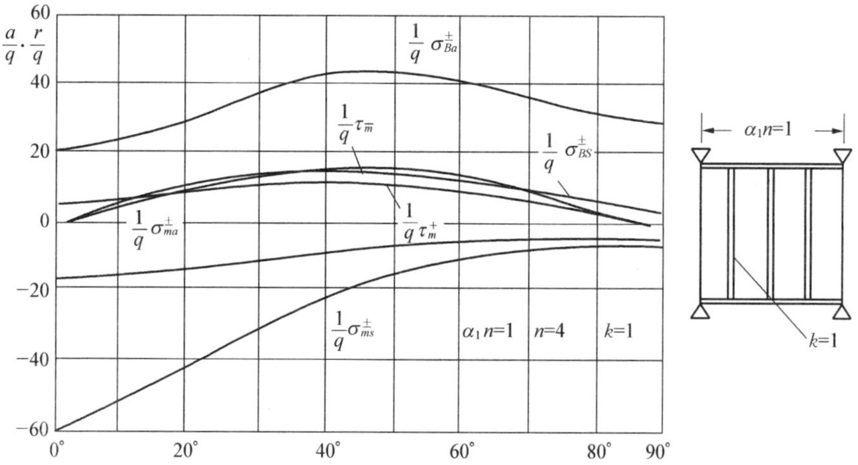

A　有三条肋的铰支柱壳上第一条肋上的应力分布 ($\alpha_1 n=1$)

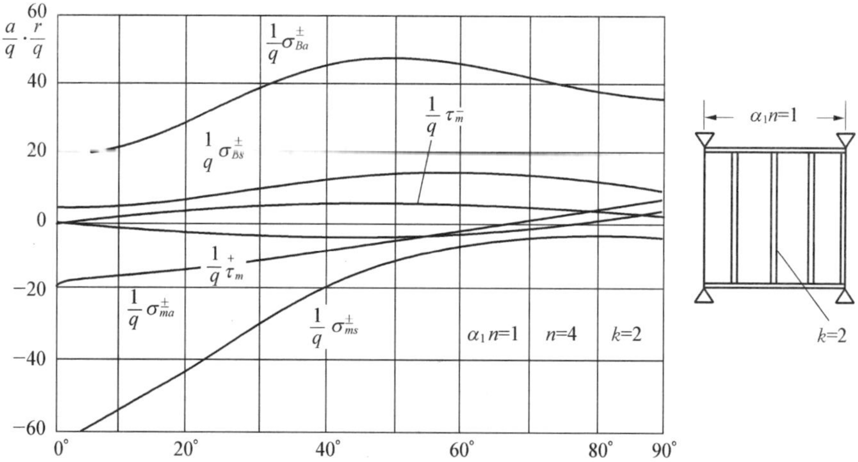

B　有三条肋的铰支柱壳上中间肋上的应力分布 ($\alpha_1 n=1$)

图 6　A, B 有三条肋的铰支柱壳上各肋上的应力分布

参考文献

[1] 钱伟长.带有环向加强肋的任意截面柱壳理论.上海工业大学学报,1984,(1):1-30.

[2] Новожцлов В В. Теорця Тонкцх оболочек. Тостехцздат, 1951.

[3] Гольденвецзер А Л. теорця упругцх тонкцх оболочек. Гостехцздат, 1953.

[4] 黄克智,蒋智翔,郑思梁.薄壳简单边界效应的二次渐近方程.(1963年11月)(未发表).

The Asymptotic Solution of Circumferentialiy Rib-reinforced Monocoque Cylinder with Arbitrary Cross-section (Especially Elliption Section) under Uniformly Distributed External Pressure

Abstract On the bases of previous paper, the asymptotic solution of reinforced monocopuecylinder with arbitrary cross-section and $n-1$ circumferential ribs sparsely distributed along axial direction under the action of uniformly distributed external pressure is obtained. The results of numerical computation are given especially for the elliptic cross-section. The boundary conditions on two ends may be both fixed, or both simply supported, or one fixed and other simply supported. In this computation, the thick-ribs are assumed, and furthermore, the distances between ribs and the average radius of cross-section are of same order of magnitude, ie. it is a sparsely distributed ribs problem.

This problem is inherently owing to the following mathematical difficulties and therefore no satisfactory solutions are known up to present time. The difficulties are: (1) The differential equations are of variable coefficients. (2) There are $n-1$ reinforced ribs, hence, these equations form a system of difference differential equations. The first difficulty is solved by means of asymptotic method, while the second difficulty is automatically solved by means of standard method of solving ordinary difference equations. This kind of asymptotic solutions of difference-differential equations are of general interest, and can be used for solving many structural problems in aeroplane design.

Results of computation show that, all stress resultants in the shell, except the membrane shearing force, are continuous across the ribs. For the membrane shearing force, its first approximation is also continuous across the ribs, however, its second approximation terms are not continuous. This means that ribs are only important to resist the action of distributed external pressure and the actions of bending and torsion of ribs can be neglected on the bases of Kirchhoff-Love assumption.

Generalized Variational Principles in Elasticity

Abstract It is shown in this paper that, in Hu-Washizu variational principle of elasticity, the stress-strain relation remains to be a variational constraint, and thus among three kinds of variational variables σ_{ij}, e_{ij}, u_i in this principle, only two of them are independent, namely σ_{ij}, u_i or e_{ij}, u_i Consequently, an equivalent theorem between Hu-Washizu principle and Hellinger-Reissner principle is established.

In order to remove the variational constraint of stress-strain relations, an high order Lagrange multiplier method is proposed. With this method, we find more general forms of functional of generalized principle ever known to us from Hellinger-Reissner principle and Hu-Washizu principle respectively. It is also shown that there are equivalent theorem and related equivalent relation between two general forms of functionals in elasticity.

I. Mathematical Formulation of Problems in Elasticity

Let V be the volume of an elastic body subjected to the action of distributed body force $\overline{F}_i (i=1, 2, 3)$, S_σ be the portion of boundary surface subjected to the action of external force $\overline{p}_i$, and S_u be the portion of boundary surface with given displacement $\overline{u}_i$. Under static equilibrium, the stress σ_{ij}, strain e_{ij} and displacement u_i satisfy the following five sets of conditions, namely

1) Equilibrium conditions

$$\sigma_{ij,i} + \overline{F}_i = 0 \quad (\text{in } V) \tag{1.1}$$

2) Stress-strain relations

$$\sigma_{ij} = \mathrm{d}A/\mathrm{d}e_{ij}, \quad e_{ij} = \mathrm{d}B/\mathrm{d}\sigma_{ij} \quad (\text{in } V) \tag{1.2}$$

3) Strain-displacement relations

Reprinted from *Engineering Mechanics in Civil Engineering*, Academic Press, 1984, 24: 93 - 153.

$$e_{ij} = (u_{i,j} + u_{j,i})/2 \quad (\text{in } V) \tag{1.3}$$

4) Boundary conditions for given surface dispalcement

$$u_i = \bar{u}_i \quad (\text{on } S_u) \tag{1.4}$$

5) Boundary conditions for given external surface force

$$\sigma_{ij} n_j = \bar{p}_i \quad (\text{on } S_\sigma) \tag{1.5}$$

where $S = S_\sigma + S_u$ is the total boundary surface.

From the 15 equations given in (1.1)—(1.3), we can find the solution of σ_{ij}, e_{ij}, u_i in volume V under the given boundary conditions (1.4), (1.5).

II. Derivation of Hu-Washizu Principle and Its Variational Constraints

In the statics of small displacement elasticity, the minimum potential energy principle may be stated as follows:

$$\delta \Pi_P = 0, \ \Pi_P = \iiint [A(e) - \bar{F}_i u_i] \mathrm{d}A - \iint \bar{p}_i u_i \mathrm{d}S_\sigma \tag{2.1}$$

The variational constraints are (1.2), (1.3) in V, and (1.4) in S_u. It can easily proved that the minimum condition (2.1) of Π_P gives the equilibrium condition (1.1) as Euler equation and the boundary condition for given external force (1.4) as the natural boundary condition of variational principle. Let us new use Lagrange multiplier method to remove the constraint conditions (1.2), (1.3), (1.4). Let $f = 0$ be a constraint condition. The correction term of functional to remove this constraint condition can be written as $\varphi(f)$ and is characterized with the property that if $f \to 0$, the limit of $\varphi(f)$ vanishes. If $\varphi(f)$ be a regular function of f for small f, we have

$$\varphi(f) = \alpha_1 f + \alpha_2 f^2 + \cdots \tag{2.2}$$

As f is very small, the high order terms may be neglected, or

$$\varphi(f) = \alpha_1 f \tag{2.3}$$

where α_1 is a non-zero constant to be determined, and is what we called linear Lagrange multiplier.

Minimum potential energy principle (2.1) has three constraints of variation, for which, we introduce three kinds of undetermined Lagrange multipliers α_{ij}, β_{ij}, γ_i[4]. On the bases of (2.3), the new functional of generalized variational principle can be found by taking three conditions (1.2), (1.3), (1.4) into consideration in the functional Π_P[5]:

$$\Pi_P^* = \Pi_P + \iiint \{\alpha_{ij}[e_{ij} - (u_{i,j} + u_{j,i})/2] + \beta_{ij}(\sigma_{ij} - \mathrm{d}A/\mathrm{d}e_{ij})\}\mathrm{d}V + \iint \gamma_i (u_i - \bar{u}_i)\mathrm{d}S_u \tag{2.4}$$

in which $\alpha_{ij} = \alpha_{ji}$, $\beta_{ij} = \beta_{ji}$, γ_i, σ_{ij}, e_{ij}, u_i are considered to be independent variables. The condition of stationary variation after partial integration gives the following independent equations:

(a) $\mathrm{d}A/\mathrm{d}e_{ij} - (\mathrm{d}^2A/\mathrm{d}e_{ij}\mathrm{d}e_{kl})\beta_{kl} + \alpha_{ij} = 0$, (b) $\beta_{ij} = 0$, (c) $\alpha_{ij,j} - \bar{F}_i = 0$,

(d) $e_{ij} - (u_{i,j} + u_{j,i})/2 = 0$, (e) $\sigma_{ij} - \mathrm{d}A/\mathrm{d}e_{ij} = 0$, (in V) (2.5)

(a) $u_i - \bar{u}_i = 0$, (b) $\gamma_i = \alpha_{ij} n_{ju}$, (on S_u) (2.6)

$$n_j \alpha_{ij} + \bar{p}_i = 0 \quad (\text{on } S_\sigma) \tag{2.7}$$

in which, (2.5d), (2.6a) are original constraints. From (2.5a, b), (2.6b), the undetermined Lagrange miltipliers α_{ij}, β_{ij}, γ_i may be identified as

(a) $\alpha_{ij} = -\mathrm{d}A/\mathrm{d}e_{ij}$, (b) $\beta_{ij} = 0$, (in V) (2.8)

$$\gamma_i = -n_j \mathrm{d}A/\mathrm{d}e_{ij} \quad (\text{on } S_u) \tag{2.9}$$

The identity (2.8b) indicates that the method of linear Lagrange multiplier fails to remove the constraint (1.2) from minimum potential energy principle Π_P^*. In otherwords, substituting of α_{ij}, β_{ij}, γ_i from (2.8), (2.9) into (2.4), a new functional with two kinds of variables e_{ij} and u_i is obtained, namely

$$\Pi_P^* = \Pi_P - \iiint \mathrm{d}A/\mathrm{d}e_{ij}[e_{ij} - (u_{i,j} + u_{j,i})/2]\mathrm{d}V - \iint \mathrm{d}A/\mathrm{d}e_{ij} n_j (u_i - \bar{u}_i)\mathrm{d}S_u \tag{2.10}$$

in which, Π_P is given as in (2.1). The stationary condition of Π_P^*, $\delta\Pi_P^* = 0$, under the constraint (1.2) gives the solution of e_{ij}, σ_{ij}, u_i which satisfy all the equations (1.1), (1.3) and the boundary conditions (1.4), (1.5). Under the constraint (1.2), the above stated functional is reduced into functional Π_{HW} of Hu-Washizu principle. Thus, the Hu-Washizu principle may be stated as follows:

The actual solution for a small deformation elasticity problem can be given by the stationary condition of variation of Π_{HW} under the constraint stress-strain relation $\sigma_{ij} = \mathrm{d}A/\mathrm{d}e_{ij}$, i. e. $\delta\Pi_{HW} = 0$.

It should be noted that the independent quantities subjected to variation in the functional (2.11) are not simply σ_{ij}, e_{ij}, u_i as indicated by Hu[1] and Washizu[2]. In other words, among three kinds of variables σ_{ij}, e_{ij}, u_i in Π_{HW}, there is constraint of stress-strain relation (1.2), and therefore only two of them are independent. We may take either σ_{ij}, u_i or e_{ij}, u_i as independent variables. The reason for the mis-understanding appears to be the "try and error" method used by Mr. Hu in his work, with which it is impossible to justify the independence of three kinds of variational variables, and the non-existance of variational constraint in Hu-Washizu principle.

III. Derivation of Hellinger-Reissner Principle and Its Constraint

Minimum complementary energy principle in elasticity may be wirtten as

$$\delta\Pi_C = 0,\ \Pi_C = \iiint B(\sigma)\mathrm{d}V - \iint \bar{u}_i n_j \sigma_{ij}\,\mathrm{d}S_u \tag{3.1}$$

The constraint conditions of this variation are (1.1) in V and (1.4) in S_σ. And finally, the strain e_{ij} can be computed from its definition (1.2). The functional of Hellinger-Reissner principle may be obtained from Π_C by means of Lagrange multiplier method to remove the constraints (1.1) and (1.4). Let α_i and β_i be the related Lagrange multipliers. Let us multiply the constraints (1.1) and (1.4) of minimum complementary energy principle by these multipliers, and establish the new functional by absorbing these terms into original functional:

$$\Pi_C^* = -\Pi_C + \iiint \alpha_i(\sigma_{ij,j} + \bar{F}_i)\mathrm{d}V + \iint \beta_i(n_j\sigma_{ij} - \bar{p}_i)\mathrm{d}S \tag{3.2}$$

in which, Π_C is given as in (3.1), and in the front of Π_C, we use the minus sign in order to derive the functional Π_{HR} given by Pian[3].

Considering σ_{ij}, α_i, β_i as independent variables and taking variation of (3.2), the stationary conditions of variation given the undetermined Lagrange multipliers:

$$\text{(a) } \alpha_i = -\mu_i \quad (\text{in } V+S),\quad \text{(b) } \beta_i = u_i \quad (\text{in } S_\sigma) \tag{3.3}$$

Substituting the identified Lagrange multipliers α_i and β_i into (3.3), we obtained the functional Π_{HR} for Hellinger-Reissner principle[5, 6].

$$\Pi_{HR} = -\iiint \{B(\sigma) + u_i(\sigma_{ij,j} + \bar{F}_i)\}\mathrm{d}V + \iint \bar{u}_i n_j \sigma_{ij}\,\mathrm{d}S_u + \iint u_i(\sigma_{ij}n_j - \bar{p}_i)\mathrm{d}S \tag{3.4}$$

This proves that there are only two kinds of variables u_i, σ_{ij} appearing in Hellinger-Reissner principle, and the third variable e_{ij} is determined from stress-strain relation (1.2), which can be regarded as a constraint condition for the determination of strain. It is easily proved that it is impossible to remove this constraint condition (1.2) by linear multiplier method, simply because the related multiplier is equal to zero in the stationary condition of the modified principle.

It is easily to show that the Hu-Washizu principle and Hellinger-Reissner principle have the same constraint of stress-strain relation and they are equivalent to each other. That is

$$\Pi_{HW} - \Pi_{HR} = \iiint [A(e) + B(\sigma) - e_{ij}\sigma_{ij}] \mathrm{d}V = 0 \tag{3.5}$$

It is evident that, from the definition of $A(e)$ and $B(\sigma)$, the integrand $A(e) + B(\sigma) - e_{ij}\sigma_{ij}$ is equal to zero.

VI. High Order Lagrange Multiplier Method and More General Forms of Functional Derived From Π_{HW} and Π_{HR} [8]

It is shown that, by means of linear Lagrange multiplier method, it is impossible to remove the constraint of stress-strain relation due to the vanishing property of related multipliers. As indicated in (2.2), vanishing of α_1 gives $\varphi(f) = \alpha_2 f^2$ or more high order terms. In this case, we may take the product of $\sigma_{ij} - \mathrm{d}A/\mathrm{d}e_{ij}$ and $e_{ij} - (u_{i,j} + u_{j,i})/2$ as high order terms. Hence we obtain the following new functional of more general form with three variables for the variational principle in elasticity, in which the constraint of stress-strain relation is removed.

$$\Pi_{\lambda G} = \Pi_{HR} + \iiint \lambda(\sigma_{ij} - \mathrm{d}A/\mathrm{d}e_{ij})[e_{ij} - (u_{i,j} + u_{j,i})/2] \mathrm{d}V \tag{4.1}$$

$$\Pi_{XG} = \Pi_{HW} + \iiint \lambda'(\sigma_{ij} - \mathrm{d}A/\mathrm{d}e_{ij})[e_{ij} - (u_{i,j} + u_{j,i})/2] \mathrm{d}V \tag{4.2}$$

The high order Lagrange multipliers λ, λ' are any arbitrary given functions of x_i. It is easily proved that if the equivalent relation $\lambda - \lambda' = 0$ is satisfied, (4.1) and (4.2) are equivalent to each other.

References

[1] Hu H C. Some variational principles in elasticity and plasticity. Acta Sinica, 1955, 4:

33 - 54.

[2] Washizu k. Variational method in elasticity and plasticity, 1st edition, 1968, 2nd edition, 1975, Pergamon, London.

[3] Pian Th H H. Lecture at Dalian International Syposium on Mixed/Hybrid Finite Element Method, Aug 11 - 28, 1982.

[4] Chien W Z. Studies in generalized variational principles in elasticity and their applications in finite element calculations. Chinese Journal of Mechanical Engineering, 1979, 15(2): 1 - 23 (in Chinese).

[5] Chien W Z. Variational Principles and Finite Element Method. Vol. I. Beijing: Science Press, 1980: 349 - 440 (in Chinese).

[6] Hellinger E. Der allgemeine Anzatz der Mechanik der Kontinue. Encyclopadia der Mathematishen Wissenshaften, 1914, 4(4): 609 - 694.

[7] Reissner E. On a variational theorem in elasticity. Journal of Mathematics and Physics, 1950, 29(2): 90 - 95.

[8] Chien W Z. Method of high order Lagrange multiplier and generalized variational principles in elasticity with more general forms of functionals. Applied Mathematics and Mechanics: English Edition, 1983, 4(2): 137 - 150.

Incompatible Elements and Generalized Variational Principles

Reprinted from *Advances in Applied Mechanics*, Academic Press Inc, 1984, 24: 93 - 153.

I. Introduction

The modified variational principles (or generalized variational principles) have been studied in detail by Tong (1970) and Pian and Tong (1972) for the purpose of formulating incompatible hybrid finite elements, but the continuity conditions of field variables on the interelement boundaries are represented in general by means of Lagrangian multipliers. In the process of variation, Lagrangian multipliers are considered to be undetermined variables. Thus in the matrix computations of finite elements, we have to use higher degrees of freedom and consequently a more complicated form of rigidity matrix. Chien (1980) indicated that, by means of Lagrangian multipliers, the conditional principles of variation can be reduced to nonconditional principles of variation, and, by means of the stationary condition of variational functionals, the unknown physical nature of these multipliers can be determined; that is, these unknown multipliers can be determined in terms of the original physical quantities. Thus the number of degrees of freedom can be reduced to the original number, and simplification of the incompatible-element calculation can be achieved. In this chapter, this method is illustrated by means of static problems in elasticity. There is, however, no difficulty in using this method in other fields.

II. Generalized Variational Principle Related to Incompatible Elements of Small-Displacement Linear Elasticity

A. Small-Displacement Elasticity Problems

In Cartesian coordinatex x_i ($i = 1, 2, 3$), the small-displacement elasticity problems can be formulated by means of the following three sets of equations:

(1) Equations of stress equilibrium:

$$\sigma_{ij,j} + \bar{F}_i = 0, \qquad \text{in } i, j = 1, 2, 3. \tag{2.1}$$

(2) Stress-strain relations:

$$\sigma_{ij} = a_{ijkl} e_{kl}, \quad i, j = 1, 2, 3; \tag{2.2a}$$

$$e_{ij} = b_{ijkl} \sigma_{kl}, \quad i, j = 1, 2, 3. \tag{2.2b}$$

(3) The strain-displacement relation:

$$e_{ij} = \frac{1}{2}(u_{i,j} + u_{j,i}), \tag{2.3}$$

in which $u_{i,j} = \partial u_i / \partial x_j$ with respect to a Cartesian coordinate system, σ_{ij} are the components of stress tensor, e_{ij} the components of strain tensor, u_i the components of displacement, $\bar{F}_i$ the components of body force, a_{ijkl} the rigidity constants of elasticity, b_{ijkl} the flexibility constants of elasticily, and a_{ijkl} and b_{ijkl} satisfy the following symmetrical relations:

$$a_{ijkl} = a_{jikl} = a_{ijlk} = a_{klij}, \tag{2.4a}$$

$$b_{ijkl} = b_{jikl} = b_{ijlk} = b_{klij}. \tag{2.4b}$$

On the boundary surfaces of an elastic body there are boundary conditions to be satisfied. The boundary surfaces can be divided into two parts: (1) on S_σ, the external force $\bar{p}_i$ is given, and (2) on S_u, the displacement $\bar{u}_i$ is given:

$$S = S_\sigma + S_u \tag{2.5}$$

and

$$\sigma_{ij} n_j = \bar{p}_i, \qquad \text{on } S_\sigma, \tag{2.6a}$$

$$u_i = \bar{u}_i, \qquad \text{on } S_u, \tag{2.6b}$$

where n_j are the direction cosines of the outward normal to the surface.

From the preceding relations, we see that the equilibrium problems of an elastic body are in fact boundary value problems. There are altogether fifteen unknowns, that is, six components of stress tensor σ_{ij}, six components of strain tensor e_{ij}, and three components of displacement u_i. There are fifteen equations [Eqs. (2.1)-(2.3)] for the determination of these fifteen unknowns under the boundary conditions (2.6a) and (2.6b).

Let $A(e_{ij})$ be the strain energy density of an elastic body. It is a function of strain components. We have by definition

$$A(e_{ij}) = \frac{1}{2}a_{ijkl}e_{ij}e_{kl}. \tag{2.7}$$

Similarly, the complementary energy density $B(\sigma_{ij})$ of an elastic body is a function of stress components. By definition, we have

$$B(\sigma_{ij}) = \frac{1}{2}b_{ijkl}\sigma_{ij}\sigma_{kl}. \tag{2.8}$$

Thus we have the well-known minimum principle of potential energy and the minimum principle of complementary energy for a linear elastic body in small-displacement deformation.

Variational Principle I (the minimum principle of potential energy for small-displacement deformation and linear elasticity): Among all permissible strains e_{ij} and u_i that satisfy the small-displacement relation of strain and displacement (2.3) and the boundary conditions of given displacement (2.6b), the actual solution of e_{ij} and u_i minimizes the total potential energy of the elastic body

$$\Pi_{\mathrm{I}} = \iiint_{\tau}[A(e_{ij}) - \bar{F}_i u_i]\mathrm{d}\tau - \iint_{S_\sigma} \bar{p}_i u_i \mathrm{d}S. \tag{2.9}$$

That is to say, the functions e_{ij} and u_i that minimize the functional Π_{I} in (2.9) under the conditions of (2.3) and (2.6b) also satisfy the equation of equilibrium (2.1) and the boundary conditions for given external forces (2.6a). For this principle, $A(e_{ij})$ is defined to be $\frac{1}{2}a_{ijkl}e_{ij}e_{kl}$. The proof of this principle is well known.

Variational Principle II (the minimum complementary energy principle for small-displacement deformation and linear elasticity): Among all permissible stresses σ_{ij} that satisfy the equilibrium condition (2.1) and the boundary condition of given external force (2.6a), the actual set of σ_{ij} minimizes the complementary energy Π_{II} of this elastic body.

$$\Pi_{\mathrm{II}} = \iiint_{\tau}[B(\sigma_{ij})]\mathrm{d}\tau - \iint_{S_u} \bar{u}_i \sigma_{ij} n_j \mathrm{d}S. \tag{2.10}$$

That is to say, the functions σ_{ij} that minimize Π_{II} under the equilibrium condition (2.1) and the boundary condition of given external forces (2.6a) also satisfy the boundary conditions of given displacement (2.6b). For this principle, $B(\sigma_{ij})$ is defined to be $\frac{1}{2}b_{ijkl}\sigma_{ij}\sigma_{kl}$, and the strain-stress (2.2b) and displacement-strain relations (2.3) are used. The proof is also well known.

Variational Principles I and II are conditional principles of variation. The conditions for the minimum potential energy principle are (2.3) and (2.6b), while the conditions for the minimum complementary energy principle are (2.1) and (2.6a). In the former, the stress-strain relation (2.2a) is used, while in the latter, the strain-stress relation (2.2b) and displacement-strain relation (2.3) are used. The kinds of relations used in the process of the proof can also be considered as subsidiary conditions of variation.

B. Generalized Variational Principle Used for Compatible Elements Derived from the Minimum Potential Energy Principle

Let us use the Lagrangian multiplier method to reduce the minimum potential energy principle with two variational conditions (2.3) and (2.6b) from conditional Variational Principle I to a nonconditional variational principle.

Let λ_{ij} and μ_i be two Lagrangian multipliers which will be determined later. Then from Eq. (2.9), the functional of the nonconditional variational principle can be written as

$$\Pi_{\mathrm{I}}^{*} = \iiint_{\tau}\left(\frac{1}{2}a_{ijkl}e_{ij}e_{kl} - \bar{F}_i u_i\right)\mathrm{d}\tau - \iint_{S_\sigma} \bar{p}_i u_i \mathrm{d}S + \iiint_{\tau}\left[e_{ij} - \frac{1}{2}(u_{i,j} + u_{j,i})\right]\lambda_{ij}\mathrm{d}\tau + \iint_{S_u}(u_i - \bar{u}_i)\mu_i \mathrm{d}S. \quad (2.11)$$

Regarding e_{ij}, u_i, λ_{ij}, and μ_i as independent variables, the stationary condition of variation of Π_{I}^{*} gives $\delta\Pi_{\mathrm{I}}^{*} = 0$, where

$$\delta\Pi_{\mathrm{I}}^{*} = \iiint_{\tau}\left\{(a_{ijkl}e_{kl} + \lambda_{ij})\delta e_{ij} + \left[e_{ij} - \frac{1}{2}(u_{i,j} + u_{j,i})\right]\delta\lambda_{ij} - \lambda_{ij}\delta u_{i,j} - \bar{F}_i\delta u_i\right\}\mathrm{d}\tau + \iint_{S_u}[\mu_i\delta u_i + (u_i - \bar{u}_i)\delta\mu_i]\mathrm{d}S - \iiint_{S_\sigma} \bar{p}_i\delta u_i \mathrm{d}S. \quad (2.12)$$

By using Green's formula, we get

$$\iiint_{\tau}\lambda_{ij}\delta u_{i,j}\mathrm{d}\tau = \iint_{S_\sigma + S_u}\lambda_{ij}n_j\delta u_i \mathrm{d}S - \iiint_{\tau}\lambda_{ij,j}\delta u_i \mathrm{d}\tau \quad (2.13)$$

in which n_j is the direction cosine of the outward normal from the surface $S_\sigma + S_u$. Substituting (2.13) into (2.12), we obtain after some rearrangement

$$\delta\Pi_{\mathrm{I}}^* = \iiint_\tau \left\{ (a_{ijkl}e_{kl} + \lambda_{ij})\delta e_{ij} + \left[e_{ij} - \frac{1}{2}(u_{i,j} + u_{j,i}) \right]\delta\lambda_{ij} + (\lambda_{ij,j} - \bar{F}_i)\delta u_i \right\} d\tau$$
$$+ \iint_{S_u} [(\mu_i - \lambda_{ij}n_i)\delta u_i + (u_i - \bar{u}_i)\delta\mu_i] dS - \iint_{S_\sigma} (\lambda_{ij}n_j + \bar{p}_i)\delta u_i dS. \quad (2.14)$$

Since the variations of functions δe_{ij}, $\delta\lambda_{ij}$, and δu_i in τ, δn_i and $\delta\mu_i$ in S_u, and δu_i in S_σ are all independent, the stationary condition of $\delta\Pi_{\mathrm{I}}^* = 0$ gives

$$\lambda_{ij} = - a_{ijkl}e_{kl} \qquad \text{in } \tau \qquad (2.15a)$$

$$e_{ij} = \frac{1}{2}(u_{i,j} + u_{j,i}) \qquad \text{in } \tau, \qquad (2.15b)$$

$$\lambda_{ij,j} - \bar{F}_i = 0 \qquad \text{in } \tau, \qquad (2.15c)$$

$$\mu_i = \lambda_{ij}n_j \qquad \text{on } S_u, \qquad (2.15d)$$

$$u_i - \bar{u}_i = 0 \qquad \text{on } S_u, \qquad (2.15e)$$

$$\lambda_{ij}n_j + \bar{p}_i = 0 \qquad \text{on } S\sigma. \qquad (2.15f)$$

Equations (2.15b, c) are the original conditions of integartion. Equations (2.15a, d) give the unknown Lagrangian multipliers in terms of specific physical quantities; that is,

$$\lambda_{ij} = - a_{ijkl}e_{kl} = -\sigma_{ij} \qquad \text{in } \tau, \qquad (2.16a)$$

$$\mu_i = \lambda_{ij}n_j = -\sigma_{ij}n_j \qquad \text{on } S_u. \qquad (2.16b)$$

Substitution of (2.16a) into (2.15c) gives the equation of equilibrium (2.1). Similarly, substitution of (2.16a) into (2.15f) gives the boundary condition of given boundary forces (2.6a). Consequently, the functional of the nonconditional generalized variational principle is obtained by substituting λ_{ij} and μ_i from (2.16a) and (2.16b) into (2.11),

$$\Pi_{\mathrm{I}}^* = \iiint_\tau \left\{ \frac{1}{2}a_{ijkl}e_{ij}e_{kl} - \left[e_{ij} - \frac{1}{2}(u_{i,j} + u_{j,i}) \right]\sigma_{ij} - \bar{F}_i u_i \right\} d\tau$$
$$- \iint_{S_\sigma} \bar{p}_i u_i dS - \iint_{S_u} (u_l - \bar{u}_i)\sigma_{ij}n_j dS. \quad (2.17)$$

Variational Principle I^* (generalized variational principle of small-displacement elasticity derived from the minimum potential energy principle): Among all possible sets of functions u_i, e_{ij}, and σ_{ij}, the set that makes the functional Π_{I}^{*} stationary is the solution of (2. 1), (2. 2a), (2. 3), (2. 6a), and (2. 6b).

It should be noted that in this variational principle the functions u_i, e_{ij} and σ_{ij} are all treated as independent quantities.

If the quantities e_{ij} and σ_{ij} are not considered to be independent variables but are taken as functions equal to $\frac{1}{2}(u_{i,j}+u_{j,i})$ and $a_{ijkl}e_{kl}$, respectively, then (2. 17) can be reduced to a functional with variable u_i only. In fact, this functional can be expressed as

$$\Pi_{\mathrm{IA}}^{*}=\iiint_{\tau}\left(\frac{1}{2}a_{ijkl}e_{ij}e_{kl}-\bar{F}_i u_i\right)\mathrm{d}\tau-\iint_{S_\sigma}\bar{p}_i u_i\mathrm{d}S-\iint_{S_u}(u_i-\bar{u}_i)a_{ijkl}e_{kl}n_j\mathrm{d}S, \tag{2. 18}$$

in which e_{ij} is, by definition, equal to $\frac{1}{2}(u_{i,j}+u_{j,i})$.

Variational Principle I*A (generalized variational principle, with displacement u as the only variable, derived from the minimum potential energy principle): Under the combined actions of body force $\bar{F}_i$ in τ, the given surface force $\bar{p}_i$ on S_σ, and the given boundary displacement $\bar{u}_i$ on S_u, the displacement u_i makes functional Π_{IA}^{*} in (2. 18) stationary. In (2. 81), e_{ij} is, by definition, $\frac{1}{2}(u_{i,j}+u_{j,i})$, and the stress σ_{ij} is given by Eq. (2. 2a).

Let us now assume that the region τ is divided into N finite elements and that the displacement u_i is continuous over interelement boundaries. We call these kinds of finite elements compatible elements. We denote the displacement u_i of the nth finite element by $u_i^{(m)}$, and

$$e_{ij}^{(m)}=\frac{1}{2}(u_{i,j}^{(m)}+u_{j,i}^{(m)}). \tag{2. 19}$$

Then the functional (2. 18) can be simplified into the form

$$\Pi_{\mathrm{IA}}^{**}=\sum_{m=1}^{N}\left\{\iiint_{\tau^{(m)}}\left(\frac{1}{2}a_{ijkl}e_{ij}^{(m)}e_{kl}^{(m)}-\bar{F}_i u_i^{(m)}\right)\mathrm{d}\tau-\iint_{S_\sigma^{(m)}}\bar{p}_i u_i^{(m)}\mathrm{d}S\right.$$
$$\left.-\iint_{S_u^{(m)}}(u_i^{(m)}-\bar{u}_i)a_{ijkl}e_{kl}^{(m)}n_j^{(m)}\mathrm{d}S\right\}. \tag{2. 20}$$

Variational Principle I**A (generalized variational principle of displacement-compatible elements derived from the minimum potential energy principle): Under the combined actions of the body force $\bar{F}_i$ in τ, the given surface force $\bar{p}_i$ on S_σ, and the given boundary displacement $\bar{u}_i$ in S_u, the displacement $u_i^{(m)}$ ($m = 1, 2, \cdots, N$) in the displacement-compatible finite element makes the functional Π_{IA}^{**} stationary. In this functional, $e_{ij}^{(m)}$ is the abbreviation of (2.19).

The proof is as follows: The variation of Eq. (2.20) gives

$$\delta\Pi_{\text{IA}}^{**} = \sum_{m=1}^{N}\Big[\iiint_{\tau^{(m)}}(a_{ijkl}e_{kl}^{(m)}\delta e_{ij}^{(m)} - \bar{F}_i\delta u_i^{(m)})\mathrm{d}\tau - \iint_{S_\sigma^{(m)}}\bar{p}_i\delta u_i^{(m)}\mathrm{d}S$$
$$-\iint_{S_u^{(m)}}a_{ijkl}e_{kl}^{(m)}n_j^{(m)}\delta u_i^{(m)}\mathrm{d}S - \iint_{S_u^{(m)}}(u_i^{(m)} - \bar{u}_i)a_{ijk}n_{lj}^{(m)}\delta e_{kl}^{(m)}\mathrm{d}S\Big]. \quad (2.21)$$

By means of Eq. (2.19), we can prove that

$$\iiint_{\tau^{(m)}}a_{ijkl}e_{kl}^{(m)}\delta e_{ij}^{(m)}\mathrm{d}\tau = \iiint_{\tau^{(m)}}a_{ijkl}e_{kl}^{(m)}\delta u_{i,j}^{(m)}\mathrm{d}\tau = \iint_{S^{(m)}}a_{ijkl}e_{kl}^{(m)}\delta u_i^{(m)}n_j^{(m)}\mathrm{d}S$$
$$-\iiint_{\tau^{(m)}}(a_{ijkl}e_{kl}^{(m)})_{,j}\delta u_i^{(m)}\mathrm{d}\tau \quad (2.22)$$

and also that, for two elements (m) and (m') having common interelement boundaries, we have on their common interelement boundaries the relations

$$u_i^{(m)} = u_i^{(m')} = u_i^{(mm')} \quad \text{or} \quad \delta u_i^{(m)} = \delta u_i^{(m')} = \delta u_i^{(mm')}, \quad \text{on } S^{(mm')}. \quad (2.23)$$

Thus we obtain

$$\iint_{S^{(mm')}}a_{ijkl}e_{kl}^{(m)}n_j^{(m)}\delta u_i^{(m)}\mathrm{d}S + \iint_{S^{(mm')}}a_{ijkl}e_{kl}^{(m')}n_j^{(m')}\delta u_i^{(m')}\mathrm{d}S$$
$$= \iint_{S^{(mm')}}(a_{ijkl}e_{kl}^{(m)}n_j^{(m)} + a_{ijkl}e_{kl}^{(m')}n_j^{(m')})\delta u^{(mm')}\mathrm{d}S \quad (2.24)$$

Equation (2.21) reduces to the following form:

$$\delta\Pi_{\text{IA}}^{**} = \sum_{m=1}^{N}\Big\{\iiint_{\tau^{(m)}}[-(a_{ijkl}e_{kl}^{(m)})_{,j} - \bar{F}_i]\delta u_i^{(m)}\mathrm{d}\tau + \iint_{S_\sigma^{(m)}}(a_{ijkl}e_{kl}^{(m)}n_j^{(m)} - \bar{p}_i)\delta u_i^{(m)}\mathrm{d}S$$
$$-\iint_{S_u^{(m)}}(u_i^{(m)} - \bar{u}_i)a_{ijkl}n_j^{(m)}\delta e_{kl}^{(m)}\mathrm{d}S\Big\} + \sum_{(mm')}\iint_{S^{(mm')}}(a_{ijkl}e_{kl}^{(m)}n_j^{(m)}$$
$$+a_{ijkl}e_{kl}^{(m')}n_j^{(m')})\delta u_i^{(mm')}\mathrm{d}S. \quad (2.25)$$

Since $\delta u_i^{(m)}$ in τ and $\delta\sigma^{(m)}$, $\delta u_i^{(mm')}$ on interelement boundaries $S^{(mm')}$, and $a_{ijkl}n_j^{(m)}\delta e_{kl}^{(m)}$ on $S_u^{(m)}$ are all independent variations, the stationary conditions of $\delta \Pi_{IA}^{**} = 0$ not only give the following relations

$$(a_{ijkl}e_{kl}^{(m)})_{,j} + \bar{F}_i = 0 \qquad \text{in } \tau^{(m)}, \tag{2.26a}$$

$$a_{ijkl}n_j^{(m)}e_{kl}^{(m)} = \bar{p}_i \qquad \text{on } S_\sigma^{(m)}, \tag{2.26b}$$

$$u_i^{(m)} = \bar{u}_i \tag{2.26c}$$

but also the relation

$$a_{ijkl}e_{kl}^{(m)}n_j^{(m)} + a_{ijkl}e_{kl}^{(m')}n_j^{(m')} = 0 \tag{2.27}$$

on interelement boundaries $S^{(mm')}$.

It should be noted that the stationary condition of Π_{IA}^{**} (i. e. , the variational principle I**A) not only gives the equations of equilibrium for all the elements, but also the given surface force boundary condition (2.26b) and the given displacement boundary condition (2.26c) for all the elements situated on the boundary surface of this body. Besides these, the solution is continuous not only for the displacement over the interelement boundaries (this is actually the assumed condition to be satisfied by the displacement vector), but also for the stress vectors $a_{ijkl}e_{kl}^{(m)}n_j^{(m)} = \sigma_{ij}^{(m)}n_{nj}^{(m)}$ over the interelement boundaries (i. e. , they are equal in magnitude and opposite in direction). See Fig. 1.

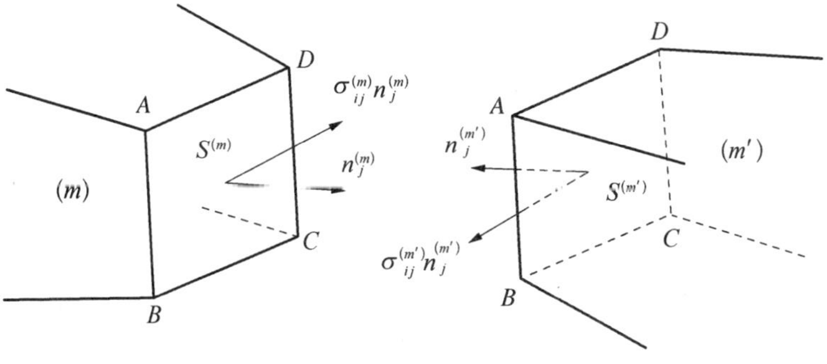

Fig. 1 The stress vector on interelement boundary surface $S^{(mm')} = S^{(m)} = S^{(m')}$

Let us formulate the matrix equation of compatible finite elements. Let $\boldsymbol{u}^{(m)}$ and $\boldsymbol{q}^{(m)}$ represent, respectively, the displacement vector and the generalized displacement matrix in the mth element:

$$\boldsymbol{u}^{(m)\mathrm{T}} = [u_1^{(m)}, u_2^{(m)}, u_3^{(m)}], \tag{2.28a}$$

$$\boldsymbol{q}^{(m)\mathrm{T}} = [q_{11}^{(m)}, q_{12}^{(m)}, q_{13}^{(m)}, q_{21}^{(m)}, q_{22}^{(m)}, q_{23}^{(m)}, \cdots, q_{t1}^{(m)}, q_{t2}^{(m)}, q_{t3}^{(m)}] \quad (2.28\text{b})$$

and $\boldsymbol{N}^{(m)}$ be the matrix of interpolation functions:

$$\boldsymbol{N}^{(m)} = \begin{bmatrix} N_1^{(m)} & \cdot & \cdot & N_2^{(m)} & \cdot & \cdot & \cdots & N_t^{(m)} & \cdot & \cdot \\ \cdot & N_1^{(m)} & \cdot & \cdot & N_2^{(m)} & \cdot & \cdots & \cdot & N_t^{(m)} & \cdot \\ \cdot & \cdot & N_1^{(m)} & \cdot & \cdot & N_2^{(m)} & \cdots & \cdot & \cdot & N_t^{(m)} \end{bmatrix} \quad (2.28\text{c})$$

in which t denotes the number of degrees of freedom assigned to each of our finite elements. Thus we have

$$\boldsymbol{u}^{(m)} = \boldsymbol{N}^{(m)} \boldsymbol{q}^{(m)}. \quad (2.29)$$

Stress-strain relation (2. 2a) is

$$\boldsymbol{\sigma} = \boldsymbol{a}\boldsymbol{e} \quad (2.30)$$

in which

$$\boldsymbol{\sigma}^{\mathrm{T}} = [\sigma_{11}, \sigma_{22}, \sigma_{33}, \sigma_{12}, \sigma_{23}, \sigma_{31}], \quad (2.31\text{a})$$

$$\boldsymbol{e}^{\mathrm{T}} = [e_{11}, e_{22}, e_{33}, e_{12}, e_{23}, e_{31}] \quad (2.31\text{b})$$

The strain-displacement relation (2. 3) can be written as

$$\boldsymbol{e} = \boldsymbol{D}\boldsymbol{u} \quad (2.32)$$

in which

$$D = \begin{bmatrix} \frac{\partial}{\partial x_1} & \cdot & \cdot \\ \cdot & \frac{\partial}{\partial x_2} & \cdot \\ \cdot & \cdot & \frac{\partial}{\partial x_3} \\ \frac{1}{2}\frac{\partial}{\partial x_2} & \frac{1}{2}\frac{\partial}{\partial x_1} & \cdot \\ \cdot & \frac{1}{2}\frac{\partial}{\partial x_3} & \frac{1}{2}\frac{\partial}{\partial x_2} \\ \frac{1}{2}\frac{\partial}{\partial x_3} & \cdot & \frac{1}{2}\frac{\partial}{\partial x_2} \end{bmatrix} \quad (2.33)$$

Substitution of this result into (2. 20) gives

$$\Pi_{\mathrm{IA}}^{**} = \sum_{m=1}^{N}\left(\frac{1}{2}\boldsymbol{q}^{(m)\mathrm{T}}\boldsymbol{K}^{(m)}\boldsymbol{q}^{(m)} - \boldsymbol{q}^{(m)\mathrm{T}}\,\overline{\boldsymbol{Q}}^{(m)}\right) \tag{2.34}$$

in which

$$\boldsymbol{K}^{(m)} = \iiint_{\tau^{(m)}}(\boldsymbol{DN}^{(m)})^{\mathrm{T}}\boldsymbol{aDN}^{(m)}\,\mathrm{d}\tau - 2\iint_{S_u^{(m)}}\boldsymbol{N}^{(m)\mathrm{T}}\boldsymbol{n}^{(m)}\boldsymbol{aDN}^{(m)}\,\mathrm{d}S, \tag{2.35a}$$

$$\overline{\boldsymbol{Q}}^{(m)} = \iiint_{\tau^{(m)}}\boldsymbol{N}^{(m)\mathrm{T}}\,\overline{\boldsymbol{F}}\mathrm{d}\tau + \iint_{S_\sigma^{(m)}}\boldsymbol{N}^{(m)\mathrm{T}}\,\overline{\boldsymbol{P}}\mathrm{d}S - \iint_{S_u^{(m)}}(\boldsymbol{n}^{(m)}\boldsymbol{aDN}^{(m)})^{\mathrm{T}}\,\overline{\boldsymbol{U}}\mathrm{d}S \tag{2.35b}$$

where $\boldsymbol{n}^{(m)}$ is the direction cosine of the outward normal to $S^{(m)}$. Let the outward normal n_i be (n_1, n_2, n_3). Then

$$\boldsymbol{n}^{(m)} = \begin{bmatrix} n_1 & \cdot & \cdot & n_2 & \cdot & n_3 \\ \cdot & n_2 & \cdot & n_1 & n_3 & \cdot \\ \cdot & \cdot & n_3 & \cdot & n_2 & n_1 \end{bmatrix} \tag{2.36a}$$

Furthermore, we use

$$\overline{\boldsymbol{F}}^{\mathrm{T}} = [\overline{F}_1, \overline{F}_2, \overline{F}_3], \tag{2.36b}$$

$$\overline{\boldsymbol{P}}^{\mathrm{T}} = [\overline{p}_1, \overline{p}_2, \overline{p}_3], \tag{2.36c}$$

$$\overline{\boldsymbol{U}}^{\mathrm{T}} = [\overline{u}_1, \overline{u}_2, \overline{u}_3]. \tag{2.36d}$$

$\boldsymbol{K}^{(m)}$ in (2.35a) is the element generalized rigidity matrix, $\frac{1}{2}\boldsymbol{q}^{(m)\mathrm{T}}\boldsymbol{K}^{(m)}\boldsymbol{q}^{(m)}$ is the element generalized strain energy density, and $\overline{Q}^{(m)}$ is the element generalized external force.

Equation (2.34) can be assembled into a global matrix equation in the usual manner:

$$\Pi_{\mathrm{IA}}^{**} = \frac{1}{2}\boldsymbol{q}^{\mathrm{T}}\boldsymbol{Kq} - \boldsymbol{q}^{\mathrm{T}}\overline{\boldsymbol{Q}} \tag{2.37}$$

where $\boldsymbol{q}$, $\boldsymbol{K}$, $\boldsymbol{Q}$ are, respectively, the global generalized displacement, global generalized sigidity matrix, and global generalized external force.
The stationary condition of variation gives

$$\boldsymbol{K}^*\boldsymbol{q} = \overline{\boldsymbol{Q}}, \quad \boldsymbol{K}^* = \frac{1}{2}(\boldsymbol{K}+\boldsymbol{K}^{\mathrm{T}}). \tag{2.38}$$

These are the well-known results. However it is important to note that, if displacement is continuous over all the interelement boundaries, the stres vector is also continuous in an integral sense on all the interelement boundaries, and hence the continuity conditions of both displacement and stress will be completely satisfied when the element size becomes infinitesimally small.

C. Generalized Variational Principle for Incompatible Displacement Elements Derived from the Minimum Potential Energy Principle

If the displacement element used in the computation is of an incompatible nature, then (2.23) can be considered as the constraint of variation. By means of the Lagrangian multiplier $\Lambda_i^{(mm')}$, we may rewrite the functional Π_{IA}^{**} of Variational Principle I**A into the following functional of another generalized variational principle:

$$\widetilde{\Pi}_{IA}^{**}=\Pi_{IA}^{**}+\sum_{(mm')}\iint_{S^{(mm')}}(u_i^{(m)}-u_i^{(m')})\Lambda_i^{(mm')}\mathrm{d}S \tag{2.39}$$

where Π_{IA}^{**} represents (2.20), $\Lambda_i^{(mm')}$ is the Lagrangian multiplier on the interelement boundaries of elements (m) and (m'), and $\Sigma_{(mm')}$ represents the summation of all interelement boundaries in the body.

By taking a variation of (2.39), we get

$$\begin{aligned}\delta\widetilde{\Pi}_{IA}^{**}=&\sum_{m=1}^{N}\Big\{-\iiint_{\tau^{(m)}}[(a_{ijkl}e_{kl}^{(m)})_{,j}+\bar{F}_i]\delta u_i^{(m)}\mathrm{d}\tau+\iint_{S_\sigma^{(m)}}(a_{ijkl}e_{kl}^{(m)}n_j^{(m)}-\bar{p}_i)\delta u_i^{(m)}\mathrm{d}S\\&-\iint_{S_u^{(m)}}(u_i^{(m)}-\bar{u}_i)a_{ijkl}\delta e_{kl}^{(m)}n_j^{(m)}\mathrm{d}S\Big\}\\&+\sum_{(mm')}\iint_{S^{(mm')}}\{[\Lambda_i^{(mm')}+a_{ijkl}e_{kl}^{(m)}n_j^{(m)}]\delta u_i^{(m)}\\&+[-\Lambda_i^{(mm')}+a_{ijkl}e_{kl}^{(m')}n_j^{(m')}]\delta u_i^{(m')}+(u_i^{(m)}-u_i^{(m')})\delta\Lambda_i^{(mm')}\}\mathrm{d}S.\end{aligned} \tag{2.40}$$

Hence the necessary condition for $\widetilde{\Pi}_{IA}^{**}$ to be stationary gives not only (2.26a)-(2.26c) but also the continuity conditions (3.23), and

$$\Lambda_i^{(mm')}=-a_{ijkl}e_{kl}^{(m)}n_j^{(m)}=a_{ijkl}e_{kl}^{(m')}n_j^{(m')}. \tag{2.41}$$

This is in fact equivalent to Eq. (2.27).

Here we obtain a conclusion similar to that given in the functional of the generalized variational principle for incompatible elements by Pian and Tong (1972). From (2.41), we have

$$\iint_{S^{(mm')}} (u_i^{(m)} - u_i^{(m')})\Lambda_i^{(mm')} \mathrm{d}S = -\iint_{S^{(mm')}} u_i^{(m)} a_{ijkl} e_{kl}^{(m)} n_j^{(m)} \mathrm{d}S - \iint_{S^{(mm')}} u_i^{(m')} a_{ijkl} e_{kl}^{(m')} n_j^{(m')} \mathrm{d}S. \tag{2.42}$$

Therefore, the two integrals on the right-hand side of (2.42) can be written separately into the mth-element terms and m'th-element terms. Equation (2.39) can be written as

$$\widetilde{\Pi}_{\mathrm{IA1}}^{**} = \sum_{m=1}^{N} \left\{ \iiint_{\tau^{(m)}} \left[\frac{1}{2} a_{ijkl} e_{ij}^{(m)} e_{kl}^{(m)} - \bar{F}_i u_i^{(m)} \right] \mathrm{d}\tau - \iint_{S_\sigma^{(m)}} \bar{p}_i u_i^{(m)} \mathrm{d}S \right.$$
$$\left. - \iint_{S_1^{(m)}} u_i^{(m)} a_{ijkl} e_{kl}^{(m)} n_j^{(m)} \mathrm{d}S - \iint_{S_u^{(m)}} (u_u^{(m)} - \bar{u}_i) a_{ijkl} e_{kl}^{(m)} n_j^{(m)} \mathrm{d}S \right\}, \tag{2.43}$$

in which $S_1^{(m)}$ is the total interelement surface of element (m). This functional can be written entirely in the same form as that given by Pian and Tong (1972) if we substitute $T_i^{(m)}$ for $a_{ijkl} e_{kl}^{(m)} n_j^{(m)}$. That is,

$$\widetilde{\Pi}_{\mathrm{IA1}}^{**} = \sum_{m=1}^{N} \left\{ \iiint_{\tau^{(m)}} \left[\frac{1}{2} a_{ijkl} e_{ij}^{(m)} e_{kl}^{(m)} - \bar{F}_i u_i^{(m)} \right] \mathrm{d}\tau - \iint_{S_\sigma^{(m)}} \bar{p}_i u_i^{(m)} \mathrm{d}S \right.$$
$$\left. - \iint_{S_1^{(m)}} u_i^{(m)} T_i^{(m)} \mathrm{d}S - \iint_{S_u^{(m)}} (u_i^{(m)} - \bar{u}_i) T_i^{(m)} \mathrm{d}S \right\}. \tag{2.44}$$

Let us now consider $T_i^{(m)}$ as an independent variable. Taking a variation of (2.44), we obtain

$$\delta \widetilde{\Pi}_{\mathrm{IA1}}^{**} = \sum_{m=1}^{N} \left\{ - \iiint_{\tau^{(m)}} [(a_{ijkl} e_{kl}^{(m)})_{,j} + \bar{F}_i] \delta u_i^{(m)} \mathrm{d}\tau \right.$$
$$+ \iint_{S_\sigma^{(m)}} (a_{ijkl} e_{kl}^{(m)} n_j^{(m)} - \bar{p}_i) \delta u_i^{(m)} \mathrm{d}S$$
$$- \iint_{S_u^{(m)}} [(u_i^{(m)} - \bar{u}_i) \delta T_i^{(m)} + (T_i^{(m)} - a_{ijkl} e_{kl}^{(m)} n_j^{(m)}) \delta u_i^{(m)}] \mathrm{d}S$$
$$\left. - \iint_{S_1^{(m)}} [u_i^{(m)} \delta T_i^{(m)} + (T_i^{(m)} - a_{ijkl} e_{kl}^{(m)} n_j^{(m)}) \delta u_i^{(m)}] \mathrm{d}S \right\}. \tag{2.45}$$

The required stationary condition $\delta \widetilde{\Pi}_{\mathrm{IA1}}^{**} = 0$ gives (2.26a)-(2.26c) and also

$$T_i^{(m)} = a_{ijkl} e_{kl}^{(m)} n_j^{(m)} \quad \text{on} \quad S_u^{(m)} + S_1^{(m)}. \tag{2.46}$$

In addition to these, there is the relation on the interelement boundaries $S^{(mm')}$ as

$$\iint_{S^{(mm')}} (u_i^{(m)} \delta T_i^{(m)} - u_i^{(m')} \delta T^{(m')}) \mathrm{d}S = 0. \tag{2.47}$$

From this equation, we fail to obtain not only the continuity condition $u_i^{(m)} = u_i^{(m')}$ of displacement, but also the stress vector continuity condition $T_i^{(m)} = -T_i^{(m')}$. Thus the functional (2.44) fails to fulfill the continuity conditions of displacement and stress vector when the element size becomes infinitesimally small.

Another modification of the potential energy principle is due to Tong (1970) and is based on the use of separated variables for the displacement field in region τ in general and the interelement boundary displacements. Let $u_i^{(mm')}$ be the interelement boundary displacement. Then we have

$$u_i^{(m)} - u_i^{(mm')} = 0, \quad u_i^{(m')} - u_i^{(mm')} = 0 \qquad \text{on } S^{(mm')} \tag{2.48}$$

as the constraint conditions. It can be proved by means of the Lagrangian multiplier method that the functional of this generalized variational principle is

$$\begin{aligned} \widetilde{\Pi}_{\mathrm{IA2}}^{**} = \sum_{m=1}^{N} \Big[& \iiint_{\tau^{(m)}} \Big(\frac{1}{2} a_{ijkl} e_{kl}^{(m)} e_{kl}^{(m)} - \bar{F}_i u_i^{(m)} \Big) \mathrm{d}\tau - \iint_{S_\sigma^{(m)}} \bar{p}_i u_i^{(m)} \mathrm{d}S \\ & - \iint_{S_1^{(m)}} T_i^{(m)} (u_i^{(m)} - u_i^{(mm')}) \mathrm{d}S - \iint_{S_u^{(m)}} T_i^{(m)} (u_i^{(m)} - \bar{u}_i) \mathrm{d}S \Big]. \end{aligned} \tag{2.49}$$

The required stationary condition gives (2.26a)-(2.26c) and also

$$u_i^{(m)} = u_i^{(m')} = u_i^{(mm')}, \tag{2.50}$$

$$T_i^{(m)} = -T_i^{(m')}, \tag{2.51a}$$

$$T_i^{(m)} = a_{ijkl} e_{kl}^{(m)} n_j^{(m)}, \tag{2.51b}$$

$$T_i^{(m')} = a_{ijkl} e_j^{(m')} n_j^{(m')}. \tag{2.51c}$$

Hence, Tong's variational principle can be written as

$$\delta \widetilde{\Pi}_{\mathrm{IA2}}^{**} = 0. \tag{2.52}$$

This can be used for the computation of incompatible displacement elements. It may be mentioned again that $T_i^{(m)}$ and $e_{ij}^{(m)}$ in (2.49) are defined by (2.51b), (2.51c), and (2.19).

It should be noted that $\widetilde{\Pi}_{\mathrm{IA2}}^{**}$ has an additional undetermined variable, and the increasing number of undetermined quantities of generalized displacement is of course disadvantageous to the computational work. In the following, we suggest another formulation of the functional for incompatible elements, in which no additional quantities of generalized displacement need to be introduced. From (2.41), we assume that

$$\Lambda_i^{(mm')} = -\frac{1}{2}a_{ijkl}(e_{kl}^{(m)}n_j^{(m)} - e_{kl}^{(m')}n_j^{(m')}). \qquad (2.53)$$

Hence (2.39) may be rewritten as

$$\widetilde{\Pi}_{\mathrm{IA3}}^{**} = \widetilde{\Pi}_{\mathrm{IA}}^{**} - \sum_{(mm')}\iint_{S^{(mm')}}\frac{1}{2}(u_i^{(m)} - u_i^{(m')})a_{ijkl}(e_{kl}^{(m)}n_j^{(m)} - e_{kl}^{(m')}n_j^{(m')})\mathrm{d}S, \qquad (2.54)$$

or as

$$\widetilde{\Pi}_{\mathrm{IA3}}^{**} = \Pi_{\mathrm{IA}}^{**} - \sum_{m=1}^{N}\left[\sum_{\substack{\text{all } m' \\ \text{with } m}}\iint_{S^{(mm')}}\frac{1}{2}(u_i^{(m)} - u_i^{(m')})a_{ijkl}e_{kl}^{(m)}n_j^{(m)}\,\mathrm{d}S\right] \qquad (2.55)$$

where Π_{A3}^{**} is given by (2.20).

The stationary condition of Π_{IA3}^{**} is $\delta\Pi_{\mathrm{IA3}}^{**} = 0$, where

$$\begin{aligned}
\delta\widetilde{\Pi}_{\mathrm{IA3}}^{**} = & \sum_{m=1}^{N}\Big\{-\iiint_{\tau^{(m)}}[(a_{ijkl}e_{kl}^{(m)})_{,j} + \bar{F}_i]\delta u_i^{(m)}\,\mathrm{d}\tau \\
& + \iint_{S_\sigma^{(m)}}(a_{ijkl}e_{kl}^{(m)}n_j^{(m)} - \bar{p}_i)\delta u_i^{(m)}\,\mathrm{d}S - \iint_{S_u^{(m)}}(u_i^{(m)} - \bar{u}_i)a_{ijkl}\delta e_{kl}^{(m)}n_j^{(m)}\,\mathrm{d}S\Big\} \\
& - \sum_{(mm')}\iint_{S^{(mm)}}\Big[\frac{1}{2}(u_i^{(m)} - u_i^{(m')})a_{ijkl}(\delta e_{kl}^{(m)}n_j^{(m)} - \delta e_{kl}^{(m')}n_j^{(m')}) \\
& - \frac{1}{2}a_{ijkl}(e_{kl}^{(m)}n_j^{(m)} + e_{kl}^{(m')}n_i^{(m')})(\delta u_i^{(m)} + \delta u_i^{(m')})\Big]\mathrm{d}S = 0
\end{aligned} \qquad (2.56)$$

From Eq. (2.56), we find the following additional relations:

$$u_i^{(m)} - u_i^{(m')} = 0 \qquad \text{on } S^{(mm')}, \qquad (2.57\text{a})$$

$$a_{ijkl}e_{kl}^{(m)}n_j^{(m)} = -a_{ijkl}e_{kl}^{(m')}n_j^{(m')} \quad \text{on } S^{(mm')}. \qquad (2.57\text{b})$$

This shows that all interelement continuity conditions are satisfied. Hence we have the following.

Generalized Variational Principle IA3 (generalized variational principle of incompatible-displacement finite elements derived from the minimum potential energy problem): Among all the sets of $u_i^{(m)}$ ($m = 1, 2, \cdots, N$), the one set of

$u_i^{(m)}$ that makes $\widetilde{\Pi}_{\text{IA3}}^{**}$ stationary satisfies (2.26a)–(2.26c), the continuity conditions of displacement, and the stress vector (2.57) on the interelement boundaries.

The functional $\widetilde{\Pi}_{\text{IA3}}^{**}$ differs from $\widetilde{\Pi}_{\text{IA2}}^{**}$ given by (2.49) by the fact that no additional undetermined displacements at interelement boundaries need to be introduced.

On the basis of (2.29) and (2.32), the functional $\widetilde{\Pi}_{\text{IA3}}^{**}$ of (2.55) may be expressed in matrix form as

$$\widetilde{\Pi}_{\text{IA3}}^{**} = \sum_{m=1}^{N}\left(\frac{1}{2}\boldsymbol{q}^{(m)\text{T}}\boldsymbol{K}_1^{(m)}\boldsymbol{q}^{(m)} + \frac{1}{2}\sum_{\substack{\text{all } m' \\ \text{with } m}}\boldsymbol{q}^{(m')\text{T}}\boldsymbol{K}_1^{(mm')}\boldsymbol{q}^{(m)} - \boldsymbol{q}^{(m)\text{T}}\,\overline{\boldsymbol{Q}}^{(m)}\right), \tag{2.58}$$

where $\overline{\boldsymbol{Q}}^{(m)}$ is given by (2.35b) and

$$\boldsymbol{K}_1^{(m)} = \iiint_{\tau^{(m)}}(\boldsymbol{DN}^{(m)})^{\text{T}}\boldsymbol{aDN}^{(m)}\,\text{d}\tau + \iint_{S_1^{(m)}}\boldsymbol{N}^{(m)\text{T}}\boldsymbol{n}^{(m)}\boldsymbol{aDN}^{(m)}\,\text{d}S + \iint_{S_u^{(m)}}\boldsymbol{N}^{(m)\text{T}}\boldsymbol{n}^{(m)}\boldsymbol{aDN}^{(m)}\,\text{d}S, \tag{2.59a}$$

$$\boldsymbol{K}_1^{(mm')} = \iint_{S^{(mm')}}\boldsymbol{N}^{(m)\text{T}}\boldsymbol{n}^{(m)}\boldsymbol{aDN}^{(m)}\,\text{d}S, \tag{2.59b}$$

where $S_1^{(m)}$ represents the total interelement boundaries for element (m). Now (2.59) may be assembled into a global matrix form as

$$\widetilde{\Pi}_{\text{IA3}}^{**} = \frac{1}{2}\boldsymbol{q}^{\text{T}}\boldsymbol{K}_2\boldsymbol{q} - \boldsymbol{q}^{\text{T}}\,\overline{\boldsymbol{Q}}, \tag{2.60}$$

where $\boldsymbol{K}_2$ is the assembled matrix from $\boldsymbol{K}_1^{(m)}$ and $\boldsymbol{K}_1^{(mm')}$. It may be noted that the matrix $\boldsymbol{K}_2$ has no symmetrical property.

The stationary condition of $\widetilde{\Pi}_{\text{IA3}}^{**}$ gives

$$\boldsymbol{K}_2^*\,\boldsymbol{q} = \overline{\boldsymbol{Q}}, \quad \boldsymbol{K}_2^* = \frac{1}{2}(\boldsymbol{K}_2 + \boldsymbol{K}_2^{\text{T}}). \tag{2.61}$$

It should be noted that Jones (1964) first suggested the form of (2.39), and Greene *et al.*—(1966) recognized the possibility of representing the Lagrangian multiplier $\Lambda_i^{(mm')}$ by undetermined boundary reactions (2.41). From this point of view, one may regard this kind of incompatible finite element as another kind of hybrid element.

D. Generalized Variational Principle of Hybrid Incompatible Elements Derived from the Minimum Potential Energy Principle

Let us formulate the incompatible finite-element computation based on generalized variational principle I*. The continuity condition of displacement at interelement boundaries $S^{(mm')}$

$$u_i^{(m)} - u_i^{(m')} = 0 \qquad \text{on } S^{(mm')} \tag{2.62}$$

may be introduced as condition of constraint, and appropriate boundary variables are used as the corresponding Lagrangian multipliers in the functional (2.17) Thus we have

$$\begin{aligned} \Pi_{\mathrm{IB}}^{**} = \sum_{m=1}^{N}\Bigg\{ & \iiint_{\tau^{(m)}}\left[\frac{1}{2}a_{ijkl}e_{ij}^{(m)}e_{kl}^{(m)} - \left(e_{ij}^{(m)} - \frac{1}{2}u_{i,j}^{(m)} - \frac{1}{2}{}^{(m)}_{j,i}\right)\sigma_{ij}^{(m)} - \bar{F}_i u_i^{(m)}\right]\mathrm{d}\tau \\ & - \iint_{S_\sigma^{(m)}} \bar{p}_i u_i^{(m)}\,\mathrm{d}S - \iint_{S_u^{(m)}} (u_i^{(m)} - \bar{u}_i)\sigma_{ij}^{(m)} n_j^{(m)}\,\mathrm{d}S\Bigg\} \\ & + \sum_{(mm')} \iint_{S^{(mm')}} (u_i^{(m)} - u_i^{(m')})\Lambda_i^{(mm')}\,\mathrm{d}S. \end{aligned} \tag{2.63}$$

By means of the stationary condition of Π_{IB}^{**}, we can show that (2.1), (2.2a), (2.3), (2.6a), and (2.6b) are satisfied in all the elements and (2.62) is satisfied at interelement boundaries. Furthermore, the following continuity condition of stress vectors is obtained:

$$\Lambda_i^{(mm')} = -\sigma_{ij}^{(m)} n_j^{(m)} = \sigma_{ij}^{(m')} n_j^{(m')}. \tag{2.64}$$

Similarly, as in (2.53), $\Lambda_i^{(mm')}$ may be represented by

$$\Lambda_i^{(mm')} = -\frac{1}{2}[\sigma_{ij}^{(m)} n_j^{(m)} - \sigma_{ij}^{(m')} n_j^{(m')}]. \tag{2.65}$$

Thus, (2.63) may be written as

$$\begin{aligned} \Pi_{\mathrm{IB3}}^{**} = \sum_{m=1}^{N}\Bigg\{ & \iiint_{\tau^{(m)}}\left[\frac{1}{2}a_{ijkl}e_{ij}^{(m)}e_{kl}^{(m)} - \bar{F}_i u_i^{(m)} - \left(e_{ij}^{(m)} - \frac{1}{2}u_{i,j}^{(m)} - \frac{1}{2}u_{j,i}^{(m)}\right)\sigma_{ij}^{(m)}\right]\mathrm{d}\tau \\ & - \iint_{S_\sigma^{(m)}} \bar{p}_i u_i^{(m)}\,\mathrm{d}S - \iint_{S_u^{(m)}} (u_i^{(m)} - \bar{u}_i)\sigma_{ij}^{(m)} n_j^{(m)}\,\mathrm{d}S \\ & - \sum_{\substack{\text{all } m' \\ \text{with } m}} \iint_{S^{(mm')}} \frac{1}{2}[u_i^{(m)} - u_i^{(m')}]\sigma_{ij}^{(m)} n_j^{(m)}\,\mathrm{d}S\Bigg\}. \end{aligned} \tag{2.66}$$

The stationary condition of Π_{IB3}^{**} not only gives (2* 1), (2.2a), (2.3),

(2.6a), and (2.6b) in all the elements, but also the continuity conditions (2.62) and (2.64) of displacement and stress vector at all interelement boundaries. Thus we have the following:

Generalized Variational Principle IB3 (generalized variational principle for incompatible hybrid elements derived from the minimum potential energy principle): Among all sets of $u_i^{(m)}$, $\sigma_{ij}^{(m)}$, $e_{ij}^{(m)}$ $(m = 1, 2, \cdots, N)$, the one set of $u_i^{(m)}$, $\sigma_{ij}^{(m)}$, $e_{ij}^{(m)}$ that makes Π_{IB3}^{**} stationary satisfies (2.1), (2.2a), (2.3), (2.6a), and (2.6b) in all the elements, and at the same time satisfies the continuity conditions (2.62) and (2.64), or the compatible conditions of $u_i^{(m)}$, $\sigma_{ij}^{(m)}$, $n_j^{(m)}$ at all interelement boundaries.

Let all the components of $e_{ij}^{(m)}$, $\sigma_{ij}^{(m)}$, and $u_i^{(m)}$ be represented by interpolation function $N_k^{(m)}$ $(k = 1, 2, \cdots, t)$, the generalized strain $\alpha_k^{(m)}$, generalized stress $\beta_k^{(m)}$ and generalized displacement $q_k^{(m)}$ as follows:

$$\boldsymbol{e}^{(m)} = \boldsymbol{N}_{(1)}^{(m)} \boldsymbol{\alpha}^{(m)} \tag{2.67a}$$

$$\boldsymbol{\sigma}^{(m)} = \boldsymbol{N}_{(1)}^{(m)} \boldsymbol{\beta}^{(m)} \tag{2.67b}$$

$$\boldsymbol{u}^{(m)} = \boldsymbol{N}_{(2)}^{(m)} \boldsymbol{q}^{(m)} \tag{2.67c}$$

where $\boldsymbol{e}^{(m)}$, $\boldsymbol{\sigma}^{(m)}$, $\boldsymbol{u}^{(m)}$, and $\boldsymbol{q}^{(m)}$ are shown, respectively, in (2.31a), (2.31b), (2.28a), and (2.28b). $\boldsymbol{N}_{(1)}^{(m)}$, $\boldsymbol{N}_{(2)}^{(m)}$, $\boldsymbol{\alpha}^{(m)}$, $\boldsymbol{\beta}^{(m)}$ are

$$\boldsymbol{N}_{(1)}^{(m)} = \begin{bmatrix} \boldsymbol{N}^* & \cdot & \cdot & \cdot & \cdot & \cdot \\ \cdot & \boldsymbol{N}^* & \cdot & \cdot & \cdot & \cdot \\ \cdot & \cdot & \boldsymbol{N}^* & \cdot & \cdot & \cdot \\ \cdot & \cdot & \cdot & \boldsymbol{N}^* & \cdot & \cdot \\ \cdot & \cdot & \cdot & \cdot & \boldsymbol{N}^* & \cdot \\ \cdot & \cdot & \cdot & \cdot & \cdot & \boldsymbol{N}^* \end{bmatrix} \tag{2.68a}$$

$$\boldsymbol{N}_{(2)}^{(m)} = \begin{bmatrix} \boldsymbol{N}^* & \cdot & \cdot \\ \cdot & \boldsymbol{N}^* & \cdot \\ \cdot & \cdot & \boldsymbol{N}^* \end{bmatrix}, \tag{2.68b}$$

$$\boldsymbol{\alpha}^{(m)\mathrm{T}} = [\alpha_{11}^{(m)}, \alpha_{21}^{(m)}, \alpha_{31}^{(m)}, \cdots, \alpha_{it}^{(m)}, \cdots, \alpha_{6t}^{(m)}], \tag{2.68c}$$

$$\boldsymbol{\beta}^{(m)\mathrm{T}} = [\beta_{11}^{(m)}, \beta_{21}^{(m)}, \beta_{31}^{(m)}, \cdots, \beta_{it}^{(m)}, \cdots, \beta_{6t}^{(m)}], \tag{2.68d}$$

and

$$\boldsymbol{N}^{*(m)} = [N_1^{(m)}, N_2^{(m)}, \cdots, N_t^{(m)}]. \tag{2.69}$$

By transforming $e_{ij}^{(m)}$, $\sigma_{ij}^{(m)}$, $u_i^{(m)}$ into matrix form, Eq. (2.66) may be written as

$$\Pi_{\mathrm{IB3}}^{**} = \sum_{m=1}^{N} \Big\{ \frac{1}{2}\boldsymbol{\alpha}^{(m)\mathrm{T}}\boldsymbol{K}_1^{*(m)}\boldsymbol{\alpha}^{(m)} - \boldsymbol{\alpha}^{(m)\mathrm{T}}\boldsymbol{K}_2^{*(m)}\boldsymbol{\beta}^{(m)} + \boldsymbol{q}^{(m)\mathrm{T}}\boldsymbol{K}_3^{*(m)}\boldsymbol{\beta}^{(m)}$$
$$- \boldsymbol{q}^{(m)\mathrm{T}}\overline{\boldsymbol{Q}}_1^{(m)} + \boldsymbol{\beta}^{(m)\mathrm{T}}\overline{\boldsymbol{Q}}_2^{(m)} + \sum_{\substack{\text{all } m' \\ \text{with } m}} \boldsymbol{q}^{(m')\mathrm{T}}\boldsymbol{K}_4^{*(mm')}\boldsymbol{\beta}^{(m)} \tag{2.70}$$

in which the various $\boldsymbol{K}^*$ and $\overline{\boldsymbol{Q}}$ are

$$\boldsymbol{K}_1^{*(m)} = \iiint_{\tau^{(m)}} \boldsymbol{N}_{(1)}^{(m)\mathrm{T}}\boldsymbol{a}\boldsymbol{N}_{(1)}^{(m)}\,\mathrm{d}\tau \tag{2.71a}$$

$$\overline{\boldsymbol{Q}}_1^{(m)} = \iiint_{\tau^{(m)}} \boldsymbol{N}_{(2)}^{(m)\mathrm{T}}\,\overline{\boldsymbol{F}}\mathrm{d}\tau + \iint_{S_\sigma^{(m)}} \boldsymbol{N}_{(2)}^{(m)\mathrm{T}}\,\overline{\boldsymbol{p}}\,\mathrm{d}S, \tag{2.71b}$$

$$\overline{\boldsymbol{Q}}_2^{(m)} = \iint_{S_u^{(m)}} \boldsymbol{N}_{(1)}^{(m)\mathrm{T}}\boldsymbol{n}^{(m)\mathrm{T}}\,\overline{\boldsymbol{u}}\,\mathrm{d}S, \tag{2.71c}$$

$$\boldsymbol{K}_2^{*(m)} = \iiint_{\tau^{(m)}} \boldsymbol{N}_{(1)}^{(m)\mathrm{T}}\boldsymbol{N}_{(1)}^{(m)}\,\mathrm{d}\tau, \tag{2.71d}$$

$$\boldsymbol{K}_3^{*(m)} = \iiint_{\tau^{(m)}} (\boldsymbol{D}\boldsymbol{N}_{(2)}^{(m)})^{\mathrm{T}}\boldsymbol{N}_{(1)}^{(m)}\,\mathrm{d}\tau - \iint_{S_u^{(m)}} \boldsymbol{N}_{(2)}^{(m)\mathrm{T}}\boldsymbol{n}^{(m)}\boldsymbol{N}_{(1)}^{(m)}\,\mathrm{d}S - \frac{1}{2}\iint_{S_1^{(m)}} \boldsymbol{N}_{(2)}^{(m)\mathrm{T}}\boldsymbol{n}^{(m)}\boldsymbol{N}_{(1)}^{(m)}\,\mathrm{d}S, \tag{2.71e}$$

$$\boldsymbol{K}_4^{*(mm')} = \frac{1}{2}\iint_{S^{(m')}} \boldsymbol{N}_{(2)}^{(m')\mathrm{T}}\boldsymbol{n}^{(m)}\boldsymbol{N}_{(1)}^{(m)}\,\mathrm{d}S, \tag{2.71f}$$

where $S_1^{(m)}$ is equal to the total interelement boundary surface area. Let us now assemble (2.70) into a global matrix representation. First we have

$$\sum_{m=1}^{N} \Big(\boldsymbol{q}^{(m)\mathrm{T}}\boldsymbol{K}_3^{*(m)}\boldsymbol{\beta}^{(m)} + \sum_{\substack{\text{all } m' \\ \text{with } m}} \boldsymbol{q}^{(m')\mathrm{T}}\boldsymbol{K}_4^{*(mm')}\beta^{(m)}\Big) = \boldsymbol{q}^{\mathrm{T}}\boldsymbol{K}_3^*\boldsymbol{\beta}. \tag{2.72}$$

Thus the global representation of (2.70) may be written as

$$\Pi_{\mathrm{IB3}}^{**} = \frac{1}{2}\boldsymbol{\alpha}^{\mathrm{T}}\boldsymbol{K}_1^*\boldsymbol{\alpha} - \boldsymbol{\alpha}^{\mathrm{T}}\boldsymbol{K}_2^*\boldsymbol{\beta} + \boldsymbol{q}^{\mathrm{T}}\boldsymbol{K}_3^*\boldsymbol{\beta} - \boldsymbol{q}^{\mathrm{T}}\overline{\boldsymbol{Q}}_1^* + \boldsymbol{\beta}^{\mathrm{T}}\overline{\boldsymbol{Q}}_2^* \tag{2.73}$$

in which $\boldsymbol{K}_3^*$ is defined in (2.72), and $\boldsymbol{K}_{(1)}^*$, $\boldsymbol{K}_{(2)}^*$, $\overline{\boldsymbol{Q}}_1^*$ and $\overline{\boldsymbol{Q}}_2^*$ are the global matrices of $\boldsymbol{K}_1^{*(m)}$, $\boldsymbol{K}_2^{*(m)}$, $\overline{\boldsymbol{Q}}_1^{*(m)}$, and $\overline{\boldsymbol{Q}}_2^{*(m)}$, respectively. The condition for Π_{IB3}^{**} to be stationary yields

$$\delta\Pi_{\mathrm{IB3}}^{**} = (\boldsymbol{K}_1^* \boldsymbol{\alpha} - \boldsymbol{K}_2^* \boldsymbol{\beta})^{\mathrm{T}} \delta\boldsymbol{\alpha} + (\boldsymbol{q}^{\mathrm{T}} \boldsymbol{K}_3^* - \boldsymbol{\alpha}^{\mathrm{T}} \boldsymbol{K}_2^* + \bar{\boldsymbol{Q}}_2^{*\mathrm{T}}) \delta\boldsymbol{\beta} + (\boldsymbol{K}_3^* \boldsymbol{\beta} - \bar{\boldsymbol{Q}}^*)^{\mathrm{T}} \delta\boldsymbol{q} = 0 \tag{2.74}$$

or

$$\boldsymbol{K}_1^* \boldsymbol{\alpha} - \boldsymbol{K}_2^* \boldsymbol{\beta} = 0, \tag{2.75a}$$

$$\boldsymbol{K}_3^{*\mathrm{T}} \boldsymbol{q} - \boldsymbol{K}_2^{*\mathrm{T}} \boldsymbol{\alpha} + \bar{\boldsymbol{Q}}_2^* = 0, \tag{2.75b}$$

$$\boldsymbol{K}_3^* \boldsymbol{\beta} - \bar{\boldsymbol{Q}}_1^* = 0. \tag{2.75c}$$

The solution of the above set of equations is

$$\boldsymbol{\beta} = \boldsymbol{K}_3^{*-1} \bar{\boldsymbol{Q}}_1^*, \tag{2.76a}$$

$$\boldsymbol{\alpha} = \boldsymbol{K}_1^{*-1} \boldsymbol{K}_3^* \boldsymbol{K}_3^{*-1} \bar{\boldsymbol{Q}}_1^*, \tag{2.76b}$$

and $\boldsymbol{q}$ can be found from (2.75b); that is,

$$\boldsymbol{K}_3^{*\mathrm{T}} \boldsymbol{q} - \boldsymbol{K}_2^{*\mathrm{T}} \boldsymbol{K}_1^{*-1} \boldsymbol{K}_2^* \boldsymbol{K}_3^{*-1} \bar{\boldsymbol{Q}}_1^* + \bar{\boldsymbol{Q}}_2^* = 0. \tag{2.76c}$$

This is the matrix equation for $\boldsymbol{q}$.

E. Global Generalized Variational Principle Derived from the Minimum Complementary Energy Principle

If the variational conditions (2.1) and (2.6a) of the minimum complementary energy principle are introduced into the generalized variational principle as constraint conditions and appropriate variables λ_i and μ_i are used as the corresponding Lagrangian multipliers, we have the functional of this generalized variational principle as

$$\Pi_{\mathrm{II}}^* = \iiint_\tau \left[\frac{1}{2} b_{ijkl} \sigma_{ij} \sigma_{kl} + \lambda_i (\sigma_{ij,j} + \bar{F}_i) \right] \mathrm{d}\tau - \iint_{S_u} \bar{u}_i \sigma_{ij} n_j \mathrm{d}S + \iint_{S_\sigma} \mu_i (\sigma_{ij} n_j - \bar{p}_i) \mathrm{d}S. \tag{2.77}$$

Considering λ_i, μ_i, and σ_{ij} as independent variables, the stationary condition of Π_{II}^* yields

$$\delta\Pi_{\mathrm{II}}^* = \iiint_\tau [(b_{ijkl}\sigma_{kl} - \lambda_{i,j})\delta\sigma_{ij} + (\sigma_{ij,j} + \bar{F}_i)\delta\lambda_i] \mathrm{d}\tau - \iint_{S_u} (\bar{u}_i - \lambda_i)\delta\sigma_{ij} n_j \mathrm{d}S + \iint_{S_\sigma} (\mu_i + \lambda_i)\delta\sigma_{ij} n_j \mathrm{d}S + \iint_{S_\sigma} (\sigma_{ij} n_j - \bar{p}_i)\delta\mu_i \mathrm{d}S = 0. \tag{2.78}$$

Thus we have

$$b_{ijkl}\sigma_{kl} - \frac{1}{2}(\lambda_{i,j} + \lambda_{j,i}) = 0 \qquad \text{in } \tau, \qquad (2.79\text{a})$$

$$\sigma_{ij,j} + \bar{F}_i = 0 \qquad \text{in } \tau, \qquad (2.79\text{b})$$

$$\bar{u}_i - \lambda_i = 0 \qquad \text{on } S_u, \qquad (2.80\text{a})$$

$$\mu_i + \lambda_i = 0 \qquad \text{on } S_\sigma, \qquad (2.80\text{b})$$

$$\sigma_{ij}n_j - \bar{p}_i = 0 \qquad \text{on } S_\sigma. \qquad (2.81)$$

From (2.79), (2.80a), and (2.80b), we find

$$\lambda_i = u_i \qquad \text{in } \tau, \qquad (2.82\text{a})$$

$$\mu_i = -\lambda_i = -u_i \qquad \text{on } S_u + S_\sigma. \qquad (2.82\text{b})$$

Thus (2.77) may be written as

$$\Pi_{\mathrm{II}}^* = \iiint_\tau \left[\frac{1}{2}b_{ijkl}\sigma_{ij}\sigma_{kl} + (\sigma_{ij,j} + \bar{F}_i)u_i\right]\mathrm{d}\tau - \iint_{S_u} \bar{u}_i\sigma_{ij}n_j\,\mathrm{d}S$$
$$- \iint_{S_\sigma} u_i(\sigma_{ij}n_j - \bar{p}_i)\,\mathrm{d}S. \qquad (2.83)$$

Generalized Variational Principle II* (generalized variational principle for small-displacement elasticity derived from the minimum complementary energy principle): Among all sets of σ_{ij} and u_i, the set of σ_{ij} and u_i that makes Π_{II}^* stationary satisfies (2.1), (2.2b), (2.3), (2.6a) and (2.6b).

F. Generalized Variational Principle of Compatible Elements Derived from the Minimum Complementary Energy Principle

Let us study the stress-compatible elements, in which the stress vectors $\sigma_{ij}^{(m)}$, $n_j^{(m)}$ are continuous over all interelement boundaries; that is,

$$\sigma_{ij}^{(m)}n_j^{(m)} + \sigma_{ij}^{(m')}n_j^{(m')} = 0 \qquad \text{on } S^{(mm')}. \qquad (2.84)$$

For this kind of stress-compatible element, we can show by making use of the stationary condition of corresponding functional that the displacement $u_i^{(m)}$ is also continuous over all the interelement boundaries, or

$$u_i^{(m)} - u_i^{(m')} = 0 \qquad \text{on } S^{(mm')}. \qquad (2.85)$$

For this purpose, we formulate here the functional of the generalized variational principle for stress-compatible elements based on (2.83). We have

$$\Pi_{\mathrm{IIA}}^{**}=\sum_{m=1}^{N}\Big\{\iiint\limits_{\tau^{(m)}}\Big[\frac{1}{2}b_{ijkl}\sigma_{ij}^{(m)}\sigma_{kl}^{(m)}+(\sigma_{ij,j}^{(m)}+\overline{F}_i)u_i^{(m)}\Big]\mathrm{d}\tau$$

$$-\iint\limits_{S_u^{(m)}}\bar{u}_i\sigma_{ij}^{(m)}n_j^{(m)}\mathrm{d}S-\iint\limits_{S_\sigma^{(m)}}u_i^{(m)}(\sigma_{ij}^{(m)}n_j^{(m)}-\bar{p}_i)\mathrm{d}S\Big\}. \qquad (2.86)$$

The variation of Π_{IIA}^{**} gives

$$\delta\Pi_{\mathrm{IIA}}^{**}=\sum_{m=1}^{N}\Big\{\iiint\limits_{\tau^{(m)}}\Big[b_{ijkl}\sigma_{kl}^{(m)}\delta\sigma_{ij}^{(m)}+(\sigma_{ij,j}^{(m)}+\overline{F}_i)\delta u_i^{(m)}-\frac{1}{2}(u_{i,j}^{(m)}+u_{j,i}^{(m)})\delta\sigma_{ij}^{(m)}\Big]\mathrm{d}\tau$$

$$+\iint\limits_{S_u^{(m)}}(u_i^{(m)}-\bar{u}_i)\delta\sigma_{ij}^{(m)}n_j\mathrm{d}S-\iint\limits_{S_\sigma^{(m)}}(\sigma_{ij}^{(m)}n_j^{(m)}-\bar{p}_i)\delta u_i^{(m)}\mathrm{d}S\Big\}$$

$$+\sum_{(mm')}\iint\limits_{S^{(mm')}}[u_i^{(m)}\delta\sigma_{ij}^{(m)}n_j^{(m)}+u_i^{(m')}\delta\sigma_{ij}^{(m')}n_j^{(m')}]\mathrm{d}S. \qquad (2.87)$$

If the stress vectors are compatible, then

$$\sum_{(mm')}\iint\limits_{S^{(mm')}}(u_i^{(m)}\delta\sigma_{ij}^{(m)}n_j^{(m)}+u_i^{(m')}\delta\sigma_{ij}^{(m')}n_j^{(m')})\mathrm{d}S=\sum_{(mm')}\iint\limits_{S^{(mm')}}(u_i^{(m)}-u_i^{(m')})\delta\sigma_{ij}^{(m)}n_j^{(m)}\mathrm{d}S. \qquad (2.88)$$

Hence the stationary condition $\delta\Pi_{\mathrm{IIA}}^{**}=0$ gives the displacement-compatible condition (2.85). This proves the statement that the stationary condition of the functional of stress-compatible elements gives the compatible condition of displacement.

Generalized Variational Principle II**A (generalized variational principle for stress-compatible elements derived from the minimum complementary energy principle): Among all the sets of $\sigma_{ij}^{(m)}$ and $u_i^{(m)}$, where $\sigma_{ij}^{(m)}$ are interelementwise compatible, the set of $\sigma_{ij}^{(m)}$ and $u_i^{(m)}$ that makes Π_{IIA}^{**} stationary satisfies (2.1), (2.2b), (2.3), (2.6a), and (2.6b) in all the finite elements and the continuity condition of $u_i^{(m)}$ over all the interelement boundaries.

Let us write (2.86) in matrix form. We have

$$\boldsymbol{\sigma}^{(m)}=\mathbf{N}_{(1)}^{(m)}\boldsymbol{\beta}^{(m)}, \qquad (2.89a)$$

$$\boldsymbol{u}^{(m)}=\mathbf{N}_{(2)}^{(m)}\boldsymbol{q}^{(m)} \qquad (2.89b)$$

where $\boldsymbol{\sigma}^{(m)}$, $\boldsymbol{u}^{(m)}$, $\boldsymbol{\beta}^{(m)}$, $\boldsymbol{q}^{(m)}$, $\mathbf{N}_{(1)}^{(m)}$, and $\mathbf{N}_{(2)}^{(m)}$ are defined in (2.31b), (2.28a), (2.68d), (2.28b), (2.68a), and (2.68b), respectively. Then

$$\Pi_{\mathrm{IIA}}^{**}=\sum_{m=1}^{N}\left(\frac{1}{2}\boldsymbol{\beta}^{(m)\mathrm{T}}\boldsymbol{R}_{b1}^{(m)}\boldsymbol{\beta}^{(m)}+\boldsymbol{q}^{(m)\mathrm{T}}\boldsymbol{R}_{b2}^{(m)}\boldsymbol{\beta}^{(m)}-\boldsymbol{\beta}^{(m)\mathrm{T}}\overline{\boldsymbol{Q}}_{2}^{(m)}+\boldsymbol{q}^{(m)\mathrm{T}}\overline{\boldsymbol{Q}}_{1}^{(m)}\right) \tag{2.90}$$

in which $\overline{\boldsymbol{Q}}_1$, $\overline{\boldsymbol{Q}}_2$ are defined as in (2.71b) and (2.71c), and

$$\boldsymbol{R}_{b1}^{(m)}=\iiint_{\tau^{(m)}}\boldsymbol{N}_{(1)}^{(m)\mathrm{T}}\boldsymbol{b}\boldsymbol{N}_{(1)}^{(m)}\,\mathrm{d}\tau, \tag{2.91a}$$

$$\boldsymbol{R}_{b2}^{(m)}=\iiint_{\tau^{(m)}}\boldsymbol{N}_{(2)}^{(m)\mathrm{T}}\boldsymbol{D}\boldsymbol{N}_{(1)}^{(m)}\,\mathrm{d}\tau+\iint_{S_{11}^{(m)}}\boldsymbol{N}_{(2)}^{(m)\mathrm{T}}\boldsymbol{n}^{(m)}\boldsymbol{N}_{(1)}^{(m)}\,\mathrm{d}S. \tag{2.91b}$$

The global matrix representation of (2.90) is

$$\boldsymbol{R}\Pi_{\mathrm{IIA}}^{**}=\frac{1}{2}\boldsymbol{\beta}^{\mathrm{T}}\boldsymbol{R}_{b1}\boldsymbol{\beta}+\boldsymbol{q}^{\mathrm{T}}\boldsymbol{R}_{b2}\boldsymbol{\beta}-\beta^{\mathrm{T}}\overline{\boldsymbol{Q}}_{2}+\boldsymbol{q}^{\mathrm{T}}\,\overline{\boldsymbol{Q}}_{1}. \tag{2.92}$$

Invoking the stationary condition on Π_{IIA}^{**} gives

$$\delta\Pi_{\mathrm{IIA}}^{**}=\delta\boldsymbol{\beta}^{\mathrm{T}}(\boldsymbol{R}_{b1}\boldsymbol{\beta}-\overline{\boldsymbol{Q}}_{2}+\boldsymbol{R}_{b2}^{\mathrm{T}}\boldsymbol{q})+\delta\boldsymbol{q}^{\mathrm{T}}(\boldsymbol{R}_{b2}\boldsymbol{\beta}+\overline{\boldsymbol{Q}}_{1})=0, \tag{2.93}$$

or

$$\boldsymbol{\beta}=-\boldsymbol{R}_{b2}^{-1}\,\overline{\boldsymbol{Q}}_{1}, \tag{2.94a}$$

$$\boldsymbol{R}_{b2}^{\mathrm{T}}\boldsymbol{q}=\overline{\boldsymbol{Q}}_{2}+\boldsymbol{R}_{b1}\boldsymbol{R}_{b2}^{-1}\,\overline{\boldsymbol{Q}}_{1}. \tag{2.94b}$$

Solving β from (2.94b) and substituting this result into (2.94a), we have

$$\boldsymbol{\beta}=-\boldsymbol{R}_{b2}^{-1}\,\overline{\boldsymbol{Q}}_{1}, \tag{2.95a}$$

$$\boldsymbol{R}_{b2}^{\mathrm{T}}\boldsymbol{q}=\overline{\boldsymbol{Q}}_{2}+\boldsymbol{R}_{b1}\boldsymbol{R}_{b2}^{-1}\,\overline{\boldsymbol{Q}}_{1}, \tag{2.95b}$$

and $\boldsymbol{q}$ can readily be obtained from (2.95b). Thus we find from stress-compatible elements the solution of $\boldsymbol{\beta}$ and $\boldsymbol{q}$.

G. Generalized Variational Principle for Incompatible Elements Derived from the Minimum Complementary Energy Principle

Let us adopt the stress-incompatible elements. Then we may use the Lagrangian multiplier λ_i for the condition of constraint so that the conditional variational principle transforms into a nonconditional variational principle. The corresponding functional may be written as

$$\Pi_{\mathrm{IIA1}}^{**}=\Pi_{\mathrm{IIA}}^{**}+\sum_{(mm')}\iint_{S^{(mm')}}(\sigma_{ij}^{(m)}n_j^{(m)}+\sigma_{ij}^{(m')}n_j^{(m')})\lambda_i^{(mm')}\,\mathrm{d}S. \tag{2.96}$$

Variation of Π_{IIA1}^{**} gives

$$\delta\Pi_{\mathrm{IIA1}}^{**}=\sum_{m=1}^{N}\Big\{\iiint_{\tau^{(m)}}\Big[\Big(b_{ijkl}\sigma_{kl}^{(m)}-\frac{1}{2}u_{i,j}^{(m)}-\frac{1}{2}u_{j,i}^{(m)}\Big)\delta\sigma_{ij}^{(m)}+(\sigma_{ij,j}^{(m)}+\bar{F}_i)\delta u_i^{(m)}\Big]d\tau$$
$$+\iint_{S_u^{(m)}}(u_i^{(m)}-\bar{u}_i)\delta\sigma_{ij}^{(m)}n_j^{(m)}dS-\iint_{S_\sigma^{(m)}}(\sigma_{ij}^{(m)}n_j^{(m)}-\bar{p}_i)\delta u_i^{(m)}dS\Big\}$$
$$+\sum_{(mm')}\iint_{S^{(mm')}}[(\lambda_i^{(mm')}+u_i^{(m)})n_j^{(m)}\delta\sigma_{ij}^{(m)}+(\lambda_j^{(mm')}+u_i^{(m')})n_j^{(m')}\delta\sigma_{ij}^{(m')}$$
$$+(\sigma_{ij}^{(m)}n_j^{(m)}+\sigma_{ij}^{(m')}n_j^{(m')})\delta\lambda_i^{(mm')}]dS. \tag{2.97}$$

The stationary condition of Π_{IIA}^{**} gives on one hand (2.1), (2.2b), (2.3), and (2.6a, b) in all the elements, and, in addition, the following continuity conditions on all interelement boundaries:

$$\sigma_{ij}^{(m)}n_j^{(m)}+\sigma_{ij}^{(m')}n_j^{(m')}=0, \tag{2.98a}$$

$$-\lambda_i^{(mm')}=u_i^{(m)}=u_i^{(m')}. \tag{2.98b}$$

Equations (2.98a) and (2.98b) are, respectively, the continuity conditions for stress vector and displacement. By means of (2.98b), we obtain

$$\sum_{(mm')}\iint_{S^{(mm')}}(\sigma_{ij}^{(m)}n_j^{(m)}+\sigma_{ij}^{(m')}n_j^{(m')})\lambda_i^{(mm')}dS=\sum_{(mm')}\iint_{S^{(mm')}}(\sigma_{ij}^{(m)}n_j^{(m)}u_i^{(m)}+\sigma_{ij}^{(m')}n_j^{(m')}u_i^{(m')})dS. \tag{2.99}$$

Thus (2.96) may be written as

$$\Pi_{\mathrm{IIA2}}^{**}=\Pi_{\mathrm{IIA}}^{**}-\sum_{m=1}^{N}\iint_{S_l^{(m)}}\sigma_{ij}^{(m)}n_j^{(m)}u_i^{(m)}dS \tag{2.100a}$$

in which $S_l^{(m)}$ represents the total interelement boundary surface area of the element (m). Equation (2.100a) in fact is quite similar to that used by Pian and Tong (1972) for incompatible elements.

By means of (2.87), we have

$$\delta\Pi_{\mathrm{IIA2}}^{**}=\sum_{m=1}^{N}\Big\{\iiint_{\tau^{(m)}}\Big[b_{ijkl}\sigma_{kl}^{(m)}\delta\sigma_{ij}^{(m)}-\frac{1}{2}(u_{i,j}^{(m)}+u_{j,i}^{(m)})\delta\sigma_{ij}^{(m)}$$
$$+(\sigma_{ij,j}^{(m)}+\bar{F}_i)\delta u_i^{(m)}\Big]d\tau+\iint_{S_u^{(m)}}(u_i^{(m)}-\bar{u}_i)\delta\sigma_{ij}^{(m)}n_j^{(m)}dS$$
$$-\iint_{S_\sigma^{(m)}}(\sigma_{ij}^{(m)}n_j^{(m)}-\bar{p}_i)\delta u_i^{(m)}dS\Big\}$$

$$-\sum_{(mm')}\iint_{S^{(mm')}}(\sigma_{ij}^{(m)}n_j^{(m)}\delta u_i^{(m)}+\sigma_{ij}^{(m')}n_j^{(m')}\delta u_i^{(m')})\mathrm{d}S. \quad (2.100\mathrm{b})$$

It can easily be seen that none of the continuity conditions can be obtained from the stationary condition $\delta\Pi_{\mathrm{IIA2}}^{**}=0$. Thus the functional (2.100) cannot be used to deal with the incompatible elements.

It is shown by Pian and Tong (1972) that, in variational principle (2.100), there are additional independent variables $u_i^{(m)}=u_i^{(m')}$ on interelement boundaries besides $\sigma_{ij}^{(m)}$ and $u_i^{(m)}$ in τ. Denote $u_i^{(m)}=u_i^{(m')}$ by $u_i^{(mm')}$. Then (2.100) becomes

$$\Pi_{\mathrm{IIA2}}^{**}=\Pi_{\mathrm{IIA}}^{**}-\sum_{m=1}^{N}\Big(\sum_{\substack{\text{all } m'\\ \text{with } m}}\iint_{S^{(mm')}}\sigma_{ij}^{(m)}n_j^{(m')}u_i^{(mm')}\,\mathrm{d}S\Big). \quad (2.101\mathrm{a})$$

The variation of $\Pi_{\mathrm{IIA2}}^{***}$ is

$$\begin{aligned}\delta\Pi_{\mathrm{IIA2}}^{***}=&\sum_{m=1}^{N}\Big\{\iiint_{\tau^{(m)}}\Big[b_{ijkl}\sigma_{kl}^{(m)}\delta\sigma_{ij}^{(m)}-\frac{1}{2}(u_{i,j}^{(m)}+u_{j,i}^{(m)})\delta\sigma_{ij}^{(m)}\\&+(\sigma_{ij,j}^{(m)}+\bar{F}_i)\delta u_i^{(m)}\Big]\mathrm{d}\tau+\iint_{S_u^{(m)}}(u_i^{(m)}-\bar{u}_i)\delta\sigma_{ij}^{(m)}n_j^{(m)}\,\mathrm{d}S\\&-\iint_{S_\sigma^{(m)}}(\sigma_{ij}^{(m)}n_j^{(m)}-\bar{p}_i)\delta u_i^{(m)}\,\mathrm{d}S\Big\}\\&+\sum_{(mm')}\iint_{S^{(mm')}}\{(u_i^{(m)}-u_i^{(mm')})\delta\sigma_{ij}^{(m)}n_j^{(m)}+(u_i^{(m')}-u_i^{(mm')})\delta\sigma_{ij}^{(m')}n_j^{(m')}\\&-[\sigma_{ij}^{(m)}n_j^{(m)}+\sigma_{ij}^{(m')}n_j^{(m')}]\delta u_i^{(mm')}\}\mathrm{d}S.\end{aligned} \quad (2.101\mathrm{b})$$

The stationary conditions of $\Pi_{\mathrm{IIA2}}^{***}$ simultaneously give the continuity conditions of the interelement displacement and the stress vector, and, therefore, the functional (2.101a) in fact represents the generalized variational principle for incompatible elements.

To avoid the application of the additional variable $u_i^{(mm')}$ in the generalized principle, we may take, in accordance with (2.98b),

$$\lambda_i^{(mm')}=-\frac{1}{2}(u_i^{(m)}+u_i^{(m')}). \quad (2.102)$$

Hence the functional for incompatible elements can be written as

$$\Pi_{\mathrm{IIA3}}^{**}=\Pi_{\mathrm{IIA}}^{**}=-\sum_{(mm')}\iint_{S^{(mm')}}\frac{1}{2}(\sigma_{ij}^{(m)}n_j^{(m)}+\sigma_{ij}^{(m')}n_j^{(m')})(u_i^{(m)}+u_i^{(m')})\mathrm{d}S. \quad (2.103)$$

The variation of Π_{IIA3}^{**} is

$$\delta\Pi_{\text{IIA3}}^{**}=\sum_{m=1}^{N}\Big\{\iiint\limits_{\tau^{(m)}}\Big[b_{ijkl}\sigma_{kl}^{(m)}\delta\sigma_{ij}^{(m)}-\frac{1}{2}(u_{i,j}^{(m)}+u_{j,i}^{(m)})\delta\sigma_{ij}^{(m)}+(\sigma_{ij,}^{(m)}+\bar{F}_i)\delta u_i^{(m)}\Big]d\tau$$
$$+\iint\limits_{S_u^{(m)}}(u_i^{(m)}-\bar{u}_i)\delta\sigma_{ij}^{(m)}n_j^{(m)}dS-\iint\limits_{S_\sigma^{(m)}}(\sigma_{ij}^{(m)}n_j^{(m)}-\bar{p}_i)\delta u_i^{(m)}dS\Big\}$$
$$-\sum_{(mm')}\iint\limits_{S^{(mm')}}\Big[\frac{1}{2}(\sigma_{ij}^{(m)}n_j^{(m)}+\sigma_{ij}^{(m')}n_j^{(m')})(\delta u_i^{(m)}+\delta u_i^{(m')})$$
$$-\frac{1}{2}(u_i^{(m)}-u_i^{(m')})(\delta\sigma_{ij}^{(m)}n_j^{(m)}-\delta\sigma_{ij}^{(m')}n_j^{(m')})\Big]dS. \tag{2.104}$$

The stationary condition $\delta\Pi_{\text{IIA3}}^{**}=0$ not only gives (2.1), (2.2b), (2.3), (2.6a), and (2.6b) for each of the elements, but also the interelement continuity conditions

$$\sigma_{ij}^{(m)}n_j^{(m)}+\sigma_{ij}^{(m')}n_j^{(m')}=0 \qquad \text{on } S^{(mm')}, \tag{2.105a}$$

$$u_i^{(m)}=u_i^{(m')} \qquad \text{on } S^{(mm')}. \tag{2.105b}$$

The functional (2.103) can be further simplified to the form

$$\Pi_{\text{IIA3}}^{**}=\Pi_{\text{IIA}}^{**}-\sum_{m=1}^{N}\Big[\sum_{\substack{\text{all } m'\\ \text{with } m}}\iint\limits_{S^{(mm)}}\frac{1}{2}\sigma_{ij}^{(m)}n_j^{(m)}(u_i^{(m)}-u_i^{(m')})dS\Big], \tag{2.106}$$

where Π_{IIA}^{**} represents (2.86).

Generalized Variational Principle IIA3 (generalized variational principle for incompatible elements derived from the minimum complementary energy principle): Among all sets of $\sigma_{ij}^{(m)}$ and $u_i^{(m)}$ (which need not be compatible), the set of $\sigma_{ij}^{(m)}$ and $u_i^{(m)}$ that makes Π_{IIA3}^{**} stationary satisfies (2.1), (2.2b), (2.3), (2.6a), and (2.6b), in every element and also the interelement continuity conditions for $\sigma_{ij}^{(m)}n_j^{(m)}$ and $u_i^{(m)}$.

Let us now reduce (2.106) to matrix form. Using (2.89a) and (2.89b), the functional (2.106) may be written as

$$\Pi_{\text{IIA3}}^{**}=\sum_{m=1}^{N}\Big(\frac{1}{2}\boldsymbol{\beta}^{(m)\mathrm{T}}\boldsymbol{R}_{b1}^{(m)}\boldsymbol{\beta}^{(m)}+\boldsymbol{q}^{(m)\mathrm{T}}\boldsymbol{K}_3^{*(m)}\boldsymbol{\beta}^{(m)}-\sum_{\substack{\text{all } m'\\ \text{with } m}}\boldsymbol{q}^{(m')\mathrm{T}}\boldsymbol{K}_4^{*(mm')}\boldsymbol{\beta}^{(m)}$$
$$-\boldsymbol{\beta}^{(m)\mathrm{T}}\bar{\boldsymbol{Q}}_2^{(m)}+\boldsymbol{q}^{(m)\mathrm{T}}\bar{\boldsymbol{Q}}_1^{(m)}\Big) \tag{2.107}$$

in which $\boldsymbol{\beta}^{(m)}$, $\boldsymbol{q}^{(m)}$, $\boldsymbol{R}_{b1}^{(m)}$, $\boldsymbol{K}_3^{*(m)}$, $\boldsymbol{K}_4^{*(mm')}$, $\bar{\boldsymbol{Q}}_1^{(m)}$ and $\bar{\boldsymbol{Q}}_2^{(m)}$ are defined by (2.68a),

(2. 28b), (2. 91a), (2. 71e), (2. 71f), (2. 71b), and (2. 71c), respectively. The expression (2. 107) can be assembled in global matrix form. First, we have

$$\sum_{m=1}^{N}\left(\boldsymbol{q}^{(m)\mathrm{T}}\boldsymbol{K}_3^{*(m)}\boldsymbol{\beta}^{(m)}-\sum_{\substack{\text{all } m' \\ \text{with } m}}\boldsymbol{q}^{(m')\mathrm{T}}\boldsymbol{K}_4^{*(mm')}\boldsymbol{\beta}^{(m)}\right)=\boldsymbol{q}^{\mathrm{T}}\boldsymbol{K}_{b3}^{*}\boldsymbol{\beta}. \tag{2. 108}$$

Thus the global matrix form of (2. 107) can be written as

$$\Pi_{\mathrm{IIA3}}^{**}=\frac{1}{2}\boldsymbol{\beta}^{\mathrm{T}}\boldsymbol{R}_{b1}^{*}\boldsymbol{\beta}+\boldsymbol{q}^{\mathrm{T}}\boldsymbol{K}_{b3}^{*}-\boldsymbol{\beta}^{\mathrm{T}}\overline{\boldsymbol{Q}}_2^{*}+\boldsymbol{q}^{\mathrm{T}}\overline{\boldsymbol{Q}}_1^{*} \tag{2. 109}$$

where $\boldsymbol{K}_{b3}^{*}$ is defined by (2. 108), and $\boldsymbol{R}_{b1}^{*}$, $\overline{\boldsymbol{Q}}_1^{*}$, and $\overline{\boldsymbol{Q}}_2^{*}$ are the assembled global matrices of $\boldsymbol{R}_{b1}^{(m)}$, $\overline{\boldsymbol{Q}}_1^{(m)}$, and $\overline{\boldsymbol{Q}}_2^{(m)}$, respectively. The first variation of (2. q109) is

$$\delta\Pi_{\mathrm{IIA3}}^{**}=\delta\boldsymbol{\beta}^{\mathrm{T}}(\boldsymbol{R}_{b1}^{*}\boldsymbol{\beta}+\boldsymbol{K}_{b3}^{*\mathrm{T}}\boldsymbol{q}-\overline{\boldsymbol{Q}}_{b2}^{*})+\delta\boldsymbol{q}^{\mathrm{T}}(\boldsymbol{K}_{b3}^{*}\boldsymbol{\beta}+\overline{\boldsymbol{Q}}_1^{*}). \tag{2. 110}$$

The stationary condition gives

$$\boldsymbol{K}_{b3}^{*}\boldsymbol{\beta}+\overline{\boldsymbol{Q}}_1^{*}=0, \tag{2. 111a}$$

$$\boldsymbol{R}_{b1}^{*}\boldsymbol{\beta}+\boldsymbol{K}_{b3}^{*\mathrm{T}}\boldsymbol{q}-\overline{\boldsymbol{Q}}_2^{*}=0. \tag{2. 111b}$$

From these two equations the solution of $\boldsymbol{\beta}$ and $\boldsymbol{q}$ can be obtained.

Ⅲ. Generalized Variational Principle of Incompatible Elements for the Plane Problems in Elasticity

A. Generalized Variational Principle of Displacement-Incompatible Elements Derived from the Minimum Potential Energy Principle

Let us now consider the plane problems of elasticity. On a unit thickness of material, there are combined actions of body force $\overline{F}_\alpha(\alpha=1, 2)$ and external force $\overline{T}_\alpha(\alpha=1, 2)$ acting on the boundary edges. The minimum potential energy principle for the plane static problem of elasticity is

$$\delta\Pi_{\mathrm{IP}}=0, \tag{3. 1}$$

where

$$\Pi_{\mathrm{IP}}=\iint_A\frac{1}{2}a_{\alpha\beta\gamma\delta}e_{\gamma\delta}e_{\alpha\beta}\mathrm{d}A-\iint_A\overline{F}_\alpha u_\alpha\mathrm{d}A-\int_{S_\sigma}u_\alpha\overline{T}_\alpha\mathrm{d}s, \tag{3. 2}$$

in which the Greek indices α, β, γ, and δ range over 1 and 2 in plane problems. $u_\alpha=(u_1, u_2)$ are the components of plane displacement. The strain and stress components are

$$e_{\alpha\beta} = \frac{1}{2}(u_{\alpha,\beta} + u_{\beta,\alpha}), \tag{3.3a}$$

$$\sigma_{\alpha\beta} = a_{\alpha\beta\gamma\delta} e_{\gamma\delta}, \tag{3.3b}$$

where $a_{\alpha\beta\gamma\delta}$ are elastic constants.

For the isotropic materials, the stress-strain relations of plane stress problems are

$$\begin{bmatrix} \sigma_{11} \\ \sigma_{22} \\ \sigma_{12} \end{bmatrix} = \frac{E}{1-\nu^2} \begin{bmatrix} 1 & \nu & \cdot \\ \nu & 1 & \cdot \\ \cdot & \cdot & 1-\nu \end{bmatrix} \begin{bmatrix} e_{11} \\ e_{22} \\ e_{12} \end{bmatrix} \tag{3.4}$$

where E is Young's modulus, and ν is Poisson's ratio.

On the other hand, the stress-strain relations of plane strain problems are

$$\begin{bmatrix} \sigma_{11} \\ \sigma_{22} \\ \sigma_{12} \end{bmatrix} = \frac{E}{(1+\nu)(1-2\nu)} \begin{bmatrix} 1-\nu & \nu & \cdot \\ \nu & 1-\nu & \cdot \\ \cdot & \cdot & 1-\nu \end{bmatrix} \begin{bmatrix} e_{11} \\ e_{22} \\ e_{12} \end{bmatrix} \tag{3.5}$$

In the medium, there are equatoins of equilibrium

$$\sigma_{\alpha\beta,\beta} + \bar{F}_\alpha = 0 \qquad \text{in } A. \tag{3.6}$$

On the boundary s_σ, where external forces $\bar{T}_\alpha$ are given, the boundary condition is

$$\sigma_{\alpha\beta} n_\beta = \bar{T}_\alpha \qquad \text{on } s_\sigma. \tag{3.7a}$$

On the boundary s_u, where boundary displacements $\bar{u}_\alpha$ are given, the corresponding boundary condition is

$$u_\alpha = \bar{u}_\alpha \qquad \text{on } s_u. \tag{3.7b}$$

Also,

$$s_\sigma + s_u = s = \text{the whole boundary curve.} \tag{3.8}$$

It is easily shown that, if $\sigma_{\alpha\beta}$ and u_α satisfy (3.3a), (3.3b), (3.6), and (3.7b), the condition for the functional (3.2) to be extreme gives the solution of equilibrium equation (3.6) under the boundary condition of known force (3.7a).

The conditions (3.3a), (3.3b), and (3.7b) resulting from application of this variational principle can be eliminated by introducing appropriate Lagrangian multipliers. Thus we have the following.

Generalized Variational Principle I*P: The solution of $e_{\alpha\beta}$, $\sigma_{\alpha\beta}$, and u_β satisfying (3.3a), (3.3b), (3.6), (3.7a), and (3.7b) makes the following functional stationary.

$$\Pi_{\mathrm{IP}}^{*}=\iint\limits_{A}\left[\frac{1}{2}a_{\alpha\beta\gamma\delta}e_{\alpha\beta}e_{\gamma\delta}-\left(e_{\alpha\beta}-\frac{1}{2}u_{\alpha,\beta}-\frac{1}{2}u_{\beta,\alpha}\right)\sigma_{\alpha\beta}-\bar{F}_{\alpha}u_{\alpha}\right]\mathrm{d}A$$
$$-\iint\limits_{s_\sigma}\bar{T}_{\alpha}u_{\alpha}\mathrm{d}s-\iint\limits_{s_u}(u_{\alpha}-\bar{u}_{\alpha})\sigma_{\alpha\beta}n_{\beta}\mathrm{d}s. \tag{3.9}$$

This problem is similar to the corresponding three-dimensional problem discussed in Section II, B, and the functional Π_{IP}^{*} in (3.9) is the counterpart of (2.17) for the three-dimensional problem.

If we take $e_{\alpha\beta}$ as being equal to $\frac{1}{2}(u_{\alpha,\beta}+u_{\beta,\alpha})$, and regard $\sigma_{\alpha\beta}n_\beta$ as being identical to $a_{\alpha\beta\gamma\delta}e_{\gamma\delta}n_\beta$, Variational Principle I*P can be transformed into Generalized Variational Principle I*PA with u_α as the only variable.

Under the combined action of body force $\bar{F}_\alpha$ in A, a given boundary force $\bar{T}_\alpha$ on s_σ, and a given boundary displacement $\bar{u}_\alpha$ on s_u, the displacement u_α that satisfies (3.6) and (3.7) makes functional Π_{IPA}^{*} stationary.

$$\Pi_{\mathrm{IPA}}^{*}=\iint\limits_{A}\left(\frac{1}{2}a_{\alpha\beta\gamma\delta}e_{\alpha\beta}e_{\gamma\delta}-\bar{F}_{\alpha}u_{\alpha}\right)\mathrm{d}A-\int_{s_\sigma}\bar{T}_{\alpha}u_{\alpha}\mathrm{d}s-\int_{s_u}(u_{\alpha}-\bar{u}_{\alpha})a_{\alpha\beta\gamma\delta}e_{\gamma\delta}n_{\beta}\mathrm{d}s. \tag{3.10}$$

Let us now divide the plane region A into N plane elements. The elements are supposed to be compatible. Call the u_α and $e_{\alpha\beta}$ in the mth element $u_\alpha^{(m)}$ and $e_{\alpha\beta}^{(m)}$, where

$$e_{\alpha\beta}^{(m)}=\frac{1}{2}(u_{\alpha,\beta}^{(m)}+u_{\beta,\alpha}^{(m)}). \tag{3.10a}$$

Then the functional (3.10) may be transformed into the following form:

$$\Pi_{\mathrm{IPA}}^{**}=\sum_{m=1}^{N}\Bigg[\iint\limits_{A}\left(\frac{1}{2}a_{\alpha\beta\gamma\delta}e_{\alpha\beta}^{(m)}e_{\gamma\delta}^{(m)}-\bar{F}_{\alpha}u_{\alpha}^{(m)}\right)\mathrm{d}A$$
$$-\int_{s_\sigma^{(m)}}\bar{T}_{\alpha}u_{\alpha}^{(m)}\mathrm{d}s-\int_{s_u^{(m)}}(u_{\alpha}^{(m)}-\bar{u}_{\alpha})a_{\alpha\beta\gamma\delta}e_{\gamma\delta}^{(m)}n_{\beta}^{(m)}\mathrm{d}s.\Bigg] \tag{3.11}$$

Variational Principle I**PA (generalized variational principle of displacement-compatible elements derived from the two-dimensional minimum potential energy principle): Under the combined action of body force $\overline{F}_\alpha$ in A, boundary force $\overline{T}_\alpha$ on s_σ, and boundary displacement $\bar{u}_\alpha$ on s_u, the plane displacement $\bar{u}_\alpha^{(m)}$ ($m=1$, 2, …, N) of compatible elements makes the functional Π_{IPA}^{**} in (3.11) stationary.

If these elements are incompatible, the continuity condition

$$u_\alpha^{(m)} - u_\alpha^{(m')} = 0 \qquad \text{on } s^{(mm')} \tag{3.12}$$

on the interelement boundaries can be eliminated by means of the Lagrangian multiplier in the functional Π_{IPA}^{**} Thus the principle of conditional variation can be transformed to the corresponding principle of nonconditional variation with the functional

$$\widetilde{\Pi}_{\text{IPA}}^{**} = \Pi_{\text{IPA}}^{**} + \sum_{(mm')}\int_{(mm')}(u_\alpha^{(m)} - u_\alpha^{(m')})\lambda_\alpha^{(mm')}\,\mathrm{d}s, \tag{3.13}$$

where Π_{IPA}^{**} is defined by (3.9). From the first variation of $\widetilde{\Pi}_{\text{IPA}}^{**}$ we obtain

$$\begin{aligned}\delta\widetilde{\Pi}_{\text{IPA}}^{**} = \sum_{m=1}^{N}\Big\{&-\iint_{A^{(m)}}[(a_{\alpha\beta\gamma\delta}e_{\gamma\delta}^{(m)})_{,\beta} - \overline{F}_\alpha]\delta u_\alpha^{(m)}\,\mathrm{d}A + \int_{s_\sigma^{(m)}}[a_{\alpha\beta\gamma\delta}e_{\gamma\delta}^{(m)}n_\beta^{(m)} - \overline{T}_\alpha]\delta u_\alpha^{(m)}\,\mathrm{d}s\\ &-\int_{s_u^{(m)}}(u_\alpha^{(m)} - \bar{u}_\alpha)a_{\alpha\beta\gamma\delta}\delta e_{\gamma\delta}^{(m)}n_\beta^{(m)}\,\mathrm{d}s\Big\} + \sum_{(mm')}\Big\{\int_{s^{(mm')}}(u_\alpha^{(m)} - u_\alpha^{(m')})\delta\lambda_\alpha^{(mm')}\,\mathrm{d}s\\ &+\int_{s^{(mm')}}[\lambda_\alpha^{(mm')} + a_{\alpha\beta\gamma\delta}e_{\gamma\delta}^{(m)}n_\beta^{(m)}]\delta u_\alpha^{(m)}\,\mathrm{d}s\\ &+\int_{s^{(mm')}}[\lambda_\alpha^{(mm')} + a_{\alpha\beta\gamma\delta}e_{\gamma\delta}^{(m')}n_\beta^{(m')}]\delta u_\alpha^{(m')}\,\mathrm{d}s\Big\}\end{aligned} \tag{3.14}$$

in which we note that (see Fig. 2)

$$\mathrm{d}s^{(m)} = -\mathrm{d}s^{(m')}. \tag{3.15}$$

Thus the stationary condition of $\widetilde{\Pi}_{\text{IPA}}^{**}$ not only gives (3.3a), (3.3b), (3.6), (3.7a), and (3.7b), but also the displacement continuity condition (3.12) and the stress vector continuity condition on the interelement boundaries

$$\lambda_\alpha^{(mm')} = -a_{\alpha\beta\gamma\delta}e_{\gamma\delta}^{(m)}n_\beta^{(m)} = -a_{\alpha\beta\gamma\delta}e_{\gamma\delta}^{(m')}n_\beta^{(m')}. \tag{3.16}$$

From (3.16), it is easily shown that $\sigma_{\alpha\beta}^{(m)}n_\beta^{(m)}\,\mathrm{d}s^{(m)}$ and $\sigma_{\alpha\beta}^{(m')}n_\beta^{(m')}\,\mathrm{d}s^{(m')}$ are the resultant forces acting on the interelement boundary $\mathrm{d}s^{(mm')}$ ($=\mathrm{d}s^{(m)} = -\mathrm{d}s^{(m')}$), and they are two force vectors equal in magnitude and opposite in direction (see

Fig. 2).

It should be noted that if we change Π_{IPA}^{**} into the same form as that of $\widetilde{\Pi}_{\mathrm{IA1}}^{**}$ in (2.43), then the stationary condition will fail to give the continuity conditions of both interelement boundary displacements and stress vectors.

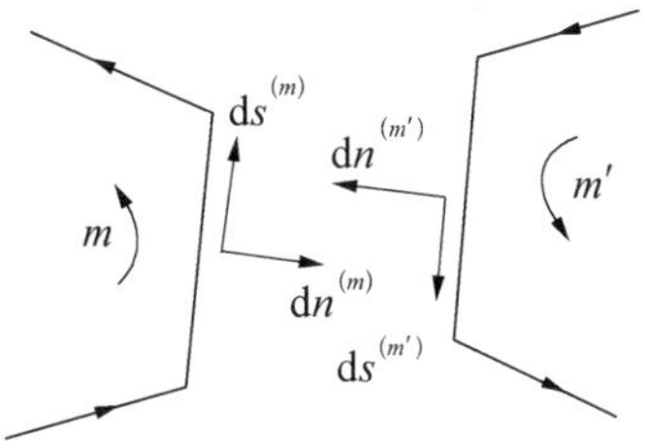

Fig. 2 The positive directions of dn and ds on interelement boundaries

Thus we ought to take the Lagrangian multiplier of form (2.53); that is, from (3.16) we have

$$\lambda_{\alpha}^{(mm')}=-\frac{1}{2}a_{\alpha\beta\gamma\delta}(e_{\gamma\delta}^{(m)}n_{\beta}^{(m)}+e_{\gamma\delta}^{(m')}n_{\beta}^{(m')}),\tag{3.16a}$$

and (3.13) may be written as

$$\widetilde{\Pi}_{\mathrm{IPA3}}^{**}=\Pi_{\mathrm{IPA}}^{**}-\sum_{(mm')}\frac{1}{2}\int_{s^{(mm')}}a_{\alpha\beta\gamma\delta}(e_{\gamma\delta}^{(m)}n_{\beta}^{(m)}+e_{\gamma\delta}^{(m')}n_{\beta}^{(m')})(u_{\alpha}^{(m)}-u_{\alpha}^{(m')})\mathrm{d}s\tag{3.16b}$$

or in the form

$$\widetilde{\Pi}_{\mathrm{IPA3}}^{**}=\Pi_{\mathrm{IPA}}^{**}-\sum_{m=1}^{N}\left[\sum_{\substack{\text{all }m'\\ \text{with }m}}\frac{1}{2}\int_{s^{(mm')}}a_{\alpha\beta\gamma\delta}e_{\gamma\delta}^{(m)}n_{\beta}^{(m)}(u_{\alpha}^{(m)}-u_{\alpha}^{(m')})\mathrm{d}s\right]\tag{3.16c}$$

in which $\widetilde{\Pi}_{\mathrm{IPA}}^{**}$ is defined as in (3.11). It can be shown by the variation of (3.16c) that the stationary condition of $\widetilde{\Pi}_{\mathrm{IPA}}^{**}$ not only gives the equation of equilibrium (3.6) and boundary conditions (3.7a) and (3.7b) in each of the elements, but also the interelement continuity of displacements and stress vectors, (3.12) and (3.16). In the functional (3.16c), there is only the single variable $u_{\alpha}^{(m)}$, while $e_{\alpha\beta}^{(m)}$ is taken to be defined as $\frac{1}{2}(u_{\alpha,\beta}^{(m)}+u_{\beta,\alpha}^{(m)})$. Finally we have the following.

Generalized Variational Principle I**PA3 (generalized variational principle for incompatible elements derived from the minimum potential energy principle): Among all $u_{\alpha}^{(m)}$ ($m=1, 2, \cdots, N$), the one $u_{\alpha}^{(m)}$ that makes Π_{IPA3}^{**} in (3.17b) stationary satisfies (3.6), (3.7a), and (3.7b), and the interelement continuity conditions of displacement and stress vectors (3.12) and (3.16).

Denote the displacement matrix $\boldsymbol{u}_{\mathrm{P}}^{(m)}$ by

$$\boldsymbol{u}_P^{(m)\mathrm{T}} = (u_1^{(m)},\ u_2^{(m)},\ \cdots,\ u_t^{(m)},\ \cdots,\ u_{2t}^{(m)}). \tag{3.17a}$$

and denote the generalized displacement matrix (or in particular the matrix of nodal values of displacement) $\boldsymbol{q}^{(m)}$ (suppose that there are t nodals in an element) by

$$\boldsymbol{q}_P^{(m)\mathrm{T}} = (q_1^{(m)},\ q_2^{(m)},\ \cdots,\ q_t^{(m)},\ \cdots,\ q_{2t}^{(m)}). \tag{3.17b}$$

Suppose that the interpolation functions are $N_1^{(m)}$, $N_2^{(m)}$, $\cdots$, $N_t^{(m)}$. We have

$$\boldsymbol{u}_P^{(m)} = \boldsymbol{N}_P^{(m)}\boldsymbol{q}_P^{(m)}, \tag{3.18}$$

where

$$\boldsymbol{N}_P^{(m)} = \begin{bmatrix} N_1^{(m)} & \cdot & N_2^{(m)} & \cdot & \cdots & N_t^{(m)} & \cdot \\ \cdot & N_1^{(m)} & \cdot & N_2^{(m)} & \cdots & \cdot & N_t^{(m)} \end{bmatrix} \tag{3.19}$$

Thus (3.16b) may be written as

$$\Pi_{\mathrm{IPA3}}^{***} = \sum_{m=1}^{N}\left(\frac{1}{2}\boldsymbol{q}_P^{(m)\mathrm{T}}\boldsymbol{K}_{P1}^{(m)}\boldsymbol{q}_P^{(m)} + \frac{1}{2}\sum_{\substack{\text{all } m' \\ \text{with } m}}\boldsymbol{q}_P^{(m')\mathrm{T}}\boldsymbol{K}_{P1}^{(mm')}\boldsymbol{q}_P^{(m)} - \boldsymbol{q}_P^{(m)\mathrm{T}}\bar{\boldsymbol{Q}}_P^{(m)}\right) \tag{3.20}$$

where $\boldsymbol{K}_{P1}^{(m)}$, $\boldsymbol{K}_{P1}^{(mm')}$, and $\bar{\boldsymbol{Q}}_P^{(m)}$ are given by

$$\begin{aligned}\boldsymbol{K}_{P1}^{(m)} = & \iint_{A^{(m)}}(\boldsymbol{D}_P\boldsymbol{N}_P^{(m)})^{\mathrm{T}}\boldsymbol{a}_P\boldsymbol{D}_P\boldsymbol{N}_P^{(m)}\,\mathrm{d}A - \int_{s_n^{(m)}}\boldsymbol{N}_P^{(m)\mathrm{T}}\boldsymbol{n}_P^{(m)}\boldsymbol{a}_P\boldsymbol{D}_P\boldsymbol{N}_P^{(m)}\,\mathrm{d}s, \\ & -\int_{s_\sigma^{(m)}}\boldsymbol{N}_P^{(m)\mathrm{T}}\boldsymbol{n}_P^{(m)}\boldsymbol{a}_P\boldsymbol{D}_P\boldsymbol{N}_P^{(m)}\,\mathrm{d}s\end{aligned} \tag{3.21}$$

$$\boldsymbol{K}_{P1}^{(mm')} = \int_{s^{(mm')}}\boldsymbol{N}_P^{(m)\mathrm{T}}\boldsymbol{n}_P^{(m)}\boldsymbol{a}_P\boldsymbol{D}_P\boldsymbol{N}_P^{(m)}\,\mathrm{d}s \tag{3.22}$$

$$\bar{\boldsymbol{Q}}_P^{(m)} = \iint_{A^{(m)}}\boldsymbol{N}_P^{(m)\mathrm{T}}\bar{\boldsymbol{F}}_P\,\mathrm{d}\tau + \int_{s_\sigma^{(m)}}\boldsymbol{N}_P^{(m)\mathrm{T}}\bar{\boldsymbol{p}}_P\,\mathrm{d}s - \int_{s_u^{(m)}}(\boldsymbol{n}_P^{(m)}\boldsymbol{a}_P\boldsymbol{D}_P\boldsymbol{N}_P^{(m)})^{\mathrm{T}}\bar{\boldsymbol{u}}_P\,\mathrm{d}s \tag{3.23}$$

in which $\boldsymbol{n}_P^{(m)}$ is the outward normal matrix from $s^{(m)}$. Denote the direction cosine of outward normal n_α (or n_1, n_2); then

$$\boldsymbol{n}_P^{(m)} = \begin{bmatrix} n_1 & \cdot & n_2 \\ \cdot & n_2 & n_1 \end{bmatrix}^{(m)} \tag{3.24}$$

and furthermore

$$\boldsymbol{D}_P = \begin{bmatrix} \frac{\partial}{\partial x_1} & \cdot \\ \cdot & \frac{\partial}{\partial x_2} \\ \frac{1}{2}\frac{\partial}{\partial x_2} & \frac{1}{2}\frac{\partial}{\partial x_1} \end{bmatrix}, \tag{3.25a}$$

$$\overline{\boldsymbol{F}}_P^{\mathrm{T}} = [\overline{F}_1 \quad \overline{F}_2], \tag{3.25b}$$

$$\overline{\boldsymbol{p}}_P^{\mathrm{T}} = [\overline{p}_1 \quad \overline{p}_2], \tag{3.25c}$$

$$\overline{\boldsymbol{u}}_P^{\mathrm{T}} = [\overline{u}_1 \quad \overline{u}_2]. \tag{3.25d}$$

Equation (3.20) can be assembled into a global matrix equation. Denote

$$\sum_{m=1}^{N}\left(\frac{1}{2}\boldsymbol{q}_P^{(m)\mathrm{T}}\boldsymbol{K}_{P1}^{(m)}\boldsymbol{q}_P^{(m)} + \frac{1}{2}\sum_{m'}\boldsymbol{q}_P^{(m')\mathrm{T}}\boldsymbol{K}_{P1}^{(mm')}\boldsymbol{q}_P^{(m)}\right) = \frac{1}{2}\boldsymbol{q}_P^{\mathrm{T}}\boldsymbol{K}_{P1}\boldsymbol{q}_P, \quad \sum_{m=1}^{N}\boldsymbol{q}_P^{(m)\mathrm{T}}\overline{\boldsymbol{Q}}_P^{(m)} = \boldsymbol{q}_P^{\mathrm{T}}\overline{\boldsymbol{Q}}_P, \tag{3.26}$$

where $\boldsymbol{K}_{P1}$ is the global rigidity matrix. The assembled equation of (3.20) may be written as

$$\Pi_{\mathrm{IPA3}}^{**} = \frac{1}{2}\boldsymbol{q}_P^{\mathrm{T}}\boldsymbol{K}_{P1}\boldsymbol{q}_P - \boldsymbol{q}_P^{\mathrm{T}}\overline{\boldsymbol{Q}}_P. \tag{3.27}$$

Applying the stationary condition to Π_{IPA3}^{**} yields

$$\boldsymbol{K}_{P1}^{*}\boldsymbol{q}_P - \overline{\boldsymbol{Q}}_P = 0, \quad \boldsymbol{K}_{P1}^{*} = \frac{1}{2}(\boldsymbol{K}_{P1} + \boldsymbol{K}_{P1}^{\mathrm{T}}) \tag{3.28}$$

from which $\boldsymbol{q}_P$ can be solved.

B. Generalized Variational Principle of Incompatible Elements Derived from the Minimum Complementary Energy Principle

Just as in Section II, F, the generalized variational principle of stress-compatible elements can be derived from the two-dimensional minimum complementary energy principle. The functional is similar to (2.86) and may be written as

$$\Pi_{\mathrm{IIPA}}^{**} = \sum_{m=1}^{N}\left\{\iint_{A^{(m)}}\left[\frac{1}{2}b_{\alpha\beta\gamma\delta}\sigma_{\alpha\beta}^{(m)}\sigma_{\gamma\delta}^{(m)} + (\sigma_{\alpha\beta,\beta}^{(m)} + \overline{F}_\alpha)u_\alpha^{(m)}\right]\mathrm{d}A - \int_{s_u^{(m)}}\overline{u}_\alpha\sigma_{\alpha\beta}^{(m)}n_\beta^{(m)}\,\mathrm{d}s - \int_{s_\sigma^{(m)}}(\sigma_{\alpha\beta}^{(m)}n_\beta^{(m)} - \overline{p}_\alpha)u_\alpha^{(m)}\,\mathrm{d}s\right\} \tag{3.29}$$

in which $b_{\alpha\beta\gamma\delta}$ is the two-dimensional flexibility constant,

$$e_{\alpha\beta} = b_{\alpha\beta\gamma\delta}\sigma_{\gamma\delta}. \tag{3.30}$$

For the incompatible elements, the fuffctional is similar to (2.106):

$$\Pi^{**}_{\mathrm{IPA3}} = \Pi^{**}_{\mathrm{IPA}} - \frac{1}{2}\sum_{m=1}^{N}\Big[\sum_{\substack{\text{all } m' \\ \text{with } m}}\int_{S^{(mm')}}\sigma^{(m)}_{\alpha\beta}n^{(m)}_{\beta}(u^{(m)}_{\alpha}+u^{(m')}_{\alpha})\mathrm{d}s\Big]. \tag{3.31}$$

Transforming this into matrix representation, we have

$$\boldsymbol{\sigma}^{(m)}_{P} = \mathbf{N}^{(m)}_{(1)P}\boldsymbol{\beta}^{(m)}_{P}, \tag{3.32a}$$

$$\boldsymbol{u}^{(m)}_{P} = \mathbf{N}^{(m)}_{P}\boldsymbol{q}^{(m)}_{P}, \tag{3.32b}$$

in which $\boldsymbol{u}^{(m)}_{P}$, $\boldsymbol{q}^{(m)}_{P}$, and $\mathbf{N}^{(m)}_{P}$ are defined as in (3.17a), (3.17b), and (3.19) respectively, and

$$\boldsymbol{\sigma}^{(m)\mathrm{T}}_{P} = [\sigma^{(m)}_{11}, \sigma^{(m)}_{22}, \sigma^{(m)}_{12}], \tag{3.33a}$$

$$\boldsymbol{\beta}^{(m)\mathrm{T}}_{P} = [\beta^{(m)}_{1}, \beta^{(m)}_{2}, \cdots, \beta^{(m)}_{t}, \cdots \beta^{(m)}_{2t}, \cdots, \beta^{(m)}_{3t}], \tag{3.33b}$$

$$\boldsymbol{q}^{(m)\mathrm{T}}_{P} = [q^{(m)}_{1}, q^{(m)}_{2}, \cdots, q^{(m)}_{t}, \cdots, q^{(m)}_{2t}], \tag{3.33c}$$

$$\mathbf{N}^{(m)}_{(1)P} = \begin{bmatrix} N^{(m)}_{1} & \cdot & \cdot & N^{(m)}_{2} & \cdot & \cdot & \cdots & N^{(m)}_{t} & \cdot & \cdot \\ \cdot & N^{(m)}_{1} & \cdot & \cdot & N^{(m)}_{2} & \cdot & \cdots & \cdot & N^{(m)}_{t} & \cdot \\ \cdot & \cdot & N^{(m)}_{1} & \cdot & \cdot & N^{(m)}_{2} & \cdots & \cdot & \cdot & N^{(m)}_{t} \end{bmatrix} \tag{3.33d}$$

Hence (3.31) can be written in matrix form as

$$\begin{aligned}\Pi^{**}_{\mathrm{IIPA3}} = \sum_{m=1}^{N}\Big(&\frac{1}{2}\boldsymbol{\beta}^{(m)\mathrm{T}}_{P}\boldsymbol{R}^{(m)}_{Pb1}\boldsymbol{\beta}^{(m)}_{P} + \boldsymbol{q}^{(m)\mathrm{T}}_{P}\boldsymbol{K}^{*(m)}_{P3}\boldsymbol{\beta}^{(m)}_{P} \\ &- \sum_{\substack{\text{all } m' \\ \text{with } m}}\boldsymbol{q}^{(m')\mathrm{T}}_{P}\boldsymbol{K}^{*(mm')}_{P4}\boldsymbol{\beta}^{(m)}_{P} - \boldsymbol{\beta}^{(m)\mathrm{T}}_{P}\overline{\boldsymbol{Q}}^{(m)}_{P1} + \boldsymbol{q}^{(m)}_{P}\overline{\boldsymbol{Q}}^{(m)}_{P2}\Big)\end{aligned} \tag{3.34}$$

in which

$$\boldsymbol{R}^{(m)}_{Pb1} = \iint_{A^{(m)}}\mathbf{N}^{(m)\mathrm{T}}_{(1)P}\boldsymbol{b}_{P}\mathbf{N}^{(m)}_{(1)P}\mathrm{d}A, \tag{3.35a}$$

$$\boldsymbol{K}^{*(m)}_{P3} = \iint_{A^{(m)}}\mathbf{N}^{(m)\mathrm{T}}_{P}\boldsymbol{D}_{P}\mathbf{N}^{(m)}_{(1)P}\mathrm{d}A - \int_{s^{(m)}_{\sigma}}\mathbf{N}^{(m)\mathrm{T}}_{P}\boldsymbol{n}^{(m)}_{P}\mathbf{N}^{(m)}_{(1)P}\mathrm{d}s - \frac{1}{2}\int_{s^{(m)}_{1}}\mathbf{N}^{(m)\mathrm{T}}_{P}\boldsymbol{n}^{(m)}_{P}\mathbf{N}^{(m)}_{(1)P}\mathrm{d}s, \tag{3.35b}$$

$$\boldsymbol{K}_{P4}^{*(mm')} = \frac{1}{2}\int_{s^{(mm')}} \boldsymbol{N}_P^{(m')\mathrm{T}} \boldsymbol{n}_P^{(m)} \boldsymbol{N}_{(1)P}^{(m)} \mathrm{d}s, \tag{3.35c}$$

$$\bar{\boldsymbol{Q}}_{P1}^{(m)} = \int_{s_u^{(m)}} (n_P^{(m)} \boldsymbol{N}_{(1)P}^{(m)})^{\mathrm{T}}\ \bar{u}_P \mathrm{d}s, \tag{3.35d}$$

$$\bar{\boldsymbol{Q}}_{P2}^{(m)} = \iint_{A^{(m)}} \boldsymbol{N}_P^{(m)\mathrm{T}}\ \bar{\boldsymbol{F}}_P \mathrm{d}A + \int_{s_\sigma^{(m)}} \boldsymbol{N}_P^{(m)\mathrm{T}} \bar{p}_P \mathrm{d}s \tag{3.35e}$$

and $s_1^{(m)}$ is the interelement boundary curve of element (m). Equation (3.34) may be assembled in global matrix form. In the first place, we have

$$\sum_{m=1}^{N} (\boldsymbol{q}_P^{(m)\mathrm{T}} \boldsymbol{K}_{P3}^{*(m)} \boldsymbol{\beta}_P^{(m)} - \sum_{\substack{\text{all } m' \\ \text{with } m}} \boldsymbol{q}_P^{(m)} \boldsymbol{K}_{P4}^{*(mm')} \boldsymbol{\beta}_P^{(m)}) = \boldsymbol{q}_P^{\mathrm{T}} \boldsymbol{K}_{P3}^{*} \boldsymbol{\beta}_P. \tag{3.36}$$

Thus, the global matrix form of (3.34) is

$$\Pi_{\mathrm{IIPA3}}^{**} = \frac{1}{2}\boldsymbol{\beta}_P^{\mathrm{T}} \boldsymbol{R}_{Pb1}^{*} \boldsymbol{\beta}_P + \boldsymbol{q}_P^{\mathrm{T}} \boldsymbol{K}_{P3}^{*} \boldsymbol{\beta}_P - \boldsymbol{\beta}_P^{\mathrm{T}} \bar{\boldsymbol{Q}}_{P1}^{*} + \boldsymbol{q}_P^{\mathrm{T}} \bar{\boldsymbol{Q}}_{P2}^{*}. \tag{3.37}$$

$\boldsymbol{K}_{P3}^{*}$ is defined as in (3.36), $\boldsymbol{R}_{Pb1}^{*}$, $\bar{\boldsymbol{Q}}_{P1}^{*}$, $\bar{\boldsymbol{Q}}_{P2}^{*}$, respectively, are the assembled global matrix of $\boldsymbol{R}_{Pb1}^{(m)}$, $\bar{\boldsymbol{Q}}_{P1}^{(m)}$, $\bar{\boldsymbol{Q}}_{P2}^{(m)}$. Furthermore, $\boldsymbol{q}_P$, $\boldsymbol{\beta}_P$, respectively, are the assembled global matrix of $\boldsymbol{q}_P^{(m)}$, $\boldsymbol{\beta}_P^{(m)}$. The variation of $\delta\Pi_{\mathrm{IIPA3}}^{**}$ is

$$\delta\Pi_{\mathrm{IIPA3}}^{**} = \delta\boldsymbol{\beta}_P^{\mathrm{T}} (\boldsymbol{R}_{Pb1}^{*} \boldsymbol{\beta}_P + \boldsymbol{K}_{P3}^{*\mathrm{T}} \boldsymbol{q}_P - \bar{\boldsymbol{Q}}_{P1}^{*}) + \delta\boldsymbol{q}_P^{\mathrm{T}} (\boldsymbol{K}_{P3}^{*} \boldsymbol{\beta}_P + \bar{\boldsymbol{Q}}_{P2}^{*}). \tag{3.38}$$

From the stationary condition on the functional we obtain

$$\boldsymbol{K}_{P3}^{*} \boldsymbol{\beta}_P + \bar{\boldsymbol{Q}}_{P2}^{*} = 0, \quad \boldsymbol{R}_{Pb1}^{*} \boldsymbol{\beta}_P + \boldsymbol{K}_{P3}^{*\mathrm{T}} \boldsymbol{q}_P - \bar{\boldsymbol{Q}}_{P1}^{*} = 0, \tag{3.39}$$

from which $\boldsymbol{\beta}_P$ and $\boldsymbol{q}_P$ can be solved.

IV. Generalized Variational Principle for Plate Elements of Bending

A. Minimum Potential Energy Principle of Plates and the Related Generalized Variational Principle for Compatible and Incompatible Elements

The differential equation of deflection for bending of thin plate is

$$\nabla^2 \nabla^2 w = \bar{F}/D, \tag{4.1}$$

in which D is the flexural rigidity, $\bar{F}$ is lateral loading, ∇^2 is the twodimensional Laplacian, and w is the lateral deflection of the plate.

Let ν be Poisson's ratio. The components of bending moment and shearing force are

$$M_{11}=-D(w_{,11}+\nu w_{,22}), \tag{4.2a}$$

$$M_{22}=-D(w_{,22}+\nu w_{,11}), \tag{4.2b}$$

$$M_{12}=M_{21}=-D(1-\nu)w_{,12}, \tag{4.2c}$$

$$Q_1=-D(\nabla^2 w)_{,1}, \tag{4.2d}$$

$$Q_2=-D(\nabla^2 w)_{,2}. \tag{4.2e}$$

Furthermore, the boundary moment and equivalent shearing force are

$$M_n(w)=-D[\nu\nabla^2 w+(1-\nu)w_{,nn}], \tag{4.3a}$$

$$H_n(w)=-D\left\{\frac{\partial}{\partial n}[\nabla^2 w+(1-\nu)w_{,ss}]-(1-\nu)\left(\frac{1}{\rho}w_{,s}\right)_{,s}\right\}, \tag{4.3b}$$

in which ρ is the radius of curvature of the boundary curve, positive if convex (Chien, 1980); (n, s) is the coordinate system of outward normal and boundary are length.

The lateral reaction acting on a corner k of the boundary curve is

$$P_k(w)=-(1-\nu)D\Delta_k[w_{,ns}-(1/\rho)w_{,s}] \tag{4.4}$$

in which $\Delta_k(w_{,ns}-(1/\rho)w_{,s})$ means the increment of $(w_{,ns}-(1/\rho)w_{,s})$ on two sides of the boundary corner k in the direction of increasing s along the boundary curve.

In general, we have the following boundary conditions and corner conditions:

(1) The deflection $\bar{w}$ and/or equivalent shearing force $\bar{H}$ is given on the boundary curve

$$H_n=\bar{H} \qquad \text{on } s_{\sigma_1}, \tag{4.5a}$$

$$w=\bar{w} \qquad \text{on } s_{w_1}. \tag{4.5b}$$

(2) The bending moment on the boundary $\bar{M}$ or the slope of deflection along the outward normal on the boundary $\bar{w}_{,n}$ is given by

$$M_n=\bar{M} \qquad \text{on } s_{\sigma_2}, \tag{4.6a}$$

$$w_{,n}=\bar{w}_{,n} \qquad \text{on } s_{w_2}, \tag{4.6b}$$

where

$$s_{\sigma_1}+s_{w_1}=s_{\sigma_2}+s_{w_2}=\text{the whole boundary}. \tag{4.7}$$

(3) The corner force $\overline{P}_{k_1}$ or corner deflection $\overline{w}_{k_2}$ is given at corner k_1 or k_2:

$$P_{k_1} = \overline{P}_{k_1} \qquad \text{at corner } k_1 = 1, 2, \cdots, k_\sigma, \tag{4.8a}$$

$$w_{k_2} = \overline{w}_{k_2} \qquad \text{at corner } k_2 = 1, 2, \cdots, k_w. \tag{4.8b}$$

Let i be the total number of corners along the boundary curve; then

$$k_\sigma + k_w = i. \tag{4.9}$$

The problems of the bending of thin plate have been discussed by Chien (1981) for the case of incompatible deflection elements. The results are as follows.

Generalized Variational Principle III (derived from the minimum potential energy principle): Among all $w(x, y)$ or $w(x_1, x_2)$, the one that makes the functional stationary satisfies the field equation (4.1), boundary conditions (4.5a), (4.5b), (4.6a), and (4.6b), and the corner conditions (4.8a) and (4.8b).

$$\begin{aligned}\widetilde{\Pi}_{\mathrm{III}} = \Pi_0 - \iint_A \overline{F} w \mathrm{d}A - \int_{s_{\sigma_1}} \overline{H} w \mathrm{d}s + \int_{s_{\sigma_2}} \overline{M} w_{,n} \mathrm{d}s - \sum_{k_1=1}^{k_\sigma} \overline{p}_{k_1} w_{k_1} \\ - \int_{s_{w_1}} H_n(w)(w - \overline{w}) \mathrm{d}s + \int_{s_{w_2}} M_n(w)(w_{,n} - \overline{w}_{,n}) \mathrm{d}s \\ - \sum_{k_2=1}^{k_w} P_{k_2}(w)(w_{k_2} - \overline{w}_{k_2})\end{aligned} \tag{4.10}$$

in which

$$\Pi_0 = \frac{1}{2} \iint_A D\left[\left(\frac{\partial^2 w}{\partial x^2} + \frac{\partial^2 w}{\partial y^2}\right)^2 - 2(1-\nu)\left(\frac{\partial^2 w}{\partial x^2}\frac{\partial^2 w}{\partial y^2} - \frac{\partial^2 w}{\partial x \partial y}\frac{\partial^2 w}{\partial x \partial y}\right)\right] \mathrm{d}A. \tag{4.10a}$$

Let us now divide the plate region into N finite elements and study the related variational principle. Let us further assume that besides the distributed loads $\overline{F}$, the boundary conditions (4.5a), (4.5b), (4.6a) and (4.6b), and the corner force conditions (4.8a) and (4.8b), the plate is loaded by concentrated loads $\overline{F}_{c_1}$ at c_F interior points (x_{c_1}, y_{c_1}) and is supported by given deflection $\overline{w}_{c_2}$ at some other c_w points (x_{c_2}, y_{c_2}). They are

$$F_{c_1} = \overline{F}_{c_1} \qquad \text{at } x_{c_1}, y_{c_1}, \text{ where } c_1 = 1, 2, \cdots, c_F; \tag{4.11a}$$

$$w_{c_2} = \overline{w}_{c_2} \qquad \text{at } x_{c_2}, y_{c_2}, \text{ where } c_2 = 1, 2, \cdots, c_w. \tag{4.11b}$$

Furthermore, let us assume that these $c_F + c_w$ points are the common corner points of the finite elements themselves.

We then have the following:

Generalized Variational Principle IIIA (for the deflection-compatible elements): Among all sets of the field variable $w^{(m)}(x, y)$ ($m=1, 2, \cdots, N$) of compatible elements, the set of $w^{(m)}$ that makes $\widetilde{\Pi}^*_{\mathrm{IIIA}}$ stationary gives the solution of the field equation (4.1) under the various boundary conditions (4.5a), (4.5b), (4.6a), and (4.6b), corner conditions (4.8a) and (4.8b), and supporting conditions (4.11a) and (4.11b) in the interior of the plate region, where

$$\widetilde{\Pi}^*_{\mathrm{IIIA}} = \sum_{m=1}^{N} \Pi^{(m)}_{\mathrm{III}} - \sum_{k_1=1}^{k_\sigma} \bar{p}_{k_1} w_{k_1} - \sum_{k_2=1}^{k_w} \sum_{j=1}^{r'} P^{(j)}_{k_2}(w)(w^{(j)}_{k_2} - \bar{w}_{k_2}) - \sum_{c_1=1}^{c_p} \bar{p}_{c_1} w_{c_1} - \sum_{c_2=1}^{c_w} \sum_{j=1}^{r} P^{(j)}_{c_2}(w)(w^{(j)}_{c_2} - \bar{w}_{c_2}), \tag{4.12}$$

$$\Pi^{(m)}_{\mathrm{III}} = \Pi^{(m)}_0 - \iint_{A^{(m)}} F w^{(m)} \mathrm{d}A - \int_{s^{(m)}_{\sigma_1}} \bar{H} w^{(m)} \mathrm{d}s + \int_{s^{(m)}_{\sigma_2}} \bar{M} \frac{\partial w^{(m)}}{\partial n^{(m)}} \mathrm{d}s - \int_{s^{(m)}_{w_1}} H_n(w^{(m)})(w^{(m)} - \bar{w}) \mathrm{d}s + \int_{s^{(m)}_{w_2}} M_n(w^{(m)}) \left(\frac{\partial w^{(m)}}{\partial n^{(m)}} - \frac{\partial \bar{w}}{\partial n} \right) \mathrm{d}s, \tag{4.13a}$$

$$\Pi^{(m)}_0 = \iint_{A^{(m)}} \frac{1}{2} D \left[\left(\frac{\partial^2 w^{(m)}}{\partial x^2} + \frac{\partial^2 w^{(m)}}{\partial y^2} \right)^2 - 2(1-\nu) \left(\frac{\partial^2 w^{(m)}}{\partial x^2} \frac{\partial^2 w^{(m)}}{\partial y^2} - \frac{\partial^2 w^{(m)}}{\partial x \partial y} \frac{\partial^2 w^{(m)}}{\partial x \partial y} \right) \right] \mathrm{d}A, \tag{4.13b}$$

$$P^{(j)}_{k_2}(w) = -(1-\nu) D \Delta_{k_2} \left(\frac{\partial^2 w^{(j)}}{\partial n^{(j)} \partial s^{(j)}} - \frac{1}{\rho^{(j)}} \frac{\partial w^{(j)}}{\partial s^{(j)}} \right), \tag{4.13c}$$

$$P^{(j)}_{c_2}(w) = -(1-\nu) D \nabla_{c_2} \left(\frac{\partial^2 w^{(j)}}{\partial n^{(j)} \partial s^{(j)}} - \frac{1}{\rho^{(j)}} \frac{\partial w^{(j)}}{\partial s^{(j)}} \right), \tag{4.13d}$$

r' = the number of elements having common corner points at point k_2 on plate edge, at which the plate deflection $\bar{w}_{k_2}$ is given. (4.13e)

r = the number of elements having common corner points at point c_2 in the interior of the plate, at which the plate deflection $\bar{w}_{c_2}$ is given. (4.13f)

$$w_{k_1} = w_{k_1}^{(j)}, \quad j = 1, 2, \cdots, r'', \tag{4.13g}$$

$$w_{c_1} = w_{c_1}^{(j)}, \quad j = 1, 2, \cdots, r''', \tag{4.13h}$$

r''=the number of elements having common corner points at point k_1 on the plate edge, at which the concentrated load $\bar{p}_{k_1}$ is given. (4.13i)

r'''=the number of elements having common corner points at point c_1 in the interior of the plate, at which the concentrated load $\bar{F}_{c_1}$ is given. (4.13j)

Generalized Variational Principle IIIA further shows that the following interelement compatible conditions are satisfied:

$$w^{(m)} - w^{(m')} = 0 \qquad \text{on } s^{(mm')}, \tag{4.14a}$$

$$\frac{\partial w^{(m)}}{\partial n^{(m)}} + \frac{\partial w^{(m')}}{\partial n^{(m')}} = 0 \qquad \text{on } s^{(mm')}, \tag{4.14b}$$

by virtue of

$$\mathrm{d}n^{(m)} = -\mathrm{d}n^{(m')}, \tag{4.15a}$$

$$\mathrm{d}s^{(m)} = -\mathrm{d}s^{(m')}. \tag{4.15b}$$

Generalized Variational Principle III**A (generalized variational principle of incompatible elements derived from the minimum potential energy principle): Among all sets of field variables $w^{(m)}(x, y)$ $(m = 1, 2, \cdots, N)$ of incompatible elements, the set of $w^{(m)}$ that makes Π_{IIIA}^{**} stationary satisfies the field equation (4.1), the boundary conditions (4.5a), (4.5b), (4.6a) and (4.6b), the corner conditions (4.11a) and (4.11b), the interelement continuity conditions (4.14a) and (4.14b) of deflection in the interior of the plate, and also the interelement continuity of bending moments and equivalent shearing forces

$$M_n(w^{(m)}) = M_n(w^{(m')}) \qquad \text{on } s^{(mm')}, \tag{4.16a}$$

$$H_n(w^{(m)}) = -H_n(w^{(m')}) \qquad \text{on } s^{(mm')}. \tag{4.16b}$$

The functional of this principle is

$$\Pi_{\mathrm{IIIA}}^{**} = \sum_{m=1}^{N} \Pi_{III}^{**(m)} + \sum_{k_1=1}^{k_\sigma} \left\{ \sum_{j''=2''}^{r''} P_{k_1}^{(j'')}(w)[w_{k_1}^{(1'')} - w_{k_1}^{(j'')}] - \bar{p}_{k_1} w_{k_1}^{(1'')} \right\}$$
$$+ \sum_{c_1=1}^{c_F} \left\{ \sum_{j'''=2'''}^{r'''} P_{c_1}^{(j''')}(w)[w_{c_1}^{(1''')} - w_{c_1}^{(j''')}] - \bar{F}_{c_1} w_{c_1}^{(1''')} \right\} - \sum_{k_2=1}^{k_w} \sum_{j'=1}^{r'} P_{k_2}^{(j')}(w)[w_{k_2}^{(j')}$$

$$-\bar{w}_{k_2}]-\sum_{c_2=1}^{c_w}\sum_{j=1}^{r}P_{c_2}^{(j)}(w)[w_{c_2}^{(j)}-\bar{w}_{c_2}] \tag{4.17}$$

in which, with $\Pi_{\mathrm{III}}^{(m)}$ as defined in (4.13a),

$$\Pi_{\mathrm{IIIA}}^{**(m)}=\Pi_{\mathrm{III}}^{(m)}+\sum_{\substack{\text{all } m' \\ \text{for } m}}\int_{s^{(mm')}}\frac{1}{2}[M_n(w^{(m)})+M_n(w^{(m')})]\frac{\partial w^{(m)}}{\partial n^{(m)}}\mathrm{d}s$$
$$-\sum_{\substack{\text{all } m' \\ \text{for } m}}\int_{s^{(mm')}}\frac{1}{2}[H_n(w^{(m)})+H_n(w^{(m')})]w^{(m)}\mathrm{d}s. \tag{4.17a}$$

The upper index r'' in (4.17) represents the total number of elements denoted by $1''$, $2''$, $\cdots$, r'' with common corner points at point k_1 on the plate edge, and we may take any one of these elements as the $1''$- element. Similarly, the upper index r''' in (4.17) represents the total number of elements denoted by $1'''$, $2'''$, $\cdots$, r''' with common corner points at c_1 in the interior of the plate, and we may take any one of these elements as the $1'''$ element. The proof of Variational Principle III**A is given by Chen (1981) and is not repeated here.

B. Matrix Equations of Deflection-Incompatible Elements

Let us now take the serendipity family of incompatible triangle elements. Suppose that each element is assigned to have either 6 or 9 degrees of freedom (Fig. 3). The field function $w^{(m)}$ of the mth element may be written as

$$w^{(m)}=\mathbf{N}^{(m)}\mathbf{w}^{(m)}. \tag{4.18}$$

The interpolation functions in the case of 6 degrees of freedom are

$$N_i^{(m)}=2L_i^{(m)}\left(L_i^{(m)}-\frac{1}{2}\right),\quad i=1,2,3; \tag{4.19a}$$

$$N_i^{(m)}=4L_j^{(m)}L_k^{(m)},\quad i=4,5,6,$$
$$(i-3,\ j,\ k \text{ take } 1,2,3 \text{ in cyclic permutation}). \tag{4.19b}$$

In the case of 9 degrees of freedom, they are

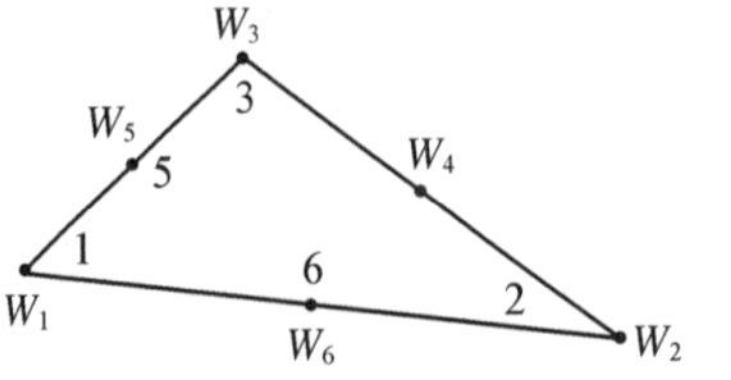

(a) six degrees of freedom

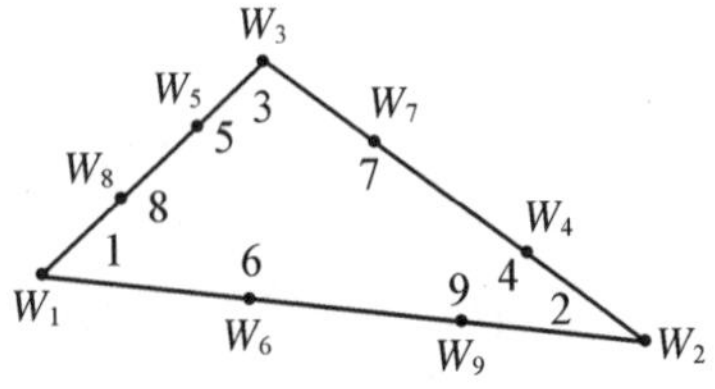

(b) nine degrees of freedom

Fig. 3 Incompatible triangular plate element of a serendipity family

$$N_i^{(m)} = \frac{9}{2} L_i^{(m)} \left(L_i^{(m)} - \frac{1}{3}\right)\left(L_i^{(m)} - \frac{2}{3}\right), \quad i = 1, 2, 3, \tag{4.20a}$$

$$N_i^{(m)} = \frac{27}{2} L_j^{(m)} L_k^{(m)} \left(L_j^{(m)} - \frac{1}{3}\right),$$

$i = 4, 5, 6$ ($i-3$, j, k take 1, 2, 3 in cyclic permutation), (4.20b)

$$N_i^{(m)} = \frac{27}{2} L_j^{(w)} L_k^{(m)} \left(L_k^{(m)} - \frac{2}{3}\right),$$

$i = 7, 8, 9$ ($i-6$, j, k take 1, 2, 3 in cyclic perumtation), (4.20c)

in which

$$\boldsymbol{N}^{(m)} = [N_1, N_2, \cdots, N_t]^{(m)}, \quad t = 6 \text{ or } 9; \tag{4.21a}$$

$$\boldsymbol{w}^{(m)\mathrm{T}} = [w_1, w_2, \cdots, w_t]^{(m)}, \quad t = 6 \text{ or } 9. \tag{4.21b}$$

$L_1^{(m)}$, $L_2^{(m)}$, and $L_3^{(m)}$ are the area coordinates in the mth triangle element, and $w_i^{(m)}$ is the nodal deflection of the mth element at the the nodal point.

If this kind of incompatible element is used, the deflection of the mth element and its adjacent m'th element at the common nodal points equal to each other (see Fig. 4), then the deflections of the elements at the interelement boundaries are continuous; that is, (4.14a), (4.13g), and (4.13h) are automatically satisfied. The functional Π_{IIA}^{**} may be simplified to

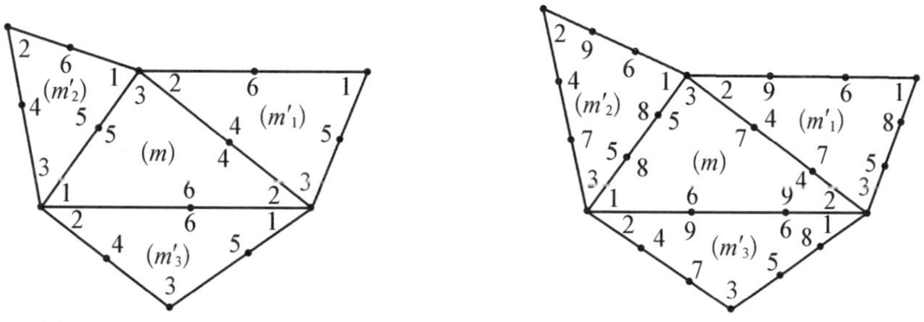

(a) six degrees of freedom

(b) nine degrees of freedom

Fig. 4 The positions of nodal points of adjacent finite elements

$$\Pi_{\text{IIIA1}}^{**} = \sum_{m=1}^{N} \Pi_{\text{III}}^{**(m)} - \sum_{k_1=1}^{k_\sigma} \bar{p}_{k_1} w_{k_1} - \sum_{k_2=1}^{k_w} (w_{k_2} - \bar{w}_{k_2}) \sum_{j'=1}^{r'} P_{k_2}^{(j')}(w)$$

$$- \sum_{c_1=1}^{c_F} \bar{F}_{c_1} w_{c_1} - \sum_{c_2=1}^{c_w} (w_{c_2} - \bar{w}_{c_2}) \sum_{j=1}^{r} P_{c_2}^{(j)}(w), \tag{4.22a}$$

$$\Pi_{\mathrm{III}}^{**(m)} = \Pi_{\mathrm{III}}^{(m)} + \sum_{\substack{\text{all } m' \\ \text{with } m}} \int_{s^{(mm')}} \frac{1}{2}[M_n(w^{(m)}) + M_n(w^{(m')})] \frac{\partial w^{(m)}}{\partial n^{(m)}} \mathrm{d}s. \tag{4.22b}$$

$\Pi_{\mathrm{III}}^{(m)}$ is defined as in (4.13a), $M_n(w^{(m)})$ and $P_{k_2}^{(j')}(w)$ are functions of $w^{(m)}$ or $w^{(j')}$. On the other hand, $M_n(w^{(m')})$ and $P_{c_2}^{(j)}(w)$ are functions of $w^{(m')}$ or $w^{(j)}$.

$$M_n(w^{(m)}) = -D[\nu\nabla^2 w + (1-\nu)w_{,mn}]^{(m)}, \tag{4.23a}$$

$$M_n(w^{(m')}) = -D[\nu\nabla^2 w + (1-\nu)w_{,mn}]^{(m')}, \tag{4.23b}$$

$$P_{k_2}^{(j')}(w) = -(1-\nu)D\Delta_{k_2}\left(\frac{\partial^2 w}{\partial n \partial s}\right)^{(j')}, \tag{4.24a}$$

$$P_{c_2}^{(j)}(w) = -(1-\nu)D\Delta_{c_2}\left(\frac{\partial^2 w}{\partial n \partial s}\right)^{(j)}. \tag{4.24b}$$

In $\Pi_{\mathrm{III}}^{(m)}$, the terms involving $H_n(w^{(m)})$ evaluated with the above interpolation functions become

$$H_n(w^{(m)}) = 0 \qquad \text{for six degrees of freedom,} \tag{4.25a}$$

$$H_n(w^{(m)}) = \text{constant} \qquad \text{for nine degrees of freedom,} \tag{4.25b}$$

Thus, in the case of 6 degrees of freedom, the corresponding $H_n(w^{(m)})$ is identically zero everywhere, or

$$\int_{s_{w_1}^{(m)}} H_n(w^{(m)})(w^{(m)} - \bar{w})\mathrm{d}s^{(m)} = 0. \tag{4.26}$$

In this case, the boundary condition

$$w_j^{(m)} - \bar{w}_j^{(m)} = 0 \tag{4.27}$$

must be used separately in the final computation of the global matrix, in which the indices j and (m) indicate the j th boundary nodal point of the mth finite element.

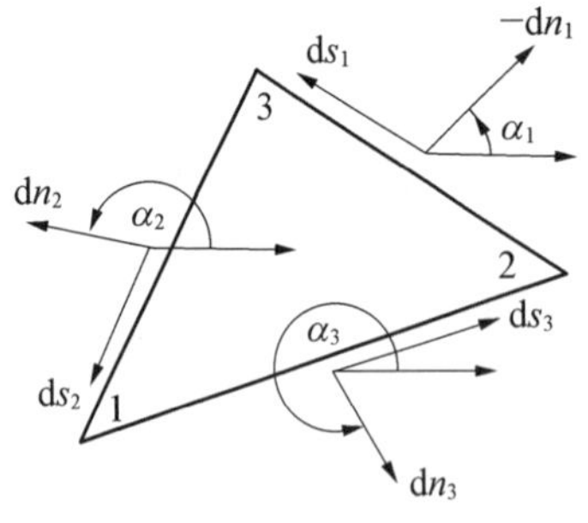

Fig. 5 The direction angle between outward normal *n* and the positive *x*-axis of a triangular element

For the purpose of calculation of $\partial^2 w/\partial n^2$, $\partial^2 w/\partial s^2$, $\partial^2 w/\partial n\partial s$, we define α as the direction angle between outward normal n and the positive x axis, as shown in Fig. 5.

The transformation between coordinate systems (n, s) and (x, y) is

$$n = x\cos\alpha + y\sin\alpha,\quad s = -x\sin\alpha + y\cos\alpha, \tag{4.28}$$

or

$$x = n\cos\alpha - s\sin\alpha,\quad y = n\sin\alpha + s\cos\alpha. \tag{4.29}$$

Thus we have

$$\begin{bmatrix} \dfrac{\partial w}{\partial n} \\ \dfrac{\partial w}{\partial s} \end{bmatrix} = \begin{bmatrix} \cos\alpha & \sin\alpha \\ -\sin\alpha & \cos\alpha \end{bmatrix} \begin{bmatrix} \dfrac{\partial w}{\partial x} \\ \dfrac{\partial w}{\partial y} \end{bmatrix}, \tag{4.30a}$$

$$\begin{bmatrix} \dfrac{\partial^2 w}{\partial n^2} \\ \dfrac{\partial^2 w}{\partial n \partial s} \\ \dfrac{\partial^2 w}{\partial s^2} \end{bmatrix} = \begin{bmatrix} \cos^2\alpha & 2\sin\alpha\cos\alpha & \sin^2\alpha \\ -\sin\alpha\cos\alpha & \cos^2\alpha - \sin^2\alpha & \sin\alpha\cos\alpha \\ \sin^2\alpha & -2\sin\alpha\cos\alpha & \cos^2\alpha \end{bmatrix} \begin{bmatrix} \dfrac{\partial^2 w}{\partial x^2} \\ \dfrac{\partial^2 w}{\partial x \partial y} \\ \dfrac{\partial w^2}{\partial y^2} \end{bmatrix} \tag{4.30b}$$

From these relations, we find that

$$M_n(w) = -D[1, 0, \nu] \begin{bmatrix} \dfrac{\partial^2 w}{\partial^2 n} \\ \dfrac{\partial^2 w}{\partial n \partial s} \\ \dfrac{\partial^2 w}{\partial s^2} \end{bmatrix} = -D\boldsymbol{\tau} \begin{bmatrix} \dfrac{\partial^2 w}{\partial x^2} \\ \dfrac{\partial^2 w}{\partial x \partial y} \\ \dfrac{\partial^2 w}{\partial y^2} \end{bmatrix}, \tag{4.31}$$

$$\boldsymbol{\tau} = [\cos^2\alpha + \nu\sin^2\alpha,\ 2(1-\nu)\sin\alpha\cos\alpha,\ \sin^2\alpha + \nu\cos^2\alpha]. \tag{4.32}$$

From (2.1), we obtain

$$\begin{bmatrix} \dfrac{\partial^2 w}{\partial x^2} \\ \dfrac{\partial^2 w}{\partial x \partial y} \\ \dfrac{\partial^2 w}{\partial^2 y} \end{bmatrix} = \boldsymbol{G}\boldsymbol{w} \tag{4.33}$$

where

$$
\boldsymbol{G}=\begin{bmatrix}
\dfrac{\partial^2 N_1}{\partial x^2} & \dfrac{\partial^2 N_2}{\partial x^2} & \cdots & \dfrac{\partial^2 N_t}{\partial x^2}\\
\dfrac{\partial^2 N_1}{\partial x\partial y} & \dfrac{\partial^2 N_2}{\partial x\partial y} & \cdots & \dfrac{\partial^2 N_t}{\partial x\partial y}\\
\dfrac{\partial^2 N_1}{\partial y^2} & \dfrac{\partial^2 N_2}{\partial y^2} & \cdots & \dfrac{\partial^2 N_t}{\partial y^2}
\end{bmatrix} \tag{4.34}
$$

The result is

$$
M_n(w)=-D\boldsymbol{\tau}\boldsymbol{G}\boldsymbol{w}. \tag{4.35}
$$

For the jth edge of element (m), we can calculate $\boldsymbol{\tau}_j$ in terms of α_j:

$$
\boldsymbol{\tau}_j^{(m)}=[\cos^2\alpha_j+\nu\sin^2\alpha_j,\ 2(1-\nu)\sin\alpha_j\cos\alpha_j,\ \sin^2\alpha_j+\nu\cos^2\alpha_j],\quad j=1,2,3; \tag{4.36a}
$$

$$
M_{nj}(w^{(m)})=-D\boldsymbol{\tau}_j^{(m)}\boldsymbol{G}^{(m)}\boldsymbol{w}^{(m)}. \tag{4.36b}
$$

Finite element (m) has three adjacent elements m' (numbered m_1', m_2', m_3' as shown in Fig. 4). The actions of the bending moment due to elements m_1', m_2' and m_3' on the interelement boundaries $s_1^{(mm')}$, $s_2^{(mm')}$, and $s_3^{(mm')}$ are, respectively,

$$
M_{n1}(w^{(m_1')})=-D\boldsymbol{\tau}_1^{(m_1')}\boldsymbol{G}^{(m_1')}\boldsymbol{w}^{(m_1')}, \tag{4.37a}
$$

$$
M_{n2}(w^{(m_2')})=-D\boldsymbol{\tau}_2^{(m_2')}\boldsymbol{G}^{(m_2')}\boldsymbol{w}^{(m_2')}, \tag{4.37b}
$$

$$
M_{n3}(w^{(m_3')})=-D\boldsymbol{\tau}_3^{(m_3')}\boldsymbol{G}^{(m_3')}\boldsymbol{w}^{(m_3')}. \tag{4.37c}
$$

Furthermore, we have

$$
\frac{\partial w^{(m)}}{\partial n_i^{(m)}}=[\cos\alpha_i,\ \sin\alpha_i]^{(m)}\begin{bmatrix}\dfrac{\partial w}{\partial x}\\ \dfrac{\partial w}{\partial y}\end{bmatrix}^{(m)}=\boldsymbol{R}_i^{(m)}\boldsymbol{w}^{(m)} \tag{4.38}
$$

where

$$
\boldsymbol{R}_i^{(m)}=[\cos\alpha_i,\ \sin\alpha_i]^{(m)}\begin{bmatrix}
\dfrac{\partial N_1}{\partial x} & \dfrac{\partial N_2}{\partial x} & \cdots & \dfrac{\partial N_t}{\partial x}\\
\dfrac{\partial N_1}{\partial y} & \dfrac{\partial N_2}{\partial y} & \cdots & \dfrac{\partial N_t}{\partial y}
\end{bmatrix}^{(m)}. \tag{4.39}
$$

Thus we can evaluate the integrals in (4.22b). The results are

$$\sum_{m_1', m_2', m_3'} \int_{s^{(mm')}} \frac{1}{2}[M_n(w^{(m)}) + M_n(w^{(m')})] \frac{\partial w^{(m)}}{\partial n^{(m)}} ds^{(m)}$$

$$= \frac{1}{2} \boldsymbol{w}^{(m)\mathrm{T}} \boldsymbol{K}_0^{(m)} \boldsymbol{w}^{(m)} + \frac{1}{2} \sum_{i=1}^{3} \boldsymbol{w}^{(m)\mathrm{T}} \boldsymbol{K}_{(i)}^{(mm_i')} \boldsymbol{w}^{(m_i')} \tag{4.40}$$

where

$$\boldsymbol{K}_0^{(m)} = -D \sum_{i=1}^{3} \int_{s^{(mm')}} \boldsymbol{R}_i^{(m)\mathrm{T}} \boldsymbol{\tau}_i^{(m)} \boldsymbol{G}^{(m)} ds_i^{(m)}, \tag{4.41a}$$

$$\boldsymbol{K}_{(1)}^{(mm_1')} = -D \int_{s^{(m_1 m_1')}} \boldsymbol{R}_1^{(m)\mathrm{T}} \boldsymbol{\tau}_1^{(m_1')} \boldsymbol{G}^{(m_1')} ds_1^{(m)}, \tag{4.41b}$$

$$\boldsymbol{K}_{(2)}^{(mm_2')} = -D \int_{s^{(m_1 m_2')}} \boldsymbol{R}_2^{(m)\mathrm{T}} \boldsymbol{\tau}_2^{(m_2')} \boldsymbol{G}^{(m_2')} ds_2^{(m)}, \tag{4.41c}$$

$$\boldsymbol{K}_{(3)}^{(mm_3')} = -D \int_{s^{(m_1 m_3')}} \boldsymbol{R}_3^{(m)\mathrm{T}} \boldsymbol{\tau}_3^{(m_3')} \boldsymbol{G}^{(m_3')} ds_3^{(m)}. \tag{4.41d}$$

By means of (4.13), (4.18), and (4.34), we find

$$\Pi_0^{(m)} = \frac{1}{2} \boldsymbol{w}^{(m)\mathrm{T}} \boldsymbol{K}_{0f}^{(m)} \boldsymbol{w}^{(m)} \tag{4.42}$$

in which

$$\boldsymbol{K}_{0f}^{(m)} = \iint_{Am} D\boldsymbol{G}^{(m)\mathrm{T}} \boldsymbol{\nu} \boldsymbol{G}^{(m)} dA^{(m)}, \tag{4.42a}$$

$$\boldsymbol{\nu} = \begin{bmatrix} 1 & \cdot & \nu \\ \cdot & 2(1-\nu) & \cdot \\ \nu & \cdot & 1 \end{bmatrix}. \tag{4.42b}$$

Similarly, we can write

$$\int_{s_{w_2}^{(m)}} M_n(w^{(m)}) \frac{\partial w^{(m)}}{\partial n^{(m)}} ds = \boldsymbol{w}^{(m)\mathrm{T}} \boldsymbol{K}_{s_{w_2}}^{(m)} \boldsymbol{w}^{(m)} \tag{4.43}$$

where

$$\boldsymbol{K}_{s_{w_2}}^{(m)} = -\int_{s_{w_2}^{(m)}} D\boldsymbol{R}_{s_{w_2}}^{(m)} \boldsymbol{\tau}_{s_{w_2}}^{(m)} \boldsymbol{G}^{(m)} ds_{w_2}^{(m)}. \tag{4.43a}$$

Furthermore

$$H_n(w) = -D\boldsymbol{\gamma} \boldsymbol{J} \boldsymbol{w}, \tag{4.44}$$

in which

$$\boldsymbol{\gamma} = [\gamma_{(1)}, \gamma_{(2)}, \gamma_{(3)}, \gamma_{(4)}], \tag{4.45}$$

$$\gamma_{(1)} = [\cos^2\alpha + (2-\nu)\sin^2\alpha]\cos\alpha \tag{4.45a}$$

$$\gamma_{(2)} = [(2-\nu)\sin^2\alpha - (1-2\nu)\cos^2\alpha]\sin\alpha \tag{4.45b}$$

$$\gamma_{(3)} = [(2-\nu)\cos^2\alpha - (1-2\nu)\sin^2\alpha]\cos\alpha \tag{4.45c}$$

$$\gamma_{(4)} = [\sin^2\alpha + (2-\nu)\cos^2\alpha]\sin\alpha \tag{4.45d}$$

$$\boldsymbol{J} = \begin{bmatrix} \frac{\partial^3 N_1}{\partial x^3} & \frac{\partial^3 N_2}{\partial x^3} & \cdots & \frac{\partial^3 N_t}{\partial x^3} \\ \frac{\partial^3 N_1}{\partial x^2 \partial y} & \frac{\partial^3 N_2}{\partial x^2 \partial y} & \cdots & \frac{\partial^3 N_t}{\partial x^2 \partial y} \\ \frac{\partial^3 N_1}{\partial x \partial y^2} & \frac{\partial^3 N_2}{\partial x \partial y^2} & \cdots & \frac{\partial^3 N_t}{\partial x \partial y^2} \\ \frac{\partial^3 N_1}{\partial y^3} & \frac{\partial^3 N_2}{\partial y^3} & \cdots & \frac{\partial^3 N_t}{\partial y^3} \end{bmatrix}. \tag{4.46}$$

Thus we obtain

$$\int_{s_{w_1}^{(m)}} H_n(w^{(m)}) w^{(m)} \mathrm{d}s^{(m)} = \boldsymbol{w}^{(m)\mathrm{T}} \boldsymbol{K}_{s_{w_1}}^{(m)} \boldsymbol{w}^{(m)} \tag{4.47a}$$

$$\int_{s_{w_2}^{(m)}} M_n(w^{(m)}) \frac{\partial w^{(m)}}{\partial n^{(m)}} \mathrm{d}s^{(m)} = \boldsymbol{w}^{(m)\mathrm{T}} \boldsymbol{K}_{s_{w_2}}^{(m)} \boldsymbol{w}^{(m)} \tag{4.47b}$$

where $\boldsymbol{K}_{s_{w_2}}^{(m)}$ is defined by (4.43a):

$$\boldsymbol{K}_{s_{w_1}}^{(m)} = -D\int_{s_{w_1}^{(m)}} \boldsymbol{N}_{s_{w_1}}^{\mathrm{T}(m)} \boldsymbol{\gamma}_{s_{w_1}}^{(m)} \boldsymbol{J}^{(m)} \mathrm{d}s_{w_1}^{(m)}, \tag{4.48}$$

and $\boldsymbol{N}_{s_{w_1}}^{(m)}$, $\boldsymbol{\gamma}_{s_{w_1}}^{(m)}$ and $\boldsymbol{J}^{(m)}$ are defined by (4.21a), (4.45), and (4.46), respectively.

Therefore, (4.13a) can be written in matrix form:

$$\Pi_{\mathrm{III}}^{(m)} = \frac{1}{2}\boldsymbol{w}^{(m)\mathrm{T}} \boldsymbol{K}_f^{(m)} \boldsymbol{w}^{(m)} - \overline{F}_f^{(m)} \boldsymbol{w}^{(m)}, \tag{4.49}$$

where

$$\boldsymbol{K}_f^{(m)} = \boldsymbol{K}_{0f}^{(m)} - 2\boldsymbol{K}_{s_{w_1}}^{(m)} - 2\boldsymbol{K}_{s_{w_2}}^{(m)}, \tag{4.49a}$$

$$\overline{F}_f^{(m)} = \overline{F}^{(m)} + \overline{H}^{(m)} - \overline{M}^{(m)} - \boldsymbol{w}^{(m)} + \boldsymbol{w}_{,n}^{(m)} \tag{4.49b}$$

Here the symbols $\overline{F}^{(m)}$, $\overline{H}^{(m)}$, $\overline{M}^{(m)}$, $\boldsymbol{w}^{(m)}$, $\boldsymbol{w}_{,n}^{(m)}$ are given by the formulas

$$\overline{F}^{(m)} = \iint_{Am} \overline{F}\boldsymbol{N}^{(m)} \mathrm{d}A^{(m)}, \tag{4.50a}$$

$$\overline{H}^{(m)} = \int_{s_{\sigma_1}^{(m)}} \overline{H}\boldsymbol{N}^{(m)} \mathrm{d}s_{\sigma_1}^{(m)}, \tag{4.50b}$$

$$\overline{M}^{(m)} = \int_{s_{\sigma_2}^{(m)}} \overline{M}\boldsymbol{R}_{s_{\sigma_2}}^{(m)} \mathrm{d}s_{\sigma_2}^{(m)}, \tag{4.50c}$$

$$\boldsymbol{w}^{(m)} = \int_{s_{w_1}^{(m)}} D\overline{w}\boldsymbol{\gamma}_{s_{w_1}}^{(m)}\boldsymbol{J}^{(m)} \mathrm{d}s_{w_1}^{(m)}, \tag{4.50d}$$

$$\boldsymbol{w}_{,n}^{(m)} = \int_{s_{w_2}^{(m)}} D\overline{w}_{,n}\boldsymbol{\tau}_{s_{w_2}}^{(m)}\boldsymbol{G}^{(m)} \mathrm{d}s_{w_2}^{(m)}. \tag{4.50e}$$

From (4.22a), (4.22b), (4.40), and (4.49), we obtain

$$\Pi_{\mathrm{III}}^{**(m)} = \frac{1}{2}\boldsymbol{w}^{(m)\mathrm{T}}\boldsymbol{K}^{**(m)}\boldsymbol{w}^{(m)} + \frac{1}{2}\sum_{i=1}^{3}\boldsymbol{w}^{(m)\mathrm{T}}\boldsymbol{K}_{(i)}^{(mm_i')}\boldsymbol{w}^{(m')} - \overline{F}_f^{(m)}\boldsymbol{w}^{(m)}, \tag{4.51}$$

where

$$\boldsymbol{K}^{**(m)} = \boldsymbol{K}_0^{(m)} + \boldsymbol{K}_f^{(m)}. \tag{4.52}$$

By means of similar notation, we may express

$$P_{k_2}^{(j)}(w) = -(1-\nu)D\Delta_{k_2}\left(\frac{\partial^2 w}{\partial n\partial s}\right)^{(j)} = \boldsymbol{P}_{k_2}^{(j)}\boldsymbol{w}^{(j)}, \tag{4.53}$$

where

$$\boldsymbol{P}_{k_2}^{(j)} = -(1-\nu)\boldsymbol{D}\Delta_{k_2}(\boldsymbol{\pi}\boldsymbol{G})^{(j)}, \tag{4.54}$$

$$\boldsymbol{\pi} = [-\sin\alpha\cos\alpha \quad \cos^2\alpha - \sin^2\alpha \quad \sin\alpha\cos\alpha]. \tag{4.55}$$

Finally, we have the assembled global matrix equation

$$\Pi_{\mathrm{IIIA1}}^{**} = \frac{1}{2}\boldsymbol{w}^{\mathrm{T}}\boldsymbol{K}^{**}\boldsymbol{w} - \overline{\boldsymbol{Q}}\boldsymbol{w}. \tag{4.56}$$

in which

$$\frac{1}{2}\boldsymbol{w}^{\mathrm{T}}\boldsymbol{K}^{**}\boldsymbol{w} = \sum_{m=1}^{N}\left(\frac{1}{2}\boldsymbol{w}^{(m)\mathrm{T}}\boldsymbol{K}^{**(m)}\boldsymbol{w}^{(m)} + \frac{1}{2}\sum_{i=1}^{3}\boldsymbol{w}^{(m)\mathrm{T}}\boldsymbol{K}_{(i)}^{(mm_i')}\boldsymbol{w}^{(m_i')}\right)$$
$$-\sum_{c_2=1}^{c_w} w_{c_2}\sum_{j=1}^{r}\boldsymbol{P}_{c_2}^{(j)}\boldsymbol{w}^{(j)} - \sum_{k_2=1}^{k_w} w_{k_2}\sum_{j=1}^{r'}\boldsymbol{P}_{k_2}^{(j)}\boldsymbol{w}^{(j)} \tag{4.57}$$

$$\bar{Q}w = \sum_{m=1}^{N} \bar{F}_f^{(m)} w^{(m)} - \sum_{k_2=1}^{k_w} \bar{w}_{k_2} \sum_{j=1}^{r'} P_{k_2}^{(j)} w^{(j)} - \sum_{c_2=1}^{c_w} \bar{w}_{c_2} \sum_{j=1}^{r} P_{c_2}^{(j)} w^{(j)}$$
$$+ \sum_{k_1=1}^{k_\sigma} \bar{P}_{k_1} w_{k_1} + \sum_{c_1=1}^{c_F} \bar{F}_{c_1} w_{c_1} \tag{4.58}$$

The condition for $\Pi_{\mathrm{IIIA1}}^{**}$ to be stationary is

$$\delta \Pi_{\mathrm{IIIA1}}^{**} = 0, \quad Kw = \bar{Q}, \tag{4.59}$$

in which

$$K = \frac{1}{2}(K^{**} + K^{**\mathrm{T}}). \tag{4.60}$$

For simply supported plates, the above results can be greatly simplified. For the incompatible triangle finite element with 6 or 9 degrees of freedom, (4.58) reduces to

$$\frac{1}{2} w^{\mathrm{T}} K^{**} w = \sum_{m=1}^{N} \left(\frac{1}{2} w^{(m)\mathrm{T}} K^{**(m)} w^{(m)} + \frac{1}{2} \sum_{i=1}^{3} w^{(m)\mathrm{T}} K_{(i)}^{(mm_i')} w^{(m_i')} \right) \tag{4.61a}$$

$$\bar{Q}w = \sum_{m=1}^{N} \bar{F}_f^{(m)} w^{(m)}, \tag{4.61b}$$

where

$$K^{**(m)} = K_0^{(m)} + K_{0f}^{(m)} - 2K_{s_{w_1}}^{(m)}, \tag{4.62a}$$

$$\bar{F}_f^{(m)} = \bar{F}^{(m)} \tag{4.62b}$$

C. Generalized Variational Principle Derived from the Minimum Complementary Energy Principle

Suppose that a thin plate reaches equilibrium under the action of bending moment $M_{\alpha\beta}$ and shearing force Q_α. The equations of equilibrium are

$$M_{\alpha\beta,\beta} = Q_\alpha, \tag{4.63a}$$

$$Q_{\alpha,\alpha} + \bar{F} = 0. \tag{4.63b}$$

where $\bar{F}$ is the distributed normal load. Elimination of Q_α gives

$$M_{\alpha\beta,\alpha\beta} + \bar{F} = 0. \tag{4.64}$$

In addition, there are in general the boundary conditions, the corner conditions (4.5a), (4.5b), (4.6a), (4.6b), (4.8a), and (4.8b), and also the curvature-bending moment relation

$$w_{,\alpha\beta}+B_{\alpha\beta\gamma\delta}M_{\gamma\delta}=0, \tag{4.65}$$

where $B_{\alpha\beta\gamma\delta}$ are the flexibility constants.

Minimum Complementary Energy Principle IV: Among all the bending moments $M_{\alpha\beta}$ satisfying the equations of equilibrium (4.64), the boundary conditions of known edge moment and equivalent shearing forces (4.5a) and (4.6a), and corner conditions of known reaction forces (4.8a), the set of $M_{\alpha\beta}$ that minimizes Π_{IV} also satisfies the boundary conditions of known edge deflection (4.5b) and (4.6b), the corner conditions of known supporting deflection (4.8b), and the curvature-bending moment relations (4.65).

The required functional Π_{IV} is

$$\Pi_{\mathrm{IV}}=\iint_A \frac{1}{2}B_{\alpha\beta\gamma\delta}M_{\alpha\beta}M_{\gamma\delta}\mathrm{d}A-\int_{s_{w_1}} H_n\bar{w}\mathrm{d}s+\int_{s_{w_2}} M_n\bar{w}_{,n}\mathrm{d}s+\sum_{k_2-1}^{k_w} p_{k_2}\bar{w}_{k_2}, \tag{4.66}$$

in which

$$H_n=Q_n+M_{ns,s}=M_{n,n}+2M_{ns,s}, \tag{4.67a}$$

$$M_n=M_{\alpha\beta}n_\alpha n_\beta, \tag{4.67b}$$

$$Q_n=M_{\alpha\beta,\beta}n_\alpha, \tag{4.67c}$$

$$P_{k_2}=\Delta_{k_2}M_{ns}. \tag{4.67d}$$

Here we assume that the boundaries of the plate are composed of straight edges.

We may consider the equations of equilibrium (4.63a) and (4.63b), the boundary conditions (4.5a) and (4.6a), and the corner condition (4.8a) as constraints of variation, and by means of appropriate Lagrangian multipliers Λ, $\mu_{(1)}$, $\mu_{(2)}$, and $\mu_{(k_1)}$, Variational Principle IV with functional (4.66) may be transformed into the Generalized Variational Principle IV* with another functional,

$$\begin{aligned}\Pi_{\mathrm{IV}}^{*}=&\iint_A \frac{1}{2}B_{\alpha\beta\gamma\delta}M_{\alpha\beta}M_{\gamma\delta}\mathrm{d}A+\iint_A(M_{\alpha\beta,\alpha\beta}+\bar{F})\Lambda\mathrm{d}A\\&-\int_{s_{w_1}} H_n\bar{w}\mathrm{d}s+\int_{s_{w_2}} M_n\bar{w}_{,n}\mathrm{d}s+\int_{s_{\sigma_1}}(H_n-\bar{H})\mu_{(1)}\mathrm{d}s\end{aligned}$$

$$+\int_{s_{\sigma_2}}(M_n-\overline{M})\mu_{(2)}\,\mathrm{d}s+\sum_{k_2=1}^{k_w}p_{k_2}\overline{w}_{k_2}+\sum_{k_1=1}^{k_\sigma}(p_{k_1}-\overline{p}_{k_1})\mu_{(k_1)}. \tag{4.68}$$

The first variation of Π_{IV}^* gives

$$\begin{aligned}\delta\Pi_{\mathrm{IV}}^*=&\iint_A(B_{\alpha\beta\gamma\delta}M_{\gamma\delta}+\Lambda_{,\alpha\beta})\delta M_{\alpha\beta}\mathrm{d}A+\iint_A(M_{\alpha\beta,\alpha\beta}+\overline{F})\delta\Lambda\,\mathrm{d}A\\&+\int_{s_{w_1}}(\Lambda-\overline{w})\delta H_n\mathrm{d}s+\int_{s_{\sigma_1}}(\mu_{(1)}+\Lambda)\delta H_n\mathrm{d}s-\int_{s_{w_2}}(\Lambda_{,n}-\overline{w}_{,n})\delta M_n\mathrm{d}s\\&-\int_{s_{\sigma_2}}(\Lambda_{,n}-\mu_{(2)})\delta M_n\mathrm{d}s+\int_{s_{\sigma_1}}(H_n-\overline{H})\delta\mu_{(1)}\mathrm{d}s+\int_{s_{\sigma_2}}(M_n-\overline{M})\delta\mu_{(2)}\mathrm{d}s\\&-\sum_{k_2=1}^{k_w}(\Lambda-\overline{w}_{k_2})\delta P_{k_2}-\sum_{k_1=1}^{k_\sigma}(\Lambda-\mu_{(k_1)})\delta P_{k_1}+\sum_{k_1=1}^{k_\sigma}(P_{k_1}-\overline{P}_{k_1})\delta\mu_{(k_1)}.\end{aligned} \tag{4.69}$$

The variations $\delta M_{\alpha\beta}$, δH_n, δM_n, δP_{k_1}, δP_{k_2}, $\delta\Lambda$, $\delta u_{(1)}$, $\delta\mu_{(2)}$, and $\delta\mu_{(k_1)}$ are all independent of each other. Thus the stationary condition of Π_{IV}^* gives equations of equilibrium (4.63a) and (4.63b), boundary conditions and corner conditions (4.5a), (4.6a), and (4.8a), and also

$$B_{\alpha\beta\gamma\delta}M_{\gamma\delta}+\Lambda_{,\alpha\beta}=0 \qquad \text{in } A, \tag{4.70a}$$

$$\Lambda=\overline{w} \qquad \text{on } s_{w_1}, \tag{4.70b}$$

$$\Lambda=-\mu_{(1)} \qquad \text{on } s_{\sigma_1}, \tag{4.70c}$$

$$\Lambda_{,n}=\overline{w}_{,n} \qquad \text{on } s_{w_2}, \tag{4.70d}$$

$$\Lambda_{,n}=\mu_{(2)} \qquad \text{on } s_{\sigma_2}, \tag{4.70e}$$

$$\Lambda=\overline{w}_{k_2} \qquad \text{at } k_2=1,2,\cdots,k_w, \tag{4.70f}$$

$$\Lambda=\mu_{(k_1)} \qquad \text{at } k_1=1,2,\cdots,k_\sigma. \tag{4.70g}$$

We have

$$\begin{aligned}\Lambda=w \qquad &\text{in } A,\ s_{w_1},\ s_{w_2},\ s_{\sigma_1},\ s_{\sigma_2} \text{ and}\\ \text{at } k_1=1,2,\cdots,&k_\sigma,\ k_2=1,2,\cdots,k_w,\end{aligned} \tag{4.71}$$

$$\mu_{(1)}=-w \qquad \text{on } s_{\sigma_1}, \tag{4.72a}$$

$$\mu_{(2)}=w_{,n} \qquad \text{on } s_{\sigma_2}, \tag{4.72b}$$

$$\mu_{(k_1)}=w_{k_1} \qquad \text{at } k_1=1,2,\cdots,k_w. \tag{4.72c}$$

Equations (4.70b), (4.70d), and (4.70f) are, in fact, the given boundary deflection conditions, and Eq. (4.70a) the curvature-benging moment relation. Equation (4.70a) may be written as

$$B_{\alpha\beta\gamma\delta}M_{\gamma\delta}=-w_{,\alpha\beta}. \tag{4.73}$$

Thus, the physical nature of all Lagrangian multipliers are determined. The functional Π_{IV}^{*} may be written as

$$\begin{aligned}\Pi_{\mathrm{IV}}^{*}=&\iint_{A}\left[\frac{1}{2}B_{\alpha\beta\gamma\delta}M_{\alpha\beta}M_{\gamma\delta}+w(M_{\alpha\beta,\alpha\beta}+\bar{F})\right]\mathrm{d}A\\&-\int_{s_{w_1}}H_n\bar{w}\mathrm{d}s+\int_{s_{w_2}}M_n\bar{w}_{,n}\mathrm{d}s-\int_{s_{\sigma_1}}(H_n-\bar{H})w\mathrm{d}s\\&+\int_{s_{\sigma_2}}(M_n-\bar{M})w_{,n}\mathrm{d}s+\sum_{k_2=1}^{k_w}P_{k_2}\bar{w}_{k_2}+\sum_{k_1=1}^{k_\sigma}(P_{k_1}-\bar{P}_{k_1})w_{k_1}.\end{aligned} \tag{4.74}$$

Generalized Variational Principle IV* (for the bending of plate derived from the minimum complementary energy principle): Among all sets of $M_{\alpha\beta}$ and w, the set of $M_{\alpha\beta}$ and w that makes Π_{IV}^{*} stationary satisfies all the necessary physical conditions (i. e., equations of equilibrium, curvature-bending moment relations, and all the boundary conditions and corner conditions).

It should be noted that

$$\begin{aligned}\iint_{A}M_{\alpha\beta,\alpha\beta}w\mathrm{d}A=&\int_{s}wM_{\alpha\beta,\alpha}n_\beta\mathrm{d}s-\iint_{A}w_{,\beta}M_{\alpha\beta,\alpha}\mathrm{d}A\\=&\int_{s}wQ_n\mathrm{d}s-\int_{s}w_{,\beta}M_{\alpha\beta}n_\alpha\mathrm{d}s+\iint_{A}M_{\alpha\beta}w_{,\alpha\beta}\mathrm{d}A\end{aligned} \tag{4.75}$$

and also

$$\begin{aligned}-\int_{s}w_{,\beta}M_{\alpha\beta}n_\alpha\mathrm{d}s=&-\int_{s}(w_{,s}M_{ns}+w_{,n}M_n)\mathrm{d}s\\=&-\sum_{k=1}^{k_\sigma+k_s}w_k\Delta_kM_{nS}+\int_{s}wM_{,ns,s}\mathrm{d}s-\int_{s}w_{,n}M_n\mathrm{d}s.\end{aligned} \tag{4.76}$$

Therefore we obtain

$$\iint_{A}M_{\alpha\beta,\alpha\beta}w\mathrm{d}A=\iint_{A}M_{\alpha\beta}w_{,\alpha\beta}\mathrm{d}A+\int_{s}H_nw\mathrm{d}s-\sum_{k=1}^{k_\sigma+k_w}w_k\Delta_kM_{ns}-\int_{s}w_{,n}M_n\mathrm{d}s. \tag{4.77}$$

Substitution of (4.77) in (4.74) provides another form of Π_{IV}^{*}, which is

$$\Pi_{\mathrm{IVA}}^{*}=\iint_{A}\left(\frac{1}{2}B_{\alpha\beta\gamma\delta}M_{\alpha\beta}M_{\gamma\delta}+M_{\alpha\beta}w_{,\alpha\beta}+\bar{F}_{w}\right)\mathrm{d}A$$
$$+\int_{s_{w_1}}(w-\bar{w})H_n\mathrm{d}s+\int_{s_{\sigma_1}}\bar{H}w\mathrm{d}s-\int_{s_{w_2}}(w_{,n}-\bar{w}_{,n})M_n\mathrm{d}s$$
$$-\int_{s_{\sigma_2}}\bar{M}w_{,n}\mathrm{d}s-\sum_{k_2=1}^{k_w}(w_{k_2}-\bar{w}_{k_2})P_{k_2}-\sum_{k_1=1}^{k_\sigma}\bar{P}_{k_1}w_{k_1}. \tag{4.78}$$

This is the second form of the generalized variational principle derived from the minimum complementary energy principle.

Variational Principle IV*A: Among all sets of $M_{\alpha\beta}$ and w, the set of $M_{\alpha\beta}$ and w that makes Π_{IVA}^{*} stationary satisfies all the necessary physical conditions (i. e. , equations of equilibrium, curvature-bending moment relations, and all boundary conditions and corner conditions).

Let us now divide the plate region into N finite elements and study the related variational principles.

We further assume that besides the distributed loads $\bar{F}$, the boundary conditions (4.5a), (4.5b), (4.6a), and (4.6b), and the corner conditions (4.8a) and (4.8b), the plate is loaded by condentrated forces $\bar{F}_{c_1}$ at C_F interior points (x_{c_1}, y_{c_1}), and is supported by given deflection $\bar{w}_{c_2}$ at some other c_w points (x_{c_2}, y_{c_2}); that is, the plate is subjected to conditions (4.11a) and (4.11b). We also require that c_F+c_w points be the common corner points of the finite elements conderned.

Thus we have the following generalized variational principle for compatible finite elements for the bending of plate.

Generalized Variational Principle IV*f: Among all sets of finite-element field functions $M_{\alpha\beta}^{(m)}$ and $w^{(m)}$ satisfying all compatible conditions for bending moments and equivalent shearing forces

$$H_n^{(m)}=H_n^{(m')}\quad\text{or } M_{n,n}^{(m)}+2M_{ns,s}^{(m)}=M_{n,n}^{(m')}+2M_{ns,s}^{(m')}\quad \text{on } s^{(mm')} \tag{4.79a}$$

$$M_n^{(m)}=-M_n^{(m')}\quad \text{on } s^{(mm')} \tag{4.79b}$$

the set of $M_{\alpha\beta}^{(m)}$ and $w^{(m)}$ that makes Π_{IVf}^{*} stationary satisfies the equation of equilibrium of finite elements (4.64), the curvature-bending moment relation (4.65), boundary conditions (4.5a), (4.5b), (4.6a), and (4.6b), corner conditions (4.8a) and (4.8b), and supporting conditions in the interior of the plate (4.11a) and (4.11b). Furthermore, the solution of $w^{(m)}$ thus obtained satisfies also the compatible conditions

$$w^{(m)} = w^{(m')} \qquad \text{on } s^{(mm')}, \tag{4.80a}$$

$$\frac{\partial w^{(m)}}{\partial n^{(m)}} = -\frac{\partial w^{(m')}}{\partial n^{(m')}} \qquad \text{on } s^{(mm')}. \tag{4.80b}$$

Functional Π^*_{IVf} is

$$\Pi^*_{\text{IVf}} = \sum_{m=1}^{N} \Pi^{(m)}_{\text{IV}} + \sum_{k_1=1}^{k_\sigma}\Big(\sum_{j''=2''}^{r''} P^{(j'')}_{k_1} - P_{k_1}\Big) w^{(1'')}_{k_1} + \sum_{k_2=1}^{k_w}\sum_{j'=1}^{r'} P^{(j')}_{k_2}\,\overline{w}_{k_2}$$
$$- \sum_{c_1=1}^{c_T}\Big(\sum_{j'''=2'''}^{r'''} P^{(j''')}_{c_1} - P_c\Big) w^{(1''')}_{1c_1} + \sum_{c_2=1}^{c_w}\sum_{j=1}^{r} P^{(j)}_{c_2}\,\overline{w}_{c_2}, \tag{4.81}$$

in which r, r', r'', and r''' are defined by (4.13f), (4.13c), (4.13i), and (4.13j) and

$$P^{(j'')}_{k_1} = \Delta_{k_1} M^{(j'')}_{ns}, \quad P^{(j')}_{k_2} = \Delta_{k_2} M^{(j')}_{ns},$$
$$P^{(j''')}_{c_1} = \Delta_{c_1} M^{(j''')}_{ns}, \quad P^{(j)}_{c_2} = \Delta_{c_2} M^{(j)}_{n}; \tag{4.82}$$

$$\Pi^{(m)}_{\text{IV}} = \iint_{A^{(m)}} \Big[\frac{1}{2} B_{\alpha\beta\gamma\delta} M^{(m)}_{\alpha\beta} M^{(m)}_{\gamma\delta}\,\mathrm{d}A + (M^{(m)}_{\alpha\beta,\,\alpha\beta} + \overline{F}) w\Big]\mathrm{d}A - \int_{s^{(m)}_{w_1}} H^{(m)}_n\,\overline{w}\,\mathrm{d}s$$
$$- \int_{s^{(m)}_{\sigma_1}} (H^{(m)}_n - \overline{H}) w^{(m)}\,\mathrm{d}s + \int_{s^{(m)}_{w_2}} M^{(m)}_n \overline{w}_n\,\mathrm{d}s + \int_{s^{(m)}_{\sigma_2}} (M^{(m)}_n - \overline{M}_n) w^{(m)}_n\,\mathrm{d}s. \tag{4.83}$$

Similarly, from Π^*_{IVA}, we find the generalized variational principle of deflection-compatible elements.

Variational Principle V*Af: Among all sets of finite-element field functions $M^{(m)}_{\alpha\beta}$ and $w^{(m)}$ satisfying all the compatible conditions of deflection, the set of $M^{(m)}_{\alpha\beta}$ and $w^{(m)}$ that makes Π^*_{IVAf} stationary satisfies the equilibrium conditions for all the finite elements (4.64), the curvature-bending moments relation (4.65), the related boundary conditions (4.5a), (4.5b), (4.6a), and (4.6b), the corner conditions (4.8a) and (4.8b), and the constraint conditions of supports in the interior of the plate (4.11a) and (4.11b). At the same time, the bending moments and equivalent shearing force associated with the solution also satisfies the compatible cfinditions on the interelement boundaries (4.79a, b). The appropriate functional Π^*_{IVAf} is

$$\Pi^*_{\text{IVAf}} = \sum_{m=1}^{N} \Pi^{(m)}_{\text{IVA}} - \sum_{k_1=1}^{k_\sigma} \overline{P}_{k_1} w_{k_1} - \sum_{k_2=1}^{k_w}\sum_{j'=1'}^{r'} P^{(j')}_{k_2}(w^{(j')}_{k_2} - \overline{w}_{k_2})$$

$$-\sum_{c_1=1}^{c_F}\bar{F}_{c_1}w_{c_1}-\sum_{c_2=1}^{c_w}\sum_{j=1}^{r}p_{c_2}^{(j)}(w_{c_2}^{(j)}-\bar{w}_{c_2}) \tag{4.84}$$

where

$$\Pi_{\mathrm{IVA}}^{(m)}=\iint_{A^{(m)}}\left(\frac{1}{2}B_{\alpha\beta\gamma\delta}M_{\alpha\beta}^{(m)}M_{\gamma\delta}^{(m)}+M_{\alpha\beta}^{(m)}w_{,\alpha\beta}^{(m)}+\bar{F}w^{(m)}\right)\mathrm{d}A+\int_{s_{w_1}^{(m)}}H_n^{(m)}(w^{(m)}-\bar{w})\mathrm{d}s$$
$$+\int_{s_{\sigma_1}^{(m)}}\bar{H}w\mathrm{d}s-\int_{s_{w_2}^{(m)}}(w_{,n}^{(m)}-\bar{w}_{,n})M_n\mathrm{d}s-\int_{s_{\sigma_2}^{(m)}}\bar{M}w_{,n}^{(m)}\mathrm{d}s. \tag{4.85}$$

D. Generalized Variational Principle of Incompatible Elements Derived from the Minimum Complementary Energy Principle

Let us consider the generalized variational principle for incompatible elements. Take the functional Π_{IVf}^{*} as an example. If the bending moments are not compatible, we may use the Lagrangian multipliers for the conditions (4.79a) and (4.79b) and reduce the conditional variational principle into a nonconditional principle. We call this nonconditional principle the generalized variational principle of incompatible elements. The functional is

$$\Pi_{\mathrm{IVf}}^{**}=\sum_{m=1}^{N}\Pi_{\mathrm{IV}}^{(m)}+\sum_{k_1=1}^{k_\sigma}\Big(\sum_{j''=1}^{r''}P_{k_1}^{(j'')}-\bar{P}_{k_1}\Big)w_{k_1}^{(1'')}-\sum_{c_2=1}^{c_2}\Big(\sum_{j'''=1}^{r'''}P_{c}^{(j''')}-\bar{P}_{c_1}\Big)w_{c_1}^{(j''')}$$
$$+\sum_{k_2=1}^{k_w}\sum_{j'=1}^{r'}p_{k_2}^{(j')}\bar{w}_{k_2}+\sum_{c_2=1}^{c_w}\sum_{j=1}^{r}p_{c_2}^{(j)}\bar{w}_{c_2}+\sum_{(mm')}\int_{s^{(mm')}}\{\lambda_1^{(mm')}(H_n^{(m)}$$
$$-H_n^{(m')})+\lambda_2^{(mm')}(M_n^{(m)}+M_n^{(m')})\} \tag{4.86}$$

From the stationary conditions of this functional we can prove that

$$\lambda_1^{(mm')}=-\frac{1}{2}(w^{(m)}+w^{(m')})\qquad \text{on } s^{(mm')}, \tag{4.87a}$$

$$\lambda_2^{(mm')}=\frac{1}{2}\left(\frac{\partial w^{(m)}}{\partial n^{(m)}}-\frac{\partial w^{(m')}}{\partial n^{(m')}}\right)\qquad \text{on } s^{(mm')}. \tag{4.87b}$$

Thus we may change (4.86) into

$$\Pi_{\mathrm{IVf}}^{**}=\sum_{m=1}^{N}\Pi_{\mathrm{IV}}^{**(m)}+\sum_{k_1=1}^{k_\sigma}\Big\{\sum_{j''=1}^{r''}P_{k_1}^{(j'')}-\bar{P}_{k_1}\Big\}w_{k_1}^{(1'')}+\sum_{k_2=1}^{k_w}\sum_{j'=1}^{r'}P_{k_2}^{(j)}\bar{w}_{k_2}$$
$$+\sum_{c_1=1}^{c_F}\Big\{\sum_{j'''=1}^{r'''}P_{c_1}^{(j''')}-\bar{P}_{c_1}\Big\}w_{c_1}^{(1''')}+\sum_{c_2=1}^{c_w}\sum_{j=1}^{r}P_{c_2}^{(j)}\bar{w}_{c_2} \tag{4.88}$$

where $\Pi_{\mathrm{IV}}^{**(m)}$ is

$$
\begin{aligned}
\Pi_{\mathrm{IV}}^{**(m)} = & \iint_{A^{(m)}} \left[\frac{1}{2} B_{\alpha\beta\gamma\delta} M_{\alpha\beta}^{(m)} M_{\gamma\delta}^{(m)} + (M_{\alpha\beta,\alpha\beta}^{(m)} + \bar{F}) w^{(m)} \right] \mathrm{d}A \\
& - \int_{s_{w_1}^{(m)}} H_n^{(m)} \bar{w} \mathrm{d}s + \int_{s_{w_2}^{(m)}} M_n^{(m)} \bar{w}_{,n} \mathrm{d}s - \int_{s_{\sigma_1}^{(m)}} (H_n^{(m)} - \bar{H}) w^{(m)} \mathrm{d}s \\
& + \int_{s_{\sigma_2}^{(m)}} (M_n^{(m)} - \bar{M}) w_{,n}^{(m)} \mathrm{d}s - \frac{1}{2} \sum_{\substack{\text{all } m' \\ \text{for } m}} \int_{s^{(mm')}} (w^{(m)} + w^{(m')}) H_n^{(m)} \mathrm{d}s \\
& + \frac{1}{2} \sum_{\substack{\text{all } m' \\ \text{for } m}} \int_{s^{(mm')}} \left(\frac{\partial w^{(m)}}{\partial n^{(m)}} - \frac{\partial w^{(m')}}{\partial n^{(m')}} \right) M_n^{(m)} \mathrm{d}s.
\end{aligned} \tag{4.89}
$$

Hence we find the following generalized variational principle for incompatible elements of plate bending derived from the minimum complementary energy principle.

Variational Principle $\mathrm{IV}^{**}\mathrm{f}$: Among all sets of field functions of finite elements $M_{\alpha\beta}^{(m)}$, $w^{(m)}$, the set of $M_{\alpha\beta}^{(m)}$, $w^{(m)}$ that makes Π_{IVf}^{**} stationary satisfies the equations of equilibrium of finite elements (4.64), the curvature-bending moment relation (4.65), the related boundary conditions and corner conditions (4.5a), (4.5b), (4.6a), (4.6b), (4.8a), and (4.8b), and the supporting conditions in the interior of plate (4.11a) and (4.11b). At the same time, the interelement continuity conditions (4.80a), (4.80b), (4.79a), and (4.79b) are also satisfied for the bending moment, equivalent shearing force, deflection, and slope of defletion.

Similarly, we may establish another generalized variational principle for incompatible elements from Variational Principle $\mathrm{IV}^{**}\mathrm{Af}$.

Generalized Variational Principle $\mathrm{IV}^{**}\mathrm{Af}$ (another plate-bending variational principle for incompatible elements derived from the minimum complementary energy principle): Among all sets of field functions $M_{\alpha\beta}^{(m)}$, $w^{(m)}$ of finite elements, the set of $M_{\alpha\beta}^{(m)}$ and $w^{(m)}$ that makes the functional Π_{IVAf}^{**} stationary satisfies the equation of equilibrium (4.64), the curvature-bending moment relation (4.65), the boundary conditions (4.5a), (4.5b), (4.6a), and (4.6b), the corner conditions (4.8a) and (4.8b), and the supporting conditions (4.11a) and (4.11b) in the interior points of plate region A. At the same time, the interelement conditions of continuity for the bending moment, equivalent shearing force, deflection, and slope of deflection are also satisfied.

The corresponding functional Π_{IVAf}^{**} is

$$\begin{aligned}\Pi_{\mathrm{IVAf}}^{**} = &\sum_{m=1}^{N}\Pi_{\mathrm{IVAf}}^{**(m)} - \sum_{k_1=1}^{k_\sigma}\sum_{j''=2''}^{r''}\left[P_{k_1}^{(j'')}(w_{k_1}^{(1'')} - w_{k_1}^{(j'')}) - \bar{P}_{k_1} w_{k_1}^{(1'')}\right] \\ &- \sum_{c_1=1}^{c_F}\sum_{j'''=2'''}^{r'''}\left[P_{c_1}^{(j''')}(w_{c_1}^{(1''')} - w_{c_1}^{(j''')}) - \bar{F}_{c_1} w_{c_1}^{(1''')}\right] \\ &- \sum_{k_2=1}^{k_w}\sum_{j'=1'}^{r'}P_{k_2}^{(j')}(\bar{w}_{k_2}^{(j')} - w_{k_2}) - \sum_{c_2=1}^{c_w}\sum_{j=1}^{r}P_{c_2}^{(j)}(w_{c_2}^{(j)} - \bar{w}_{c_2}),\end{aligned} \tag{4.90}$$

$$\begin{aligned}\Pi_{\mathrm{IVAf}}^{**(m)} = &\iint_{A^{(m)}}\left(\frac{1}{2}B_{\alpha\beta\gamma\delta}M_{\alpha\beta}^{(m)}M_{\gamma\delta}^{(m)} + M_{\alpha\beta}^{(m)}w_{,\alpha\beta}^{(m)} - \bar{F}w^{(m)}\right)\mathrm{d}A \\ &+ \int_{s_{w_1}^{(m)}} H_n^{(m)}(w^{(m)} - \bar{w})\mathrm{d}s + \int_{s_{\sigma_1}^{(m)}}\bar{H}w^{(m)}\mathrm{d}s - \int_{s_{w_2}^{(m)}} M_n^{(m)}(w_{,n}^{(m)} - \bar{w}_{,n})\mathrm{d}s \\ &- \int_{s_{\sigma_2}^{(m)}}\bar{M}\left(\frac{\partial w^{(m)}}{\partial n^{(m)}}\right)\mathrm{d}s + \frac{1}{2}\sum_{\substack{\text{all } m' \\ \text{for } m}}\int_{s^{mm'}}\left[w^{(m)}(H_n^{(m)} + H_n^{(m')})\right. \\ &\left.- \frac{\partial w^{(m)}}{\partial n^{(m)}}(M_n^{(m)} - M_n^{(m')})\right]\mathrm{d}s.\end{aligned} \tag{4.91}$$

It is easily shown by means of (4.77) that

$$\Pi_{\mathrm{IVf}}^{**} = \Pi_{\mathrm{IVAf}}^{**}. \tag{4.92}$$

That is to say, Variational Principles IV**f and IV**Af are in fact identical.

E. The Matrix Formulation of Incompatible Elements for the Bending of Thin Plate

Let us assume that there are t nodal points in a finite element. The nodal values of $w^{(m)}$ are $w_1^{(m)}$, $w_2^{(m)}$, …, $w_t^{(m)}$; those of $M_{\alpha\beta}^{(m)}$ are $M_{\alpha\beta(k)}^{(m)}$, denoted by $M_k^{(m)}$ ($k = 1, 2, \cdots, 3t$) in the order of $M_{11(1)}^{(m)}$, $M_{12(1)}^{(m)}$, $M_{22(1)}^{(m)}$, $M_{11(2)}^{(m)}$, $M_{12(2)}^{(m)}$, $M_{22(2)}^{(m)}$, …, $M_{11(i)}^{(m)}$, $M_{12(t)}^{(m)}$, $M_{22(t)}^{(m)}$.
We may write

$$w^{(m)\mathrm{T}} = [w_1^{(m)}, w_2^{(m)}, \cdots, w_t^{(m)}], \tag{4.93a}$$

$$\begin{aligned}M^{(m)\mathrm{T}} = [&M_{11(1)}^{(m)}, M_{12(1)}^{(m)}, M_{22(1)}^{(m)}, M_{11(2)}^{(m)}, M_{12(2)}^{(m)}, \\ &M_{22(2)}^{(m)}, \cdots, M_{11(t)}^{(m)}, M_{12(t)}^{(m)}, M_{22(t)}^{(m)}].\end{aligned} \tag{4.93b}$$

We denote by $N_1(x, y)$, $N_2(x, y)$, $N_3(x, y)$, …, $N_t(x, y)$ the interpolation functions of finite elements. Thus we have

$$w^{(m)} = \mathbf{N}^{(m)}\boldsymbol{w}^{(m)}, \tag{4.94a}$$

$$\begin{bmatrix} M_{11}^{(m)} \\ M_{12}^{(m)} \\ M_{22}^{(m)} \end{bmatrix} = \boldsymbol{N}_{(1)P}^{(m)} \boldsymbol{M}^{(m)} \tag{4.94b}$$

where $N^{(m)}$ and $N_{wp}^{(m)}$ are defined as in (4.21a) and (3.33d). Let us consider the simplest kind of incompatible elements, that is, the serendipity family of triangle elements in Figs. 3 and 4. Thus the deflection and bending moments are continuous on the interelement boundaries. However, the slopes of deflection and equivalent shearing forces may not be continuous; that is,

$$w^{(m)} = w^{(m')} \qquad \text{on } s^{(mm')}, \tag{4.95}$$

$$M_n^{(m)} = -M_n^{(m')} \qquad \text{on } s^{(mm')}. \tag{4.96}$$

On all the common corners of adjacent elements, the corner deflections are also continuous; that is,

$$\overline{w}_{c_2} = w_{c_2}^{(1)} = w_{c_2}^{(2)} = \cdots = w_{c_2}^{(r)}, \quad c_2 = 1, 2, \cdots, c_w; \tag{4.97a}$$

$$w_{c_1}^{(1)} = w_{c_1}^{(2)} = \cdots = w_{c_1}^{(r'')}, \quad c_1 = 1, 2, \cdots, c_F; \tag{4.97b}$$

$$w_{k_1}^{(1)} = w_{k_1}^{(2)} = \cdots = w_{k_1}^{(r'')}, \quad k_1 = 1, 2, \cdots, k_\sigma; \tag{4.97c}$$

$$\overline{w}_{k_2} = w_{k_2}^{(1)} = w_{k_2}^{(2)} = \cdots = w_{k_2}^{(r')}, \quad k_2 = 1, 2, \cdots, k_w. \tag{4.97d}$$

From definitions $P_{k_1}^{(m)} = \Delta_{k_1} M_{ns}^{(m)}$, $P_{c_1}^{(m)} = \Delta_{c_1} M_{ns}^{(m)}$, etc., we immediately have

$$\sum_{j=1}^{r} P_{c_2}^{(j)} = 0, \quad \sum_{j'=1}^{r'} P_{k_2}^{(j')} = 0, \quad \sum_{j''=1}^{r''} P_{k_1}^{(j'')} = 0, \quad \sum_{j'''=1}^{r'''} P_{c_1}^{(j''')} = 0. \tag{4.98}$$

Thus, Π_{IVf}^{**} may be written as

$$\Pi_{\text{IVf}}^{**} = \sum_{m=1}^{N} \Pi_{\text{IVf}}^{**(m)} - \sum_{k_1=1}^{k_\sigma} \overline{P}_{k_1} w_{k_2}^{(1''')} - \sum_{c_1=1}^{c_F} \overline{P}_{c_1} w_{c_1}^{(1''')} \tag{4.99}$$

where

$$\begin{aligned} \Pi_{\text{IVf}}^{**(m)} = & \iint_{A^{(m)}} \left[\frac{1}{2} B_{\alpha\beta\gamma\delta} M_{\alpha\beta}^{(m)} M_{\gamma\delta}^{(m)} + (M_{\alpha\beta,\,\alpha\beta}^{(m)} + \overline{F}) w^{(m)} \right] \mathrm{d}A \\ & - \int_{s_{w_1}^{(m)}} H_n^{(m)} \overline{w} \mathrm{d}s + \int_{s_{w_2}^{(m)}} M_n^{(m)} \overline{w}_{,\,n} \mathrm{d}s - \int_{s_{\sigma_1}^{(m)}} (H^{(m)} - \overline{H}) w^{(m)} \mathrm{d}s \\ & + \int_{s_{\sigma_2}^{(m)}} (M_n^{(m)} - \overline{M}) w_{,\,n}^{(m)} \mathrm{d}s - \int_{s_1^{(m)}} H_n^{(m)} w^{(m)} \mathrm{d}s \end{aligned} \tag{4.100}$$

and $s_1^{(m)}$ represents the interelement boundary in the interior of the plate region for the finite element (m).

As for Π_{IVAf}^{**} we have

$$\Pi_{\mathrm{IVAf}}^{**}=\sum_{m=1}^{N}\Pi_{\mathrm{IVAf}}^{**(m)}-\sum_{c_1=1}^{c_F}\bar{F}_{c_1}w_{c_1}^{(1''')}-\sum_{k_1=1}^{k_\sigma}P_{k_1}w_{k_1}^{(1'')}, \tag{4.101}$$

$$\begin{aligned}\Pi_{\mathrm{IVAf}}^{**(m)}=&\iint_{A^{(m)}}\left[\frac{1}{2}B_{\alpha\beta\gamma\delta}M_{\alpha\beta}^{(m)}M_{\gamma\delta}^{(m)}+M_{\alpha\beta}^{(m)}w_{,\alpha\beta}^{(m)}+\bar{F}w^{(m)}\right]\mathrm{d}A+\int_{s_{w_1}^{(m)}}H_n^{(m)}(w^{(m)}-\bar{w})\mathrm{d}s\\&+\int_{s_{\sigma_1}^{(m)}}\bar{H}w^{(m)}\mathrm{d}s-\int_{s_{w_2}^{(m)}}M_n^{(m)}\left(\frac{\partial w^{(m)}}{\partial n^{(m)}}-\bar{w}_{,n}\right)\mathrm{d}s\\&-\int_{s_{\sigma_2}^{(m)}}\bar{M}w_{,n}^{(m)}\mathrm{d}s-\int_{s_1^{(m)}}\frac{\partial w^{(m)}}{\partial n^{(n)}}M_n^{(m)}\mathrm{d}s.\end{aligned} \tag{4.102}$$

Let us now calculate $M_n^{(m)}$, $M_{ns}^{(m)}$, $H_n^{(m)}$, $w_{,n}^{(m)}$, $M_{\alpha\beta,\alpha\beta}^{(m)}$, we have

$$w_{,n}=\frac{\partial w}{\partial x}\frac{\partial x}{\partial n}+\frac{\partial w}{\partial y}\frac{\partial y}{\partial n}=\cos\alpha\frac{\partial w}{\partial x}+\sin\alpha\frac{\partial w}{\partial y}=\boldsymbol{N}_{,n}\boldsymbol{w} \tag{4.103}$$

where

$$\boldsymbol{N}_{,n}=[\cos\alpha,\ \sin\alpha]\begin{bmatrix}\dfrac{\partial N_1}{\partial x} & \dfrac{\partial N_2}{\partial x} & \cdots & \dfrac{\partial N_t}{\partial x}\\ \dfrac{\partial_1 N}{\partial y} & \dfrac{\partial N_2}{\partial y} & \cdots & \dfrac{\partial_t N}{\partial y}\end{bmatrix} \tag{4.104}$$

By means of (4.94b), we find

$$M_n=M_{\alpha\beta}n_\alpha n_\beta=[\cos^2\alpha,\ 2\sin\alpha\cos\alpha,\ \sin^2\alpha]\begin{bmatrix}M_{11}\\M_{12}\\M_{22}\end{bmatrix}=\boldsymbol{R}_n\boldsymbol{M}, \tag{4.105}$$

in which

$$\boldsymbol{R}_n=[\cos^2\alpha,\ 2\sin\alpha\cos\alpha,\ \sin^2\alpha]\boldsymbol{N}_{(1)P}. \tag{4.106}$$

Similarly,

$$M_{ns}=M_{\alpha\beta}n_\alpha s_\beta=[-\cos\alpha\sin\alpha,\ \cos^2\alpha-\sin^2\alpha,\ \sin\alpha\cos\alpha]\begin{bmatrix}M_{11}\\M_{12}\\M_{22}\end{bmatrix} \tag{4.107}$$

or

$$M_{ns} = \boldsymbol{R}_{ns}\boldsymbol{M}, \tag{4.108}$$

where $\boldsymbol{R}_{ns}$ is

$$\boldsymbol{R}_{ns} = [-\cos\alpha\sin\alpha,\ \cos^2\alpha - \sin^2\alpha,\ \sin\alpha\cos\alpha]\boldsymbol{N}_{(1)P}. \tag{4.109}$$

Furthermore,

$$\boldsymbol{M}_{n,n} = \boldsymbol{R}_{n,n}\boldsymbol{M}, \quad \boldsymbol{M}_{ns,s} = \boldsymbol{R}_{ns,s}\boldsymbol{M}, \tag{4.110}$$

and

$$\boldsymbol{R}_{n,n} = [\cos^2\alpha,\ 2\sin\alpha\cos\alpha,\ \sin^2\alpha]\boldsymbol{N}_{(1)P,n}, \tag{4.111a}$$

$$\boldsymbol{N}_{(1)P,n} = \left[\cos\alpha\frac{\partial}{\partial x},\ \sin\alpha\frac{\partial}{\partial y}\right]\boldsymbol{N}_{(1)P}, \tag{4.111b}$$

$$\boldsymbol{R}_{ns,s} = [-\cos\alpha\sin\alpha,\ \cos^2\alpha - \sin^2\alpha,\ \sin\alpha\cos\alpha]\boldsymbol{N}_{(1)P,s}, \tag{4.111c}$$

$$\boldsymbol{N}_{(1)P,s} = \left[-\sin\alpha\frac{\partial}{\partial x},\ \cos\alpha\frac{\partial}{\partial y}\right]\boldsymbol{N}_{(1)P}. \tag{4.111d}$$

Therefore, we find

$$H_n = M_{n,n} + 2M_{ns,s} = (\boldsymbol{R}_{n,n} + 2\boldsymbol{R}_{ns,s})\boldsymbol{M}. \tag{4.112}$$

The operator matrix $\boldsymbol{D}_2$ is defined as

$$\boldsymbol{D}_2 = \left(\frac{\partial^2}{\partial x^2},\ \frac{\partial^2}{\partial x \partial y},\ \frac{\partial^2}{\partial y^2}\right). \tag{4.113}$$

Then we have from (4.94b)

$$M_{\alpha\beta,\alpha\beta} = \boldsymbol{D}_2\boldsymbol{N}_{(1)P}\boldsymbol{M}. \tag{4.114}$$

Similarly, we find

$$M_{\alpha\beta}w_{,\alpha\beta} = \boldsymbol{D}_2\boldsymbol{N}\boldsymbol{w}\boldsymbol{N}_{(1)P}\boldsymbol{M} = \boldsymbol{w}^{\mathrm{T}}(\boldsymbol{D}_2\boldsymbol{N})^{\mathrm{T}}\boldsymbol{N}_{(1)P}\boldsymbol{M}. \tag{4.115}$$

By means of these matrix notations, (4.98) can be written as

$$\Pi_{\mathrm{IVf}}^{**(m)} = \frac{1}{2}\boldsymbol{M}^{(m)\mathrm{T}}\boldsymbol{C}_1^{(m)}\boldsymbol{M}^{(m)} + \boldsymbol{w}^{(m)\mathrm{T}}\boldsymbol{C}_2^{(m)}\boldsymbol{M}^{(m)} + \boldsymbol{w}^{(m)\mathrm{T}}\ \overline{\boldsymbol{F}}^{(m)} + \boldsymbol{M}^{(m)\mathrm{T}}\boldsymbol{w}^{(m)} \tag{4.116}$$

in which

$$C_1^{(m)} = \iint_{A^{(m)}} N_{(1)P}^{(m)\mathrm{T}} B N_{(1)P}^{(m)} \mathrm{d}A \tag{4.117a}$$

$$C_2^{(m)} = \iint_{A^{(m)}} N_{(1)P}^{(m)\mathrm{T}} D_2 N^{(m)} \mathrm{d}A - \int_{s_{\sigma_1}^{(m)}} N^{(m)\mathrm{T}} (R_{n,n}^{(m)} + 2R_{ns,s}^{(m)}) \mathrm{d}s$$
$$+ \int_{s_{\sigma_2}^{(m)}} N_{,n}^{(m)\mathrm{T}} R_n^{(m)} \mathrm{d}s - \int_{s_1^{(m)}} N^{(m)\mathrm{T}} (R_{n,n}^{(m)} + 2R_{n,n}^{(m)}) \mathrm{d}s, \tag{4.117b}$$

$$\bar{F}^{(m)} = \iint_{A^{(m)}} N^{(m)\mathrm{T}} \bar{F} \mathrm{d}A + \int_{s_{\sigma_1}^{(m)}} N^{(m)\mathrm{T}} \bar{H} \mathrm{d}s - \int_{s_{\sigma_2}^{(m)}} N_{,n}^{(m)\mathrm{T}} \bar{M} \mathrm{d}s, \tag{4.117c}$$

$$\bar{w}^{(m)} = -\int_{s_{w_1}^{(m)}} (R_{n,n}^{\cdot} + 2R_{ns,s})^{\mathrm{T}} \bar{w} \mathrm{d}s + \int_{s_{w_2}^{(m)}} R_n^{(m)\mathrm{T}} \bar{w}_{,n} \mathrm{d}s. \tag{4.117d}$$

From (4.99) we find

$$\Pi_{\mathrm{IVf}}^{**} = \sum_{m=1}^{N} \Pi_{\mathrm{IVf}}^{**(m)} - \sum_{k_1=1}^{k_\sigma} P_{k_1} w_{k_1}^{(1'')} - \sum_{c_1=1}^{c_F} \bar{P}_{c_1} w_{c_1}^{(1''')}. \tag{4.118}$$

Substitution of (4.116) into (4.42) gives Π_{IVf}^{**} in the following global matrix form

$$\Pi_{\mathrm{IVf}}^{**} = \frac{1}{2} M^{\mathrm{T}} C_1 M + w^{\mathrm{T}} C_2 M + w^{\mathrm{T}} \bar{F} + M^{\mathrm{T}} \bar{w} \tag{4.119}$$

in which

$$M^{\mathrm{T}} C_1 M = \sum_{m=1}^{N} M^{(m)\mathrm{T}} C_1^{(m)} M^{(m)}, \tag{4.119a}$$

$$w^{\mathrm{T}} C_2 M = \sum_{m=1}^{N} w^{(m)\mathrm{T}} C_2^{(m)} M^{(m)}, \tag{4.119b}$$

$$w^{\mathrm{T}} \bar{F} = \sum_{m=1}^{N} w^{(m)\mathrm{T}} \bar{F}^{(m)} - \sum_{k=1}^{k_\sigma} w_{k_1}^{(1'')} \bar{P}_{k_1} - \sum_{c_1=1}^{c_F} w_{c_1}^{(1''')} \bar{P}_{c_1}, \tag{4.119c}$$

$$M^{\mathrm{T}} \bar{w} = \sum_{m=1}^{N} M^{(m)\mathrm{T}} \bar{w}^{(m)}. \tag{4.119d}$$

From the stationary condition

$$\delta \Pi_{\mathrm{IVf}}^{**} = 0 \tag{4.120}$$

we obtain

$$C_1 M + C_2^{\mathrm{T}} w + \bar{w} = 0, \tag{4.121a}$$

$$C_2 M + \bar{F} = 0. \tag{4.121b}$$

This is the matrix equation for the finite-element computation derived from Π_{IVf}^{**}.

Let us now consider Π_{IVAf}^{**}. This gives

$$\Pi_{\mathrm{IVAf}}^{**(m)} = \frac{1}{2}\boldsymbol{M}^{(m)\mathrm{T}}\boldsymbol{C}_1^{(m)}\boldsymbol{M}^{(m)} + \boldsymbol{w}^{(m)\mathrm{T}}\boldsymbol{C}_{2A}^{(m)}\boldsymbol{M}^{(m)} + \boldsymbol{w}^{(m)\mathrm{T}}\overline{F}^{(m)} + \boldsymbol{M}^{(m)\mathrm{T}}\overline{w}_A^{(m)} \tag{4.122}$$

in which $\boldsymbol{C}_1^{(m)}$, $\overline{F}^{(m)}$ are defined by (4.117a) and (4.117c); the others are

$$\boldsymbol{C}_{2A}^{(m)} = \iint_{A^{(m)}} \boldsymbol{N}_{(1)P}^{(m)\mathrm{T}}\boldsymbol{D}_2\boldsymbol{N}^{(m)}\,\mathrm{d}s + \int_{s_{w_1}^{(m)}} \boldsymbol{N}^{(m)\mathrm{T}}(\boldsymbol{R}_{n,n}^{(m)} + 2\boldsymbol{R}_{ns,s}^{(m)})\,\mathrm{d}s$$
$$-\int_{s_{w_2}^{(m)}} \boldsymbol{N}_{,n}^{(m)\mathrm{T}}\boldsymbol{R}_n^{(m)}\,\mathrm{d}s + \int_{s_1^{(m)}} \boldsymbol{N}_{,n}^{(m)\mathrm{T}}\boldsymbol{R}_n^{(m)}\,\mathrm{d}s, \tag{4.123a}$$

$$\overline{\boldsymbol{w}}_A^{(m)} = \int_{s_{w_1}^{(m)}} \overline{w}(\boldsymbol{R}_{n,n}^{(m)} + 2\boldsymbol{R}_{ns,s})^{\mathrm{T}}\mathrm{d}s + \int_{s_{w_2}^{(m)}} \overline{w}_{,n}\boldsymbol{R}_n^{(m)\mathrm{T}}\mathrm{d}s, \tag{4.123b}$$

and (4.101) cab be written as

$$\Pi_{\mathrm{IVAf}}^{**} = \sum_{m=1}^{N}\Pi_{\mathrm{IVAf}}^{**(m)} - \sum_{c_1=1}^{c_F}\overline{F}_{c_1}w_{c_1}^{(1''')} - \sum_{k_1=1}^{k_\sigma}\overline{P}_{k_1}w_{k_1}^{(1'')}. \tag{4.124}$$

Substitution of (4.122) into this equation recasts it in global matrix form:

$$\Pi_{\mathrm{IVAf}}^{**} = \frac{1}{2}\boldsymbol{M}^{\mathrm{T}}\boldsymbol{C}_1\boldsymbol{M} + \boldsymbol{w}^{\mathrm{T}}\boldsymbol{C}_{2A}\boldsymbol{M} + \boldsymbol{w}^{\mathrm{T}}\overline{\boldsymbol{F}} + \boldsymbol{M}^{\mathrm{T}}\overline{\boldsymbol{w}}. \tag{4.125}$$

Comparison of this equation with (4.119) shows that except for the second term on the right-hand side of (4.123), the other terms are identical.

Now $\boldsymbol{C}_{2A}$ is defined by

$$\boldsymbol{w}^{\mathrm{T}}\boldsymbol{C}_{2A}\boldsymbol{M} = \sum_{m=1}^{N}\boldsymbol{w}^{(m)\mathrm{T}}\boldsymbol{C}_{2A}^{(m)}\boldsymbol{M}^{(m)}. \tag{4.126}$$

The stationary condition of (4.125) is

$$\delta\Pi_{\mathrm{IVAf}}^{**} = 0, \tag{4.127}$$

from which we obtain for $\boldsymbol{M}$ and $\boldsymbol{w}$ the equations

$$\boldsymbol{C}_1\boldsymbol{M} + \boldsymbol{C}_{2A}^{\mathrm{T}}\boldsymbol{w} + \overline{\boldsymbol{w}} = 0, \quad \boldsymbol{C}_{2A}\boldsymbol{M} + \overline{\boldsymbol{F}} = 0. \tag{4.128}$$

this is the set of matrix equations for incompatible finite-element computations derived from the functional Π_{IVAf}^{**}.

The results given in this section are in complete accord with those given by

Herrmann (1966, 1967) for the same problem.

V. Conclusions

This article shows that all incompatible finite elements can be treated by original field variables used in corresponding compatible elements. The compatible conditions are satisfied in an integral sense on interelement boundaries and are completely satisfied in the limit of diminishing sides of finite elements. This is economical in computations with fewer degrees of freedom.

We are able to reduce the unknown Lagrangian multiplier to original field variables.

In this article, three problems are discussed: (1) general three-dimensional elasticity, (2) two-dimensional problems of elasticity, and (3) bending problems involving thin plates. For all cases, the generalized variational principles of incompatible elements are discussed on the bases of both the minimum potential energy principle and the minimum complementary energy principle.

References

[1] Chien W Z. Variational Principles and the Finite Elements Method (in Chinese). Beijing: Science Press, 1980.

[2] Chien W Z. Incompatible plate elements based upon the generalized variational principles// Proc Int Symp Mixed Finite Elements, Atlanta, Georgia, Axril 8 - 10, 1981.

[3] Greene B E, Jones E E, McKay R W, Strome D R. General variational principles in the finite element method. AIAA J, 1966, 7: 1254 - 1260.

[4] Herrmann L R. A bending analysis for plates. Proc 1st Conf Matrix Methods Struct Mech., 1965 (AFFDL - TR - 66 - 80), 1966: 577 - 604.

[5] Herrmann L R. Finite element bending analysis for plates. J Eng Mech Div, Am Soc Civ Eng, 1967, 98: 13 - 26.

[6] Jones R E. A generalization of the direct. stiffness method of stiffness analysis. AIAA J, 1964, 2(5): 821 - 826.

[7] Pian T H H, Tong P. Finite element methods in continuum mechanics. Adv Appl Mech, 1972, 12: 1 - 59.

[8] Tong P. New displacement hybrid finite element model for solid continua. Int J Numer Methods, 1970, 2: 78 - 83.

后　　记

钱伟长先生离开我们已有两年多了，下个月我们将迎来他的百年华诞。上海大学出版社隆重推出四卷本的《钱伟长学术论文集》，以表达对这位科学伟人的缅怀之情。

钱先生一生著述颇丰，出版了 19 种专著，发表了近 200 篇的学术论文。近 30 年来，各出版社陆续推出了多种钱伟长科学论文选，此次上海大学出版社出版《钱伟长学术论文集》，我们遵循了如下原则：

——以求真务实的精神精挑细选。论文集中选录钱伟长先生最有代表性的学术论文 108 篇，涵盖了他在 65 年科研生涯中的主要论文著述。其中第一卷收录 1937—1955 年的论文 25 篇，第二卷收录 1956—1981 年的论文 26 篇，第三卷收录 1982—1984 年的论文 26 篇，第四卷收录 1985—2002 年的论文 31 篇。

——以精益求精的态度精心编辑。所收录的论文都经过适当的编辑加工，按时间顺序重新编排，既保留原文发表时的全部内容，又减少了论文因种种原因产生的疏误；既继承原文的风格，又尽可能统一编排体例格式。需要说明的是，考虑到论文发表的时间跨度较长、各国执行的标准不一等因素，对文中的非国标的量和单位原则上不作处理。

——以细致入微的方法精雕细刻。所收录的论文都经过编校人员的反复校阅，力求确保出版质量。

为了节省篇幅，原文仅以英文发表的，全文照录；同时以中英文双语发表的(例如在《应用数学和力学》上发表的论文)，仅收录中文版的，但在附录中给出全部相关信息。这一论文集仅收录钱先生公开发表的学术论文，而他曾在报章杂志上发表的数百篇有关学术研究的文章，在新编的《钱伟长文选》中予以编选收录，这里不再出现。

在此由衷地感谢郑哲敏院士为这本论文集专门撰写的序。郑先生是 1946 年成为学成归来的钱先生第一批学生和后来的同事，最有资格从学术角度为此书写序，这一序言可以视作这本论文集的导读文章。

戴世强

2012 年 9 月 5 日